O SEGREDO DAS SENHORAS AMERICANAS

FUNDAÇÃO EDITORA DA UNESP

Presidente do Conselho Curador
Mário Sérgio Vasconcelos

Diretor-Presidente / Publisher
Jézio Hernani Bomfim Gutierre

Superintendente Administrativo e Financeiro
William de Souza Agostinho

Conselho Editorial Acadêmico
Divino José da Silva
Luís Antônio Francisco de Souza
Marcelo dos Santos Pereira
Patricia Porchat Pereira da Silva Knudsen
Paulo Celso Moura
Ricardo D'Elia Matheus
Sandra Aparecida Ferreira
Tatiana Noronha de Souza
Trajano Sardenberg
Valéria dos Santos Guimarães

Editores-Adjuntos
Anderson Nobara
Leandro Rodrigues

O SEGREDO DAS SENHORAS AMERICANAS

Intelectuais, internacionalização
e financiamento na Guerra Fria cultural

MARCELO RIDENTI

© 2022 Editora Unesp

Direitos de publicação reservados à:
Fundação Editora da Unesp (FEU)
Praça da Sé, 108
01001-900 – São Paulo – SP
Tel.: (0xx11) 3242-7171
Fax: (0xx11) 3242-7172
www.editoraunesp.com.br
www.livrariaunesp.com.br
atendimento.editora@unesp.br

Dados Internacionais de Catalogação na Publicação (CIP) de acordo com ISBD
Elaborado por Vagner Rodolfo da Silva – CRB-8/9410

R544s

Ridenti, Marcelo
    O segredo das senhoras americanas: intelectuais, internacionalização e financiamento na Guerra Fria cultural / Marcelo Ridenti. – São Paulo: Editora Unesp, 2022.

    Inclui bibliografia.
    ISBN: 978-65-5711-107-9

    1. Ciências sociais. 2. Intelectuais. 3. Guerra Fria. I. Título.

2022-479   CDD 300
                                                                                                                                            CDU 3

Editora afiliada:

Asociaciòn de Editoriales Universitarias de América Latina y el Caribe

Associação Brasileira de Editoras Universitárias

SUMÁRIO

LISTA DE QUADRO E GRÁFICOS   IX

SIGLAS   XI

INTRODUÇÃO   1

1 INTERNACIONALIZAÇÃO CULTURAL COMUNISTA:
JORGE AMADO E SEUS CAMARADAS DA AMÉRICA LATINA   15

Comunistas latino-americanos na Guerra Fria cultural   15

Exílio comunista em Paris: Pablo Neruda e Jorge Amado   18

Comunistas e companheiros de viagem da América Latina   25

O impacto da experiência em Paris para Jorge Amado   28

Círculo comunista latino-americano em Paris   36

Jorge Amado e a difusão do Conselho Mundial da Paz 41

Céu e inferno 51

Nacionalismo e *star system* soviético
em direção ao Terceiro Mundo 56

Três aspectos da herança cultural
comunista para o Terceiro Mundo 64

2 INTERNACIONALIZAÇÃO CULTURAL LIBERAL:
CADERNOS BRASILEIROS E SEUS PATROCINADORES
DO CONGRESSO PELA LIBERDADE DA CULTURA 73

Cadernos Brasileiros, revista do Congresso
pela Liberdade da Cultura 74

Cadernos Brasileiros e as revistas de sua época 78

Disputas da Guerra Fria cultural: o período de fundação 82

A intervenção do CLC em *Cadernos Brasileiros* 93

O Ipes e um segredo 105

O golpe de 1964: controvérsia interna 116

Crítica ao militarismo:
momento de abertura à esquerda, 1966-1968 132

As denúncias de ligação com a CIA 145

Na cozinha de *Cadernos Brasileiros* 152

Mario Pedrosa e seus amigos do Congresso
pela Liberdade da Cultura 165

Furtado, Florestan e outros estranhos no ninho 180

Debates plurais: difusão e legitimação 200

Circulação internacional 209

As agruras após o AI-5 221

O fim do foco do CLC e a passagem do bastão 231

O significado da experiência de *Cadernos Brasileiros* 235

3 O SEGREDO DAS SENHORAS AMERICANAS:
ESTUDANTES BRASILEIROS NA TERRA DOS KENNEDY 243

A Associação Universitária Interamericana, 1962-1971 243

AUI: jogada no tabuleiro da Guerra Fria cultural 252

Incidente no encontro com o presidente Kennedy 256

O segredo das senhoras americanas 260

Ainda as senhoras do círculo empresarial
multinacional paulista 271

O universo dos estudantes recrutados 277

A seleção de estudantes para conhecer
o modo de vida americano 288

Templo do lar: vida em família 295

Templo do saber em Harvard:
Kissinger e outros sacerdotes 304

Templo da democracia em Washington:
o carisma dos Kennedy e outros poderosos 314

Templo da modernidade: Nova York 323

Templos trincados 328

Céu e inferno 344

Guerra Fria a quente: perseguição e morte   350

Ligações perigosas   361

Epílogo de um projeto ou A gaiola de ouro   364

CONSIDERAÇÕES FINAIS   371

REFERÊNCIAS BIBLIOGRÁFICAS   381

LISTA DE QUADRO E GRÁFICOS

Quadro 1 – *Cadernos Brasileiros*: artigos por três filiações de autores
por ano   141

Gráfico 1 – AUI: bolsistas por estado   281

Gráfico 2 – AUI: bolsistas por curso   282

Gráfico 3 – AUI: bolsistas por sexo   285

SIGLAS

ABCLC	Associação Brasileira do Congresso pela Liberdade da Cultura
ABI	Associação Brasileira de Imprensa
ABL	Academia Brasileira de Letras
AD	Ação Democrática
Adep	Ação Democrática Popular
AFS	American Field Service
AI-5	Ato Institucional n.5
AID	Agency for International Development
ALN	Ação Libertadora Nacional
Amcham	American Chamber of Commerce for Brazil (Câmara de Comércio Americana para o Brasil)
Anpocs	Associação Nacional de Pós-graduação e Pesquisa em Ciências Sociais
AP	Ação Popular
APML	Ação Popular Marxista-Leninista
AUI	Associação Universitária Interamericana
BNDES	Banco Nacional de Desenvolvimento Econômico
BNH	Banco Nacional de Habitação
BNM	Projeto Brasil Nunca Mais
Capes	Coordenação de Aperfeiçoamento de Pessoal de Nível Superior

Cepal	Comissão Econômica para a América Latina e o Caribe
CIA	Central Intelligence Agency
CLAPCS	Centro Latino-Americano de Pesquisas em Ciências Sociais
CLC	Congresso pela Liberdade da Cultura
CMP	Conselho Mundial da Paz
CNPq	Conselho Nacional de Desenvolvimento Científico e Tecnológico
Cofecub	Comitê Francês da Avaliação da Cooperação Universitária com o Brasil
CPC	Centro Popular de Cultura
Cuny	Universidade da Cidade de Nova York
Embrapa	Empresa Brasileira de Pesquisa Agropecuária
FAS	Fundo de Ação Social
IACFR	International Association for Cultural Freedom Records, 1941-1978
IADF	Inter-American Association for Democracy and Freedom (Associação Interamericana para a Democracia e a Liberdade)
Ibad	Instituto Brasileiro de Ação Democrática
Icaic	Instituto Cubano de Arte e de Indústria Cinematográfica
Idhec	Instituto de Altos Estudos Cinematográficos
IFCH	Instituto de Filosofia e Ciências Humanas da Unicamp
Iheal	Institut des Hautes Études de l'Amérique Latine
Ihess	École des Hautes Études en Sciences Sociales
Ilari	Instituto Latino-Americano de Relações Internacionais
Ilas	Institute of Latin American Studies
Ipes	Instituto de Pesquisas Econômicas e Sociais
Iseb	Instituto Superior de Estudos Brasileiros
Iuperj	Instituto Universitário de Pesquisas do Rio de Janeiro
MDB	Movimento Democrático Brasileiro
MEC	Ministério da Educação
Molipo	Movimento de Libertação Popular
OAB	Ordem dos Advogados do Brasil
OEA	Organização dos Estados Americanos
ONU	Organização das Nações Unidas
Otan	Organização do Tratado do Atlântico Norte
PCB	Partido Comunista do Brasil (Partido Comunista Brasileiro a partir de 1961)
PCBR	Partido Comunista Brasileiro Revolucionário
PCdoB	Partido Comunista do Brasil (dissidência do Partido Comunista Brasileiro que retomou o nome original do Partido em 1962)

PCF	Partido Comunista Francês
PCM	Partido Comunista Mexicano
PMDB	Partido do Movimento Democrático Brasileiro
Poum	Partido Operário de Unificação Marxista
PUC	Pontifícia Universidade Católica
PSDB	Partido da Social Democracia Brasileira
SDS	Students for a Democratic Society
Sudene	Superintendência do Desenvolvimento do Nordeste
UDN	União Democrática Nacional
UEE	União Estadual de Estudantes
UFBA	Universidade Federal da Bahia
UFRGS	Universidade Federal do Rio Grande do Sul
UME	União Metropolitana dos Estudantes
UnB	Universidade de Brasília
UNE	União Nacional dos Estudantes
Unicamp	Universidade Estadual de Campinas
Unijui	Universidade Regional do Noroeste do Estado do Rio Grande do Sul
Usaid	United States Agency for International Development
Usis	United States Information Service
USP	Universidade de São Paulo
VAR	Vanguarda Armada Revolucionária – Palmares

INTRODUÇÃO

Este livro trata de intelectuais – no sentido amplo que abarca também certos artistas e estudantes – que atuaram nas circunstâncias da Guerra Fria buscando o desenvolvimento pessoal e coletivo em sua atividade, com destaque no espaço público.[1] Participando, por exemplo, do círculo internacional comunista, caso de Jorge Amado e seus camaradas da América Latina. Ou, ao contrário, recorrendo a meios fornecidos pelo lado ocidental, como nos vínculos com o Congresso pela Liberdade da Cultura (CLC), sediado em Paris, patrocinador da revista *Cadernos Brasileiros* com fundos dos Estados Unidos. E ainda pela oportunidade dada a estudantes para conhecer gratuitamente a Universidade Harvard e o modo de vida americano em plenos anos rebeldes. Essas três passagens foram analisadas, uma em cada capítulo. Apesar de aparentemente secundárias e ainda pouco estudadas, permitem compreender o lugar do intelectual

---

1 Intelectuais entendidos como "categoria social definida por seu papel ideológico: eles são os *produtores diretos* da esfera ideológica, *os criadores de produtos ideológico-culturais*", o que engloba "escritores, artistas, poetas, filósofos, sábios, pesquisadores, publicistas, teólogos, certos tipos de jornalistas, certos tipos de professores e estudantes etc.", como definiu Michael Löwy (1979, p.1). Na América Latina, em particular, desde cedo os intelectuais assumiram papel de primeira linha na esfera pública (Altamirano, 2010). Para uma discussão da ampla bibliografia sobre a sociologia dos intelectuais, ver Kurzman e Owens (2002).

e a totalidade do processo que envolvia sua internacionalização e seu financiamento em meio à rápida modernização da sociedade brasileira.

Dar título a um livro não é tarefa simples. Como chamar a atenção para uma obra inteira em palavras sintéticas? A primeira ideia foi dar-lhe o nome *Guerra Fria cultural: passagens internacionais do (sub)desenvolvimento*. Assim, enfatizaria o tema da cultura no período da Guerra Fria em passagens específicas, abarcando conexões de intelectuais brasileiros no exterior para construir suas carreiras e romper com o subdesenvolvimento nacional, aproximando-se do campo liderado pelos Estados Unidos ou ousando optar pelo lado soviético, que ganharia uma outra perspectiva após a vitória da Revolução Cubana, a oferecer um viés novo à proposta comunista. Ou ainda aproveitando os embates entre as potências para negociar com os dois lados. O (sub), entre parênteses no título antes do termo desenvolvimento, daria ideia da ambiguidade numa sociedade que se modernizava no Brasil, mas não conseguia romper com as desigualdades na periferia do capitalismo. Um país ao mesmo tempo desenvolvido e subdesenvolvido, moderno e atrasado, na chave do desenvolvimento desigual e combinado, tal como proposta, por exemplo, por Francisco de Oliveira (2003) em seu questionamento do dualismo para entender a sociedade brasileira, que comparou a um ornitorrinco, esse animal estranho a amalgamar características de várias espécies. Por sua vez, o termo "passagens" no subtítulo remeteria aos casos específicos abordados. Também daria ideia de trânsito, de algo que precisa passar, num caminho que entretanto não se mostra passageiro, repetindo-se como um sonho que é também pesadelo para artistas e intelectuais cindidos. No sentido do que Marshall Berman (1986) chamou de cisão fáustica dos intelectuais de países em desenvolvimento.

Entretanto, o plano inicial de título foi mudado, em parte porque era acadêmico em demasia. O livro pretende ir além de um público universitário, ainda que haja algo de ilusório nesse intento, pois as barreiras de comunicação e difusão são difíceis de romper. Nunca desisto da empreitada de manter o rigor acadêmico e ao mesmo tempo buscar atingir audiência e interlocução mais ampla. Por isso o uso excessivo de jargão sociológico foi evitado e tentei ser econômico nas notas de rodapé, que podem ser puladas pelos não especialistas sem prejuízo do entendimento, pois no essencial se referem à menção de fontes.

Surgiu, então, uma segunda possibilidade de título, *Revolução, contrarrevolução e dinheiro: passagens da Guerra Fria cultural*. Ele poderia iluminar o aspecto político envolvido: a busca da revolução brasileira – fosse nacional e democrática, ou então socialista – por certos sujeitos, enquanto outros seriam contra ela, almejando o desenvolvimento associado aos interesses dos Estados

Unidos. Na luta por corações e mentes, as grandes potências apoiaram seus aliados. Com financiamento explícito no patrocínio soviético ao Conselho Mundial da Paz, de que Jorge Amado foi dirigente, como o primeiro capítulo aborda; patrocínio velado no caso do apoio dos Estados Unidos ao Congresso pela Liberdade da Cultura, com verba secreta da Central Intelligence Agency (CIA) – tema investigado no segundo capítulo, sobre a revista *Cadernos Brasileiros*. O grupo de mulheres que organizou a Associação Universitária Interamericana (AUI), analisado no terceiro capítulo, nunca escondeu que parte de seus fundos vinha de empresas multinacionais, nem que houve algum suporte oficial dos Estados Unidos, mas souberam guardar segredo sobre o montante do financiamento e sua procedência específica, pois sabiam que a descoberta afastaria o interesse de participação de estudantes de esquerda a quem pretendiam cativar com a estada de cerca de um mês em seu país.[2]

Essa possibilidade de título também foi descartada, pois enfatizaria demais a questão política em torno da revolução e da contrarrevolução, quando o foco está sobretudo na internacionalização de intelectuais, indissociável das disputas da Guerra Fria pela hegemonia ideológica, no período em que se ofereceram oportunidades aproveitadas pelos principais atores analisados. Eles não se reduziam a fantoches, antes participaram das disputas do período, dentro de seus limites de atuação.

Prevaleceu a escolha do título *O segredo das senhoras americanas*, que é também o do capítulo final. Busca levar à curiosidade para descobrir quem eram as senhoras americanas, qual era o seu segredo. Remete também à sensação de mistério envolvida na Guerra Fria, bem como ao encanto da cultura dos Estados Unidos, inseparável da tentação de contestar o "imperialismo sedutor", na expressão feliz de Tota (2000). Explicitam-se no subtítulo – *Intelectuais, internacionalização e financiamento na Guerra Fria cultural* – as palavras-chave a que o livro se refere. O título também revela o peso maior dado à análise do lado ocidental da Guerra Fria, em parte porque já tratei dos comunistas em outras obras, mas sobretudo porque a influência cultural, política e econômica dos Estados Unidos foi e é muito mais expressiva na sociedade brasileira. Isso não

---

2 O termo "esquerda" é usado aqui para designar as forças políticas críticas da ordem capitalista estabelecida, identificadas com as lutas de trabalhadores e demais oprimidos pela transformação social. Trata-se de uma definição ampla, próxima da utilizada por Jacob Gorender, para quem "os diferentes graus, caminhos e formas dessa transformação social pluralizam a esquerda e fazem dela um espectro de cores e matizes" (1987, p.7). Envolve, portanto, correntes ideológicas heterogêneas, como bem apontou Marco Aurélio Garcia (2019, p.528). As forças de direita também são diversas e variadas, entendidas como aquelas que se organizam em defesa da ordem estabelecida ou sua mudança sem transformação estrutural.

significa perder de vista seus antagonistas, que aparecem o tempo todo como interlocutores e personagens nos dois capítulos finais e mais longos.

O uso do substantivo "segredo" no título não implica compactuar com certo reducionismo comum nos estudos sobre a Guerra Fria cultural, bem apontado por David Caute (2003). É preciso evitar enquadrar o tema em equações simples, por exemplo, como se tudo se explicasse pelas ações encobertas das grandes potências, e o trabalho de pesquisa devesse restringir-se a descobrir quem financiou as ações, quem estava por trás delas. Conhecer esse aspecto é fundamental, mas não suficiente; cabe analisar todo o contexto e verificar como se articulava com os sujeitos, que não eram meras marionetes ou inocentes úteis; eles atuavam individual e coletivamente com base em suas ideias, ideais, ideologias e utopias situadas em certo momento histórico.

O livro aborda um período fértil da história de intelectuais em suas relações com a política, em escala nacional e internacional. Busca avançar na compreensão tanto da experiência dos agentes na formação e no amadurecimento de um campo intelectual no Brasil, como de sua inserção na indústria cultural que se consolidava, tudo em meio a um processo internacional de desenvolvimento do capitalismo e de contestação a ele.[3] Era um tempo de "relativa hegemonia cultural de esquerda", que ameaçava a ordem em âmbito local e mundial, mas também fazia parte dela, para citar Roberto Schwarz (1978), num artigo clássico publicado pela primeira vez em 1970, não por acaso durante seu exílio na França, na prestigiosa revista de Sartre, *Les Temps Modernes*. Ou, melhor dizendo, um tempo de esboço consistente de contra-hegemonia ou de hegemonia alternativa, para usar termos de Raymond Williams (1979), inspirado em Gramsci (2002). Isso envolve a compreensão da cena cultural em seu conjunto e as relações entre intelectuais no contexto da Guerra Fria, entendida como a polarização política entre soviéticos e norte-americanos a partir do fim da Segunda Guerra Mundial, que teve influência em todos os domínios da vida social no período.[4] Sendo uma

---

3 Aqui se remete aos conceitos de campo, de Bourdieu (1996, 2005), e de indústria cultural, tal como estabelecido por Adorno e Horkheimer (1985). Há um diálogo explícito ou implícito com esses e outros autores de diferentes tradições de pensamento, ao se abordar especificamente a inserção de intelectuais na sociedade brasileira e suas conexões internacionais. A formação do campo intelectual e da indústria cultural no Brasil foi o tema de um projeto temático da Fapesp de que fiz parte, coordenado por Sergio Miceli, cujas discussões contribuíram para a formulação inicial da pesquisa que deu origem a este livro (cf. Pontes; Miceli, 2014).

4 A Guerra Fria comportou várias fases, das tensões do final dos anos 1940, passando pelos 1950 e início dos 1960, depois a crescente distensão, até novo acirramento de posições nos anos 1980, culminando com o fim da União Soviética e do chamado socialismo real no Leste europeu. Ver a respeito, por exemplo, Higgins (1974); Perloff (1989); Westad (2005); Vizentini (2000); Munhoz (2020); entre outros.

guerra "fria", isto é, travada em grande medida ideologicamente, sem o uso de armas – pois uma guerra entre as potências com armamento atômico levaria à destruição mútua –, suas implicações no domínio da cultura ganharam particular relevância nas disputas para conquistar adeptos, o que se convencionou chamar de Guerra Fria cultural, termo usado já na época estudada, como no título de um conhecido artigo de Christopher Lasch (1967).

Não há como tratar da Guerra Fria cultural sem se remeter à internacionalização dos sujeitos sociais e políticos. Destacam-se a politização, a circulação e as conexões transnacionais de intelectuais. Internacionalização, note-se, não é sinônimo de circulação internacional, pois pode ocorrer sem que necessariamente os agentes circulem por outros países, como advertiram Blanco e Brasil (2018) ao analisar a Faculdade de Filosofia da USP nos anos 1940 e começo dos 1950, onde a internacionalização se dava sobretudo pela presença elevada de professores europeus e norte-americanos, sem que necessariamente os alunos e colegas locais circulassem em intercâmbios acadêmicos no exterior. Aqui será tratada com ênfase a circulação internacional – de Jorge Amado e seus companheiros, dos participantes da revista *Cadernos Brasileiros* e da Associação Universitária Interamericana –, como parte de um processo mais amplo de internacionalização que demandou intercâmbio de ideias, mercadorias e pessoas em conexões transnacionais indissociáveis dos fenômenos sociais e políticos do período.

A hipótese central é que, tanto do lado norte-americano quanto do soviético, vários intelectuais – em suas vidas e suas obras – participaram ativamente da disputa das grandes potências, apesar de não estarem a par de todos os fatos e de não dominarem todas as regras do jogo. Não se pode dizer que seriam inocentes úteis; foram usados pelas potências e suas instituições, por certo. Contudo, também souberam intervir e atuar pessoal e coletivamente, sem necessariamente se definir por um dos lados na contenda, criticando-os e também negociando com eles. Trata-se de ajudar a compreender as modalidades de colaboração, disputa e circulação internacional de profissionais atuantes tanto nos âmbitos especializados da atividade cultural como na vida política, vinculando-se ou não a partidos e movimentos de esquerda ou de direita no período da Guerra Fria. Então amadureceu na sociedade brasileira um sistema intelectual diferenciado, em paralelo com a ampliação da esfera cultural, o crescimento da mídia e da indústria cultural, associados à rápida urbanização e industrialização.

Redes internacionais poderosas de difusão, abrigando intelectuais e artistas, mobilizaram recursos e apoios dos dois lados na Guerra Fria. Os comunistas atuaram num contexto de ascensão política e ideológica a partir da vitória contra o nazifascismo – num pós-guerra em que foi expressiva a presença de artistas latino-americanos exilados em Paris –, com forte influência soviética; a seguir integraram diferentes vertentes identificadas com a própria União Soviética, ou a China, posteriormente Cuba e outros países do Terceiro Mundo. Por outro lado, eram ainda maiores as possibilidades de acesso a redes não comunistas ou anticomunistas financiadas direta ou indiretamente pelos Estados Unidos, como nos casos da revista *Cadernos Brasileiros* e da Associação Universitária Interamericana (AUI), tratados adiante. Havia um jogo complexo de reciprocidade que não só viabilizava a projeção local e internacional dos beneficiários da chancela soviética ou norte-americana, mas também reforçava a legitimidade política e simbólica dos patrocinadores. Não se tratava do suposto uso indevido da arte e do pensamento social para fins que lhes seriam alheios, relativos à política pró-soviética ou pró-americana, mas de uma relação intrincada com custos e benefícios para todos os agentes envolvidos – fossem pesquisadores, artistas, estudantes ou instituições –, que implicava ainda uma dimensão ideológica ou utópica que não se reduzia ao cálculo racional.

A Revolução Cubana de 1959 colocou novos aspectos em disputa no xadrez geopolítico internacional da Guerra Fria, atraindo artistas e intelectuais da América Latina. Em resposta, os Estados Unidos procuraram dar maior atenção à região, por exemplo, ao criar a Aliança para o Progresso em 1961. Um caso exemplar de ação cultural norte-americana durante a Guerra Fria – analisado no capítulo sobre a internacionalização cultural liberal – revelava-se no apoio ao Congresso pela Liberdade da Cultura (CLC), fundado em 1950 na Europa. Somente depois da Revolução Cubana o CLC passou a dedicar-se mais à América Latina em geral, e ao Brasil em particular, onde financiou a revista *Cadernos Brasileiros*, que teve várias fases em sua trajetória, de 1959 a 1970, tema do capítulo mais longo do livro. O Congresso fazia um contraponto ao Conselho Mundial da Paz (CMP), patrocinado pelos soviéticos. O CMP contou com a participação de Jorge Amado e seus camaradas da América Latina, como se verá no capítulo sobre a internacionalização cultural comunista. Outra ação cultural na Guerra Fria foi a criação de intercâmbios estudantis universitários para latino-americanos, de que a AUI constitui um exemplo expressivo, tratado no capítulo final.

Os episódios analisados, sem financiamento do governo brasileiro, compuseram a vida intelectual extra-acadêmica ou para-acadêmica imediatamente anterior à criação de um sistema público de pós-graduação nacional que passou a predominar no campo intelectual, envolvendo também enorme aumento de estudantes no exterior subsidiados pelo Estado. Por exemplo, nos anos 1950 e 1960, apenas "879 brasileiros receberam bolsas da Capes e do CNPq para realizar estudos e pesquisas nos principais centros científicos do mundo". O volume aumentaria vertiginosamente de 1970 a 1998, quando "o número de bolsistas pode ser estimado em 17.000 estudantes", segundo Afrânio Garcia e Leticia Canedo (2004-2005, p.29). Outra agência pública essencial para a internacionalização científica, a Fapesp, só foi criada em 1962.

São três casos do momento de passagem no Brasil da predominância de certo tipo de intelectual – boêmio, sem a segurança de uma carreira, relativamente diletante, inserido no cotidiano das cidades, voltado à intervenção na esfera pública com uma produção ensaística – para o predomínio de um tipo profissionalizado, com vida institucional na universidade, trabalhando no câmpus, dirigido sobretudo aos pares como interlocutores qualificados, buscando a objetividade e a universalidade. Algo similar ao ocorrido em outros países, inclusive aqueles com uma tradição universitária muito mais antiga e consolidada, como os Estados Unidos, analisado por exemplo por Jacoby ([1987] 1990), que lamentou o enclausuramento e a domesticação do intelectual na academia, lugar onde por sinal ele mesmo trabalhava ao redigir a obra. Ou a França, onde o *Homo academicus* foi criticado de outro ponto de vista, de dentro da instituição universitária e com seus próprios critérios de cientificidade por Bourdieu ([1984] 2013). Já este livro está centrado nos antecedentes imediatos – especialmente no que se refere à internacionalização e ao financiamento – do profissional acadêmico que passou a prevalecer, ocupando posições num sistema universitário brasileiro que parece sólido e naturalizado, mas tem sua historicidade, sem garantia de perenidade.

As três passagens expressaram lutas de distintas correntes intelectuais nas décadas de 1950 e 1960, constituintes de elites ou contraelites predominantemente de classe média, masculinas e brancas que entretanto buscaram pensar a sociedade brasileira e seus problemas como um todo. Explicitar desde logo essa composição social não desmerece sua contribuição – afinal, não é critério para atestar a validade da produção de conhecimento –, embora deva ser levada em conta para entender seus alcances e limites, contradições, ideologias e utopias que marcaram uma época cuja herança segue viva. Nos dois primeiros casos, dos comunistas e de *Cadernos Brasileiros*, Paris fazia a mediação cultural na relação dos intelectuais com as duas grandes potências. No último, da AUI, a capital francesa já não fazia parte do jogo, indicando a influência preponderante dos Estados Unidos no meio intelectual brasileiro, que viria a crescer ainda mais nos anos seguintes.

Fruto de pesquisa realizada em boa parte no exterior, com resultados parciais apresentados em eventos acadêmicos em diversos países, este livro não deixa de acompanhar a tendência crescente nas ciências humanas de enfoque internacional para os temas investigados, particularmente os estudos sobre os anos 1960, com um olhar menos centrado na Europa e nos Estados Unidos, mas conectado com eles. Um exemplo é a coletânea *The Routledge Handbook of the Global Sixties: Between Protest and Nation Building* (Jian et al., 2018). A obra traz no título a complexidade da empreitada: usa ao mesmo tempo os termos consagrados, "protesto" e "construção nacional", e a denominação difundida nos últimos anos, os "60 globais", que acentua as conexões transnacionais dos fenômenos do período, conforme proposta de autores como Eric Zolov (2014). A pertinência desse tipo de abordagem não deve esconder que também ela tem sua historicidade, está vinculada ao tipo de conhecimento criado na atualidade de sua produção. Num contexto de internacionalização do conhecimento que incentiva o intercâmbio de alunos e professores, era de se esperar que também as investigações ganhassem uma dimensão mundializada, ainda mais que o próprio objeto é carregado de articulações internacionais. Trata-se tanto de uma demanda do objeto – já que as conexões internacionais eram muitas e complexas durante a Guerra Fria –, quanto de uma percepção típica do sujeito do conhecimento no tempo da chamada globalização econômica e cultural, emaranhada com o imperialismo, que segue a seu modo, ressituado, assim como os estados nacionais, na lógica mundial do capitalismo.[5]

Estar na universidade mundializada favorece a mirada dos aspectos internacionais, mas corre-se o risco de perder de vista a especificidade daquele momento, muito fortemente marcado também pelas lutas de libertação nacional. Vários investigadores reconhecem esse dado, tanto que o subtítulo da coletânea referida sobre os "60 globais" remete ao tema da "construção nacional" (Jian et al., 2018). A expressão *global sixties* tem a vantagem de condensar o foco nas conexões transnacionais, mas prefiro não a utilizar, para evitar a armadilha do anacronismo e não perder de vista os condicionamentos locais específicos. Afinal, os estados-nação – ainda mais naquele tempo – continuaram a ter um papel relevante nos espaços internacionalizados que, entretanto, não deveriam ser eclipsados por miradas locais ou nacionais, mas vistos em conexão com elas como parte de um mesmo todo.

---

5 Ver, por exemplo, a reflexão de autores brasileiros a respeito da globalização, entre os quais Octavio Ianni (1995); Milton Santos (2000); Renato Ortiz (2006) e Michel Nicolau Netto (2019). Reginaldo Moraes (2006) também apontou a necessidade de compreender o processo de globalização que não prescinde do Estado nacional.

Nos anos 1960, o mundo já se tornara uma "aldeia global", na expressão célebre de Marshall McLuhan (1962). Ou seja, a tendência atual de estudos internacionais não significa que aquela época não tenha sido pensada desde logo em termos de conexões exteriores, até mesmo pelo senso comum conservador, que acusava, por exemplo, a esquerda brasileira de ser fantoche da União Soviética, de Cuba, da China ou dos estudantes de Paris. Ou pelos que detectavam a influência do governo dos Estados Unidos nos vários golpes militares na América Latina, tendendo a explicá-los por esse fator. Cabe evitar a tendência a reduzir a ação política na sociedade brasileira a emanações do exterior, embora elas devam ser consideradas.

O processo de internacionalização e circulação cultural existe a seu modo há muito tempo, até num país tão grande como o Brasil, com inclinação a se imaginar autônomo no mundo e, ao mesmo tempo, a importar ideias dos grandes centros que por vezes se apresentam "fora do lugar" numa sociedade de classes herdeira do escravismo. São conhecidas desde o Império as missões estrangeiras no Brasil e as incursões de artistas e intelectuais ao exterior, com recursos próprios, de algum mecenas ou mais tarde financiados pelo governo. O intercâmbio cultural e científico internacional tem uma longa história. Aqui serão tratados apenas alguns de seus episódios no contexto dos anos 1950 e 1960, quando se ampliavam as experiências transnacionais.

O livro tampouco tem a pretensão de esgotar o tema da internacionalização de brasileiros na Guerra Fria cultural. Ele é imenso e multifacetado, apresenta muitos aspectos a investigar, como a participação em congressos mundiais da juventude e outros promovidos por países comunistas e seus homólogos ocidentais, em festivais de teatro, cinema, música, literatura, dança e artes, além de intercâmbios estudantis pelo mundo afora, congressos científicos, cursos de formação política ou profissional, estágios institucionais de funcionários do Estado no exterior, incluindo políticos e militares, em disputas veladas ou expressas para ganhar corações e mentes. Foi um tempo que testemunhou ainda a emergência dos países do chamado Terceiro Mundo em lutas de libertação nacional, que estabeleceram relações entre eles, envolvendo também aspectos culturais, intercâmbios e viagens que merecem ser estudados. Embora não seja seu eixo, este livro dá pistas para pensar as relações horizontais que se delinearam no período na América Latina, como propuseram, por exemplo, Aldo Marchesi (2017, 2018) e Karina Jannello (2014). Abordaram-se as conexões entre os latino-americanos comunistas exilados em Paris no pós-Segunda Guerra, também o esboço de rede acadêmica na América do Sul por intermédio do Instituto Latino-Americano de

Relações Internacionais (Ilari), ligado ao CLC, escapando às vezes dos limites da relação predominante entre centro e periferia.

Em suma, o tema é amplo, e não haveria como dar conta dele em todos os aspectos neste livro. Versões iniciais de trechos da pesquisa já haviam sido publicadas como artigos, agora retrabalhados e bem ampliados, formando um novo todo, inédito em sua maior parte. O objetivo é analisar sociologicamente passagens históricas que podem iluminar a compreensão da Guerra Fria cultural naquele momento de modernização da sociedade brasileira. Então se contava cada vez mais com a participação de intelectuais e artistas para alcançar o desenvolvimento, como se pretendia na época, cujas grandes questões estruturais – abarcando as lutas entre capitalistas e comunistas, capitaneados pelos Estados Unidos e pela União Soviética, depois também por Cuba – foram abordadas a partir de experiências de pessoas e grupos que constituíram suas relações e redes de sociabilidade.

Não se trata de fazer julgamento moral ou de qualquer ordem sobre esses sujeitos, mas de compreender aspectos de sua inserção no contexto da Guerra Fria, o que envolve sobretudo sua ligação com a política e as lutas sociais nos anos 1950 e 1960, no turbilhão de um processo acelerado de modernização e internacionalização das propostas de desenvolvimento. Lido sob a lente da estrutura social, esse processo gerou classes médias intelectualizadas, a transitar entre o paraíso dos círculos de poder na Guerra Fria e o inferno reservado aos inimigos. Estrutura que se encarnou na vida de personagens dessa história, negociando dentro daquelas circunstâncias, equilibrando-se na corda bamba para realizar seus projetos de integração, mudança ou revolução.

Surgem atores centrais e uma miríade de coadjuvantes, desde figuras públicas famosas – como Jorge Amado, Pablo Neruda, Glauber Rocha, Afrânio Coutinho, Nélida Piñon, Robert e John Kennedy, Henry Kissinger, Elizabeth Bishop, Robert Lowell, Ilya Ehrenburg, Alexandre Fadeiev, Louis Aragon, Pablo Picasso, Raymond Aron, Jean-Paul Sartre, Simone de Beauvoir, Ignazio Silone, Frida Kahlo, Diego Rivera, Nicolás Guillén, Mario Pedrosa, Celso Furtado, Florestan Fernandes, Fernando Henrique Cardoso, ministros, reitores e membros da Academia Brasileira de Letras – até outras também importantes, apesar de menos lembradas. Pessoas diversas que, não raro, parecem personagens de ficção: um poeta haitiano que circulou pela França, Cuba e Brasil, conquistando corações. Uma filha de família tradicional que se comprometeu com a política nacionalista, conheceu um líder marinheiro negro e foi com ele exilada para Cuba, onde tiveram um filho, depois retornou ao Brasil e trabalhou com o pai em revista do Congresso pela Liberdade da Cultura. Um escritor norte-americano, agente do serviço secreto, que entretanto pedia ajuda para libertar intelectuais perseguidos pela ditadura militar no Brasil, juntando-se a um anarquista que lutara na Guerra Civil Espanhola e depois foi dirigente do CLC para a América Latina. Aparece ainda certa senhora de Boston ligada aos Kennedy, amiga de Kissinger e atuante no círculo empresarial paulista, dirigindo atividade de intercâmbio estudantil. E outra esposa de milionário norte-americano que largou a carreira para acompanhar o marido ao Brasil, dedicou-se à difusão cultural e acabou morrendo de câncer ainda jovem, como tantos engajados no projeto nuclear dos Estados Unidos em que trabalhara. Sem contar um estudante pernambucano que denunciou torturas sofridas após o golpe de 1964 em visita à Organização das Nações Unidas (ONU) com seu grupo da AUI, e mais tarde viria a ser um desaparecido político. Enfim, são só exemplos de tantas vidas que circulam nas páginas deste livro, habitantes dos círculos intelectualizados, moldadas nos contornos da Guerra Fria, fazendo sua história como puderam nos limites socialmente estabelecidos em sua época. Em casos extremos, pagando caro por ousar tentar romper com eles.

Uma questão metodológica importante na análise dos intelectuais e de sua produção diz respeito aos aspectos de texto e de contexto, aos fatores internos e externos envolvidos na investigação das obras, como já expôs, por exemplo, Skinner (1969), advertindo para o problema de assumir posições ortodoxamente internalistas ou externalistas, bem como para o risco do anacronismo ao analisar obras e conceitos fora de seu contexto histórico.[6] Vários investigadores são propensos à análise que se concentra no texto, dentre os quais os mais interessantes para esta pesquisa são aqueles que reconhecem a historicidade da obra, como Antonio Candido (1976) e Roberto Schwarz (1978), pois buscaram compreender a trama social presente no interior de cada criação literária. Leva-se em conta a contribuição desses autores, mas o tema do livro exige enfrentar o desafio sociológico de compor analiticamente fatores internos e externos, indo além da análise das criações. Desafio que tem sido enfrentado a seu modo por diferentes autores de diversas tradições teóricas, que não se limitam ao diálogo conceitual entre as variadas obras, tentando compreender especialmente o contexto social e histórico de sua produção, os imperativos da ordem social mais abrangente, que por vezes estão fora da consciência dos agentes, como bem apontou Heloísa Pontes (1997).

---

6 Cabe lembrar, entretanto, que reconhecer a historicidade dos conceitos não significa que eles constituam estruturas fixas, pois não se circunscrevem ao tempo de sua produção, podem ser reapropriados em diferentes momentos, como argumentou Jasmin (2005).

Foram usadas diversas fontes que se alimentam reciprocamente e serão explicitadas ao longo dos capítulos: documentos oficiais, processos judiciais, troca de correspondência e outros materiais depositados em arquivos no Brasil, na França e especialmente nos Estados Unidos; jornais e revistas de época; biografias; filmes; livros, memórias e outros textos produzidos pelos autores analisados; bem como inúmeras entrevistas que fornecem um contraponto subjetivo aos demais documentos, revelando aspectos cotidianos e de bastidor raramente disponíveis por outros meios. Além, é claro, de diversas fontes bibliográficas sobre a Guerra Fria cultural, que já conta com uma tradição de estudos acadêmicos, envolvendo um sem-número de pesquisas, inclusive na América espanhola, de que é exemplo a coletânea organizada por Benedetta Calandra e Marina Franco (2012). Mas o tema ainda é relativamente pouco estudado, especialmente no Brasil, e merece mais investigação, num esforço analítico coletivo com o qual este livro pretende contribuir.[7]

Quanto ao tema das trajetórias biográficas – no caso dos latino-americanos exilados em Paris após a Segunda Guerra, bem como dos participantes de *Cadernos Brasileiros* e da AUI –, o livro procura incorporar a contribuição de Bourdieu (1996, 1998), que realçou as constrições sociais nas histórias de vida, aspecto desenvolvido com enfoque próprio e original por Elias (1995), em sua obra sobre Mozart. Em contraponto e complementaridade com essas abordagens, procurou-se dar espaço à agência individual, às respostas criativas dos sujeitos diante de pressões e limites socialmente constituídos de que falava Williams (1979), que é a referência decisiva para compreender a realidade como um todo complexo e contraditório em movimento, na tradição marxista também de autores como Michael Löwy (1979). Assim, por outra via teórica, chega-se

---

7 Algumas pesquisas têm trabalhado mais diretamente com aspectos culturais da Guerra Fria no Brasil, sobretudo na relação com os Estados Unidos, caso das publicações de Elizabeth Cancelli (2012, 2017), Dária Jaremtchuk (2014, 2018) e Lidiane Rodrigues (2020). Também há uma série de contribuições ao estudo das relações internacionais do Brasil com o "irmão do norte" e suas instituições, especialmente nos anos 1960, como as obras de Moniz Bandeira (1978), Fico (2008), Green (2009), Miceli (1993), Spektor (2009, 2010), Motta (2014), Ribeiro (2006), Loureiro (2020) e outros. O mesmo vale para a União Soviética, em particular nas pesquisas envolvendo o Partido Comunista, conforme referências com as quais se dialoga no primeiro capítulo. Não obstante, o termo "Guerra Fria cultural" tem sido pouco usado, com frequência bem menor do que na literatura estrangeira. Há uma bibliografia considerável sobre a Guerra Fria na América Latina, inclusive em seus aspectos culturais, desenvolvida em universidades norte-americanas, que geraram livros como o de Patrick Iber (2015) e obras organizadas por Joseph e Spenser (2008), Field Jr., Krepp e Pettinà (2020). Para um balanço dessa bibliografia a partir de uma ótica norte-americana, ver Joseph (2019, 2020), bem como as críticas que lhe foram dirigidas pelos pesquisadores latino-americanos Marcelo Casals (2020) e Adrián Celentano (2020).

à proposição desenvolvida por Passeron (1990), ao falar em "compreender o devir biográfico como produto de uma interação entre a ação dos indivíduos e o determinismo das estruturas" (1990, p.3). Ou, como já propunha a formulação clássica inspiradora, os homens fazem sua história nas circunstâncias com que se defrontam, legadas pelo passado (Marx, [1852] 1974, p.335).

Ou seja, este livro pode ser lido à luz do entendimento de Raymond Williams (1979) acerca do problema da determinação. Isso requer compreender a cultura não como fenômeno secundário, mero reflexo superestrutural das determinações econômicas, mas sim como constituinte da própria estruturação da sociedade como um todo. Determinação significaria – numa formulação sintética – exercer pressão e impor limites à ação, que entretanto tem margem para dar respostas diferenciadas às constrições sociais, na tradição do autor britânico analisado por Maria Elisa Cevasco (2001). Assim, nas circunstâncias da Guerra Fria, veremos como certos artistas, pesquisadores e estudantes encontraram respostas criativas para realizar seus projetos, dentro do possível diante do contexto local e do embate entre as duas grandes potências no cenário internacional, do qual participaram a seu modo. As circunstâncias restringiam a margem de atuação e exerciam pressão sobre ela, mas a ação por sua vez ajudava a moldar a estruturação da sociedade.

As três passagens também envolvem a reconstituição dos fatos, dilemas e esperanças a partir dos pós-Segunda Guerra, especialmente relativas aos intelectuais nos anos 1960, buscando um lugar dentro da ordem a ser preservada ou reformada, no limite apontando para a ruptura com ela. Assim, ganham vulto sua atuação nas conjunturas de mobilização pelas chamadas reformas de base no pré-1964, a seguir o golpe de Estado, o florescimento cultural até 1968 e o recrudescimento da repressão após a edição do Ato Institucional n.5 (AI-5), em conexão com os acontecimentos internacionais do período, como a Revolução Cubana e o prestígio do terceiro-mundismo, a escalada da Guerra do Vietnã, a rebeldia mundial juvenil e dos trabalhadores, indissociável dos movimentos de 1968, do assassinato dos Kennedy, do *Black Power*. Ou seja, pelo viés dos três episódios estudados, é possível reconstituir e compreender os chamados anos rebeldes.

O livro resulta de pesquisas realizadas com apoio de diversas agências, a começar pelo CNPq, que me concede bolsa de produtividade. Também foram fundamentais: a participação em acordos Capes-Cofecub, com estadas no Ihess em Paris, bem como a ajuda da Fapesp, da Funcamp e da Fulbright para atividades no Brasil e no exterior. E ainda as passagens como professor e pesquisador visitante na Universidade Columbia em Nova York e na Universidade de

Paris 3, onde ocupei respectivamente as cátedras Ruth Cardoso (Ilas, 2014-2015) e Simon Bolívar (Iheal, 2017). Agradeço a todas essas instituições e pessoas envolvidas, bem como aos colegas do Departamento de Sociologia do IFCH da Unicamp, aos pares que têm debatido minha produção em congressos e leituras particulares, aos entrevistados, muito gentis e solícitos, ao pessoal da Editora Unesp, à Tânia Marossi que sempre comenta meus escritos com inteligência e carinho, e especialmente aos estudantes que contribuíram para a pesquisa com bolsas de iniciação científica.[8]

---

8 Não mencionarei cada um dos colegas que cooperaram, pois são dezenas e correria o risco de me esquecer de alguém, mas eles em geral estão referidos em notas e na bibliografia. Cito nominalmente a seguir apenas os estudantes que ajudaram na transcrição de entrevistas, construção de quadros de referência e outras atividades com bolsas do Serviço de Apoio ao Estudante da Unicamp. A começar por João Fernando Vieira Santos, que acompanhou a pesquisa por três anos, e também os que permaneceram por um ano cada: Tabatha Rodrigues de Lima, Matheus Correia dos Reis e Souza, e Agatha Lorena de Paulo.

1
INTERNACIONALIZAÇÃO CULTURAL COMUNISTA: JORGE AMADO E SEUS CAMARADAS DA AMÉRICA LATINA

Aragon e sua corte, não nasci cortesão, nasci amigo.

Jorge Amado (2012b, p.88)

Nem por haver-me dado conta e abandonado o redil escondi ou neguei ter recebido, em dia de glória, com honra e emoção inimagináveis, o Prêmio Internacional Stálin [...] momento culminante de minha vida.

Jorge Amado (2012b, p.446)

COMUNISTAS LATINO-AMERICANOS NA GUERRA FRIA CULTURAL[1]

Nas circunstâncias da Guerra Fria, alguns autores comunistas latino-americanos construíram uma rede de contatos que facilitou a difusão de suas obras em vários países e idiomas, além de criar laços entre eles e com o público que

---

1 Este capítulo funde, reformula e amplia alguns textos que publiquei sobre o tema, o primeiro dos quais "Jorge Amado e seus camaradas no círculo comunista internacional", *Sociologia e Antropologia*, v.1, n.2, p.165-94, nov. 2011 (depois editado em versão ampliada por Egg et al., 2014). E o último, "Latin American Network in Exile: A Communist Cultural Legacy for the Third World", em Adelman, Prakash, 2022.

ultrapassaram a audiência comunista. Ao se integrar ao sistema soviético de difusão cultural em larga escala após a Segunda Guerra, tiveram acesso a uma poderosa rede internacional de recursos e apoios. Alguns deles fizeram parte do *star system* alternativo ao irradiado pelos Estados Unidos. Se esse fato os estigmatizou como comunistas, a posterior distensão entre as superpotências abriria espaço para que eles fossem bem aceitos também no mercado ocidental, como no caso emblemático de Jorge Amado, além de abrir um diálogo internacional, especialmente na órbita do chamado Terceiro Mundo então emergente.

Os contatos entre artistas e intelectuais latino-americanos e sua inserção nas redes comunistas viriam a contribuir para a construção da ideia de Terceiro Mundo e de libertação nacional, ao imaginar alternativas de organização social, econômica, política e cultural em que surgiriam nações livres do jugo colonial e imperialista. Os laços sociais e afetivos gerados particularmente entre os escritores poderiam contribuir para criar uma nova solidariedade transnacional para além da Guerra Fria, embora estivessem envolvidos nela. Tratava-se de agentes que moviam suas pedras no tabuleiro das disputas políticas e culturais, apesar das constrições do contexto de polarização entre as superpotências, usando os embates entre elas para atuar como lhes era possível para construir campos profissionais e intelectuais. Embora desconhecessem muito do jogo, estavam longe de ser peças manipuladas.

Artistas e intelectuais comunistas latino-americanos tiveram forte atuação nos congressos internacionais pela paz e no Conselho Mundial da Paz (CMP), aonde chegaram por intermédio sobretudo do setor cultural do Partido Comunista Francês (PCF), responsável pela articulação do movimento no Ocidente, sob liderança do poeta Louis Aragon. A aproximação foi facilitada pelo fato de alguns deles estarem em Paris no momento de organização dos congressos e da criação do conselho, no final dos anos 1940. Fugiam da perseguição em seus países no início da Guerra Fria. Os casos mais notórios foram o do senador e poeta chileno Pablo Neruda e o do deputado e escritor brasileiro Jorge Amado. Ambos tiveram seus mandatos cassados e foram muito bem recebidos na França pelos camaradas do PCF, então no auge da popularidade devido a seu papel importante na resistência à ocupação nazista, tendo obtido quase um terço dos assentos na Assembleia Legislativa na primeira eleição após a Segunda Guerra. O PCF abriu especialmente suas revistas culturais aos latino-americanos, que tinham espaço destacado em *Les Lettres Françaises* e *Europe*.

No começo da Guerra Fria, a celebração da cultura popular e do realismo estava presente nas matérias da imprensa cultural comunista francesa sobre a América Latina, além da mística em torno de povos de um continente distante.

Pablo Neruda entre comunistas brasileiros. À sua esquerda, Arruda Câmara e Jorge Amado. São Paulo, 1945.
Fonte: Centro de Documentação e Memória da Fundação Maurício Grabois.

Dava-se espaço a artistas social e politicamente engajados, afinados com a linha programática do PCF, a valorizar fontes populares e nacionais na cultura, em contraste com o formalismo cosmopolita, supostamente aliado do imperialismo.[2]

Vários artistas latino-americanos viveram em Paris e se integraram ao círculo de Aragon e do movimento internacional, como o poeta cubano Nicolás Guillén, o escritor argentino Alfredo Varela, o romancista chileno Volodia Teitelboin, também dirigente comunista, os artistas venezuelanos Adelita e Héctor Poleo, o escritor guatemalteco Miguel Ángel Asturias, o poeta paraguaio Elvio Romero e seu conterrâneo, o compositor popular Asunción Flores, o romancista uruguaio Enrique Amorim, o poeta haitiano René Depestre e o pintor brasileiro Carlos Scliar. No Conselho Mundial da Paz, Neruda, Amado e Guillén atuaram como dirigentes, e logo viriam a ganhar o Prêmio Internacional

---

2 Sobre artistas e intelectuais do PCF, ver Caute (1964), Khilnani (1993), Matonti (2005), Verdès-Leroux (1983, 1987), entre outros.

Stálin da Paz, criado como uma espécie de Prêmio Nobel do bloco comunista. Amado foi agraciado em 1951, Neruda em 1953 e Guillén em 1954. Os três eram próximos dos escritores e dirigentes intelectuais soviéticos Ilya Ehrenburg e Alexandre Fadeiev, este o sucessor de Andrei Zdanov, formulador do realismo socialista como política cultural de Estado.[3] Enfim, no pós-Segunda Guerra abriu-se um capítulo importante na internacionalização de autores comunistas, incluindo latino-americanos que se tornaram expoentes da Guerra Fria cultural.

EXÍLIO COMUNISTA EM PARIS: PABLO NERUDA E JORGE AMADO

Vivia-se a aurora da Guerra Fria do fim da década de 1940 ao início dos anos 1950, quando o aumento da repressão aos comunistas na América Latina levou alguns de seus artistas na região a buscar abrigo em Paris, onde eram acolhidos por seus correligionários do Partido Comunista local. Eles tinham em comum o alinhamento com a União Soviética e a identificação com seu líder, Stálin.[4]

O autor latino-americano mais mencionado e louvado pelas publicações comunistas francesas foi o poeta Pablo Neruda. Por exemplo, no n.25 de *Europe*, aparecia seu artigo "Crise democrática no Chile", apresentado por Louis Aragon. Neruda denunciava o presidente chileno Gabriel González Videla pela política reacionária que o levou a romper relações com países comunistas, num contexto em que o poeta e senador comunista viria a se refugiar em Paris após uma fuga mirabolante do Chile, cruzando os Andes com auxílio de militantes comunistas (Neruda, 1974, p.169-93; Feinstein, 2004, p.171-235).[5]

Europe, revista mensal em formato de livro, tratava de temas de arte e cultura, especialmente de literatura. Ela havia sido fundada em 1923 por um grupo

---

3 O realismo socialista na formulação de Zdanov envolvia uma arte pedagógica, comprometida com a propaganda do comunismo, a exaltação de seus feitos e do papel dirigente do partido de vanguarda, além da criação de "heróis positivos", em contraste com a cultura burguesa, tida como decadente e pessimista, expressa no "formalismo". Uma síntese do zdanovismo na União Soviética encontra-se em Strada (1987). Sua presença no Brasil foi analisada por autores como Dênis de Moraes (1994). Apesar dos limites do stalinismo e do realismo socialista então vigentes, não seria possível negar o esforço dos comunistas em geral, e dos franceses em particular, para criar vias alternativas de expressão popular, organizando veículos de imprensa, bibliotecas, comitês culturais, competições esportivas e iniciativas de educação que buscavam dar vez e voz às classes trabalhadoras. O acesso ao mundo das artes e da cultura foi alcançado por muitos jovens despossuídos franceses – e de outras nacionalidades – por intermédio dos comunistas.

4 Acerca do PCF, ver obras como as de Courtois Lazar (1995), Fauvet (1977), Kriegel (1985), Pudal (1989), e Robrieux (1980-1982).

5 *Europe*, n.25, p.28-49, jan. 1948.

de escritores humanistas em torno de Romain Rolland, tendo desaparecido em 1939, no contexto da Segunda Guerra. Voltou a circular em nova fase, tendo como redator-chefe Jean Cassou – um companheiro de viagem dos comunistas, como se dizia na época – e Jean Fouquet como secretário. *Europe* é das raras revistas do período que existem até hoje, tendo se tornado independente financeira e editorialmente do PCF pelo menos desde 1993. Vários intelectuais comunistas integravam a revista, que entretanto era plural sobretudo no pós-guerra, vindo a cair inteiramente na órbita do PCF em meados de 1949, quando a maré montante da Guerra Fria afetou todas as publicações comunistas. A revista sofreu certo abalo quando Jean Cassou deixou a direção, substituído por Pierre Abraham, tendo como secretário de redação Pierre Gamarra. Esses dois últimos eram militantes comunistas inteiramente afinados com a linha do realismo socialista. *Europe* publicou um breve comentário de Pierre Gamarra elogioso à tradução francesa de *Mar morto*. Segundo ele, o romance seria "repleto de lirismo e de canções, e entretanto realista, o que prova uma vez mais que a dignidade está do lado da 'gente simples'". A nota terminava lamentando o fato de Jorge Amado ter sido obrigado a sair da França, com o visto de permanência suspenso pelo governo.[6]

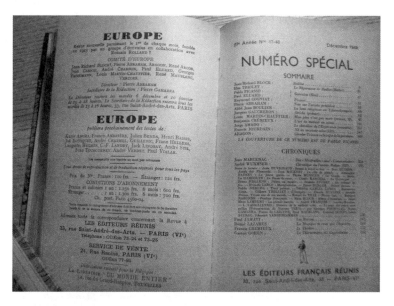

Europe, dez. 1949, com trecho de *O cavaleiro da esperança*, de Jorge Amado. Foto do autor.

---

6 *Europe*, n.49, p.105-6, jan. 1950.

Desde 1948, *Europe* vinha dando destaque a artistas latino-americanos, como na edição de maio de 1948, que se abria com o poema de Neruda "Crônica de 1948 (América)", em que ele dedicava versos a vários países da América Latina, com fragmentos publicados também em *Les Lettres Françaises*. Nessa outra revista, frequentemente apareciam poemas do autor chileno e matérias sobre ele.[7] *Les Lettres Françaises*, autointitulado "grande hebdomadário literário, artístico e político", tinha formato de jornal e inicialmente fora o periódico clandestino do Comitê Nacional dos Escritores. Surgido em 1941, publicou vinte números durante a ocupação nazista. Foi lançado legalmente em setembro de 1944, logo após a liberação de Paris. No pós-guerra, passou a ser mantido pelo PCF e dirigido por Claude Morgan até 1953 e, depois, por Louis Aragon. Existiu até 1972, com circulação mensal. Sua posição contrária à invasão da Checoslováquia em 1968 levaria à perda de assinaturas oficiais no Leste Europeu e na União Soviética, e a desentendimentos no seio do PCF, o que acabou tornando a publicação inviável economicamente. Nos anos 1940 e 1950, ela seguia as posições partidárias oficiais, embora divulgasse também artistas comunistas que mantinham considerável autonomia criativa, como Pablo Picasso.

Neruda manteve-se na onda ao longo dos anos 1950; por exemplo, publicou-se o poema *Canto general* (*Canto geral*, em português), e uma entrevista com ele foi destacada na capa de *Les Lettres Françaises*, na qual o tema da paz era enfatizado, no contexto dos esforços comunistas na "luta internacional pela paz". O poema "France fleurie, reviens" ("França florida, regresse"), com chamada de capa, ocupava meia página em fevereiro de 1954. Em agosto daquele ano, três livros de Neruda seriam resenhados.[8]

Neruda passou a integrar efetivamente o Partido Comunista Chileno apenas em julho de 1945, mas afirmou ter-se tornado "um comunista diante de mim mesmo durante a guerra da Espanha" (Neruda, 1974, p.135, 174). Ele servira como cônsul chileno em Barcelona e logo depois em Madri, de 1934 a 1937. Lá ele perdeu o grande amigo e escritor García Lorca, assassinado pelos franquistas. Neruda conheceu e se tornou próximo de muitos artistas de esquerda na

---

7 Ver, por exemplo, *Les Lettres Françaises*, n.202, p.5, 1º abr. 1948. Em outra edição, uma pequena chamada de capa anunciava a tradução, no interior do periódico, de um trecho do romance de Neruda, *O camponês [habitant] e sua esperança*, *Les Lettres Françaises*, n.209, p.1 e 5, 20 maio 1948. Mais adiante saiu nova matéria, de capa, "Uma visita a Pablo Neruda", *Les Lettres Françaises*, n.230, p.1 e 3, 21 out. 1948. Poemas longos do chileno foram destacados em *Europe*, caso de "Que desperte o lenhador", *Europe*, n.35, p.21-38, nov. 1948; e "O fugitivo", *Europe*, n.40, p.8-22, abr. 1949.

8 *Les Lettres Françaises*, n.332, p.2, 12 out. 1950; n.351, p.1 e 8, 22 jan. 1951; n.505, p.10, 25 fev. 1954; n.510, p.3, 1º ago. 1954.

Espanha, entre os quais a pintora argentina Delia del Carril, sua futura mulher e militante comunista convicta. O ardor pela causa republicana o motivou a escrever o livro *España en el corazón*, cuja primeira edição foi realizada de modo precário por soldados em meio aos combates (Neruda, 1974, p.123).

Após ser afastado do cargo consular na Espanha pelo governo chileno devido a seu apoio aos republicanos, Neruda passou uma temporada em Paris, onde conheceu os poetas comunistas Paul Éluard e Louis Aragon, amigos de toda a vida. Prepararam juntos um enorme congresso internacional de escritores antifascistas que foi realizado na Espanha em julho de 1937, inclusive com a presença de muitos latino-americanos. Mais adiante, com a eleição de um governo de frente popular no Chile, o poeta embaixador seria novamente enviado à Europa para organizar uma viagem de navio que levaria ao Chile 2 mil refugiados espanhóis detidos na França, na missão que considerou a mais relevante de sua vida (Neruda, 1974, p.124-30, 144-7; Feinstein, 2004, p.126-9).

Retornando ao Chile, Neruda começou a preparar seu *Canto geral*, que viria a avaliar como seu livro mais importante. O plano era fazer um longo poema em homenagem à América Latina, agrupando "as incidências históricas, as condições geográficas, as vidas e as lutas de nossos povos", nas palavras do próprio Neruda (1974, p.139, 176). Escrita aos poucos, a obra só viria a ser finalizada em 1949. Para ela, muito contribuiu sua experiência como cônsul no México de 1940 a 1943, onde se enfronhou no meio artístico e intelectual local, marcado por ideias de esquerda, com destaque para os muralistas Orozco, Rivera e Siqueiros. Neruda se tornou amigo de todos eles, particularmente de Siqueiros, a quem ajudaria a fugir para o Chile após envolvimento numa tentativa frustrada de assassinar Trótski, então refugiado no México (Neruda, 1974, p.155-7; Feinstein, 2004, p.150-70).

Devido a um desentendimento com o governo chileno, cujas diretrizes considerava reacionárias – por exemplo, a de recusar vistos para "africanos, asiáticos ou israelitas" –, Neruda desistiu da carreira diplomática em 1943 (Neruda, 1974, p.164). Antes de regressar a seu país, fez uma longa viagem ao Peru, onde se encantou especialmente com as ruínas de Macchu Picchu, a que dedicou um poema que viria a integrar o *Canto geral*. A obra é fruto do clima político antifascista no período da Segunda Guerra Mundial, que redundaria para Neruda em sua eleição como senador no Chile em março de 1945. O livro ganharia novo capítulo nos anos seguintes, com a escalada da Guerra Fria, que influenciou a perda do mandato de Neruda, levado a fugir de seu país para evitar ser preso, após longo período de clandestinidade em que teve tempo para redigir novos poemas para o *Canto geral*, finalmente concluído. O livro só viria a ser publicado em 1949, com ampla difusão inclusive pela imprensa comunista a partir de Paris.

Por sua vez, Jorge Amado foi o artista brasileiro preferido e mais destacado pelas publicações comunistas francesas, especialmente em 1948 e 1949, anos em que esteve exilado em Paris e se integrou ao meio comunista local e também internacional, que tinha nessa cidade um dos principais pontos de confluência de suas redes intelectuais. *Europe* publicou trecho de *O cavaleiro da esperança*, o famoso livro de Amado sobre Luís Carlos Prestes.[9] A edição do livro em espanhol, de 1942, fora publicada em Buenos Aires ainda antes da brasileira, devido à censura do Estado Novo. Em dois anos, estava disponível em quinze países, atestando o poder comunista de comunicação internacional (Aguiar, 2018, cap.13).

Com a cassação de seu mandato de deputado federal constituinte por São Paulo, em consequência da proibição das atividades do Partido Comunista do Brasil (PCB), Jorge Amado passara a ser perseguido e – em comum acordo com a direção partidária – sairia do país em janeiro de 1948. O intuito era denunciar no exterior o retrocesso democrático no governo Dutra, aproveitando-se do fato de Amado já ser na época um escritor consagrado no Brasil e conhecido em âmbito internacional, cujas obras traduzidas lhe davam visibilidade e credibilidade. Amado ajudou a organizar eventos com esse objetivo na França e em outros países, e acabaria ocupando um lugar central na articulação internacional dos artistas e intelectuais pró-soviéticos.

A correspondência que Jorge Amado enviou logo que chegou a Paris evidencia que ele foi muito bem recebido pelos comunistas franceses, tanto por Aragon e outros companheiros da área cultural como na esfera mais política, tendo conversado com o próprio secretário geral Maurice Thorez, em meio a "homenagens, imprensa, convites" (Amado, 2012a, p.26, 29, 51).

Inicialmente, Amado planejava morar na Itália com a esposa Zélia e o filho recém-nascido, mas a derrota eleitoral do Partido Comunista Italiano levou a que se estabelecessem em Paris, onde viveram até serem forçados a deixar o país em meados de 1949. Durante sua temporada na França, Amado tornou-se um dos principais líderes do movimento mundial pela paz, que mobilizava os comunistas de todo o globo. Realizou inúmeras viagens, sobretudo aos países do Leste Europeu, num contexto em que a União Soviética se via ameaçada pela escalada atômica da Guerra Fria e apenas os Estados Unidos tinham a bomba atômica – o primeiro artefato soviético viria em 1949. Alguns brasileiros do grupo de artistas e intelectuais comunistas próximos de Amado, bem

---

9 *Europe*, n.47-48, p.151-66, dez. 1949.

O SEGREDO DAS SENHORAS AMERICANAS

como Neruda e outros latino-americanos, também teriam de se retirar da França por razões políticas. Amado ficaria dezesseis anos sem poder retornar ao país. Quando ele já deixara Paris, *Europe* abriu uma edição com "Le Mur de pierre", um trecho de seu romance *Os subterrâneos da liberdade*, ainda em elaboração.[10]

No exílio, Jorge Amado e família foram amparados por extensa rede de camaradagem comunista, de comitês de bairro em países como Itália e França até a alta cúpula cultural no Leste Europeu, travando contato com artistas renomados e com dirigentes do movimento comunista internacional. Visitaram fábricas, creches, clubes operários, além das rodas artísticas. Recebiam e sempre que podiam aceitavam convites frequentes para visitar os países comunistas, em geral gratuitamente. Estiveram de férias ou a trabalho na União Soviética, Checoslováquia, Polônia, Hungria, Romênia, Alemanha Oriental, Bulgária, sempre hospedados nos locais mais finos, com intérpretes e guias à disposição, recebidos por autoridades do mundo artístico e cultural, e mesmo político em sentido estrito, dado o papel de Amado no movimento internacional pela paz. Todos os países comunistas tinham sua União dos Escritores, e se estivessem afinados com o regime os artistas gozavam de uma série de regalias, como viagens internacionais, hospedagem em bons hotéis, publicações em largas tiragens, participações em encontros e festivais (de cinema, música, teatro, literatura etc.), casas de férias e retiro para escrever em locais privilegiados, como o castelo dos escritores de Dobris, a quarenta quilômetros de Praga, onde o casal Amado viria a morar depois de ser expulso da França, atestando a solidariedade internacionalista nos meios artísticos e intelectuais afinados com os regimes comunistas.

As homenagens e referências mútuas entre artistas, intelectuais e políticos da América Latina, costuradas na imprensa comunista francesa, revelava-se, por exemplo, em matéria de capa de *Les Lettres Françaises*, com o texto de Jorge Amado intitulado "Mensagem de esperança", escrito logo ao chegar ao exílio francês, com direito a enorme foto, em que o líder comunista brasileiro Luís Carlos Prestes aparecia entre Amado e Neruda.[11] Tratava-se de homenagem expressa ao secretário-geral do PCB, que fora posto na ilegalidade, em matéria afinada com similares que se faziam na França para saudar o secretário Maurice Thorez e, em escala internacional, para louvar Stálin. No mesmo número, também com chamada de capa, publicou-se uma entrevista de Pierre Daix com "o grande romancista brasileiro Jorge Amado".[12]

---

10 *Europe*, n.66, p.1-8, jun. 1951.
11 *Les Lettres Françaises*, n.197, p.1 e 3, 26 fev. 1948.
12 Ibidem, p.4.

Les Lettres Françaises, n.197, p.1, 26 fev. 1948.

Luís Carlos Prestes, ao centro, com Pablo Neruda à sua direita e Jorge Amado à sua esquerda.
Fonte: Instituto Luís Carlos Prestes.

Talvez o ápice da presença de Jorge Amado em *Les Lettres Françaises* tenha sido a publicação de seu romance *Seara vermelha* (*Les Chemins de la faim*), com xilogravuras de Carlos Scliar, pintor comunista gaúcho, também vivendo em Paris na época. Foi publicado como uma espécie de folhetim entre os números 246 e 273, em 1949 e 1950. O autor seria saudado em "Jorge Amado e a *Ilíada*", resenha laudatória típica do período stalinista, quando da publicação francesa de seus livros *Mar morto* e *O cavaleiro da esperança*. A matéria foi escrita por um dos campeões da estética do realismo socialista na França, André Wurmser, que dizia "Aragon, Ehrenburg, Cholokov, Amado: nós vivemos os tempos de grandeza, o tempo dos heróis, dos mártires, das legendas, das epopeias".[13]

A conhecida historiadora Annie Kriegel, que viria a romper com o PCF, escreveu em suas memórias que os livros de Amado e de Neruda – juntamente com os de outros autores considerados clássicos pelos comunistas, como Gorki, Dickens, Tolstói e Dostoiévski – eram vendidos por toda a França em campanhas de divulgação promovidas por estudantes do PCF em 1952 e 1953, que envolviam a publicação de "clássicos do povo", de autores franceses, e de "clássicos estrangeiros". Em várias células comunistas, essas obras integravam as "bibliotecas das batalhas do livro" (Kriegel, 1991). Além de divulgar ideias e ideais, difundiam-se autores da rede de escritores comunistas, na qual alguns latino-americanos ocupavam posto de destaque.

COMUNISTAS E COMPANHEIROS DE VIAGEM DA AMÉRICA LATINA

Les Lettres Françaises publicou a matéria "Vozes da América Latina" em novembro de 1948, com relato sobre evento em que escritores da região leram poemas na Maison de la Pensée Française, destacando-se em meia página "Um soneto de Nicolás Guillén", cubano, negro e comunista, apresentado por Aragon. Guillén voltaria a ter destaque outras vezes. Por exemplo, na metade esquerda da capa da edição de março de 1954, com o poema *Le Nom*. Ele era apresentado como sendo, ao lado de Neruda, um dos dois maiores poetas vivos da América Latina. Seria novamente entrevistado ao voltar de Moscou, onde estivera no II Congresso dos Escritores Soviéticos, em matéria de capa.[14] O poeta morava então em Paris, de onde seria expulso no fim dos anos 1950 (Guillén, 1985, p.131*ss*). Encontraria abrigo e emprego na Argentina do presidente Frondizi, graças às gestões de um amigo, o poeta comunista espanhol Rafael Alberti, que estava exilado em Buenos Aires e viria a receber o Prêmio Lênin da Paz

---

13 *Les Lettres Françaises*, n.295, p.3, 19 jan. 1950. Os livros resenhados apareceriam novamente em publicidade que saiu num quadrinho. *Les Lettres Françaises*, n.353, p.3, 8 mar. 1951.

14 *Les Lettres Françaises*, n.234, p.5, 18 nov. 1948; n.508, p.1, 18 mar. 1954; n.20, p.1 e 2, jan. 1955.

em 1964. Com a vitória da Revolução Cubana, Guillén retornou à ilha, onde presidiria a União de Escritores e Artistas de Cuba, de 1961 até morrer, em 1989.

Uma entrevista com Guillén apareceu na mesma edição na qual se denunciava que o poeta comunista haitiano René Depestre tinha sido preso em Cuba, com declaração de Guillén e abaixo-assinado de intelectuais franceses.[15] O haitiano seria recebido pelos amigos em Paris e depois contratado como secretário de Jorge Amado no castelo de Dobris. Viria a morar no Brasil, onde frequentou em 1953, ao lado de Alina Paim e Jorge Amado, um dos então célebres e clandestinos cursos Stálin, promovidos pela direção do PCB (Amado, 2012b; Coelho, 2000; Peralva, 2015). Depestre integrou-se ao vibrante círculo artístico e intelectual comunista de São Paulo na época, que era coordenado pelo jornalista Fernando Pedreira, parte de um esforço mais amplo do Partido na "batalha dos livros" e das ideias, quando montou extensa rede de editoras, jornais e gráficas em escala nacional, apesar de estar clandestino (Secco, 2017; Rubim, 1998). O haitiano chegou a dar um curso de literatura aos sábados na casa do jovem professor Fernando Henrique Cardoso, então próximo do Partido, conforme ele contou em entrevista (Cardoso, 2013; Pedreira, 2016, p.119).

O escritor guatemalteco Miguel Ángel Asturias também era assíduo em *Les Lettres Françaises*. Deu uma entrevista a G. D. Nibaut, publicada no mesmo número que homenageava Stálin, recém-falecido, que tinha na capa um desenho singelo de Picasso retratando "o guia genial", mas não obstante causou muita polêmica, pois foi considerado irreverente.[16] *Lendas da Guatemala* – tradução francesa do primeiro livro de Asturias, autor à época já consagrado – foi resenhado por F. J. Roy, que louvava "a ligação profunda, íntima, quase carnal com seu povo e seu país".[17] Em suas memórias, Pablo Neruda escreveu que Asturias "foi sempre um liberal, bastante afastado da política militante" (1974, p.188). Mas era amigo de comunistas, em 1965 viria a ganhar o Prêmio Lênin da Paz, e sua Guatemala entrara na onda de esquerda com o governo de Arbenz, que assumiu em 1951 e foi derrubado em 1954.

---

15 *Les Lettres Françaises*, p.4, 2 maio 1952. Ainda em referência à Cuba pré-castrista, foi celebrado o centenário de "José Martí, escritor e combatente", em artigo do escritor cubano Juan Marinello. Após a revolução, Marinello seria nomeado reitor da Universidade de Havana em 1962; faria parte do Comitê Central do PC cubano de 1965 até a morte, em 1977.

16 *Les Lettres Françaises*, n.456, 12 mar. 1953. Sobre o caso da capa polêmica, ver, por exemplo, Gertje Utley (2000, p.181-90). Picasso filiara-se ao PCF em 4 de outubro de 1944. O evento foi destacado no dia seguinte na capa de *L'Humanité*, que celebrou a entrada do "maior pintor vivo" na "família comunista" (*L'Humanité*, p.1, 5 out. 1944). Picasso nunca abandonaria a afiliação comunista.

17 *Les Lettres Françaises*, n.498, p.2, 14 jan. 1954.

Em razão do golpe militar apoiado pelos Estados Unidos, o país centro--americano mereceu a capa de *Les Lettres Françaises* com o artigo "A Guatemala no coração". Na mesma edição de junho encontrava-se o poema de Aragon a respeito, intitulado "O 19 de junho de 1954". A caminho do exílio, destituído do cargo de embaixador em El Salvador pelo caudilho Castillo Armas, Asturias foi entrevistado em matéria na capa do periódico em novembro daquele ano.[18]

A atenção a latino-americanos seguiria na revista pelos anos 1950. O célebre muralista mexicano Siqueiros foi entrevistado por *Les Lettres Françaises* quando passava por Paris, retornando de Varsóvia, onde fora fazer um mural.[19] Era um exemplo da circulação internacional proporcionada pela integração dos artistas às redes de difusão comunista. Por sua vez, Diego Rivera escreveu uma carta que mereceu a capa do periódico, conclamando os artistas do mundo inteiro a salvar "a cultura ameaçada pelas experiências atômicas", tema caro aos comunistas.[20]

Não eram apenas artistas comunistas que tinham sua obra destacada por *Les Lettres Françaises*, que via também em autores não comunistas aspectos que os aproximariam da estética difundida pela revista, bem como de sua linha política anti-imperialista. Seria exemplo a matéria da coluna "A música", em que Des Ursins escreveu sobre "O caso Villa-Lobos". O compositor foi elogiado por retomar o folclore, percorrer o Brasil, frequentar músicos do povo, valorizando as fontes populares nacionais, em contraste com o formalismo e o cosmopolitismo em voga. Ao mesmo tempo, era criticado por se deixar levar pela "abstração", que não seduziria ninguém, como em sua *Sexta Sinfonia*, de 1944. A verdadeira face de Villa-Lobos estaria em composições como "Caixinha de Boas Festas", de 1932, que revelaria o "homem de coração simples e bom, ligado a seu chão e à música de seu país". Assim, a matéria rejeitaria "aspectos negativos de certas obras de Villa-Lobos" tidas como abstratas, mas ressaltava que prevaleceria no conjunto o autor de "inspiração popular", realista.[21]

Os artistas não comunistas em geral eram tratados com menos benevolência que os comunistas e simpatizantes, como numa resenha dos livros *O desconhecido*, de Erico Verissimo, *A divisão das águas*, de Alejo Carpentier, *Cacau*, de Jorge Amado, e *O papa verde*, de Miguel Ángel Asturias. Verissimo era o único dentre esses autores traduzidos que estava fora da órbita comunista, e talvez por isso só ele fosse criticado: seu livro não traria qualquer contribuição à literatura

---

18 *Les Lettres Françaises*, n.522, p.1 e 5, 24 jun. 1954; n.541, p.1, 4 nov. 1954.

19 *Les Lettres Françaises*, n.594, 17 nov. 1955.

20 *Les Lettres Françaises*, n.681, p.1 e 9, 25 jul. 1957.

21 *Les Lettres Françaises*, n.353, p.6, 8 mar. 1951.

brasileira, ao contrário daquele de Amado, mesmo numa obra de juventude que era reeditada na França, a qual já prenunciaria a "maestria do escritor", apesar de ainda não estar maduro, segundo a matéria.[22] Por sua vez, o artista plástico Lasar Segall – nascido na Lituânia e radicado no Brasil, falecido em 1957 – teve sua trajetória descrita positivamente em matéria do crítico de arte polonês estabelecido na França, Waldemar Georges, por ocasião de uma mostra de obras do pintor no Museu de Arte Moderna de Paris, já num momento de maior abertura dos comunistas.[23]

O argentino Atahualpa Yupanqui publicou um livro na íntegra em formato de folhetim ao longo de vários números de *Les Lettres Françaises*. Tratava-se de *Cerro bayo – vidas e costumes da montanha*, sobre sua região indígena. Mas ele era mais conhecido como compositor e cantor, e a ele foi dedicado o poema de Charles Dobzynski "O violão de Atahualpa".[24] *Cerro bayo* denunciava as condições de vida no campo, a exemplo de *Seara vermelha*, de Amado.

A boa vontade com os artistas da América Latina, entretanto, às vezes expressava pouca familiaridade dos franceses com a região. Por exemplo, a revista *Europe* fez propaganda do livro de Yupanqui, publicado pela editora ligada aos comunistas Les Éditeurs Français Réunis, anunciando-o como tendo sido "traduzido do brasileiro por Louise Mamiac".[25]

O IMPACTO DA EXPERIÊNCIA EM PARIS PARA JORGE AMADO

Como se pode ver, o espaço aberto pela imprensa comunista francesa foi significativo para divulgar a obra de artistas latino-americanos que integravam

---

22 *Les Lettres Françaises*, n.607, p.2, 16 fev. 1956.

23 *Les Lettres Françaises*, n.762, p.11, 26 fev. 1959.

24 *Les Lettres Françaises*, n.353, p.5, 8 mar. 1951. Sobre a mobilização comunista pela paz na Argentina como parte de um movimento global, ver Adriana Petra (2017, p.205-45). Ela apontou, por exemplo, a atuação da "companheira de viagem" María Rosa Oliver, que lhe rendeu um prêmio Lênin em 1958, em contraste com o ambiente ao qual pertencia na célebre revista *Sur*, comandada por Victoria Ocampo, aliada do Congresso pela Liberdade da Cultura em oposição ao Conselho Mundial da Paz.

25 *Europe*, n.85, p.142, jan. 1953. O destaque a latino-americanos na imprensa comunista cultural, entretanto, não era acompanhado pelas publicações estritamente políticas e diárias do PCF, *L'Humanité* e *Ce Soir*, nem em sua publicação dedicada à teoria e ao pensamento social, *La Pensée*, atestando o caráter secundário da América Latina no contexto internacional da época e no movimento comunista. Comentários mais detalhados sobre a presença de latino-americanos na imprensa cultural comunista francesa – aqui apresentados de forma condensada – estão em meu texto "Jorge Amado e seus camaradas na imprensa comunista francesa e no Movimento Internacional pela Paz", em Egg, Freitas, Kaminski, 2014.

a rede comunista. Alguns deles se tornavam agentes importantes no circuito em seus países, incorporando e difundindo práticas internacionais, como fez Jorge Amado após retornar. A experiência no exterior, em particular na França, influenciava também a própria obra dos autores, como o Jorge Amado de *Os subterrâneos da liberdade*. A tradução russa saiu em tempo recorde em 1954, elogiada na União Soviética como o primeiro romance latino-americano nos cânones do realismo socialista, segundo Josélia Aguiar (2018).

O realismo socialista puro e duro do pós-Segunda Guerra seria trazido na bagagem de Amado, que o difundiu por exemplo ao organizar a coleção "Romances do Povo" para o PCB nos anos 1950, dedicada sobretudo a estrangeiros, em particular os soviéticos. Três obras de autores brasileiros – duas delas publicadas na coleção – costumam ser classificadas como exemplos acabados do realismo socialista no Brasil. Não por acaso foram editadas também na União Soviética. Trata-se de *A hora próxima*, de Alina Paim, sobre uma greve de ferroviários com realce ao papel das mulheres; *Os posseiros*, de Maria Alice Barroso, acerca de lutas camponesas em Minas Gerais; e *Linha do parque*, obra do paraense Dalcídio Jurandir, enviado a Porto Alegre para escrever sobre o movimento operário gaúcho. Esses livros destacavam o papel heroico e de vanguarda do militante comunista; seus autores eram muito ligados a Jorge Amado na época, segundo Alfredo Wagner Almeida, que analisou a "literatura de partido" do baiano. *Os subterrâneos da liberdade* seriam a única obra brasileira de peso ligada à corrente do realismo socialista, com sucesso de público e reedições ao longo do tempo (Almeida, 1979, p.217*ss*).

Entre os brasileiros, Amado foi o principal beneficiário da integração na rede cultural comunista, primeiro no exílio em Paris, depois no castelo dos escritores na Checoslováquia. Publicado em diversos idiomas, vencedor do Prêmio Stálin da Paz entre os Povos em 1951, tornou-se uma espécie de embaixador cultural comunista do Brasil, auxiliando escritores, pintores, cineastas e outros artistas a se projetar e até ganhar prêmios no exterior, dada sua posição e contatos privilegiados na sociabilidade das redes comunistas. Amado ajudou, por exemplo, na premiação do cineasta Nelson Pereira dos Santos como Jovem Realizador de *Rio, 40 graus* num festival na Checoslováquia, em julho de 1956, segundo Helena Salem (1987, p.122). Também intermediou a mostra individual de Renina Katz na Casa Central dos Artistas em Moscou em janeiro de 1955. A artista ilustrara seus livros *O cavaleiro da esperança* e *Subterrâneos da liberdade*, além de desenhar para a revista do Partido, *Fundamentos*, a qual publicou um texto sobre a exposição, noticiada também em várias edições no jornal comunista carioca *Imprensa Popular*. A mostra de cinquenta obras teve direito a debate público com membros da Academia de Artes da União Soviética, conforme pesquisa de João Paulo Ovídio (2017).

A correspondência familiar de Jorge Amado oferece outros exemplos de como ele usava sua influência para conseguir espaço no exterior para a obra de amigos, comunistas ou não, por exemplo, ao indicar para publicação livros de Graciliano Ramos, Dalcídio Jurandir, José Lins do Rego e outros. Logo ao chegar a Paris em 1948, ele se dizia satisfeito por ver seu trabalho bem recebido, mas triste por constatar que poucos companheiros brasileiros eram conhecidos: além de Prestes, "apenas eu, Portinari e Niemeyer (este em certos círculos)" (Amado, 2012a, p.51, 56, 69). O caráter informal de embaixador cultural de Amado também se revelava em sentido inverso: ele foi responsável por promover no Brasil a publicação de inúmeros autores soviéticos e do círculo comunista, como argumentou por exemplo Marina Darmaros (2020, p.197-203).

Voltando ao Brasil em 1952, Jorge Amado consolidaria sua posição como principal artista comunista. Viria a se tornar apenas um companheiro de viagem após as denúncias dos crimes de Stálin no XX Congresso do PC da União Soviética em 1956, e continuou por um bom tempo na órbita comunista. Daquele ano até 1958, o romancista dirigiu o jornal independente *Paratodos*, inspirado em *Les Lettres Françaises*. Seu parceiro de aventura foi o arquiteto comunista Oscar Niemeyer, que estava construindo Brasília, a nova capital do país, como se sabe, projetada para o presidente Juscelino Kubitschek, cujo governo tolerou algumas atividades do Partido, que entretanto continuava ilegal.

Os livros de memórias de Zélia Gattai, em especial *Senhora dona do baile* (2009a), relembram vários episódios do tempo em que viveu com Jorge Amado no Grand Hôtel Saint-Michel, na rua Cujas em Paris, que Amado descreveu como "reduto de comunas latino-americanos e lusos, literatos e artistas de preferência" (2012b, p.418). Tratava-se de um alojamento simples, onde também viviam outros brasileiros, como o pintor gaúcho Carlos Scliar, que ficara na Europa após o fim da Segunda Guerra, para a qual fora recrutado pela Força Expedicionária Brasileira.

Zélia nomeou grande número de artistas, cientistas e intelectuais franceses com quem teve contato ao lado de Jorge Amado, em geral no círculo de comunistas e simpatizantes, caso de Irène e Frédéric Joliot-Curie, ganhadores do Nobel de Química em 1935, e escritores como "Paul Éluard, Louis Aragon, Elsa Triolet, Vercors, Roger Vailland, Claude Roy, Pierre Daix, Claude Morgan, Pierre Gamarra, Renaud de Jouvenel, Pierre Seghers, Andrée Viollis, Aimé Césaire" (Gattai, 2009a, p.349), além de Pablo Picasso, Laurent Casanova e outros. Jorge Amado cultivou contatos que viriam a estreitar-se mais tarde também na esquerda de fora do circuito comunista, como aquele com Jean-Paul Sartre.

A ligação com os franceses, entretanto, era sobretudo de trabalho e dava-se principalmente em torno da militância de Jorge Amado e outros companheiros. Relatos de Zélia e Jorge expressaram maior intimidade com número mais restrito de locais, como Jean Laffitte, secretário-geral do Conselho Mundial da Paz, onde Amado ocuparia lugar de destaque, e viria a se tornar o principal veículo para a difusão de seu nome, potencializando seus contatos e publicações no exterior.

Ao chegar a Paris, Amado tinha apenas dois livros publicados em francês, ambos pela prestigiosa editora Gallimard, um deles em 1938: *Bahia de tous les saints* (*Jubiabá*), que seria reeditado no pós-guerra, quando saiu também *Terras do sem-fim* (*Terre violente*), pela mesma editora, em 1946. Sua estada em Paris levou a novas traduções de livros do fim dos anos 1940 a meados dos 1950: *Mar morto* e *O cavaleiro da esperança* (*Le Chevalier de l'espérance*), saíram em 1949; *Seara vermelha* (*Les Chemins de la faim*), e *São Jorge dos Ilhéus* (*La Terre aux fruits d'or*) em 1951; *Capitães da areia* (*Capitaines des sables*), em 1952; e *Cacau* (*Cacao*), em 1955. Alguns foram publicados por editoras próximas do PCF. *Capitães da areia*, editado pela Gallimard, atestava que Amado não se fechava no universo comunista. Ele participava ainda de atividades de divulgação, como a venda anual de livros autografados, patrocinada pelo Comitê Nacional dos Escritores, originário da Resistência. Em suma, a estada em Paris potencializou a entrada dos livros de Jorge Amado no mercado francês, como de resto a seguir na Europa e no mundo comunista.

As cartas familiares enviadas por Jorge Amado assim que chegou à França atestam que articulou rapidamente a publicação de todos os seus livros que pretendia ver traduzidos, por editoras comerciais ou ligadas ao PCF. Ele também conseguiu adiantamento de direitos autorais que lhe permitiriam viver na Europa por ao menos um ano. Em contato também com agentes literários de outros países, ele expressou em carta à esposa um desejo que se cumpriria nos anos seguintes: "Estou com todos meus livros negociados aqui. E negociados em outros países da Europa. Trata de visar logo teu passaporte na Itália, França e Polônia". Em 7 de abril de 1948, escrevia triunfante: "só não coloquei os livros que não quis". Ou seja, em pouco mais de um mês em Paris, Jorge Amado já pavimentara o plano de difusão internacional de sua obra (Amado, 2012a, p.33-55).

Ele também teve êxito imediato ao programar viagens para a Itália e países do Leste Europeu: "são sete países, sete embaixadas, sete convites a receber, vistos, o diabo. Mas já estou com tudo praticamente resolvido" (Amado, 2012a, p.50). Embora tivesse saído do país com uma missão política e para escapar de perseguição após a cassação de seu mandato parlamentar – o que permite configurar sua longa estada no exterior como um exílio –, ela também serviu para seus propósitos pessoais e profissionais. Segundo ele, numa carta escrita na época para a esposa, Zélia: "esta viagem vai me ser infinitamente útil, sob todos os aspectos. Minha tendência é demorarmos o mais possível, três anos pelo menos. Com menos tempo é impossível ver a Europa". Mas advertia: "Para mim esta viagem não é um piquenique, é uma viagem realmente de estudos e espero aproveitar o máximo possível" (2012a, p.36, 55).

Na longa biografia de Louis Aragon escrita por Pierre Daix (1994) – que fora o braço direito do biografado nos anos de atuação como jornalista do PCF –, quase não há referência a intelectuais ou artistas latino-americanos, mesmo tendo sido Aragon sabidamente um contato fundamental dos escritores da região, como expressam por exemplo as memórias de Amado, Neruda, Guillén e Zélia Gattai. Jorge Amado não foi sequer citado por Daix, Neruda foi mencionado de passagem duas vezes (Daix, 1994), atestando as relações assimétricas entre eles.

Já Aragon apareceu dez vezes nas anotações memorialísticas de Jorge Amado em *Navegação de cabotagem*. Este comentava que realizou várias tarefas partidárias com Aragon e atestava que ele fora o responsável pela tradução e publicação de dois de seus livros na França. Mas confessava que não se sentia bem na "corte" que rodeava o principal expoente e articulador comunista no meio artístico e intelectual. A aproximação foi mais profissional do que pessoal. Segundo Amado: "Com Aragon não fui além da estima literária e da convivência partidária, por mais de uma vez esbarramos um no outro; Aragon e sua corte, não nasci cortesão, nasci amigo" (Amado, 2012b, p.88).

Normalmente generoso nas avaliações públicas sobre artistas e antigos companheiros, ainda mais os recém-falecidos, Amado não fugiu à regra ao dar um depoimento sobre Aragon em 1983. Mas, em meio aos elogios, inseriu um trecho inesperado, revelador de certa mágoa e das restrições ao "novo Victor Hugo":

> Foi um ser complexo e por vezes difícil. Por vezes não era fácil nem agradável tratar com ele, não lhe faltava arrogância e menosprezo por aqueles que considerava desdotados, certa ruptura e distância para com aqueles que, sendo dotados, merecendo-lhe respeito, não eram adeptos incondicionais de suas posições, de sua maneira de ver o conjunto e os detalhes e de conduzir as ações. (Dupond-Sagorin, 1997, p.142)

O SEGREDO DAS SENHORAS AMERICANAS 33

Dessas linhas pode-se conjecturar que Amado se espelhava nos olhos de Aragon como "desdotado" ou entre os dotados que não concordavam plenamente com ele, talvez esses últimos, pois o poeta o ajudou em Paris. Não obstante, a influência de Louis Aragon parece ter sido expressiva sobre Jorge Amado. Ela se deu tanto no aspecto político – com a incorporação de Amado ao circuito do movimento internacional pela paz, que tinha em Aragon um dos principais artífices na França – como no aspecto literário. Além de abrir para Amado as portas de editoras e revistas como *Les Lettres Françaises* e *Europe*, Aragon fornecia um modelo de escritor engajado. O francês começava a publicar na época a obra em seis volumes *Os comunistas* (*Les Communistes*, 1949-1951), que tratava sobretudo da atuação heroica na resistência à ocupação alemã. Trechos do romance de Aragon, ainda no prelo, foram publicados com antecedência por *Europe*.[26]

Aragon convivera brevemente com outro brasileiro ilustre. Mario Pedrosa o conheceu no fim dos anos 1920 em Paris, quando estava na Europa a serviço do PCB. Em longa carta escrita de Berlim a um amigo íntimo que viria a integrar com ele a oposição de esquerda dentro do Partido no Brasil, Pedrosa comentou com perspicácia as impressões que lhe deixaram três surrealistas que encontrara em Paris, Breton, Péret e Aragon. Os três haviam aderido ao Partido francês em 1927, além de Éluard e Pierre Unik, segundo Helena Lewis (1988, p.63). Eis o que Pedrosa disse sobre Louis Aragon, na época ainda jovem e próximo de Breton:

> Fraquíssimo de corpo, requintado sem querer – é de fato a sedução em pessoa. Extremamente simpático e simples. Vê-se que é uma grande inteligência – preocupado com ideias etc. Tem um rosto infantil, mas cheio de tiques nervosos. Aliás – a gente vê que é todo nervos. Quando discute, torce às vezes a boca e quer falar muito depressa e as palavras não saem. Gagueja. Me deu um momento a impressão que era histérico. É uma pessoa que prende. Pela fineza etc. me lembrei de Shelley. É um produto de raça muito fina: não é à toa que é filho da puta [*Aragon era sabidamente filho bastardo*]. Imagino que combinação fabulosa não saiu ela. Foi de todos o que mais me impressionou. Se acamaradou num instante com a gente. Impressiona pela irradiação de simpatia, de alegria, de finura (no bom sentido). Não é nada másculo. // Boatos perversos dizem que ele dá *o Zé*. Mas os amigos mais íntimos negam isso de pés juntos. E apesar de tudo não tem jeito disso. Veste à la diable. Mas fica elegante nele. Tem uma amante rica, com quem vive. Filha do dono da *Both* [ilegível]. Mas é sabido que ele confessou – que é meio brocha. Não tem ereções perfeitas, declarou ele no inquérito sobre sensualismo que está fazendo a *Rev. Surr*. Parece que tem uma acuidade sensível extraordinária. Enfim é um poeta fabuloso, um Ariel (não queria dizer isso – pala-

---

26 *Europe*, n.45, p.4-26, out. 1949.

vra mas lá vai ela mesmo). A gente fica querendo bem ao garoto. Destinado à poesia, ao romantismo, à revolução. Dizem que acabará matando-se. (Carta de Mario Pedrosa a Lívio Xavier. Berlim, 14 maio 1928, em Marques Neto, 1993, p.298).

Na época dessa carta, vinte anos antes da ida de Amado a Paris, Aragon ainda não era o intelectual todo-poderoso do PCF. Logo viria a se casar com a russa Elsa Triolet, a quem dedicou o famoso poema "Os olhos de Elsa". No fim da vida, já viúvo nos anos 1970, ele assumiria publicamente seu lado homossexual, comentado na carta de Mario Pedrosa que revelava admiração e afeto, mas também certo preconceito até na pena de um intelectual considerado de visão ampla e sensível, que deve ser lida no contexto da época. Referindo-se ao questionário da revista *La Révolution Surrealiste* mencionado na carta de Pedrosa – em que os participantes deveriam responder com franqueza a questões íntimas sobre sua vida sexual –, uma pesquisadora observou que, apesar de suas convicções sobre completa liberdade sexual, "era claro que apenas relações heterossexuais eram admitidas" pelos surrealistas, a começar de Breton (Lewis, 1988, p.73). Se até os surrealistas, considerados abertos e livres, tinham preconceito contra homossexuais, não seria de esperar atitude diferente do Partido Comunista, ainda mais no fim dos anos 1940, quando Amado chegou a Paris. Então é compreensível que Aragon escondesse esse lado, que não foi mencionado por Jorge Amado.

Já na Checoslováquia, onde se abrigou após ter deixado Paris, Amado escreveria seu romance mais afinado com o realismo socialista, retratando a resistência comunista ao Estado Novo no Brasil, o já mencionado *Os subterrâneos da liberdade*. Tanto a temática do livro como a data de sua elaboração, mais o formato em três partes (que, dependendo da edição, correspondiam a três grossos volumes: 1. *Os ásperos tempos*, 2. *Agonia da noite* e 3. *A luz no túnel*) – algo atípico na obra de Jorge Amado – seriam indicadores da influência de Aragon e do contexto cultural em que o baiano viveu no exílio francês. A continuidade da obra ficou no meio do caminho, a exemplo daquela de Aragon, pois as duas sagas comportariam mais volumes que não vieram, provavelmente em decorrência dos rumos tomados pelos autores e pelo movimento comunista em suas lutas internas, especialmente após a crise do stalinismo.

O poeta francês era mais próximo de Neruda do que de Amado. O baiano mencionou nas memórias ter encontrado várias vezes "Sua Santidade, o papa Louis" Aragon, por exemplo, na redação do diário comunista *Ce Soir*, dirigido pelo camarada (Amado, 2012b, p.165). Mas nunca foi convidado para sua casa, ao contrário de Neruda, que gozava de certa intimidade com Aragon, sua mulher Elsa Triolet e Paul Éluard, como o chileno relatou em *Confesso que vivi* (Neruda, 1974, p.246).

Aragon provavelmente foi mais importante para os latino-americanos do que estes para ele, talvez com exceção de Neruda, o mais homenageado. Por exemplo, o autor de "Os olhos de Elsa" e Paul Éluard – reconhecidamente dois dos maiores poetas franceses da época –, e também Gilbert Ancian e Claude Sernet, escreveram poemas dedicados a Neruda nas páginas de *Les Lettres Françaises* em março de 1948.[27] A reciprocidade do chileno apareceria no poema "Pour Aragon, les fleurs lointaines" ("Para Aragon, as flores de longe"), publicado em parte na capa do mesmo periódico, em comemoração aos 60 anos do francês.[28]

Em suas memórias, Jorge Amado relatou episódios com artistas de quem buscou se aproximar na estada em Paris e depois na Checoslováquia, até mesmo esquerdistas rivais dos comunistas, como Jean-Paul Sartre. Essa aproximação foi cultivada: primeiro o pedido exitoso de assinatura do francês num telegrama de intelectuais e artistas ao presidente chileno em protesto contra a perseguição ao poeta Pablo Neruda em 1948, em seguida o contato para a publicação de *Cacau*, depois as viagens em companhia de Sartre e Simone de Beauvoir em sua longa estada no Brasil em 1960 para divulgar a Revolução Cubana e evitar o retorno a Paris num momento em que Sartre corria o risco de ser preso na França, em decorrência de seu apoio à independência da Argélia. Como é sabido, na época Sartre se considerava anticapitalista e revolucionário, depositava esperança nas lutas dos povos do Terceiro Mundo.

Amado conheceu Sartre na França no fim da década de 1940, mas a amizade estabeleceu-se de fato no Brasil, como atestam não só as memórias de Jorge Amado (2012b, p.165-7) e de Zélia Gattai (2009a, p.314; 2011, p.89*ss*), mas também as de Simone de Beauvoir. A escritora francesa dedicou cerca de cinquenta páginas para comentar as aventuras dela e de Sartre no Brasil, acompanhados quase todo o tempo pelo casal brasileiro em 1960: "Sentíramos uma simpatia imediata por Jorge e Zélia; no Rio, tornamo-nos íntimos: não pensávamos, na nossa idade, [...] conhecer ainda a alegria de uma amizade nova" (Beauvoir, 1995, p.464). De retorno a Paris, logo os franceses publicaram com destaque, na abertura do n.178 de sua célebre revista, o texto recente de Amado "Les Trois morts de Quinquin-la-flotte" (*Les Temps Modernes*, n.178, p.868-915, fev. 1961). O caso expressa bem como um autor latino-americano soube

---

27 *Les Lettres Françaises*, n.199, p.5, 11 mar. 1948.

28 *Les Lettres Françaises*, n.690, p.1 e 3, 1957.

usar os contatos a partir da rede comunista para promover a própria obra num circuito mais abrangente.

No exílio em Paris, Amado procurou acercar-se ainda de Pablo Picasso, autor de um desenho usado na capa da edição italiana de *Terras do sem fim* em 1948. As atividades no circuito comunista ajudaram na aproximação, como no episódio de 1949 em que Amado acompanhou o empenho pessoal de Picasso para garantir um visto para a entrada de Neruda na França, a ponto de não estar presente quando nasceu sua filha Paloma, que significa pomba em espanhol (Amado, 2012b, p.130*ss*). O nome remetia à famosa pomba da paz de Picasso, símbolo do movimento mundial pela paz articulado pelos comunistas.

Tanto as memórias de Jorge Amado (2012b, p.88) como as de sua mulher Zélia Gattai (2009a, p.151*ss*) revelaram que eles foram para o exílio na Europa com expectativa de conhecer de perto alguns de seus escritores preferidos, em geral do circuito comunista ou próximo dele. De fato, conseguiram o intento, sendo que alguns se tornaram amigos do casal, como os lusitanos Ferreira de Castro e Alves Redol, o norte-americano Michael Gold, a alemã Anna Seghers e o soviético Ilya Ehrenburg, sem contar os inúmeros latino-americanos.

O romancista baiano aproveitava cada viagem para fazer novos conhecidos e amigos. Por exemplo, quando esteve na Itália em 1948: "iniciei em Roma minha colheita de amizades, prossegui em Florença", Milão e outros lugares. Conheceu Renato Guttuso, Alberto Moravia, Cesare Zavattini, Carlos Levi, De Santis, Emilio Sereni, Giancarlo Pajetta, Vasco Pratolini, Elio Vittorini e seu tradutor Dario Puccini, entre outros (Amado, 2012b, p.127). O exílio abrira incontáveis portas para a internacionalização.

CÍRCULO COMUNISTA LATINO-AMERICANO EM PARIS

Próximos mesmo de Jorge e Zélia eram alguns brasileiros que residiam em Paris, como Carlos Scliar, Jacques Danon, Paulo Rodrigues, Alberto Castiel – além de dezenas de patrícios de passagem pela França. Naquele final da década de 1940, Paris continuava a atrair artistas e intelectuais do Brasil, que se agrupavam em torno de três pontos de referência: o pequeno apartamento onde morava Paulo Emílio Salles Gomes em Saint-Germain-des-Prés, o escritório de Paulo Duarte no Museu do Homem, e o Grand Hotel Saint-Michel, no qual o quarto de Jorge Amado seria a "célula principal do Brasil na Europa ocidental", segundo depoimento de Fausto Castilho a José Inácio de Melo Souza (2002, p.275). Havia contato entre os grupos, que entretanto eram diferentes, o de Jorge mais

O SEGREDO DAS SENHORAS AMERICANAS

alinhado ao PCB. Seria o "consulado geral da esquerda brasileira", conforme referência da biografia de Nelson Pereira dos Santos, que passou uma temporada em Paris quando era um jovem comunista aprendiz de cinema, tendo chegado à cidade logo depois que Amado fora obrigado a deixá-la, aproximando-se muito de Carlos Scliar, herdeiro da "célula" (Salem, 1987, p.56).

Encontros em Paris contribuíram para estreitar laços entre artistas comunistas da América Latina. Eles chegaram a fundar uma associação na cidade luz, como me declarou em entrevista o cineasta Rodolfo Nanni, que também foi pintor na juventude. Em seu livro de memórias – sem explicitar a filiação comunista –, ele falou de exposições e conferências promovidas pela "Association Latino-Américaine, com sede em Saint-Michel". Elas incluíram pintores como Scliar, o argentino Miguel Ocampo e o venezuelano Alejandro Obregón, além do poeta Roberto Ganzo, nascido em Caracas, presidente da entidade. Nanni mencionou particularmente a realização de uma conferência sobre a "A América Latina pela cultura e pela paz", promovida pela associação na célebre sala da Mutualité em Paris no dia 28 de abril de 1949 (Nanni, 2014b, p.77-81):

> Estavam presentes, entre o público, o escritor venezuelano Miguel Otero Silva, o colombiano Fernando Gonzáles, a sindicalista argentina Irma Othar, José Manuel Fortuny, que viria a ser o fundador do Partido Guatemalteco del Trabajo, o colombiano Gerardo Molina, que enveredaria por uma carreira política, o advogado e futuro diplomata mexicano Narciso Bassols, além de Pablo Neruda, Nicolás Guillén e Jorge Amado. (Nanni, 2014b, p.79).

A aproximação mais notória a partir do exílio na França estabeleceu-se entre os últimos nomes mencionados por Nanni. Três escritores comunistas de liderança no meio intelectual de seus respectivos países, que foram amigos e fizeram muitas viagens juntos no circuito do movimento pela paz mundial.

O poeta cubano Guillén era perseguido naquela passagem dos anos 1940 para os 1950, assim como os outros dois companheiros. Para se ter ideia da importância da estada na França para sua amizade com Amado, basta dizer que ele registrou em suas memórias que conheceu o brasileiro em Paris no ano de 1949 (Guillén, 1985, p.121). Esqueceu-se de que o primeiro encontro entre eles fora no Rio de Janeiro em 1947, num recital de poemas na Associação Brasileira de Imprensa (ABI), como lembrou Jorge Amado (2012b, p.30). Após o evento que apresentara, Jorge teria levado o poeta para o hospital, onde foram conhecer o filho recém-nascido do baiano.

A imprecisão das memórias revelaria que para Guillén o importante de fato fora conhecer Jorge no contexto do exílio em Paris, onde chegou a morar no mesmo hotel do brasileiro, que lhe apresentou a dona do estabelecimento onde viveria alguns anos (Guillén, 1985, p.221; Gattai, 2009a, p.335). Já a versão de Amado expressaria a importância que dava aos contatos com os intelectuais célebres que recebia, a ponto de estar em atividade com um deles no momento em que nascia seu primeiro filho com Zélia. O episódio seria expressivo da rápida aproximação pessoal que procurava estabelecer com artistas que admirava. Geralmente obtinha êxito, como nas amizades travadas com Neruda, Anna Seghers, Ehrenburg e muitos outros. Mas nem sempre era bem-sucedido, como no caso já relatado de Aragon.

Uma versão diferente foi dada por Zélia. Segundo ela, Jorge deixou o recital de poesia antes do fim, logo que apresentou Guillén ao público, e ao chegar ao hospital descobriu incrédulo que o filho João Jorge já havia nascido. O poeta cubano só a visitaria na manhã seguinte, desculpando-se por ter ocupado Jorge em momento tão especial e prontificou-se a ser padrinho do menino. Guillén era outro a dar importância às relações pessoais e de compadrio. "Nosso compadre Nicolás! Juntos, com ele e comadre Rosa, sua mulher, corremos mundo em viagens maravilhosas" (Gattai, 2010, p.308). Por exemplo, aquela à China em 1952, três anos após a revolução. Uma segunda viagem à terra de Mao seria realizada na companhia de Pablo Neruda e sua esposa Matilde em 1957, por ocasião do Congresso do Conselho Mundial da Paz em Colombo, no Ceilão, atualmente Sri Lanka (Gattai, 2009a, p.235ss; Gattai, 2011, p.109).

Guillén foi personagem assíduo nas memórias de Jorge e Zélia, que apareceram de modo mais comedido na autobiografia do cubano. Ele fez uma referência breve, mas carinhosa e calorosa, ao casal de amigos, não por acaso centrada em sua convivência em Paris. Outros artistas brasileiros foram nomeados nas lembranças do poeta sobre suas quatro viagens ao Brasil, realizadas entre 1945 e 1961. Ele se impressionou sobretudo com a pessoa, a vida e a obra de Candido Portinari, a quem dedicou várias páginas (Guillén, 1985, p.121-2, 115-28).

Como era de se esperar, Portinari tinha boa acolhida na imprensa cultural comunista francesa. Por exemplo, o periódico *Arts de France* deu cobertura extensa sobre sua vida e obra por ocasião da primeira exposição do autor em Paris em 1946. Ele era apresentado como "o maior pintor da América Latina e um dos maiores pintores contemporâneos", ressaltava-se sua condição de comunista, cuja candidatura ao Congresso Nacional teria levado uma exposição de sua obra em São Paulo a ser proibida. "Portinari, pintor nacional brasileiro" era o título do escrito de Jean Cassou, que comparava a pintura de Portinari à música de Villa-Lobos. No mesmo número, em "Meu amigo Portinari", Emmanuel

Auriciste destacava sua posição "antitorre de marfim".[29] Candido Portinari realizaria sua segunda exposição parisiense em 1957, tendo recebido atenção em matéria elogiosa de George Besson, que reproduzia ainda fotos de suas obras em *Les Lettres Françaises*.[30]

Da esquerda para a direita: Graciliano Ramos, Pablo Neruda, Candido Portinari e Jorge Amado, 1945.
Fonte: Centro de Documentação e Memória da Fundação Maurício Grabois.

Manifestações recíprocas de afeto e amizade encontram-se nas obras dos escritores latino-americanos que estiveram juntos em Paris. Por exemplo, Pablo Neruda dedicou um poema a Jorge Amado, tendo por tema outro escritor baiano: "Castro Alves do Brasil", em versos publicados na revista *Europe*.[31] Neruda foi lembrado em diversas passagens dos livros de memórias de Zélia

---

29 *Arts de France*, n.9, p.3-16, 1946.
30 *Les Lettres Françaises*, n.664, p.12, 28 mar. 1957. O periódico dava espaço a pintores comunistas que eram do círculo de Aragon, embora distantes do realismo socialista, como Picasso e Leger, enquanto Fougeron era o pintor alinhado por excelência com a posição do PCF nas artes. A consagração de Picasso e de Leger antes de entrar no PCF, mais sua dedicação à causa da paz, davam-lhes possibilidade de continuar no Partido e desenvolver suas obras autonomamente, apesar das críticas de alguns dirigentes. Ver a respeito, por exemplo, as obras de Berthet (1990) e de Utley (2000). No Brasil, Portinari pôde conservar distância do realismo socialista de Zdanov, afinal já era um artista consagrado quando aderiu ao PCB na conjuntura da redemocratização pós-1945.
31 *Europe*, n.67-68, p.36-7, jul.-ago. 1951.

Gattai e Jorge Amado, em episódios por todos os cantos do globo, inclusive nas residências de Neruda no Chile e de Amado no Brasil. A estada na França estreitara as relações entre eles.

As menções ao casal brasileiro foram afetivas, porém mais escassas, no livro memorialístico de Pablo Neruda, talvez porque o compadre tenha sido mais importante para Amado e Zélia do que vice-versa. Uma passagem marcante foi o relato do poeta da viagem que fizeram juntos pela Ásia em 1957. No fim da estada na China, houve mal-estar de ambos os escritores diante da perseguição que se anunciava a seus pares e amigos comunistas Emi Siao, Ting Ling e Ai Qing, que foi o chefe do comitê de recepção aos escritores naquela oportunidade e é pai do famoso dissidente do início do século XXI, o artista Ai Weiwei. O episódio gerou "angústia: desapareceram antes que embarcássemos de volta", nas palavras de Amado. Ambos mantiveram a partir de então um discreto distanciamento da linha chinesa. Neruda afirmou a respeito: "Não pude engolir, pela segunda vez, essa pílula amarga" do culto à personalidade do líder. Ele deixou a China "com um gosto amargo na boca. Que ainda sinto até hoje" (Neruda, 1974, p.233-41; Amado, 2012b, p.354, 355, 409).

Neruda não mencionou Amado em suas recordações sobre a concessão dos prêmios Stálin da Paz, na qual ambos desempenharam papel relevante, embora o chileno tenha sido mais central, pois o poeta ocupava o primeiro lugar em prestígio internacional e na relação dos intelectuais latino-americanos com os comunistas no exterior, como se pode comprovar pelas referências prioritárias a ele na imprensa cultural comunista francesa. O esquecimento talvez se explique pelo fato de Amado ter-se afastado da militância comunista, ao contrário de Neruda. Segundo o chileno, "as revelações sobre a época stalinista haviam quebrantado o ânimo de Jorge Amado". Relatou que eram velhos amigos, compartilharam anos de desterro, identificados "numa convicção e esperança comuns". Mas se julgava menos sectário que o brasileiro, que "tinha sido sempre rígido". Depois do informe de Khrushov no XX Congresso do Partido Comunista soviético, o romancista baiano teria se tornado mais tranquilo e sóbrio, pondo-se a "escrever seus melhores livros, a começar por *Gabriela, cravo e canela*, obra-prima", romance já distanciado de um "caráter político direto" (Neruda, 1974, p.237).

Esse livro fez sucesso instantâneo no Brasil, vendeu mais de 200 mil cópias em dois anos, um recorde nacional. Em plena era da *détente*, ele se tornou um *best-seller* tanto na União Soviética como nos Estados Unidos. Os soviéticos inicialmente hesitaram em publicar a obra, que sairia com erros de tradução, além de cortes de trechos eróticos e "alterações de cunho ideológico". Em geral,

O SEGREDO DAS SENHORAS AMERICANAS

eram intervenções "breves e cirúrgicas", algo comum em seus livros traduzidos para o russo, segundo Marina Darmaros (2020), autora de uma tese que vasculhou arquivos para revelar os bastidores das edições soviéticas das obras de Amado, editadas às dezenas de milhares em russo e outras línguas do país. 100 mil cópias de *Gabriela* foram rodadas em russo em 1961 (Aguiar, 2018).

A edição norte-americana de *Gabriela, cravo e canela* apareceu em 1962, publicada pela prestigiosa editora Knopf; o romance permaneceria na lista dos dez mais vendidos do *New York Times* por cerca de um ano. Era o segundo romance do baiano traduzido no país de seu amigo Michael Gold. *Terras do sem fim* (*Violent Land*) havia sido o primeiro, em 1945, com apoio do Departamento de Estado norte-americano, como parte da política de boa vizinhança no final da Segunda Guerra Mundial. Publicado também por Knopf, esse romance não vendeu muito na ocasião. Em seguida, nos anos mais duros da Guerra Fria, o mercado norte-americano ignoraria Jorge Amado; como comunista, ficou proibido de entrar nos Estados Unidos a partir de 1952, segundo sua biógrafa (Aguiar, 2018). Ao menos 27 documentos da CIA, secretos até 2016, mencionaram Jorge Amado. Era tratado como "garoto de recados dos comunistas"; seus passos eram monitorados. Especialmente "na década de 1950, ele passou a figurar assiduamente nos relatórios da CIA, aparecendo quase sempre ao lado do amigo Neruda", conforme reportagem de Paula Sperb (2017). Nenhuma surpresa, já que os dois escritores estavam no centro da ação cultural soviética em âmbito global.

JORGE AMADO E A DIFUSÃO DO CONSELHO MUNDIAL DA PAZ

A difusão e a repercussão da pessoa e da obra de Jorge Amado foram potencializadas a partir de sua temporada francesa, na qual se integrou ao movimento mundial pela paz, conforme o exposto. O processo seguiu-se na Checoslováquia, nas viagens constantes pela Europa e especialmente pelos países comunistas. Alguns de seus livros já haviam sido publicados na França, na Itália e no Leste Europeu, mas eram poucas obras, que passaram a ser traduzidas e editadas em maior número nos anos 1950.

Como afirmou Zélia, referindo-se à Romênia – algo que também se podia constatar em outros países –, o prestígio de Amado "provinha também, e sobretudo, de sua atuação na luta pela paz, pelo posto de responsabilidade que ocupava como membro do Bureau do Conselho Mundial da Paz" (Gattai, 2009a, p.370). O aumento das traduções de livros de Amado em tcheco, por exemplo, permitiu-lhe viver bem de direitos autorais no castelo dos escritores em

Dobris.[32] Mas tinha de gastar no país tudo que recebia, pois era proibido retirar moeda para o exterior (Gattai, 2009b, p.51). O mesmo acontecia em outros países comunistas que lhe pagavam direito autoral quando os visitava.

Em 1948, Jorge Amado viajou de Paris a Varsóvia a fim de participar de reunião para preparar o Congresso de Intelectuais pela Paz Mundial, realizado logo em seguida, em agosto. Ficou conhecido como o Congresso de Wroclaw, na Polônia, que atraiu participantes do mundo todo. Amado foi eleito um dos vice-presidentes do Congresso, que abriu com um discurso. A delegação brasileira era composta de artistas e intelectuais que viviam na cidade luz e eram próximos do baiano: Carlos Scliar, Claudio Santoro, Vasco Prado, Zora Braga, Ana Stela Schic, Alberto Castiel e outros, como Paulo Emílio Salles Gomes (Amado, 2012b, p.34-5; Gattai, 2009a, p.96).

Não houve pleno consenso no Congresso de Wroclaw, alguns poucos participantes deixaram de assinar o manifesto final por não concordar com seus termos, considerados pró-soviéticos. Entre os brasileiros, o único que se absteve de assinar foi o crítico de cinema Paulo Emílio Salles Gomes, que abandonara o PCB anos antes, embora continuasse um homem de esquerda, antistalinista. Isso não o teria impedido de continuar mantendo boa relação com Jorge Amado e Carlos Scliar, segundo depoimento deste último (Souza, 2002, p.280). Amado chegou a ter aulas de francês com a companheira de Paulo Emílio, referido como pessoa próxima em cartas que o escritor baiano enviou a Zélia Gattai (Amado, 2012a, p.30). Mas Paulo Emílio não foi citado nas memórias de Amado, que muitas vezes preferiu silenciar sobre seus antagonistas. Por exemplo, não mencionou Jacob Gorender, Mário Alves, Apolônio de Carvalho e outros líderes importantes do PCB anteriormente próximos, com quem provavelmente se desentendeu. A relação dos comunistas brasileiros de Paris com Paulo Emílio teria se deteriorado no começo dos anos 1950: o cineasta Nelson Pereira dos Santos teria sido aconselhado a não contatar Paulo, tido como trotskista (Souza, 2002, p.280).

A falta de consenso não impediria o sucesso do Congresso de Wroclaw, que levou à realização do I Congresso Mundial da Paz, na Salle Pleyel em Paris, em abril de 1949, de cuja organização Jorge Amado participou ativamente, ao lado de franceses como Aragon, Vercors, Laffitte e Frédéric Joliot-Curie, além de muitos estrangeiros, inclusive escritores soviéticos como Ehrenburg e Fadeiev, afinal o movimento era importante sobretudo para a política externa de Stálin, temeroso do avanço nuclear norte-americano. Além de brasileiros que

---

32 Textos de catorze intelectuais e artistas da América Latina que passaram por Praga ou pelo castelo de Dobris na época foram reunidos por Michal Zourek (2019).

viviam na França, embarcaram para o Congresso personalidades como Caio Prado Jr., Paulo Guimarães da Fonseca e Mário Schenberg, juntando-se a artistas e intelectuais de prestígio de muitos países, comunistas ou companheiros de viagem. Nesse congresso foi esboçado o Conselho Mundial da Paz, que viria a ser sediado em Praga, com personalidades do mundo todo. Jorge Amado foi escolhido para o comitê executivo, posição que lhe garantiria contato privilegiado com intelectuais e artistas comunistas em escala planetária (Gattai, 2009a, p.314*ss*; Pericás, 2016, p.140).

Para se ter ideia de como a causa da paz mundial impactou artistas, intelectuais e políticos na América Latina, podem ser dados exemplos mexicanos. O ex-presidente nacionalista Lázaro Cárdenas, que não era comunista, participou ativamente do movimento pela paz e foi agraciado com o Prêmio Stálin em 1955 (Iber, 2015, p.145-73). Outro caso é ainda mais expressivo da atração exercida até sobre ex-adversários. Como é sabido, os pintores Frida Kahlo e seu marido Diego Rivera foram amigos íntimos de Trótski, que morou na casa deles ao chegar ao exílio no México em 1937. A intermediação de Rivera fora decisiva para que o então presidente Cárdenas concedesse asilo ao revolucionário caído em desgraça na União Soviética. Rivera também assinou o célebre manifesto "Por uma arte revolucionária independente", formulado por Breton e Trótski. Isso não impediu que, já depois da Segunda Guerra, Rivera e Frida se aproximassem do Conselho Mundial da Paz e da liderança de Stálin, dedicando "considerável energia física e emocional à causa da paz" (Iber, 2015, p.153). Ambos voltaram a integrar o Partido Comunista Mexicano, que demorou a perdoar Rivera, autor de várias pinturas afinadas com o movimento pela paz.

Diego Rivera fora um dos primeiros artistas a ingressar no Partido Comunista Mexicano (PCM), obtendo a carteirinha de número 992, em 1922. Seria expulso em 1929; mais tarde aderiu à IV Internacional, que deixou em 1939 após se desentender com Trótski, no contexto do apoio do pintor à candidatura à Presidência do México do general Juan Ángel Almazán, direitista. Desencantado com o pacto germano-soviético, o muralista concluiu que nazistas e stalinistas eram os maiores inimigos, portanto seria necessário aliar-se aos Estados Unidos, tornando-se "informante (e ainda delator) da embaixada estadunidense no México em 1940". Em 1946, Rivera solicitou reingresso ao PCM, mas só seria atendido anos depois, em 1954. A partir de 1949, militou no movimento mexicano pela paz, demonstrando devoção pela causa e pelo Partido até falecer, em 1957. Essa participação política intensa, contraditória e conturbada de Rivera – evidente também em seus célebres murais – foi relatada em longo capítulo por sua biógrafa Raquel Tibol (2007, p.87-160).

Na parede aos pés da cama onde Frida Kahlo dormia em sua Casa Azul nos últimos dias de vida, está um quadro ali exibido até hoje, com as imagens de cinco líderes revolucionários: Marx, Engels, Lênin, Stálin e Mao Tsé-Tung. Pouco antes de morrer, em 1954, Frida chegou a pintar um autorretrato ao lado da imagem austera de Stálin, objeto de mais duas obras suas na época, uma delas com a presença de uma pomba da paz, além das referências elogiosas em seu diário ao líder soviético que acabara de falecer, como lembrou Claudia Schaefer (2009, p.81-2). Frida Kahlo escreveu no seu diário, em 4 de novembro de 1952: "Sou um ser comunista [...], li a história de meu país e de quase todos os povos. Já conheço seus conflitos de classe e econômicos. Compreendo claramente a dialética materialista de Marx, Engels, Lênin, Stálin e Mao Tsé. [Eu] os amo como pilares do novo mundo comunista. Compreendi os erros de Trótski desde que chegou ao México. Eu nunca fui trotskista". Com esses termos, procurava se afastar do estigma que representava na época ser adepta do antigo comandante do Exército Vermelho. Em 4 de março de 1953, logo após a morte de Stálin, ela rabiscou: "O mundo, o México, todo o universo perdeu o equilíbrio com a falta (a ida) de Stálin. Eu sempre quis conhecê-lo pessoalmente, mas já não importa – Nada fica, tudo revoluciona". Essas palavras de devoção a Stálin ao mesmo terminavam com uma formulação sintética marxista afinada com a proposta de revolução permanente de Trótski: "Nada fica, tudo revoluciona" (Kahlo, 1995).

No banheiro privativo de Frida – que permaneceu fechado e intacto durante cinquenta anos, por determinação de Rivera, que ali guardou os pertences da mulher após sua morte – havia um cartaz de Stálin e uma foto grande emoldurada do líder, junto com muletas, remédios e outros apetrechos fotografados por Graciela Iturbide quando o espaço foi aberto.[33] Como se vê, o poder de atração do governo soviético e da luta pela paz no contexto polarizado no início da Guerra Fria conquistou até mesmo Frida, que tivera um célebre caso de alguns meses com Trótski, a quem ofertou um autorretrato após o fim do relacionamento (Schaefer, 2009, p.49-50; Herrera, 2011, cap.13).

Em março de 1950 foi lançado o apelo de Estocolmo contra as armas atômicas, que obteve milhões de assinaturas no mundo todo, não só de comunistas, incluindo por exemplo religiosos de diversos credos, com significativa repercussão no Brasil por iniciativa do PCB, como expôs Jayme Ribeiro (2011). A empolgação dos envolvidos era grande, segundo a artista plástica Renina Katz

---

33 Exposição Frida Kahlo and Arte Popular, Museu de Belas Artes de Boston, fev.-jun. 2019.

O SEGREDO DAS SENHORAS AMERICANAS   45

(2017). Ela me contou como a iniciativa dos estudantes do Partido para conseguir adesões ao Apelo de Estocolmo foi bem-sucedida no Rio de Janeiro, onde morava e ajudou a coletar assinaturas em pontos de ônibus e outros lugares de frequência popular.

O II Congresso Mundial da Paz estava programado para realizar-se em novembro de 1950 em Sheffield, na Inglaterra, mas as dificuldades para conseguir vistos levaram o evento a mudar em cima da hora para Varsóvia, na Polônia, onde compareceram delegações numerosas, inclusive do Brasil, conforme se lembrou Zélia Gattai (2009b, p.84, 113*ss*). Nesse Congresso, a organização adotou o nome Conselho Mundial da Paz (CMP).

Estava aberto o caminho para a projeção em primeiro plano do nome de Jorge Amado nos meios comunistas internacionais, sobretudo na União Soviética e no Leste Europeu. Ao chegar à França, Amado já tinha livros publicados em espanhol, francês, inglês, italiano e holandês. Entre 1949 e 1955, período de sua militância no CMP, as traduções atingiram dezoito outras línguas, segundo Josélia Aguiar (2018). A correspondência com os soviéticos mostra que Amado estava tentando publicar seus livros em russo desde 1934. Ele só conseguiu realizar seu sonho quando se tornou um dos líderes do CMP. A tradução da obra de Jorge Amado em russo foi um marco para a recepção da literatura brasileira nessa língua, segundo uma estudiosa que apontou três períodos: 1. O "pré-amadiano", de 1826 a 1947, quando haviam sido traduzidas apenas quinze obras de autores brasileiros; 2. o "amadiano", de 1948 a 1991, período em que o baiano teve a maior parte de seus livros traduzidos para o russo, tornando-se um dos escritores estrangeiros mais lidos, tendo contribuído pessoalmente para publicar dezenas de obras de autores brasileiros, dos clássicos da literatura aos contemporâneos, num total de 132 escritores brasileiros traduzidos em obras individuais ou coletâneas, num total de 68 livros; e 3. o período posterior ao fim da União Soviética, dito "pós-amadiano", quando Paulo Coelho passou a ser o autor brasileiro de maior sucesso, embora alguns livros de Amado continuassem a ser editados e lidos, em menor proporção, acompanhando a mudança profunda no mercado editorial após o fechamento de editoras estatais, segundo Elena Beliakova (2014).

O sucesso de Amado no mundo comunista também pode ser aferido pelos dados referentes à Alemanha Oriental: oito livros traduzidos e mais de 300 mil exemplares vendidos até 1962, acompanhados de ótima recepção da crítica, a começar por Anna Seghers, presidente da União dos Escritores daquele país e muito amiga de Jorge e Zélia. Na China aconteceu recepção parecida, com obras do baiano comercializadas aos milhares e elogios do célebre escritor oficial Emi Siao (Locane, 2021).[34] Entre 1945 e 1956, foram publicados 56 livros de latino-americanos na Checoslováquia, quase todos do círculo comunista, com tiragens em geral de 5 mil cópias ou mais. Desses, quinze seriam de Jorge Amado, segundo Michal Zourek, ou seja, sua obra completa até então. Foram impressos 30 mil exemplares de *Suor* em 1949; 42 mil de *São Jorge dos Ilhéus* em 1950, com outro tanto na reedição do ano seguinte (Zourek, 2020, p.201-2).

Os exemplos poderiam ser multiplicados para vários países, caso da Polônia, onde Amado teve "vinte edições até o ano de 1957, e seis edições em todo o período posterior", de modo "a reforçar a afirmação do comunismo em escala global", segundo a tese detalhada de Jaroslaw Jezdzikowski (2007, p.15). "Nos anos de 1949 a 1957, no mercado polonês foram lançados cerca de 400 mil exemplares. Nos anos de 1968 a 1993, o mercado polonês absorveu, aproximadamente, 100 mil exemplares" (ibid., p.128). Conforme se vê, na Polônia como em outros países comunistas, o momento principal da disseminação da obra de Amado foi a primeira metade dos anos 1950, não por acaso a partir de seu exílio e da participação no CMP.

A difusão cultural comunista – com o patrocínio de viagens dos autores, divulgação na imprensa, enormes tiragens e tradutores especializados (Amado teve cinco só na Polônia) – às vezes exagerava na estimativa de retorno, colhendo como resultado o encalhe parcial das edições, como ocorreu em Varsóvia. Lá, no começo dos anos 1950, uma parte da produção editorial "foi devolvida das prateleiras de livrarias para as editoras por falta do interesse do público leitor. Nos anos de 1955 a 1957, uma quantidade significativa de traduções dos autores contemporâneos foi reciclada. Entre as devoluções figuram seis obras de Jorge Amado", segundo o polonês Siekierski, citado por Jezdzikowski (2007, p.128). Mas isso seria um acidente de percurso no caso de Amado, que em geral tinha boa aceitação do público.

O autor baiano ganharia a consagração máxima no mundo comunista em dezembro de 1951. Recebeu pessoalmente o Prêmio Internacional Stálin da Paz em Moscou, onde foi recepcionado calorosamente em solenidade de janeiro de 1952 na Academia de Ciências da União Soviética. Foi saudado publicamente por seu amigo, o escritor e diplomata Ilya Ehrenburg, que fizera parte do júri. O ganho teria sido de cerca de 15 mil dólares, segundo Jorge, ou de 25 mil na

---

34 Para a recepção de Jorge Amado na Alemanha, ver ainda Vejmelka (2014); e na China: Jianbo (2013) e Wang (2019). Para um contraponto sobre o apoio dos governos dos Estados Unidos e da Grã-Bretanha na promoção internacional de artistas e intelectuais durante a Guerra Fria, caso de George Orwell, ver, por exemplo, o livro de Andrew Rubin (2012).

recordação de Zélia, montante doado ao PCB. Os agraciados eram escolhidos por um júri internacional integrado por dirigentes do movimento da paz. Contudo, "os prêmios não eram decididos sem a aprovação dos soviéticos", que os financiavam, como relatou Amado (2012b, p.90-3; Gattai, 2009a, p.234; Gattai, 2009b, p.181*ss*).

Os outros contemplados em 1951 foram a escritora alemã Anna Seghers, a britânica Monica Felton e os políticos Oyama Ikuo do Japão e Pietro Nenni da Itália, dirigente do Partido Socialista, então próximo dos comunistas. Nenni devolveria o Prêmio Stálin e doaria o montante recebido à Cruz Vermelha Internacional em 1956, após a invasão da Hungria pelas tropas do Pacto de Varsóvia. O prêmio era de muito prestígio na época e passaria a levar o nome de Lênin a partir de 1957, após as mudanças políticas na União Soviética; afinal, como reconheceu Khrushov no célebre discurso no XX Congresso de seu Partido, "nem mesmo os czares criaram prêmios com seus próprios nomes" (Khrushov, 1956). Jorge Amado viria a concordar com a crítica ao stalinismo, deixaria o PCB, mas nem por isso renegou o significado do prêmio. Ao contrário, afirmou em suas memórias orgulhar-se dele:

> Fui stalinista de conduta irreprochável, subchefe da seita, se não bispo ao menos monsenhor, descobri o erro, custou trabalho e sofrimento, deixei a missa em meio, saí de mansinho. Nem por haver-me dado conta e abandonado o redil escondi ou neguei ter recebido, em dia de glória, com honra e emoção inimagináveis, o Prêmio Internacional Stálin [...] momento culminante de minha vida. (2012b, p.446)

Essas palavras dão ideia da importância para Amado de sua atuação no Conselho Mundial da Paz, bem como para outros artistas comunistas que se sentiam recompensados e consagrados ao receber o prêmio. Ao falar dele no início e no fim de seu livro de memórias, fragmentadas e sem seguir ordem cronológica, Amado reiterava simbolicamente a relevância desse "momento culminante". Recordando a época, afirmou que

> [...] presidia o júri o presidente da Academia de Ciências da URSS, os vice-presidentes eram o sábio chinês Kuo Mo-jo e o poeta francês Louis Aragon, dele faziam parte entre outros, Anna Seghers, Ilya Ehrenburg, Pablo Neruda, Alexandre Fadeiev, hoje todos mortos. Membro do Comitê Central do PCUS, Fadeiev era o mandachuva. (2012b, p.27)

Todos os nomes citados eram amigos ou próximos de Amado, e vários foram agraciados com o mesmo prêmio, atestando a reciprocidade na cúpula do movimento internacional pela paz. Anna Seghers ganhou em 1951, Ilya Ehrenburg em 1952, Pablo Neruda em 1953, Louis Aragon em 1957. Outros contemplados também eram do círculo íntimo de Amado, como Nicolás Guillén, vencedor em 1954. O poeta cubano deu lugar de destaque à láurea na conclusão de sua autobiografia. O Prêmio Stálin teria marcado sua vida, bem como a de todos os agraciados, sempre de "maneira indelével" (1985, p.158).

O prêmio de Neruda foi entregue em cerimônia no Chile em 1954, por ocasião do cinquentenário do poeta. Ele patrocinou uma festança a que compareceram artistas do mundo todo, como o casal Amado (Gattai, 2011, p.49ss). O governo e a direita chilena hostilizaram alguns convidados, em especial o soviético Ilya Ehrenburg, que recebera o visto de entrada em caráter excepcional, num tempo em que não havia relações diplomáticas entre Chile e União Soviética. O tradutor de Neruda para o russo e encarregado de entregar-lhe o prêmio recordou-se com pesar desse episódio da Guerra Fria (Ehrenburg, 1970, p.167ss).

Prêmio Internacional Stálin da Paz.

Sobre a organização do prêmio, Pablo Neruda relatou em suas memórias que

> Kuo Mo-jo era além disso vice-presidente do comitê de prêmios junto com Aragon. A esse mesmo júri pertencíamos Ana Seghers, o cineasta Alexandrov, alguns outros que não

recordo, Ehrenburg e eu. Existia uma aliança secreta entre Aragon, Ehrenburg e eu, por meio da qual conseguimos que se desse o prêmio em outros anos a Picasso, a Bertolt Brecht e a Rafael Alberti. Não tinha sido fácil, é claro. (Neruda, 1974, p.207)

A premiação devia ser referendada pela direção do PC soviético, mas havia espaço para os membros do júri eventualmente contemplarem comunistas menos afinados com as diretrizes oficiais, como o teatrólogo alemão Bertolt Brecht, ganhador em 1954. Jorge Amado teve pouco contato com ele, mas ajudou a articular o Prêmio Stálin para Brecht, que assim teria ficado fortalecido diante de pressões internas do PC da Alemanha Oriental. Amado foi com Anna Seghers pedir o apoio de Sacha, como Alexander Fadeiev era conhecido pelos íntimos. Seguiam conselho de Aragon, ele sabia que o voto decisivo era o do secretário-geral da União dos Escritores soviéticos, que na sua opinião gostava de Jorge: "Era verdade. Fadeiev me estimava, considerava-me um camarada direito, em quem se podia confiar", nos termos de Amado (2012b, p.156).

De fato, o romancista brasileiro era muito bem situado na rede de poder intelectual comunista, que ajudava a tecer, como "camarada direito", alinhado com as diretrizes do PC soviético. Fadeiev foi personagem constante nas memórias de Zélia Gattai:

> Jorge e eu havíamos almoçado naquele dia com Fadeiev e seu intérprete, e eu me deliciara com as histórias que ele nos contara, entrecortada de gargalhadas estrepitosas. Fadeiev escrevera, nos álbuns dos meninos, palavras de carinho, para nós e para o Brasil. (2009a, p.145)

O sucessor de Gorki à frente da União dos Escritores soviéticos, colaborador direto de Andrei Zdanov, receberia naquela noite a notícia da morte do chefe e choraria em público durante uma festa de artistas e intelectuais na Polônia em 1948, na qual Zélia estava com o marido. Fadeiev convidou logo depois vários intelectuais a visitar a União Soviética, como Jorge Amado, de quem se tornara muito amigo, segundo Zélia Gattai. Noutra ocasião, o poderoso membro do Comitê Central do PC soviético deixaria uma caixa de bombons para recepcionar o casal Amado em sua chegada a Moscou, no tradicional hotel Monopol. Depois encontraria os convidados numa recepção, na qual contou uma história que marcou Zélia, sobre uma antiga e esquecida escritora do tempo do czarismo, que recebia leitoras em sua casa. Segundo ele, à literatura soviética estaria faltando "romantismo, sem o qual a beleza da vida não é completa". O mesmo Fadeiev seria pessoalmente portador do convite para "ir à Geórgia e também à casa onde Stálin nascera, grande privilégio" (Gattai, 2009a, p.184, 195, 214, 221).

O líder oficial dos artistas soviéticos foi mencionado de novo por Zélia, ao lembrar que ele teria brincado com ela, ao saber que seu visto fora concedido pelos ingleses para participar do Congresso de Sheffield em 1950, frustrado justamente pela proibição de entrada na Inglaterra dos principais participantes. Pouco tempo depois, Fadeiev estaria presente na festa de batizado laico de Paloma Gattai Amado no castelo dos escritores em Dobris (Gattai, 2009b, p.103, 169-72). Zélia narrou também que Fadeiev dormiu profundamente durante uma viagem turbulenta em direção a um congresso na Checoslováquia, enquanto seus camaradas de voo temiam a queda do avião, atestando mais uma vez sua proximidade do casal brasileiro (Gattai, 2010, p.154).

Jorge Amado desde logo se entendeu bem com os soviéticos, mas havia exceções: "Apenas conheci Cholokov e desde logo o detestei", bêbado, "homem do aparelho do Partido, da intriga e da denúncia", mas "grande, imenso romancista" (2012b, p.88). Em Paris o baiano aproximou-se daquele que viria a ser seu maior amigo soviético: Ilya Ehrenburg. Além de escritor reconhecido, ele seria na época "uma espécie de porta-voz do governo soviético" sobre política externa, segundo Amado (2012b, p.107). Mais tarde viria a engajar-se na campanha oficial de desestalinização, publicando obras críticas ao período anterior, como a pioneira *O degelo*, de 1954, cujo nome seria usado para qualificar a política de Khrushov a partir de 1956. Mas na virada dos anos 1940 para os 1950 ele se mantinha um stalinista fiel, aliado do outro amigo e protetor soviético de Jorge Amado, Fadeiev, que se mataria em 1956 após as denúncias dos crimes de Stálin.

As memórias de Zélia Gattai e Jorge Amado fizeram inúmeras referências ao amigo Ilya, com quem estiveram muitas vezes em Paris, nos congressos da paz, no castelo de Dobris, em eventos oficiais ou particulares, por exemplo em jantares no apartamento de Ehrenburg na rua Gorki em Moscou, pequeno e repleto de livros, em sua *datcha* a cem quilômetros de Moscou, ou no apartamento modesto do casal brasileiro no hotel Saint-Michel em Paris, segundo Zélia Gattai (2009a, p.207*ss*; 2010, p.156*ss*). Nesses eventos, por vezes compareciam figurões do *establishment* cultural soviético, como Fadeiev e Korneichuk – escritor, vice-presidente do soviete supremo da Ucrânia em Kiev, membro do Comitê Central do PC soviético –, além de outros camaradas, incluindo latino-americanos como Neruda e Guillén.

Por sua vez, Ilya Ehrenburg lembrou-se de Jorge e Zélia no sexto e último volume de suas memórias. Qualificou o baiano como "amigo chegado", para em

O latino-americano mais íntimo do escritor soviético parece ter sido Pablo

seguida falar de Guillén, seus versos musicais e sua personalidade um pouco infantil (Ehrenburg, 1970, p.235-7). Já o poeta cubano definiu o amigo soviético como um apaixonado pelo mundo literário da América Latina, de cuja "mais próxima amizade gozavam Jorge Amado, Neruda, Varela, Marinello..." (Guillén, 1985, p.162).

O latino-americano mais íntimo do escritor soviético parece ter sido Pablo Neruda, que o conhecera em 1936 na cidade de Madri, onde o chileno ocupava o posto de cônsul e recebia García Lorca, Alberti e Hernandez (Ehrenburg, 1970, p.164ss). A presença de Ehrenburg foi expressiva ao longo das memórias de Neruda, como no episódio da venda do carregamento de vinhos de primeira linha que tinham sido confiscados pelos soviéticos da adega que Goebbels havia pilhado na França. Eles entraram no mercado moscovita misturados aos vinhos locais e pelo mesmo preço baixo. Detentor da informação privilegiada, o "irredutível inimigo do nazismo" comprou enorme estoque e servia o néctar aos camaradas que o visitavam em Moscou (Neruda, 1974, p.247). O episódio também foi relatado por Jorge Amado (2012b, p.107-8), e por Zélia Gattai (2009a, p.214-6). Era um prazer para os artistas comunistas brindar com o espólio da adega nazista.

CÉU E INFERNO

Jorge Amado escreveu que teve sua primeira dúvida em relação ao comunismo quando soube – em conversa de bar com amigos em Budapeste em 1951 – que camaradas foram torturados pela polícia política do governo da Hungria durante o processo Rajk, num acerto de contas na cúpula dirigente (Amado, 2012b, p.36). Naquele mesmo ano, o romancista recebeu o Prêmio Stálin e saiu no Brasil o livro *O mundo da paz*, contando as viagens de Amado pelo bloco comunista. Foi publicado pelo Editorial Vitória, ligado ao PCB, no qual ele omitiu suas dúvidas: "stalinista incondicional silenciei o negativo como convinha" (2012b, p.184). O livro teria várias reimpressões até Amado proibir sua reedição, após renegar o stalinismo.[35] Outro sucesso entre os comunistas foi o já referido

---

35 Apesar de posteriormente renegado pelo autor, o livro – logo traduzido para vários idiomas – teria sido o principal motivo para dar a Amado o Prêmio Stálin, como sugere extenso documento do inventário de Fadeiev no Arquivo da União dos Escritores em Moscou, localizado por Marina Darmaros (2020, p.113). Sobre *O mundo da paz*, ver Marcos Silva (2017). Para efeito comparativo, ver o livro póstumo *Viagem*, de Graciliano Ramos (1954), em que o escritor relatou sua passagem pela Checoslováquia e

O cavaleiro da esperança, sobre Luís Carlos Prestes. Amado nunca teria recebido direitos autorais por esses livros. O escritor também teria dado 90% de seu salário ao Partido quando exerceu mandato de deputado federal constituinte (Amado, 2012b, p.172, 250).

Por sua vez, Zélia recordou que as dúvidas sobre o comunismo teriam surgido quando souberam em Moscou que seu amigo e dirigente comunista checoslovaco Artur London foi preso em 1951 por ocasião do processo Slansky, em que foi acusado de conspiração trotskista-titoísta-sionista junto com outros catorze dirigentes, onze dos quais seriam executados. Eram em sua maioria judeus como London, que pegou prisão perpétua, mas seria perdoado e solto em 1955 (Gattai, 2009b, p.133*ss*). Jorge suporia na época que os renegados enganaram London, pois "seria impossível a Zélia e a mim acreditar que Gerard [nome de guerra de London], herói da Espanha e da Resistência, o mais leal dos comunistas, seja um traidor" (Amado, 2012b, p.190).

Em vários momentos de *Jardim de inverno*, Zélia Gattai narrou o mal-estar no castelo dos escritores com a atmosfera persecutória. Era o "tempo do medo e da solidão", que entretanto não abalava a fé em Stálin nem impedia que seguissem normalmente as reuniões do Conselho da Paz, as viagens frequentes dos artistas e intelectuais adeptos dele, bem como a vida cotidiana no castelo de Dobris. Lá, certa ocasião, Zélia e Jorge abriram as portas para receber a amiga Lise, mulher do perseguido London, e seus filhos, sob olhares de reprovação de outros moradores. Durante viagem a Budapeste, ainda quando morava em Paris, Amado teve atendido um pedido para visitar o filósofo Lukács, então caído em desgraça, e com quem travara contato no Congresso de Wroclaw. Mais tarde, em Bucareste, pôde visitar o romancista Zaharia Stancu, que fora destituído da secretaria geral dos escritores romenos. Naquelas "semanas e meses infelizes" no castelo de Dobris, segundo Amado, cresciam as dúvidas e as noites insones em que ele e Zélia se contemplavam com "um nó na garganta, vontade de chorar" (Amado, 2012b, p.190-2; Gattai, 2009a, p.361*ss*; Gattai, 2009b, p.86).

---

pela União Soviética em 1952. Também comunista e simpático aos países visitados, Ramos foi mais crítico que Amado diante da experiência. Entre 1951 e 1961, período de Guerra Fria mais acirrada, em que o Brasil não manteve relações diplomáticas com a União Soviética, foram publicados 33 relatos de viagem de brasileiros àquele país, escritos por 54 pessoas, entre comunistas, simpatizantes, anticomunistas e observadores considerados neutros, como expôs detalhadamente a tese de Raquel Torres (2019). Sobre escritores e intelectuais comunistas, com destaque para Amado, há vasta bibliografia, por exemplo, as pesquisas de Celso Frederico (1998), Ana Paula Palamartchuk (2003), Eduardo Duarte (2002), Gustavo Rossi (2009), e Maria Alice Rezende de Carvalho (2019).

Castelo de Dobris em 2012. Foto do autor.

Na época, Diógenes Arruda Câmara era na prática o principal dirigente do PCB, devido ao rígido isolamento na clandestinidade a que estava submetido o secretário-geral Luís Carlos Prestes. Quando visitou Amado no castelo de Dobris, Arruda teria pedido uma cópia da obra, ainda inconclusa. Devolveria o texto dois anos depois, já no Brasil, com anotações à margem. O autor ignoraria as intervenções de Arruda e publicaria o livro intacto com o aval de dois leitores poderosos, Prestes e Giocondo Dias, segundo Zélia Gattai (2009b, p.121-3). Ao que tudo indica, tratava-se de afirmação interna de poder de Arruda, pois o livro era no essencial afinado com a visão dos principais dirigentes partidários sobre a luta de resistência ao Estado Novo no Brasil. Os líderes comunistas apareciam como heróis e os dissidentes amargavam a condição de vilões. Era o caso do personagem Saquila, inspirado em Hermínio Sacchetta, sem que jamais Amado tenha se desculpado pela caricatura, como apontou o ex-dirigente comunista Jacob Gorender (1998, p.179).

A ficção de Amado de 1942 a 1954 não teria sido menos cruel com seus adversários do que os stalinistas de carne e osso, como interpretou Alfredo Wagner de Almeida, para quem todos os dissidentes tendiam a ser vistos como trotskistas, "apresentados como traidores, dados a aleivosias, cultivadores de um intelectualismo estéril e de teorizações supérfluas"; o dissidente era qualificado nessas obras com adjetivos como canalha, infame, mesquinho e traidor (Almeida, 1979, p.200-1).

O castelo de Dobris continuava aberto para visitas menos polêmicas de artistas comunistas, como Anna Seghers, animando o cotidiano de Zélia e Jorge. Lá se promoviam comemorações, entre as quais o batizado laico de Paloma Gattai Amado, nascida em Praga. Foi uma "festa de arromba", com caviar e vodca trazidos de Moscou por Ehrenburg, padrinho da garota ao lado de Neruda e Guillén. O champanha ficou por conta do casal Laffitte, que aconselhara Zélia a não se envolver nos assuntos internos do partido checoslovaco, sem contar sanduíches e bolos. Na mesma ocasião foi batizada a filha do pintor chileno José Venturelli, que recebeu o nome de Paz e teve vários padrinhos, entre os quais os poderosos soviéticos Fadeiev e Korneichuk, o presidente da União dos Escritores checos Jan Drda, e o poeta turco Nazim Hikmet, todos amigos de Amado (Gattai, 2009b, p.169ss). Neruda e Guillén já haviam estado presentes como padrinhos na celebração mais modesta de "batizado" de João Jorge, realizada no hotel em que os Amado viveram em Paris, tendo como "padre" o escritor Alfredo Varela, que mais tarde receberia o Prêmio Lênin de 1970-1971 (Gattai, 2009a, p.137-9; Guillén, 1985, p.121-2).

Naquele "tempo do medo e da solidão", no final de 1951, Jorge Amado ganhou o cobiçado Prêmio Stálin, como se viu. Foi também então que ele e a mulher receberam da União dos Escritores chineses o "convite dos sonhos" de Zélia para conhecer a China (2009b, p.173). Viviam no paraíso, mas divisavam, a poucos passos, o inferno reservado aos dissidentes. Naquele momento, Amado escrevia *Os subterrâneos da liberdade*, já referido como ponto máximo do realismo socialista no Brasil (Gattai, 2009b, p.13, 121ss; Gattai, 2011, p.42-43, 104).

As atividades militantes de Jorge Amado ocupavam demais o tempo, levando sua produção literária a um compasso lento. Sua carreira de escritor estaria sendo sacrificada para cumprir tarefas políticas, como constatou Zélia Gattai, com uma ponta de indignação (2009b, p.179). "Para um escritor que vive do trabalho literário, ficar oito anos sem livro novo nas livrarias é um desastre" (Gattai, 2011, p.42). De fato, a produção de Amado – que fora de um romance novo a cada um ou dois anos, de 1933 a 1946 – caiu sobremaneira no seu período de militância comunista mais ativa, de 1945 a 1956. Foram oito anos entre a publicação de *Seara vermelha* em 1946 e *Os subterrâneos da liberdade*, em 1954. No intervalo saiu o relato de viagem *O mundo da paz*, de 1951. A maior parte do que escreveu tinha ligação direta com sua atividade política também em *Os subterrâneos da liberdade*.

Se a produção literária de Jorge Amado entrara em ritmo lento, havia a compensação da visibilidade que sua obra ganhou com os contatos políticos e culturais realizados sobretudo no exterior, que ampliaram enormemente sua fama e a difusão de seus livros, traduzidos cada vez em maior número para diversas línguas. A inserção na rede comunista e a atuação no movimento internacional da paz, potencializados a partir da estada em Paris, em parte envolviam certa perda de autonomia como escritor, mas paradoxalmente estabeleciam ou aprofundavam os contatos internacionais que permitiriam a Jorge Amado ser o autor brasileiro mais conhecido e publicado em todo o mundo. Formava-se seu público e avançava o reconhecimento entre os pares que perdurariam depois que deixou o PCB, sem alarde, para não hostilizar antigos companheiros no Brasil e no exterior, nem seu público de esquerda, e muito menos a União Soviética. Ele continuaria ligado ao movimento pela paz e sendo editado com sucesso nos países comunistas, enquanto ganhava autonomia e consagração como escritor.

O afastamento cuidadoso de Amado em relação ao realismo socialista ocorreu aos poucos. Por exemplo, em número especial do periódico *La Nouvelle Critique*, dedicado ao II Congresso dos Escritores Soviéticos de 1954, apareceu um depoimento breve de Jorge Amado, que na época já retornara do exílio e afirmava haver dois campos na literatura brasileira, o dos progressistas e o dos reacionários, sendo arriscado colocar o realismo socialista como linha divisória entre eles, pois isso poderia gerar um sectarismo que conduziria ao isolamento dos escritores comunistas brasileiros.[36] Já no contexto da desestalinização do movimento comunista, apareceu em *Europe* a matéria "O antidogmático", de Jorge Amado, em homenagem a Bertolt Brecht, que recém falecera. Insurgindo-se implicitamente contra o zdanovismo que defendera e imperara até pouco tempo entre artistas e intelectuais comunistas, o autor observava que Brecht jamais aceitou a tese segundo a qual, para atingir "as grandes massas humanas, e para ser compreendido por elas, seria preciso descer na escala intelectual, abandonar a pesquisa de novas formas ou limitar os sentimentos e a realidade".[37]

Em 1962, dez anos após a volta da longa passagem pelo exterior com a família, Amado já era membro da Academia Brasileira de Letras e personalidade destacada do *establishment* cultural, com trânsito internacional em todas as frentes, como se pode notar, por exemplo, pelo teor de sua correspondência

---

36 *La Nouvelle Critique*, n.63, p.153, mar. 1955. Não obstante, Amado defendia o realismo socialista em seu discurso no Congresso de 1954, parcialmente reproduzido por Darmaros (2020, p.135).

37 *Europe*, n.133-4, p.24-6, jan.-fev. 1957.

familiar. A Metro adquiria os direitos de transpor para o cinema o romance *Gabriela, cravo e canela*, pagando o suficiente para a compra e a reforma de uma casa no Rio Vermelho em Salvador. Seus livros eram cada vez mais traduzidos e divulgados também nos países ocidentais. Tudo sem perder a ligação com os países comunistas, inclusive Cuba, parceiro recente após a revolução. Ele se dava ao luxo de recusar convites não apenas para simpósios nos Estados Unidos e na Alemanha Ocidental, mas também na União Soviética e em Havana. Convidado para compor o júri do Prêmio Casa de las Américas, indicou para seu lugar o companheiro Dalcídio Jurandir (Amado, 2012a, p.139-49). Tamanho sucesso num mundo conflagrado envolvia habilidade política do romancista, que se revelava por exemplo numa carta a Zélia de outubro de 1962, em que dava justificativas para recusar um convite: "não tendo ido à URSS não quero também ir aos EEUU" (Amado, 2012a, p.146). Mais adiante, em 1971, sentiu-se seguro para uma estada de sete meses no país de Mark Twain (Amado, 2012a, p.380), sempre sem abrir mão dos laços com os países comunistas.

Sob a luz da teoria dos campos de Pierre Bourdieu (1971, 1996), pode-se compreender a aspiração de autores como Jorge Amado de ocupar posições dominantes no campo literário, não só no Brasil, também em escala internacional. O escritor usou redes de influência política para promover sua posição literária, mas não caberia explicar sua adesão ao comunismo e os romances dos anos 1930 aos 1950 por uma estratégia racional preconcebida. Há uma dimensão utópica na militância comunista de artistas e intelectuais que implica mediações éticas e culturais, políticas e morais em sua indignação contra o capitalismo, como propôs Michael Löwy (1979).

NACIONALISMO E *STAR SYSTEM* SOVIÉTICO EM DIREÇÃO AO TERCEIRO MUNDO

A experiência do exílio de autores latino-americanos em Paris, bem como a participação no movimento pela paz mundial, expressaram a importância cultural e política dos comunistas. Deram mostra também de seu impacto para além dos círculos comunistas, significativo pelo menos dos anos 1930 aos 1970 na América Latina. Há vários fatores envolvidos para explicar esse fenômeno. Um deles, talvez ainda pouco explorado, é a implicação cultural da análise econômica e social realizada pelos comunistas na época. Ela se centrava na necessidade de desenvolvimento das forças produtivas, no caminho da revolução nacional e democrática contra o imperialismo, buscando superar as relações pré-capitalistas com forte sobrevivência nos países da região. Apoiava-se o crescimento de indústrias nacionais, o que valia também para a área da cultura, a encorajar a produção nacional para atingir o conjunto do povo. Isso não era incompatível com o desenvolvimento de uma cultura nacional de massas; antes, ajudou a constituir e consolidar a indústria cultural em diversos países, na qual os artistas comunistas buscavam se destacar, além de se integrar ao sistema soviético de difusão cultural em larga escala, constituindo um *star system* alternativo ao irradiado pelos Estados Unidos, sobretudo durante a Guerra Fria.

Desde o Congresso de 1928 da Internacional Comunista, estabeleceu-se nos partidos comunistas latino-americanos a interpretação de que suas sociedades estariam na etapa democrático-burguesa da revolução, pois seriam dependentes, com resquícios feudais expressivos no campo, a exemplo das chamadas sociedades coloniais e semicoloniais, como já apontava Caio Prado Jr. (1966). Ainda não haveria condições objetivas para realizar uma revolução socialista. As lutas de classes e a contradição entre capital e trabalho ficavam em segundo plano diante da tarefa prioritária de juntar as forças progressistas para o desenvolvimento nacional, entravado pelos interesses associados do imperialismo e dos grandes proprietários rurais. Então, operários, camponeses, estudantes e setores pequeno-burgueses deviam aliar-se à burguesia nacional para construir povos e nações independentes e livres para liberar o crescimento de suas forças produtivas. Só numa segunda etapa viria a possibilidade de revolução propriamente socialista.

Portanto, nos países latino-americanos, a revolução teria um caráter anti-imperialista e antifeudal, nacional e democrático, podendo ser conseguida pacificamente, ou pelas armas, se necessário. Artistas e intelectuais ligados ao Partido deveriam ter papel relevante na conscientização e organização popular, além de ocupar espaços em seus campos profissionais e na produção cultural, em prol do desenvolvimento nacional. Não seria o caso de discutir aqui a pertinência dessa interpretação sobre o caráter da revolução, mas sim de constatar que teve repercussões relevantes no mundo da cultura. Por exemplo, a despeito das intenções revolucionárias, a ação cultural dos comunistas viria a tornar-se fundamental para a consolidação de um campo intelectual e de uma indústria cultural, particularmente no Brasil. Tudo isso em condições políticas institucionais adversas no contexto da Guerra Fria; em casos como o brasileiro, a regra foi a atuação clandestina do Partido Comunista, que em raros momentos pôde atuar legalmente.

A proposta estratégica de revolução nacional e democrática manteve-se até nos momentos em que o Partido colocou como objetivo "a derrubada do governo de latifundiários e grandes capitalistas" pela força, conforme o "Manifesto de agosto" de 1950, cujas determinações foram reiteradas no IV Congresso do PCB em 1954.[38] Essa linha de enfrentamento não impedia que o Partido continuasse atuando pelo desenvolvimento da cultura e da indústria nacional com apoio do Estado num país considerado semicolonial e semifeudal. Por exemplo, o PCB ajudou a realizar célebres Congressos de Cinema entre 1951 e 1953, com a participação de inúmeras empresas produtoras de filmes, das pequenas às mais empenhadas num projeto industrial. O objetivo era viabilizar o cinema brasileiro e contrapor-se ao que se considerava o imperialismo de Hollywood e seus padrões, assumindo linguagens e temáticas nacionais. Buscava-se sobretudo a criação de uma política cinematográfica com regulação e proteção estatal.[39] A presença influente de cineastas comunistas nesses congressos, como Alex Viany e Nelson Pereira dos Santos, expressa sua luta por ocupar um lugar no campo cinematográfico como representantes dos interesses nacionais do povo brasileiro.

Outro exemplo de envolvimento de cineastas com o Partido Comunista é o já referido Rodolfo Nanni. Bem jovem, em 1948, foi morar com a mulher em Paris. Ele não era propriamente politizado antes da estada na França, mas pertencera a um meio de artistas e intelectuais, alguns deles engajados. Também pintor, primo de Brecheret, estudara com Candido Portinari, deixando as aulas quando o célebre artista se autoexilou na Argentina e no Uruguai de 1947 a 1952, devido à perseguição do governo Dutra aos comunistas. Nanni fora próximo ainda do grupo da revista *Clima*, composto por intelectuais socialistas, rivais dos comunistas. Em Paris, esteve com pintores e artistas comunistas que fundaram a mencionada associação latino-americana de que participaram "o Mário Gruber, o Octávio Araújo, o Luisinho Ventura, e depois o Enrico Camerini", além dos anteriormente citados. Nanni foi aceito como aluno no Instituto de Altos Estudos Cinematográficos (Idhec), onde integrou uma célula do Partido Comunista Francês, algo raro para um estrangeiro, conforme me declarou (Nanni, 2014a). Ele seria muito bem recebido ao retornar a São Paulo.[40] Angariara prestígio por ter-se integrado a atividades do Partido Comunista Francês

---

38 O "Manifesto de agosto" de 1950 foi publicado em *Fundamentos*, ano III, n.17, jan. 1951.

39 Ver, entre outros: Souza, 1981, Simis, 2008, Autran, 2013, Sousa, 2018.

40 De volta ao Brasil, Nanni e vários dos citados por ele viriam a compor o círculo de intelectuais comunistas de São Paulo no começo dos anos 1950, como contou em entrevista um conhecido personagem do grupo, Fernando Henrique Cardoso (2013). Sobre o ambiente político e cultural da época, ver Arruda (2015) e Botelho et al. (2008).

e do círculo de exilados comunistas, o que lhe rendeu o convite de Ruy Santos para trabalhar como continuísta no filme *Aglaia*, rodado mas não concluído, com vários comunistas envolvidos na realização. Em seguida foi convidado para dirigir *O saci*, conhecido como o primeiro filme infanto-juvenil brasileiro, de que participaram também outros artistas comunistas ou simpatizantes. A trilha sonora ficou a cargo de Cláudio Santoro, que montou uma pequena orquestra para gravar as músicas, com a participação de artistas do Partido, como os irmãos Duprat. Nelson Pereira dos Santos foi assistente de direção e Alex Viany, diretor de produção.

Havia razões específicas aos meios intelectuais e artísticos para simpatizar com o Partido Comunista ou até militar nele, especialmente no contexto do pós-Segunda Guerra. A começar porque a inserção partidária daria à solidão do trabalho intelectual um sentido coletivo, de solidariedade e importância social, a busca comum de um objetivo entre os pares organizados de cada campo e também entre o conjunto do Partido e de seus simpatizantes. A agremiação também poderia ajudar a dar legitimidade a certos grupos e indivíduos que encontravam – nas redes de sociabilidade comunistas e na sua imprensa – a possibilidade de produção, publicação e disseminação de obras (artigos, livros, pinturas, filmes, peças de teatro). Elas eram comentadas e debatidas por críticos e pares do meio, atingindo um determinado público cativo, consolidado no âmbito de influência do Partido, e buscando ampliá-lo, atuando até mesmo em programas de rádio e televisão. Especialmente artistas e intelectuais fora dos círculos estabelecidos e consagrados encontravam oportunidade de projeção e de organização coletiva por intermédio das redes partidárias. Os comunistas tinham acesso a contatos nacionais e internacionais de amplo alcance: jornais, revistas, cursos, viagens, premiações, festivais. Eram redes não só de organização, difusão e projeção, mas também de proteção e solidariedade entre os camaradas em cada país e no exterior, pois em situações extremas os comunistas corriam risco de perseguição, prisão e até de morte. Não raro eram forçados ao exílio, onde eram recebidos pelos companheiros, solidários.

Assim, interpretar a militância comunista de artistas e intelectuais exige compreender tanto as utopias coletivas quanto as lutas por prestígio, poder, distinção e consagração nos meios culturais, o que não implica desconsiderar as desvantagens e riscos dessa opção política, particularmente em sociedades autoritárias. Isso incluía sofrer o preconceito social generalizado contra o comunismo, além da certa perda de autonomia com a disciplina e a obediência envolvidas na militância, particularmente para artistas e intelectuais ainda não consagrados, enquanto se abria espaço de relativa autonomia criativa, sobretudo para os já conhecidos e aclamados, até mesmo alguns críticos da linha oficial do realismo socialista.

Havia um jogo complexo de reciprocidade que, de um lado, viabilizava a projeção local e internacional dos beneficiários da chancela comunista, mas, de outro, reforçava a legitimidade política e simbólica da própria entidade partidária, num contexto político institucional desfavorável aos esquerdistas na América Latina, sobretudo nos anos 1950. O vínculo de artistas e intelectuais com o movimento comunista não poderia ser resumido em equações simples, como supor que se tratava de mero desejo de transformar seu saber em poder. Tampouco se tratava do uso de inocentes úteis pelo Partido, presumindo-se que artistas e intelectuais seriam idealistas manipulados e vigiados pelos dirigentes comunistas, com o uso indevido e despótico da arte para fins que lhes seriam alheios. Havia uma relação intrincada – material e simbólica, objetiva e subjetiva – entre todos os sujeitos envolvidos, conforme já se explicitou em pesquisa anterior.[41]

Se os partidos comunistas buscavam se legitimar atraindo intelectuais e artistas que pouco ou nada influenciavam sua atuação política, impondo a eles tarefas e uma disciplina dura, ao mesmo tempo estes faziam uso da capacidade organizacional e de prestígio do Partido para se firmarem em seus respectivos campos culturais, muitos dos quais em processo de constituição em sociedades ainda pouco desenvolvidas. Sem contar a busca para se comunicar com "as massas" populares, que implicava sair dos círculos eruditos e envolver-se – conscientemente ou não – com a indústria cultural. Nos termos de Jorge Amado, seria preciso "colocar o conteúdo numa forma simples e pura, mais próxima e acessível à grande massa, ávida de cultura" (Amado; Pomar; Neruda, 1946, p.28). Vê-se que o termo "massa" aqui tem sentido complementar ao de vanguarda, o conjunto do povo que desejaria cultura e deveria ser atendido didaticamente pelos intelectuais do Partido dirigente.

A posição dos comunistas, ao enfatizar a necessidade do crescimento nacional das forças produtivas nos países da América Latina, levava à necessidade de organizar o mundo das artes e da cultura num sentido nacional e profissionalizante, que não contestava propriamente o caráter mercantil da produção cultural; antes, via-o como parte do desenvolvimento de cada nação. Não havia uma contestação radical do campo intelectual, tampouco da indústria cultural que se estabelecia. Os comunistas tentavam se integrar a eles, buscando influenciá-los

---

41 Ver meu artigo "Brasilidade vermelha", em Botelho et al. (2008), depois revisto e publicado como capítulo do livro *Brasilidade revolucionária* (Ridenti, 2010b).

no sentido de romper com o subdesenvolvimento e de popularizar a cultura e as artes, a expressar a vida de pessoas simples do povo que deveriam ter acesso a essa produção e colaborar com ela, sempre valorizando as supostas raízes nacionais e populares, em contraposição ao imperialismo cultural dos Estados Unidos.

Na prática, havia forte aproximação entre o ideário comunista e o nacionalista. A questão imediata para os comunistas era defender e propagar a cultura de cada país, intervir para consolidar a música, o cinema, o teatro, a literatura, a pintura, enfim, artes nacionais independentes do imperialismo, como parte do processo da revolução nacional e democrática. Isso valia também para o rádio e a televisão, que teriam a vantagem de ampliar o acesso popular à cultura. Ainda não era muito difundida a concepção crítica da sociedade de massas, análise que começava a se difundir no fim da década de 1940, embora só fosse ganhar espaço intelectual e político maior no Brasil a partir dos anos 1960 e 1970.

Segundo essa concepção, também de inspiração marxista, sobretudo a partir dos estudos de Adorno e Horkheimer, o exemplo dos Estados Unidos atestava que a cultura contemporânea estaria submetida ao poder do capital. Constituía-se um sistema a englobar o rádio, o cinema, as revistas e outros meios – como a televisão, a novidade daquele momento – que tenderiam a conferir a todos os produtos culturais um formato semelhante, padronizado, num mundo em que tudo se transformava em mercadoria descartável, até mesmo a arte, que assim se desqualificaria como tal. Surgiria uma cultura de massas, caracterizada como um negócio de produção em série de mercadorias culturais, em geral de baixa qualidade. A cultura passaria ao domínio da racionalidade administrativa, com o fim de preencher todo o tempo e os sentidos dos trabalhadores de modo útil ao capital, fosse em escala nacional ou internacional. A indústria cultural produziria, dirigiria e disciplinaria as necessidades dos consumidores na era da propaganda universal, convertendo-se em instrumento de controle social no processo de uniformização das consciências (Adorno; Horkheimer, 1985, p.113-56).

Esse tipo de análise praticamente não influenciou os comunistas no auge da Guerra Fria. Eles estavam voltados a ampliar o acesso popular ao mundo da cultura, somando esforços com os interessados em construir culturas populares e nacionais, em contraposição ao imperialismo americano, parte de um processo longo de lutas que finalmente levaria ao socialismo. Ou seja, a atuação cultural dos partidos comunistas, a partir do fim dos anos 1940, não destacava as distinções entre democratização e massificação da cultura, isto é, entre o acesso popular crescente ao mundo da educação e da cultura e seu caráter de massas, que envolve a submissão à racionalidade da sociedade produtora de mercadorias, por mais que se empenhassem no combate ao imperialismo.

Chega-se a um certo paradoxo: não foi a análise marxista especificamente voltada à compreensão da cultura, mas aquela tida como economicista – centrada no crescimento das forças produtivas – que possibilitou a ação relevante de artistas e intelectuais comunistas na construção institucional do campo intelectual e da indústria cultural, nas universidades, na imprensa, no cinema, no teatro, nas artes plásticas. Sem falar no rádio e na televisão, não só no Brasil e na América Latina. Os acordos e as conveniências geopolíticas das grandes potências durante a Guerra Fria também impediam de pensar qualquer ruptura revolucionária socialista na Europa ocidental, o que levava os partidos comunistas a atuar dentro da ordem, institucionalizando-se, valorizando a produção cultural nacional e de alcance popular, que na prática se entrelaçava com a cultura de massas.

Na França, por exemplo, no pós-Segunda Guerra, o Partido Comunista abriu-se aos intelectuais e artistas como guardião da herança moral e intelectual francesa, diante do imperialismo cultural americano.[42] Isso levava à afinidade com as posições dos comunistas da América Latina abrigados em Paris, em sintonia também com a proposta soviética de valorização das culturas nacionais e de convivência pacífica com o capitalismo no Ocidente em geral, e na América Latina em particular. Era o tempo de maior atuação do Conselho Mundial da Paz durante a Guerra Fria cultural, que ao mesmo tempo usava a imagem dos artistas e lhes dava projeção no cenário internacional.

Em suma, artistas comunistas latino-americanos atuaram para promover as culturas nacionais de seus respectivos países, inclusive com forte participação na indústria cultural que se organizava, como parte da proposta dos partidos comunistas de desenvolvimento das forças produtivas de cada nação na etapa da revolução nacional e democrática. Além disso, envolveram-se no trabalho de agitação e propaganda pela paz mundial, promovido pela União Soviética, que alçava alguns deles à condição de verdadeiras celebridades, a concorrer com o *star system* dos Estados Unidos em âmbito mundial. Estava ampliado o caminho para a projeção em primeiro plano especialmente de Neruda e Amado nos meios comunistas internacionais. Eram autores já reconhecidos, que tiveram a difusão de seus nomes e de suas obras imensamente aumentados pela inserção como dirigentes e ativos participantes do Conselho Mundial da Paz.

Isso permitiria pensar a cultura comunista nos moldes soviéticos como uma espécie de espelho invertido da cultura capitalista ocidental, sobretudo norte--americana, a produzir suas próprias celebridades, sem contestar a fundo a cultura de massas e a indústria cultural. Antes, busca a seu modo produzir, dirigir

---

42 Ver, por exemplo, o livro de Berthet (1990).

e disciplinar as necessidades das pessoas, fazendo uso da propaganda como instrumento de controle e construção de consciências afinadas com os interesses soviéticos. Ao analisar a sociedade do espetáculo, Guy Debord (1967) viria a chamar essa tendência de espetáculo concentrado, em oposição ao espetáculo difuso, disseminado nas sociedades ocidentais. Seria, entretanto, demasiado simplificador negar qualidade a qualquer produção cultural de massas, a seus espetáculos que, afinal, mobilizam "as mais profundas e fundamentais esperanças e fantasias da coletividade, às quais devemos reconhecer que deram voz, não importa se de forma distorcida", nos termos de Jameson (1995).

A aproximação entre o ideário comunista e o nacionalista seria reforçada pela vitória da Revolução Chinesa em 1949, e pela cubana, dez anos depois, assim como outras, caso da tardia libertação das colônias portuguesas na África nos anos 1970, encabeçada por movimentos que se consideravam marxistas-leninistas. A concepção de revolução nacional e democrática dos comunistas trazia elementos para pensar o conjunto de nações que os comunistas consideravam como coloniais ou semicoloniais, que viriam a ser chamadas de Terceiro Mundo.

Compartilhando essa concepção, no início da Guerra Fria escritores latino-americanos foram incorporados pela imprensa comunista francesa, que os acolheu como perseguidos pelas tiranias oligárquicas de seus países. Como vimos, eles apareciam em suas páginas como autênticos representantes de culturas nacionais e populares oprimidas pelo imperialismo americano e seus aliados em cada nação. Eles logo em seguida viriam a desempenhar um papel no movimento pela paz mundial, que abriu possibilidades inéditas de construção de redes internacionais que não viriam a se conter nos limites da Guerra Fria, embora dela indissociáveis.

A publicação de escritores latino-americanos na imprensa comunista francesa e sua posterior inserção no movimento pela paz que difundiria suas obras reiteravam o internacionalismo e a solidariedade entre os comunistas. Demonstravam ao público que artistas e intelectuais da América Latina estavam afinados com as posições do PCF e da União Soviética no contexto internacional da Guerra Fria. Seu apoio comprovaria a justeza das posições do lado socialista, capaz de atrair os melhores corações e mentes.

Por seu lado, a experiência do exílio e da integração à rede cultural comunista, a partir de Paris, traria ganhos para a formação e a carreira profissional de artistas latino-americanos cuja obra era difundida, contribuindo para seu sucesso internacional. As recompensas, entretanto, colocavam dilemas para os artistas que testemunhavam as perseguições a militantes dissidentes em escala internacional. Além disso, eles se inseriam nas redes comunistas como reprodutores do pensamento e da política produzida no centro, não como formuladores originais. Reiterava-se a relação centro-periferia tão comum na relação de artistas e intelectuais latino-americanos com as metrópoles europeias. Aspecto que mudaria em parte após a Revolução Cubana e outras de libertação nacional, que envolveram laços horizontais entre os próprios países do Terceiro Mundo e uma influência deles sobre a produção cultural, o pensamento social e a política na Europa e nos Estados Unidos, por exemplo, com os escritos de Fanon e Guevara, a teoria da dependência, o realismo fantástico da literatura latino-americana, movimentos como o novo cinema da região, em que o brasileiro tinha destaque. Os antigos parceiros da política cultural soviética fariam parte dessa nova vaga, caracterizada por maior autonomia cultural e política.

Escritores comunistas eminentes no pós-Segunda Guerra e na primeira metade da década de 1950 constituíram uma espécie de pré-história dos ideais de Terceiro Mundo que viriam a ganhar força na América Latina, sobretudo após a vitória da Revolução Cubana. Muitos deles continuaram a atuar nesse período, talvez sem o mesmo protagonismo de antes, diante do surgimento de novas gerações. Para ficar apenas no exemplo dos três escritores da região mais empenhados no Conselho Mundial da Paz – que haviam sido exilados em Paris e destacados pela imprensa comunista –, Guillén alinhou-se completamente com a Revolução Cubana, Neruda manteve-se fiel às posições soviéticas rearticuladas após a morte de Stálin, enquanto Jorge Amado se afastou delas, embora se mantivesse no campo dito progressista, assumindo posições moderadas e conciliadoras. Cada um deles procurou inserir-se a seu modo na onda terceiro--mundista de que foram precursores e que passaram a integrar.

TRÊS ASPECTOS DA HERANÇA CULTURAL COMUNISTA PARA O TERCEIRO MUNDO

A construção do ideário terceiro-mundista, em especial nos países da América Latina, foi devedora do momento comunista anterior em âmbito cultural ao menos em três sentidos: 1) o institucional, que envolvia a herança de publicações e congressos comunistas em que latino-americanos tomavam parte, notadamente os promovidos pelo Conselho Mundial da Paz; 2) o militante, com a continuidade diversificada do engajamento pessoal de artistas atuantes no período precedente na construção de uma identidade latino-americana com fortes tintas nacionalistas, em convivência com novos personagens e ideias na cena cultural e política; e 3) o de reapropriação, isto é, a influência das obras produzidas anteriormente para a nova geração terceiro-mundista, que se apropriou delas a sua maneira, independentemente da intenção dos autores.

No aspecto institucional, a construção da identidade latino-americana como parte do Terceiro Mundo tem um elo com o Conselho Mundial da Paz e outras iniciativas do bloco soviético, como congressos internacionais da juventude, festivais de cinema, teatro e outros. Como Patrick Iber já observou, "poucos viam a América Latina como parte do Terceiro Mundo no fim dos anos 1950", pois os países da região já haviam deixado de ser colônias fazia bem mais de um século, ao contrário de vários países da África e da Ásia, caraterizados pela descolonização recente ou em curso (Iber, 2015, p.171).

O advento da Revolução Cubana mudaria a situação: a luta na região contra o subdesenvolvimento e o imperialismo passou a ser associada com mais intensidade à de outros povos contra o colonialismo e pela libertação nacional. Por exemplo, movimentos de esquerda em toda a região empenharam-se na construção de uma conferência Tricontinental que teve lugar em Havana em janeiro de 1966, com representantes também da Ásia e da África. Logo adiante, ecoaria em todo o mundo o chamamento de Che Guevara para construir "dois, três, muitos Vietnãs". Essa conferência e outras se originaram de "discussões e planejamento apoiados pelo Conselho Mundial da Paz, mas sob liderança muito diferente eles criaram movimentos muito diversos que em nenhum caso atuaram precisamente conforme os interesses de Moscou" (Iber, 2015, p.172).

A construção de ideais terceiro-mundistas na América Latina – e a própria ideia da América Latina entendida como "nuestra América" – amadureceram com a Revolução Cubana e suas iniciativas institucionais internacionalizantes, como a referida Tricontinental e a Organização Latino-Americana de Solidariedade, conhecida como Olas, reunida em Havana em agosto de 1967. A política revolucionária internacionalista teve expressão cultural forte em instituições como o Instituto Cubano de Arte e de Indústria Cinematográfica (Icaic) e a Casa de las Américas, que procuravam agregar escritores, cineastas, artistas e intelectuais da América Latina e de outros países do Terceiro Mundo identificados com o anti-imperialismo, o anticolonialismo e a lutas de libertação nacional.[43]

No tocante ao segundo aspecto – a continuidade diversificada e em novos termos do engajamento pessoal de escritores militantes do período anterior na construção de uma identidade latino-americana e terceiro-mundista –, vimos que Guillén se tornou presidente da União de Escritores e Artistas de Cuba, equilibrando-se no poder até o fim da vida. Nessa posição institucional de des-

---

43 Ver, entre outros, os livros de Sílvia Miskulin (2009), e Mariana Villaça (2010).

taque, participou das iniciativas internacionais promovidas por Havana. Ele se colocou sempre ao lado de Fidel Castro nos conflitos velados ou expressos não só com os Estados Unidos, mas também com a União Soviética e com setores da intelectualidade cubana e da América Latina. Isso podia custar o preço do desgaste com velhos amigos do tempo do exílio em Paris e do movimento pela paz mundial. Foi o caso de Neruda, que acompanhou fielmente a trajetória política da União Soviética e do Partido Comunista Chileno na fase pós-stalinista, em convivência conturbada com os aliados cubanos.

Em suas memórias, Neruda referiu-se de passagem ao chamado *boom* internacional da literatura latino-americana nos anos 1960, incentivado por Cuba, que inicialmente mantinha boa relação com muitos dos escritores, promovidos por exemplo pela revista *Casa de las Américas*. O poeta citou expressamente os "nomes de García Márquez, Juan Rulfo, Vargas Llosa, Sábato, Cortázar, Carlos Fuentes, o chileno Donoso". Expressou admiração pelos livros "cada vez mais essenciais na verdade e no sonho de nossas Américas". Mas ficava evidente certa distância da nova geração, referida com certa dose de veneno: "É corrente também ouvir dizer que eles formam um grupo de autopromoção" (Neruda, 1974, p.290). García Márquez e Cortázar estavam entre os amigos que foram jantar com Neruda em Paris após a notícia do Prêmio Nobel atribuído ao chileno em 1971 (ibid., p.304-5).

Ambiguidade similar aparecia em relação à Revolução Cubana e seus líderes, Fidel Castro e Guevara, com quem Neruda teve contatos pessoais após o triunfo na Sierra Maestra. Ele se vangloriava de ter sido o primeiro poeta a escrever um livro inteiro para enaltecer a Revolução Cubana, intitulado *Canción de Gesta* (Neruda, 1974, p.325). Mas ficou decepcionado por não terem dado o devido valor ao livro na ilha, segundo seu biógrafo Adam Feinstein. Em novembro de 1960, Neruda fez sua primeira visita à Cuba revolucionária, em relação à qual "haveria toda uma série de mal-entendidos e antipatias". Neruda apoiava a Revolução Cubana em público, mas fazia reservas em privado, como a crítica ao voluntarismo juvenil de Che Guevara e ao culto à personalidade de Fidel Castro (Feinstein, 2004, p.325-6, 347).

Neruda contou que se sentiu lisonjeado ao saber que Guevara lia trechos do *Canto geral* para os guerrilheiros nas noites em Sierra Maestra. Também por descobrir que era um dos dois únicos livros que o revolucionário levava na mochila ao ser capturado na Bolívia. Mas expressou certa distância política, crítica do militarismo, ao se declarar surpreso por ter encontrado Guevara de uniforme militar em pleno exercício de atividades burocráticas no Ministério da Fazenda cubano, quando ouviu dele que "não podemos viver sem a guerra".

Neruda, com estupor, discordava, pois considerava a guerra "uma ameaça, não um destino" (1974, p.320-1). Mostrava-se assim mais identificado com a *détente* encampada pela política exterior soviética do que com a luta armada proposta pelos cubanos para o Terceiro Mundo, embora solidário na defesa de Cuba contra o imperialismo norte-americano.

Essa posição logo viria a gerar um conflito que magoou Neruda, devido a uma carta aberta de artistas e intelectuais cubanos que protestaram pelo fato de o poeta ter aceitado uma condecoração do governo peruano, então inimigo da política cubana e das guerrilhas locais. E especialmente por ter comparecido a um congresso do Pen Club mundial nos Estados Unidos, numa suposta capitulação ao imperialismo ianque, ainda que na ocasião tenha defendido posições anti-imperialistas e lido poemas engajados para plateias enormes. Neruda nunca se conformou com as acusações de submissão e traição, formuladas, segundo ele, pelos escritores Roberto Fernández Retamar, Edmundo Desnoes e Lisandro Otero, mas também assinada por dezenas de outros, inclusive seus amigos Nicolás Guillén, Alejo Carpentier e Juan Marinello em julho de 1966. Eles se propunham a falar "em nome de todos os povos de nossa América, de todos os povos famintos e humilhados do mundo", assumindo a identidade de latino-americanos e "homens do terceiro mundo", para quem "o caminho da verdadeira coexistência e da verdadeira liquidação da guerra (fria e quente), passa pelas lutas de libertação nacional, passa pelas guerrilhas, não pela impossível conciliação", que atribuíam à posição de Neruda.[44] Sentindo-se injustiçado, Neruda nunca mais foi a Cuba, nem perdoou os signatários da carta. Recebeu solidariedade dos comunistas chilenos, que interpretaram o episódio como um ataque dos cubanos a sua linha política (Neruda, 1974, p.321-5; Feinstein, 2004, p.342-58). Jorge Amado também mencionou o episódio em suas memórias, solidário a Neruda, lembrando que seu amigo Depestre se recusou a assinar o documento, "apesar das ameaças" (2012b, p.409).

Neruda voltou a participar de um encontro do Pen Club em Nova York em abril de 1972, quando era embaixador do governo Allende em Paris (Feinstein, 2004, p.386). Falou sobre a influência recebida da obra de Walt Whitman, os problemas da América Latina, particularmente de seu país, buscando encontrar também "esperanças de total extinção do colonialismo na África e na Ásia" (Neruda, 1973, p.11-2). Mas não pronunciou o termo "Terceiro Mundo", talvez porque achasse que o tema estava contemplado pelo lado soviético. Muitos anos antes, em 1950, Neruda fora enviado como representante do Conselho Mundial da Paz

---

44 Íntegra da carta disponível em: https://www.neruda.uchile.cl/critica/cartaabierta.html. Acesso em: 1º maio 2020.

à Índia, onde já estivera quando serviu como diplomata chileno na Ásia no início da carreira. O objetivo era fortalecer o movimento local pela paz e negociar com o governo de Nehru, com quem esteve pessoalmente. Foi recebido com frieza, no limite da hostilidade, por ele e pelas autoridades que lhe impuseram dificuldades burocráticas que muito irritaram o poeta. Não obstante, viu seus esforços renderem fruto cinco anos depois, já no contexto de organização do chamado Terceiro Mundo. Nehru recebeu o Prêmio Stálin da Paz com o voto do chileno, "consagrado como um dos campeões da paz" (Neruda, 1974, p.202-7).

Por seu lado, Jorge Amado também daria contribuição ao terceiro-mundismo quando já não era mais militante comunista, particularmente em sua amizade com autores da América espanhola, da África, da Ásia e do próprio Brasil, especialmente o cineasta Glauber Rocha, originário da Bahia como ele. Assim como Amado havia sido a estrela maior da esquerda brasileira no cenário internacional na esfera comunista nos anos 1950, Glauber foi o artista nacional mais destacado em âmbito global na defesa das lutas de libertação na década de 1960 e início dos anos 1970, quando se aproximou de ideias de autores como Frantz Fanon e Che Guevara. Destacava a necessidade do uso da violência pelos povos oprimidos do Terceiro Mundo, com os quais se identificava, particularmente com o cubano, que considerava críticos da linha reformista de Moscou. Pelo filme *O dragão da maldade contra o santo guerreiro*, Glauber ganhou o prêmio de melhor diretor do Festival de Cannes em 1969. No ano seguinte, com produção europeia, filmaria no Congo *Der Leone Have Sept Cabeças*, que, segundo ele, foi uma tentativa de "alcançar uma síntese dos mitos históricos do Terceiro Mundo por meio do repertório nacional do drama popular" (Rocha, 1997, p.43). Nos termos de Ivana Bentes, "cada palavra do título indicando um colonizador: alemão, italiano, anglo-americano, francês, português" e espanhol (apud Rocha, 1997, p.44).

Em 1971, Glauber viajou ao norte da África e filmou no Marrocos. Viveu em Cuba de novembro de 1971 a dezembro de 1972 (Pierre, 1996, p.68). Foi muito amigo do diretor do Icaic, o cubano Alfredo Guevara, com quem manteve correspondência frequente desde 1960 (Rocha, 1997). Glauber ajudou a organizar o projeto estético e político de criar um novo cinema latino-americano com cineastas de Cuba, Argentina, Chile e Brasil, em busca de construir uma "América Nuestra", no contexto de afirmação do Terceiro Mundo, procurando articular uma série de movimentos cinematográficos nacionais num projeto de dimensão continental (Villaça, 2002). Glauber esteve também no Chile de Allende e no Peru de Alvarado. Queria ser um "cineasta tricontinental" na política e na estética revolucionária (Rocha, 1997, p.43). Também filmou momentos da Revolução dos Cravos em Portugal, ao participar do documentário *As armas*

Jorge Amado e Glauber Rocha, Paris, 1965.
Fonte: Fundação Casa de Jorge Amado.

e o povo, realizado por um coletivo dos Trabalhadores da Atividade Cinematográfica entre o 25 de abril e o 1º de maio de 1974.

A partir daquele ano, Glauber Rocha passou a expressar publicamente opiniões que o indispuseram com a maior parte da esquerda, ao apostar que o governo do general Geisel poderia tornar-se "um militarismo revolucionário que realizaria as mudanças que a esquerda não soube ou não pôde fazer" no Brasil, nas palavras de Ivana Bentes (apud Glauber, 1997, p.50). Sua posição foi interpretada na época como adesão à política governamental de abertura lenta, gradual e segura à democracia. Glauber encontrou apoio de Jorge Amado, amigo que foi tema de seu curta-metragem *Jorjamado no cinema*, de 1979. O romancista – que cultivava amizades em todo o espectro ideológico – foi um dos principais negociadores para que o governo Geisel aceitasse a volta de Glauber do exílio em 1976. Amado também esteve presente nos últimos dias de vida do cineasta em Lisboa, antes do retorno para morrer no Brasil, e no enterro no Rio de Janeiro em 1981 (Amado, 2012b, p.82, 118).[45] Ambos compartilhavam uma

---

45 Jorge Amado teve ligações com cineastas ainda em sua fase de militância comunista, portanto na pré-história do Cinema Novo, por exemplo, abrindo contatos internacionais, como no caso anteriormente referido de Nelson Pereira dos Santos, que anos depois viria a filmar as obras de Amado *Tenda dos milagres* (1977), e *Jubiabá* (1987), quando ambos já haviam deixado de militar no Partido Comunista.

identidade brasileira e baiana, irmanados nesse período pela condição de esquerdistas que se viam como hereges.

Atestando sua amizade antiga com Glauber Rocha, Jorge Amado não se lembrava se foi ele quem indicou ao amigo a leitura de *Cem anos de solidão*, ou vice-versa. Amado conheceu García Márquez em encontro de escritores latino-americanos na feira de Frankfurt em 1970, num contexto envolvendo editores e agentes literários, depois esteve com ele em Cartagena, Paris e Havana, onde jantaram com Fidel Castro (Amado, 2012b, p.261). Essa breve passagem das memórias de Amado poderia ilustrar bem o triângulo formado no período por literatura, mercado e revolução, nos termos de Claudia Gilman (2003, p.21).

Amado foi amigo também de outros autores do *boom* da literatura latino-americana, caso de Julio Cortázar, com quem se encontrou muitas vezes, a última delas num programa de televisão na Alemanha, onde denunciaram as torturas das ditaduras de seus países. O brasileiro escreveria um texto de homenagem após a morte do argentino, para ser publicado na Nicarágua sandinista a pedido do ministro Tomás Borge. Amado contribuiria ainda para dar o prêmio internacional Pablo Neruda, promovido pelos soviéticos, ao poeta Ernesto Cardenal, outro ministro sandinista, padre católico da Teologia da Libertação (Amado, 2012b, p.393-4). Esses episódios atestam a proximidade do velho Amado com a jovem revolução sandinista, que fechou o ciclo das revoluções no Terceiro Mundo em 1979, o mesmo ano da revolução no Irã. Eles reiteraram ainda a permanência da influência dele no exterior e seus laços de sociabilidade e prestígio político e intelectual envolvidos na outorga de premiações.

Assim como Neruda, Amado deu apoio à Revolução Cubana, mas nem sempre escondeu críticas a Fidel Castro, para não falar em Che Guevara, que foi referido em suas memórias apenas duas vezes, em breves trechos a ironizar a idolatria juvenil consagrada ao comandante pelo filho João Jorge. Isso não o impediu de visitar Cuba em 1962 e mais outras vezes, e de estar com Fidel, com quem discutiu sobre a necessidade de abertura para a cultura religiosa negra das *santerías* em visita de 1986 (Amado, 2012b, p.186, 189-90, 281).

No que se refere ao terceiro aspecto – a influência da obra dos escritores da fase anterior para a nova geração terceiro-mundista –, houve apropriações que se descolaram dos limites originais. Isso se evidenciou na referida utilização por Che Guevara do *Canto geral* de Neruda na luta guerrilheira, particularmente na Bolívia, num caminho que o poeta considerava equivocado politicamente, apesar do heroísmo e das boas intenções.

Também houve influência das obras de Jorge Amado – especialmente da sua antiga fase comunista – sobre os escritores e militantes anticoloniais da África

O SEGREDO DAS SENHORAS AMERICANAS 71

portuguesa nos anos 1960 e 1970, como atestou, por exemplo, o depoimento do consagrado escritor moçambicano Mia Couto, cujo pai foi poeta e deu o nome do brasileiro a dois de seus filhos, um chamado Jorge e o outro Amado. Segundo Mia Couto, "Jorge Amado foi o escritor que maior influência teve na gênese da literatura dos países africanos que falam português". A influência "imediata e duradoura" do brasileiro em Angola, Moçambique, Cabo Verde, Guiné Bissau e São Tomé e Príncipe seria devida a três fatores: em primeiro lugar, a qualidade literária do texto, em segundo a familiaridade existencial com a cultura afro-brasileira presente na obra do baiano, que permitiria ver a possibilidade de construir na África novas nações independentes do berço português, e finalmente uma terceira razão, linguística, a mostrar a possibilidade de falar um português diferente nas ex-colônias em busca de identidade própria.

Todos esses fatores, pode-se acrescentar, estão ligados à difusão da obra do brasileiro nos meios anticoloniais africanos, em muito facilitadas pelas redes comunistas que faziam circular os romances de Amado, por vezes clandestinamente, por intermédio "dos partidários ou simpatizantes do comunismo, do socialismo ou do anticolonialismo", como lembrou Laila Brichta (2013, p.254). Assim, "os poetas nacionalistas moçambicanos e angolanos ergueram Amado como uma bandeira", nos termos de Mia Couto (2012, p.193).

Quando encontrou pessoalmente Jorge Amado em Luanda, em 1979, o escritor angolano Luandino Vieira contou-lhe que chegou a vender o próprio sangue num hospital nos anos 1950 para conseguir dinheiro para comprar seu romance *Subterrâneos da liberdade*, a já mencionada saga comunista de resistência à ditadura de Getúlio Vargas, redigida no exílio no castelo dos escritores (Amado, 2012b, p.208-9). Luandino, condenado a catorze anos de prisão no Campo de Concentração do Tarrafal em 1964, "fez passar para além das grades uma carta em que pedia o seguinte: – Enviem meu manuscrito ao Jorge Amado para ver se ele consegue publicar lá no Brasil...", segundo Mia Couto (2012, p.192).

José Luís Cabaço declarou que a leitura de Amado "ajudou muitos de nós, jovens das décadas de 1950-1960 em Moçambique, a rasgar horizontes que conduziram a opções definitivas de vida". O baiano tocaria "profundamente os corações e as consciências". O africano ficara particularmente encantado com o romance *Jubiabá*, que fazia descobrir no Brasil "essa outra África tão distante e tão próxima, tão diversa e tão familiar". Para ele,

> Jorge Amado exalta uma africanidade dinâmica que integra, nas identidades dos mais pobres e marginalizados, os elementos exógenos que lhes permitem sobreviver e dialogar, que lhes fornecem os instrumentos para se afirmarem como diferentes e capazes de se

> confrontarem com as contradições raciais e os conflitos sociais de uma sociedade injusta e desigual. (Cabaço, 2013, p.242)

Rita Chaves citou depoimentos de outros escritores africanos influenciados pelo baiano, como José Craveirinha ("Jorge Amado marcou-nos muito por causa daquela maneira de expor as histórias. E muitas situações existiam aqui"), Michel Laban ("foi um alumbramento porque eu lia um Jorge Amado e estava a ver Cabo Verde"), e Noémia de Sousa ("Jorge Amado, vem!/ Aqui, nesta povoação africana/ o povo é o mesmo também/ e irmão do povo marinheiro da Bahia,/ companheiro de Jorge Amado,/ amigo do povo, da justiça, da liberdade"). Todos considerariam que, em sua obra, "o homem negro ou mestiço tinha assegurada a humanidade que o discurso colonial lhe recusava, reificando-o, de forma camuflada ou desabrida" (Chaves, 2013, p.226).

Em suma, muitos escritores, artistas e militantes africanos espelharam-se na obra de Jorge Amado para formar sua própria identidade no contexto pré-independência, com destaque especialmente para os romances engajados da primeira fase, como *Jubiabá*, *Mar morto* e *Capitães da areia*, conforme demonstrou a pesquisa de Carla Cordeiro (2017). Não por acaso, outro escritor de influência na África nesse período de luta de libertação nacional também era comunista: Graciliano Ramos "revelava o osso e a pedra da nação brasileira. Amado exaltava a carne e a festa desse mesmo Brasil", nas palavras de Mia Couto (2012, p.190). Enfim, Jorge Amado, que se tornara moderado e conciliador nos anos 1960 e 1970, via suas obras da fase comunista ganharem novo alento e sentido no contexto das lutas de libertação nacional na África de língua portuguesa.

Como se vê, a formulação das alternativas políticas e culturais terceiro-mundistas, não apenas na América Latina, tem um elo significativo com as lutas comunistas imediatamente anteriores, particularmente no terreno da internacionalização de artistas e intelectuais, em especial escritores como Pablo Neruda e Jorge Amado. Por sua vez, eles tinham seus vínculos com as utopias derrotadas na Revolução Espanhola, que remetiam à Revolução Russa de 1917, num processo histórico internacional que percorreu todo o século XX, envolvendo artistas engajados em projetos políticos, a imaginar um novo mundo, para o qual contribuiriam com seus laços afetivos e criativos, também com suas disputas e rivalidades.

Em plena Guerra Fria, era de se esperar que artistas e intelectuais influenciados pela União Soviética, pela China e por Cuba encontrassem oposição em seu próprio meio, apoiada pelo lado capitalista sob liderança dos Estados Unidos, tema dos próximos capítulos.

2
INTERNACIONALIZAÇÃO CULTURAL LIBERAL: *CADERNOS BRASILEIROS* E SEUS PATROCINADORES DO CONGRESSO PELA LIBERDADE DA CULTURA

Ninguém fará nosso jogo, se nós não o jogarmos nós mesmos.

Mercier Vega[1]

Seria muito bonito se tivéssemos que fazer apenas cultura.
Mas a cultura aqui, como em outros lugares,
é igualmente uma questão política.

Keith Botsford[2]

Não gosto de ser etiquetado; nem de perder a liberdade por causa de pressões indiretas tolas. Contudo, desde que a CIA entre em um assunto, nós devemos estar fora.

Florestan Fernandes[3]

---

1 No original: *"nul ne fera notre jeu, si nous ne le menons pas nous-mêmes"*, nota de Louis Mercier Vega por Jean-Louis Ponnavoy, 5 maio 2017. Disponível em: https://maitron.fr/spip.php?article155043. Acesso em: 7 mar. 2021.

2 No original: "Il serait très beau si nous n'avions à faire qu'à la culture. Mais la culture ici, comme ailleurs, est autant une affaire politique". Carta de Keith Botsford a Mercier Vega, Rio de Janeiro, 18 jan. 1962, em IACFR, Series VI, Box 555, Folder 9.

3 Carta de Florestan Fernandes a Celso Furtado, São Paulo, 22 fev. 1967, em Freire d'Aguiar, 2021, p.119-21.

CADERNOS BRASILEIROS, REVISTA DO CONGRESSO PELA LIBERDADE DA CULTURA[4]

A experiência da revista *Cadernos* ajuda a demonstrar que intelectuais e artistas brasileiros tendiam a aceitar seu lugar subalterno no cenário internacional, mas participavam do jogo com relativa autonomia e tiravam proveito dos embates da Guerra Fria para conseguir apoio externo, fortalecendo suas posições no campo intelectual interno, disputando também corações e mentes nos anos 1960. Não se tratava de marionetes conduzidas por interesses exteriores, mas de agentes ativos a negociar sua posição e influência.

A revista foi a principal expressão nacional de um movimento intelectual internacional destacado, o Congresso pela Liberdade da Cultura (CLC), fundado em 1950 na Europa em resposta ao Conselho Mundial da Paz, inspirado pelos soviéticos, analisado no capítulo anterior. Expressiva rede intelectual e artística foi criada pelo CLC por intermédio do financiamento de exposições, conferências, premiações e, especialmente, de seu conjunto de revistas, buscando expressar tanto o mundo da cultura e das artes em sua particularidade quanto o combate às ingerências políticas que tolheriam a expressão criativa. Pretendia defender a liberdade contra o totalitarismo, especialmente nos países comunistas. O Congresso teve escritórios em 35 países e patrocinou inúmeras revistas em todos os continentes. Entre elas, *Preuves* (França, fundada em 1951), *Encounter* (Inglaterra, 1953, a mais prestigiosa do CLC), *Der Monat* (Alemanha, criada ainda em 1948, como fruto do Plano Marshall), *Tempo Presente* (Itália, 1956), *Quadrant* (Austrália, 1956), *Cuadernos* (América Latina, 1953), e *Cadernos Brasileiros* (Brasil, 1959). A sede do Secretariado Internacional do CLC localizava-se em Paris, onde o trabalho de organização intelectual das revistas era centralizado.[5]

---

4 Uma versão inicial e breve deste capítulo foi publicada na revista *Sociologia & Antropologia*, v.8, n.2, p.351-73, maio-ago. 2018; e na coletânea organizada por Mariana Chaguri e Mário Medeiros da Silva, 2018, p.311-37.

5 Para analisar o CLC, são referenciais as obras de Lasch (1967), Coleman (1989), Grémion (1995), Scott-Smith (2002), Saunders (2008), entre outros, particularmente Patrick Iber (2011, 2015), que estudou a fundo a atuação da entidade na América Latina. Para uma pesquisa com as principais informações sobre o CLC e suas atividades no Brasil, ver Cancelli (2017). Estudo pioneiro e detalhado de *Cadernos Brasileiros* foi realizado por Kristine Vanden Berghe (1997), com base sobretudo no conteúdo dos textos da revista. Karina Jannello (2021) construiu um quadro com mais de 75 publicações orgânicas do CLC, além de dezenas de "revistas amigas" no mundo todo. Algumas delas estavam entre as que Horácio Tarcus (2020) chamou de "revistas culturais latino-americanas".

O SEGREDO DAS SENHORAS AMERICANAS

O CLC divulgava em suas publicações autores como Anthony Crosland, Arthur Koestler, Arthur Schlesinger, Daniel Bell, David Rousset, Dwight Mac-Donald, George Orwell, Hannah Arendt, Ignazio Silone, Irving Kristol, Isaiah Berlin, Mary McCarthy, Melvin Lasky, Michael Josselson, Richard Löwenthal, Raymond Aron, Robert Lowell, Sidney Hook, Stephen Spender e Theodor Draper. A carreira internacional e a difusão de suas obras estão ligadas indissoluvelmente a essa rede de periódicos.

Havia intercâmbio significativo de artigos entre as revistas, permitindo a divulgação de seus autores em diversas línguas e países. A crítica ao totalitarismo e a defesa da liberdade de criação uniam intelectuais conservadores, liberais, socialistas democráticos, até mesmo alguns trotskistas e anarquistas, agrupados no CLC, com ênfase ao questionamento do comunismo soviético. Optava-se expressa ou veladamente pelo lado dos Estados Unidos no contexto da Guerra Fria, o que permite entender o apoio secreto de seu serviço de espionagem e informação, a CIA, ao Congresso desde sua fundação. Financiamento que só foi descoberto a partir de reportagens pioneiras do *New York Times* em 1966 e da revista californiana *Ramparts* em 1967, gerando uma crise que desembocaria no fim da instituição alguns anos depois.

Durante a Guerra Fria, consolidou-se no senso comum a ideia de luta contra o totalitarismo para defesa do Ocidente e de seu sistema político. Fazia-se tábula rasa das oposições ao "mundo livre", ao identificar nazismo e stalinismo como totalitários, algo que tenderia a se ampliar para bolchevismo, marxismo e esquerdas em geral, enfim, tudo que escapasse ao modelo norte-americano de democracia. Para evitar o mal maior do totalitarismo, os Estados Unidos poderiam até apoiar regimes autoritários como a Espanha de Franco, governos militares na América Latina, ou a monarquia absoluta teocrática na Arábia Saudita.[6] A produção diversificada do conceito de totalitarismo ao longo do tempo, desde seu surgimento nos anos 1920, foi analisada em detalhe por Enzo Traverso (2001). Ele admitiu a validade do conceito, mas chamou a atenção para sua historicidade, bem como para as diferenças na formulação por diversos autores. No caso das revistas do CLC, embora cada intelectual expusesse livremente, usando

---

6 Almond e Bingham Powell Jr. chegaram a estabelecer uma gradação para os regimes antidemocráticos: a) totalitário radical (União Soviética); b) totalitário conservador (Alemanha nazista); c) autoritário conservador (Espanha franquista); d) autoritário modernizante (regime militar no Brasil), em formulação criticada por Florestan Fernandes (1979). Para o sociólogo paulista, esse tipo de análise mascararia componentes autoritários na própria democracia ocidental, entravando a busca por uma "democracia de participação ampliada".

o conceito de totalitarismo a seu modo, no conjunto prevalecia a difusão da ideologia antitotalitária como defesa do lado ocidental, anticomunista, o único capaz de defender a liberdade contra o comunismo, o fascismo e qualquer totalitarismo.

O CLC voltara sua atuação sobretudo para a Europa até meados dos anos 1950, situação que mudou em parte com a emergência de países periféricos no cenário internacional, constituindo o chamado Terceiro Mundo, que teve um marco na Conferência de Bandung de 1955, reunindo líderes de estados asiáticos e africanos. A mudança da geopolítica mundial levou o Congresso a voltar-se também para a periferia do sistema. A revista *Cadernos Brasileiros* surgiu nesse contexto, como a principal realização da recém-criada Associação Brasileira do Congresso pela Liberdade da Cultura (ABCLC), e quase se confundia com ela, tanto que a direção da revista e da Associação era praticamente a mesma.

O primeiro número de *Cadernos Brasileiros* circulou com 1.500 exemplares, em 1959. A periodicidade era trimestral, passando a ser bimestral a partir de 1963. Um relatório apresentado ao CLC esclarecia que a tiragem do número 6 (novembro-dezembro de 1963) foi de 3 mil exemplares. Posteriormente, a revista chegou a tirar até 6 mil, mas raramente comercializava mais de 1.500; tinha circulação nacional, porém concentrada sobretudo na cidade do Rio de Janeiro, então estado da Guanabara, conforme dados do arquivo do CLC, o International Association for Cultural Freedom Records, 1941-1978 (IACFR).[7]

No total, foram 62 números até o encerramento da revista em setembro-outubro de 1970. Portanto, ela circulou ininterruptamente do final do governo Kubitscheck até o início do governo Médici, atravessando várias conjunturas políticas que se expressaram nos rumos do periódico. Eram publicados em geral dezessete artigos por número, editados no formato de 23,5 cm × 17,5 cm. A revista tinha em média cem páginas, cada artigo com a extensão em torno de seis páginas, envolvendo ensaios (48,3% das páginas), estudos (17,1%), resenhas (13,7%), ficção (9,4%) e outros (11,6%), conforme dados compilados por Kristine Vanden Berghe (1997). Ela apontou também grande dispersão de colaboradores: 523 autores assinaram 924 textos, 752 dos quais escritos por brasileiros.

A revista nunca deu destaque em suas páginas para o fato de pertencer ao CLC. Isso se deve a uma diretiva que vinha desde seu surgimento. O supervisor

---

7 Ver, por exemplo, "Relatório ao CLC", Rio de Janeiro, 26 jun. 1964, em IACFR, Series II, Box 89, Folder 6. E, ainda, a carta (em inglês) de Vicente Barretto a John Hunt, Rio de Janeiro, 30 jun. 1966, em IACFR, Series II, Box 89, Folder 8. Documentação ampla e detalhada sobre a revista encontra-se na Biblioteca da Universidade de Chicago, detentora de todo o acervo do CLC, agrupado no IACFR, fonte principal deste capítulo.

O SEGREDO DAS SENHORAS AMERICANAS

em Paris observou em carta ao responsável por *Cadernos Brasileiros* que "em nossas revistas fomos suprimindo toda referência insistente a sua qualidade de órgãos do Congresso pela Liberdade da Cultura". Dizia que até se podia colocar uma nota pequena com esse esclarecimento, mas "sem que salte à vista em demasia". O intento expresso era de que "a revista deve impor-se por si mesma", com uma função cultural e informativa independente, "sem essa publicidade que se faz em torno do Congresso".[8] Ficava implícito o recado de que a revista deveria aparecer incorporando a aura idealista do CLC, mas sem o estigma de ser dependente de um órgão internacional, o que poderia colocar em questão a autonomia tão cara à representação dos intelectuais sobre si mesmos. É como se o CLC desse uma espécie de selo de qualidade às revistas, que entretanto seriam soberanas.

Este capítulo apresenta uma breve reconstituição da história de *Cadernos Brasileiros*, com o objetivo de compreender sua relação complexa com o CLC, que foi ao mesmo tempo de dependência e relativa autonomia. Particularmente a troca de correspondência entre os dirigentes nacionais e internacionais é fundamental para compreender em sentido mais amplo a internacionalização do pensamento liberal, confrontado pelas visões de mundo anticapitalistas e procurando combatê-las. São propostos momentos-chave para a análise: a fundação do periódico em 1959 e seus primeiros tempos, a intervenção do CLC na revista em 1962 e seus desdobramentos, as reações ao golpe de 1964, o debate sobre o militarismo com uma abertura à esquerda em 1966, que se sobrepôs à reação às denúncias de ligação com a CIA. A seguir são considerados o funcionamento cotidiano da revista ao longo do tempo, a aproximação com alguns intelectuais de esquerda, a circulação internacional de seus participantes e o fechamento da publicação em 1970.

A história da revista pode ser interpretada como uma sucessão de movimentos para encontrar os melhores meios de se opor à forte presença de ideias críticas ao capitalismo nos meios intelectuais, mas ao mesmo tempo influenciada crescentemente por elas – a "relativa hegemonia cultural de esquerda" de que falava Roberto Schwarz na época. Seu itinerário revela ao mesmo tempo a repulsa e a atração exercida por visões de mundo transformadoras emergentes nos anos 1960, bem como o esforço de mudança para disputar espaço no campo intelectual, reafirmando suas posições liberais num contexto em que o "apodrecimento

---

8 Carta (em espanhol) de Julián Gorkin a Stefan Baciu, Paris, 23 nov. 1959; Baciu logo respondeu, acatando a sugestão: Carta (em português) de Stefan Baciu a Julián Gorkin, Rio de Janeiro, 14 dez. 1959, em IACFR, Series II, Box 218, Folder 2.

social do capitalismo" era tema central da "vanguarda cultural do Ocidente", nos termos de Schwarz (1978, p.72).[9]

Como se sabe, setores liberais e conservadores nos meios intelectuais foram expressivos no combate ao governo Goulart, no apoio ao golpe de 1964 e, mesmo depois dele, tomando parte de instituições governamentais – em ministérios, no Congresso Nacional, no Poder Judiciário, no Conselho Federal de Educação, no Conselho Federal de Cultura, na direção de universidades e outros órgãos. Integraram ainda entidades da sociedade civil, caso da Ordem dos Advogados do Brasil, da Associação Brasileira de Imprensa, da Academia Brasileira de Letras, sem contar a Igreja católica e demais instituições religiosas. Apesar de seu caráter à direita, eles também foram influenciados pela vaga do pensamento e das propostas de esquerda nos anos 1960, afinal, "qualquer processo hegemônico deve ser especialmente alerta e sensível às alternativas e oposição que lhe questionam ou ameaçam o domínio", como diria Raymond Williams (1979, p.116). Se os questionamentos precisavam ser incorporados à ordem, o processo também abria brechas de contestação dentro dela, como revela o caso de *Cadernos Brasileiros*.

CADERNOS BRASILEIROS E AS REVISTAS DE SUA ÉPOCA

Cadernos Brasileiros fez parte do rápido crescimento de publicações que acompanhou a urbanização e a industrialização aceleradas da sociedade brasileira, com desdobramentos no mundo intelectual e artístico. Ocupava um lugar destacado entre aquelas que editavam textos um pouco mais longos e substantivos, voltados a um público intelectualizado e acadêmico – em meio a uma profusão de revistas vendidas em bancas de jornal para consumo de massa, entre as quais algumas consideradas de qualidade para atender a um segmento de classe média escolarizada, como *Senhor* (1959), mais tarde *Realidade* (1966) e *Veja* (1968).[10]

Em que pese seu destaque, *Cadernos Brasileiros* nunca teve o prestígio e o sucesso das duas principais revistas mais densas à esquerda, a *Brasiliense* – dirigida por Caio Prado Jr. e Elias Chaves Neto de 1955 até o golpe de 1964, que

---

9 Utiliza-se aqui a distinção entre direita e esquerda, que era combatida pela ideologia dominante no CLC, segundo a qual ela não teria mais pertinência. Entretanto, ao propor uma "abertura à esquerda" no começo dos anos 1960, e referir-se a uma "esquerda não comunista", o próprio Congresso admitia sua validade.

10 Recorri a um balanço da história das revistas brasileiras em geral, gentilmente cedido por Vladimir Sacchetta, Emporium Brasilis. Texto preparatório para o livro *A Revista no Brasil* (Werneck et al., 2000).

O SEGREDO DAS SENHORAS AMERICANAS 79

a proibiu – e a *Revista Civilização Brasileira* de Ênio Silveira e Moacyr Félix, ativa de 1965 a 1968, quando teve de fechar devido à edição do AI-5. Antes do golpe, foi contemporânea de revistas como *Estudos Sociais*, criada em 1958, ligada à proposta de renovação intelectual do Partido Comunista.[11] Também conviveu com publicações que ocupavam espaços culturais e acadêmicos sem definição política explícita, como a *Anhembi* de Paulo Duarte, considerada liberal, e outras mais à direita.

Em 1962, um relatório do enviado do CLC ao Brasil resumia seu parecer sobre o quadro das publicações à época. Apontava que a leitura de revistas como *Anhembi, Comentário* e *Convivium* indicaria "certa pobreza para os textos gerais, uma especialização excessiva quando se trata de cadernos universitários, e uma forte infiltração comunista para as publicações mais difundidas (*Leitura*)". Daí sua proposta de transformar *Cadernos Brasileiros* em "revista do pensamento e da pesquisa". Haveria um lugar a ocupar com a participação dos intelectuais brasileiros de diversos estados.[12] Das revistas citadas, *Convivium* estava claramente à direita, ligada à Sociedade Brasileira de Cultura, fundada pelo católico conservador Adolpho Crippa, professor de Filosofia na PUC-SP.[13]

Pouco tempo depois desse relatório, a revista *Anhembi* encerrou as atividades e o responsável Paulo Duarte teria concordado em deixar o editor de *Cadernos Brasileiros* usar seu nome para indicar sua revista ao público como substituta de *Anhembi*. Forneceria ainda a lista de antigos assinantes e teria prometido colaborar esporadicamente com o periódico, o que nunca fez.[14] Entretanto, *Cadernos Brasileiros* jamais logrou herdar o prestígio cultural da antecessora, especialmente em São Paulo, sua sede. E viu surgirem concorrentes no Rio de Janeiro, como *Tempo Brasileiro*, difusora do estruturalismo, criada por Eduardo Portella em 1962, que subsiste até hoje, e a revista *Paz e Terra*, publicada pela Editora Civilização Brasileira de 1966 a 1969 para um

---

11 A revista *Estudos Sociais* foi estudada por Santiane Arias (2003); a *Brasiliense* por autores como Fernando Limongi (1987); e a *Civilização Brasileira* por Rodrigo Czajka (2005) e Luiz Motta (1994), entre outros.

12 *Rapport sur le Voyage au Brésil*, 20-30 set. 1962; Mercier Vega, Paris, 4 out. 1962, em IACFR, Series VI, Box 574, Folder 3.

13 Ver em: https://www.academia-de-filosofia.org.br/membros-fundadores. Acesso em: 12 abr. 2021. *Cadernos Brasileiros* divulgou *Convivium* em chamadas de propaganda ao longo dos anos, além de outras publicações com as quais tinha afinidade, nacionais e estrangeiras, caso de *Comentário* e da célebre revista cultural argentina *Sur*. Sem contar a divulgação de periódicos do CLC, como *Aportes* e *Mundo Nuevo*.

14 Carta (em inglês) de Vicente Barretto a John Hunt, Rio de Janeiro, 25 mar. 1963, em IACFR, Series II, Box 89, Folder 5.

público progressista cristão.[15] Também foram contemporâneas revistas intelectuais católicas como a tradicional *A Ordem*, encerrada em 1964, e *Vozes – Revista Católica de Cultura*, sediada em Petrópolis, ligada aos franciscanos, depois denominada *Revista de Cultura Vozes*, da editora com o mesmo nome. Houve ainda outras de vida curta, como *Política Externa Independente*, de 1965 (Pécaut, 1990, p.211), e os três números de *Teoria e Prática*, cultuada revista de jovens acadêmicos marxistas da USP de 1967 e 1968.[16]

Cadernos Brasileiros tinha proximidade com a revista *Comentário*, do Instituto Brasileiro Judaico de Cultura e Divulgação, cujo título era inspirado na revista *Commentary*, ligada na origem à intelectualidade judaica de esquerda anticomunista de Nova York. Seus editores integravam a direção do Comitê Americano pela Liberdade da Cultura, parte do CLC e considerado como "a sede do antistalinismo profissional" nos Estados Unidos por Saunders (2008, p.182). A *Comentário* brasileira tinha sede no Rio de Janeiro e representação em várias capitais, com financiamento da comunidade judaica norte-americana e a participação editorial de intelectuais expressivos, alguns deles considerados de esquerda e radicados em São Paulo, como Boris Schnaiderman, Jacob Guinsburg, Anatol Rosenfeld, Gabriel Bolaffi e Henrique Rattner, contando também com Paulo Rónai, Celso Lafer, Anita Novinsky, entre muitos outros. Seria um periódico de resistência ao totalitarismo, priorizando os estudos judaicos e o combate ao antissemitismo, segundo a tese a respeito da revista de Taciana Wiazovski (2011). Essa autora destacou a afinidade com *Cadernos Brasileiros*, que passou a ser divulgada frequentemente nas páginas de *Comentário* a partir de 1964. Ela elencou vários intelectuais que escreveram para as duas publicações, como o crítico cultural Leo Gilson Ribeiro, os sociólogos José Arthur Rios e Florestan Fernandes, a escritora Nélida Piñon, o antropólogo Manuel Diégues Jr., entre outros, além de autores estrangeiros originalmente publicados em *Commentary* e *Encounter*, como os anticomunistas Richard Löwenthal e Theodore Draper (Wiazovski, 2011, p.85-6). Apesar de crítica ao comunismo, *Comentário* também abriu espaço para intelectuais e artistas de esquerda, a exemplo de *Cadernos Brasileiros*, sobretudo entre 1964 e 1968, numa época de contestação no meio.

---

15 Sobre *Tempo Brasileiro*, ver o depoimento de Eduardo Portella (2010) e a dissertação de Luiz Motta (1994); acerca da revista *Paz e Terra*, ver Magali Cunha (2020). *Anhembi* foi estudada por Mônica Pereira (1987) e Marta Mendes (2015).

16 A íntegra dos artigos em *Teoria e Prática* está disponível no *site Marxismo 21*, onde também se encontram as coleções das revistas de esquerda da época *Estudos Sociais* e *Civilização Brasileira*: https://marxismo21.org/revistas-de-esquerda/. Acesso em: 25 out. 2021.

O SEGREDO DAS SENHORAS AMERICANAS   81

Igualmente não sofreu censura direta, apesar do mal-estar com a conjuntura que contribuiu para seu encerramento em 1973.

O conjunto das revistas acadêmicas do período não era extenso, e apresentava problemas, mas já havia uma tradição acumulada de pesquisa e pensamento social que era praticamente ignorada com prepotência por parte de dirigentes internacionais do CLC.[17] Pareciam desconhecer, por exemplo, que a partir de 1940 já se consolidava a chamada sociologia paulista, presente em algumas revistas especializadas, conforme mostrou Luiz Jackson (2004). Além das já mencionadas *Brasiliense* e *Anhembi*, os cientistas sociais publicavam em *Sociologia* – que durou de 1939 a 1966, órgão oficial da Escola Livre de Sociologia e Política de São Paulo a partir de 1947. Também recorriam à *Revista de Antropologia*, criada em 1953 e existente até hoje. Ambas envolveram a atuação de professores estrangeiros, Egon Schaden fundou a última, enquanto Emílio Willems, Donald Pierson e Alfonso Trujillo Ferrari tiverem seus nomes vinculados sucessivamente à frente de *Sociologia* em distintas fases, com participação destacada de brasileiros como Oracy Nogueira.[18]

Os sociólogos da Universidade de São Paulo estavam então na vanguarda da produção nacional em ciências sociais, que ainda era incipiente, mas crescia rapidamente. Eles publicavam também em periódicos de Minas Gerais, a saber, "a *Revista Brasileira de Estudos Políticos*, iniciada em dezembro de 1956, e a *Revista Brasileira de Ciências Sociais*, publicada entre 1961 e 1966" (Jackson, 2004, p.273). Esta última editou apenas seis números e recebeu contribuições relevantes também de integrantes do Instituto Superior de Estudos Brasileiros (Iseb), sediado no Rio de Janeiro. Assim, fez a "ponte de convivência entre as duas instituições" mais expressivas e rivais na produção das ciências sociais no período, USP e Iseb, segundo Maria Arminda do Nascimento Arruda (2001, p.331).

Havia também, desde 1952, o *Boletim do Instituto Joaquim Nabuco de Pesquisas Sociais* em Recife, com frequência de um número editado ao ano até 1963, depois passou a sair de forma irregular, segundo Paul Freston (2001, p.394). Na área acadêmica do Rio de Janeiro, publicavam-se a revista *Síntese* da PUC, o *Boletim* do Museu Nacional, entre outros, segundo Maria Hermínia Tavares de

---

17 Para um balanço histórico desse saber acumulado pelas ciências sociais do período, ver, por exemplo, a obra coletiva organizada por Sergio Miceli (1995, 2001).

18 Antes do surgimento dessas revistas ou em concomitância com elas, os cientistas sociais paulistas publicavam sua produção em periódicos como a *Revista do Arquivo Municipal*, a *Revista do Museu Paulista* (nova série), e *Clima* (Pontes, 1998; Jackson, 2004).

Almeida (2001, p.244). Destacava-se o *Boletim Clapcs*, depois denominado *América Latina*, estudado por Lúcia Lippi de Oliveira (1995). E ainda a revista *Dados* do Instituto Universitário de Pesquisas do Rio de Janeiro (Iuperj), publicada desde 1966 prometendo ser semestral, mas com alguma dificuldade para manter a periodicidade nos primeiros anos de existência.[19] O problema da regularidade de publicação e do número de edições anuais era comum a vários periódicos. Nesse sentido, *Cadernos Brasileiros* foi exceção, pois marcou presença pela pontualidade e frequência nas edições. Isso não era simples de conseguir, em especial para uma revista trimestral que logo passaria a ser bimestral, mesmo considerando a organização profissional singular e a garantia de financiamento.

Com o passar do tempo e as viagens ao Brasil, os dirigentes internacionais do CLC foram percebendo melhor o contexto acadêmico local, passando a buscar aproximação com pesquisadores universitários estabelecidos e emergentes por intermédio dos dirigentes no Rio de Janeiro. Se não conseguiram criar a revista intelectual mais importante conforme pretendiam, abriram suas páginas para a produção acadêmica crescente que não encontrava espaço nas demais publicações e prenunciaram o apoio internacional à pesquisa que se efetivaria no momento seguinte.

No meio intelectual, como no teatro, prestar atenção nos papéis dos atores coadjuvantes é indispensável para compreender o significado geral da encenação da peça, que se torna ainda mais claro caso se possa observar o que se passa nos bastidores, raramente tão expostos como na troca de cartas entre os dirigentes do CLC em Paris e no Rio de Janeiro. Em suma, a experiência de *Cadernos Brasileiros* permite lançar luz de um ângulo inusitado sobre a cena cultural, particularmente as revistas e o conjunto da atividade intelectual do período, em especial suas conexões com a política.

DISPUTAS DA GUERRA FRIA CULTURAL: O PERÍODO DE FUNDAÇÃO

O plano de fundar um comitê do CLC no Brasil era antigo. Chegou perto de ser realizado em 1954, quando a entidade enviou em missão ao Rio de Janeiro Julián Gorkin, como era conhecido Julián Gómez García-Ribera. O jornalista espanhol lutara na guerra civil como um dos principais dirigentes do Partido

---

19 Sobre a tradicional revista *Dados*, ver o dossiê comemorativo de seus 50 anos em 2016, disponível em: https://www.scielo.br/scielo.php?script=sci_issuetoc&pid=0011-525820170003&lng=pt&nrm=iso. Acesso em: 8 maio 2021.

O SEGREDO DAS SENHORAS AMERICANAS

Operário de Unificação Marxista (Poum), quando passou a usar o pseudônimo. Gorkin – cuja trajetória foi analisada na tese de Ortí Buig (2020) – foi o primeiro responsável pela América Latina no CLC, de 1953 a 1962, editor da revista *Cuadernos*, periódico da entidade voltado à região publicado em Paris, e que inspiraria o nome da edição brasileira. Atuaria decisivamente para fundar a Associação Brasileira do CLC e sua revista. No entanto, a primeira tentativa não deu resultado, apesar de seu otimismo na ocasião em relatório aos superiores. Ao fazer um balanço da situação dos comitês em cada país da América Latina, após longa visita à região, Gorkin referiu-se ao Brasil como uma espécie de mundo à parte do resto do subcontinente, pelo qual Moscou teria interesse excepcional. Observava que o Partido Comunista local, apesar de ser ilegal, teria "tentáculos por toda parte", especialmente entre militares e intelectuais, com o antiamericanismo presente até nos meios "que se acreditam os mais antistalinistas". Por isso o trabalho seria difícil e exigiria atenção especial.[20]

Vale a pena citar um trecho longo do relatório de Gorkin para observar como ele qualificava cada um dos participantes da equipe de peso intelectual que reuniu com o objetivo de fazer uma revista brasileira para o CLC. Em geral, eram socialistas ou cristãos progressistas. Esse perfil talvez ajude a compreender o naufrágio da primeira tentativa de organizar o CLC no Brasil em 1954:

> Rodrigo Mello Franco de Andrade (ensaísta e romancista, católico, diretor artístico do Ministério da Educação); José Auto (cronista internacional, trotskista intelectual); Fernando Sabino (romancista, cronista de revistas, católico progressista, autor de um panfleto contra Neruda, que lhe respondeu com outro panfleto); Hélio Pellegrino (poeta e médico); Mario Pedrosa (crítico de arte, socialista, amigo de Silone); Rubem Braga (cronista cujos artigos são reproduzidos em doze jornais, assistiu à reunião de Santiago [do CLC]; muito querido, em geral, mas um pouco boêmio); Barretto Leite Filho (cronista internacional, libertário, amigo de Silone, Spender, Camus); Odylo Costa Filho (jornalista católico); Luiz Jardim (romancista sem partido); Hermano de Deus Nobre Alves (ex-comunista, católico, poeta); Luci Teixeira (poetisa); José Fernando Carneiro (médico e ensaísta, jornalista católico da tendência Maritain, gozando de um grande prestígio político e intelectual); Carlos Drummond de Andrade (poeta e cronista, ex-diretor do jornal comunista brasileiro, hoje sem partido, extraordinariamente influente no Ministério da Educação, sério e dinâmico, muito respeitado por todo mundo); Stefan Baciu (de origem romena, naturalizado brasileiro, diretor da página literária da *Tribuna da Imprensa*, crítico aos outros jornais do Rio, antistalinista fervoroso, muito ativo e sério).[21]

---

20 Julien Gorkin, *Les Comités Latino-americains du Congrès pour la Liberté de la Culture*, p.5-6, jul. 1954, em IACFR, Series II, Box 214, Folder 11.

21 Idem.

Segundo Gorkin, a comissão para organizar da entidade ficaria a cargo dos "melhores entre eles": Drummond, Luiz Jardim, Odylo Costa, Rubem Braga e Mario Pedrosa. Este teria "uma formação superior à de todos os outros" e seria "o mais próximo de nós". Stefan Baciu deveria ser o correspondente da revista, "nosso informante e nosso propagandista na imprensa brasileira". Por sua vez, o jornalista Luiz Alberto Bahia, considerado competente e poliglota, deveria ser contratado em meio período como secretário administrativo. Estava previsto até mesmo o aluguel de um imóvel no centro do Rio de Janeiro para funcionamento da sede brasileira do CLC, que destinaria quatrocentos dólares mensais para cobrir os custos da entidade. Uma revista mensal seria publicada com metade dos temas fornecidos por Paris e a outra metade dedicada a assuntos brasileiros. Os sonhos eram ambiciosos: de início 5 mil exemplares por edição da revista, que pouco a pouco cobriria seus gastos, tendo à frente ninguém menos que o poeta Drummond. Mas antes seria preciso organizar "jornadas culturais" e efetivar um comitê. O plano, entretanto, teria de esperar mais alguns anos para se efetivar, envolvendo sobretudo outros personagens.

Vários dos citados por Gorkin ficaram conhecidos como intelectuais da esquerda não comunista, não necessariamente anticomunista. A lista de endereços preferenciais do espanhol para contatos no Brasil incluía o jornal liderado por Mario Pedrosa *Vanguarda Socialista* – que àquela altura já se encerrara – e o Partido Socialista, onde militavam alguns dos mencionados na correspondência.[22] O tom mais à direita, predominante no CLC latino-americano e no discurso de Gorkin, deve ter contribuído para frustrar a iniciativa e atrasar a construção de um comitê brasileiro. Gorkin chegou a escrever em seu relatório de viagem que o anti-imperialismo e o anticaudilhismo dos intelectuais da América Latina os impediriam de "ver o perigo comunista", ao comentar de modo favorável a intervenção norte-americana contra o governo Árbenz na Guatemala, ocorrida na época daquela viagem à América Latina.[23] Talvez ele não tenha expressado essa opinião publicamente, pois sabia que muitos dos aliados brasileiros não concordariam com ela. A falta de entusiasmo dos interlocutores ficaria evidente na escassa mobilização para levar adiante os planos do CLC no Brasil. Isso não impediria alguns poucos citados em 1954 de apoiar a entidade quando finalmente se estabeleceu no país em 1958. O caso mais notório foi o do exilado romeno Stefan Baciu, jornalista e poeta que se empenhara na criação local do CLC desde cedo. Além dele, da lista de 1954, entraram apenas

---

22 A lista de endereços de contatos está em IACFR, Series II, Box 215, Folder 1.
23 *Rapport sur l'Amérique Latine*, p.3, 1954, em IACFR, Series II, Box 214, Folder 11.

Odylo Costa Filho e Luiz Alberto Bahia, em seguida também Pedrosa, o que indicava diferenças entre os potenciais simpatizantes brasileiros do CLC.

A Associação Brasileira do CLC foi fundada em ato realizado no Rio de Janeiro no dia 11 de abril de 1958, conforme noticiou o primeiro número de *Cadernos Brasileiros*, de abril-junho de 1959. Mas há indícios de que o CLC se estabelecera informalmente ainda antes no Brasil, pois Baciu já recebia financiamento da entidade ao menos desde janeiro de 1958.[24] Entre os 42 intelectuais presentes ao ato de fundação, estavam escritores do porte de Manuel Bandeira, João Guimarães Rosa, Erico Verissimo e Cecília Meireles; jornalistas importantes como Luiz Alberto Bahia, Carlos Castello Branco, Prudente de Morais Neto e Franklin de Oliveira, além do líder católico histórico Alceu Amoroso Lima, Eduardo Portella e outras personalidades.[25] Era uma lista com poucos esquerdistas, ao contrário daquela de 1954. As adesões atestavam o prestígio do CLC, embora sua revista brasileira não tenha herdado necessariamente o mesmo apoio, como se pode concluir pelo fato de que vinte dos fundadores jamais colaboraram com artigos, conforme observou Berghe (1997, p.55). A receptividade local existia, mas não era fácil conseguir adesão mais significativa a um projeto implantado a partir de iniciativa e financiamento do exterior. A Associação e *Cadernos Brasileiros* eram fruto de ação profissional do CLC, que mandou Gorkin novamente ao Brasil em 1958 para efetivar o plano malogrado de 1954.

Dois intelectuais viriam a ser os principais responsáveis pela Associação Brasileira do CLC e *Cadernos Brasileiros*: o crítico literário baiano Afrânio Coutinho – que anteriormente editara a versão em português do *Reader's Digest* nos Estados Unidos, e depois se tornaria professor de literatura, difusor do *New Criticism* no Brasil, além de dirigente universitário e membro da Academia Brasileira de Letras – e o já referido Stefan Baciu, que posteriormente se estabeleceria como acadêmico nos Estados Unidos. Ele fora o primeiro contato do CLC no Brasil e responsável com Julián Gorkin pelo convite a Coutinho para presidir a Associação.[26]

---

24 Ver, por exemplo, a carta (em português) de Stefan Baciu a Julián Gorkin, Rio de Janeiro, 21 jan. 1958. A Associação Brasileira do CLC foi registrada e legalmente constituída no *Diário Oficial da União* em 4 de outubro de 1958, em IACFR, Series II, Box 217, Folder 4.

25 A criação da Associação Brasileira do CLC foi objeto de relatório detalhado de Baciu ao CLC, em IACFR, Series II, Box 217, Folder 4.

26 Carta (em português) de Stefan Baciu a Julián Gorkin, Rio de Janeiro, 27 set. 1958, em IACFR, Series II, Box 217, Folder 4.

Baciu e Coutinho imprimiriam um perfil predominantemente cultural a *Cadernos Brasileiros*, acompanhado de um tom político anticomunista, com espaço de difusão para autores internacionais de prestígio e também nacionais, como o economista José Garrido Torres e os oficiais militares Golbery do Couto e Silva e Carlos Meira Mattos, especialistas em geopolítica. Esses três viriam a se tornar conhecidos articuladores do golpe de 1964. Mas havia lugar também para críticos do stalinismo pela esquerda, como o já citado Mario Pedrosa.

Julián Gorkin em conferência na Academia Brasileira de Letras. À sua direita, Afrânio Coutinho; à sua esquerda, Stefan Baciu.
Fonte: Foto publicada em *Informações*, Associação Brasileira do CLC, p.1, dez. 1958.

Reações de comunistas a uma das viagens de Gorkin ao Brasil foram mencionadas no "Relatório referente ao mês de julho de 1959", enviado por Baciu a Paris, com o subtítulo "ofensiva comunista contra a ABCLC". Repudiava ataques pela imprensa de Jorge Amado, Dalcídio Jurandir, Geir Campos, Nelson Werneck Sodré e outros comunistas "sob aparência de nacionalistas". Eles faziam críticas à visita de Gorkin e à Associação Brasileira do CLC, perguntando "de onde vem o dinheiro para o Congresso?". Questão a que Baciu não respondia, acusando os detratores de estarem a serviço de Moscou e Pequim.[27]

---

27 Carta (em português) de Stefan Baciu a Julián Gorkin, Rio de Janeiro, 3 ago. 1959, em IACFR, Series II, Box 218, Folder 2.

Stefan Baciu e Afrânio Coutinho prestavam contas de suas atividades ao comando do Congresso em Paris regularmente, com troca de cartas e outros documentos a revelar que havia uma ligação orgânica mais estreita que o simples financiamento. Em meados de 1958, o CLC prometeu destinar a sua Associação no Brasil 450 dólares mensais: 200 para Baciu, 100 para Coutinho e outros 150 para aluguel e despesas correntes, soma que poderia aumentar mediante justificativa.[28] De fato, cerca de um ano depois, o financiamento praticamente dobrara com o surgimento de *Cadernos Brasileiros*, chegando a cerca de 830 dólares por mês (equivalentes a 7.480 dólares em 2021).[29] A entidade internacional manteria patrocínio crescente à Associação e à revista até a crise de 1967. A correspondência entre a direção local e Paris seria recheada de um sem-número de pedidos e negociação de verbas ao longo dos anos, inclusive de aumento salarial.

A nova publicação surgia logo após a Revolução Cubana, que levou a América Latina a ocupar um lugar de destaque nos embates da Guerra Fria. Inicialmente, a queda do ditador Fulgencio Batista foi saudada pelo CLC, inclusive no Brasil. Veja-se, por exemplo, o documento "O CLC e os acontecimentos de Cuba", em que a Associação Brasileira declarava no calor da hora a satisfação com "a queda do regime de Batista". O apoio à Revolução Cubana ainda perduraria algum tempo; por exemplo, em setembro de 1959, a Associação Brasileira mandou mensagem a sua similar caribenha por ocasião da visita ao Brasil de Jorge Mañach, presidente do CLC em Cuba. Desejava-lhe que "possa desenvolver suas atividades em um ambiente de plena liberdade, que a revolução conquistou, e, seguramente, saberá manter e garantir".[30]

Essa posição inicial era coerente com o discurso antitotalitário, que igualava o combate aos ataques à liberdade por parte de comunistas, fascistas e congêneres como os governos de Franco na Espanha e Salazar em Portugal. Raúl Roa – que se tornaria ministro das Relações Exteriores de Fidel Castro – fora

---

28 Ver a carta (em francês) de Stefan Baciu a John Hunt, Rio de Janeiro, 13 jun. 1958; também a carta (em espanhol) de Julián Gorkin a Stefan Baciu, Paris, 11 ago. 1958, em IACFR, Series II, Box 217, Folder 4. Os 450 dólares em 1958 equivaleriam a cerca de 4.126 em 2021, considerando que um dólar de 1958 corresponderia a 9,17 dólares em 2021. Ver em: https://www.dineroeneltiempo.com/dolar/de-1958-a-valor-presente. Acesso em: 31 mar. 2021.

29 Carta (em português) de Stefan Baciu a Julián Gorkin, Rio de Janeiro, 3 ago. 1959. Mais adiante, naquele mesmo mês, foi estabelecido o repasse de quinhentos dólares para cada número da revista, mas a editoria brasileira logo alertaria serem necessários setecentos. IACFR, Series II, Box 218, Folder 2. A atualização do dólar foi feita com base no mesmo *site* da nota anterior.

30 IACFR, Series II, Box 218, Folder 2. Ver também o estudo de Marta Ruiz Galbete sobre o CLC e a Revolução Cubana (2018).

líder do CLC cubano, entidade com papel ativo na luta contra Batista. A revolução não prescindiu de liberais e sociais-democratas, muitos dos quais depois se desiludiram, mas não Raúl Roa, que abandonaria suas posições anticomunistas anteriores, conforme relato de Patrick Iber (2015, p.116-44). Raúl Roa apresentara Stefan Baciu, no México, "a um jovem desconhecido, ainda sem barba, chamado Fidel Castro" (Baciu, 1982, p.69).

Stefan Baciu de óculos, ao lado do embaixador brasileiro em Cuba, Vasco Leitão da Cunha, e Fidel Castro, em jantar em Havana durante visita do candidato Jânio Quadros à presidência do Brasil pela UDN, em março de 1960.
Fonte: Baciu, 1982.

Baciu tornou-se porta-voz do Movimento 26 de Julho no Brasil até a revolução de 1959. Mas o romeno e o próprio CLC rapidamente se voltariam contra o regime cubano quando este se aproximou da União Soviética. Por exemplo, num telegrama, a entidade pedia aos correspondentes brasileiros para organizar campanhas de telegramas de protesto de intelectuais a Fidel Castro para "impedir execuções de presos políticos em Cuba", sugerindo "não mencionar Congresso Cultura".[31] Supõe-se que buscava dar às mensagens uma imagem

---

31 Telegrama (em espanhol) de Mercier Vega a Stefan Baciu, [s.L., s.d.], em IACFR, Series II, Box 557, Folder 8.

de espontaneidade, desvinculada da instituição anticomunista. Desencantado com os rumos da revolução que apoiara, Stefan Baciu publicou o livro *Cortina de Ferro sobre Cuba* (1961b), que seria reeditado em 2017 com a retomada da onda anticomunista no Brasil.

O CLC em geral não impunha diretamente a pauta de *Cadernos Brasileiros*, cujos diretores escolhiam os artigos a traduzir entre os publicados em outros periódicos da rede, propagando sua ideologia conforme o crivo local. Ao mesmo tempo, abria amplo espaço para autores nacionais, que tinham até a oportunidade de ter seus artigos traduzidos e publicados em revistas no exterior, embora não fosse frequente. Isso valia não só para os diretores profissionalizados e outros ligados ao comando da revista, mas também para os colaboradores eventuais, cujos artigos eram remunerados, algo raro naquele tempo. A relação entre o comando em Paris e a direção no Rio de Janeiro era negociada em cartas, desde o salário dos diretores e funcionários até o conteúdo da revista, além de visitas esporádicas dos organizadores e outros convidados internacionais ao Rio de Janeiro e dos dirigentes locais a Paris.

A autonomia local era apenas relativa, como atestam o controle das edições depois de publicadas e as sugestões imperativas de certas pautas até mesmo num segundo momento, quando a revista propôs uma abertura à esquerda. Por exemplo, após receber as duas últimas edições da revista, também com a lista de artigos programados para o número seguinte, o chefe John Hunt escreveu uma carta inteira para chamar a atenção dos brasileiros. É que eles não haviam pautado, conforme ele sugerira, o tema que lhe parecia o mais candente no meio intelectual internacional naquela conjuntura de 1966: o caso Siniavski--Daniel, em que dois escritores soviéticos foram condenados à prisão acusados de publicar material antissoviético no exterior. O caso teve enorme repercussão, gerando protesto até do célebre poeta comunista francês Louis Aragon, como lembrou Jorge Morales Aimar (2017). Na pronta resposta a Hunt, o brasileiro justificou a ausência porque o material já teria ido para a gráfica antes do escândalo, mas garantiu que o tema seria destacado proximamente.[32] De fato, após a reprimenda, saíram dois textos de Siniavski em *Cadernos Brasileiros* de maio--junho de 1966: um artigo sobre Boris Pasternak, o famoso escritor perseguido por Moscou, e um conto intitulado "Pkhentz", o último escrito que Siniavski enviara ao Ocidente antes de ser preso, para ser publicado com o pseudônimo de Abram Tertz.

---

32 Carta (em inglês) de John Hunt a Vicente Barretto, Paris, 14 mar. 1966; Carta (em inglês) de Vicente Barretto a John Hunt, Rio de Janeiro, 18 mar. 1966, em IACFR, Series II, Box 89, Folder 8.

Os artigos culturais foram maioria num primeiro momento em *Cadernos Brasileiros*, sem tirar espaço daqueles que combatiam os comunistas, acusados de limitar a liberdade. As contribuições brasileiras tendiam a ser na esfera da cultura, em especial da literatura, enquanto os aspectos mais políticos vinham sobretudo de contribuições da rede de revistas do CLC, em especial *Preuves* e *Cuadernos*, como já observou Berghe. Ela apontou também que houve uma recepção mais expressiva numericamente de artigos estrangeiros em *Cadernos Brasileiros* do que de artigos brasileiros nas revistas da rede, e estes costumavam sair em publicações regionais, como *Cuadernos*, difundida no âmbito da América Latina até 1965 (Berghe, 1997, p.297-308). Em geral, os artigos traduzidos em *Cadernos Brasileiros* tinham sido publicados anteriormente no exterior, o que atesta a importância secundária do periódico na rede internacional. Algum constrangimento com a posição brasileira subalterna pode ser notado por não haver menção a quais textos estrangeiros já haviam sido publicados em outros periódicos da rede, deixando ao leitor a impressão de que se tratava de publicações em primeira mão.

Sob a direção de Coutinho e Baciu, a revista constituiu um Conselho Consultivo de peso, com catorze integrantes: Adonias Filho, Anísio Teixeira, Cassiano Ricardo, Celso Cunha, Eduardo Portella, Elmano Cardim, Erico Verissimo, Eugênio Gomes, Evaristo de Moraes Filho, Gilberto Freyre, José Garrido Torres, Levi Carneiro, Manuel Bandeira e Mario Pedrosa. Em especial a presença de Pedrosa – fundador do trotskismo no Brasil nos anos 1930, e que nunca renegou suas ideias de esquerda – pode parecer surpreendente, mas é preciso lembrar que ele tinha amplos contatos internacionais e que o CLC era uma frente ampla de intelectuais e artistas em âmbito global, que incluía desde conservadores, passando por uma esquerda democrática moderada, até ex-trotskistas e outros críticos do stalinismo. Entre eles, estavam Julián Gorkin e Louis Mercier Vega, parte do círculo de relações de Pedrosa, que viriam a se ocupar das relações do CLC com a América Latina. Ambos haviam combatido a ditadura de Franco na Espanha, onde desenvolveram inimizade também com os comunistas.

Cerca de metade do Conselho de *Cadernos Brasileiros* era constituída de baianos radicados no Rio de Janeiro, o que faz supor serem amigos de seu conterrâneo Afrânio Coutinho, principal articulador da revista nos meios literários e intelectuais, enquanto Baciu era o responsável por tocar o dia a dia da edição. Todos os catorze tinham laços com o mundo letrado, quatro deles já eram membros da Academia Brasileira de Letras (ABL) na ocasião, e outros quatro viriam a se tornar "imortais" posteriormente. Além de oito acadêmicos do Conselho, viriam a ser eleitos para a ABL o diretor Afrânio Coutinho, em 1962, e a editora assistente Nélida Piñon, em 1989.[33] Contudo, alguns dos integrantes mais prestigiosos do Conselho nunca pertenceram à ABL, caso de Anísio Teixeira, Erico Verissimo e Gilberto Freyre, que jamais escreveram na revista, mas tinham relações com o CLC. Verissimo participou, por exemplo, da Conferência Interamericana pela Liberdade da Cultura na cidade do México em setembro de 1956, o único grande evento do CLC na América Latina na década de 1950 (Iber, 2015, p.102).

Somente alguns conselheiros colaboraram ativamente, com diferentes níveis de envolvimento. Por exemplo, poemas de Manuel Bandeira foram publicados ao longo de toda a existência do periódico, mas ele não seria muito próximo, segundo o futuro editor Vicente Barretto em entrevista concedida para este livro: "era amigo de papai também, ele era uma figuraça, [...] acho que nem sabia quando saía publicado" (Barretto, 2016). Na época de fundação de *Cadernos Brasileiros*, Bandeira estava no círculo de amizades de Stefan Baciu, a ponto de saudá-lo publicamente no coquetel de lançamento do livro *Um continente em busca de uma doutrina*, realizado em 16 de junho de 1959, "com a presença de mais de 250 pessoas do mundo diplomático, literário, jornalístico, social e artístico do Rio de Janeiro".[34] O livro "estudava a possibilidade de organizar uma corrente social-democrata na América Latina, sob liderança de homens como Rómulo Betancourt, Alberto Lineras Camargo, José Figueres, Haya de la Torre, Arturo Frondizi". Mas tudo viera abaixo quando Fidel Castro subiu ao poder, segundo Baciu (1982, p.88).

Manuel Bandeira introduzira o escritor exilado romeno no mundo literário carioca. Admirador do poeta brasileiro, Baciu escreveria o livro *Bandeira de corpo inteiro* (1966). O jornalista declaradamente anticomunista se considerava social-democrata, trabalhou de 1953 a 1962 na *Tribuna da Imprensa*, onde foi editor de política externa. Estava aclimatado de tal forma ao país que era naturalizado brasileiro desde 1955, como contou em livro de memórias sobre os anos que passou no Brasil, dedicados em sua maior parte ao trabalho no jornal de Carlos Lacerda, de quem era adepto fervoroso, "o homem que mais admirei e

---

33 A Academia Brasileira de Letras, apesar da aparência despolitizada, seria uma instituição legitimadora da ordem vigente sob o regime militar, conforme a pesquisa extensa e aprofundada de Diogo Cunha (2019).

34 *Informações*, Associação Brasileira do CLC, p.3, jul. 1959. Os fascículos dos v.4, n.4; v.5, n.1, n.3; v.6, n.1, n.24 de *Cadernos Brasileiros* depositados na biblioteca da Academia Brasileira de Letras pertencem à Coleção Manuel Bandeira, atestando que ele possuía alguns números da revista. Disponível em: https://www.academia.org.br/acervo/terminal/index.html. Acesso em: 3 abr. 2021.

com quem mais aprendi". Compartilhava a admiração pelo jornalista e político carioca com Bandeira, autor de uma célebre crônica sobre Lacerda, intitulada "Carlos, o intrépido", lembrada por Baciu (1982, p.89, 147).

Stefan Baciu é saudado por Manuel Bandeira no coquetel de lançamento do livro *Um continente em busca de uma doutrina*, de autoria do romeno (1959).
Fonte: Foto publicada originalmente em *Informações*, Associação Brasileira do CLC, p.3, jul. 1959.

Apesar da participação escassa de integrantes do Conselho nas páginas da revista, o fato de terem concordado em dar seus nomes para prestigiá-la atesta que havia espaço intelectual para uma publicação desse tipo, e também que a ideologia do CLC tinha adeptos. O sentido mais simbólico do que efetivo do Conselho levaria a que ele não constasse mais nos números editados a partir de 1963, quando a revista passou por uma renovação.

Sob a direção de Stefan Baciu, *Cadernos Brasileiros* viveu seu momento mais dependente, como evidencia a procedência dos artigos de 1960 a 1962, estrangeiros em pouco mais de 40%. O período também foi claramente anticomunista, com a difusão de autores internacionais de peso, como Raymond Aron, Ignazio Silone, Arthur Koestler, Arthur Schlesinger e Karl Jaspers. Entre os nacionais, estavam proeminentes articuladores do golpe de 1964, conforme já salientado.

No que diz respeito ao mundo da cultura, predominante na revista, as críticas em suas páginas eram dirigidas especialmente a intelectuais e artistas comunistas estrangeiros, como Pablo Neruda, pouco se referindo aos nacionais, em geral tra-

O SEGREDO DAS SENHORAS AMERICANAS

tados com respeito até mesmo quando criticados, como no caso de Gianfrancesco Guarnieri, lembrado por Berghe (1997, p.163-4), ou de Ferreira Gullar, a quem se deu oportunidade para rebater críticas de Clarival Valladares a seu livro *Cultura posta em questão*, na edição de setembro-outubro de 1965, e para escrever uma longa resenha da obra *O teatro de protesto*, de Robert Brustein, em setembro--outubro de 1967. Ficava subentendida a posição de não romper as possibilidades de diálogo com outros setores da intelectualidade, o que significava até mesmo dar espaço para o estudioso do folclore Edison Carneiro, que era comunista, e o ex-trotskista Mario Pedrosa, desde que ocupassem uma posição secundária no conjunto. Além disso, as forças de esquerda eram significativas no pré-1964, cultural e politicamente, e mantiveram posição de destaque intelectual depois do golpe, sendo mais prudente manter boa vizinhança com elas. A luta mais ferrenha ocorria nos bastidores, como revelaria o episódio tratado adiante, envolvendo Celso Furtado.[35]

A INTERVENÇÃO DO CLC EM *CADERNOS BRASILEIROS*

No início da década de 1960, a direção do CLC em Paris constatou que suas publicações exerciam pouca influência na América Latina, em geral, e no Brasil, em particular. Elas estariam marcadas por certo ranço anticomunista dos anos 1950, ligado às denúncias do que se passava na União Soviética e seus vizinhos, típico da tradição anticomunista mais conservadora, de longa trajetória no Brasil, estudada por Rodrigo Patto Sá Motta (2002). Sucede que a situação no Leste Europeu pareceria uma realidade distante em sociedades muito desiguais, como as da América Latina, sem estabilidade democrática e empenhadas em romper com o subdesenvolvimento. Isso ajudaria a explicar o prestígio relativamente baixo das revistas do Congresso no começo dos anos 1960 em toda a região, onde as ideias nacional-desenvolvimentistas, anti-imperialistas e comunistas tinham considerável aceitação nos meios intelectuais empenhados na busca de desenvolvimento econômico, social e político.

O CLC tratou de intervir para mudar o quadro, buscando identificar suas revistas latino-americanas mais explicitamente com ideias de liberdade de criação e com o desenvolvimento econômico e cultural, atraentes para agregar mais intelectuais de esquerda não comunista, em sintonia também com as pro-

---

35 Uma análise mais detida sobre o conteúdo dos artigos de *Cadernos Brasileiros* encontra-se no livro já mencionado de Berghe (1997), que faz uma análise do discurso presente na revista.

postas reformistas da Aliança para o Progresso formuladas pelo governo dos Estados Unidos em resposta à Revolução Cubana.[36] Para tanto, tão diplomaticamente quanto possível para não hostilizar adeptos, o CLC fechou a mexicana *Examen* em 1963 e, no mesmo ano, afastou Gorkin da direção de *Cuadernos*, que acabaria em 1965.

O patrocínio do CLC passaria em seguida para *Mundo Nuevo*, dirigida pelo uruguaio Emir Rodríguez Monegal. Sediada inicialmente em Paris, foi sua revista de maior prestígio intelectual na América Latina, particularmente literário, que deu espaço para alguns textos brasileiros e teve papel importante no chamado *boom* da literatura da região. Os escritores do *boom* souberam usufruir simultaneamente da difusão pela *Casa de las Américas*, de Cuba, arqui-inimiga do CLC e de *Mundo Nuevo*.[37] No que toca a *Cadernos Brasileiros*, a revista também ajudou na divulgação desses autores, por exemplo, o número de maio-junho de 1967 trazia contos de Julio Cortázar, Augusto Roa Bastos e Juan Carlos Onetti.

Simultaneamente a *Mundo Nuevo*, que era mais voltada à cultura, e *Cadernos Brasileiros*, o CLC editaria de 1966 a 1972 uma revista dedicada às ciências sociais para a América Latina, *Aportes*, sediada em Paris. As três publicações estavam associadas ao Instituto Latino-Americano de Relações Internacionais (Ilari), criado para a região com apoio da Fundação Ford.[38] O responsável era Louis Mercier Vega, codinome de Charles Cortvrint, filho de mãe chilena e pai francês, nascido em 1914. Ele fora um libertário integrante da conhecida coluna Durruti, que combateu Franco na guerra civil espanhola, depois lutou ao lado das forças francesas da resistência na África e no Líbano (Iber, 2015, p.178, 328). Ao contrário de outros colaboradores do CLC, nunca renegou suas

---

36 A Aliança para o Progresso previa financiamento dos Estados Unidos para o desenvolvimento da América Latina. Foi lançada pelo governo Kennedy em março de 1961 e posteriormente ratificada em agosto numa reunião no Uruguai com representantes de 22 países da América Latina que assinaram a Carta de Punta Del Este. Ver, por exemplo, as análises sobre o tema de Ricardo Alaggio Ribeiro (2006) e Felipe Pereira Loureiro (2020).

37 Sobre a relação do *boom* da literatura latino-americana com *Casa de las Américas* e *Mundo Nuevo*, ver Mudrovic (1997), Claudia Gilman (2003), Cobb (2008), Cohn (2012), entre outros, como Iber (2011, 2015), cuja obra é uma referência também sobre a revista *Aportes*. *Mundo Nuevo* existiu de 1966 a 1971.

38 O Ilari surgiu oficialmente em 1965, entretanto já se delineara informalmente desde 1962 para reorganizar as atividades do CLC na América Latina, segundo Cancelli (2017, p.45ss). Dirigido por Louis Mercier Vega, o Instituto buscava ajudar a construir uma nova sociologia no subcontinente, modernizando as ciências sociais, conforme Karina Jannello (2018a). Seu representante no Brasil foi Vicente Barretto, o que atesta a vinculação profunda com *Cadernos Brasileiros*, cujos recursos passaram a vir do Ilari.

origens de esquerda, mas anticomunista. Identificava-se como anarquista até se suicidar em 1977, após perder a esposa. Mercier visitava o Brasil e outros países da América do Sul todos os anos como responsável do CLC para a região a partir de 1962, após ter atuado na revista *Preuves*.[39]

Dando início à mudança na América Latina, um interventor foi enviado ao Brasil, o escritor e editor Keith Botsford. A princípio acompanhado por Nicolas Nabokov – músico que era secretário-geral do Comitê Executivo do CLC –, Botsford estabeleceu-se no Rio de Janeiro com a família de janeiro de 1962 até meados de 1963, quando deixou o país para intervir no México, como lembrou Iber (2015, p.328). Com êxito apenas parcial, ele procurou direcionar *Cadernos Brasileiros* no sentido da orientação internacional mais aberta para incorporar aspectos da agenda reformista, sem abrir mão do anticomunismo, porém mais sofisticado, a fim de disputar espaço num campo intelectual muito influenciado pelas esquerdas. Isso não deve levar a imaginar que o combate aos comunistas e à Revolução Cubana diminuiria; apenas mudou de tom. Por exemplo, Vicente Barretto iniciou uma carta a seu superior John Hunt informando o que chamou de fracasso do congresso de solidariedade a Cuba realizado em Niterói, após ser proibido no Rio de Janeiro em abril de 1963.[40] O escritor norte-americano John Hunt era secretário administrativo do CLC e – como mais tarde se descobriu – agente da CIA, embora se considerasse liberal.

Numa correspondência em que apresentava Botsford a Baciu como seu amigo e grande escritor, homem poliglota de erudição e cultura, John Hunt dizia que o enviado tinha a tarefa de implementar novas ideias e buscar escritores na América Latina, ampliando o campo de atuação do CLC:

> [...] nós não somos puramente uma organização que se dá como única tarefa lutar sistematicamente contra o comunismo. Nós somos contra o totalitarismo, seja de direita ou de esquerda, mas não queremos permanecer somente negativos e reivindicamos o direito

---

39 Mercier Vega recebe homenagens dos libertários até nossos dias. Disponível em: http://www.atelierde-creationlibertaire.com/Presence-de-Luis-Mercier.html. Acesso em: 15 jan. 2021. No final da vida, trabalhou na redação de *Interrogations*, revista internacional de pesquisa anarquista. Sua história de vida está resumida no *Dictionnaire des militants anarchistes*, disponível em: http://militants-anarchistes.info/spip.php?article10796. Embora essa e outras fontes registrem seu nascimento em Bruxelas, Vicente Barretto (2016) contou que Mercier era natural de Santiago do Chile, como também apontou Grémion (1995, p.556). Informação confirmada no minicurrículo dele nos arquivos do CLC, em IACFR, Series VI, Box 575, Folder 11. A língua preferencial de sua correspondência era o francês, mas se expressava em espanhol com desenvoltura e compreendia bem o português.

40 Carta (em inglês) de Vicente Barretto a John Hunt, Rio de Janeiro, 10 abr. 1963, em IACFR, Series II, Box 89, Folder 5.

de discutir livremente e francamente grandes questões intelectuais e ideológicas de nossa época, mesmo quando estas não se apresentam sob um aspecto que nos agrada.[41]

Essas palavras indicavam a abertura proposta pela nova administração, que resolveu intervir na América Latina buscando sair da pauta negativa de ser contra o comunismo, para uma positiva que atendesse aos interesses dos intelectuais da região. Na primeira carta de Botsford a Mercier assim que chegou ao Rio de Janeiro, o norte-americano mostrava interesse em se ambientar rapidamente. Alugou moradia para a família e disse que precisava aprender português logo, sem o que "nada posso fazer nesse país". Costumava falar espanhol com cada interlocutor individual, mas "com mais de duas pessoas, isso os incomoda". Mal chegara, havia se encontrado em Recife com os antípodas Gilberto Freyre e Francisco Julião, e em Salvador com o maestro Koellreutter, alemão então a trabalho na Universidade por lá.[42] Em cartas seguintes, dizia que lia todos os jornais brasileiros diariamente. E que, apesar da dificuldade para assimilar a nova língua, falava e lia cada vez com mais desenvoltura. Não era uma viagem passageira, mas para cumprir missão do CLC.

Em resposta, Mercier dizia que seria útil contatar Celso Furtado pela sua liderança desenvolvimentista no Nordeste, e sugeria "utilizar mais sistematicamente" Mario Pedrosa no terreno das artes. Sugeria evitar associar-se a personalidades consagradas, conhecidas demais, distanciadas das novas gerações, estas sim o alvo principal. Considerava um perigo associar a imagem da revista a qualquer político. A revista teria a reputação inconveniente de ser ligada ao governador da Guanabara Carlos Lacerda: "se é necessário estar em bons termos com o líder político, creio ser perigoso nos comportar como seus aliados". Ao contrário, dizia ser preciso incentivar pesquisadores que "querem ir aos fatos", e não mais se deter em propaganda. Falava também de planos para a América Latina e que proximamente iria ele também se instalar na região, morando em Montevidéu.[43]

Em nova e longa carta enviada à matriz em Paris, Botsford dialogava com Mercier. Expunha "muito francamente" seu parecer inicial sobre a situação que encontrou. Via animosidade entre Baciu e Coutinho, cada qual lhe falando

---

41 Carta (em francês) de John Hunt a Stefan Baciu, Paris, 5 mar. 1962, em IACFR, Series II, Box 89, Folder 3.

42 Carta (manuscrita em francês) de Keith Botsford a Mercier, Rio de Janeiro, 4 jan. 1962, em IACFR, Series VI, Box 555, Folder 9.

43 Carta (em francês) de Mercier a Botsford, Paris, 11 jan. 1962, em IACFR, Series VI, Box 555, Folder 9.

O SEGREDO DAS SENHORAS AMERICANAS

97

mal do outro. Baciu lhe pareceu um homem confiável e trabalhador para o Congresso, ao qual Coutinho dedicaria "muito pouco trabalho", portanto insuficiente para a dedicação integral e a "luta contínua" que se esperava. Algo que tampouco o romeno poderia oferecer, devido a seu emprego paralelo de jornalista. Baciu seria um anticomunista militante, já o crítico baiano era visto como um "neutralista", ambas as posições implicitamente criticadas na carta. A revista *Cadernos Brasileiros* lhe parecia boa, mas com pouca difusão fora do Rio de Janeiro, onde tampouco iria além de um pequeno círculo. Situação que seria urgente mudar. Por exemplo, ao incentivar o contato com os jovens, dando espaço aos problemas que eles levantassem, sem imposição do exterior. No aspecto político, discordava do conselho de Mercier para se afastar de Lacerda e de qualquer político. Botsford fazia algumas ressalvas ao governador, mas dizia que sem sua oposição corajosa o Brasil estaria numa posição ainda pior diante da "questão castrista". Tampouco embarcava no discurso cientificista de Mercier. Ponderava que, por mais que o CLC falasse de cultura, a política não estaria jamais distante: "Nós não somos puristas nesse terreno", sendo justamente esse "o interesse de nosso trabalho". Acrescentava desconhecer país da América Latina onde "se possa falar de cultura sem falar de política", e que ele mesmo não o podia fazer, por temperamento. O teor da carta evidenciava que Botsford estava mesmo disposto a falar francamente, como prometera: "depois de ter feito de *Cuadernos* uma revista de *posição* (anticastrista)", não teria cabimento afastar-se de qualquer homem político. Mas isso não significaria eliminar a pluralidade da revista, que deveria ser aberta.[44]

Botsford continuaria no tema em nova carta dois dias depois, começando por explicar o que entendia por uma revista aberta: debate entre posições antagônicas; fóruns abertos a diversas tendências; encontros de debates sobre temas específicos. Sem essa abertura, iriam "perder os jovens antes mesmo de conhecê-los". Dava como exemplo fazer um possível debate entre Lacerda (um dos anticastristas mais inteligentes que ele dizia conhecer), um neutro e um simpatizante de Fidel que não fosse nem castrista nem comunista – o que denotava o limite da pluralidade em plena Guerra Fria. No âmbito da América Latina, questionava *Cuadernos* por ser inteiramente anticastrista, mas via ao mesmo tempo a necessidade de não abandonar a crítica a Fidel.[45]

---

44 Carta (em francês) de Keith Botsford a Mercier Vega, Rio de Janeiro, 18 jan. 1962, em IACFR, Series VI, Box 555, Folder 9.

45 Carta (em francês) de Keith Botsford a Mercier Vega, Rio de Janeiro, 20 jan. 1962, em IACFR, Series VI, Box 555, Folder 9.

Em resposta, Mercier explicitava que não seria o caso de propor a revista como tribuna livre de diversas posições, e sim de abordar os problemas brasileiros a partir de um ponto de vista considerado científico, buscando encontrar o "colaborador especializado, tanto quanto possível desapaixonado". Isso envolveria também formar grupos de estudo "sob os auspícios do Congresso" em cada região do país. Propunha distanciamento de abordagens políticas em âmbito nacional e internacional. Por exemplo, caberia examinar o problema de Cuba por meio do conhecimento do fenômeno, recorrendo "ao estudo dos fatos, das instituições, das organizações e motores sociais", em vez de "tomadas de posição sentimentais", como as que, supõe-se, vigoravam até então. Abordar as questões de "um ângulo mais científico, ajudar as diversas tendências a tomar consciência de seu próprio comportamento, pode constituir um elemento novo na vida intelectual brasileira e nos atrair a simpatia dos melhores elementos das novas gerações". Sua intenção era tornar *Cadernos Brasileiros* "uma revista de conhecimento mais que uma revista de propaganda".[46] Ou seja, ao dizer que o fundamental seria a pesquisa e sua comprovação empírica, ele estava afinado com certo cientificismo inspirado na sociologia norte-americana que imaginava introduzir no Brasil, quando na verdade já estava estabelecido havia muitos anos, especialmente na Universidade de São Paulo.

Então se notavam duas posições que conviveriam ao longo dos anos seguintes: a revista como expressão do conhecimento objetivo, como propunha Mercier, e a publicação aberta a posições diversas, na concepção de Botsford que via a inevitabilidade da relação entre política e cultura. A tendência talvez tenha sido um equilíbrio entre as duas: abertura, sim, mas dentro do marco de posições embasadas nas ciências sociais, supostamente acima das ideologias. Apesar das diferenças, Botsford, Mercier e Hunt faziam coro: seria preciso tornar *Cadernos Brasileiros* "*a* revista", não apenas uma entre tantas, nos termos de Botsford.[47] E, para isso, teriam de se livrar da fama de periódico ideológico anticomunista.

As novas diretivas não foram bem compreendidas por Baciu, que logo se insurgiu contra elas. Afirmava a Hunt que "se a luta contra o comunismo foi a mais complexa e [posta] em primeiro plano, é porque nós cremos que ele é o mais perigoso, e perigo maior que as ditaduras na América Latina. Nós temos certeza de que o castrismo é mais perigoso que os regimes de Stroessner ou Somoza, que foram sempre também combatidos pelo nosso Comitê em todas

---

46 Carta (em francês) de Mercier a Botsford, Paris, 29 jan. 1962, em IACFR, Series VI, Box 555, Folder 9.

47 Carta (em francês) de Keith Botsford a Mercier Vega, Rio de Janeiro, 20 jan. 1962, em IACFR, Series VI, Box 555, Folder 9.

O SEGREDO DAS SENHORAS AMERICANAS

as ocasiões". Estranhava a crítica à ênfase anticomunista, pois "a denúncia do regime cubano seguiu sempre as diretrizes vindas de Paris, algo demonstrado pelos nossos arquivos e nossa correspondência".[48]

O secretário-geral Nabokov então escreveu a Baciu uma carta de seis páginas em espaço simples para deixar clara a nova posição do comando do CLC, acompanhando a *détente* entre as grandes potências. Lamentava o atrito de Baciu com Hunt, responsável pelo envio de Botsford ao Brasil, colocando-se do lado do dirigente do Secretariado Central. Explicava que a conjuntura era diferente daquela de 1950, por ocasião da criação do CLC. A entidade não seria "nem deveria ser uma organização de luta de 'Guerra Fria', e nem deveria ser considerada como tal". Qualificou o Congresso como uma "associação muito heterogênea e cada vez mais os membros ativos de nosso Comitê Executivo percebem que a tática que o Congresso deve adotar em um mundo em mudança deve ser variada e muito elástica", contra qualquer tipo de totalitarismo, com uma abertura à esquerda não comunista. Notava que, em sua recente viagem a São Paulo, Rio de Janeiro e Salvador, constatou que a imagem do CLC em "certos meios de modo algum comunistas" seria a de "uma organização americana de direita que tem por única missão a luta aberta, militante, contra o comunismo". Dizia que isso limitava as "possibilidades de trabalho positivo pela defesa da liberdade intelectual e para ganhar a adesão e a simpatia dos meios de esquerda, não comunista, pela discussão livre e persuasão".[49]

Em resposta, Baciu voltava à carga contra Botsford. Estava inconformado com supostas arbitrariedades do interventor que incidiam diretamente em seu trabalho como editor. Alertava para a necessidade de manter a crise em segredo para não prejudicar a eleição próxima de Afrânio Coutinho para a Academia Brasileira de Letras, referida como "uma questão de vida ou morte" para o candidato. Observava que qualquer "escândalo, notadamente no que concerne às atividades de um escritor americano no Comitê brasileiro, poderia ser fatal à sua eleição". Baciu denunciava Botsford por não comparecer à sede da revista, permanecendo em seu "domicílio particular, onde recebe seus visitantes, mergulhado em sua piscina e cercado de uma verdadeira suíte de empregados, sete ao total, dois deles secretários e um *boy*". Observava que era paradoxal o enviado pretender inserção à esquerda com tamanha ostentação de riqueza.

---

48 Carta (em francês) de Stefan Baciu a John Hunt, Rio de Janeiro, 11 mar. 1962, em IACFR, Series II, Box 89, Folder 3.

49 Carta (em francês) de Nicolas Nabokov a Stefan Baciu, Paris, 2 abr. 1962, em IACFR, Series II, Box 89, Folder 3.

Também anunciava que Coutinho se posicionaria a seu lado no embate contra Botsford, uma vez passada a eleição para a ABL, liderando uma manifestação coletiva para esclarecer o que ocorria no Brasil ao comando em Paris.[50]

A vida luxuosa de Botsford incomodava o exilado romeno que vivera anos na pobreza antes de ter uma vida razoavelmente confortável no Rio de Janeiro. Baciu – originário de família de classe média alta intelectualizada de Brasov – chegara à cidade na terceira classe de um navio italiano, acompanhado da esposa Mira em março de 1949. Trabalhara anos como jornalista em Bucareste, onde publicou dez livros de poesia de 1935 a 1946 – período retratado em seu primeiro livro de memórias (Baciu, 1961), muito bem escrito, assim como o segundo (Baciu, 1982). Veio ao Brasil após ser demitido em 1948 do cargo na imprensa governamental romena que ocupava em Berna, na Suíça, por indicação do Partido Socialista de seu país, logo proscrito. Fez amigos, como os jornalistas Carlos Castello Branco, Rubem Braga e o poeta Manuel Bandeira, simpatizantes do CLC. Com baixa remuneração de *freelancer*, colaborava esparsamente com jornais como *O Diário Carioca*. Em *O Diário da Noite*, dos Diários Associados, assinava matérias anticomunistas com pseudônimo e recebia em resposta acusações ácidas de diversas publicações ligadas ao PCB clandestino. Fazia bicos, como dar aulas particulares, enquanto Mira trabalhava em diversos empregos para se manterem com refeições modestas num apartamento onde tinham de fechar a cama para abrir a geladeira, depois que puderam comprar uma. Acabou conseguindo emprego na *Tribuna da Imprensa* de Lacerda em 1953, inicialmente contratado com salário mínimo, depois aumentado, sem chegar a dois. Mudaram-se para um apartamento pequeno em Copacabana, quente e com pouco luminosidade, onde se podia ouvir o que se passava no lar dos vizinhos. Ao que tudo indica, a situação econômica do casal melhorou quando passaram a trabalhar para o CLC, pois alugaram apartamento melhor em Ipanema, onde recebiam amigos do círculo intelectual do Rio de Janeiro, incluindo vários latino-americanos (Baciu, 1982).

Como atestam entrevistas com membros da redação de *Cadernos Brasileiros*, que pouco o conheceram, Botsford era tido como *bon-vivant* e não costumava comparecer à sede, o que não quer dizer que deixava de trabalhar. Os documentos são claros no sentido de que ele foi uma eminência parda enquanto morou no Rio de Janeiro com os filhos e a esposa de origem inglesa e rica. Sua investida para mudar a publicação, previamente combinada em Paris, frustrou

---

50 Carta (em francês) de Stefan Baciu a Nicolas Nabokov, Rio de Janeiro, 9 abr. 1962, em IACFR, Series II, Box 89, Folder 3.

O SEGREDO DAS SENHORAS AMERICANAS 101

Baciu. Então o editor se viu constrangido a deixar a revista, onde Coutinho permaneceu, acompanhando a orientação de Nabokov para o Brasil, "onde o clima de seus intelectuais nos obriga a assumir essa posição elástica e a nos ocupar essencialmente dos problemas brasileiros, 'despolitizar' bastante nossas atividades e obter o máximo de possibilidades de diálogos com as gentes de esquerda, como aliás fez Silone na Itália".[51]

Em carta a Mercier, Botsford deu sua versão dos problemas com Baciu e sua esposa, que era secretária administrativa da Associação Brasileira do CLC. Stefan e Mira seriam funcionários bons e dedicados, porém sectários, inviabilizando a ampliação do diálogo e das bases da revista. Baciu "pensa que sou eu que estou sabotando seu trabalho de nove anos, que consistiu (parcialmente) em excluir do Congresso, e de seus trabalhos, justamente todas as gentes cuja posição não era claramente a sua". Botsford dizia gostar do casal, que entretanto não teria disposição para ouvir. Mira seria admirável, mas "violenta de temperamento e reação". O interventor teria simpatia pelo romeno, porém ele "sufoca nosso trabalho". Como eram úteis e eficientes, o plano não era os despedir, mas mudar sua função, tirando-lhes visibilidade, pois sua "posição aberta e pública nos custa caro. É nos divorciar de todo um lado da vida no Brasil".[52] Baciu, entretanto, ficou magoado, e preferiu deixar o projeto a que tanto se dedicara por anos, após tentar em vão convencer os superiores dos problemas trazidos por Botsford.

Em 12 de agosto de 1962, Baciu mandou breve mensagem a Nabokov, anexando cópia de sua longa carta de demissão, originalmente enviada a Afrânio Coutinho, explicando as razões de seu pedido de afastamento, bem como o da sua esposa. O ressentimento era evidente: "estamos certos de recuperar esses nove anos que demos ao Congresso pela Liberdade da Cultura, nove anos de juventude, entusiasmo e abnegação completa".[53] Além da decepção por constatar a perda de esforços de tantos anos, as palavras revelavam sua ligação com o CLC desde 1953, quatro anos depois de sua vinda ao Brasil, onde obtivera asilo como fugitivo do comunismo romeno, bem antes da criação de *Cadernos Bra-*

---

51 Carta (em francês) de Nicolas Nabokov a Stefan Baciu, Paris, 2 abr. 1962, em IACFR, Series II, Box 89, Folder 3.
52 Carta (em francês) de Keith Botsford a Mercier, Rio de Janeiro, 14 mar. 1962, em IACFR, Series VI, Box 557, Folder 8.
53 Carta (em francês) de Stefan Baciu a Nicolas Nabokov, Rio de Janeiro, 12 ago. 1962, em IACFR, Series II, Box 89, Folder 3. Outras cartas de Baciu a Gorkin, de 1º de julho e 18 de agosto de 1962, reiteravam que ele atuara no CLC no Rio de Janeiro vários anos antes de ser fundada sua Associação no Brasil, em IACFR, Series II, Box 221, Folder 2.

sileiros, atestando que a constituição de uma rede local a partir do CLC vinha amadurecendo ao longo daquela década.

Baciu traduziu sua carta de demissão a Afrânio Coutinho para o francês, com a intenção de que fosse compreendida também pelo comando do CLC; ele enviou cópia não só a Nabokov, mas também a John Hunt. Expunha o motivo de sua demissão: a "ação negativa e provocadora de Keith Botsford", descrito como um comissário político a mando do CLC. Posicionava-se contra a "abertura à esquerda" proposta por Botsford, questionava a possível aproximação com o Iseb e a colaboração com intelectuais como Celso Furtado, Darcy Ribeiro e Candido Mendes de Almeida, mencionados explicitamente. Assumia uma posição alinhada com Carlos Lacerda, que estaria ameaçada pela diretiva "nem Julião, nem Lacerda", que imputava a Botsford. Ou seja, nem as Ligas Camponesas, nem o governador da Guanabara, nem a esquerda e tampouco a direita tidas como extremadas.[54] O alinhamento de Baciu com seu patrão na *Tribuna da Imprensa* era inequívoco, embora ironizasse nessa carta a acusação de ser direitista.

O romeno escreveu novamente contra a nova diretiva numa longa carta em que esclarecia a Gorkin o que via como golpe em curso contra eles no CLC da América Latina, implementado pela presença de Botsford no Brasil. Dizia que, apesar de ser amigo do governador, jamais caiu no "erro de fazer do Comitê um grupo lacerdista, embora talvez nós pudéssemos ter razão de o fazer, Carlos Lacerda sendo um verdadeiro democrata que nunca aceitou negociar com os comunistas". Segundo ele, Botsford propunha considerar Lacerda um inimigo, o que não seria, a começar pela enorme ajuda que deu como governador para o festival internacional de música clássica promovido no Rio de Janeiro pelo CLC.[55] Possivelmente, a crer nos termos de Baciu, Botsford tenha revisto em parte sua posição inicial simpática a Lacerda, mas não há evidência para supor que o via como inimigo.

Em outra correspondência, Baciu considerava democrata até mesmo o conhecido católico conservador Gustavo Corção, conforme já constatou Cancelli (2012, p.81). Assim como Gorkin, Mercier e tantos organicamente vinculados ao CLC, Stefan Baciu fora de esquerda, membro do clandestino Partido Social-Democrata da Romênia a partir de 1941. A condição de perseguido em

---

54 Carta (em português) de Stefan Baciu a Afrânio Coutinho, Rio de Janeiro, 10 ago. 1962, em IACFR, Series II, Box 89, Folder 3.

55 Carta (em francês) de Stefan Baciu a Julián Gorkin, Rio de Janeiro, 26 mar. 1962, em IACFR, Series II, Box 89, Folder 3.

seu país pelos comunistas após a Segunda Guerra Mundial levou o poeta ao anticomunismo. Desiludido com o CLC no Brasil e também com a *Tribuna da Imprensa* – onde fora colocado em função decorativa com a venda do jornal depois da eleição de Lacerda ao governo da Guanabara –, Baciu deixou o país que adotara e se mudou para os Estados Unidos em setembro de 1962. A princípio, apenas para passar um ano como professor convidado de literatura brasileira na Universidade de Washington, a convite de um professor paraguaio com conexões por lá. Baciu era muito bem relacionado com intelectuais hispano-americanos, especialmente os que viviam no Rio de Janeiro, incluindo diplomatas. Denunciava pela *Tribuna da Imprensa* ditaduras latino-americanas junto com as comunistas. Acabou radicando-se em Honolulu como professor da Universidade do Havaí, chegando a uma "terceira vida", após a primeira na Romênia e a segunda no Brasil (Baciu, 1961, 1982).

Afrânio Coutinho deu sua versão sobre a renúncia de Baciu, da qual teria tentado demovê-lo por todos os meios. Garantiu a Hunt que os planos do CLC no Brasil continuavam de pé para a revista e principalmente o festival de música programado para o Rio de Janeiro, sobre o qual ele conversara com o governador Lacerda, que reiteraria seu apoio.[56] Por sua vez, no calor da hora, Mercier contava a seu superior que desconhecia o motivo real da demissão imprevista de Baciu. Disse, com certo sexismo, que conversou em Buenos Aires pessoalmente com Mira Baciu, cujo "nervosismo e atitudes passionais tornam toda lógica vã". Ele chegou a ponto de argumentar com ela que sua disputa e do marido com Botsford não poderia ter prolongamentos sérios, pois eles permaneceriam no Brasil, enquanto o rival seria chamado a seguir em seu "périplo latino-americano. Mas até essa razão não serviu para nada". Então acrescentou um ponto importante para compreender a nova posição do CLC, ao mencionar a carta de Nabokov a Stefan Baciu, cuja cópia o romeno lhe mostrara. Dizia que considerações táticas não deveriam ser "interpretadas como um tipo de adesão a uma possível coexistência com os intelectuais comunistas". Ou seja, a mudança de linha do CLC era apenas tática no contexto da América Latina, sem alteração estratégica do rumo anticomunista.[57]

John Hunt escrevera ao antigo anarquista Mercier sobre a saída de Baciu e da esposa. Por mais que o dirigente tenha argumentado em contrário, o casal

---

56 Carta (em inglês) de Afrânio Coutinho a John Hunt, Rio de Janeiro, 21 ago. 1962, em IACFR, Series II, Box 89, Folder 4.

57 Carta (em francês) de Mercier Vega a John Hunt, Paris, 10 set. 1962, em IACFR, Series II, Box 236, Folder 4.

estaria convencido de "ideias falsas" e de que era perseguido por Botsford, visto como um comissário político. Dizia que o CLC não mudou de atitude, apenas que Stefan e Mira "jamais compreenderam realmente o papel e as funções do Congresso". O romeno supostamente se esquivava do "trabalho detalhado e laborioso no plano local" que lhe fora pedido para buscar enraizamento no meio intelectual brasileiro, e insistia em fazer declarações contra Cuba e os países comunistas, o que supostamente contribuiria para estigmatizar o CLC. Por isso o Congresso estaria mais à vontade sem a presença do casal.[58]

Hunt e Mercier haviam assumido a direção do CLC para a América Latina em 1962. Apresentaram em meados do ano seguinte um longo memorando sobre a vida intelectual na região, que ressaltava a necessidade de estudo objetivo dos problemas sociais, sem "politização, desonestidade, imitação, jogos de poder e superficialidade", tidos como formas de desmoralização que rodeariam o trabalho intelectual. Os principais pontos focais seriam a necessidade de atuar por intermédio de revistas ("o único meio que temos de atingir o continente como um todo"), das universidades (tidas como os únicos centros "disponíveis para pesquisa séria"), e, paralelamente, nas artes. Assim, as atividades principais deveriam estar voltadas para "a melhoria das revistas, em contato mais próximo com as realidades da América Latina", formar grupos de estudo, construir centros de arte e encorajar trabalho experimental de indivíduos e grupos de artistas. Algo que seria implementado no Brasil nos anos seguintes, sobretudo no Rio de Janeiro, com *Cadernos Brasileiros*, suas atividades no centro de estudos da sede em Ipanema e na Galeria Goeldi. O caráter de elite intelectual era ressaltado no fim do memorando: "As pessoas com as quais deveríamos trabalhar são principalmente aquelas que ou formam, ou podem ser elevadas ao nível de uma classe média nas artes e nas ciências".[59] De fato, seria nesse meio que o CLC viria a se movimentar no Brasil, contudo sem atingir o propósito de descentralização das iniciativas culturais, que ficariam restritas sobretudo ao Rio de Janeiro, apesar de vários esforços em sentido contrário ao longo dos anos.

O afastamento de Baciu – substituído como editor pelo já mencionado jovem bacharel em Direito, Vicente Barretto[60]– não mudou de imediato a orientação

---

58 Carta (em francês) de John Hunt a Mercier Vega, Paris, 3 set. 1962, em IACFR, Series II, Box 236, Folder 4.

59 *Intelectual Life in Latin America*, p.25-6, maio 1963, em IACFR, Series II, Box 236, Folder 11.

60 Barretto contou-me que Afrânio Coutinho era próximo de seu pai, escritor da mesma geração, tendo oferecido ao filho do amigo "emprego como secretário da revista". Mas seria Botsford, escritor e editor, quem lhe teria ensinado os segredos do ofício (Barretto, 2016).

da revista, que entretanto dera sinais de abertura ainda na antiga gestão. Isso pode ser atestado pelo número de outubro-dezembro de 1962, dedicado à questão da África, com a participação de especialistas de diversas correntes, como Roger Bastide, Edison Carneiro, Manuel Diegues Júnior e José Honório Rodrigues. Esse número fora programado no breve período em que Jânio Quadros ocupou a presidência da República. Estava em sintonia com a nova política africanista do presidente, que logo renunciaria ao cargo.[61]

Conforme se expôs, a saída de Baciu em 1962 constituiu uma nítida intervenção do CLC em *Cadernos Brasileiros*, recorrendo até mesmo à longa presença de Botsford no Rio de Janeiro. Contudo, paradoxalmente, a ingerência externa buscava dar mais espaço e diversificação à produção local, visando a ampliar a audiência e conquistar uma inserção maior nos meios artísticos e intelectuais. A contribuição nacional – que em 1962 ficou em pouco mais de 50% – passou a quase 80% em 1963, quase 70% em 1964, estando sempre acima de 80% a partir de 1965, conforme quadro construído por Berghe (1997, p.48).

Contudo, a conjuntura nacional não seria favorável a mudanças liberalizantes na revista no começo dos anos 1960, evoluindo rapidamente para a polarização política durante o governo Goulart. O periódico pendia para o lado dos inimigos do presidente, o que dificultava a ampliação do arco ideológico de suporte à publicação. Não obstante, o novo editor Barretto reiterava o esforço para descolar a imagem anticomunista da revista construída no tempo de Baciu, buscando demonstrar nos círculos intelectualizados "nossa posição em defesa da liberdade cultural", e que "nosso antitotalitarismo não pode e não deve ser confundido com macartismo".[62] Isso não impedia o anticomunismo de permanecer nas páginas da revista, em particular no período em que o nome de José Garrido Torres constava do expediente como integrante de sua direção.

O IPES E UM SEGREDO

Garrido Torres era um expoente do Instituto de Pesquisas Econômicas e Sociais (Ipes), instituição financiada pelo empresariado para desestabilizar o governo Goulart, preparando o terreno nos meios civis para o golpe de 1964, em

---

61 Carta (em português) de Stefan Baciu a Julián Gorkin, Rio de Janeiro, 20 jun. 1961, em IACFR, Series II, Box 220, Folder 7.

62 Carta (em inglês) de Vicente Barretto a John Hunt, Rio de Janeiro, 4 mar. 1963, em IACFR, Series II, Box 89, Folder 5.

forte associação com interesses multinacionais e com militares como Golbery do Couto e Silva, que acabara de entrar para a reserva, promovido a general de divisão, assumido a direção do Ipes.[63] Seu amigo Garrido Torres escreveu um famoso artigo sobre "A responsabilidade democrática do empresário", que saiu no número 14 de *Cadernos Brasileiros*, de julho-setembro de 1962. O texto foi reproduzido em várias outras publicações que exaltavam a iniciativa privada e o combate ao estatismo, ao trabalhismo e ao comunismo, por vezes tomados de modo amalgamado no combate ao governo Goulart. O empresário – empenhado na modernização do capitalismo brasileiro – seria um dos artífices das políticas governamentais implementadas após o golpe de 1964. Ele dava importância ao papel das elites no desenvolvimento econômico, associado à luta contra o comunismo, conforme estudo de Diego Penholato (2017). Nesse aspecto, estava afinado com a direção local do CLC. Garrido escreveu seis artigos para a revista, todos de 1960 a 1963, um dos autores mais assíduos no período.

As afinidades ideológicas com o Ipes tinham precedente na relação de *Cadernos Brasileiros* com o Instituto Brasileiro de Ação Democrática (Ibad), instituição próxima do Ipes. Por exemplo, a revista autorizou a publicação no Boletim Mensal do Ibad do artigo de Gorkin "Minha experiência do stalinismo", que saíra originalmente em suas páginas no número de abril-junho de 1960. O texto foi subdividido e reproduzido aos poucos em *Ação Democrática*, a partir do ano 2, n.14, julho de 1960.

Cadernos Brasileiros estaria entre "as revistas subsidiadas e distribuídas para satisfazer a um público relativamente mais intelectualizado, como parte de uma campanha que o Ipes chamava de 'fertilização cruzada' ideológica e a criação de barreiras intelectuais ao marxismo", segundo a interpretação de René Dreifuss (1981, p.236). O Ipes chegou a comprar exemplares de *Cadernos Brasileiros* para distribuir entre seus filiados: um documento dá conta da aquisição, a preço de custo, de mil exemplares do número da revista com o referido artigo de Garrido Torres.[64] O editor Vicente Barretto afirmou em entrevista recente não saber se o Ipes comprava ou não, "mas na minha época não tinha mais isso" (Barretto, 2016). Entretanto, pode-se constatar que mandou extenso relatório ao CLC em que se registrava a venda (às vezes doação) ao Ipes de mil

---

63 Ver a biografia resumida de Garrido Torres e de Golbery do Couto e Silva, colaboradores da primeira fase de *Cadernos Brasileiros*, no *site* da Fundação Getúlio Vargas, Centro de Pesquisa e Documentação de História Contemporânea do Brasil (CPDOC/FGV). Disponível em: http://www.fgv.br/cpdoc/acervo/arquivo.

64 *Project annuel de budget pour le futur fonctionnement du Comité Brésilien demandé par M. John Hunt*, nov. 1962, em IACFR, Series IV, Box 499, Folder 8.

O SEGREDO DAS SENHORAS AMERICANAS 107

exemplares por número publicado em 1963. Algo que deixou de ocorrer nas edições de 1964, ano em que o Itamaraty passou a comprar quinhentos exemplares de cada número.[65] Em 1964 e 1965, jovens talentosos como Marcílio Marques Moreira, José Guilherme Merquior e Sérgio Paulo Rouanet, que trabalhavam no Ministério das Relações Exteriores, escreveram artigos sobre cultura para a revista.

O lapso de memória poderia ser explicado pelo desconforto de Barretto com a presença de Garrido Torres em *Cadernos Brasileiros*. Ou porque seria difícil admitir que a revista – que se considerava democrática e supunha estar acima das ideologias – teve vínculo com uma instituição tão ideológica e política como o Ipes, que ficaria conhecido como direitista e golpista após uma série de pesquisas inaugurada pela obra referida de Dreifuss (1981). Não seria pertinente, contudo, supor que essa ligação significasse plena identidade, a ponto de confundir as duas instituições, como se *Cadernos Brasileiros* fosse um órgão do Ipes.

Keith Botsford não queria ter "nada a ver com essa gente, nós estamos aqui pela liberdade da cultura [ele dizia], é outra coisa, esse pessoal tem interesses empresariais muito fortes", como lembrou recentemente Barretto (2016). A presença do dirigente do Ipes ia-se tornando um incômodo em *Cadernos Brasileiros*, entrando em choque com a nova diretriz do CLC adotada com a intervenção de Botsford. O último artigo de Garrido Torres na revista saiu no número 19, de julho-agosto de 1963, mesma época em que Botsford seguiu para o México a fim de cumprir nova missão.

Afrânio Coutinho fora o responsável por convidar Garrido para ser coeditor da revista a seu lado, conforme o crítico baiano contou numa carta: "creio que foi uma boa escolha, em vista de sua excelente conexão nos negócios e no campo econômico. Ele já está ajudando a obter material de contribuição".[66] Garrido Torres viria a se afastar oficialmente da direção do periódico depois do golpe, quando assumiu a presidência do Banco Nacional de Desenvolvimento Econômico (BNDE), conforme consta em *Cadernos Brasileiros* de maio-junho de 1964 (p.76). Essa explicitação, pelo caráter inusitado, levou Berghe (1997, p.51) a se indagar acerca do papel e da autoridade particular de Torres. Por sua vez, com base na consulta a correspondências, Elizabeth Cancelli constatou que Afrânio Coutinho e Vicente Barretto "viam problemas em Garrido Torres" (2012, p.80). Seu papel na revista foi minimizado por Barretto: "o Garrido era muito ligado ao

---

65 *Report on the Activities of the Congress*, 1963-1964, em IACFR, Series VI, Box 559, Folder 17.
66 Carta (em inglês) de Afrânio Coutinho a John Hunt, Rio de Janeiro, 2 ago. 1962, em IACFR, Series II, Box 89, Folder 4.

Roberto Campos. [...] Ele escrevia artigos de economia". Segundo ele, "o Garrido não ia lá, o Afrânio estava muito mais do que ele, o Afrânio ia lá uma ou duas vezes por semana" (Barretto, 2016). Em depoimento posterior, o editor voltou a reiterar que Torres não participou efetivamente da direção de *Cadernos Brasileiros*, e que nunca teria participado de reunião editorial com ele (Barretto, 2017).

Nas entrevistas que me concederam, os redatores da revista Luiz Orlando Carneiro e Nélida Piñon também minimizaram a importância do dirigente do Ipes na revista. A escritora disse nem se lembrar dele, o jornalista afirmou que quase não tinha contato com Garrido Torres, de quem se recordaria vagamente (Piñon, 2016; Carneiro, 2017). Não obstante, seu nome constou no expediente até a referida edição de 1964, expressando prestígio. Garrido constava como um dos assalariados na prestação de contas de 1963, com ganho intermediário entre os menores e os maiores.[67] Além disso, pesquisadores como Elizabeth Cancelli sugeriram uma aproximação entre o CLC e o Ipes – principalmente por intermédio de Garrido Torres – bem maior do que Barretto e os redatores admitiram (Cancelli, 2017, p.90).

O mistério sobre a relação do Ipes e de Garrido Torres com *Cadernos Brasileiros* desvenda-se na carta referida de Coutinho a Hunt, em que ele pedia discrição para a seguinte informação, num parágrafo que vale a pena destacar por inteiro:

> Tenho algo para lhe avisar. Eu fiz um acordo com o Ipes (Instituto de Pesquisas e Estudos Sociais), uma organização de líderes industriais e de negócios para formar uma boa mentalidade entre os empresários. Eles me contataram, a iniciativa foi deles, porque eles gostam da linha da nossa revista e queriam nos ajudar a aumentar sua circulação. Eles poderiam nos ajudar conseguindo artigos de fontes não acessíveis a nós em assuntos sociais e econômicos. E esse material será publicado na revista por nossa decisão, não nos forçam. Eles ajudam também com a lista de correio, em conseguir propaganda, e talvez no futuro em obter assinantes. Eles nos pagam o custo de mil cópias, que nós encomendamos na gráfica além das nossas próprias mil cópias. *O acordo foi em completa base confidencial, e sem qualquer compromisso nosso.* Eu penso que nós vamos lucrar com isso, especialmente aumentando a área de nossa penetração. (Grifo meu)[68]

Essas palavras permitem entender o motivo para a deferência com Garrido Torres, único caso em que o desligamento de um membro foi explicitado quando

---

67 IACFR, Series IV, Box 496, Folder 13.
68 Carta (em inglês) de Afrânio Coutinho a John Hunt, Rio de Janeiro, 2 ago. 1962, em IACFR, Series II, Box 89, Folder 4.

O SEGREDO DAS SENHORAS AMERICANAS 109

seu nome deixou de constar no expediente na revista, como já observara Berghe, com perspicácia (1997, p.51). Elas são reveladoras de que o Ipes deu ajuda a *Cadernos Brasileiros*, material e ideológica; e o auxílio era secreto. O Instituto prometia não interferir na autonomia editorial da revista, que a princípio via de bom grado sua contribuição. O periódico assim se associava aos esforços das classes dominantes para desestabilizar o governo Goulart, sem que isso estivesse explícito nas palavras de Coutinho, que entretanto revelavam implicitamente consciência da iniciativa questionável, pois o acordo foi feito em "completa base confidencial". O trecho mostrava ainda que John Hunt – mais tarde descoberto como agente da CIA, vale reiterar – foi informado do financiamento paralelo do Ipes a *Cadernos Brasileiros* por intermédio do responsável brasileiro pela publicação, ou seja, não se tratou de iniciativa estrangeira. O fato atestava que a direção local tinha autonomia suficiente para fazer um acordo sem consultar previamente a sede em Paris, mas nem por isso deixaria de prestar contas do apoio paralelo. Na prática, o intento do CLC internacional de abertura da revista, rompendo com a visão anticomunista tradicional, encontrava um entrave na dinâmica política interna brasileira, que empurrava seus representantes em sentido contrário, como ficaria evidente nas reações ao golpe de 1964 no âmbito do CLC.

A ajuda do Ipes cessou no fim de 1963, conforme o referido relatório de atividades do biênio 1963-1964.[69] Praticamente coincidiu com o afastamento de Garrido Torres da direção da revista nos créditos do expediente. Naquela altura, a presença dele já se tornara um estorvo. Não era bem-visto por Vicente Barretto, que se referiu ao líder empresarial numa carta de maio de 1963 como uma pessoa difícil e pouco inteligente, "mas não podemos, de um dia para o outro, pedir a ele para renunciar". Seria preciso ter cuidado, pois tinha um nome estabelecido, e "como um inimigo, ele poderia ser perigoso". Barretto o considerava sem utilidade para a revista, mas não seria o caso de "precipitar sua expulsão. Ao invés de pedir sua renúncia, nós deveríamos criar uma situação na qual sua presença logo se tornaria impossível". Segundo os termos da carta, Botsford e Coutinho partilhavam da mesma opinião.[70] Mas não seria fácil se livrar dele imediatamente, até porque o Ipes se tornara um comprador expressivo. Como constatou uma auditoria externa bastante esclarecedora sobre a circulação da revista em 1963:

---

69 *Report on the Activities of the Congress*, 1963-1964, em IACFR, Series VI, Box 559, Folder 17.

70 Carta (em inglês) de Vicente Barretto a John Hunt, Rio de Janeiro, 13 maio 1963, em IACFR, Series II, Box 89, Folder 5.

Nos anos anteriores, *Cadernos Brasileiros* foi amplamente distribuída gratuitamente para tornar conhecida a existência da revista e promover vendas futuras. Durante 1963, das 3.000 cópias impressas por edição, uma média de cerca de 1.250 foram vendidas. Essas vendas somando Cr$ 2.063.743 foram feitas principalmente ao Instituto de Pesquisas e Estudos Sociais, uma organização cultural local, e através de um distribuidor. As demais cópias não vendidas foram geralmente distribuídas em larga escala para promover futuras assinaturas.[71]

As vendas ocorriam em razão inversa das pretensões intelectuais dos dirigentes da revista, que não conseguiam enraizá-la entre um público mais amplo, e ainda por cima se colocaram numa situação desconfortável ao aceitar a presença de Garrido Torres e as vendas para o Ipes. Ele só sairia um ano depois da carta em que Barretto explicitava o descontentamento nos bastidores com sua presença na direção da revista. Não havia mais lugar para ele no ninho do CLC, cujas ambições intelectuais iam muito além de referendar a ideologia empresarial do Ipes, embora estivessem irmanados na luta contra o governo Goulart e o comunismo.

Como se vê, as afinidades e pontos de contato entre o Ipes e *Cadernos Brasileiros* não devem levar a confundir as duas instituições, cada uma com sua particularidade e seus interesses, que podiam entrar em choque. Isso permite problematizar certas passagens da conhecida obra de Dreifuss, que praticamente reduziu *Cadernos Brasileiros* a um veículo ideológico do Ipes. Por exemplo, o autor notou que Vicente Barretto – qualificado no texto como "diretor de *Cadernos Brasileiros*" – integrou o colegiado nacional da Ação Democrática Popular (Adep), "uma ação política patrocinada pela estação da CIA no Rio de Janeiro que manejava campanhas eleitorais e *lobbying*", colocando nesse ponto uma nota de rodapé em que elencava as outras "figuras que também participavam da direção" da revista (Dreifuss, 1981, p.103, 123). O nome do editor foi incluído ainda numa "lista de sindicalistas brasileiros que participaram em cursos de treinamento nos Estados Unidos, orientados pela CIA, de 1961 a 1964", elaborada por Dreifuss (1981, p.707). Na entrevista que me concedeu, Barretto negou qualquer envolvimento com a CIA ou conhecimento prévio de que financiou secretamente o CLC, e ironizou o cientista político:

> Esse livro do Dreifuss diz que eu fui espião da CIA, porque fui aos Estados Unidos. A Embaixada Americana mandou um grupo de jornalistas, inclusive eu, eram seis ou sete caras, nós fomos fazer um passeio nos Estados Unidos, maravilhoso. Eu digo: olha, se a CIA

---

71 Auditoria externa (em inglês) realizada pela Price Waterhouse Peat & Company nas contas da Associação Brasileira do CLC, referente ao ano de 1963, em IACFR, Series IV, Box 496, Folder 13.

O SEGREDO DAS SENHORAS AMERICANAS

forma espiões dessa forma eu quero voltar para fazer novamente o curso de espionagem, porque foi uma maravilha, tremenda mordomia que os americanos nos deram. (Barretto, 2016)

A participação de Barretto e outros membros da revista em atividades patrocinadas pelos Estados Unidos pode indicar afinidade ideológica, mas não que eles tivessem conhecimento de eventual financiamento pela CIA, ou que fossem agentes, acusação que Dreifuss não fez explicitamente. Mas não raro o uruguaio amalgamava os diversos componentes da intelectualidade conservadora ou liberal num conjunto indiferenciado de "fertilização cruzada ideológica" conduzido pelo Ipes. O Instituto sempre lançaria mão de "intelectuais orgânicos locais", quer fossem "associados ao Ipes ou pessoal a ele ligado", segundo o autor, que incluía na lista os nomes de Garrido Torres e Vicente Barretto, dirigentes de *Cadernos Brasileiros* (Dreifuss, 1981, p.253, 275). Desconhecia que ambos eram adversários, como evidencia a mencionada correspondência de Barretto com a sede do CLC, em que tramavam o afastamento cauteloso do dirigente do Ipes, sem mencionar a entidade.[72] Barretto compartilhava a ideologia do CLC de busca da verdade objetiva, "que procuro honestamente descobrir", sem fazer propaganda, "apresentando os fatos e as pessoas com a maior isenção".[73] Algo que não era compatível com os intentos proselitistas do Ipes, cuja posição tendenciosa não gozava de boa reputação nos meios intelectuais, inviabilizando atividades conjuntas das duas organizações a médio prazo.

Ao comentar a discussão no Ipes sobre a reforma agrária – que estava na ordem do dia no debate anterior ao golpe de 1964 –, o autor de origem uruguaia novamente amalgamou o Ipes com *Cadernos Brasileiros*. Ele citou quatro artigos da revista que estariam afinados com os estudos do Ipes, publicados em números de 1963, de autoria de José Arthur Rios, Manuel Diegues Jr., J. V. Freitas Marcondes e Cândido Guinle de Paula Machado (Dreifuss, 1981, p.242, 270). Esses artigos realmente traziam posições críticas expressas ou veladas a propostas mais radicais, como a da Ligas Camponesas, mas é questionável a sua alocação num bloco indiferenciado e afinado com o Ipes. Talvez o artigo de Rios (1963) fosse o mais sintonizado com aquela entidade, posicionando-se contra a reforma agrária proposta ao Congresso pelo governo Goulart, que "equivaleria na prática a um verdadeiro confisco [...], ignorando o direito de propriedade",

---

72 Carta (em inglês) de Vicente Barretto a John Hunt, Rio de Janeiro, 13 maio 1963, em IACFR, Series II, Box 89, Folder 5.

73 Carta (em português) de Vicente Barretto a Mercier Vega, Rio de Janeiro, 16 out. 1962, em IACFR, Series IV, Box 499, Folder 9.

embora fosse favorável a criar "uma classe média rural alicerçada na propriedade familiar" (Rios, 1963). Rios trabalhara com o padre Lebret no Rio de Janeiro, foi um dos primeiros sociólogos brasileiros a fazer mestrado nos Estados Unidos em 1947, ficou conhecido também como "o primeiro sociólogo que estudou favelas no Rio de Janeiro". Participou do governo Lacerda como secretário de Serviços Sociais – embora fosse contrário à sua política de remoção de favelas, o que o levaria a sair do governo.[74]

A posição de Rios não era idêntica à de Diegues, quando analisava os "antecedentes da reforma agrária no Brasil". O antropólogo não entrou no mérito do projeto de Goulart, mas criticava a falta de concretização de propostas reformistas surgidas ao longo do tempo, dizendo que a solução do problema agrário era urgente. Seria preciso evitar uma "solução violenta", buscando encontrar "soluções adequadas e autenticamente humanas" para a reforma agrária, necessária para romper os entraves ao desenvolvimento nacional, "global, harmonioso e equilibrado, e não puramente econômico", numa posição próxima de setores reformistas da Igreja católica informados pelo humanismo integral de Jacques Maritain (Diegues Jr., 1963). Por sua vez, o artigo de Freitas Marcondes analisava de um ponto de vista de conciliação de classe o que lhe pareciam ser os alcances e os limites do então recém-aprovado Estatuto do Trabalhador Rural, que não viria a "alterar as relações entre as classes sociais rurais" (Marcondes, 1963).

Numa carta, John Hunt considerou esses artigos um pouco acadêmicos demais, e sugeriu que o editor brasileiro estimulasse a controvérsia na revista, enviando um exemplar para algumas pessoas, convidando-as a fazer comentários.[75] Isso mostrava o desejo de diálogo e que a interlocução central de *Cadernos Brasileiros* era com o CLC, não com o Ipes. A resposta de Barretto foi na mesma direção: esclareceu que os artigos mais acadêmicos teriam sido sugeridos por Garrido Torres, e que apenas repetiam o que os autores costumavam escrever em outras publicações sobre a reforma agrária. Ou seja, teriam sido redundantes em meio à profusão de escritos sobre o tema então divulgados no Brasil. Insistir nesse tipo de texto acadêmico e repetitivo lhe parecia inoportuno, o que revelava discordância em relação a Garrido, ao mesmo tempo que expressava que ele ainda tinha peso na definição da pauta.[76]

---

74 Ver em: http://fgv.br/cpdoc/acervo/historia-oral/entrevista-tematica/jose-artur-rios. Acesso em: 24 abr. 2021. A íntegra da entrevista de José Arthur Rios está em Freire; Oliveira, 2002, p.60-77.

75 Carta (em inglês) John Hunt a Vicente Barretto, Paris, 10 ago. 1963, em IACFR, Series II, Box 89, Folder 5.

76 Carta (em inglês) de Vicente Barretto a John Hunt, Rio de Janeiro, 20 ago. 1963, em IACFR, Series II, Box 89, Folder 5.

O mesmo número de *Cadernos Brasileiros* dava destaque a um artigo de Garrido Torres sobre "a democratização da empresa no Brasil", completamente afinado com o Ipes. Ou seja, a revista dava voz a posições relativamente diferenciadas dentro do arco de correntes intelectuais que expressava. Seria enganoso supor que todas as análises fossem orquestradas pelo Ipes, embora ele tivesse influência por intermédio de Garrido Torres e desse um apoio secreto adicional à revista.

Numa nota, Dreifuss afirmou que "a revista *Cadernos Brasileiros* de Eduardo Portella se envolveu num escândalo político em 1967, sendo acusada por ligações com a revista *Encounter* patrocinada pela CIA" (1981, p.265). A fonte para essa informação um tanto imprecisa foi uma matéria com a minibiografia dos ministros recém-indicados para compor o governo Figueiredo, entre eles Portella, publicada pela *Folha de S.Paulo* (20 de janeiro de 1979, p.6). O novo ministro da Educação de fato era próximo de Coutinho, integrara o Conselho Consultivo dos primeiros números da revista, escreveu um artigo em 1962 e estava afinado ideologicamente com ela. Como se viu, também é certo que o CLC patrocinara *Cadernos Brasileiros*, *Encounter* e outros periódicos, e era por sua vez financiado secretamente pela CIA, mas ao que tudo indica Portella não sabia disso e nunca teve vinculação orgânica com a revista, tanto que fundou a sua própria em 1962, a já referida *Tempo Brasileiro*.

O livro de Dreifuss conseguiu demonstrar afinidades e articulação entre as forças de direita no Brasil em volume espantoso no começo dos anos 1960, com papel importante desempenhado pelo Ipes. Contudo, isso não permite afirmar que a instituição era responsável pelo conjunto das atividades. No caso de *Cadernos Brasileiros*, havia afinidade política com o Ipes, inclusive com apoio material e a presença de Garrido Torres, personagem de destaque nas duas instituições, mas elas não se confundiam. Os laços de dependência e relativa autonomia da revista estavam referidos primordialmente ao CLC, não ao Ipes. Este procurou coordenar os diversos setores sociais anticomunistas, entretanto seria um equívoco amalgamar sem distinção nessa entidade todo o conjunto diversificado de organização intelectual das forças da ordem – como no caso de *Cadernos Brasileiros* e também da Associação Universitária Interamericana, tema do próximo capítulo. Ambas tiveram relação com o Ipes, mas não se confundiam com ele.

É preciso evitar eventual simplificação, como a de juntar indistintamente Ipes, CIA, CLC, *Cadernos Brasileiros*, AUI e outras instituições que apoiaram o golpe de 1964, como se fossem uma coisa só, identificadas ainda com fundações como a Ford, a Rockefeller e tudo que viesse dos Estados Unidos. Isso mais atrapalha do que ajuda a compreender as nuances de um processo complexo, embora ele fosse articulado e contrarrevolucionário em última instância.

A aproximação com o Ipes ocorreu num momento de crescente polarização política na sociedade brasileira, quando a importância da cultura na luta política estava clara para o editor de uma revista que se definia sobretudo como cultural. Ele tinha percepção, por exemplo, da necessidade de fazer frente ao avanço do teatro politizado na conjuntura anterior ao golpe de 1964, como revela o seguinte trecho de uma carta a Hunt:

> Certas forças políticas – notadamente os comunistas – começaram a explorar o teatro e suas repercussões no público como um meio de propaganda. Como resultado disso, o Centro Popular de Cultura foi formado, sendo seu principal instrumento o assim chamado "Teatro Popular". As atividades desse último concentraram-se especialmente no Nordeste, onde os esforços árduos de demagogos e similares tiveram êxito de fazê-lo um centro de interesse intelectual e agitação. Creio que seria de interesse para nós indagar sobre o verdadeiro caráter desse Teatro Popular, e descobrir como poderíamos atuar na faixa de sua influência. Para isso, eu tinha pensado em enviar alguém ao Nordeste por dez dias; Rubem Rocha Filho, um jovem e brilhante crítico teatral do Rio, que acabou de voltar dos Estados Unidos e de Yale, onde esteve estudando drama nos últimos dois anos.[77]

O editor brasileiro escreveu em seguida que custearia a viagem de Rubem e lhe pagaria por um artigo e uma reportagem. Em carta a Mercier, Barretto também falou no tema, atestando o estado de ânimo cerca de quarenta dias antes do golpe de 1964: "o Teatro Popular serviu como instrumento para o ensino comunista e revolucionário no Nordeste". Teria sido usado pelo governo de Miguel Arraes como "um importante instrumento de debate popular e para a arregimentação das massas". Contou então que Rubem Rocha promoveria um debate sobre o tema com outros intelectuais da área de teatro, a ser publicado em *Cadernos Brasileiros*.[78]

O debate sobre teatro popular sairia em maio-junho de 1964, contando ainda com as intervenções de Leo Gilson Ribeiro, Kleber Santos e Bárbara Heliodora. A revista publicaria outras seis matérias de Rubem Rocha Filho de 1964 a 1969, em geral sobre o tema de sua especialidade. Rubem encantou-se com o teatro popular em Recife, onde se radicaria e faria carreira teatral.[79]

---

77 Carta (em inglês) de Vicente Barreto a John Hunt, Rio de Janeiro, 4 out. 1963, em IACFR, Series II, Box 89, Folder 5.

78 Carta (em francês) de Vicente Barreto a Mercier Vega, Rio de Janeiro, 21 fev. 1964, em IACFR, Series VI, Box 559, Folder 17.

79 Ver em: http://enciclopedia.itaucultural.org.br/pessoa213827/rubem-rocha-filho.

A percepção de que o teatro ocupava lugar importante nas lutas políticas, inspirado em autores como o comunista Bertolt Brecht, levara também à publicação do artigo "Brecht contra Brecht", de Robert Brustein, em novembro-dezembro de 1963. O artigo saíra originalmente em *Partisan Review* naquele mesmo ano. O autor autorizou *Cadernos Brasileiros* a publicar o texto, mediante uma "taxa de republicação" de cem dólares, que o editor brasileiro pedia para serem bancados diretamente pelo CLC em Paris.[80]

Numa longa carta a Hunt, às vésperas do golpe de 1964, Barretto fazia um balanço da intelectualidade nordestina após viagem a Salvador, Recife e Fortaleza, avaliando o potencial da revista na região, para a qual pretendia abrir perspectivas. Por exemplo, considerava revolucionário e paracomunista o governo de Arraes em Pernambuco, composto por esquerdistas de várias orientações. Ironizava um assistente do governador por se declarar um comunista não ortodoxo. Contudo, depositava esperança no jovem, qualificando-o como o típico intelectual "a quem o Congresso abrirá um novo mundo". Um motivo para a esperança estava no artigo que ele escrevera para *Cadernos Brasileiros*, apontando erros dos críticos literários marxistas, que estariam mais preocupados com o social do que com a literatura. A carta é expressiva tanto da abertura da revista para quem não estava alinhado com suas posições políticas como pela presunção de que o CLC poderia mudar suas ideias e convicções.[81]

Teatro popular, desenvolvimento, questão racial, reforma agrária, Terceiro Mundo,[82] movimento estudantil, renovação do catolicismo: a partir da chegada de Botsford, a revista *Cadernos Brasileiros* incentivava a debater temas levantados pelas esquerdas, reconhecendo a existência de problemas sociais, procurando evitar seu uso pelos comunistas. Isso envolvia o que denominavam de "abertura à esquerda" não comunista, especialmente de acadêmicos empenhados em construir as ciências sociais na universidade brasileira. A ampliação mais consistente do arco ideológico de suporte à revista, entretanto, teria de esperar uma conjuntura mais apropriada, que se daria apenas algum tempo

---

80 Carta (em inglês) de Vicente Barretto a Ivan Katz, Rio de Janeiro, 9 set. 1963, em IACFR, Series II, Box 89, Folder 5. Um dólar de 1963 equivaleria a 8,57 dólares em 2021. Portanto, 100 dólares seriam 857 em 2021. Ver em: https://www.dineroeneltiempo.com/dolar/de-1963-a-valor-presente. Acesso em: 17 fev. 2021.

81 Carta (em inglês) de Vicente Barretto a John Hunt, Rio de Janeiro, 16 mar. 1964, em IACFR, Series VI, Box 559, Folder 17.

82 A revista *Cadernos Brasileiros* fechou contrato com a editora Letras e Artes para publicar uma coleção intitulada Terceiro Mundo, conforme carta (em francês) de Vicente Barretto a Mercier Vega, Rio de Janeiro, 6 mar. 1963, em IACFR, Series VI, Box 559, Folder 16.

O GOLPE DE 1964: CONTROVÉRSIA INTERNA

Uma inesperada expressão de autonomia de *Cadernos Brasileiros* em relação a sua matriz internacional ocorreu logo após o golpe de 1964. De imediato, o CLC no exterior manteve certo distanciamento crítico em relação ao movimento – afinal, o Congresso se pretendia defensor da liberdade intelectual, da democracia e contra qualquer tipo de ditadura –, enquanto a direção brasileira apoiou a "revolução" nos bastidores, embora isso não se explicitasse tão nitidamente nas páginas do periódico, que sustentava o discurso da neutralidade política em nome da objetividade.

A relação pública ambígua dos dirigentes de *Cadernos Brasileiros* com o golpe e sua ligação ideológica com o governador da Guanabara, Carlos Lacerda, podem ser aferidas por um episódio relatado por Vicente Barretto. Ele contou que a sede da revista na praça General Osório, em Ipanema, foi invadida pela polícia logo depois do golpe, a mando do diretor do Departamento de Ordem Política e Social (Dops), Cecil Borer, figura conhecida e proeminente da repressão política desde os tempos de Getúlio Vargas.[83] A polícia "entrou e levou todas as correspondências, tudo, todos os originais, foi o diabo". Mas Barretto era amigo de infância e ex-colega de classe de Sérgio, filho de Carlos Lacerda, que por sua vez era amigo de seu pai, o escritor e intelectual sergipano José Barretto Filho.

> O Borer, na cabeça dele, dizia que nós éramos um centro de revolucionários vermelhos. [...] E nós conseguimos que o Carlos Lacerda desse uma ordem para o Borer: – "Devolve tudo isso que você é um maluco, você não sabe o que está fazendo"... Essas contradições que nesses movimentos revolucionários sempre acontecem. (Barretto, 2016)

O caso mostra que a imagem da revista era suficientemente distante do regime instalado após o golpe a ponto de ser confundida com um órgão de oposição. Mas era próxima o bastante para ser protegida por Lacerda. A relação com

---

83 Lacerda reinstalou Borer no comando do Dops carioca em 1963, segundo Mário Magalhães, "Ex-diretor revela como era a espionagem", *Folha de S.Paulo*, 15 abr. 2001. Disponível em: http://www1.folha.uol.com.br/folha/brasil/ult96u18449.shtml. Acesso em: 15 jan. 2021.

O SEGREDO DAS SENHORAS AMERICANAS

ele se revelou em outro episódio ambíguo relatado por Barretto, dando conta do desagrado do então governador com um artigo do jornalista Luiz Alberto Bahia, seu inimigo político, publicado pela revista.[84] Barretto recebeu uma correspondência oficial do gabinete do governador, contendo "o artigo do Bahia, rasgado", com a mensagem: "admira-me muito que você publique artigos desta categoria". Ou seja, ele via a revista e seu editor com bons olhos, mas não concordava com tudo que aquele publicava. Barretto admitiu na entrevista a admiração por Lacerda, mas ressaltou que ele nunca teve relação próxima com a revista. Disse, por exemplo, que Afrânio Coutinho não tinha afinidade com o governador (Barretto, 2017). No entanto, Lacerda trocava correspondência com John Hunt, como observou Cancelli (2017, p.41). Além disso, Barretto trabalhou como assistente especial do governador da Guanabara em 1964-1965, e foi diretor da Editora Nova Fronteira, de propriedade de Lacerda, em 1966, conforme anotou no currículo enviado ao exterior em busca de emprego logo após o fechamento de *Cadernos Brasileiros*.[85] Nada disso significa que a revista era teleguiada por Carlos Lacerda, ela apenas compartilhava no essencial a visão liberal-conservadora da UDN, cujo principal representante era o político carioca.

O apoio ao golpe de 1964 nos bastidores chegou a ponto de os locais tomarem a referida atitude rara: polidamente, em troca de cartas, contestaram a orientação do comando internacional do CLC. Este, vale reiterar, tomou posição cautelosamente distanciada desde o início. Temia a repercussão para o público europeu de eventual apoio do CLC a um golpe militar que estava sendo questionado pela imprensa do Velho Mundo. Afrânio Coutinho escreveu um telegrama a John Hunt logo depois do levante vitorioso de "movimentos militares publicamente aplaudidos e apoiados pelo povo" que "puseram fim à infiltração comunista". Acrescentava que "a mudança de presidente" ocorreu de acordo com a Constituição, e que a situação estava normalizada, a ponto de a rotina da revista não ter sido atrapalhada, mantendo-se a inauguração prevista da galeria de arte Goeldi, também patrocinada pelo CLC, que funcionaria no andar de baixo da redação.[86] Mandou ainda uma série de recortes de jornais brasileiros saudando a "revolução" de 1964.

---

84 Trata-se do artigo de Luiz Alberto Bahia "Dez teses sobre a Guerra Fria e coexistência", *Cadernos Brasileiros*, n.23, mar.-abr. 1964.

85 *Curriculum vitae* de Vicente Barretto, Rio de Janeiro, 5 nov. 1971, em IACFR, Series II, Box 317, Folder 3.

86 Telegrama (em inglês) de Afrânio Coutinho a John Hunt, Rio de Janeiro, 3 abr. 1964, em IACFR, Series II, Box 89, Folder 6.

John Hunt logo respondeu. Ele revelava menos entusiasmo com os acontecimentos. Agradecia pelo telegrama e pelos recortes, e por sua vez anexava textos do jornal francês *Le Monde* como exemplo da cobertura crítica que se fazia no exterior da "revolução no Brasil". Dizia não saber como *Cadernos Brasileiros* trataria do tema, mas supunha que seria do interesse da revista "ver, e talvez mostrar, como esse problema foi visto no exterior", inclusive por um artigo de Botsford publicado por *New Leader*. Apelava para que o comitê brasileiro do CLC tivesse um "papel construtivo no novo ambiente intelectual e político no Brasil", buscando restaurar "um clima de moderação e sanidade". Afirmava que, "por um lado, nós deveríamos saudar o fim do caos econômico e político, e a ameaça à liberdade no Brasil que Goulart representava". Mas, por outro lado, considerava que "nós deveríamos ficar firmemente contra a perseguição" a liberais e esquerdistas moderados, citando explicitamente Celso Furtado, que supunha ter sido preso. Terminava dizendo ser importante que ninguém acusasse Coutinho ou o CLC de serem pró-comunistas, dando oportunidade ao mesmo tempo de mostrar "inequivocamente nosso ponto de vista liberal". Ou seja, Hunt propunha resistir a arbitrariedades contra os intelectuais. Deixava claro que "ser anti-Goulart não é razão suficiente para excessos cometidos contra os procedimentos democráticos, e penso que deveríamos ser corajosos o suficiente para dizer isso".[87]

Como se vê, surpreendentemente para um escritor ligado à CIA em segredo, John Hunt nem por isso estava completamente alinhado com o golpe apoiado pela Agência. Mostrava-se preocupado com o tom empolgado de Coutinho em relação ao movimento de 1964, antevendo que isso poderia não agradar à intelectualidade progressista que o CLC estava tentando conquistar no Brasil e no restante da América Latina a partir da intervenção de Botsford. Contudo, o brasileiro não se fez de rogado: em carta de quatro páginas, procurava apresentar "um quadro justo da situação". Começava com certa soberba: "nós entendemos as dificuldades que vocês, de um ponto de vista estrangeiro, têm de julgar a situação interna de um país tão remoto". Apontava a distorção dos fatos pela imprensa estrangeira, de que dava prova o *clipping* enviado por Hunt. E dizia: "nós estivemos à beira de uma mudança revolucionária para um regime totalitário de radicalismo esquerdista", que incluiria a aliança aberta ou velada de todas as correntes de esquerda, até mesmo as mais moderadas. Apontava o apoio popular à "revolução contra Goulart". Todas as classes e as Forças Armadas estariam afetadas pela indisciplina e corrupção. Em seguida, usou o termo

---

87 Carta (em inglês) de John Hunt a Afrânio Coutinho, Paris, 21 abr. 1964, em IACFR, Series II, Box 89, Folder 6.

O SEGREDO DAS SENHORAS AMERICANAS 119

"contrarrevolução" para caracterizar o movimento que não teria um espírito de direita, apesar de admitir que incluía direitistas. Elogiava a "inteligência e moralidade" do general Castello Branco, tomado como um democrata, realista. Qualificava o governo como de "centro democrático, com tendências progressistas e moralizador da administração", até mesmo reformista, mas "sem a agitação demagógica e populista ou de viés comunista".[88]

Quanto ao pedido de Hunt para dar socorro a Celso Furtado, Afrânio Coutinho simplesmente o ignorou, dando seus motivos. A repulsa dos dirigentes da revista a Furtado não findara com a demissão de Baciu. A simpatia de uma parte do comando internacional do CLC pelo economista nordestino – afinal, ele não era comunista e poderia ser uma alternativa ao avanço radical a partir de Cuba, conforme já se destacou – não encontrava eco na seção brasileira do Congresso, como já observou Iber (2015, p.333-5). Furtado era de outra rede intelectual, adversária de Coutinho e sua revista. Além disso, poderia constituir ameaça ao grupo no comando do periódico, pois era perceptível que ele gozava de prestígio no CLC.

Afrânio Coutinho apontava a Superintendência do Desenvolvimento do Nordeste (Sudene) como caso típico daqueles que estavam, "conscientemente ou não, preparando o terreno para a revolução" socialista, a ponto de sabotar a ajuda oferecida pela Aliança para o Progresso. Acrescentava que seu dirigente Celso Furtado, "apesar de sua alta estatura intelectual" e de não ser comunista, "estava nesse programa radical, aliado com Goulart, Brizola e os comunistas". Observou que Furtado atuara nos governos de Kubitschek, Quadros e Goulart, "por coincidência, os governos mais devastadores que já tivemos no Brasil". Garantia ao correspondente que Furtado não foi preso, recusando implicitamente o pedido para defender o criador da Sudene, que "apenas teve seus direitos políticos suspensos por dez anos", o mesmo castigo dado a "centenas de pessoas, civis e militares, homens comprometidos com atividades antidemocráticas". Afirmava, contraditoriamente, que "não houve perseguição contra ninguém, incluindo intelectuais". Admitia haver algumas pessoas presas e asiladas em embaixadas por envolvimento em "atividades subversivas, registradas pela polícia e pelo serviço secreto do Exército". Teriam sido atos necessários e realizados "sem violência, até onde sei". Pessoalmente, dizia-se incomodado com aspectos parciais do governo – que não explicitou –, mas para ele a situação do país seria muito melhor que aquela vivida desde o fim dos anos 1950. Terminava

---

88 Carta (em inglês) de Afrânio Coutinho a John Hunt, Rio de Janeiro, 30 abr. 1964, em IACFR, Series II, Box 89, Folder 6.

a carta reiterando o ponto de vista do CLC, "nem de um lado nem do outro, mas com um ponto de vista democrático e liberal". Aquele seria o quadro do momento em abril de 1964, segundo Coutinho, que esperava "que o desenvolvimento dos fatos não o altere", abrindo-se assim para eventuais mudanças, a depender do desenrolar da conjuntura.[89]

Em suma, Afrânio Coutinho expressava plena concordância com o que pensavam os líderes civis do movimento de 1964, notadamente com a União Democrática Nacional. Pode-se ver que a ideologia do CLC de defesa de um "ponto de vista democrático e liberal" estava presente tanto na missiva de Hunt como na resposta de Coutinho, mas com sentidos diferentes, o norte-americano muito mais prudente que o brasileiro, claramente comprometido com a "revolução" de 1964, posição menos explícita nas páginas de *Cadernos Brasileiros*.

A opinião de Coutinho era compartilhada pela intelectualidade conservadora, que naquele momento chegava a ser ainda mais cruel que o crítico baiano, sobretudo no Nordeste. Um exemplo emblemático é o do simpatizante do CLC Gilberto Freyre. Sem vergonha de manchar sua biografia, o autor de *Casa-grande & Senzala* envolveu-se na perseguição a intelectuais adversários em Pernambuco, como o reitor João Alfredo, e na legitimação do novo governo, como lembrou Dimas Veras (2021). Após o golpe, Freyre escreveu para um jornal de Recife cobrando punição severa contra os comunistas, que deveriam ser objeto de "uma operação corajosa de limpeza":

> Onde quer que se tenham constituído, clara ou disfarçadamente, ninhos comunistas empenhados na distorção da cultura brasileira em benefícios de desígnios russo-comunistas ou sino-comunistas, é preciso que esses ninhos sejam destruídos de modo implacável. Sem condescendência de caráter sentimental ou pessoal. Sem panos mornos. Trata-se de realizar a obra muito mais que profilaticamente destrutiva: brasileiramente construtiva. Culturalmente construtiva. Construção, porém, que exige destruição porque reclama profilaxias, assepsia, limpeza. Obra de "são brasileirismo", nos diria Sylvio Romero. O momento de ser realizada tal obra é este. Precisamente este. Um momento revolucionário. O que é preciso é que a revolução iniciada a 31 de março não tema ser ou parecer Revolução, pelo receio de desagradar certos liberalões dos Estados Unidos. Ou da Europa. Ou de Caracas.[90]

Esse tipo de posição não contava com endosso do CLC internacional. No dia 8 de maio, Hunt mandou telegrama a Coutinho, insistindo que a revista *Cader-*

---

89 Idem.

90 Gilberto Freyre, "Limpeza urgente", *Diário de Pernambuco*, p.3, 26 maio 1964. Citado por Veras (2021, p.239).

nos Brasileiros "deveria tomar a defesa dos direitos de cidadania de Furtado em defesa da causa geral da liberdade intelectual". E oferecia todo o respaldo internacional do CLC para isso. Ele voltou à carga em nova carta: ao assumir a defesa de Furtado, *"Cadernos Brasileiros* ganharia muitos amigos, dentro e fora do Brasil", mostrando "àqueles que têm dúvidas que vocês estão tão preparados para defender a liberdade intelectual no Brasil quanto em qualquer outro lugar". A mesma correspondência principiava com a resposta afirmativa para o pedido de aumento do orçamento da revista para 30 mil dólares anuais, o que pode ser interpretado como um aval para o comitê brasileiro do CLC, independentemente das posições assumidas, mas também como uma sutil pressão para o alinhamento com a matriz.[91]

Seria possível imaginar que houvesse diferenças no comando de *Cadernos Brasileiros*, dada a proximidade que Barretto tivera com Botsford e as reformas que o interventor comandara. Mas a reação positiva de Barretto ao movimento de 1964 era idêntica à de Coutinho, como revelava sua correspondência com Louis Mercier Vega, compondo um par similar à troca de cartas entre Coutinho e Hunt na ocasião. Barretto escrevia a Mercier:

> A revolução que depôs o sr. João Goulart parece iniciar uma nova era no país. O Ministério que acaba de ser nomeado é composto por homens sérios e responsáveis, mais interessados em solucionar os problemas nacionais do que em agitá-los demagogicamente. O apoio do povo nas ruas animou as forças armadas a completarem o trabalho iniciado. De um modo bem brasileiro foi garantida a liberdade de imprensa, que não sofre censura. Ainda no último domingo o jornal *Correio da Manhã* atacou violentamente os dirigentes da revolução. A imprensa, de modo geral, apoiou a revolução e suas primeiras medidas saneadoras.[92]

Essas palavras expressavam empolgação com a "revolução" das forças armadas, supostamente apoiada pelo povo, acompanhando assim o ponto de vista predominante na imprensa brasileira da época; a dissensão do *Correio da Manhã* servia de exemplo da tolerância do novo regime, que atuava de um "modo bem brasileiro" – de conciliação e acomodação política, subentende-se. A preocupação de Barretto em refutar a repercussão internacional do golpe era evidente:

---

91 Carta (em inglês) de John Hunt a Afrânio Coutinho, Paris, 11 maio 1964, em IACFR, Series II, Box 89, Folder 6. Os 30 mil dólares anuais de financiamento do CLC em 1964 equivaleriam a mais de 252 mil dólares em 2021, considerando que um dólar de 1964 corresponderia a 8,43 dólares em 2021. Ver em: https://www.dineroeneltiempo.com/dolar/de-1964-a-valor-presente. Acesso em: 2 abr. 2021.

92 Carta (em português) de Vicente Barretto a Mercier Vega, Rio de Janeiro, 20 abr. 1964, em IACFR, Series VI, Box 559, Folder 17.

[...] nunca vi tanta informação e interpretação errada do movimento revolucionário brasileiro. *Le Monde*, *L'Express*, *France-Soir* e *Le Figaro* caracterizaram a revolução como um *coup d'état*, o que significa diminuir e desconhecer o caráter revolucionário e popular do movimento.[93]

Portanto, para Barretto, acompanhando a posição de Coutinho, não houve um golpe, mas sim uma revolução, incompreendida no exterior. Em sua resposta, Mercier agradeceu pelas ponderações, mas afirmou que elas o convenceram apenas "muito parcialmente", não porque ele tivesse lido a imprensa francesa – a que não tinha acesso naquele momento, já que estava em missão no Chile, em meio a uma longa viagem pela América Latina a serviço do CLC – e sim porque "há hoje no Brasil um regime militar, provisório sem dúvida, mas cuja duração depende das próprias forças armadas".[94] Como se vê, o receio do experiente anarquista revelou-se profético.

Na carta seguinte, em meio a questões do dia a dia da revista, Barretto voltou a comentar a situação brasileira:

[...] o governo Goulart perdeu-se não somente na corrupção, mas principalmente na inépcia. O ex-presidente queria instalar no país um regime ditatorial, nos moldes justicialistas. O vazio doutrinário do justicialismo brasileiro fez com que procurasse muletas ideológicas: numa perna, o apoio comunista, na outra o peronismo. Daí a entrega de postos-chaves do governo aos comunistas.[95]

O ataque centrava-se no "justicialismo" que Goulart representaria, em referência expressa ao peronismo, tacitamente identificado como uma versão mais elaborada, emulada pelo trabalhismo varguista, cuja fraqueza ideológica levaria a buscar apoio também dos comunistas. O autoritarismo atribuído a Goulart seria rechaçado pelo caráter democrático das forças armadas:

As forças armadas, principalmente o Exército, têm uma importante função social. O Brasil é um país com poucas universidades, reduzido número de escolas técnicas, e não dando possibilidade a um jovem sem posição social, e que só tenha diploma do curso secundário. As classes armadas são naturalmente procuradas pelos filhos da pequena e média burguesia como solução econômica para seu futuro e uma forma de ascensão social. Uma

---

93 Idem.
94 Carta (em francês) de Mercier Vega a Vicente Barretto, Santiago do Chile, 25 abr. 1964, em IACFR, Series VI, Box 559, Folder 17.
95 Carta (em português) de Vicente Barretto a Mercier, Rio de Janeiro, 7 maio 1964, em IACFR, Series VI, Box 559, Folder 17.

O SEGREDO DAS SENHORAS AMERICANAS

classe armada com essas características, é naturalmente democrática, sendo muito sensível às reações populares. O grande erro do sr. João Goulart foi ignorar essa classe média.[96]

Era com essa classe média, supõe-se, que o autor se identificava. A carta prosseguia a argumentação: a sensibilidade dos militares à "crescente insatisfação popular" teria levado a que depusessem o presidente, instalando um governo revolucionário que tomaria "medidas radicais como a cassação de mandatos ou a suspensão de direitos políticos". Ficava subentendido o assentimento a essas medidas, considerando que o novo governo se teria definido e autolimitado "juridicamente através do Ato Institucional", que manteria vigente a Constituição de 1946, com poucas modificações, de modo a garantir as eleições presidenciais em outubro de 1965. Discordava assim de Mercier, que via o comando político nas mãos dos militares; para Barretto, "o regime instalado é por eles garantido como, aliás, determina a Constituição – mas não depende de sua vontade". Para respaldar o que dizia, anexou à carta o discurso de posse de Castello Branco, bem como "uma conferência do embaixador Lincoln Gordon dos EE.UU. sobre a revolução". Mostrava inequivocamente seu lado naquela conjuntura, que viria a mudar em parte sobretudo a partir da edição do Ato Institucional n.2, de outubro de 1965, que aboliria os partidos existentes e deixaria clara a intenção dos militares de permanecer no poder, dando razão aos temores de Mercier. O anarquista do CLC, por sinal, nunca se convenceu dos argumentos de Barretto.[97]

Alguns meses antes do golpe de 1964, Mercier estivera no Brasil. Ele escreveu a Hunt sobre a nova sede da revista em Ipanema e as atividades rotineiramente previstas. Comentava de passagem a popularidade de Lacerda no Rio de Janeiro e sua campanha para ser o próximo presidente da República, demonstrando alguma reserva em relação ao projeto do governador, dotado de "febre oratória". Não mencionou ter notado ambiente de golpe e disse que se encontrou com o chileno Aníbal Pinto, diretor do escritório da Cepal, a quem falou sobre um projeto de seminário em Montevidéu sobre "a formação das elites", pelo qual Pinto teria demonstrado interesse, com disposição a participar. Ou seja, Mercier demonstrava ter afinidade com projetos reformistas como o da Cepal, sem nada dizer sobre o governo Goulart.[98]

---

96 Idem.
97 Carta (em francês) de Mercier Vega a Vicente Barretto, Caracas, 19 maio 1964, em IACFR, Series VI, Box 559, Folder 17.
98 Carta (em francês) de Mercier Vega a John Hunt, Santiago do Chile, 19 dez. 1963, em IACFR, Series II, Box 236, Folder 5.

Apesar das discordâncias, as ponderações de Hunt devem ter ecoado em Coutinho e as de Mercier influenciado Barretto, a julgar pelo breve editorial que este escreveu para o primeiro número de *Cadernos Brasileiros* depois do golpe de 1964.[99] O texto colocou os brasileiros em melhor sintonia com o comando internacional e recebeu um elogio de Mercier: "o pequeno editorial sobre o direito à heresia vem muito a propósito".[100] Como se viu, a correspondência trocada com os dirigentes estrangeiros atestava que os diretores nacionais apoiavam a "revolução" de 1964 com fervor logo depois do golpe, fervor entretanto nunca manifestado explicitamente nas páginas de *Cadernos Brasileiros*. A imagem pública da revista ficou sendo aquela expressa no editorial – recurso pouco frequente nos *Cadernos Brasileiros*, que em geral saíam sem qualquer manifestação dos editores. O texto respaldava implicitamente o movimento de 1964, mas alertava com sutileza para o risco de perseguição aos intelectuais e de manutenção dos militares no poder, harmonizando a seu modo as posições dos dirigentes brasileiros e estrangeiros.

Esse editorial permite afirmar que, desde o primeiro momento, a revista teve uma relação pelo menos ambígua com os donos do poder. Evidenciava que houve apoio de *Cadernos Brasileiros* ao golpe, mas também cautela e receio diante dos rumos que o movimento começava a tomar. O texto pode ser interpretado como manifestação contra o risco de perpetuação dos militares no governo. De acordo com depoimento recente de Barretto, tratou-se da "primeira revista que se posiciona face o golpe de uma forma analítica e crítica". Entretanto, o editorial expressava também a aprovação ao que chamava de revolução. Atualmente, o editor considera que, em 1964, houve um "movimento contra um processo... não diria de comunização, mas de anarquia que tomava conta do Brasil. E o movimento num primeiro momento nos pareceu [...] que, pelo menos, podia equilibrar um pouco o país. Mas logo nós percebemos que o negócio não era bem assim" (Barretto, 2016).

O chefe de redação de *Cadernos Brasileiros* em 1964, Luiz Orlando Carneiro, lembrou-se claramente do apoio ao golpe a partir de seu emprego principal no *Jornal do Brasil*. Como jornalista, testemunhou a polarização política na própria sede do jornal na avenida Rio Branco, que

[...] foi tomada pelo almirante Aragão nas vésperas do golpe militar, do movimento militar – que nome queiram dar –, naquela época o *Jornal do Brasil* chamava de movimento

---

99 "Direito à heresia", *Cadernos Brasileiros*, n.24, p.4, maio-jun. 1964.
100 Carta (em francês) de Mercier Vega a Vicente Barretto, México, 30 jul. 1964, em IACFR, Series VI, Box 559, Folder 17.

O SEGREDO DAS SENHORAS AMERICANAS

militar que tinha o apoio grande da classe média e o apoio popular. Você imagina o *Jornal do Brasil* ser tomado por fuzileiros navais, eu me lembro da condessa saindo, todo mundo indo embora, e não tinha mais pra onde ir. [...] Ninguém fala disso. (Carneiro, 2017).

Ou seja, ele se sentiu ameaçado como jornalista pela ação do chamado Almirante Vermelho, que levou até a dona do jornal a deixar sua sede antes do golpe, atestando um clima político em que as forças contrárias a Goulart se sentiam ameaçadas pelo governo, e este pelas críticas que sofria da imprensa considerada de direita: "aquela briga de foice, a chamada Guerra Fria, não tinha nada de frio" (Carneiro, 2017). Intimidação semelhante era sentida em *Cadernos Brasileiros*. Poucas horas antes do início do golpe, Vicente Barreto escrevia que a revista vinha sofrendo havia dois meses uma campanha do jornal governista *Última Hora*, supostamente dirigida pelos comunistas, que a acusavam de ser "agente do imperialismo ianque" e "financiada pelo dólar". Os ataques sofridos comprovariam sua qualidade e influência nos meios intelectuais, segundo Barretto.[101]

Luiz Orlando lembrou-se de "Osvaldo Pacheco, que era o líder daquilo que na época era o CGT, Comando Geral dos Trabalhadores, na escada do Palácio do Itamaraty lá no Rio, dizendo assim, fazendo discurso: 'Nós vamos tomar esse palácio!', aquele negócio todo, e o troço foi crescendo". Segundo ele, "o *Jornal do Brasil* defendia sim a queda do Jango", porque ele estaria levando "o país para a bancarrota e naquela linha fidelista, [...] que era marxista, claro". Declarou que se sentia confortável, "porque a minha posição era a posição do jornal em que eu trabalhava" (Carneiro, 2017).

Essa posição mudaria junto com a do jornal, de *Cadernos Brasileiros*, de Lacerda e de outras forças liberais que apoiaram o golpe e se decepcionaram ao perceber que o poder não seria devolvido aos civis, o que ficou claro especialmente após a edição do AI-5 em dezembro de 1968, que "foi mortal, aí começou a ditadura pra valer. A gente teve censura dentro do jornal, que era uma coisa horrível você estar lá com os caras e tal" (Carneiro, 2017).

No círculo mais ampliado de simpatizantes do CLC no Brasil, eis, por exemplo, a opinião de Erico Verissimo em privado, expressiva do que pensavam muitos deles em 1965, simpáticos ao governo Castello Branco, mas críticos das restrições às liberdades democráticas:

---

101 Carta (em português) de Vicente Barretto a Mercier Vega, Rio de Janeiro, 31 mar. 1964, em IACFR, Series VI, Box 559, Folder 17.

Continuo confiando no nosso Castelinho, que tive o prazer de conhecer em Poços de Caldas, quando coronel. Mas às vezes acontecem coisas que me revoltam e eu tenho de soltar um protesto, muito embora sabendo – e como! – que já estaríamos todos mortos e enterrados se o Brizola tivesse ganho a parada.[102]

Era uma opinião compatível com a de *Cadernos Brasileiros*. Logo após o golpe, o editorial pelo "direito à heresia" afirmava que havia, simultaneamente, esperança e apreensão a partir das "declarações dos principais chefes do movimento revolucionário de 31 de março". As esperanças estariam nas reformas políticas, econômicas e sociais prometidas, as quais "num clima racional [...] unem os intelectuais brasileiros". A preocupação viria do risco de tomar "a simples ideologia como subversão", atingindo a *intelligentsia*, com a apreensão de livros, prisões e afastamento da vida pública de intelectuais, sem comprovar sua "ação subversiva".

Ou seja, posicionava-se contra os excessos policiais do regime, que atingiam os intelectuais, e conclamava os novos governantes a assegurar até mesmo o direito à heresia, que estivera ameaçado pelo governo Goulart e deveria ser assegurado pelo movimento de 1964. O autor citava discurso de Castello Branco, para quem "o anticomunismo da revolução admite 'que a evolução política e social do Brasil deve incorporar também ideias e propósitos da esquerda democrática'". Incorporação essa que era afinada com a ideologia do CLC, que se pretendia ao mesmo tempo anticomunista e progressista. O editorial considerava o "caráter anticomunista da revolução" como "consequência aliás dela ser verdadeiramente democrática", mas constatava que "a inquietude ameaça espalhar-se nos meios intelectuais".

De fato, a ameaça efetivou-se, como se pode constatar pela difusão do termo "terrorismo cultural", cunhado inicialmente por Alceu Amoroso Lima em julho de 1964, e logo encampado pelo conjunto da esquerda intelectual, como já comentou Rodrigo Czajka (2009, p.214). O pensador católico expressava um clima de insatisfação que não tardaria a contagiar *Cadernos Brasileiros*. O mesmo Amoroso Lima, lembre-se, estivera no ato de fundação da Associação Brasileira do Congresso pela Liberdade da Cultura, em 1958.

Ao reivindicar o direito à heresia, o editorial incorporava a influência de Sidney Hook, um dos principais autores do CLC e presidente do Comitê Execu-

---

102 Carta de Erico Verissimo ao amigo Luderites, Porto Alegre, 28 mar. 1965, em Acervo Literário Erico Verissimo, Instituto Moreira Salles, Rio de Janeiro. Grato a Mariana Chaguri por indicar esse documento e outro referido adiante sobre o mesmo autor, que ela analisou na tese de doutorado (Chaguri, 2012).

tivo do Congresso Americano pela Liberdade da Cultura. O ex-comunista Hook era discípulo do filósofo liberal John Dewey, que ficou célebre nos meios de esquerda por presidir o processo da comissão internacional que julgou e absolveu Trótski em tribunal informal quando o revolucionário russo já estava no exílio. Em 1953, Hook publicara o livro *Heresy, Yes, Conspiracy, No*. Para ele, como sugere o título da obra, a ordem democrática deveria permitir as heresias do pensamento de esquerda, até mesmo marxista, pois o livre debate de ideias seria indispensável à democracia, considerando a liberdade acadêmica como um fundamento da autoridade. Mas não se poderia admitir a conspiração do movimento comunista internacional, que atuaria para destruir a democracia. Hook propunha uma luta anticomunista liberal, crítica do anticomunismo primário que confundiria heresia com conspiração – caso do macarthismo nos Estados Unidos dos anos 1950 –, mas também contrária ao neutralismo na Guerra Fria, pois a equidistância supostamente progressista toleraria a conspiração como se fosse heresia, subestimando a subversão comunista e a propaganda soviética (Hook, 1953; Grémion, 1995, p.133-4). No editorial de *Cadernos Brasileiros* logo após o golpe, aparecia claramente a defesa da heresia por parte da *intelligentsia*, mas também a necessidade do combate à conspiração para afirmar a democracia brasileira. Admirador de Sidney Hook, Vicente Barretto foi responsável por providenciar a edição em português de sua obra *O comunismo mundial* (Hook, 1964), como contou em carta.[103]

Sintetizando, em 1964, ainda que a revista *Cadernos Brasileiros* estivesse mais aberta do que fora no tempo de Baciu, seus intelectuais não se deixaram seduzir por ideias críticas, antes apoiaram o golpe, com a ressalva de que deveria garantir o retorno à normalidade democrática e o direito dos intelectuais à heresia. Nos anos seguintes, ao constatar que essa ressalva não foi contemplada, passariam a questionar aspectos do regime militar estabelecido.

Antes disso, prosseguia a tentativa de ampliar a inserção da revista nos meios intelectuais. Por exemplo, Décio de Almeida Prado, Anatol Rosenfeld e Candido Mendes de Almeida estiveram entre os dezenove debatedores do I Congresso de *Cadernos Brasileiros*, em 2 e 3 de outubro de 1964, cujas mesas trataram de cinco temas: universidade, literatura, imprensa, artes e teatro. Isso indica que esses autores não eram arredios à revista, mas nunca escreveram para ela, sinal de que a almejada aproximação com eles não prosperou. Outro intelectual presente que não publicou na revista, mas viria a dar uma aula em

---

103 Carta (em inglês) de Vicente Barretto a John Hunt, Rio de Janeiro, 20 ago. 1963, em IACFR, Series II, Box 89, Folder 5.

curso promovido pelo Ilari em 1968, foi Luiz Costa Lima. Estiveram ainda no Congresso autores que escreveram artigos esporadicamente, como José Guilherme Merquior, Eduardo Portella, João Bethencourt, Vamireh Chacon e Ruy Costa Duarte, além de outros participantes mais frequentes, caso de Luiz Alberto Bahia e Leo Gilson Ribeiro. E ainda, é claro, os dirigentes Coutinho, Barretto e Luiz Orlando Carneiro. Também participou Célio Borja, jovem professor de Direito, político da UDN muito ligado ao governador Carlos Lacerda naquela época. Borja, originário do movimento estudantil católico anticomunista, era amigo de Carneiro e Barretto. A composição das mesas mostrava a intenção de pluralidade da revista, aberta a eventuais heresias.

O comando internacional do CLC subscreveria sem problema o editorial pelo direito à heresia, mais afinado com sua orientação após a troca de correspondência, como atesta o elogio já referido de Mercier, paralelo ao de Hunt.[104] Contudo, há indícios de que não havia plena confiança nos correspondentes brasileiros. Por exemplo, na mesma carta em que sugeria a ajuda por fim negada a Furtado, John Hunt também anunciava a visita do jornalista francês David Rousset ao Brasil para conhecer bem a situação e poder informar melhor "a opinião intelectual francesa".[105] Estavam implícitos tanto a desconfiança com os locais como o receio com os desdobramentos que eventual omissão do CLC diante das arbitrariedades do regime contra os intelectuais poderia causar nos meios culturais internacionais próximos da entidade. As cartas de Hunt permitem supor que ele estava preocupado com as repercussões no exterior da perseguição a Furtado e outros intelectuais, talvez mais do que com a perseguição propriamente dita.

A visita de Rousset transcorreria conforme o previsto, como atesta uma carta de Barretto a Hunt, relatando a missão e os contatos do jornalista francês com "autoridades, funcionários e intelectuais com diferentes opiniões".[106] O próprio Hunt visitou o Brasil em novembro de 1964, sempre num clima de cordialidade com os dirigentes locais, pelo que se detecta na correspondência.[107]

---

104 Carta (em inglês) de John Hunt a Vicente Barretto, Paris, 1º jul. 1964, em IACFR, Series II, Box 89, Folder 6.

105 Carta (em inglês) de John Hunt a Afrânio Coutinho, Paris, 15 maio 1964, em IACFR, Series II, Box 89, Folder 6.

106 Carta (em inglês) de Vicente Barretto a John Hunt, Rio de Janeiro, 29 maio 1964, em IACFR, Series II, Box 89, Folder 6.

107 Carta (em inglês) de John Hunt a Vicente Barretto, agradecendo pela acolhida durante a visita, Paris, 4 dez. 1964, em IACFR, Series II, Box 89, Folder 6.

David Rousset – jornalista francês judeu que fora trotskista, preso durante a Segunda Guerra Mundial, autor do clássico *O universo concentracionário* sobre os campos nazistas, que depois se aproximou do gaullismo e denunciava também o "totalitarismo soviético" – foi recebido por Vicente Barretto. Entrevistaram juntos, por exemplo, Arthur da Costa e Silva, então ministro da Guerra, que os recebeu devido ao prestígio do francês. Este teria ficado tão descontente com a conversa e o autoritarismo do general que descontou a raiva na maçaneta do carro de Vicente Barretto, que ele quebrou pelo excesso de força ao tentar abrir a porta do fusca, conforme lembrança de Barretto (2016). Não obstante, Rousset escreveu artigos para a revista *Preuves* e o jornal *Le Figaro*, além de *Cadernos Brasileiros*, em que contemporizaria com o novo regime, aderindo ao "princípio da modernização pelo desenvolvimento", em detrimento do princípio da liberdade, nos termos de Elizabeth Cancelli (2017, p.100).

Para o público francês, leitor de *Le Figaro*, o jornalista contou que ficou impressionado na entrevista com o presidente Castello Branco, que lhe pareceu um verdadeiro estadista, disposto a respeitar o Congresso Nacional. Segundo ele, seria preciso reavaliar a impressão inicial negativa após a "queda de Goulart" – não usou o termo golpe –, pois o novo governo parecia ser de uma "novidade incrível" (*étonnante nouveauté*), como constatou nas seis semanas em que esteve no Rio de Janeiro e viajou por São Paulo, Minas Gerais e Nordeste, tendo conversado com "a maior parte dos chefes militares". Teria encontrado "cabeças notáveis" (*têtes remarquables*) e "lúcidas" na Escola Superior de Guerra. O "verdadeiro cérebro da atual revolução" seria o grupo conhecido como *Sorbonne*, responsável por um projeto elaborado durante dez ou quinze anos, com a capacidade que faltaria aos políticos para formular um programa. Mencionou entre eles o general Golbery, único citado pelo nome. Registrou, mas minimizou, a repressão aos intelectuais, alguns dos quais supostamente estariam dispostos a apoiar o regime caso fizesse reformas, que Castello disse ao francês querer realizar, como a agrária, e até uma experiência de voto optativo aos analfabetos em âmbito municipal. O general presidente garantiu ao jornalista que a intervenção militar foi feita "no quadro das instituições" para "apoiar o movimento popular", em defesa da legalidade contra um governo subversivo.

Rousset dizia não saber ao certo qual teria sido o apoio dos Estados Unidos para a queda de Goulart, mas estava convencido de que sua importância foi secundária, pois "o Deus Ex Machina é o Brasil". Ou seja, fatores internos teriam sido determinantes do processo político. O "golpe" – agora ele usava o termo – adviria de certa decomposição do Estado, particularmente das forças armadas, e da desagregação da sociedade brasileira, bem como da paralisia do poder que levaram forças bem distintas a se juntarem contra o governo. Entretanto, a situação não se deveria à ação dos comunistas, bem minoritários na sociedade. Constatava que eles estavam divididos, não tinham bases populares suficientes e eram mais moderados que Brizola e a esquerda cristã. Constatava que a esquerda não comunista fora o principal alvo da repressão. A chamada esquerda negativa, especialmente a comandada por Brizola, corresponderia a uma radicalização da pequena burguesia intelectual. Concluía pela inexistência do perigo comunista, embora parte da população e a maioria dos oficiais militares acreditassem nisso. Terminava a matéria – que saiu com destaque em duas edições consecutivas de *Le Figaro* no fim de julho de 1964 – apostando na capacidade reformista dos militares do "grupo da *Sorbonne*", que teria de fato o poder. Estava convencido de que eles buscariam se aproximar da esquerda, afirmação surpreendente que talvez possa ser interpretada como a crença na capacidade de fazer reformas que o governo deposto não realizou para "assegurar o desenvolvimento" do Brasil, visto como parte das "regiões do mundo em via de industrialização" (Rousset, 1964).

O teor da matéria leva a crer que não foi sem fundamento que os anfitriões brasileiros afirmaram ter conseguido influir na visão do visitante. Segundo Vicente Barretto, "Rousset tem conversado com homens de Estado, oficiais e intelectuais com diferentes opiniões. Creio que sua perspectiva dos acontecimentos brasileiros é agora diferente daquela expressa por Daniel Garric em *Le Figaro*, ou no *Le Monde*".[108] Na mesma direção apontava Luiz Orlando Carneiro, elogiando Rousset, cujas opiniões expressariam "uma compreensão séria e imparcial dos problemas de nosso país", que estariam afinadas com a dos editorialistas e diretores do *Jornal do Brasil* com os quais conversou por iniciativa do jornalista brasileiro. Carneiro mencionou na carta também a conferência de Rousset sobre o panorama internacional a "intelectuais de todas as tendências" reunidos por *Cadernos Brasileiros*, seguida de "debates nos quais falaram Mario Pedrosa, Barretto Leite Filho, Candido Mendes de Almeida e mais outras pessoas".[109]

O envio de Rousset ao Rio de Janeiro não seria a única ação do CLC internacional naquele contexto. Era comum enviar visitantes do exterior para fazer contatos e um balanço da situação. Por exemplo, o escritor argentino H. A. Murena

---

108 Carta (em inglês) de Vicente Barretto a John Hunt, Rio de Janeiro, 29 maio 1964, em IACFR, Series II, Box 89, Folder 6.

109 Carta (em francês) de Luiz Orlando Carneiro a René Tavernier, Rio de Janeiro, 26 jun. 1964, em IACFR, Series II, Box 89, Folder 6.

O SEGREDO DAS SENHORAS AMERICANAS   131

visitou o Rio de Janeiro de 1º a 9 de novembro de 1965, depois fez um balanço da viagem em relatório ao Congresso.[110] Reclamava da pouca receptividade local para difundir sua obra, que interpretava como uma "indiferença pelos contatos com o exterior que prefigura o isolacionismo geral do país, que seria preciso corrigir". Mas elogiava a disposição de colocá-lo em contato com artistas, intelectuais e "até funcionários do governo interessados pela cultura e sua difusão", o que lhe teria aberto possibilidades de colaboração e proporcionado também uma ideia razoável da situação brasileira. Elogiou a Galeria Goeldi e a revista *Cadernos Brasileiros*. Criticou "o silêncio observado pela representação brasileira diante dos atos de censura e dos ataques aos autores e editores" por parte do governo. Disse que Barretto se justificou, afirmando que "se o Congresso se pronunciasse, o governo colocaria fim a suas atividades". Mesmo assim, Murena considerou que se podia fazer mais sobretudo quanto à questão da censura.[111]

Uma iniciativa de investigar o estado da liberdade de educação no Brasil – que documentou vários casos de perseguição, demissão e cassação de professores universitários e outros intelectuais, vítimas de vários tipos de arbitrariedade – partiu de John Hunt e de setores do CLC internacional, não de seus correspondentes brasileiros. Os prestigiosos membros do Comitê de Ciência e Liberdade, Edward Shils e Robert Oppenheimer, além de Mario Samamé Boggio, reitor de Universidade em Lima, "com ajuda de Louis Mercier, recentemente fizeram investigações sobre a situação dos intelectuais no Brasil após a revolução". Oppenheimer entregou o relatório ao ministro das Relações Exteriores brasileiro em visita a Washington, acompanhado de uma carta endereçada ao presidente Castello Branco.[112] O governo alegaria que o relatório do CLC era ingênuo e impreciso, faria parte da campanha de desinformação.[113] Segundo Mercier, de fato o relatório Samamé era superficial, facilitando a resposta do governo, entretanto seria preciso enxergar "além dessa luta de esgrima e se interessar pelos problemas fundamentais" da vida universitária e intelectual, numa clara sugestão aos brasileiros.[114]

---

110 IACFR, Series II, Box 215, Folder 10.

111 Idem.

112 Carta (em inglês) de John Hunt a Afrânio Coutinho, Paris, 25 jan. 1965, em IACFR, Series II, Box 89, Folder 7.

113 Carta (em inglês) de Vicente Barretto a John Hunt, Rio de Janeiro, 11 mar. 1965, em IACFR, Series II, Box 89, Folder 7.

114 Carta (em francês) de Mercier Vega a Vicente Barretto, Paris, 19 mar. 1965, em IACFR, Series II, Box 89, Folder 7.

Patrick Iber usou esse exemplo – que envolveria certa omissão dos dirigentes locais do CLC – para argumentar que Coutinho venceu a queda de braço com Hunt. O funcionário da CIA teria sido incapaz de convencer o diretor brasileiro a assumir um plano de ação mais liberal (Iber, 2015, p.185). Entretanto, a divergência deve ser matizada, pois o editorial de *Cadernos Brasileiros* já apontara para a defesa das heresias da *intelligentsia*; além disso, intelectuais destacados do CLC como Rousset e Aron visitavam o país e escreviam a respeito, sem contar Hunt e Mercier, que se tornaram mais flexíveis do que antes em relação ao governo. Inteiravam-se dos pontos de vista de seus apoiadores locais, e estes levavam em consideração as sugestões estrangeiras, de modo que suas perspectivas foram convergindo, como evidenciaria a crítica construtiva ao militarismo em 1966.

CRÍTICA AO MILITARISMO: MOMENTO DE ABERTURA À ESQUERDA, 1966-1968

Apesar de certa divergência detectada na correspondência entre dirigentes nacionais e estrangeiros do CLC, havia também um pacto implícito entre eles: a revista *Cadernos Brasileiros* reproduzia a ideologia internacional, mas seria relativamente autônoma para decidir sobre como adequá-la a assuntos internos. Seus dirigentes negociavam e tentavam convencer o comando no exterior de suas posições, fazendo também concessões, como a promessa de publicação de um dossiê sobre militares que fora sugerido pelo CLC de Paris, mas só foi levado adiante quando os interesses internos se aproximaram mais dos internacionais.

Esse dossiê, do último número de 1966,[115] expressou a convergência local com a sede em Paris, mas acabou afetando a afinidade de setores militares com a revista. Constituiu-se, por isso, num *turning point* na história do periódico, segundo me declarou Barretto, organizador do dossiê. Ele contou também que, embora não tivesse proximidade com Golbery, recebeu um telefonema dele na sede da revista assim que o número saiu:

> Ele diz: "vocês não estão defendendo aquilo que devem defender e atacar aquilo que devem atacar". Eu digo: "é general, mas é isso aí". E ele: "então vocês se cuidem, tá?". [...] Golbery nunca mais nos procurou, não tínhamos força nenhuma, não tinha com o que se preocupar. (Barretto, 2016)

---

115 Todos os dezenove artigos e resenhas desse número versaram sobre o tema dos militares, de diversos pontos de vista. *Cadernos Brasileiros*, Rio de Janeiro, ano 8, n.6, nov.-dez. 1966.

Capa de *Cadernos Brasileiros*, Rio de Janeiro, ano 8, n.6, nov.-dez. 1966.

Talvez não tenha havido novo contato pessoal com o general Golbery, mas, por ocasião do lançamento de seu livro *Geopolítica do Brasil*, publicado em 1967 pela editora José Olympio, Mercier encaminhou a obra para eventual tradução em Paris, por sugestão de Barretto. Depois pediu ao brasileiro para indicar um crítico para escrever em *Aportes* sobre a obra editada em português.[116] Logo Barretto respondeu que Fernando Pedreira se dispunha a fazer a resenha mediante pagamento.[117] Isso atesta, senão concordância ou afinidade com o general, ao menos respeito por ele e interesse em debater suas ideias, como o próprio Barretto faria criticamente no artigo "O Brasil e o Terceiro Mundo ou a missão frustrada", na edição de janeiro-fevereiro de 1968. Pedreira, personagem do capítulo anterior, naquela altura já deixara o PCB fazia tempo, e acabaria por não escrever a resenha, finalmente preparada como um longo artigo por Oliveiros Ferreira, professor universitário e secretário de redação de *O Estado de S. Paulo*, com o título "La geopolítica y el Ejército brasileño" (*Aportes*, n.12, p.111-32, abr. 1969).

---

116 Cartas de Mercier Vega a Vicente Barretto, Paris, 25 jul. e 27 dez. 1967, em IACFR, Series VI, Box 560, Folder 2.
117 Carta de Vicente Barretto a Mercier Vega, Rio de Janeiro, 1º fev. 1968. *Aportes* se dispunha a pagar de 100 a 200 dólares, dependendo da extensão do texto, conforme carta de Mercier Vega a Vicente Barretto, Paris, 19 fev. 1968. A difusão do livro surgiu em outras mensagens, como uma carta de Mercier a Coutinho de 17 abr. 1968, em IACFR, Series VI, Box 560, Folder 3

Não há indicadores de participação orgânica de militares em *Cadernos Brasileiros*, embora alguns deles tenham publicado artigos sobretudo em seu início, revelando afinidade ideológica. Stefan Baciu contou nas memórias que fez amizade com vários oficiais, como os então coronéis Golbery e Meira Matos, abrindo as portas da revista para eles, que tinham boas relações com setores da intelectualidade civil, tanto que teria sido Cassiano Ricardo quem recomendou Meira Matos a Baciu. O romeno conhecera também o general Umberto Peregrino quando ainda era major, no governo Dutra, e desenvolveu "excelentes relações" com ele (Baciu, 1982, p.112). Entretanto, Peregrino só viria a colaborar com *Cadernos Brasileiros* quando Baciu já não era editor, atestando que a nova administração continuou a cultivar boas relações com a caserna. O general era estudioso do folclore e foi diretor da Biblioteca do Exército na segunda metade dos anos 1950. Escreveu sobre "O pensamento da Escola Superior de Guerra" no dossiê de *Cadernos Brasileiros* sobre os militares de novembro de 1966, em que falava da necessidade da "moderna concepção da segurança nacional". Ela envolveria o encontro de elites militares e civis para o conhecimento dos grandes problemas nacionais, com "a intransigente subordinação das atividades básicas da Nação aos interesses da sua segurança", indispensável para o desenvolvimento (p.29). Esse artigo marcava posição afinada com o governo num conjunto majoritariamente crítico a ele.

O dossiê – que marcou o afastamento dos militares, mas nem por isso foi censurado pelo regime – começava com um breve editorial de Afrânio Coutinho. Ele apresentava o número da revista como resultado do trabalho de "um grupo de sociólogos, pesquisadores e historiadores que estudam o tema em seus variados e complexos aspectos" (p.2). Como de hábito, a publicação propunha neutralidade científica ao debate, reivindicando estar acima das ideologias. Apontavam nessa mesma direção as palavras do organizador do volume em carta escrita enquanto preparava o material, buscando "dar tal equilíbrio ao dossiê, que o governo não possa dizer que a revista é subversiva e, ao mesmo tempo, ele não vai ajudar os interesses da oposição".[118]

O dossiê era composto por vários artigos, resenhas de livros e outros textos, com a contribuição de dezenove autores, entre os quais Sobral Pinto, Marcílio Marques Moreira e Wanderley Guilherme dos Santos, num arco abrangente de diversos pontos de vista. O tom da maioria dos textos acompanhava o artigo de Barretto, intitulado "A presença militarista", que definia o militarismo "politi-

---

118 Carta (em inglês) de Vicente Barretto a John Hunt, Rio de Janeiro, 30 jun. 1966, em IACFR, Series II, Box 89, Folder 8.

camente como o predomínio dos militares no Governo; socialmente é o domínio de critérios e valores militares em uma nação; culturalmente surge como o espírito e as atitudes mentais dos militares, transferidos para a vida intelectual" (p.4).

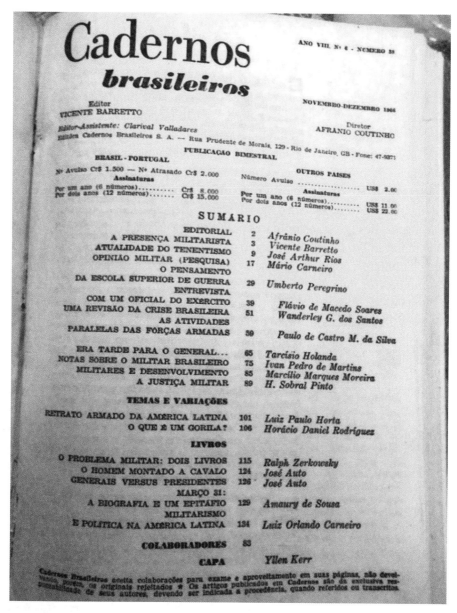

Sumário de *Cadernos Brasileiros*, Rio de Janeiro, ano 8, n.6, nov.-dez. 1966, edição dedicada a debater o militarismo.

O escrito de Barretto constatava que houve intervenção militar na política em treze países da América Latina, de 1955 a 1966. A seguir, desenvolvia considerações sobre o militarismo, remontando a vários períodos históricos, mas tendo como foco o que se passava no Brasil (p.3-7). Citava cuidadosamente uma série de autores, inclusive militares que estavam no governo, para apontar os riscos do militarismo, concluindo que poderia "descambar no tumulto, no terror" (p.7). Tomava a cautela de não atacar as forças armadas, esclarecendo que o militarismo seria uma "deformação da mentalidade militar", envolvendo "a crença numa sociedade fechada, onde as divergências e inquietudes sociais são resolvidas pela força" (p.4). Talvez por isso, não mencionava explicitamente o então recém-editado Ato Institucional n.2, evitando aproximar-se demasiadamente da conjuntura, mas o pano de fundo era evidente, pois o AI-2 implicava a manutenção dos militares no governo, que assim se distanciava de setores civis que o apoiaram. Foi o caso do ex-governador Carlos Lacerda, inconformado com o fim das eleições diretas para a Presidência da República, que pretendia vencer. Ele se afastou dos governos militares para ajudar a criar a Frente Ampla de oposição em novembro de 1966, o mesmo mês do número de *Cadernos Brasileiros* sobre os militares, embora não haja evidência de conexão entre os dois fatos, a não ser o descontentamento comum com o militarismo crescente.

Numa carta, Barretto observava que o número da revista acerca dos militares fazia grande sucesso apesar da "cortina de silêncio" supostamente orquestrada pelos comunistas, que entretanto "não podem discordar do que aí está e, evidentemente, não querem facilitar a promoção na imprensa da revista".[119] Essas palavras mostram que os comunistas continuavam a ser vistos como inimigos e sabotadores da difusão da revista, mas na prática tinham visão próxima de ordem negativa em relação à permanência dos militares no governo. Parecer que naquele momento também era compartilhado por Carlos Lacerda. Orgulhoso, Barretto escreveu uma carta a Mercier só para anexar um recorte com a capa do jornal *Tribuna da Imprensa* com matéria do ex-governador que fazia "uma longa referência ao meu artigo em *Cadernos*" sobre o militarismo.[120]

O mesmo Barretto, que, ao resumir as atividades de 1964 no Brasil, vangloriara-se do elogio que a revista recebeu do presidente Castello Branco,[121] agora

---

119 Carta (em português) de Vicente Barretto a Mercier Vega, Rio de Janeiro, 20 dez. 1966, em IACFR, Series VI, Box 557, Folder 8.

120 Carta (em português) de Vicente Barretto a Mercier Vega, Rio de Janeiro, 21 dez. 1966, em IACFR, Series VI, Box 557, Folder 8.

121 Resumo das atividades do CLC no Brasil até 1964, em IACFR, Series VI, Box 559, Folder 17.

O SEGREDO DAS SENHORAS AMERICANAS

se regozijava ao constatar a reação contrária do presidente diante do número da revista sobre os militares, expressa de forma indireta numa palestra na Escola Superior de Guerra, cuja transcrição anexava para conhecimento de Hunt.[122] É um exemplo da virada relativa de posição de alguns liberais que haviam apoiado o golpe de 1964.

O artigo de Barretto finalmente atendia à expectativa de Hunt e da direção do CLC de tomar uma posição mais crítica em relação aos militares, tanto que foi reproduzido por *Mundo Nuevo*, que também publicou na mesma edição de 1967 o texto "A opinião militar", de Mário Afonso Carneiro, originalmente preparado para o dossiê de *Cadernos Brasileiros*, assim como o artigo sobre "a crise brasileira" de Wanderley Guilherme dos Santos.[123] Era uma recompensa e tanto, pois poucas contribuições de brasileiros tiveram espaço nas revistas internacionais da rede do CLC. Mário Carneiro, um pesquisador ligado a setores católicos progressistas, foi na época encarregado da tentativa pouco exitosa de organizar grupos de estudo da Associação Brasileira do CLC em âmbito nacional.[124] Agastado, ele pediria para se afastar das atividades a partir de 1967. Mas continuou a colaborar, como atestam algumas cartas posteriores arquivadas.[125]

Os diretores chegaram a temer por uma reação do governo, como revelava de passagem uma carta de Barretto a Mercier. Ele terminava o texto observando que acabara de regressar de Recife, onde a situação "continua tensa", razão pela qual "o número dos *MILITARES* em virtude dessa situação somente agora está sendo distribuído no Recife" (grifos do autor). E concluía: "Até agora, as autoridades militares não reagiram, só espero que assim continuem".[126] De fato, além do mencionado telefonema de Golbery, não houve consequências maiores, mas a carta mostrava o receio de que pudessem ter ocorrido. A edição do dossiê bateu recorde de tiragem, 6 mil, dado o apelo do tema dos militares, mas teve

---

122 Carta (em inglês) de Vicente Barretto a John Hunt, Rio de Janeiro, 23 dez. 1966, em IACFR, Series VI, Box 560, Folder 1.

123 *Mundo Nuevo*, n.15, set. 1967. Essa revista deu chamada de capa, com o título "Os militares no Brasil", ao dossiê que incluía também dois artigos de estrangeiros, Elena de la Souchère e Jean-Jacques Faust.

124 Ver, por exemplo, a carta de Mário Afonso Carneiro a Mercier Vega, Rio de Janeiro, 24 set. 1965, em IACFR, Series VI, Box 559, Folder 18. Na longa mensagem, o intelectual brasileiro falava de viagens para inserir a revista e criar grupos de estudo no Brasil, mencionava conversa com o general Bizarria Mamede em Belém, contando ainda que Manuel Bandeira era amigo da família e prometeu poema para a revista.

125 Carta (em português) de Mário Carneiro a Mercier Vega, Rio de Janeiro, 31 out. 1966, em IACFR, Series VI, Box 560, Folder 1.

126 Carta (em português) de Vicente Barretto a Mercier Vega, Rio de Janeiro, 17 fev. 1967, em IACFR, Series VI, Box 560, Folder 2.

uma vendagem mais modesta do que se pretendia: 2.080 exemplares em vendas avulsas, 628 por assinatura, 500 cópias de cortesia e uma devolução de 2.164, provavelmente restando 628 em consignação. A performance era ligeiramente mais modesta que a dos três números anteriores, em todo caso acima das vendagens nos anos anteriores, mostrando certa expansão de mercado da revista em 1966.[127]

A falta de reação militar mais significativa em parte se explica porque a força e a difusão do periódico eram relativamente restritas, e as pontes entre membros da revista e o regime seguiriam existindo. Por exemplo, numa carta a Mercier, Barretto anexava "o Plano Cultural do Governo Costa e Silva apresentado por uma comissão da qual fazem parte o nosso Afrânio Coutinho e outros colaboradores de *Cadernos Brasileiros*".[128] Era o acadêmico baiano quem cultivava as melhores relações nos círculos de poder, chegando até a pleitear cargos. Coutinho revelou, por exemplo, numa carta de março de 1967, que seu nome estava cotado para compor o Conselho Federal de Cultura, mas foi vetado pelo presidente Castello Branco, fato que atribuía ao número de *Cadernos Brasileiros* sobre os militares. Aproveitava para pedir a John Hunt um financiamento para fazer contatos e visitar o México, já que estava relativamente próximo, trabalhando em Nova York como professor visitante na Universidade Columbia. Festejava o fim próximo do governo Castello Branco, do qual se distanciara.[129] Já apostava suas fichas no sucessor, com quem colaborara na organização do plano cultural. Mas a revista não ficaria sem ninguém no Conselho Federal de Cultura, com a indicação de Clarival Valladares, o que atestava que o número sobre os militares não foi considerado tão grave pelo governo.[130]

---

127 Dados de circulação de *Cadernos Brasileiros* em 1966. Carta (em francês) de John Hunt a Mercier Vega, Paris, 28 mar. 1967, em IACFR, Series VI, Box 557, Folder 1.

128 Carta (em português) de Vicente Barretto a Mercier Vega, Rio de Janeiro, 27 fev. 1967, em IACFR, Series II, Box 560, Folder 2.

129 Carta (em inglês, manuscrita) de Afrânio Coutinho a John Hunt, Nova York, 13 mar. 1967, em IACFR, Series II, Box 89, Folder 8.

130 Com mandato de quatro anos a partir de 1967, Clarival Valladares presidiu a Câmara das Artes do Conselho Federal de Cultura (CFC), composta ainda por Ariano Suassuna, Armando Sócrates Schnoor, José Cândido de Andrade Muricy, Octávio de Faria e Roberto Burle Marx. Essa Câmara seria enfaticamente contrária à censura governamental às artes e espetáculos, mas no geral tinha o mesmo perfil dos demais intelectuais pertencentes ao CFC, "oriundos das correntes modernistas de caráter conservador" desde o tempo do Estado Novo. Eles defenderiam a "proteção do patrimônio cultural brasileiro sob a égide do civismo, propondo para a cultura a função de geradora da consciência cívica nacional", o que os colocava em conformidade com "o ideário cívico propagado durante a ditadura civil-militar", segundo a interpretação de Tatyana Maia (2012).

Mesmo que ainda houvesse ligações com o poder, o número sobre os militares selou certa virada progressista, a abertura relativa à esquerda ensaiada desde o tempo da intervenção de Botsford. Naquele final de 1966, o anticomunismo tradicional de antes já não encontrava espaço, tampouco a revista tinha estofo para colocar em risco o predomínio das esquerdas intelectuais, aproximando-se delas a seu modo, mantidos os postulados liberais do CLC. O periódico passou a fazer parte de uma vasta frente crítica ao regime militar, apesar de manter pontes com ele. Assim, abria-se mais espaço para intelectuais de esquerda contribuírem com artigos, especialmente acadêmicos das novas gerações, que encontravam uma alternativa para publicar num cenário com poucas possibilidades oferecidas – e de modo profissional, com boa remuneração, sem saber da procedência do financiamento. O pró-labore pago era variável, dependendo do tipo de colaboração (artigo, conto, resenha de livro etc.). Por exemplo, em 1968, autores de artigos principais como Florestan Fernandes, Abdias do Nascimento e Bolívar Lamounier receberam cem dólares cada pelos escritos, enquanto Moema Toscano recebeu cinquenta pela resenha sobre *A integração do negro da sociedade de classes*, de Florestan, e Jayme Rodrigues ganhou quarenta pelo comentário sobre o romance *Quarup*, de Antonio Callado.[131]

A preocupação do Congresso, naquele contexto da América Latina, estava em pensar a questão do desenvolvimento e do papel das elites para conduzi--lo; por suposto, não de uma perspectiva antissistêmica, mas conforme a teoria da modernização, então em voga.[132] Tanto que promoveu um grande evento sobre elites e desenvolvimento na América Latina, realizado em Montevidéu em 1965, para o qual foram convidados intelectuais expressivos de diversas posições políticas, embora prevalecessem os afinados com a teoria da modernização. Brasileiros estiveram presentes, alguns deles morando no exterior

---

131 Relatório Financeiro, jul.-set. 1968, em IACFR, Series VI, Box 576, Folder 5. Um dólar em 1968 equivaleria a 7,68 dólares em 2021, ver em: https://www.dineroeneltiempo.com/dolar/de-1968-a-valor-presente. Acesso em: 17 abr. 2021.

132 A teoria da modernização que embasou projetos como o do CLC no Brasil e na América Latina é inevitavelmente referida nos estudos sobre a Guerra Fria na região, por exemplo nas obras de Ribeiro (2006, p.53-74), Iber (2015, p.174-210), Cancelli (2017, p.53-4), e Markarian (2020, p.178ss). Ver também os livros específicos sobre a teoria da modernização, como os de Michael E. Latham (2000), Nils Gilman (2003), Engerman et al. (2003), e Reginaldo Moraes (2006). "Em seu núcleo, a teoria da modernização expressava a ideia de que as sociedades passariam por estágios lineares de crescimento que terminariam em uma modernidade que lembraria os Estados Unidos: uma democracia política e uma economia de mercado capitalista", na formulação sintética de Iber (2015, p.175). Ela era defendida por acadêmicos assessores do presidente Kennedy como Walt Rostow e também Arthur Schlesinger Jr., que era ligado ao CLC.

para escapar da repressão, como Darcy Ribeiro e Fernando Henrique Cardoso, autores respectivamente dos textos "As universidades latino-americanas e o desenvolvimento social" e "A elite industrial na América Latina". Convidado, Celso Furtado não pôde comparecer.[133] Eles compunham uma ala minoritária no evento no Uruguai, pois estavam mais à esquerda, críticos da teoria da modernização. Eram interlocutores de fora do círculo de *Cadernos Brasileiros*, que até então os tomara como adversários. Parte do material apresentado no evento daria origem ao livro organizado por Lipset e Solari (1967). A brasileira Aparecida Joly Gouvea também compareceu ao seminário, cuja história foi dissecada por Vania Markarian (2020). Foram convidados ainda os brasileiros Manoel Diegues Jr., Juarez Brandão Lopes e Gláucio Soares.

Em busca da ampliação de seu público na América Latina, o CLC propunha-se a adotar uma perspectiva cultural mais aberta a diversas correntes de pensamento, particularmente por intermédio da já mencionada *Mundo Nuevo*, muito apreciada entre os literatos. A revista chegou a publicar – em chamada de capa do número 4, em outubro de 1966 – até o poeta comunista chileno Pablo Neruda, líder destacado do Conselho Mundial da Paz, antes inimigo principal do CLC. Em meados dos anos 1960, os partidos comunistas e seus intelectuais em geral eram defensores da convivência pacífica entre os Estados Unidos e a União Soviética, bem como das revoluções nacionais pacíficas e democráticas na América Latina. Então, do ponto de vista do CLC, o contencioso regional já não estava mais centrado propriamente nos partidos e intelectuais comunistas, e sim nos adeptos das esquerdas armadas, influenciadas sobretudo pelo exemplo cubano, articulados culturalmente por exemplo pela Casa de las Américas em Havana, como já se destacou no capítulo anterior.

Os ventos do exterior, associados à mudança na conjuntura brasileira – com a perseguição a intelectuais, a edição do Ato Institucional n.2, além do inesperado protagonismo do movimento estudantil, expressando a insatisfação de setores das classes médias – levaram *Cadernos Brasileiros* a se abrir para os mais diversos pontos de vista, dando espaço também para jovens literatos, artistas e cientistas sociais, como Francisco Alvim, Wanderley Guilherme dos Santos, Moacir Palmeira, Gilberto Velho, Otávio Guilherme Velho, Vilma Arêas, Carlos Guilherme Mota, Fábio Lucas, José Guilherme Merquior, Bolívar Lamounier, Sérgio Paulo Rouanet e Nelson Mota, sem contar os já estabelecidos Florestan Fernandes, Abdias do Nascimento, Fernando Pedreira e outros, muitos dos quais identificados com posições de esquerda. O número sobre os

---

133 IACFR, Series III, Box 448, Folder 9 e Box 449, Folder 1.

O SEGREDO DAS SENHORAS AMERICANAS 141

militares não foi propriamente o início de um ponto de virada; ele significou a consolidação de uma tendência que vinha ao menos desde 1965.

O Quadro 1, construído por Berghe (1997, p.53), ajuda a visualizar em números a abertura da revista desde a intervenção de Botsford em 1962-1963, acentuada a partir de 1967. Nota-se a participação percentual cada vez menor de colaboradores que tinham alguma vinculação com a revista ou seus patrocinadores do CLC, especialmente os estrangeiros. Assim, *Cadernos Brasileiros* passava a difundir cada vez mais autores nacionais e fora de seu círculo próximo, como política de maior enraizamento na intelectualidade brasileira. A presença constante de membros da redação, entre 4% e 8% de 1967 a 1970, garantia um eixo. O "ano rebelde" de 1968 foi aquele em que a revista mais se abriu, expressando o dinamismo das lutas nos meios intelectuais que transbordava os limites ideológicos da revista.

Quadro 1 – *Cadernos Brasileiros*: artigos por três filiações de autores por ano* (percentagens horizontais)

	Membros da redação	Fundadores da ABCLC	Autores estrangeiros do CLC	Número de artigos assinados
1959	15,5	25,9	12,1	58
1960	17,7	24,2	21	62
1961	11,3	14,5	17,7	62
1962	13,2	10,3	19,1	68
1963	11,9	7,7	12,6	143
1964	9,4	2,1	8,3	96
1965	8,9	4	9,9	101
1966	17,5	2,9	2,9	103
1967	6	2,4	4,8	83
1968	4,1	1	2	98
1969	7,9	1,6	1,6	63
1970	5,8	2,9	0	69
TOTAL	10,6	7,2	8,9	1.006

* Alguns autores pertencem a mais de um grupo; por exemplo, membro fundador da ABCLC e do comitê de redação.
Fonte: Berghe (1997, p.53).

Na entrevista que me concedeu, Kátia Valladares (2017) reivindicou uma parte da responsabilidade pela mudança na publicação. Editora assistente de *Cadernos Brasileiros* a partir de 1968, Kátia já atuara na paginação e revisão da edição de novembro-dezembro 1967, tendo ajudado também no programa de atividades para o ano seguinte, conforme relato de Thereza Marinho.[134] Kátia destacou ainda o papel de Clarival do Prado Valladares, seu pai. Além de crítico de arte responsável pela Galeria Goeldi, defensor do cânone da autonomia do campo artístico diante da influência política, ele foi integrante ativo do comando da revista pelo menos a partir de 1965, tendo exercido também funções de destaque no Conselho Federal de Cultura na segunda metade dos anos 1960, conforme já salientado. Kátia trabalhara na Petrobrás por ocasião do golpe de 1964, defendendo publicamente ideias nacionalistas. Ela ganhara visibilidade na imprensa desde que fora eleita em segundo lugar como Miss Elegante Bangu em 1958. O concurso – que divulgava a fábrica de tecidos Bangu – era popular na época, a ponto de merecer a capa da revista *Manchete*, de ampla circulação.

Conhecida como uma espécie de musa politizada da Petrobrás, Kátia foi perseguida após o golpe de 1964, o que a levou a procurar refúgio no consulado do México. Lá conheceu o líder marinheiro negro Marcos Antônio da Silva Lima. Ambos se apaixonaram e seguiram exilados para Cuba, onde tiveram um filho; ela chegou a trabalhar na rádio Havana em transmissões para o Brasil, com o pseudônimo de Iara Paraguaçu. Marcos logo retornou clandestinamente ao país em junho de 1964, contra a vontade da esposa, que permaneceu em Havana a pedido dele. Foi preso em fevereiro de 1967, depois escapou da cadeia com diversos companheiros em maio de 1969 – na famosa fuga da penitenciária Lemos de Brito no Rio de Janeiro, pelo portão da frente –, e acabaria sendo morto em janeiro de 1970, quando integrava o Partido Comunista Brasileiro Revolucionário (PCBR).[135]

Kátia voltara ao Brasil de modo legal em agosto de 1967 com seu filho pequeno, após negociações que envolveram a intermediação da Igreja católica, segundo ela, além da influência de relações familiares – é filha de Érica Odebrecht Valladares e sobrinha de Norberto Odebrecht, que se tornaria conhecido como um dos expoentes da famosa empreiteira que levaria o nome da família. Foi convidada pelo pai para integrar *Cadernos Brasileiros* no fim de 1967, com a concordância dos diretores nacionais e internacionais, tendo especial apoio de

---

134 Carta de Thereza Marinho (em português) a Mercier Vega, Rio de Janeiro, 19 jan. 1968, em IACFR, Series VI, Box 560, Folder 3.

135 Sobre Marcos Antônio da Silva Lima, que fora vice-presidente da Associação dos Marinheiros de Fuzileiros Navais do Brasil, depois líder guerrilheiro, ver a pesquisa de Flávio Rodrigues (2017). Sua tese abordou de passagem o relacionamento entre Marcos e Kátia Valladares, do encontro na embaixada do México até o retorno dela de Cuba, quando o marido já estava preso. Kátia visitaria Marcos na cadeia até que se deu a separação, em dezembro de 1968, quando ele ainda estava na prisão (Rodrigues, 2017, p.204-7; e Processo BNM 414).

O SEGREDO DAS SENHORAS AMERICANAS

Mercier Vega, para quem sua contratação reforçaria a abertura à esquerda do periódico, conforme seu relato (Valladares, 2017). Tempos depois, ciente da biografia de Kátia, ao pretender convidá-la para uma reunião do Ilari em La Paz, Mercier antes perguntou aos pares no Brasil se ela teria problemas "técnicos" para viajar. A palavra está entre aspas na correspondência, isto é, em termos cifrados, ele queria saber se ela teria problema com a polícia para sair do Brasil.[136] Ao final, Kátia e Barretto representariam a revista na reunião da capital boliviana no final de 1970.[137]

A chamada virada à esquerda de *Cadernos Brasileiros* vinha de antes da chegada de Kátia. Ao menos desde meados de 1966, os artigos da revista haviam passado a criticar exageros de anticomunistas que continuavam a falar como se ainda estivessem na Guerra Fria típica dos anos 1950, como expôs detalhadamente Kristine Vanden Berghe (1997, p.185-243). Algo que já não caberia numa época que o colaborador do CLC, Daniel Bell, caracterizou como a do fim das ideologias, com a convivência pacífica entre Estados Unidos e União Soviética. O anticomunismo extemporâneo foi praticamente abandonado, pois só serviria para reforçar o discurso de segurança nacional que dava base ao poder militar, cada vez mais criticado nas páginas do periódico. Passou-se a minimizar a ameaça comunista, até mesmo reconhecendo o marxismo como uma filosofia legítima, debatendo em especial suas vertentes heterodoxas, como a de Herbert Marcuse.[138] Mas sem aderir a elas: no essencial, os responsáveis pela revista mantinham o discurso de neutralidade, desinteresse ideológico, defesa da liberdade da cultura e dos intelectuais, além da aproximação científica objetiva no tratamento racional dos temas sociais e políticos, que daria autoridade para diagnosticar os males da sociedade, na tradição positivista. Era o caminho que Mercier apontava desde 1962, buscando juntar esforços para "demonstrar que os problemas econômicos, políticos, sociais e culturais podem ser abordados num espírito verdadeiramente racional e científico".[139]

---

136 Carta (em espanhol) de Mercier Vega a Thereza Marinho, Paris, 20 ago. 1970, em IACFR, Series VI, Box 560, Folder 5.

137 Carta (em espanhol) de Mercier Vega a Thereza Marinho, Paris, 2 out. 1970, em IACFR, Series VI, Box 560, Folder 5.

138 *Cadernos Brasileiros* publicou dois artigos sobre Marcuse: "Um reexame crítico das obras de Herbert Marcuse", de Richard Greeman, em nov.-dez. 1968; e "'A cozinha': a visão marcuseana de Wesker" de Michel Lahud em set.-out. 1969. Também foram publicados artigos enfatizando o caráter heterodoxo de autores como Wright Mills, Debray e Che Guevara, como bem observou Berghe (1997, p.192).

139 Carta (em francês) de Mercier Vega a Stefan Baciu, Paris, 16 fev. 1962, em IACFR, Series VI, Box 557, Folder 8.

As críticas ao comunismo – como a da invasão da Checoslováquia em 1968 – passaram a vir acompanhadas do questionamento do outro polo, particularmente da intervenção norte-americana no Vietnã. O antigo discurso do Ocidente democrático contra o Leste comunista perdeu espaço para o debate sobre a fragmentação do Ocidente entre a sua parte industrializada e a subdesenvolvida, com a valorização da questão nacional diante do imperialismo americano e de seus aliados no governo brasileiro, como o ministro Roberto Campos – que escrevera um artigo para *Cadernos Brasileiros* em 1963 e seria criticado por vários autores em 1967, quando já deixara o governo de Castello Branco. A defesa em certos artigos de posições nacionalistas, anti-imperialistas, talvez tenha sido uma reação da revista às denúncias de financiamento do CLC pela CIA, para provar sua autonomia. Mas ia além: acompanhava a ascensão das teorias da dependência, que eram defendidas em suas páginas por jovens autores como Moacir Palmeira, Nelson Mello e Souza e Fábio Lucas, inspirados em autoridades acadêmicas como Florestan Fernandes e Celso Furtado, que dessa maneira foi indiretamente reabilitado, mas nunca escreveu no periódico (cf. Berghe, 1997, p.200-14). Por exemplo, na edição de setembro-outubro de 1967, Fábio Lucas fez uma longa resenha do livro recém-lançado de Furtado, *Subdesenvolvimento e estagnação na América Latina*, elogiosa, mas crítica pela esquerda, propondo "percorrer os caminhos ainda não revelados da práxis" (p.79-88).

A inflexão progressista não parou por aí: os defensores do cristianismo de esquerda ganharam um dossiê no número 47, de março-abril de 1968, com artigos do frei Francisco de Araújo, do padre Henrique de Lima Vaz e de Alceu de Amoroso Lima – ele que fora um dos fundadores da Associação Brasileira do Congresso pela Liberdade da Cultura em 1958, conforme já se destacou, mas nunca teve maior ligação com a revista, e agora assumia posições mais à esquerda em seu único artigo publicado em *Cadernos Brasileiros* (Lima, 1968). Então, já se tornara um símbolo para os cristãos ditos progressistas e certos intelectuais identificados com a revista, inclusive alguns que compuseram a redação, como Luiz Orlando Carneiro e Nuno Veloso.

Outro indicador da mudança de *Cadernos Brasileiros* foi o tratamento receptivo dado a um novo ator no cenário político: os estudantes que foram às ruas em 1968. Evitou-se caracterizá-los como agentes subversivos, num cenário em que quase desapareceu de suas páginas o tema do intelectual perseguido no Leste Europeu, ganhando espaço a defesa dos intelectuais brasileiros cerceados pela censura e acossados pelo regime. A revista dedicou dossiês em dois números (49, de 1968; e 53, de 1969) para discutir o tema da juventude e o problema

O SEGREDO DAS SENHORAS AMERICANAS 145

das universidades, recorrendo a acadêmicos brasileiros e estrangeiros. Mais de vinte integrantes do movimento negro e especialistas reconhecidos na questão racial – como Abdias do Nascimento, Édson Carneiro, Manuel Diegues Jr. e Florestan Fernandes – contribuíram com o número 48, de maio-junho de 1968, um exemplo adicional da virada progressista do periódico, que atingia seu ápice naquele ano.

Essa aproximação com o campo de oposição à ditadura ajuda a entender por que as denúncias de financiamento do CLC pela CIA atingiram pouco a revista brasileira; afinal, o momento das denúncias praticamente se justapôs ao da abertura à esquerda.

AS DENÚNCIAS DE LIGAÇÃO COM A CIA

A revelação do apoio secreto da CIA ao CLC e suas revistas – a partir de reportagens do *New York Times* em abril de 1966 e da revista californiana *Ramparts* em 1967 – não levou *Cadernos Brasileiros* à perda significativa de prestígio nos meios intelectuais, nem sequer nos de esquerda, ao contrário do que ocorreu com a maioria das publicações da rede. Para entender esse dado, antes de mais nada, é preciso considerar que *Cadernos Brasileiros* tinha sua importância, mas era um periódico relativamente secundário no campo intelectual anterior ao golpe de 1964, época de revistas de destaque como a *Brasiliense* e *Anhembi*. Tampouco conquistou centralidade depois dele, quando a *Revista Civilização Brasileira* foi a de maior prestígio e divulgação. Naquele contexto intelectual, o esboço consistente de hegemonia alternativa influenciava até mesmo publicações inicialmente mais afinadas com a direita, caso de *Cadernos Brasileiros*. Em 1966, conforme se viu, a revista passou a integrar a sua maneira a ampla frente de oposição à ditadura, abrigando a colaboração crescente de intelectuais de esquerda.

Para os críticos do regime, não havia razões fortes para condenar uma revista que naquele momento não ameaçava o predomínio das ideias das esquerdas intelectuais, revelando-se opositora moderada dos militares, ao mesmo tempo que era plural e aberta a intelectuais considerados progressistas, consagrados ou jovens, vindo a empregar em sua redação até mesmo uma pessoa que tivera ligação com a esquerda armada. Numa conjuntura em que a revista deixara de explicitar seu anticomunismo e se aproximava da oposição – apesar de manter os princípios liberais do CLC e algum contato com o regime militar –, não havia motivo para propagar no Brasil as denúncias acerca do financiamento da

CIA. Além do mais um apoio indireto, por intermédio de fundações legais que patrocinavam o CLC, que por sua vez mandava as verbas a suas revistas. Mais importante ainda: o financiamento, ao que tudo indica, era desconhecido pelos editores e colaboradores. Sem esquecer que, a partir de 1966, o patrocínio a *Cadernos Brasileiros* passara a ser da Fundação Ford, que apoiava o órgão do CLC para a região – o já referido Ilari –, e este repassava a seus correspondentes no Brasil, pois a CIA se afastara quando a descoberta de suas atividades se tornou iminente.

Em suma, não convinha a praticamente ninguém criar problemas para *Cadernos Brasileiros* e seus colaboradores, em geral oposicionistas de diversas origens. Tiveram artigos publicados na revista ou participaram de suas atividades paralelas diversas correntes teóricas à esquerda: desenvolvimentistas, marxistas estruturalistas e humanistas, frankfurtianos, representantes da esquerda cristã, até mesmo intelectuais ligados ao PCB, e ainda artistas de vanguarda e nacionalistas, pensadores ligados a movimentos de negros, mulheres e estudantes, além de artistas de teatro, cinema, literatura e artes plásticas que promoveram o florescimento cultural do período. Enfim, quase todos os envolvidos no debate incandescente nos meios artísticos e intelectuais após 1964 estiveram representados, de modo que eventual ataque à revista atingiria sua própria credibilidade. Além do mais, poucos notavam a ligação da revista com o CLC, que não era explicitada claramente. Sem contar que o CLC e suas revistas eram pouco conhecidos e tinham impacto bem restrito no Brasil, cujo isolamento geográfico tendia a contaminar seus intelectuais, de contatos frouxos com o exterior. Ou seja, o assunto parecia um tanto distante.

Deflagrado o escândalo das denúncias, Barretto escreveu a Hunt em solidariedade, atribuindo as acusações a uma "tentativa de minar um trabalho construtivo e de sucesso".[140] Já tomara conhecimento do tema meses antes, pois comentara de passagem, em meio a longa carta a Mercier, que até meados de junho de 1966 "não houve nenhuma repercussão do *New York Times*. Pelos contatos que já tive, parece que ninguém leu o artigo. Talvez por ser muito longo".[141] A frase final denotava algum desprezo irônico em relação a intelectuais adversários. Em outra correspondência, revelava alívio por matérias do *Jornal do Brasil* sobre o apoio da CIA ao CLC não terem mencionado *Cader-*

---

140 Carta (em inglês) de Vicente Barretto a John Hunt, Rio de Janeiro, 27 fev. 1967, em IACFR, Series II, Box 89, Folder 8.

141 Carta (em português) de Vicente Barretto a Mercier Vega, Rio de Janeiro, 15 jun. 1966, em IACFR, Series VI, Box 560, Folder 1.

O SEGREDO DAS SENHORAS AMERICANAS

nos Brasileiros, temeroso de que o caso pudesse "perturbar e atingir (*disturb and damage*)" o periódico.[142]

A revista posicionou-se diante das acusações de financiamento pela CIA, mas sem as citar explicitamente, no editorial "Primeira e última declaração" no número de julho-agosto de 1967 (p.3-6). Identificava-se como uma publicação brasileira e crítica, independente e com liberdade de ação, o que poderia ser comprovado pelas suas posições pioneiras ao tratar de assuntos como a questão da África em 1963, o protesto contra a perseguição aos intelectuais em 1964, o problema do poder militar em 1966. Seria aberta a intelectuais de toda coloração ideológica e aos jovens artistas, mantendo como lema a total liberdade. Explicava que, a partir de 1966, tinha o apoio do Ilari, que por sua vez era financiado pela Fundação Ford. A seguir, reproduzia na íntegra um trecho longo da declaração oficial do Ilari, que compôs mais da metade do editorial, reiterando a autonomia do Instituto e das revistas que patrocinava na região, *Mundo Nuevo*, *Aportes* e *Cadernos Brasileiros*. Não mencionava o CLC, nem o fato já comprovado de que o financiamento para as publicações do Congresso até 1966 viera sobretudo da CIA e suas organizações de fachada, como a Fundação Farfield. A direção do Ilari rebatia os "inquisidores da direita e da esquerda", que se faziam ouvir mundo afora, mas quase não se manifestaram no Brasil. Vários intelectuais considerados de esquerda publicaram na revista depois do número desse editorial – como Florestan Fernandes, Mario Pedrosa, Édison Carneiro, Alceu Amoroso Lima (já em sua fase de católico progressista), Abdias do Nascimento, Fábio Lucas, José Leite Lopes, entre outros –, demonstrando que a revista manteve sua respeitabilidade. Sem contar os que participaram em debates promovidos pela revista e exposições na Galeria Goeldi.

Embora a agência secreta dos Estados Unidos tenha sido a principal fonte financiadora do CLC e de suas revistas até 1966, elas teriam agido com autonomia, segundo autores como Grémion (1995) e Coleman (1989). Por seu lado, Saunders (2008) reconheceu que poucos dirigentes do Congresso foram agentes da CIA, mas considerou que todos sabiam de algum modo ou desconfiavam de sua participação, tamanhas as evidências disponíveis. Já Iber argumentou que a CIA contribuiu, mas não conseguia controlar a rede complexa que ajudou a criar; o CLC não seria mera marionete dos Estados Unidos. Além disso, haveria divergências entre seus agentes Josselson e Hunt, este supostamente mais aberto e liberal (Iber, 2011, 2015).

---

142 Carta (em inglês) de Vicente Barretto a John Hunt, Rio de Janeiro, 21 fev. 1967, em IACFR, Series II, Box 89, Folder 8.

O apoio da CIA provavelmente era conhecido por poucos colaboradores das revistas do Congresso, até mesmo pelos diretores, por isso houve protestos internos quando a história se revelou. Porém, não caberia supor que foram inocentes úteis. Conscientemente ou não, fizeram parte do conflito entre as grandes potências, mesmo sem estar a par de todos os fatos ou dominar plenamente as regras do jogo. Certamente – assim como seus inimigos comunistas – foram usados pelas potências e suas instituições, mas também souberam usá-las em seu próprio benefício, pessoal ou coletivo.

O exemplo de Raymond Aron é elucidativo nesse sentido. Ele se referiu ao tema em suas memórias: afirmou que sempre escreveu com inteira liberdade para as revistas do CLC, e que a experiência foi fundamental para influenciar intelectuais europeus na luta contra o stalinismo, além de lhe ter proporcionado a convivência e a troca de ideias com Josselson, Kennan, Polanyi e outros. A despeito disso, ponderou que ele e a maioria de seus pares provavelmente teriam se recusado a colaborar com o CLC caso soubessem do financiamento da CIA, embora admitindo que essa atitude seria pouco razoável. A seu modo, justificou o acerto do caráter secreto do apoio: "O Congresso não poderia cumprir sua tarefa – e ele a cumpriu – senão pela camuflagem ou mesmo, caso se queira, a mentira por omissão" (Aron, 2010, p.318*ss*).

Para dar uma ideia de como o CLC ajudou a difundir internacionalmente a obra de Raymond Aron, veja-se uma carta do representante do Congresso para a América Latina a seu correspondente no Brasil, ainda antes da fundação de *Cadernos Brasileiros*. Ele prometia-lhe enviar quinze exemplares da versão em espanhol do famoso livro de Aron contra o marxismo, *O ópio dos intelectuais*, recém-lançado em Buenos Aires. O plano era divulgar a obra na imprensa brasileira e entre livreiros importadores que poderiam encomendar exemplares na editora. Escrevia que "interessa extraordinariamente propagar e difundir este livro, não somente porque Aron é um dos melhores colaboradores do Congresso, mas também pela importância intrínseca do livro".[143]

Acerca do patrocínio ignorado, expressando posição pragmática comum à maior parte dos integrantes de *Cadernos Brasileiros*, Nélida Piñon se disse impressionada por constatar "como a gente sabe pouco das coisas". E também, "por outro lado, ignorar tanto beneficiou muita coisa [...], senão não havia patrocínio, não havia nada" (Piñon, 2016).

---

143 Carta (em espanhol) de Julián Gorkin a Stefan Baciu, Paris, 22 maio 1958, em IACFR, Series II, Box 217, Folder 4.

O SEGREDO DAS SENHORAS AMERICANAS 149

O principal dirigente do CLC de 1950 a 1967, Michael Josselson, bem como seu auxiliar John Hunt, foram afastados devido à crise gerada pelas denúncias que comprovaram o envolvimento dos dois com o serviço de inteligência dos Estados Unidos. A culpa recaiu praticamente só neles. Entretanto, a denúncia sobre o apoio da CIA atingiu a credibilidade do CLC e da maioria de suas revistas. A ideologia de independência intelectual que era seu fundamento ficou abalada, a ponto de o CLC mudar de nome, passando a se chamar Associação Internacional para a Liberdade da Cultura (Ailc). Em poucos anos, essas instituições desapareceram, vítimas da perda de prestígio e credibilidade, além da escassez de financiamento.

A correspondência arquivada permite constatar a surpresa de Mercier Vega com as denúncias de financiamento da CIA ao CLC, bem como sua preocupação em apurar a origem dos fundos para seu Ilari. Assim, por exemplo, logo após as famosas matérias no *New York Times* de abril de 1966, ele mandou uma circular a seus correspondentes na América Latina, dizendo que nada teria a calar ou encobrir. Garantia que "nenhuma de nossas iniciativas foi sugerida, orientada ou freada, nem pela Secretaria Geral do Congresso nem *a fortiori* por nenhuma outra organização".[144]

Não se tratava de jogo de cena para os pares no exterior. A correspondência interna mostra que Mercier cobrou de seu amigo e superior John Hunt a informação sobre a origem do financiamento à América Latina referente ao tempo que assumiu a responsabilidade pela região, a partir de maio de 1962. Dizia-lhe que o CLC tinha apenas duas alternativas: processar o *New York Times* por difamação, ou fazer uma declaração pública garantindo a legitimidade dos fundos alocados para a América Latina, detalhando sua procedência. Caso não o fizesse, Mercier sentia-se "na obrigação moral" de pedir demissão, reservando-se os "direitos profissionais garantidos pela cláusula de consciência".[145] Poucos dias depois, escrevia novamente, pedindo medidas para garantir a autonomia do Ilari, inclusive na gestão financeira.[146]

John Hunt respondeu que, a partir de janeiro de 1963, as financiadoras foram "a Fundação Ford, a Fundação Farfield, The Charles E. Merrill Trust, e The Whitney Trust, além de uma doação modesta da Fundação Hoblitzelle". Depois esclarecia o montante de verbas para a América Latina no período:

---

144 Carta Circular n.24 (em espanhol), de Mercier Vega, Paris, 29 abr. 1966, em IACFR, Series VI, Box 555, Folder 11.

145 Carta (em francês), de Mercier Vega a John Hunt, Paris, 29 abr. 1966, em IACFR, Series II, Box 319, Folder 5.

146 Carta (em francês), de Mercier Vega a John Hunt, Paris, 2 maio 1966, em IACFR, Series II, Box 319, Folder 5.

245.472 dólares em 1963; 262.854 em 1964; 369.328 em 1965, e orçamento de 300.000 previsto para 1966.[147] Lembrava que o Ilari "se tornou independente financeiramente do Congresso pela Liberdade da Cultura desde 31 de dezembro de 1965".[148] A América Latina, praticamente ignorada nos primeiros anos do CLC, tornara-se a região com mais fundos do Congresso em 1966, cerca de 40% do total, segundo Iber (2015, p.208).

As informações de Hunt e a manifestação pública da direção do CLC aparentemente apaziguaram Mercier por um momento. Em carta a Emir Rodríguez Monegal logo após a denúncia do *New York Times*, dizia estar "em busca da verdade". Comentava com o editor de *Mundo Nuevo* que o texto do jornal seria "de uma ambiguidade assombrosa", mencionando "várias fundações por trás das quais estaria a CIA, mas sem dar nomes". Não haveria "uma prova, uma indicação, um índice sequer que possa confirmar ou tornar plausíveis alegações tão graves". Notava que o CLC tinha muitos inimigos: "reacionários que não perdoam sua luta contra o macarthismo e sua prática de livre discussão", como também "totalitários que se dizem de esquerda". Vangloriava-se das atividades na América Latina, autônomas, que teriam gerado "um capital que não tem nada que ver com a CIA, nem com nenhum serviço público ou secreto de nenhum bloco, Estado, governo, partido ou camarilha". O Ilari teria recebido fundos do CLC e de várias fundações sem obedecer a qualquer condição. Os diversos centros teriam plena autonomia em suas atividades. Por isso faria todo o possível para dar continuidade ao Instituto.[149]

Rodríguez Monegal, por sua vez, viria a escrever na edição de *Mundo Nuevo* de agosto de 1967 defendendo-a das acusações dirigidas sobretudo por seu inimigo Roberto Fernández Retamar, responsável pela revista cubana *Casa de las Américas*. Mas Monegal logo deixaria a revista, sem que haja consenso entre os analistas sobre o principal motivo, atribuído por Patrick Iber a divergências com Mercier e a Fundação Ford, que não teriam sabido avaliar a real importância do pequeno círculo literário em torno de *Mundo Nuevo*, notando

---

147 Um dólar em 1966 equivaleria a 8,19 dólares em 2021. Ver em: https://www.dineroeneltiempo.com/dolar/de-1958-a-valor-presente. Acesso em: 17 abr. 2021.

148 Carta (traduzida em espanhol) de John Hunt a Mercier Vega, Paris, 13 maio 1966, em IACFR, Series VI, Box 555, Folder 11.

149 Carta (em espanhol) de Mercier Vega a Rodríguez Monegal, [s.L., s.d.], em IACFR, Series VI, Box 555, Folder 11. Em parceria, *Mundo Nuevo* e *Cadernos Brasileiros* chegaram a planejar um número sobre a esquerda latino-americana. O projeto foi abortado após as revelações sobre a CIA, pois "poderia ser considerado como uma prova precisamente dessa infiltração norte-americana" que se atribuía a eles sem fundamento, nos termos do trecho de uma carta de Monegal a Barretto, de abril de 1967, reproduzido por Lima (2021, p.82).

O SEGREDO DAS SENHORAS AMERICANAS

apenas que vendia ainda menos que a predecessora *Cuadernos*, e por isso precisaria mudar de rumo (Iber, 2015, p.216).

Denúncias adicionais naquele ano de 1967 colocaram as fundações Farfield e Hoblitzelle como suspeitas de serem fachada para verbas da CIA – elas, que haviam sido enumeradas por Hunt entre as patrocinadoras na referida carta a Mercier. Ficava evidente que financiaram em parte o setor do CLC para a América Latina antes da criação do Ilari. Então Mercier escreveu novamente a Hunt – em carta breve e objetiva, a contrastar com suas longas missivas usuais – para saber em que época e montante houve financiamento das referida fundações ao CLC, particularmente a suas atividades na América Latina. Ele o fazia para informar aos representantes na região e para sua "edificação pessoal", atestando que desconhecia a origem do patrocínio.[150]

Antes mesmo dessa carta a Hunt, Mercier escreveu uma circular aos correspondentes do Ilari na América Latina informando que, no dia anterior, "o diário *New York Herald Tribune-Washington Post* publicou, em sua edição de Paris, uma ampla informação sobre as subvenções distribuídas pela CIA por intermédio de fundações". O CLC figurava como beneficiário através das fundações Farfield e Hoblitzelle. A primeira teria dado ao Congresso um milhão de dólares em 1962. Mercier admitia que a informação "parece desta vez fundada". Pedia a divulgação para colaboradores, apesar de considerar que o Ilari "seja agora autônomo e que seu financiamento esteja assegurado pela Fundação Ford – instituição que oferece a máxima garantia de independência". Assegurava que as atividades da entidade e suas publicações nunca tiveram nenhuma relação com a política exterior dos Estados Unidos, nem com a CIA. Terminava dizendo que faria de tudo para salvar o Instituto, suas atividades e publicações.[151] De fato, levaria adiante o Ilari, como vimos, publicizando que suas verbas vinham da Fundação Ford. O financiamento anterior inviabilizava o discurso do CLC, que se legitimara como "defensor dos valores intelectuais em um mundo dominado pela ideologia", propondo "soluções técnicas para problemas políticos", nos termos de famoso artigo crítico da época sobre "a Guerra Fria cultural", de Christopher Lasch (1967). Não obstante, o Ilari, Mercier e seus parceiros de *Cadernos Brasileiros* sustentaram sua posição enquanto puderam, por mais alguns anos.

O envolvimento da CIA foi comprovado de vez quando o ex-agente graduado Thomas Braden publicou um artigo intitulado "Estou feliz que a CIA é imoral"

---

150 Carta (em francês) de Mercier Vega a John Hunt, 24 fev. 1967, em IACFR, Series VI, Box 557, Folder 1.

151 Carta Circular n.46 (em espanhol) de Mercier Vega, Paris, 21 fev. 1967, em IACFR, Series VI, Box 555, Folder 12.

no *Saturday Evening Post* de 20 de maio de 1967. Ele admitia que o serviço secreto financiou o CLC por muitos anos, orgulhando-se dessa atividade. Isso privava os dirigentes do Congresso de qualquer possibilidade de defesa, como bem observou Grémion (1995, p.437). A matéria foi interpretada pelo denunciado John Hunt como uma jogada de setores mais conservadores dentro do aparelho de Estado norte-americano para inviabilizar o apoio à esquerda não comunista com a qual se identificava. Ele declarou numa entrevista a Saunders que

> Braden era um homem da companhia [...] se ele estivesse realmente agindo por conta própria, teria muito a temer. Minha convicção é que ele foi um instrumento em algum lugar no fim da linha daqueles que queriam se livrar da esquerda não comunista. Não procure um atirador solitário – isso é loucura, assim como é com o assassinato de Kennedy [...] Eu acredito que houve uma decisão operacional para se livrar do Congresso e os outros programas.[152]

Cotejando vários depoimentos e documentos, Frances Saunders observou que interessava à CIA desfazer-se da ligação com a esquerda não comunista, pois teve conhecimento prévio do texto de Braden e nada fez para impedir sua publicação, bastaria invocar o pacto de sigilo com seus agentes (Saunders, 2008, p.430-7).

Em paralelo com as denúncias, as verbas para o Ilari decresceram. Em carta a um dirigente da Fundação Ford, Mercier constatava a diminuição constante de recursos para o Instituto: 320 mil dólares em 1966, 260 mil em 1967, 250 mil em 1968. Ele observava que isso ia na contramão da constante ampliação das atividades e seus resultados positivos que exigiriam aumento e não restrição de verba.[153]

NA COZINHA DE *CADERNOS BRASILEIROS*

O termo "cozinha" é usado pelos jornalistas para falar do funcionamento cotidiano dos periódicos em que trabalham, como explicou Luiz Orlando Carneiro na entrevista que me concedeu. Esse aspecto costuma ficar menos visível nas

---

152 "Tom Braden was a company man [...] if he was really acting independently, would have had much to fear. My belief is that he was an instrument down the line somewhere of those who wanted to get rid of the NCL (Non-Communist Left). Don't look for a lone gunman – that's mad, just as it is with the Kennedy assassination [...] I do believe there was an operational decision to blow the Congress and the other programs out of the water". John Simkin, verbete sobre John Hunt, *Spartacus Educational*, jan. 2020. Disponível em: http://spartacus-educational.com/JFKhuntJ.htm. Acesso em: 18 abr. 2021.

153 Carta (em francês) de Mercier Vega a Shepard Stone, Paris, 15 dez. 1967, em IACFR, Series VI, Box 557, Folder 1. A restrição gradual de verbas, entretanto, já estava prevista, segundo Iber (2015, p.216). Tratava-se de uma política sedimentada da Fundação Ford, que perdura até hoje: ela espera que as instituições que apoia se tornem autossuficientes com o tempo.

O SEGREDO DAS SENHORAS AMERICANAS 153

análises sobre o conteúdo das publicações, como a realizada por Berghe (1997) sobre *Cadernos Brasileiros*. A "cozinha" aparece em parte na troca de correspondência e documentos contábeis da revista. Entrevistas com participantes possibilitam completar o quadro. As pessoas que compunham a cozinha em geral pertenciam ao conjunto de integrantes enumerado no expediente de cada número da revista, dentre os quais apenas alguns tinham atuação cotidiana mais efetiva.

Cadernos Brasileiros foi organizada sobretudo a partir de contatos pessoais, especialmente do círculo de Afrânio Coutinho e Stefan Baciu em 1959. Todos os envolvidos tinham em comum o interesse pelo mundo da cultura, algum relacionamento internacional com o CLC e serem críticos do comunismo soviético. Baciu, vindo da Europa, foi um dos primeiros a construir pontes do CLC com o Brasil, desde 1953, como ele reivindicou em sua já citada carta de demissão . Seu nome constou no expediente dos três primeiros anos como redator-chefe, sendo Afrânio Coutinho diretor, e Arino Peres secretário, além da lista já comentada de catorze conselheiros, que quase não tinham função, exceto a de emprestar o nome para dar prestígio à revista. Praticamente não restou registro sobre a atuação de Arino Peres, referido de passagem em algumas cartas; por exemplo, houve um almoço de despedida para ele em janeiro de 1962, quando se mudou para Brasília a fim de ocupar um cargo no Supremo Tribunal de Contas.[154]

Quem parece ter tocado efetivamente o cotidiano da revista nos primeiros tempos foi Stefan Baciu, com auxílio de sua esposa Mira, secretária administrativa da Associação Brasileira do CLC, a julgar pela troca de correspondência nesse período com a sede em Paris. É possível que o papel de Mira nas tarefas cotidianas tenha sido mais relevante do que se poderia supor, dada a atividade paralela de Baciu como jornalista na *Tribuna da Imprensa*, e ao fato de que o nome dela constava na prestação de contas ao CLC com a mesma remuneração de Afrânio Coutinho, metade daquela de seu marido em julho de 1959.[155] Em outubro de 1960, exerciam trabalho assalariado apenas Baciu, Coutinho, Mira, mais datilógrafa, *office-boy* e empregada de limpeza.[156] Numa carta emocionada em que relatou a querela com a intervenção de Botsford que a levou a renunciar a seu cargo, Mira Baciu escreveu de passagem que "Stefan fez seu

---

154 Relatório de Atividades do CLC, jan. 1962, em IACFR, Series VI, Box 557, Folder 8.

155 Relatório referente ao mês de julho de 1959, enviado por Stefan Baciu a Paris, em IACFR, Series II, Box 218, Folder 2.

156 Relatório sobre a situação financeira da Associação Brasileira do CLC, outubro de 1960, em IACFR, Series II, Box 221, Folder 2. Havia remuneração menor a outras pessoas, provavelmente não assalariadas, como se verá adiante.

trabalho todos os dias e, quanto a mim, fiz todo o resto: escritório, relações, contabilidade, enfim, toda a cozinha".[157]

Stefan Baciu tinha um segundo emprego na *Tribuna na Imprensa* como "redator responsável pela parte internacional", trabalhando lá "das 6 às 9 horas da manhã, quando venho diretamente ao Congresso e todo o meu tempo adicional foi e será dedicado à Associação". Ele disse numa carta a Hunt que – ao contrário do presidente Coutinho que exercia "múltiplas atividades" – até abriu mão de um trabalho no Ministério da Fazenda para dispor de todo o tempo: "Nosso trabalho (tenho de mencionar também o imenso trabalho de Mira Baciu) chega às vezes de dezesseis a dezoito horas por dia, coisa que pode confirmar com o senhor Nabokov", dirigente do CLC que o visitara no Rio de Janeiro.[158]

Quando o casal Baciu se demitiu após o entrevero com a chegada de Botsford, em pouco tempo houve alterações sucessivas no expediente da revista. A turma que passou a constar nos créditos era composta por Garrido Torres, codiretor ao lado de Afrânio Coutinho, Vicente Barretto como diretor assistente e o jornalista da *Tribuna da Imprensa* Guimarães Padilha, que se tornou secretário de redação.[159] Este logo acabaria renunciando a seu posto, diante do resultado sofrível da edição que organizou, como Barretto reportou a Hunt, dando conta do fracasso da tentativa.[160] O expediente foi rearranjado com os nomes de Nuno Veloso e Nélida Piñon na redação e de Luiz Orlando Carneiro como redator-chefe, como consta na revista a partir de maio-junho de 1963.[161] Nuno passara a prestar serviço para a revista a partir do final de 1962, contratado para se ocupar "da direção do serviço de imprensa de *Cadernos Brasileiros – Informativo Internacional*", como Barretto relatou numa carta que mencionava a publicação paralela de divulgação.[162]

---

157 Carta (em francês) de Mira Baciu a Julián Gorkin, Rio de Janeiro, 18 abr. 1962, em IACFR, Series II, Box 218, Folder 2.

158 Carta (em francês) de Stefan Baciu a John Hunt, Rio de Janeiro, 11 mar. 1962, em IACFR, Series II, Box 89, Folder 3.

159 Guimarães Padilha era homem de confiança de Carlos Lacerda, como recordou Zuenir Ventura na orelha do livro de Padilha sobre Lacerda na oposição à ditadura militar (Padilha, 2010). Matéria sobre o lançamento do livro disponível em: http://www.abi.org.br/guimaraes-padilha-lanca-livro-na-abi/. Acesso em: 11 fev. 2021.

160 Carta (em inglês) de Vicente Barretto a John Hunt, Rio de Janeiro, 4 mar. 1963, em IACFR, Series II, Box 89, Folder 5.

161 Barretto relatou a seu superior que contratou Luiz Orlando para substituir Padilha. Carta (em inglês) de Vicente Barretto a John Hunt, Rio de Janeiro, 18 mar. 1963, em IACFR, Series II, Box 89, Folder 5.

162 Carta (em francês) de Vicente Barretto a Mercier Vega, Rio de Janeiro, 21 dez. 1962, em IACFR, Series IV, Box 499, Folder 9.

O SEGREDO DAS SENHORAS AMERICANAS

Antes disso, para substituir Baciu, Coutinho recorrera novamente a seu círculo, onde encontrou Vicente Barretto, filho do amigo José Barretto Filho, intelectual e político destacado de Sergipe, radicado no Rio de Janeiro.[163] Vicente, por sua vez, levou para trabalhar no cotidiano da revista seus amigos de longa data Luiz Orlando Carneiro e Nuno Veloso, todos vindos dos círculos católicos do Rio de Janeiro, com experiência de jornalismo e abertura para ampliar o alcance da revista. Luiz Orlando fora colega de Vicente Barretto no tradicional colégio católico São Bento, da mesma turma de Sérgio, filho de Carlos Lacerda. As famílias de Vicente e Luiz Orlando eram próximas, particularmente seus pais, compadres, que muito os influenciaram. Assim como Nuno Veloso, pertenciam a famílias tradicionais do Nordeste estabelecidas no Rio de Janeiro, inseridas em um meio ligado historicamente à Ação Católica e sua revista *A Ordem*, no qual conviviam a ala mais conservadora de Gustavo Corção[164] – cuja filha Guida foi casada com Vicente Barretto e era amiga de Luiz Orlando na época – e o catolicismo mais aberto, influenciado por Alceu Amoroso Lima. Luiz Orlando, que se considerava da linha mais progressista da Igreja, admirador de Maritain, chegou a colaborar com a revista *A Ordem*, editada pelo amigo Nuno Veloso. O setor mais progressista passou a ser predominante no Centro Dom Vital, que organizava a intelectualidade leiga católica, o que redundou em 1963 na "saída de Corção do Centro, juntamente com cerca de duzentos associados. Em 1964 a revista *A Ordem* parou de circular, devido a divergências entre seus colaboradores".[165]

Luiz Orlando na época já admirava Afonso Arinos de Melo Franco e Milton Campos, "esse pessoal que era mais ligado à UDN histórica", embora nunca tivesse sido militante. Acompanhava a posição política do pai, Orlando Leal Carneiro, um intelectual católico que foi desembargador e lhe ensinara que "o regime em que você não tem liberdade de expressão e direito de ir e vir é ditadura, seja de esquerda, seja de direita".[166] Com ele aprendeu ainda que "a virtude está no meio". Luiz Orlando desde então já se considerava um liberal.

---

163 Ver o verbete sobre a trajetória do sergipano José Barretto Filho (1908-1983), disponível em: http://www.fgv.br/cpdoc/acervo/dicionarios/verbete-biografico/barreto-filho-jose. Acesso em: 12 fev. 2021. Ele também foi um estudioso do pensamento social brasileiro e da obra de Machado de Assis.

164 Gustavo Corção escreveu um único artigo em *Cadernos Brasileiros*: "Brasil, país católico?", no número de set.-out. 1963.

165 Verbete Centro Dom Vital, *CPDOC/FGV*. Disponível em: http://fgv.br/cpdoc/acervo/dicionarios/verbete-tematico/centro-dom-vital. Acesso em: 6 dez. 2021.

166 Orlando Leal Carneiro (1893-1977) destacou-se como pedagogo, entre outras atividades intelectuais. Foi professor no Instituto de Educação do Distrito Federal e na PUC-RJ, e autor de um livro conhecido sobre metodologia da linguagem, na linha da Escola Nova de John Dewey. Essa obra de 1959 foi analisada por Marco Moura e Sandoval Santos (2020).

Em consonância com a ideologia de *Cadernos Brasileiros*, ainda pensa até hoje que "esse negócio de esquerda e direita é uma imbecilidade" (Carneiro, 2017).

O jornalista e poeta – destacado também pelo conhecimento de *jazz*[167] – contou que foi convidado para trabalhar em *Cadernos Brasileiros* porque Barretto era seu amigo e precisava de um jornalista com experiência para tocar a revista, enquanto ele necessitava de um segundo emprego depois que se casara, embora sua atividade no *Jornal do Brasil* continuasse a ser a principal. Em *Cadernos Brasileiros*, além de ser redator-chefe, fazia traduções de material originalmente publicado nas revistas internacionais do CLC, especialmente *Encounter* e *Preuves*. Traduziu, por exemplo, o poeta e político senegalês Léopold Senghor, e Wole Soyinka, que ganharia o Prêmio Nobel em 1986. Barretto comentou em carta a Hunt que o trabalho de edição de Luiz Orlando conseguiu uma coesão estilística até então ausente na revista.[168]

Segundo Luiz Orlando, quem o auxiliava diretamente na cozinha do periódico era Nuno Veloso, depois com ajuda também de Luiz Santa Cruz, cujo nome não constava do expediente, embora tenha contribuído com nove artigos entre 1961 e 1966, em geral sobre cultura, especialmente poesia, e também catolicismo, além de ter sido contratado por um período breve.[169] Em carta a Baciu por ocasião da intervenção de Botsford, Luiz Santa Cruz perguntara se era verdade que a publicação recebia verbas de fundações americanas e se Botsford, sob pretexto de servir ao Congresso, em verdade estaria "a serviço dos americanos, tentando, por intermédio de *Cadernos Brasileiros*, enquadrar a *intelligentsia* brasileira pelo seu sistema de colonização". Terminava dizendo que se recusava a "colaborar com a revista sem que sejam reafirmados seus alvos pela liberdade da cultura, sem qualquer pressão americana, pois não sou um traidor do meu país e da sua *intelligentsia*". Presumivelmente, ele foi convencido pelos argumentos da nova orientação da revista, pois auxiliou Luiz Orlando quando ele se tornou redator-chefe. A contundência dos termos mostra

---

167 Luiz Orlando Carneiro assinou apenas duas matérias em *Cadernos Brasileiros*. A primeira delas intitulada "O *jazz* e a integração racial", no primeiro número de 1963. Quando o entrevistei atuava no *site Jota*, escrevendo frequentemente sobre *jazz*, além de temas jurídicos e políticos. Disponível em: https://www.jota.info/. Acesso em: 14 fev. 2021.

168 Carta (em inglês) de Vicente Barretto a John Hunt, Rio de Janeiro, 20 ago. 1963, em IACFR, Series II, Box 89, Folder 5.

169 O nome de Luiz Santa Cruz não consta dos arquivos entre os assalariados do ano de 1963, em IACFR, Series IV, Box 496, Folder 13. Mas está entre os empregados em 1965, quando desapareceu da planilha o nome de Nuno Veloso, que fora estudar na Alemanha, em IACFR, Series IV, Box 499, Folder 9. Santa Cruz foi qualificado como "editor assistente" na prestação de contas de 1965, em IACFR, Series IV, Box 499, Folder 8.

que muitos colaboradores, embora anticomunistas, não se consideravam pró--americanos. Santa Cruz terminava a carta com brios nacionalistas: "contra qualquer patrão ou mestre imperialista, russo ou americano".[170]

Pouco mais de um ano depois, evocando o pensador católico Jacques Maritain, um breve editorial de *Cadernos Brasileiros* apontava no mesmo sentido. Com o título sugestivo de "duas falácias", considerava que "a desgraça do mundo" seria a imposição de optar entre uma das duas potências, considerando "falso ou superado o dilema direita-esquerda" (edição de maio-jun. 1963, p.2). Provavelmente esse editorial foi escrito por Luiz Orlando Carneiro, pois o conteúdo é bem semelhante ao depoimento que ele me concedeu (Carneiro, 2017). Ou seja, era forte na revista a proposição de uma terceira via de inspiração católica diante da polarização internacional em torno das duas grandes potências.

Se Santa Cruz informalmente ajudava a tocar o cotidiano na cozinha da revista, mesmo sem estar incluído no expediente, ocorria o oposto com Nélida Piñon num primeiro momento. Embora o nome dela constasse junto com o de Nuno Veloso como membro da redação, Luiz Orlando não se lembrou de tê-la encontrado muitas vezes. Isso foi confirmado pela escritora. Ela me declarou que sua participação em *Cadernos Brasileiros* teve dois momentos, um mais tênue e outro mais comprometido, no qual ela atuaria de modo profissional e remunerado, com atividades de organização e edição do periódico, que considerava literário, não político. De início ela aceitara o convite de Afrânio Coutinho com "uma pequena colaboração e a revista tinha um formato mais modesto, depois houve uma mudança muito grande e eu então fui ser editora assistente" (Piñon, 2016). Luiz Orlando Carneiro assim recordou esse período em que foi redator--chefe: "Nélida ia pouco lá, quase não a via. Quem trabalhava mesmo, trabalho braçal, éramos eu, Nuno Veloso e o Luiz Santa Cruz, que morreu cedo e tal. Éramos os que faziam a cozinha" (Carneiro, 2017). Segundo Vicente Barretto, nesse primeiro momento "a Nélida podia estar já integrada nesse tipo de conselho, mas não tinha participação efetiva" no cotidiano da sede (Barretto, 2016).

Contrastando com a imagem austera de um intelectual editor de *A Ordem*, Nuno Linhares Veloso fora presidente da Ala de Compositores da escola de samba Mangueira de 1957 a 1960.[171] Descendente do político cearense José Linhares, Nuno auxiliava Luiz Orlando Carneiro na cozinha da redação de *Cadernos Brasileiros* por volta de 1963. Segundo o redator-chefe:

---

170 Carta (traduzida para o francês por Baciu para repassar ao comando em Paris) de Luiz Santa Cruz a Stefan Baciu, Rio de Janeiro, 26 mar. 1962, em IACFR, Series II, Box 89, Folder 3.

171 Ver em: https://dicionariompb.com.br/nuno-veloso. Acesso em: 15 fev. 2021.

O Nuno gostava de farra, ele era também diretor da Mangueira, não tinha cara de mangueirense, mas era. Às vezes nós saíamos de lá – era um trabalho até gostoso, porque era uma revista cultural, a gente gostava de fazer –, e tinha a vantagem de ter uma sauna ali perto. [...] A gente acabava a reunião e ia tomar a sauna lá, ficava tomando cerveja.

Nuno Veloso – que também escrevia no *Jornal do Brasil* e assinou duas matérias em *Cadernos Brasileiros*[172] – ficou conhecido como compositor e cantor, parceiro de Cartola e outros sambistas célebres. Embora católico, teria trabalhado com Herbert Marcuse e sido amigo do líder estudantil esquerdista Rudy Dutschke quando morou na Alemanha. Em agosto de 1964, ele escreveu uma carta a John Hunt dando a notícia de que estava embarcando para lá, pois fora surpreendido pelo convite para estudar filosofia marxista na Universidade de Berlim, com uma ótima bolsa de duzentos dólares mensais livres de despesas, colocando-se à disposição do CLC.[173] Na volta, Nuno viria a participar do debate "Amostragem da Cultura Brasileira", realizado no Museu de Arte Moderna do Rio de Janeiro (MAM-RJ) em 1968, além de se tornar professor na Escola de Comunicação da UFRJ e, mais velho, na Escola Superior de Guerra, segundo Imaculada Kangussu (2005). Um itinerário de vida um tanto inusitado, misturando influências teóricas e ideológicas, o que não deixa de ser ilustrativo do caldeirão cultural e político contraditório dos anos 1960, expresso a seu modo nas páginas da revista cada vez mais aberta ao pluralismo, de modo que soa hoje estranho a seus integrantes identificá-la com o financiamento da CIA ao CLC. Por exemplo, Luiz Orlando a certa altura me disse: "tem um tipo de pergunta que você está fazendo como se nós fossemos na revista uma célula ligada aos americanos, eu não sentia isso absolutamente. Eu acho que o espírito era até aberto, não perguntava se o cara era de esquerda ou direita" (Carneiro, 2017).

Na prestação de contas referente ao ano de 1963, constam salários pagos pelo CLC a quinze pessoas. Apenas três delas com ocupação mais simples (faxineiro, datilógrafa e *office-boy*). Entre as demais, as remunerações maiores

---

172 Nuno Veloso escreveu a matéria "Na estrada dos paus-de-arara" para *Cadernos Brasileiros* em jul.-ago. 1963, naquele número mencionado com artigos sobre a reforma agrária, no qual relatou sua experiência inusitada de viagem acompanhando um grupo de retirantes. Outra contribuição dele foi "Balanço do ano comunista", publicada em nov.-dez. 1969.

173 Carta (em inglês) de Nuno Veloso a John Hunt, Rio de Janeiro, 17 ago. 1964, em IACFR, Series II, Box 89, Folder 6. Os duzentos dólares de 1964 equivaleriam a cerca de 1.685 dólares em 2021, considerando que um dólar de 1964 corresponderia a 8,43 dólares em 2021. Ver em: https://www.dineroeneltiempo.com/dolar/de-1964-a-valor-presente. Acesso em: 2 abr. 2021.

iam para Luiz Orlando Carneiro e Nuno Veloso, respectivamente editor e editor-assistente, além da secretária administrativa Thereza Marinho e da secretária Deborah Ann Toomey. Pode-se presumir que eram justamente as pessoas que cuidavam da "cozinha" da revista, com trabalho mais intenso. Também estavam na lista colaboradores como Guimarães Padilha (editor por breve período antes da chegada de Luiz Orlando, como se viu), Clarival Valladares (gestor da galeria) e Nélida Piñon (editora da seção de livros), com salários bem menores, donde se supõe que tiveram atuação cotidiana menos intensa naquele momento. Um salário intermediário era pago ao diretor Garrido Torres. Os ganhos de Barretto e Coutinho não entraram no cálculo.[174]

Esses dados permitem concluir que a equipe passou a contar com mais gente após a intervenção de Botsford na revista, que em 1960 fizera pagamentos também a quinze pessoas, mas apenas três com salários relativamente expressivos: o secretário-geral Baciu, o presidente Coutinho e a secretária Mira. Arino Peres e Assis Brasil tinham ganhos pequenos, o que faz supor que atuavam com menor intensidade. Os demais eram datilógrafas e mensageiros. Ao que tudo indica, era mesmo o casal Baciu que se encarregara essencialmente da cozinha da revista em sua primeira fase.

Apesar de seus nomes constarem da redação de revista de 1963 a 1966, Nélida também se recordou pouco do trabalho conjunto com Luiz Orlando. Ela disse se lembrar dele mais como jornalista do *Jornal do Brasil*, sendo Vicente Barretto o editor da revista, que assim se referiu sobre o cotidiano na sede no período em que a romancista foi mais atuante: "Éramos eu, a Nélida, o Afrânio, tinha uma secretária e só... e embaixo o acervo da galeria de arte que era precioso. E na galeria de arte é que a gente fazia reuniões" (Barretto, 2016). Luiz Orlando fora se distanciando devido à promoção no *Jornal do Brasil*, que exigia mais tempo e por isso aumentou sua remuneração. Ele admitiu que nunca se envolveu muito com *Cadernos Brasileiros*, "porque o meu maior interesse era o *Jornal do Brasil*", onde trabalharia por décadas.

Como editora-assistente, Nélida passou a ir com regularidade à sede de *Cadernos Brasileiros*, realizando trabalho intenso. Contou-me que "ganhava um salário, era pouco, mas eu ganhava, portanto eu fui uma trabalhadora, uma jornalista". Disse que "escolhia praticamente todo o material da revista, mantinha correspondência com os escritores, que eu tenho guardada toda ela". Além de fazer a revista, "tinha que responder correspondência, selecionar material, comecei

---

174 Auditoria externa realizada pela Price Waterhouse Peat & Company nas contas da Associação Brasileira do CLC, referente ao ano de 1963, em IACFR, Series IV, Box 496, Folder 13.

a descobrir que o mundo de editoração é muito original". Também "havia uma secretária permanente, uma mulher encantadora, Thereza", e uma datilógrafa. Seria uma redação pequena, "não havia debates políticos, era uma chamada redação literária, só raramente tinha um artigo político", pelo que se recordou (Piñon, 2016).

Em dezembro de 1964, do ponto de vista oficial informado à sede em Paris, "referente à orientação editorial", ficou determinado que *Cadernos Brasileiros* contaria com dois editores, Coutinho e Barretto, e três editores-assistentes: Luiz Orlando assistente técnico, Nélida assistente literária, e Clarival Valladares assistente de arte.[175] Isso ocorreu após a visita de John Hunt ao Brasil, quando se estabeleceu o seguinte quadro de funcionários com remuneração em dólar, a vigorar a partir de 1965: Vicente Barretto (350 dólares), Afrânio Coutinho (275), Nélida Cuiñas Piñon (120), Luiz Orlando Carneiro (120), Clarival do Prado Valladares (120), além das secretárias Thereza Perdigão Marinho (100) e Regina Coeli de Biase (100).[176] Eram valores compatíveis com o mercado, cuja procedência era o CLC, sem evidência de que os assalariados soubessem dos financiamentos que alimentavam o Congresso. Essencialmente, a produção do periódico ficava a cargo dessas pessoas e ainda Luiz Santa Cruz.[177] A dotação do CLC para o conjunto das atividades previstas para 1967 no Brasil chegaria a 50 mil dólares, o mesmo montante de 1966.[178] O orçamento de 1968 caiu para 45 mil dólares, em consequência dos cortes gerais do CLC após a crise de financiamento gerada com as denúncias das verbas da CIA.[179] Em 1969, o

---

175 Carta (em inglês) de Vicente Barretto a John Hunt, Rio de Janeiro, 11 dez. 1964, em IACFR, Series II, Box 89, Folder 6.

176 Carta (em inglês) de Vicente Barretto a Kenneth E. Donaldson, Rio de Janeiro, 17 nov. 1964. Associação Brasileira do CLC, em IACFR, Series IV, Box 499, Folder 9. Um dólar de 1964 equivaleria a 8,43 dólares em 2021. Ver em: https://www.dineroeneltiempo.com/dolar?valor=1&ano1=1964&ano2=2021. Acesso em: 2 abr. 2021.

177 Os dados de previsão de gastos referidos em nota anterior para o ano de 1965 não eram exatamente os mesmos da prestação de contas realizada um ano depois, onde apareciam vários pagamentos a outras pessoas que recebiam bem menos, com exceção de Luiz Santa Cruz. Isso permite concluir que ele foi incorporado à equipe principal, com ganho semelhante ao de Nélida e Luiz Orlando, igualmente qualificado como "editor assistente". Relatório Financeiro Consolidado para o ano de 1965. Associação Brasileira do CLC, em IACFR, Series IV, Box 499, Folder 9.

178 Cartas (em francês) de Mercier Vega a Vicente Barretto, Paris, 7 e 9 dez. 1966, em IACFR, Series VI, Box 557, Folder 8. Em 1966, 50.000 dólares equivaleriam 409.500 em 2021, considerando que um dólar de 1966 corresponderia a 8,19 dólares em 2021. Ver em: https://www.dineroeneltiempo.com/dolar/de-1958-a-valor-presente. Acesso em: 17 mar. 2021.

179 Eram 27 mil dólares para *Cadernos Brasileiros*, 18 para o centro, que agrupava as demais atividades. Carta (em espanhol) de Mercier Vega a Thereza Marinho, Paris, 12 dez. 1967, em IACFR, Series VI, Box 560, Folder 2.

O SEGREDO DAS SENHORAS AMERICANAS

orçamento ficou no mesmo montante de 45 mil dólares, apesar da crise do Ilari, que perdeu parte da verba da Fundação Ford e por isso fechou seus escritórios de Santiago e Montevidéu.[180]

Quando se incorporou ao trabalho mais intenso na cozinha da revista, Nélida Piñon já era a redatora responsável pela seção de livros, que saiu regularmente ao final de cada edição a partir de maio-junho de 1963, com breves resenhas de diversos autores sobre lançamentos, especialmente de obras literárias. Ela escreveu ainda seis matérias entre 1963 e 1966, algumas delas marcantes, como a entrevista com a comediante Dercy Gonçalves (n.28, mar.-abr. 1966), a que fez referência: "eu discutia a pauta, inclusive houve uma pauta que motivou muito debate porque eu propus uma grande entrevista com a Dercy Gonçalves e causou um escândalo" (Piñon, 2016).[181] O escândalo não foi surpreendente, pois é sabido que a atriz era um tanto desbocada, considerada vulgar, malvista pelas elites e desconsiderada nos meios intelectualizados, apesar da enorme popularidade.

"No meu tempo o editor era o Vicente Barretto, Afrânio Coutinho raramente ia lá", segundo Nélida Piñon (2016). Luiz Orlando Carneiro dissera a mesma coisa sobre o período anterior: Afrânio "era um cara muito educado, mas não se abria muito, ele delegava as coisas, aparentemente" (Carneiro, 2017). O diretor também iria pouco à sede no período seguinte, segundo Kátia Valladares (2017). Esses depoimentos confirmam a impressão que Botsford teve de Coutinho quando morou no Rio de Janeiro: "não trabalha tanto para seu salário".[182] Ao que tudo indica, Afrânio Coutinho era um homem de bastidores, dedicado aos contatos com os governos militares e com a cúpula do CLC, além das demais atividades em outras instituições, que priorizava, como a Universidade do Brasil, depois denominada Universidade Federal do Rio de Janeiro (UFRJ). Lá ele criou a Faculdade de Letras em 1965, sendo seu diretor desde 1968 – quando teve entreveros com estudantes e alguns jovens colegas mais contestadores – até 1981 ao se aposentar. Também se dedicou bastante à Academia Brasileira de Letras desde que ganhou uma cadeira em 1962. De modo que,

---

180 Carta (em francês) de Mercier Vega a Thereza Marinho, Paris, 6 jan. 1969, em IACFR, Series VI, Box 560, Folder 4.

181 Os cinco demais textos assinados por Nélida Piñon, além da seção de livros, foram: "Pequenas desatenções" (conto, maio-jun. 1963),"Aventura de saber" (jul.-ago. 1964), "A moda socialista" (nov.-dez. 1965), "Uma *lady* mandarin" (jan.-fev. 1966), e "A peregrinação de Malcolm X" (mar.-abr. 1966).

182 Carta (em francês) de Keith Botsford a Mercier Vega, Rio de Janeiro, 14 mar. 1962, em IACFR, Series VI, Box 557, Folder 8.

até mesmo para o principal representante do CLC no Brasil, a entidade teve um caráter complementar, expressando a dificuldade de enraizamento no país.

Quando Nélida Piñon se afastou do cotidiano editorial, a cozinha da revista passou a ser em parte coordenada por Clarival Valladares, que logo encaminhou a filha para exercer a função em 1968, na qual permaneceria até a extinção do periódico. Segundo Kátia Valladares, na maior parte do tempo ela teve a companhia da diretora-gerente tesoureira Thereza Marinho e de uma datilógrafa na redação da revista. Kátia reivindicou ter realizado "uma espécie de pequena revolução na paginação". Ia à gráfica e "sentava no chão com os operários" para analisar o material e evitar erros. O trabalho para editar uma revista bimestral era grande, ainda mais "na época da linotipia em que você tinha que ir para o chão da gráfica". Não obstante, ela se orgulha porque *Cadernos Brasileiros* "nunca saiu com a periodicidade atrasada". Na memória dela, "era a única revista de cultura" expressiva na época. Sobre a seleção dos artigos, ela disse que "decidia se entrava ou não entrava, lógico que falando com meu pai", mais do que com Barretto, que não iria tanto à sede naquele tempo, Coutinho quase nunca. Como já esclarecera Luiz Orlando Carneiro sobre o período anterior, muito do trabalho se "levava para fazer em casa, porque lá não tinha redação propriamente". Ele mesmo "ia lá duas ou três vezes por semana" (Carneiro, 2017).

Aqueles que tocaram a cozinha da revista sucessivamente em geral estavam ligados ao mundo da cultura, como era de se esperar de uma publicação voltada ao tema: Baciu era também poeta de várias obras, Luiz Orlando Carneiro era poeta e amante do *jazz*, Nuno Veloso era compositor popular, e Nélida Piñon, escritora – todos jornalistas. Sem contar que Afrânio Coutinho era crítico de literatura, e Clarival Valladares, de artes plásticas. O próprio Barretto tinha uma ligação com a literatura – por exemplo, preparou na época um livro sobre "o pensamento da revolta" de Camus, editado em 1971 –, mas era mais voltado à política, à filosofia e às ciências sociais, não por acaso era o representante do Ilari no Brasil.

Em suma, tratava-se no fundo de um grupo de amigos e conhecidos de Coutinho, Baciu e logo a seguir de Barretto, cada qual desempenhando um papel mais ativo para tocar a cozinha num determinado momento, auxiliando o editor. Mas sem criar laços sólidos de amizade e trabalho intelectual conjunto como os que haviam caracterizado, por exemplo, o grupo da revista *Clima* em São Paulo a partir dos anos 1940, estudado por Heloísa Pontes (1998). Não havia quase nada que fizesse lembrar círculos intelectuais como o de Bloomsbury em Londres no começo do século XX, expressivo dos valores de uma burguesia

O SEGREDO DAS SENHORAS AMERICANAS

iluminista, analisado por Williams (2011). Entretanto, havia uma mesma base de classe que os aproximava, vinham todos do meio de classe média tradicional intelectualizada carioca, influenciado pelo pensamento católico, chão social da UDN e de seu líder Carlos Lacerda. Compartilhavam ideias e valores anticomunistas e antitrabalhistas de elite que poderiam ser qualificados como de um liberalismo autoritário típico das classes médias conservadoras no Brasil, tema a ser retomado adiante (Saes, 1984; Cardoso, 2020).

Em síntese, Baciu teve a ajuda sobretudo da esposa Mira no cotidiano da revista. Barretto, seu sucessor, contou de início com o auxílio mais direto de Carneiro, secundado por Nuno Veloso. Em seguida, com o aumento das atividades de Carneiro no *Jornal do Brasil* que o distanciaram do cotidiano da revista, Nélida Piñon – cujo nome já constatava na publicação como redatora – passou a exercer a tarefa de editora assistente. Clarival Valladares, responsável pelo projeto associado do CLC com a Galeria Goeldi, foi ganhando cada vez mais presença na revista, para onde levou a filha Kátia, que morara em Cuba; a novata de certa forma passou a ocupar o lugar antes de Piñon na produção da revista, onde permaneceu até o encerramento, tendo assinado uma matéria de literatura em 1969. Cada responsável teve pouco elo com o imediatamente anterior e o posterior, de modo que apenas Coutinho conheceu de perto o itinerário dos quase doze anos da revista, e Barretto, a partir de 1962.

Para quase todos, o trabalho na revista teria um caráter profissional e passageiro, sem lograr uma identificação institucional de vida como aquela que Luiz Orlando teve com o *Jornal do Brasil*, por exemplo. A exceção talvez tenha sido Baciu, não por acaso estrangeiro, que se dedicou por anos a criar e consolidar o CLC no Brasil, e ficou tão decepcionado com as mudanças nas diretrizes da entidade que logo deixou o país onde dava indícios de pretender se estabelecer para sempre. Mesmo assim, Baciu dividia seu tempo com o trabalho na *Tribuna da Imprensa*, a atividade principal que lhe deixou mais lembranças do Brasil. No livro sobre sua vida nos áureos tempos do jornal de Lacerda, contou que pediu demissão da revista quando a central parisiense insistiu na tese de abertura para a esquerda que ele considerava suicida (Baciu, 1982, p.143).

Afrânio Coutinho foi o único assalariado e diretor durante toda a vida da revista, apenas uma dentre suas inúmeras atividades, conforme já destacado. Assim, é provável que conhecesse bem sua trajetória. Assinou cerca de dez matérias sobre literatura, cultura e editoriais. Já Vicente Barretto – que publicou em torno de quinze matérias sobre política, cultura e editoriais – praticamente ignorava a época de Baciu, segundo relatou, embora conhecendo bem a história posterior do periódico, no qual, entretanto, não trabalhava com dedicação exclusiva. O currículo que mandou para o exterior em busca de emprego após o fim de *Cadernos Brasileiros* aponta outras funções exercidas em paralelo: assistente especial do governador da Guanabara (1964-1965), diretor da Editora Nova Fronteira (1966), diretor da editora Stechert-Hafner (1967-1968), e diretor do Departamento Cultural do Estado da Guanabara (1967-1971).[183]

Clarival Valladares também atuou com destaque crescente desde a inauguração da Galeria Goeldi em 1964, embora tivesse outras responsabilidades – por exemplo, como membro do referido Conselho Federal de Cultura –, e escreveu apenas quatro artigos de crítica cultural para a revista.[184] Os demais tiveram atuação intensa por períodos relativamente curtos, dos quais os entrevistados se lembraram melhor. Assim, Carneiro falou de detalhes interessantes durante seu tempo na redação da revista, mas praticamente ignorou tanto os anos iniciais como os finais, que disse desconhecer, concentrado que estava no trabalho no *Jornal do Brasil*. Nélida Piñon também revelou mais recordações da cozinha da revista no período em que foi editora assistente, com lembranças esparsas do período inicial em que colaborava como redatora, sempre associando as recordações com o mundo da literatura. Não demonstrou ter informação significativa sobre os primeiros anos da revista, nem os últimos, estes lembrados por Kátia Valladares, praticamente sem elo com as fases anteriores, exceto pela presença do pai.

Carneiro, Nélida e Kátia tampouco expressaram conhecimento das atividades uns dos outros, cuja importância na cozinha da revista foi sucessiva, embora seus nomes constassem como coetâneos na ficha da página inicial. Os três, entretanto, lembraram-se bem das presenças de Afrânio, Barretto e Clarival, o que permite supor que eles foram as figuras centrais após o afastamento de Baciu; no período inicial, há indicadores da presença também do líder do Ipes Garrido Torres, do qual nenhum dos entrevistados diz se lembrar em atividades do cotidiano da revista, conforme já se destacou. A troca de correspondência com o escritório do CLC em Paris também mostra que Afrânio, Baciu depois Barretto, e secundariamente Clarival, eram seus interlocutores principais, além

---

183 *Curriculum vitae* de Vicente Barretto, Rio de Janeiro, 5 nov. 1971, em IACFR, Series II, Box 317, Folder 3.

184 No final de 1966, Clarival se aposentou das atividades de médico e professor para se dedicar exclusivamente a seu "trabalho idealista em *Cadernos* e na Galeria Goeldi", nos seus próprios termos. Carta (em inglês) de Clarival Valladares a John Hunt, Rio de Janeiro, 12 set. 1966, em IACFR, Series II, Box 89, Folder 8. A Galeria tinha prestígio e ficava com apenas 30% do preço dos quadros expostos e vendidos, comissão bem inferior à do mercado, o que a fazia ser procurada por muitos artistas para agendar exposições ainda antes de ser inaugurada. Carta (em inglês) de Vicente Barretto a John Hunt, Rio de Janeiro, 26 dez. 1963, em IACFR, Series VI, Box 559, Folder 16.

de Luiz Orlando e Nuno Veloso esparsamente em certo período e de Thereza Marinho e Kátia Valladares nos últimos tempos. O contato internacional da revista seria pouco ou nada conhecido pela maioria dos participantes da direção, como eles declararam.

MARIO PEDROSA E SEUS AMIGOS DO CONGRESSO PELA LIBERDADE DA CULTURA

Ao pesquisar o arquivo do CLC, uma das surpresas foi encontrar nos documentos menções a ícones da intelectualidade brasileira de esquerda, embora como atores coadjuvantes, caso de Mario Pedrosa, Celso Furtado, Florestan Fernandes, Abdias do Nascimento e Milton Santos. Cada um deles tem sido objeto de vasta literatura analítica especializada e não se pretende aqui desenvolver análise mais detida de cada caso, mas vale a pena destacar alguns aspectos, levantando pistas para futuros estudos. É preciso deixar bem claro que pesquisar a relação deles com o CLC não significa de modo algum sugerir que foram cúmplices do imperialismo ou algo parecido, mas contribuir para compreender sua inserção internacional e a complexidade das redes intelectuais no contexto da Guerra Fria, o que vale também para os outros sujeitos estudados.

Desses autores, o único que teve relação mais próxima com o CLC e *Cadernos Brasileiros* foi Mario Pedrosa, célebre como líder pioneiro do trotskismo no Brasil, o maior crítico de arte de seu tempo, introdutor e paladino da arte abstrata no país. Foi perseguido pelas ditaduras do Estado Novo e dos militares, ambas o levaram ao exílio. No fim da vida seria o membro fundador número 1 do Partido dos Trabalhadores (PT). Menos conhecida é sua atuação, sobretudo nos anos 1950, quando a luta antistalinista e antivarguista o aproximou dos liberais, como ressaltou Dainis Karepovs (2017).[185]

Além de ser membro do Conselho de *Cadernos Brasileiros*, onde publicou dois artigos, Pedrosa participou de debates promovidos pela revista, ainda que distante de seu núcleo. Ele "teve participação ativa nos seminários, era um cara presente", segundo o editor Vicente Barretto (2016). Seu primeiro artigo saiu

---

185 Para tratar do itinerário de Mario Pedrosa – particularmente do período em que se aproximou dos liberais – toma-se como base a excelente biografia política do autor escrita por Dainis Karepovs (2017), embora não se possa imputar a ele o modo como a sintetizo para os propósitos deste livro. O mesmo vale para outras obras consultadas para completar o quadro, como as de José Castilho Marques Neto (2001) e Marcelo Vasconcelos (2018), além da documentação no arquivo do CLC.

em abril-junho de 1960, intitulado "A revolta do herói absurdo", sobre Albert Camus. O segundo em novembro-dezembro de 1967, num debate transcrito sobre as relações entre Brasil e Estados Unidos. Portanto, um em cada fase da revista. Sua vinculação com ela, entretanto, não foi orgânica. Estava mais afinado com o CLC em plano internacional, onde a esquerda antistalinista de que fazia parte estava bem mais representada do que na Associação Brasileira. Ele tinha laços com ao menos três vertentes do Congresso: socialistas como Silone, os chamados intelectuais de Nova York, em geral oriundos do trotskismo a exemplo de Pedrosa, e ainda os veteranos da guerra civil espanhola. Não foi à toa que Gorkin se referira a Pedrosa em 1954 como o contato brasileiro de melhor formação e mais próximo dos dirigentes internacionais, conforme já destacado.

A correspondência revela "a aproximação do Secretariado de Paris do CCF com Mario Pedrosa ainda no ano de 1954", segundo Cancelli (2012, p.74). Cartas do final daquela década apontariam na mesma direção. Por exemplo, seu amigo Julián Gorkin escreveu ao editor Baciu, em novembro de 1959, recomendando incorporar o crítico de modo mais consistente às atividades de *Cadernos Brasileiros* e do CLC no Brasil:

> Outra questão de importância: Mario Pedrosa falou há alguns meses amplamente com Silone e parece que está um pouco ressentido de que tenha sido deixado à margem tanto da Associação brasileira como da revista. *Tempo Presente* e *Cuadernos* publicamos um excelente ensaio dele. Vocês não creem que seria de grande interesse incorporá-lo a suas atividades, uma vez que manifesta desejos de fazê-lo? Espero sua resposta a esse respeito e, se considerarem conveniente, eu mesmo lhe escreverei, rogando-lhe que se incorpore a suas atividades. Você sabe que contar com ele seria muito apreciável por sua experiência da vida mundial e suas viagens contínuas por regiões de grande interesse.[186]

Essas palavras expressam a consideração de Gorkin por Pedrosa, ambos simpatizantes de Trótski, tendo o espanhol escrito um livro sobre o assassinato do revolucionário, entre as várias obras que o CLC ajudou a difundir. Publicado em 1948, o livro revelou a verdadeira identidade do autor do crime, Ramón Mercader (Gorkin; Sanchez Salazar, 1948). Pedrosa tivera ligação com Andrés Nin – assassinado pelos stalinistas durante a guerra civil espanhola – e seu partido, o Poum, de que Gorkin fora dirigente destacado.

A carta de Gorkin mostrava ainda a proximidade do brasileiro com o socialista italiano Ignazio Silone, citado em primeiro lugar entre os grandes amigos

---

186 Carta (em espanhol) de Julián Gorkin a Stefan Baciu, Paris, 23 nov. 1959, em IACFR, Series II, Box 218, Folder 2.

O SEGREDO DAS SENHORAS AMERICANAS

de Pedrosa por Cláudio Abramo (1981). Silone era editor de *Tempo Presente*, que publicou artigo de Pedrosa igualmente reproduzido pela revista *Cuadernos*, dirigida por Gorkin.[187] Intitulava-se "Poder e burocracia", temas caros a Pedrosa, inimigo de sempre do Estado e da burocracia (Pedrosa, 1959). Os dois estrangeiros articulavam para aproximar o amigo das atividades do CLC no Brasil, valorizando sua ampla circulação intelectual internacional. Na resposta, Baciu prontificou-se a procurar novamente Pedrosa, eximindo-se de culpa, ao escrever que tudo fizera desde o início para obter sua colaboração:

> Fui eu quem sugeriu seu nome para a reunião de Santiago do Chile, para onde enviou a Rubem Braga; em seguida incluímos seu nome entre os membros fundadores da nossa Associação, e eu o convidei pessoalmente para a reunião da ABI, onde não apareceu. Depois, ele esteve fora do Brasil por quase um ano, exatamente enquanto nós começamos nossas atividades. Afrânio Coutinho, que é íntimo amigo dele, falará sobre esse assunto, convidando-o, por uma vez mais, a colaborar em todas as nossas atividades.[188]

Pode-se se supor que Baciu tinha contato com Pedrosa, pois trabalhava para a *Tribuna da Imprensa*, onde Pedrosa manteve coluna em diversos períodos nos anos 1950. Não se pode assegurar, contudo, que eram próximos, visto que o romeno preferiu delegar a Afrânio Coutinho a tarefa de insistir na colaboração do crítico. Dizia que Coutinho era amigo íntimo, talvez porque integrara o movimento de Ação Democrática, liderado por Pedrosa em 1956. Baciu deixou claro que fizera o convite ao crítico tanto para a reunião a que faltou na ABI, na qual a Associação Brasileira do CLC foi criada, como para a reunião anterior do CLC de Santiago, aonde Pedrosa preferiu mandar em seu lugar Rubem Braga, o famoso cronista já citado, mais um simpatizante do CLC internacional sem destaque nas atividades da instituição no Brasil.

Cerca de duas semanas depois dessa carta, Gorkin voltou a mencionar Pedrosa em outra missiva, dessa vez comentando que García Treviño – ex-trotskista, dirigente da Associação Mexicana para a Liberdade da Cultura – lhe disse que Francisco Zendejas, outro ex-trotskista, pretendia organizar uma exposição de arte brasileira na Galeria Excelsior, que dirigia na cidade do México. Para isso, Zen-

---

187 Ignazio Silone (1900-1978) escreveu obras como *Fontamara*, romance clássico antifascista, publicado em 1933, quando já deixara o Partido Comunista Italiano de que fora fundador, retornando às fileiras do Partido Socialista. Para uma exposição de sua trajetória política, ver o breve e elucidativo artigo de Anne Colamosca (2021). Silone e Chiaramonte renunciariam ao comando de *Tempo Presente* após a descoberta do apoio da CIA ao CLC, financiador da revista.

188 Carta (em português) de Stefan Baciu a Julián Gorkin, Rio de Janeiro, 14 dez. 1959, em IACFR, Series II, Box 218, Folder 2.

dejas contaria com a análise "de seu ex-companheiro trotskista Mario Pedrosa". Gorkin advertia que Zendejas teria "um pouco a mania de pedir ajudas materiais à direita e à esquerda sem nunca as devolver".[189] O texto exemplifica o alcance da rede internacional política e cultural de antigos trotskistas, e do lugar que Pedrosa ocupava nela, sem contar o conhecimento próximo das "manias" de cada um.

Na carta seguinte a Baciu, Gorkin tornou a insistir no tema do contato com o intelectual nordestino, pois "tanto o amigo Silone como os membros de nossa Secretaria Geral estão interessados em conhecer a reação de Mario Pedrosa a respeito da Associação".[190] Em resposta, Baciu informou que ele e Coutinho tiveram longa entrevista com Pedrosa, que se comprometeria a "colaborar com nosso Comitê de maneira ativa", prometendo escrever um artigo sobre Albert Camus para o número seguinte da revista. Esclareceu que o nome dele seria "incluído no Comitê Consultivo. Finalmente, Pedrosa vai escrever para nós uma série de artigos especiais e várias reportagens".[191] A informação seria reiterada no Relatório de Atividades referentes a fevereiro de 1960, em que Baciu informava que Pedrosa passaria a colaborar efetivamente a partir do número 5.[192] De fato, "A revolta do herói absurdo" saiu em *Cadernos Brasileiros*, com a distinção de abrir a edição de abril-junho de 1960. Mas o crítico nunca cumpriria a promessa de publicar artigos especiais e reportagens. Provável sinal de que não se sentia confortável com os dirigentes locais do CLC, ainda mais na conjuntura de polarização política que adviria, redundando no golpe de 1964, quando estiveram em lados opostos.

Antes disso, Gorkin iniciara sua carta a Baciu de fevereiro de 1960 expressando a satisfação dele e de Ignazio Silone com a notícia de maior aproximação de *Cadernos Brasileiros* com Pedrosa, atestando o contato privilegiado e a reputação do crítico de arte com a direção internacional do CLC. Agradecia a Baciu e Coutinho pela "diligência que puseram nesse assunto".[193]

O nome de Pedrosa constaria na lista de trinta artistas e intelectuais que compareceram ao almoço de primeiro aniversário de *Cadernos Brasileiros* – ao

---

189 Carta (em espanhol) de Julián Gorkin a Stefan Baciu, Paris, 29 dez. 1959, em IACFR, Series II, Box 218, Folder 2.

190 Carta (em espanhol) de Julián Gorkin a Stefan Baciu, Paris, 19 jan. 1960, em IACFR, Series II, Box 219, Folder 2.

191 Carta (em português) de Stefan Baciu a Julián Gorkin, Rio de Janeiro, 10 fev. 1960, em IACFR, Series II, Box 219, Folder 2.

192 Carta (em português) de Stefan Baciu a Julián Gorkin, Rio de Janeiro, 15 mar. 1960, em IACFR, Series II, Box 219, Folder 2.

193 Carta (em espanhol) de Julián Gorkin a Stefan Baciu, Paris, 17 fev. 1960, em IACFR, Series II, Box 219, Folder 2.

O SEGREDO DAS SENHORAS AMERICANAS

lado de personalidades como o poeta Manuel Bandeira, o jornalista Carlos Castello Branco, o jurista Evaristo de Moraes Filho, além de integrantes da Academia Brasileira de Letras, vários jornalistas e outros expoentes do *establishment* cultural carioca – mostrando que estava integrado naquele momento ao círculo mais influente da revista.[194] Numa carta escrita quase dois anos depois, Baciu mencionaria a Mercier que a revista contava com "esquerdistas como Mario Pedrosa e Hilcar Leite, e direitistas como Adonias Filho e Levi Carneiro".[195] Hílcar era seu amigo e colega na *Tribuna da Imprensa*, com a qual Pedrosa colaborava assiduamente, como vimos (Baciu, 1982).

Mario Pedrosa também tinha afinidades com Louis Mercier Vega, o libertário que sucederia Gorkin como responsável do CLC para a América Latina. Em carta no fim de 1961, Mercier solicitava a Baciu que pedisse a Pedrosa que o procurasse em sua próxima passagem por Paris, pois soubera por intermédio de "Silone que ele iria com bastante frequência à Europa" e desejava renovar o contato com ele.[196] Numa outra correspondência, de junho de 1962, Stefan Baciu dizia a Mercier que, "conforme seu desejo, comunicamos ao Sr. Mario Pedrosa seu propósito de encontrá-lo na Argentina, fornecendo, para este fim, seu endereço atual".[197] Mercier estava passando uma temporada a trabalho em Buenos Aires, articulando a nova fase de atuação do CLC na América Latina, assunto que provavelmente gostaria de discutir com Pedrosa. Na resposta, Mercier informava que estava para se encontrar com o brasileiro nos dias seguintes.[198]

Não foi possível localizar referências a Pedrosa na correspondência imediatamente posterior nos arquivos, talvez devido a divergências na conjuntura que culminaria no golpe de 1964. Mas ele estava no debate já referido com o jornalista francês David Rousset logo depois do golpe. Seu nome reapareceu com mais frequência em atividades de *Cadernos Brasileiros* após a abertura da revista à esquerda a partir de 1966. Por exemplo, deu uma conferência sobre política como parte de um seminário sobre a realidade brasileira, pro-

---

194 O almoço realizou-se no restaurante Mesbla, no Rio de Janeiro, em 19 de maio de 1960. Relatório de atividades da Associação Brasileira do CLC, maio 1960, em IACFR, Series II, Box 219, Folder 2.

195 Carta (em português) de Stefan Baciu a Mercier Vega, Rio de Janeiro, 24 fev. 1962, em IACFR, Series VI, Box 557, Folder 8.

196 Carta (em francês) de Mercier Vega a Stefan Baciu, Paris, 23 nov. 1961. Baciu respondeu que daria o recado, mas não acreditava que Pedrosa viajaria proximamente. Carta (em francês) de Baciu a Mercier, Rio de Janeiro, 11 dez. 1961, em IACFR, Series VI, Box 557, Folder 8.

197 Carta (em português) de Stefan Baciu a Mercier Vega, Rio de Janeiro, 14 jun. 1962, em IACFR, Series IV, Box 499, Folder 9.

198 Carta (em francês) de Mercier Vega a Stefan Baciu, Buenos Aires, 21 jun. 1962, em IACFR, Series IV, Box 499, Folder 9.

movido pela revista e pelo Ilari em junho de 1967, realizado na PUC do Rio de Janeiro em parceria com o Diretório Acadêmico Jackson de Figueiredo.[199] Provavelmente abordou aspectos de seus livros *A opção imperialista* e *A opção brasileira*, ambos de 1966, publicados pelo amigo comunista Ênio Silveira, proprietário da Editora Civilização Brasileira e da célebre revista de mesmo nome, com a qual Pedrosa também contribuía. Nessas obras – um tanto influenciadas pela conjuntura política – houve uma revalorização da questão nacional como parte da luta contra o imperialismo. Elas foram escritas a partir de um artigo encomendado por Rousset, como lembrou Karepovs (2017, p.145), possivelmente durante a referida estada do francês em 1964, enviado ao Rio de Janeiro pelo CLC. Mais tarde, a amizade com Rousset – que era próximo de De Gaulle no começo dos anos 1970 – seria fundamental para Pedrosa conseguir asilo político na França após fugir do golpe de Pinochet no Chile, segundo testemunho de Luciano Martins (Marques Neto, 2001, p.41).

Os dois livros deveriam ser parte de uma única obra, que acabou desdobrada em duas pelo volume elevado de páginas, expressando o esforço de Pedrosa para pensar a situação da sociedade brasileira sob o regime militar. Implicaram certa revisão de sua crítica anterior intransigente ao trabalhismo e ao comunismo, que o aproximara dos liberais brasileiros, nos quais depositara esperança de que aderissem a reformas sociais. O contexto que levou ao golpe evidenciara o equívoco, com o apoio maciço dos liberais à intervenção militar. Mas Pedrosa estava aberto a atuar de novo com eles, caso se dispusessem a criticar a ditadura e compreender a realidade brasileira, do que dava mostra sua participação em atividades de *Cadernos Brasileiros*, como o referido seminário na PUC em 1967. O artigo resultante de sua conferência pode ser considerado importante na obra de Pedrosa, pois seria "uma síntese dos seus trabalhos dos anos 1930 até ali e também condensa suas análises sobre o Brasil apresentadas nas páginas do *Correio da Manhã*", segundo Karepovs (2017, p.161).

A conferência de Pedrosa foi publicada com o título "Aspecto político", em livro editado pelos organizadores de *Cadernos Brasileiros*, com capítulos também de outros participantes, Gilberto Paim, Eduardo Portella, Walter da Silveira e Clarival Valladares (Pedrosa et al., 1968). Constituiu sua última contribuição aos debates políticos de 1968, pois logo adviria o AI-5, como lembrou Karepovs (2017, p.161).[200] Entretanto, a obra não seria muito difundida.

---

199 Instituto Latino-Americano de Relações Internacionais, Conferências, debates, grupos de trabalho, *Cadernos Brasileiros* – Galeria Goeldi, 1965-1967, em IACFR, Series VI, Box 559, Folder 18.

200 Sobre os livros *A opção imperialista* e *A opção brasileira*, consultei também a obra de Pedro Roberto Ferreira [s.L., s.d.].

O SEGREDO DAS SENHORAS AMERICANAS   171

Primeiro a publicação foi atrasada para esperar Pedrosa se recuperar de problemas de saúde e assim poder rever os originais, sinal do prestígio do autor com os organizadores. Lançado em outubro de 1968, o livro teria de ser retirado de circulação no começo de 1969 devido justamente à presença desse artigo, considerado subversivo no contexto de repressão e censura exacerbadas após a edição do AI-5.[201] É provável que tenha sido um caso de autocensura diante das circunstâncias, pois Barretto disse que a obra "não circulou para não criar problemas mais sérios", evidenciando que os editores tinham clareza sobre as posições radicais do texto de Pedrosa, um dos esquerdistas da coletânea, ao lado do comunista Silveira, que escreveu sobre cinema.[202]

Para compreender a relação entre Pedrosa, o CLC e *Cadernos Brasileiros*, é preciso retomar a experiência anterior do autor, marcada pelo combate à ditadura de Vargas e pela crítica de esquerda ao stalinismo. Nos termos do jornalista e discípulo Cláudio Abramo, Pedrosa "só teve dois grandes inimigos em sua rica, movimentada existência: o Estado e o stalinismo" (Abramo, 1981). Traduzindo essa afirmação para as fronteiras nacionais nos anos 1950, os inimigos eram a herança da ditadura do Estado Novo – que levara Pedrosa à prisão e ao exílio – e o Partido Comunista, ainda que jamais tenha sido favorável a proibir o funcionamento da agremiação. Acontece que esses também eram os principais inimigos dos liberais. Embora para eles a liberdade fosse indissociável da livre iniciativa (isto é, do capitalismo), enquanto para Mario Pedrosa ela só se realizaria plenamente no socialismo, a existência desses inimigos comuns conduziu o autor a aproximar-se dos liberais no contexto dos anos 1950, ainda que sempre mantendo a identidade socialista. Para ele, trabalhismo e stalinismo constituiriam versões de capitalismo de Estado, a ser combatido, distinto do "conceito de uma verdadeira economia socialista", conforme o balanço que formulou em 1948 sobre a trajetória de *Vanguarda Socialista*, um periódico que pretendeu apresentar ao Brasil "novas concepções e novas correntes surgidas ao contato das tremendas realidades do totalitarismo, sob as formas nacionais diversas de fascismo, nazismo e stalinismo" (Karepovs, 2017, p.91). Um parecer antitotalitário que seria compartilhado pelos membros do CLC, entre eles vários expoentes da esquerda não comunista norte-americana difundidos por Mario Pedrosa nas páginas de *Vanguarda Socialista*. Ao que tudo indica, ele não via

---

201 Carta (em português) de Thereza Marinho a Mercier Vega, Rio de Janeiro, 7 abr. 1969, em IACFR, Series VI, Box 560, Folder 4.
202 Carta (em português) de Vicente Barretto a Mercier Vega, Rio de Janeiro, 1º set. 1969, em IACFR, Series VI, Box 560, Folder 4.

o CLC como opção pelo lado dos Estados Unidos na Guerra Fria, mas como instituição contrária ao totalitarismo.

Pedrosa fora comunista, em seguida trotskista até fim dos anos 1930, mantendo depois pontos de vista marxistas, identificando-se como socialista democrático. Os fantasmas do totalitarismo estatal, quer varguista, fascista, ou comunista, assombraram seu pensamento e ação por muitos anos, o que o levou, por exemplo – mesmo mantendo a seu modo as convicções socialistas –, a apoiar as candidaturas presidenciais do brigadeiro Eduardo Gomes em 1945, de Juarez Távora em 1955, e de Jânio Quadros em 1960, todos pela UDN. Quadros, o único deles eleito, nomeou Pedrosa secretário-geral do Conselho Nacional de Cultura que criara. Anos antes, o crítico se opusera à posse de Juscelino Kubitschek, apoiando a ação golpista dos liberais da UDN associados a militares, só contida pelo contragolpe do general Lott, que garantiu a legalidade em novembro de 1955, mas era considerado por Mario Pedrosa como ameaça de retorno ao estatismo varguista. Quando Lott já era ministro da Guerra de Juscelino, Pedrosa o acusou de liderar o grupo militar "novembrista" que estaria preparando um golpe contra o presidente, qualificado ironicamente como "o bom moço, o folgazão pé de valsa [...] gozando a vida e chupando nas tetas do Estado". No trecho final do artigo, concluía que "a facção plebeia, jango-comunistoide, trabalha febrilmente para fazer desse mesmíssimo Lott um Perón verde-amarelo".[203] Chegou a dar palestras na Escola Superior de Guerra, tentando convencer generais intelectualizados a apoiar reformas sociais estruturais, a exemplo do que fazia com políticos liberais, como lembrou Luciano Martins (Marques Neto, 2001, p.38).

Foram escolhas políticas sempre na contramão das opções de comunistas e trabalhistas – algo que só mudaria no momento anterior ao golpe de 1964, quando Pedrosa apostou nas reformas de base, especialmente a agrária, e acabou derrotado. Logo se tornaria um militante contra a ditadura, candidato a deputado federal pelo MDB em 1966 (ele se candidatara antes pelo PSB nos anos 1950), agitador em 1968, difusor no estrangeiro de denúncias de torturas praticadas pelo regime, razão pela qual foi processado e obrigado a se exilar para não ser preso. No exterior, atuou ainda nas artes, por exemplo para criar o mais expressivo museu de arte moderna internacional no Chile, em solidariedade ao governo de Salvador Allende, que logo seria deposto (Cofré Cubillos et al., 2019). Voltando ao Brasil em 1977 – agora sem apostar nos liberais, e inspirado nos escritos de Rosa Luxemburgo com os quais tomara contato na

---

203 Mario Pedrosa, "A conjura oficial", *O Estado de S. Paulo*, p.5, 12 set. 1956.

Comício do brigadeiro Eduardo Gomes no estádio do Pacaembu, em São Paulo, para as eleições à Presidência da República em 1945. O candidato da UDN – de terno preto com lenço branco no bolso, ao centro da foto – está ladeado no palanque por apoiadores. Entre eles, Mario Pedrosa aparece ao fundo com destaque num terno escuro (o sexto da esquerda para a direita).
Fonte: Imagem parada de filme de propaganda da época, reproduzido no documentário *Imagens do Estado Novo – 1937 a 1945*, dirigido por Eduardo Escorel, de 2016.

juventude na Alemanha e nunca abandonara –, engajou-se na campanha pela anistia e foi, como vimos, um dos principais fundadores do PT em 1980, pouco antes de morrer, não por coincidência um partido que se colocava criticamente diante da herança trabalhista e comunista. Pedrosa via no PT a possibilidade de realizar o socialismo com democracia, seu ideal de vida.

A atuação de Mario Pedrosa como intelectual público a partir de 1944, escrevendo para os jornais *Correio da Manhã*, *O Estado de S. Paulo*, *Tribuna da Imprensa* e *Jornal do Brasil*, foi analisada por Josnei di Carlo (2019). Ele mostrou que as colunas de Pedrosa em geral eram culturais, as políticas seriam "sazonais, ditadas pelos momentos de efervescência social". Não por acaso, justamente os momentos em que suas posições políticas foram próximas daquelas dos proprietários dos veículos, como nas crises com o retorno de Vargas ao governo em 1950 e nas eleições de 1955, quando sua crítica ao varguismo interessava aos liberais.

Após a Segunda Guerra, Pedrosa liderara o grupo Vanguarda Socialista. Depois militara no Partido Socialista Brasileiro, de onde seria excluído em 1956 por presidir um movimento chamado Ação Democrática (AD), no seu momento de maior aproximação com os liberais. A proposta se dizia suprapartidária, embora pudesse ser considerada como embrião de um novo partido, ao propor uma "cruzada pela remodelação democrática do Brasil", convocando "os melhores homens" de todos os partidos, "instilando em cada um sentimento revolucionário inconformista". O Manifesto de Convocação da AD concluía: "Ou fazemos a revolução democrática, à brasileira, ou os comunistas farão à moda russa, pelo terror e pelo sangue, a sua revolução" (Karepovs, 2017, p.126). O tom do documento era afinado com os liberais à brasileira, como os da UDN, por exemplo, vários deles signatários desse Manifesto, caso de Bilac Pinto, Aliomar Baleeiro e Adauto Lúcio Cardoso, entre outros. Alguns integrantes do comitê de organização da AD – que não teve vida longa – estariam entre os fundadores da Associação Brasileira do CLC e de *Cadernos Brasileiros*, como Afrânio Coutinho, Prudente de Moraes Neto e Hilcar Leite.

Nessa época, Mario Pedrosa colaborou também com o jornal quinzenal carioca *Maquis*, de Amaral Neto, ligado a Lacerda e à UDN, crítico feroz do varguismo, de Lott e de Juscelino Kubitschek, periódico com o qual também colaborava o editor de *Cadernos Brasileiros* Stefan Baciu (1982, p.122). Pedrosa propagandeou em *Maquis* a recém-lançada AD em artigo de página inteira intitulado "A luta pelo povo", com direito a foto do autor, de óculos, terno e gravata (ver reprodução a seguir). Eis o parágrafo conclusivo do documento:[204]

> A iniciativa popular é a mola vital da democracia. A Ação Democrática quer instilar no povo o dom da iniciativa. Nada de passividade nem de resignação diante dos plutocratas empedernidos e corruptos que puxam os cordões da marionete que está no Catete. De iniciativa em iniciativa, o povo, unido em torno de seus melhores elementos, chegará, a partir de modestas lutas como a dos preços nas feiras e padarias, nos grandes problemas da nacionalidade, como a reforma agrária, a emancipação social do proletariado, a independência econômica do país na luta contra os tubarões nacionais e estrangeiros, a regeneração dos costumes políticos, a moralização dos negócios públicos, a renovação democrática do Brasil.[205]

---

204 Agradeço a Rodrigo Patto Sá Motta por chamar a atenção para essa colaboração de Pedrosa com *Maquis*, periódico estudado em seu livro sobre o anticomunismo (Motta, 2002).

205 Ver em: http://memoria.bn.br/docreader/DocReader.aspx?bib=116521&pagfis=77. Acesso em: 10 maio 2021. Há algumas entradas para "Mario Pedrosa" na coleção digitalizada de *Maquis* disponível no *site* da Biblioteca Nacional Digital. Na maioria eram menções de passagem na página inicial do expediente de *Maquis*, em que seu nome constava na lista de autores de artigos e crônicas, ao lado de Aliomar Baleeiro, Paulo Duarte, João Agripino, João Duarte Filho, Alberto Deodato, Rafael Correia de Oliveira e Pedro Dantas. A partir da edição da segunda quinzena de janeiro de 1957, o nome de Pedrosa deixou de constar dessa lista.

Mario Pedrosa

A LUTA PELO POVO

CARACTERIZA-SE a atual situação brasileira pela completa desmoralização dos quadros políticos dirigentes, combinada a um descontentamento crescente de camadas da população cada vez mais vastas.

A desmoralização é visível no aparente indiferentismo com que a opinião pública recebe as notícias de corrupção por parte de servidores e altos responsáveis pelos negócios desta nossa República. Falar hoje em ladrões da coisa pública, em falcatruas, em contrabandos, em especulações cambiais, em peculatos e peculatários, é assunto que entedia. Como se diz na gíria, «ninguém dá bola»: êsse clima de indiferentismo moral, de dar de ombros às revelações sôbre negociatas e bandalheiras, é constante. Tornou-se mesmo estável, sobretudo desde a explosão de revolta que culminou no trágico episódio da morte do major Vaz e terminou no suicídio de Getúlio Vargas e a instalação do govêrno bocó que se seguiu ao 24 de agôsto.

De há muito, as massas trabalhadoras já não acreditam nos nossos homens públicos, nem muito menos na honestidade ou na sinceridade dêles. Essa descrença não se estende apenas aos líderes de outros grupos e correntes, abrange também os «seus» próprios líderes. A atitude delas é extremamente pragmática, por assim dizer, quase cínica: «Ladrões são todos, parece dizerem; «por isso mesmo, ficamos com os que já nos deram alguma coisa, votamos nêles, pois podem precisar mais de nós do que os outros que nunca de nós se lembraram».

A CLASSE OPERÁRIA, diferentemente das classes médias, é profundamente cética em relação à moral das classes dirigentes e abastadas. E, convenhamos, têm alguma razão de o ser. O povo não acredita nos bons princípios das elites privilegiadas, nem na austeridade dos ricaços; ao contrário, está intimamente convencido de que a imoralidade e a corrupção campeiam nas altas rodas burguesas, na grã-finagem elegante. Eis porque quando surge um «bom apóstolo» para lhe falar, de unhas polidas e todo perfumado e pimpante de imponência e dignidade, se lhe não mostra logo a sua repulsa, o popular deixa de imediato transparecer na cara sua incredulidade tecida de ultrajante ironia.

O povo, definitivamente, não ama o pregador virtuoso, pois há um vício que abomina acima de todos os outros: é a hipocrisia. Ninguém pense que o povo ama a demagogia, não a distingue, ou, simplesmente, se deixa enganar pelo demagogo. O que se passa é que prefere geralmente o cínico ao hipócrita. O povo tem um dom todo especial de perceber incontinenti o que mais lhe repugna naquele que lhe vem falar, que lhe vem exortar: a discrepância entre o gesto e a palavra, entre o comportamento e os princípios.

O povo prefere a franqueza mais rude à tapeação mais melíflua. Compreende-se tal atitude. Para êle as denúncias de corrupção do adversário são uma arma política como outra qualquer. Ele não se sente na sociedade, da qual não tem a sensação de fazer parte, na posição de julgador, mas de reivindicador. Ele quer sobretudo subir na escala social, ter acesso ao confôrto, à cultura, enquanto luta desesperadamente pelo pão cotidiano. Não aprecia os acontecimentos nem os lances políticos como um árbitro, um juiz, para examinar quem foi leal, quem respeitou as regras do jôgo; não está em condições de apreciar a beleza de um jôgo, desinteressadamente; ou torce ativamente pelo seu lado, ou dêle participa com um duro senso da realidade.

EM GERAL, não se interessa pela política; mas quando acontece dela participar é como se tivesse de porrete na mão, para ganhar mesmo. Até mesmo a Justiça, com tôda a sua majestade, não lhe parece neutra nem imparcial entre o pobre e o rico. Aí está mais uma das razões pelas quais a moral do povo é essencialmente pragmática. E' ainda uma moral de luta, de reivindicação, de conquista. Para trazê-lo a respeitar os valores morais que nos são caros é preciso ir a êle; é preciso compreender-lhe a psicologia, e substituir a pregação pela palavra, em tôrno de princípios abstratos, a prédica pela ação. A pedagogia que lhe serve é a pedagogia da prática, do exemplo ativo.

O segrêdo de sua conquista está em saber traduzir as mais profundas aspirações populares em têrmos universais, identificando-as aos mais altos e permanentes valores da civilização cristã-ocidental. Os proletários não são uns brutos, indiferentes a êsses valores. Ao contrário. Apenas êles os vêem como ao fim de uma corrida de obstáculos que terão de disputar e vencer. E são êsses obstáculos que lhes tomam o horizonte imediato, que lhes surgem aos olhos com o impacto absorvente de um gigantesco close-up, diante do espectador na sala escura do cinema.

A AÇÃO DEMOCRÁTICA que se lançou à rua para abraçar a causa do povo e arrancá-lo à atmosfera de mistificação demagógica que o envolve, acredita firmemente na pedagogia dos fatos, nos ensinamentos pelo exemplo, na fecundidade do método experimental que consiste em aprender e ensinar, agindo. Esta experiência é o que estamos fazendo agora, quando vamos às feiras com a lista dos preços da Cofap, por nós confeccionadas, não só distribuí-las ao povo como estimulá-lo a exercer por si mesmo o direito democrático por excelência de fiscalização. A democracia só existe onde o povo é o fiscal supremo das leis e de seus executores.

Todo mundo reclama contra a alta continuada dos preços; mas ninguém faz nada para impedir essa monstruosa especulação contra as necessidades mais vitais da população. Eis porque os cidadãos mais conscientes, mais patriotas, mais inconformados com o descalabro que por aí vai, diante de um govêrno incompetente e constituído de farsantes, demagogos e desonestos em sua grande maioria, se reúnem e vão pregar pela ação a necessidade de não se resignar, de intervir, de obrigar os especuladores, os comerciantes desonestos, os fiscais relapsos a obedecer aos preços, já tão altos, dos gêneros, estabelecidos pelo próprio govêrno. Com a falência generalizada dos nossos governantes, a única solução é a intervenção direta do povo. Por esse método, esperamos obrigar, pela pressão popular, o govêrno a cumprir a promessa que fêz de congelar os preços, após a decretação do salário-mínimo.

A INICIATIVA popular é a mola vital da democracia. A Ação Democrática quer instilar no povo o dom da iniciativa. Nada de passividade nem de resignação diante dos plutocratas emperdenidos e corruptos que puxam os cordéis da marionete que está no Catete. De iniciativa em iniciativa, o povo, unido em tôrno de seus melhores elementos, chegará, a partir de modestas lutas como a dos preços nas feiras e padarias, aos grandes problemas da nacionalidade, como a reforma agrária, a emancipação social do proletariado, a independência econômica do país na luta contra os tubarões nacionais e estrangeiros, a regeneração dos costumes políticos, a moralização dos negócios públicos, a renovação democrática do Brasil.

Maquis, agosto de 1956, p.33.

Como se lê, o documento mesclava de modo insólito o marxismo – na pretensão de emancipar o proletariado – e o discurso moralista, elitista e anticorrupção da UDN, chamando à ação em torno dos "melhores elementos" do povo contra o presidente Kubitschek, supostamente manipulado por corruptos e plutocratas, num "clima de indiferentismo moral" da sociedade, a ser despertada. Custa crer – para quem conhece a obra do jovem e do velho Pedrosa – que tenha saído de sua pena a frase que segue, publicada no artigo citado de *Maquis*, a convocar adeptos para "traduzir as mais profundas aspirações populares em termos universais, identificando-as aos mais altos e permanentes valores da civilização cristã-ocidental".

Estava preparado o terreno para uma virada total de Pedrosa à direita, a exemplo de outros ex-trotskistas, ex-comunistas e intelectuais em âmbito global, algo que entretanto não se deu, ao contrário. Para entender esses deslocamentos, é preciso considerar também o contexto internacional, com a emergência do Terceiro Mundo, a Revolução Cubana e o correspondente acirramento político durante o governo Goulart. Em termos sintéticos, conforme lembrou seu discípulo Hélio Pellegrino, que estivera entre os interlocutores de Gorkin na primeira e frustrada tentativa de criar uma revista do CLC no Brasil:

> Foi por essa época que Mario Pedrosa aprofundou sua reavaliação crítica do fenômeno do nacionalismo. Formado na escola do internacionalismo proletário, foi-lhe necessário admitir que, nos países subdesenvolvidos, o nacionalismo progressista é instrumento indispensável na luta contra o imperialismo. (Pellegrino, 1981)

Essa reavaliação ocorreu após uma longa trajetória política que o empurrara crescentemente à direita sobretudo nos anos 1950, indissociável da aproximação de Pedrosa com membros do CLC, parte de sua experiência extraordinária no exterior. Raríssimos intelectuais brasileiros viajaram tanto quanto ele, também com longos períodos de residência no estrangeiro, onde fez uma infinidade de contatos e amizades quer como político, quer como crítico de arte. Pedrosa, nascido em 1900, vinha de família tradicional e católica de senhores de engenho da Paraíba; seu pai, Pedro da Cunha Pedrosa, foi político de destaque em seu estado e depois no Rio de Janeiro. Ele proporcionou ao filho estudar na Suíça por cerca de três anos, onde o rapaz testemunhou o início da Primeira Guerra Mundial. De volta ao Brasil em 1916, Mario Pedrosa cursou Direito no Rio de Janeiro, num meio eclético que em parte foi seduzido pela revolução soviética. Entrou no PCB em 1925. O Partido o mandaria a Moscou para a Escola Leninista Internacional em 1927, mas por razões de saúde acabou ficando em Berlim, onde morou

O SEGREDO DAS SENHORAS AMERICANAS

durante algum tempo como estudante e militante comunista, aproximando-se da Oposição de Esquerda, liderada por Trótski em escala internacional. Em 1929, passou um tempo na França antes de retornar ao Brasil, onde foi expressivo líder da Oposição de Esquerda. Como comunista e trotskista adepto do internacionalismo proletário, Pedrosa sempre manteve contatos no exterior. No fim de 1937, fugiu do país para escapar da repressão do Estado Novo. Então se estabeleceu por alguns anos com a mulher norte-americana e a filha do casal em Nova York e depois em Washington. Ainda no Brasil, conhecera sua esposa Mary Houston, cuja família morava em Niterói e era ligada às artes e à intelectualidade do país e do exterior. Uma das irmãs dela foi casada com o poeta francês Benjamin Péret, que Pedrosa conhecera em Paris, ao lado de Breton, Aragon e outros surrealistas, quando eram todos comunistas, como já mencionado no capítulo anterior. Foi amigo ainda de modernistas, como Mário de Andrade.

Nos anos que viveu nos Estados Unidos, Pedrosa teve intenso contato com intelectuais daquele país, sobretudo trotskistas, em meio às turbulências e dissidências internas dos movimentos de esquerda que acompanharam o contexto internacional conturbado que redundaria na Segunda Guerra Mundial, também marcado pelos processos de Moscou contra dissidentes comunistas e o assassinato de Trótski, exilado no México. Pedrosa esteve no torvelinho no seio da esquerda antistalinista nos Estados Unidos, composta *grosso modo* por duas tendências: uma se manteve por mais tempo ligada a ideais revolucionários, composta por intelectuais como Dwight Macdonald, enquanto outra se fechou num campo intelectual e estético, "seguida pelos principais editores da *Partisan Review* – Phillip Rahv e William Phillips", nos termos da tese sobre o exílio de Pedrosa nos Estados Unidos de Marcelo Ribeiro Vasconcelos (2018). Essa segunda tendência "acabou por tomar a filosofia pragmatista de Sidney Hook e John Dewey como principal paradigma" (Vasconcelos, 2018, p.229). Tratava-se do mesmo Hook anteriormente mencionado, autor de *Heresia sim, conspiração não*, intelectual dirigente do CLC nos Estados Unidos, ao qual Macdonald também logo viria a se ligar. Todo esse meio antistalinista tinha formação e atuação ao mesmo tempo política e estética que influenciou Pedrosa. Ao retornar ao Brasil em 1945, após cerca de sete anos nos Estados Unidos, ele difundiria o pensamento de vários desses autores da esquerda antistalinista norte-americana e teria papel fundamental na introdução do abstracionismo nas artes plásticas brasileiras, vindo a se tornar inspirador do neoconcretismo.[206]

---

206 Ver a obra sobre o itinerário crítico artístico de Pedrosa, de autoria de Otília Fiori Arantes (2004); a coletânea sobre *Pedrosa e o Brasil*, organizada por Castilho Marques Neto (2001); entre outras, como

Pedrosa afastara-se do trotskismo organizado em meio às disputas da IV Internacional, que transferira sua sede para Nova York. Ele participara da criação da entidade em Congresso na cidade de Périgny, na França, em setembro de 1938, quando foi nomeado secretário latino-americano da IV Internacional e membro do Comitê Executivo Internacional. Em 1940, ao lado da minoria do Socialist Workers Party, posicionou-se contra a posição de Trótski de defesa incondicional do caráter proletário da União Soviética. Pouco antes de ser assassinado, o antigo chefe do exército vermelho soviético dissolvera o Secretariado Internacional da IV, o que marcou o fim da ligação partidária de Pedrosa com o trotskismo.

Pedrosa seria influenciado nos Estados Unidos em especial pelo grupo que ficaria conhecido como New York Intellectuals, em maioria judeus, todos antistalinistas. Eram pensadores e críticos literários inicialmente socialistas, vários trotskistas, cuja trajetória ao longo dos anos em geral seguiria cada vez mais à direita, muitos dos quais se integraram ao CLC.[207] Um modo de aferir a ligação política e cultural de Pedrosa com pares estabelecidos nos Estados Unidos – como bem sugeriu Marcelo Vasconcelos (2018) – é conferir qual foi o espaço dado a autores e periódicos de lá no jornal *Vanguarda Socialista*, criado sob a liderança de Pedrosa após retornar ao Brasil.[208] Nos 124 números publicados de 1945 a 1948, há 157 artigos publicados por norte-americanos, portanto mais de um texto por edição em média. Apenas três revistas tiveram mais de dez artigos reproduzidos: *Politics* (30 artigos – liderada por Dwight Macdonald), *New Leader* (26 – revista antistalinista e liberal de Sol Levitas) e *New International* (21 – ligada ao Workers Party). Outras 16 publicações foram contempladas com menos de 9 artigos, além de 24 textos escritos exclusivamente para a revista por norte-americanos. Grande parte desses artigos tratava de debates dentro da esquerda antistalinista e de críticas ao totalitarismo por trás da chamada Cortina de Ferro.

Entre os autores publicados, há vários intelectuais de Nova York que viriam a se ligar ao CLC nos anos 1950, particularmente à sua seção norte-americana, como Dwight Macdonald (de *Politics*), James Farrell (de *New International*,

---

as de Marcelo Mari (2006); e Glaucia Villas Bôas (2019). A participação no Comitê Americano pela Liberdade da Cultura de Hook, Macdonald e outros autores difundidos por Pedrosa no Brasil encontra-se em livros como os de Saunders (2008); e Coleman (1989).

207 Autores como Alan Wald (1987) estudaram os New York Intellectuals, expressivos da ascensão e declínio da esquerda antistalinista nos Estados Unidos dos anos 1930 aos 1980, partindo de posições revolucionárias até a virada à direita. Heloísa Pontes (2010) analisou comparativamente os intelectuais de Nova York em torno de *Partisan Review* e seus contemporâneos paulistas da revista *Clima*.

208 Os dados estatísticos a seguir baseiam-se nos títulos de artigos de *Vanguarda Socialista* elencados nos anexos da tese de Vasconcelos (2018, p.538-56).

futuro presidente do Comitê Americano pela Liberdade da Cultura – ACCF), Melvin Lasky (de *New Leader*, mais tarde fundador de *Der Monat* e editor de *Encounter*, revistas financiadas pelo CLC), Sidney Hook (de *Partisan Review*, primeiro presidente da ACCF), além de Bertram Wolfe, Irving Howe, Ruth Fischer, Daniel Bell e Paul Goodman. Também estavam nas páginas de *Vanguarda Socialista* futuras figuras-chave do CLC na Europa, como Arthur Koestler e Ignazio Silone. Essa constatação, contudo, não deve levar a imaginar que se tratava de mera incorporação passiva de influências externas, afinal "os artigos escolhidos por Pedrosa e pelos demais editores do jornal brasileiro também faziam parte de uma estratégia que buscava mobilizar as críticas dos intelectuais nova-iorquinos segundo os interesses do grupo e dos problemas específicos do contexto nacional", como bem observou Vasconcelos (2018, p.440).

Esse mesmo critério seletivo valia na reprodução de clássicos do marxismo por *Vanguarda Socialista*, que foi relativamente plural na divulgação de autores clássicos de diversas correntes do marxismo não stalinista, em textos em geral ainda pouco conhecidos no Brasil da época. Deu-se destaque a, pela ordem, entre o material publicado de 1945 a 1946 nos setenta números do periódico: Marx (textos traduzidos em 17 números), Trótski (13), Rosa Luxemburgo (12), Engels (9), Kautsky (4), Martov (4), Lênin (3), Bukharin (3), Plekhanov (3), Radek (1), e Razanov (1).

Tal distribuição parece coerente com as ideias de Pedrosa no período, de construir uma democracia socialista crítica dos totalitarismos, inspirado numa fusão de influências sobretudo de Marx, Trótski e Rosa Luxemburgo. Eram clássicos lidos "à luz das experiências mais recentes", buscando "revelar no Brasil essas novas ideias que estão tendo curso não somente nos Estados Unidos como em outras partes do mundo", nos termos de Pedrosa (Vasconcelos, 2018, p.440). Tratava-se sobretudo dos referidos autores antistalinistas que viriam a construir o Comitê Americano pela Liberdade da Cultura nos anos seguintes, derivando cada vez mais à direita na cena política norte-americana e internacional, conforme já se salientou. A trajetória de Pedrosa até o fim dos anos 1950 acompanhou em parte o movimento mais geral à direita desse meio.

Como se vê, Pedrosa integrou uma rede internacional de intelectuais antistalinistas e a princípio anticapitalistas, defensores da democracia e da liberdade individual. Desempenhou papel relevante na difusão da obra produzida nesse meio entre a intelectualidade brasileira. Ele, que vivera em Berlim e Paris em 1928 e 1929, anos agitados pelas vanguardas artísticas e políticas, teve a oportunidade de morar nos Estados Unidos quando Nova York se tornou o novo centro mundial do modernismo, associado ao radicalismo político. De volta ao

Brasil, faria outras inúmeras viagens a trabalho pelo mundo afora, em geral ligadas às artes. Por exemplo, em 1953, passou quase um ano na Europa, negociando a vinda de obras para a II Bienal de São Paulo. Teve atuação ímpar nas artes plásticas de vanguarda, que eram também promovidas pelo sistema, com destaque para a atuação de Nelson Rockefeller como líder de uma "coalizão de elites no setor privado que abraçou o modernismo como a mais alta cultura dos Estados Unidos", cuja diplomacia cultural fez das artes uma ferramenta da Guerra Fria (Barnhisel, 2015, p.179).

Em suma, Mario Pedrosa teve relações com diversos integrantes do CLC sobretudo no plano internacional, tendo colaborado marginalmente também com as iniciativas nacionais do Congresso. Em termos globais, vale reiterar, o CLC tinha um forte componente de esquerda não stalinista (sociais-democratas, socialistas, ex-trotskistas e anarquistas) que praticamente não houve no Brasil, à exceção de Pedrosa e eventualmente de alguém ligado a ele, como Hilcar Leite. Por isso dificilmente se tornaria integrante orgânico das atividades nacionais, mas participou delas, como se viu. Assim, não se tratava propriamente de um estranho naquele ninho, situação um pouco distinta de outros intelectuais brasileiros de esquerda que tiveram contato esporádico com o CLC e *Cadernos Brasileiros*.

FURTADO, FLORESTAN E OUTROS ESTRANHOS NO NINHO

Celso Furtado foi objeto de atenção do CLC ao longo dos anos, sujeito a uma simpatia internacional inexistente em sua Associação no Brasil. Ao contrário, já se viu a hostilidade a ele em *Cadernos Brasileiros* desde o tempo de Baciu, aversão que continuou na fase seguinte da revista. Os desentendimentos entre o comando internacional e seus correspondentes no Brasil em relação a Furtado já vinham de antes da querela analisada na correspondência sobre a repressão após o golpe de 1964. Em agosto de 1962, Baciu escrevera a Hunt, em meio à disputa com Botsford, acusando o interventor de pretender levar Furtado para o seio do CLC:

> Leio com espanto o número 63 de *Cuadernos*, estampando o artigo de Celso Furtado, cuja "ficha" lhe mando aqui, embora acredito que não se deixará [ser] convencido, pois os "argumentos" de Botsford parecem prevalecer no Congresso, especialmente nos assuntos latino-americanos, que vem encaminhando no rumo seguido por Furtado.[209]

---

209 Carta (em português) de Stefan Baciu a Mercier Vega, Rio de Janeiro, 23 ago. 1962, em IACFR, Series IV, Box 499, Folder 9.

O caráter subversivo que Baciu via em Furtado somava-se na carta à surpresa por encontrar um artigo do economista publicado em *Cuadernos*, uma publicação do CLC. Isso lhe parecia ser um sinal de concordância internacional com a diretiva de Botsford de abertura à esquerda, contra a qual se insubordinava, alertando o responsável em Paris sobre o equívoco de tomar esse rumo. Reformas sociais – que aos olhos estrangeiros do Congresso pareciam compatíveis com a manutenção da ordem institucional – não eram vistas assim por seus correspondentes brasileiros, que as encaravam como ameaça comunista. Especialmente a reforma agrária tinha um apelo em âmbito internacional, por não significar a quebra do princípio da propriedade privada, permitindo certa redistribuição da terra com maior justiça, a exemplo do que ocorreu em diversos países capitalistas em que foi realizada. Já em âmbito nacional, a reforma agrária sempre foi considerada coisa de comunista para as classes dirigentes de um país de latifúndios. O tema era candente no contexto do fim dos anos 1950 e começo dos 1960, com o surgimento nas Ligas Camponesas no Nordeste e a ampliação do sindicalismo rural, concomitantes ao sucesso da Revolução Cubana, como temos ressaltado.

Para a nova diretiva no comando internacional do CLC, o esforço de aproximação com Furtado buscava abrigar um intelectual reformista que não era marxista e poderia constituir uma alternativa em relação à ruptura inspirada em Cuba. Ou seja, era um motivo distinto da identificação com Pedrosa, centrada na luta ideológica pela liberdade e contra o totalitarismo. No caso do dirigente da Sudene, o embate ganhava um contorno mais prático: a realização de reformas econômicas, sobretudo no campo, que pudessem garantir a liberdade em oposição ao avanço revolucionário.

Paralelamente, o mesmo motivo levara o governo dos Estados Unidos a buscar associar-se a Furtado por intermédio da Aliança para o Progresso. Em julho de 1961, ele esteve a convite nos Estados Unidos, onde foi recebido até pelo presidente Kennedy e por dirigentes da Fundação Ford e do Banco Mundial. Havia promessa de apoio à Sudene, mas, em 1962, "o programa Aliança para o Progresso chegou ao Nordeste com funcionários e uma agenda própria que, em muitos casos, chocava-se com os planos da Sudene", inviabilizando o acordo, nos termos de Flávio Mendes. Como bem apontou, diante da evolução da conjuntura nacional e internacional a partir de 1962, temeu-se que "reformas, como as defendidas por Furtado, poderiam alimentar novos processos revolucionários no continente" (Mendes, 2017, p.300). Isso não impediu que uma corrente do CLC no exterior continuasse a apostar em Furtado, cujo projeto de desenvolvimento também desagradava a setores da esquerda, até pela sua abertura ao financiamento dos Estados Unidos, que finalmente não veio para suas mãos, foi parar sobretudo na conta de governos estaduais mais afinados com a política exterior norte-americana, com o expôs Felipe Loureiro (2020).

A imagem simpática granjeada no exterior por Furtado pode ser aferida num documentário para a rede de televisão ABC dos Estados Unidos, exibido em rede nacional em 1962. O filme de 25 minutos – intitulado *Brazil, the Troubled Land* – apresentava e entrevistava Furtado como opção de mudança civilizada dentro da ordem, contra a via radical das Ligas Camponesas e seu líder Julião, identificados como inimigos comunistas, aliados de Cuba, que demagogicamente enganariam os camponeses. O latifundiário Constâncio Maranhão aparecia com seu revólver, dando tiros para mostrar qual era sua resposta para a questão da terra. As condições precárias e miseráveis dos trabalhadores também foram mostradas. Essas imagens contrastavam com o discurso anticomunista do locutor do filme. Uma reforma agrária moderada era apresentada como alternativa de bom senso e corporificada na pessoa de Furtado.[210]

Esse tipo de visão reformista seduzia uma parte da direção internacional do CLC – boicotada pelos dirigentes locais, vale reiterar. Na época do documentário, Baciu mandou a Mercier um recorte de jornal que acusava Furtado de favorecer os comunistas. Em resposta, Mercier asseverava que a leitura do texto de uma conferência recente do economista de modo algum lhe dava a impressão de ser um trabalho de propaganda comunista.[211] O próprio Furtado enviara seu texto a Mercier, que o convidara para participar do seminário "Concepção e prática da revolução democrática social na América Latina".[212] Embora não pudesse comparecer, Furtado considerava a iniciativa muito oportuna, pois "estamos colocando todos os dias o problema do sentido que terá a revolução social que seguramente ocorrerá em nossos países nos próximos anos". Advogava "a necessidade de incorporar os camponeses à sociedade democrática e a necessidade de evitar a tomada do poder por grupos minoritários. Relaciono esses dois problemas com o das condições objetivas que dão eficácia aos méto-

---

210 O documentário está disponível em: https://www.youtube.com/watch?v=jWq4__898mg. Acesso em: 5 mar. 2021. O filme foi dirigido por Helen Jean Rogers, que morara no Brasil quando estudante, apoiando dirigentes de direita da UNE liderados por Paulo Egydio Martins. Ela teria ligações com o Departamento de Estado norte-americano e mandaria nos bastidores da entidade em 1951, segundo interpretação de Poerner (2004, p.166), reiterada em levantamento de sua biografia por Urariano Mota. Ver em: https://jornalggn.com.br/noticia/brazil-the-troubled-land-ou-a-cineasta-que-veio-da-cia/. Acesso em: 8 maio 2021.

211 Carta (em francês) de Mercier Vega a Stefan Baciu, Paris, 3 abr. 1962, em IACFR, Series VI, Box 557, Folder 8.

212 Carta (em francês) de Mercier Vega a Celso Furtado, Paris, 27 fev. 1962, em IACFR, Series II, Box 557, Folder 8.

O SEGREDO DAS SENHORAS AMERICANAS   183

dos revolucionários de tipo marxista-leninista". A seguir, atendendo ao pedido de Mercier, sugeria nomes de professores brasileiros que poderiam contribuir para o seminário: Florestan Fernandes, Júlio Barbosa e Hélio Jaguaribe, "três homens jovens que exercem grande influência no ambiente intelectual brasileiro, dentro e fora das universidades".[213]

Essa carta mostra que Celso Furtado, ao menos inicialmente, não foi arredio a iniciativas do CLC. Também condensava aspectos que faziam dele um pensador atrativo para Mercier Vega e outros organizadores do CLC, ao propor a integração dos camponeses à ordem democrática, o distanciamento de métodos marxistas-leninistas, a aposta na democracia e o recurso ao saber acadêmico para resolver os problemas sociais brasileiros. Embora criticasse o liberalismo econômico, Furtado recusava a posição doutrinária de nacionalistas que "rejeitavam por princípio, qualquer apelo aos capitais estrangeiros", pois considerava que desempenhariam papel fundamental para o desenvolvimento, sobretudo no acesso à tecnologia, como observou Lúcio Flávio de Almeida (2006, p.162).

Tanto Furtado não era visto como comunista no exterior que recebeu convite imediato de três universidades de ponta para ser docente nos Estados Unidos após o golpe de 1964. Ele também tinha prestígio além da academia, como se pode aferir em matéria da época no *New York Times*, com o título "Economista brasileiro expurgado lecionará nos EUA", ilustrada com uma foto dele.[214] Em setembro, ele optaria pelo convite de Yale, tendo trabalhado a seguir por vinte anos na Universidade de Paris, mantendo atividades também em universidades norte-americanas, como Columbia e Yale, e em Cambridge na Inglaterra.

Assinada por Juan de Onis, a matéria do *New York Times* era sóbria, tentava manter isenção distanciada da situação política brasileira, mas elogiava o economista e criticava veladamente tanto os "excessos da revolução" como os "abusos" do governo deposto. Noticiava que Furtado perdeu os direitos políticos por dez anos, deixando de ocupar um posto na Aliança para o Progresso. Num trecho da matéria aparecia uma declaração um tanto palatável para os setores mais à esquerda que atuavam no CLC: "O sr. Furtado se descreve como um 'homem de esquerda', que no seu caso incorpora a crença de que a estrutura social do Brasil

---

213 Carta (em espanhol) de Celso Furtado a Mercier Vega, Recife, 19 mar. 1962, em IACFR, Series IV, Box 499, Folder 9.

214 Juan de Onis, "Purged Brazilian Economist Will Teach in U. S.", *New York Times*, p.14, 11 maio 1964. As três universidades que o convidaram, segundo a matéria, foram Yale, Columbia e Harvard, integrantes do seleto grupo da chamada Ivy League, a elite acadêmica do país, composta por oito universidades privadas da rica e tradicional região nordeste, compondo um sofisticado sistema de ensino superior, analisado por Reginaldo Moraes (2015).

pode ser alterada com o planejamento econômico e uma mistura de iniciativa do Estado e privada, trazendo melhoria econômica e participação política para milhões de pessoas empobrecidas". Imediatamente a seguir, a matéria esclarecia que isso era diferente de comunismo: "Ele defende a democracia política e é um crítico do comunismo como um sistema político e econômico autoritário".[215]

Além do artigo publicado em *Cuadernos* e da troca de cartas, Furtado pouco contribuiu com o CLC. Costumava rejeitar com gentileza por correspondência os convites que lhe formulavam, como aquele já abordado para participar do Seminário de Montevidéu em 1965. Eventualmente até indicava colegas para participar, como na carta mencionada antes. Talvez não visse espelhada no Congresso a imagem de "homem de esquerda" que tinha de si mesmo, embora não lhe fosse hostil, pois devia saber de correntes em seu interior próximas de seus ideais. Além disso, apesar de não ser comunista, Furtado não era anticomunista, não pedia atestado ideológico a seus colaboradores, de modo que havia gente do Partido Comunista e de outros grupos de esquerda trabalhando na Sudene, algo mais perceptível para os brasileiros do CLC do que para seus pares no exterior. Ou seja, diferente dos que admitiam navegar apenas com os norte-americanos, Celso Furtado não recusava apoios à esquerda, desde que mantivesse a relativa autonomia de seu próprio projeto. Assim, aceitara a princípio ajuda da Aliança para o Progresso para a Sudene, que logo não foi adiante justamente porque se tentou invadir sua autonomia relativa, preservada tanto pelos esquerdistas em sua equipe na Sudene como por aliados em universidades onde trabalhou nos Estados Unidos e na França.

Mesmo sem se aproximar, Furtado não recusava o contato especialmente com Mercier, a quem escreveu por exemplo logo que chegou a Yale, lamentando ter recebido com atraso um convite dele.[216] Outro exemplo: três anos depois, Furtado respondeu a Mercier agradecendo pelo envio de exemplares dos números 2 e 3 da revista *Aportes* e do dossiê sobre os militares de *Cadernos Brasileiros*. Lamentava também não poder participar de um colóquio promovido pela revista *Daedalus* em Harvard, nem contribuir com o número da revista dedicado à América Latina, como já escrevera ao editor Stephen Graubard.[217]

Florestan Fernandes foi outro intelectual de esquerda importante cortejado pelo CLC. Seu prestígio na entidade revela-se, por exemplo, numa carta do fim de 1964, em que Mercier Vega sugeria a Gino Germani o nome de Florestan

---

215 Idem.

216 Carta (em espanhol) de Celso Furtado a Mercier Vega, New Haven, 6 out. 1964, em IACFR, Series VI, Box 557, Folder 1.

217 Carta de Celso Furtado a Mercier Vega, Paris, 17 fev. 1967, em IACFR, Series VI, Box 557, Folder 1.

para compor seu projeto de centro latino-americano de ciências sociais na Universidade Columbia em Nova York. A lista de indicações incluía vários outros intelectuais da América Latina, entre os quais os brasileiros Celso Furtado, Hélio Jaguaribe e Fernando Carvalho.[218] O sociólogo paulista colaboraria com *Cadernos Brasileiros* pela primeira vez em maio-junho de 1966, publicando o artigo "Como muda o Brasil", que anunciava resultar de sua estada no ano anterior como professor visitante na Universidade Columbia.

Assim como Furtado, Florestan era considerado pelas suas credenciais acadêmicas, dentro da proposta do CLC de busca pelo conhecimento científico supostamente não ideologizado das questões sociais, que permitiria informar uma ação política para resolvê-las. Se Furtado atraía pela possibilidade de solucionar o problema agrário dentro da ordem, o atrativo de Florestan estava em enfrentar a questão racial, a que a entidade dava importância. Isso se revelava em *Cadernos Brasileiros*, que em sua fase de maior abertura à esquerda dedicou um número inteiro ao tema em maio-junho de 1968. Um depoimento de Abdias do Nascimento abria o volume, que continha o artigo de Florestan Fernandes intitulado "Mobilidade social e relações raciais", entre outros. Abdias viajaria pouco depois para uma estada de dois meses nos Estados Unidos com uma bolsa da Fundação Farfield, provavelmente desconhecendo que seus fundos haviam sido provenientes da CIA. Após o término da bolsa, "Abdias optou por permanecer nos Estados Unidos, possivelmente pelo receio diante dos desdobramentos da ditadura militar brasileira e dos riscos que poderia correr se retornasse". Moraria naquele país por uma década antes de voltar ao Brasil, conforme artigo a respeito de Dária Jaremtchuk (2018).

Numa carta de 1965, Mercier chamava a atenção de Barretto para a Conferência Internacional sobre raça e cor, promovida em Copenhague naqueles dias pelo CLC e pela Academia Americana de Artes e Ciência. Teria sido o primeiro congresso mundial sobre o assunto, que contou com Florestan Fernandes como único representante da América Latina, autor de uma apresentação de destaque entre os dezessete expositores. Mercier sugeria convidar Florestan para ajudar a organizar um seminário local e preparar um artigo sobre o tema para *Cadernos Brasileiros*. Anunciava também que as versões finais das comunicações no Congresso de Copenhague seriam publicadas pela revista *Daedalus*, da Academia Americana.[219] Pelo interesse no tema – e considerando as datas da correspondên-

---

218 Carta (em espanhol) de Mercier Vega a Gino Germani, México, 3 dez. 1964, em IACFR, Series VI, Box 557, Folder 1.

219 Carta (em francês) de Mercier Vega a Vicente Barretto, Paris, 17 set. 1965, em IACFR, Series VI, Box 559, Folder 18.

cia e dos artigos de Florestan publicados na revista brasileira –, é provável que essa carta de Mercier tenha originado não só os convites para as duas colaborações, mas também o plano do mencionado número da revista sobre a questão racial que sairia em 1968.

Bem impressionado com a participação do sociólogo paulista em Copenhague, Mercier pediria a Barretto no final do ano para lhe enviar por via aérea dois exemplares "da tese de Florestan sobre a integração das populações de origem africana na sociedade industrial de São Paulo".[220] Referia-se à tese de titularidade na USP que viria a se tornar o livro clássico *A integração do negro na sociedade de classes* (Fernandes, 1965), então recém-publicado, que logo Barretto ficou de mandar a Mercier pelo correio.[221] Provavelmente a obra fora interpretada conforme a ideologia da necessidade de incorporar os negros à ordem capitalista democrática, para que não a contestassem nem se marginalizassem, ameaçando torná-la disfuncional. O texto dá margem a esse tipo de interpretação, no sentido de enfatizar a necessidade de integração do negro à "ordem social competitiva", conforme Florestan por vezes se referia ao capitalismo. Mas também pode ser lido num sentido contestador, de questionamento da ideologia da democracia racial no Brasil, bem como da precariedade da ressocialização do negro após o fim do escravismo, que dificultaria constituir uma identidade de classe, enfraquecendo sua situação política, como propôs Elide Rugai Bastos (1987). Ou seja, integrar a sociedade de classes seria um pré-requisito para combatê-la. Mas o que encantava o CLC não seria essa leitura, e sim a necessidade de integração.[222]

Entre a realização desse Congresso em 1965 e a publicação do artigo de Florestan em *Daedalus* em 1967, depois em *Cadernos Brasileiros* em 1968, estourou o escândalo do patrocínio da CIA ao CLC. A reação do sociólogo paulista a respeito pode ser aferida numa carta em que abordou o tema, dirigida a Celso Furtado. Dizia ser amigo de Graubard, editor de *Daedalus* que o convidara para duas reuniões acadêmicas, uma delas o Congresso já referido sobre cor e raça, realizado em Copenhague, a outra ainda por vir:

> Não sabia que o Congress for Cultural Freedom estivesse por trás do financiamento da reunião da Dinamarca, foi uma desagradável surpresa para mim, a qual aumenta agora,

---

220 Carta (em francês) de Mercier Vega a Vicente Barretto, Paris, 30 dez. 1965, em IACFR, Series II, Box 89, Folder 7.

221 Carta (em português) de Vicente Barretto a Mercier Vega, Rio de Janeiro, 10 jan. 1966, em IACFR, Series II, Box 560, Folder 1.

222 Documentação sobre a presença de Florestan no Congresso de Copenhague e o sucesso no exterior de *A integração do negro na sociedade de classes* foram comentados por Wanderson da Silva Chaves (2019). O tema também foi tratado em livro de Cancelli, Mesquita e Chaves (2020).

ao saber que a CIA provavelmente tem dado dinheiro para essa organização. Agora, li nos jornais referência a isso. Espero que a reunião de setembro não conte com o mesmo patrocínio.* [*base da presunção: a notícia de que a Fundação Ford está, agora, financiando a revista *Daedalus*].[223] Caso contrário, no futuro terei de desgostar Graubard e, a pessoa a quem estimo deveras, Maybury-Lewis e que é seu colega em Harvard. Não gosto de ser etiquetado; nem de perder a liberdade por causa de pressões indiretas tolas. Contudo, desde que a CIA entre em um assunto, nós devemos estar fora.[224]

A carta não deixa de expressar o respeito e a amizade de Florestan Fernandes relativos a cientistas sociais no exterior, particularmente nos Estados Unidos, e a importância dada ao intercâmbio acadêmico internacional. Isso não surpreende, pois ele fora formado cientista social por professores estrangeiros na USP nos anos 1940, era especialmente ligado ao francês Roger Bastide, com quem desenvolveu estudo para a Unesco sobre a questão racial na sociedade brasileira no começo da década de 1950.[225] Florestan defendeu mestrado na Escola Livre de Sociologia e Política sob orientação do etnólogo alemão Herbert Baldus, desenvolveu em São Paulo o padrão da sociologia funcionalista norte-americana nos anos 1950, foi professor visitante na Universidade Columbia em 1965 e em Yale em 1977, como bem expressou o estudo sobre a trajetória intelectual de Florestan de autoria de Maria Arminda do Nascimento Arruda (1995). Pode-se detectar forte concentração geográfica nos Estados Unidos tanto dos artigos e participações em eventos internacionais de Florestan Fernandes como das resenhas publicadas sobre sua obra. Um total de 32 registros, bem acima dos países colocados em segundo lugar, França e México, com 7, seguindo Alemanha, Reino Unido e Canadá, cada qual com 4 registros, conforme dados compilados por Alejandro Blanco e Antônio Brasil (2018, p.82). O tema de maior sucesso no exterior era o da integração do negro na sociedade de classes.

Não seria coincidência que nos anos 1960 – entre os mais mencionados no levantamento quantitativo de "nomes dos sociólogos latino-americanos no *corpus Spanish* do Google Books" realizado por Blanco e Brasil (2018, p.83) – constem colaboradores próximos do CLC que viriam a se estabelecer nos Esta-

---

223 A emenda entre colchetes foi acrescentada por Florestan como nota de rodapé manuscrita.

224 Carta de Florestan Fernandes a Celso Furtado, São Paulo, 22 fev. 1967, publicada na correspondência de Furtado, organizada por Rosa Freire d'Aguiar, a quem agradeço pela gentileza da indicação ainda antes da edição do livro (Freire d'Aguiar, 2021, p.119-21).

225 Sobre o projeto da Unesco acerca das relações sociais no Brasil e sua importância para o amadurecimento das ciências sociais, ver artigo de Marcos Chor Maio (1999). Sobre a presença de franceses e norte-americanos nas ciências sociais brasileiras, com influência direta sobre Florestan, ver o texto de Fernanda Peixoto (2001).

dos Unidos: Aldo Solari e Gino Germani. Bem mais citados que Florestan, eles foram responsáveis respectivamente pela modernização sociológica no Uruguai e na Argentina, desempenhando um papel equivalente ao de Florestan no Brasil, como apontaram, por exemplo, Luiz Jackson e Alejandro Blanco (2014) sobre Germani; e Vania Markarian (2020) sobre Solari. Florestan seria cada vez mais citado no exterior a partir de 1965, ano de sua participação no referido congresso em Copenhague.

O que mais avultava na carta mencionada acima de Florestan a Furtado não era a consideração pelos colegas estrangeiros, e sim a antipatia do sociólogo paulista pelo CLC, pois qualificou como "surpresa desagradável" saber que essa organização patrocinara o Congresso de Copenhague. Enfatizou a impossibilidade de colaborar com qualquer coisa que tivesse financiamento da CIA, mesmo que precisasse desgostar amigos – atitude bastante generalizada no meio intelectual por toda parte, o que ajuda a compreender o descrédito das revistas do CLC apesar do fim do patrocínio secreto. Elas logo acabariam fechando, com raras exceções, como *Encounter*, que durou até 1991. O trecho da carta com asterisco, em nota de rodapé manuscrito no original datilografado, revelava a desconfiança também em relação à Fundação Ford.

Não obstante, Florestan publicaria em seguida tanto em *Daedalus* como em *Cadernos Brasileiros*, ainda em *Mundo Nuevo* e *Aportes*. Pode-se especular que foi convencido de que não houve apoio da CIA a qualquer das revistas, ao menos quando saíram seus artigos. Ou que nem conhecesse o apoio do CLC a *Cadernos Brasileiros*, afinal isso não ficava claro nas páginas da revista, que já estava no campo das publicações progressistas quando Florestan colaborou com ela. Ele devia lê-la ou consultá-la esporadicamente, pois oito números podem ser encontrados em sua biblioteca depositada na Universidade Federal de São Carlos, em anos correspondentes a diferentes fases: três números de 1963, três de 1965, um de 1966 e um de 1969. Estranhamente, não constam de sua biblioteca os volumes em que escreveu, nem o mais famoso da revista, com o dossiê sobre os militares. Isso permite supor que o sociólogo paulista possuísse mais números de *Cadernos Brasileiros* do que os guardados no acervo de São Carlos, cujos exemplares não contêm anotações, talvez revelando atenção residual de Florestan para a revista. Também cabe lembrar que Florestan buscava disseminar seu pensamento por vários meios, tendo colaborado com diversos periódicos nos anos 1960, de *Comentário* à *Revista Civilização Brasileira*.

Mercier encerrou uma carta a Barretto, de fevereiro de 1970, lembrando que naquele mês "Florestan Fernandes e Fernando Henrique Cardoso participarão do seminário organizado conjuntamente pelo Ilari e pelo Center of Internatio-

O SEGREDO DAS SENHORAS AMERICANAS

nal Relations, em Nova York". Animado, dizia que "o trabalho sistemático e coordenado começa a tomar forma apesar de todos os obstáculos".[226] Naquele momento, os dois sociólogos já haviam sido afastados da USP pela ditadura, vitimados pela edição do AI-5.

Impossibilitado de atuar como professor no Brasil, Florestan aceitou o convite para trabalhar no Canadá. De Paris, Mercier anunciava a Barretto a "próxima passagem de Florestan Fernandes, atualmente em Toronto, e com quem seria bom não apenas estabelecer contatos, mas começar uma colaboração, tanto para *Cadernos Brasileiros* como para nossos trabalhos do programa especial". Mercier agregava que pedira ao sociólogo paulista para colaborar com a revista *Aportes* sobre problemas brasileiros.[227] Florestan já publicara o artigo "Universidad y desarrollo" no número 17 de *Aportes* em junho daquele mesmo ano de 1970, e antes o texto "El drama del negro y del mulato en una sociedad que cambia" em *Mundo Nuevo* (n.33, mar. 1969). Devia estar convencido – assim como o próprio Mercier – de que não eram fundos da CIA que sustentavam essas revistas, que não escondiam o patrocínio da Fundação Ford como sendo o único desde 1966. O sociólogo paulista talvez estivesse também tocado por ser tão bem acolhido após seu afastamento da USP, algo incompatível com posições conservadoras e financiamentos escusos, que, ao que tudo indica, não havia mais.

Entretanto, Florestan começava uma virada intelectual que o levaria a trilhar caminhos à parte da vida acadêmica. De volta a São Paulo, a partir de 1973, retomaria a visão política do tempo de juventude, abraçando teoricamente o marxismo-leninismo, embora sem vinculação partidária, posição que o afastaria de iniciativas como o Ilari, que então fenecia. Como se sabe, Florestan viria a se filiar ao Partido dos Trabalhadores – que nunca se reivindicou marxista--leninista –, pelo qual se elegeu deputado federal em dois mandatos a partir de 1987. Antes disso, Florestan não abandonara por completo as atividades acadêmicas, foi professor na PUC-SP e esteve em Yale em 1977, como já ressaltado.

A questão social envolvendo aspectos raciais também fora motivo de aproximação do CLC com outro autor que mais tarde se tornaria um ícone da esquerda intelectual, o geógrafo baiano Milton Santos. Ainda jovem professor em Salva-

---

226 Carta (em francês) de Mercier Vega a Vicente Barretto, Paris, 4 fev. 1970, em IACFR, Series VI, Box 560, Folder 5. Provavelmente se tratava do seminário sobre "O papel do intelectual em países autoritários", que reuniu em Nova York amplo espectro de acadêmicos dos Estados Unidos e da América Latina, como Noam Chomsky, Edward Shils, S. N. Eisenstadt, Kalman Silvert, Richard Morse, Oscar Lewis, Paul Goodman, Domingo Rivarola e Aldo Solari, além dos brasileiros (Iber, 2015, p.220, 311).

227 Carta (em francês) de Mercier Vega a Vicente Barretto, Paris, 19 nov. 1970, em IACFR, Series VI, Box 560, Folder 5.

dor, ele recebeu visita de Mercier Vega. Juntos planejaram formar na Universidade um grupo de estudo sobre "mentalidade e estruturas sociais e mudanças sociais na Bahia", conforme carta de Mercier agradecendo a Milton Santos pela recepção na capital baiana em 1962.[228] O dirigente ficara empolgado, pois o professor lhe dera "a impressão de um intelectual autêntico, conhecendo a África negra e a África do Norte, em contato com Monbeig, Bastide, Duvignaud".[229] Porém, Barretto comentou por carta que Milton Santos ainda não lhe respondera sobre a criação do grupo de trabalho, numa época em que os contatos em São Paulo tampouco prosperavam.[230] Nova carta de Mercier insistiria na necessidade de conversar pessoalmente com Milton Santos para convencê-lo a organizar um grupo de trabalho "sobre o tema que ele mesmo havia proposto: estruturas tradicionais e mudanças sociais em Salvador". O título é ligeiramente diverso daquele mencionado na outra carta, talvez porque Mercier o citasse de memória.[231] Na missiva seguinte, Mercier voltou à carga, dizendo que conversou com Coutinho, que admitia ser possível conseguir uma "ligação melhor" com Milton Santos na Bahia, ao mesmo tempo que se ensaiava "criar uma equipe em São Paulo para estudar o fenômeno das manifestações de sincretismo religioso de origem africana em meios europeus".[232] Todos foram esforços praticamente vãos, o CLC jamais conseguiria se enraizar fora da cidade do Rio de Janeiro, como temos visto.

Pondo fim à novela Milton Santos, Barretto dirigiu-se a Mercier lamentando informar que os contatos não prosperaram, pois o professor baiano estaria envolvido numa série de problemas pessoais e domésticos que o impediriam de colaborar mais ativamente, mesmo vivendo no Rio de Janeiro havia cerca de dois meses.[233] Além desse contato inicial promissor e logo frustrante no começo dos anos 1960, não encontrei no arquivo do CLC outros vestígios de aproximação posterior de Santos.

---

228 Carta (em espanhol) de Mercier Vega a Milton Santos, Montevidéu, 9 out. 1962, em IACFR, Series II, Box 89, Folder 4.

229 Relatório de Mercier Vega sobre estada no Brasil em 1962, Paris, 4 out. 1962, em IACFR, Series VI, Box 574, Folder 3.

230 Carta (em francês) de Vicente Barretto a Mercier Vega, Rio de Janeiro, 21 dez. 1962, em IACFR, Series IV, Box 499, Folder 9.

231 Carta (em francês) de Mercier Vega a Vicente Barretto, Montevidéu, 7 jan. 1963, em IACFR, Series IV, Box 499, Folder 9.

232 Carta (em francês) de Mercier Vega a Vicente Barretto, Montevidéu, 29 jan. 1963, em IACFR, Series IV, Box 499, Folder 9.

233 Carta (em francês) de Vicente Barretto a Mercier Vega, Rio de Janeiro, 19 fev. 1963, em IACFR, Series IV, Box 499, Folder 9.

Ainda no final de 1962 – quando passou a organizar o CLC na América Latina, esboçando a futura criação do Ilari –, Mercier sintetizou numa carta o ideal científico que o movia. Esse ideal estaria presente nos anos seguintes em atividades como o seminário de Montevidéu em 1965 e a criação da revista *Aportes* em 1966. Naquela carta a Botsford, então morando no Rio de Janeiro, Mercier Vega dizia estar cada vez mais convencido da necessidade de criar grupos de estudo em todo o Brasil, reunindo "intelectuais de valor, e fazê-los trabalhar em comum sobre temas que os inquietam e de canalizar esses esforços para *Cadernos Brasileiros*", a exemplo de centros similares em outros países da América do Sul onde o Ilari atuava. Ele era difusor da crença na missão civilizatória dos intelectuais, importante em si mesma, cada qual "a trabalhar sobre problemas que estão a seu alcance". Os intelectuais não deveriam "se evadir, através das ideologias, de sua missão". Ou seja, propagava uma ideologia que não se supunha ideológica, ao propor resolver os problemas sociais por intermédio do conhecimento científico. E acrescentava a necessidade de colocar os brasileiros "em contato com outros centros de pesquisa sobre problemas frequentemente aparentados, da África, da Ásia, da Europa e da América Latina, evidentemente".[234]

Suas palavras permitem interpretar que a busca do conhecimento para o bem-estar social foi o caminho que Mercier encontrou para cicatrizar as feridas da derrota na guerra civil espanhola, duplamente dolorosa para anarquistas como ele, pois Franco triunfara na terra de dom Quixote e os comunistas se tornaram hegemônicos na esquerda mundial da época. Seriam vitórias do totalitarismo estatal, na visão das diversas correntes aliadas no seio do CLC, incluindo alguns poucos anarquistas, como seu amigo Benito Milla, espanhol radicado no Uruguai, onde fundou "Alfa, uma editora reconhecida de ensaio, narrativa e poesia", e realizou com Mercier uma série de empreendimentos para o CLC (Markarian, 2020, p.194; Jannello, 2018b). Como vimos, havia também ex-trotskistas, sociais-democratas e liberais, estes hegemônicos no Congresso que secretamente servia aos interesses dos Estados Unidos no jogo intrincado da Guerra Fria cultural, embora com relativa autonomia. Um jogo que Mercier sabia estar jogando com peças próprias, secundárias e frágeis no tabuleiro, é verdade, e sem conhecer toda a extensão de suas regras, como o financiamento oculto da CIA. Mas um jogo que inevitavelmente tinha de ser jogado, e ele buscava manejar a seu modo, tentando articular cientistas sociais sobretudo da América Latina, quem sabe transcendendo os limites do CLC.

---

234 Carta (em francês) de Mercier Vega a Keith Botsford, Montevidéu, 9 nov. 1962, em IACFR, Series IV, Box 499, Folder 9.

Aos que criticaram suas atividades no CLC após as revelações de 1966, Mercier Vega respondeu no fim da vida que concordava com a consideração de que "qualquer atitude faz o jogo de um antagonista ou de outro" no quadro da Guerra Fria. Mas recusava-se a "desaparecer, silenciar, tornar-nos objeto, pela única razão de que nossa existência pode promover o triunfo de um ou de outro". E concluía: "ninguém fará nosso jogo, se nós não o jogarmos nós mesmos".[235] Mercier Vega apostou suas fichas numa espécie de internacionalismo científico, a que consagrou muitos anos, conseguindo costurar uma rede de intelectuais na América Latina por intermédio do Ilari e das revistas *Aportes*, *Mundo Nuevo* e *Cadernos Brasileiros*. Dedicou-se a essa "tarefa que não pode dar resultados publicitários imediatos, que exige muitos esforços, paciência e tato [*doigté*]".[236] Isso envolvia ainda defender a liberdade dos intelectuais, como vimos por exemplo em sua posição dentro do CLC a favor de Celso Furtado e acadêmicos perseguidos após o golpe de 1964, e mais tarde com sua preocupação diante da invasão da Universidade de Brasília por tropas governamentais em 8 de setembro de 1965 e a solidariedade após o AI-5.[237]

Em 1962, Mercier escrevera a Baciu apontando que pretendia "pesquisar, com todas as precauções necessárias, as vias e os meios para informar e conquistar todo um meio de intelectuais interessados pelos problemas sociais – e isso não falta no Brasil – e que são tentados pela facilidade e habilidade da propaganda totalitária". Propunha, a partir do estudo dos problemas brasileiros, oferecer alternativas de métodos e perspectivas aos "jovens intelectuais sem experiência". Dizia que para isso não bastava "denunciar os crimes e catástrofes do stalinismo na União Soviética e na Europa oriental", como se fizera até então. Seria preciso "dar às novas gerações o sentimento de que existem tipos de instituições e organizações e um método de ação capazes de resolver de maneira democrática as questões postas pelas desigualdades sociais e os defeitos de estrutura na sociedade". Pelo estudo objetivo, os intelectuais ficariam a salvo da "evasão ideológica" e da "atração da demagogia". Assim resumia sua proposta: "Em uma palavra, não se trata de enfrentar os comunistas no seu terreno, mas de isolá-los, tratando de maneira rigorosa e objetiva os problemas

---

235 No original: "*nul ne fera notre jeu, si nous ne le menons pas nous-mêmes*", nota de Louis Mercier Vega por Jean-Louis Ponnavoy, 5 maio 2017. Disponível em: https://maitron.fr/spip.php?article192004. Acesso em: 7 mar. 2021.

236 Carta (em francês) de Mercier Vega a Keith Botsford, Montevidéu, 9 nov. 1962, em IACFR, Series IV, Box 499, Folder 9.

237 Carta (em francês) de Mercier Vega a Vicente Barretto, Paris, 20 out. 1965, em IACFR, Series II, Box 89, Folder 7.

O SEGREDO DAS SENHORAS AMERICANAS

que eles exploram".[238] Propunha uma espécie de "política da cultura apolítica", para usar em outro contexto os termos de Giles Scott-Smith (2002) sobre o CLC na Europa e nos Estados Unidos.

Na mesma carta, aparecia o lado anarquista de Mercier no seio do Congresso anticomunista ao afirmar que seria impossível

> [...] combater a demagogia de Julião sem conhecer a importância dos problemas camponeses na região Nordeste, e sem pesquisar os programas e os métodos de aplicação que permitiriam resolver esses problemas, e isso não apenas por uma planificação pelo alto, mas também pela participação voluntária, portanto democrática, dos próprios camponeses.[239]

Então, provavelmente além dos limites do CLC, seu projeto de solução dos problemas sociais pela investigação científica não se restringiria à planificação pelo alto, ganhando impulso com a participação voluntária e democrática dos camponeses. Mas raramente essa valorização da participação popular aparecia na correspondência. Em geral destacava a necessidade de estudar de modo objetivo os problemas sociais, econômicos e culturais no âmbito do CLC. Seriam vãos os debates com "representantes de concepções políticas extremas", nos termos de outra carta da época. Mercier dava um exemplo: "um debate com a participação de Julião me parece inútil; ao contrário, um estudo sério dos problemas do Nordeste por sociólogos e economistas me parece indispensável".[240] Essas palavras revelavam ao mesmo tempo a importância científica que ele atribuía ao CLC e sua crença em que soluções para os problemas da sociedade poderiam advir da aplicação de resultados de investigações das ciências sociais, desconsiderando o lado anarquista de participação dos trabalhadores que transparecera na mensagem anterior, embora de modo lateral.

Com variações, a busca de solução das questões sociais a partir da ciência como missão era algo disseminado na intelectualidade latino-americana de diversos matizes teóricos e políticos, em busca de conhecimento aprofundado e isento, construído em bases científicas profissionais. Fazia sucesso na época a interpretação clássica de Karl Mannheim dos intelectuais como livremente flutuantes (*freischwebende Intelligenz*), cuja inserção específica na sociedade

---

238 Carta (em francês) de Mercier Vega a Stefan Baciu, Paris, 7 mar.1962, em IACFR, Series II, Box 221, Folder 2.

239 Idem.

240 Carta (em francês) de Mercier Vega a Stefan Baciu, Paris, 26 abr. 1962, em IACFR, Series VI, Box 557, Folder 8.

permitiria compreendê-la em seu conjunto de modo científico, acima das ideologias (Mannheim, 1950; Löwy, 2007). Por exemplo, ao se recordar do grupo de sociólogos que liderava na USP, como Fernando Henrique Cardoso e Octavio Ianni, Florestan Fernandes dizia que suas pesquisas a incomodar os conservadores não tinham um fundamento político-partidário, mas essencialmente acadêmico, da responsabilidade do "intelectual como cientista, o intelectual como professor" (Fernandes, 1978, p.56). Celso Furtado foi outro pensador de ponta influenciado pelas ideias de Mannheim sobre a "capacidade do intelectual para efetuar a síntese das perspectivas" (Almeida, 2006, p.171).

Acreditava-se que a missão de produzir conhecimento científico para superar os problemas sociais seria uma necessidade objetiva no processo de desenvolvimento nacional, acima de eventual uso manipulador do imperialismo, de partidos ou qualquer força extra-acadêmica. Daí tantos intelectuais, inclusive os considerados de esquerda, terem colaborado com *Cadernos Brasileiros* e outras iniciativas do Ilari, mesmo sem se identificarem com essas instituições, possivelmente vistas como parte do empenho comum mais amplo pelo saber e desenvolvimento social – que era também de suas carreiras profissionais.

Nesse sentido, foi esclarecedora a entrevista que Moacir Palmeira me concedeu (Palmeira, 2016). Seu artigo "Nordeste: mudanças políticas no século XX" foi publicado por *Cadernos Brasileiros* em setembro-outubro de 1966,[241] com a intermediação de seu colega de turma Otávio Guilherme Velho, que escrevera para o número anterior o texto "O cientista social brasileiro", inspirado em autores como Mannheim. Tematizava justamente a missão do intelectual voltado à solução dos problemas nacionais com base na investigação científica. Ambos estudaram na Escola de Sociologia e Política da PUC do Rio de Janeiro de 1961 a 1964. Recém-formados, politizados, empenhados em pesquisa e desejo de profissionalização, encontraram espaço na revista, assim como um terceiro colega que também ficaria conhecido, Luiz Antônio Machado da Silva, autor de "A política na favela", de maio-junho de 1967. Os três artigos eram resultantes de pesquisa acadêmica ligada a questões sociais da época.

Moacir Palmeira contou-me que os três e outros estudantes de sua turma haviam batalhado muito para reformar seu curso no sentido da profissionalização da carreira com bases científicas, valorizando a pesquisa, pois até então era visto como um meio para ocupar cargos no Estado, preparar-se para prestar o exame do Itamaraty para a diplomacia, ou obter conhecimentos gerais para

---

241 Em seu memorial de concurso para professor titular, Palmeira referiu-se a esse artigo como tentativa de "entender a história política recente da região, devidamente enquadrada no arcabouço marxoweberiano que emoldurava a sociologia que se fazia então no eixo Rio-São Paulo" (Palmeira, 2014, p.394).

O SEGREDO DAS SENHORAS AMERICANAS

formar uma elite política esclarecida. Fizeram um movimento vitorioso para atualizar a grade curricular, e desde logo se envolveram em pesquisas de campo sobre trabalhadores rurais e também as favelas, ao mesmo tempo que atuavam no movimento estudantil de esquerda (Palmeira, 2016). Em sentido parecido, Otávio Velho declarou que

> [...] era insólita a possibilidade de alguém se tornar um profissional como cientista social. Isso era visto com uma certa suspeição por parte das famílias. E com uma certa razão. Por isso mesmo, desde o começo, ainda como estudante, acabei me tornando um militante da causa da profissão de cientista social. Nesse sentido, uma experiência importante foi a participação no movimento estudantil. Uma virada muito grande na minha vida pessoal, uma vez que eu vinha de um colégio militar e de uma família de militares. [...] Entro na PUC-RJ em 1961, numa época em que a PUC-RJ era um centro de elaboração política e intelectual. O presidente do DCE [Diretório Central dos Estudantes] era o Aldo Arantes, que depois se tornou presidente da UNE [...]. Havia, na época, uma efervescência política que, no caso da PUC-RJ, acabou dando origem à AP [Ação Popular]". (Velho, 2010, p.487)

Não foi a esquerda católica organizada na AP, entretanto, que atraiu aquele grupo de estudantes com desejo de profissionalização e mudança social. Do lado profissional, aproveitando a proximidade do pai – o general Octávio Alves Velho, que era também tradutor – com o editor Jorge Zahar, Otávio Velho conseguiu ficar responsável pela coleção que se tornaria célebre e circula até hoje, *Textos Básicos de Ciências Sociais*, ao lado dos amigos Moacir Palmeira e Antônio Roberto Bertelli, vindo de Minas Gerais para fugir da perseguição política, como contou o autor de uma história da Editora Zahar (Oliveira, 2017).[242] Os três eram próximos do PCB, Otávio declarou ter sido militante do fim de 1966 a 1970, ao mesmo tempo que preparava o mestrado em Antropologia no Museu Nacional. Ele já frequentava reuniões do Partido no movimento estudantil antes de se formar em 1964. Escaparia de ser preso no começo dos anos 1970 – mas não de ser processado – ao partir para fazer pós-graduação na Inglaterra com uma bolsa da Fundação Ford por intermédio do Museu Nacional (Velho, 2010, p.489). Não era incomum estudantes aplicados de ciências sociais

---

242 De 1966 a 1975, a coleção pioneira da Zahar lançou 28 coletâneas temáticas de autores estrangeiros, em geral organizadas por jovens acadêmicos brasileiros, conforme a tese de Leonardo Nóbrega da Silva sobre a "emergência das ciências sociais como gênero editorial" (Silva, 2019). Entre os organizadores de cada volume, estavam colaboradores de *Cadernos Brasileiros* ou de seus seminários, como Gilberto Velho, Wanderley Guilherme, Sulamita de Brito, Fábio Lucas e Carlos Henrique Escobar, além dos idealizadores da coleção.

terem militância de esquerda e seguirem carreira acadêmica com formação no Brasil e no exterior. Segundo Otávio,

> [...] a experiência no movimento estudantil foi um grande aprendizado que não estava, de maneira nenhuma, desassociado da minha formação como cientista social. Assim, acabei sendo eleito, aqui em Porto Alegre, em 1963, presidente da Executiva Nacional de Estudantes de Sociologia e Ciências Sociais. Fui o segundo presidente. O primeiro foi Bolívar Lamounier, cientista político mineiro, hoje radicado em São Paulo. E, como presidente da Executiva, passei a ser membro do Conselho da UNE [União Nacional dos Estudantes] no período crucial de 1963 e 1964, até o golpe militar. Essa participação na cúpula do movimento estudantil nesse período foi realmente uma vivência muito forte. (Velho, 2010, p.488)

Lamounier, citado por Otávio Velho, escreveria para *Cadernos Brasileiros* o artigo "Raça e classe na política brasileira" em maio-junho de 1968. Mais tarde ele se recordaria desse tempo como uma espécie de passado ideológico, de "clichês de esquerda", superado pelo acesso à ciência quando foi fazer o doutorado nos Estados Unidos, um país que exalaria "liberdade, pluralismo, discussão, coisas interessantes acontecendo" (apud Rodrigues, 2020, p.152). Esse depoimento contrasta com o de Otávio Velho, para quem a busca de conhecimento objetivo e profissionalização era algo posto nos anos 1960 pelo movimento estudantil de esquerda, como já havia detectado, por exemplo, a pesquisa de João Roberto Martins Filho (1987). Esse era justamente um dos aspectos que daria legitimidade e ajudaria a explicar o ascenso do movimento em 1967 e 1968, ao voltar-se para as reivindicações educacionais específicas dos estudantes, associadas à luta contra a ditadura.

A aproximação desses jovens cientistas sociais com o movimento estudantil e com a política de esquerda não foi empecilho para encontrarem espaço para publicar em *Cadernos Brasileiros*, como cientistas sociais. Segundo Moacir Palmeira, "naquele momento nós estávamos recém-formados e eram poucas as opções de revistas. [...] A revista de *Sociologia* de São Paulo continuava existindo, ainda que numa fase não muito boa, mas já estava uma coisa meio precária. Tinha, lá em Pernambuco, aquela da Fundação Joaquim Nabuco, do Gilberto Freyre, que era uma coisa também distante". Tampouco se sentia à vontade para publicar em revistas cariocas como "*Síntese*, da escola de sociologia onde nós nos formamos, mas que era complicado o acesso e até pela nossa participação nas disputas estudantis". Seria "um ambiente que publicava artigos de pessoas já mais experientes", inclusive "essas revistas mais culturais, tinha o *Tempo Brasileiro* que nessa época estava começando a se engajar nesse debate do estruturalismo. [...] Tinha a *Civilização Brasileira* que era uma revista muito procurada, uma revista mais à esquerda, mas o acesso era mais difícil". Mencionou também

> *Comentário* que era da comunidade israelita, uma coisa fechada e que nos parecia meio quadrada. E de repente aparece a *Cadernos Brasileiros* que tinha essa característica, essa revista cultural, com artigos, discussões mais abstratas e de literatos também que escreviam, mas abria espaço para trabalhos de pesquisa como a desse grupo nosso na Escola de Sociologia e Política da PUC. (Palmeira, 2016)

Moacir Palmeira, a exemplo dos colegas, recebeu a remuneração de praxe de quarenta dólares pelo artigo escrito para a revista, embora não se lembre do fato, talvez porque não foi isso o mais importante para ele.[243] A verba era bem-vinda especialmente para recém-formados, mas o objetivo principal seria divulgar a produção de suas pesquisas, "não era aquele negócio de você sair dizendo generalidades, meramente ocupar um espaço". Moacir não se recordaria de *Cadernos Brasileiros* antes de 1964. Conhecia o antigo editor Baciu apenas por meio de seus escritos na *Tribuna da Imprensa*. Seu contato na revista foi Mário Afonso Carneiro, que era amigo de Otávio Velho e na época foi contratado para organizar grupos de estudo e fazer contatos acadêmicos para a revista, conforme já mencionado. Tanto Palmeira quanto Velho trabalharam com outro intelectual próximo de *Cadernos Brasileiros*, o professor Manuel Diegues Jr., amigo e vizinho de Afrânio Coutinho, segundo Luiz Orlando Carneiro (2017). Diegues era professor da PUC e diretor do Centro Latino-Americano de Pesquisas em Ciências Sociais (Clapcs), criado em 1957 e sediado no Rio de Janeiro por iniciativa da Unesco.[244] Os dois jovens cientistas sociais engajaram-se nas pesquisas da Clapcs, entrando desde logo no processo de internacionalização das ciências sociais.

Naqueles anos, com poucos cursos de pós-graduação e profissionalização precária no Brasil, era comum os estudantes interessados em se dedicar à pesquisa buscarem desde cedo formação no exterior, usufruindo de oportunidades que se abriam. Assim, por exemplo, logo depois de publicar seu artigo em *Cadernos Brasileiros*, Moacir Palmeira foi selecionado para participar em Paris de "uma pesquisa internacional que o Pierre Monbeig estava articulando" no Instituto da América Latina sobre "implicações políticas do desen-

---

243 Documentos Financeiros do Ilari, em IACFR, Series VI, Box 560, Folder 4.

244 Diegues foi "figura central no trabalho institucional e expansão continental do Clapcs, especialmente em seus contatos com as comunidades acadêmicas da Argentina e do México", segundo Grisendi (2014).

volvimento capitalista no campo", justamente seu tema de pesquisa (Palmeira, 2016). Durante a estada na França, ele se aproximou do professor François Bourricaud, estudioso na época da questão agrária no Peru, e lhe passou seu artigo de *Cadernos Brasileiros*. O futuro orientador então lhe falou da revista *Aportes*, com a qual colaborava assiduamente, e o convidou para participar de um evento da revista em que houve, inesperadamente, uma recepção "luxuo-síssima", segundo o brasileiro. Moacir ficou impressionado não apenas com o luxo, "mas também um pouco as conversas, as opiniões, eu digo – pô, esse negócio tem alguma coisa. [...] Ficamos constrangidos, parecia coisa de cinema. E aí saímos meio grilados. Tinha o boatinho no Brasil..." (Palmeira, 2016).

Moacir Palmeira não dera muito crédito ao boato que circulava no Rio de Janeiro sobre o financiamento secreto da CIA às revistas do CLC: "antes de viajar eu já tinha ouvido essa história. Mas eu sabia que havia exageros nas formu-lações, não só do outro lado, mas nossas também". Constatava que "a revista publica de todos os lados", então supôs que "isso deve ser onda". Percebia "liga-ções com setores mais à direita, mas também tinham ligações sobretudo com setores da esquerda católica" em *Cadernos Brasileiros*. Via pluralismo parecido em *Aportes*. Então conheceu um historiador argentino, que foi seu professor e era amigo de Darcy Ribeiro. Ele o aconselhou a se afastar da turma da revista devido ao financiamento. Moacir ponderaria que *Aportes* publicava "coisas de um lado e de outro, mas aí eu fiquei com o pé atrás". Mesmo assim, continuou a ser orientado por Bourricaud, amigo de Mercier, que Moacir não conheceu.

Moacir Palmeira é filho do deputado da Constituinte de 1946 por Alagoas Rui Palmeira, senador de 1955 a 1968 pela UDN. O avô fora governador de Alagoas. O irmão Guilherme também seria político conservador, mas um outro, Vladimir, tornou-se o principal líder do movimento estudantil no Rio de Janeiro em 1968. Então, sua história de vida tinha semelhança com a de Otávio Velho e seu irmão Gilberto – que também publicou em *Cadernos Brasileiros* –, descen-dentes de oficiais militares por parte de pai e mãe. Eram jovens típicos da elite carioca rebelde dos anos 1960, vindos de famílias udenistas bem situadas, que estavam tentando romper com a tradição profissional das elites, bacharelesca, escapando ainda de previsível inserção política conservadora. Queriam fazer car-reira de pesquisa em ciências sociais e ajudar a resolver os problemas brasileiros.

Uma vez formados, vieram os "anos de semimarginalidade profissional que costumavam se seguir à graduação em sociologia" (Palmeira, 2014, p.400). Eles precisavam buscar trabalho ligado a seus interesses acadêmicos, e para isso recorreram às oportunidades que se abriam – e pelas quais haviam lutado politicamente no movimento estudantil – de fazer pós-graduação e pesquisa no Brasil e no exterior, ao mesmo tempo prestando serviços à Editora Zahar e fazendo pesquisa em grupos acadêmicos organizados. Procuravam ainda – em revistas como *Cadernos Brasileiros* – meios de difusão do próprio trabalho intelectual, que pretendia objetividade científica, indissociável do engajamento na solução de problemas sociais. A partir de 1964, enfrentaram a circunstância de uma ditadura militar. Isso fazia que cada um fosse "forçado a se posicionar em termos políticos como parte de sua trajetória intelectual. Havia, na época, uma ânsia existencial por compreender o que estava acontecendo com o país e um compromisso político que exigia um esforço intelectual de interpretação do Brasil", nos termos de Otávio Velho (2010, p.491-2).

Em todas as correntes nas ciências sociais que floresciam, notava-se o desejo de profissionalização e de realizar pesquisa de modo objetivo, recorrendo a métodos de investigação científicos para o conhecimento da realidade, o que não deixava de se ligar à resolução dos problemas sociais. A pesquisa poderia servir para buscar solução para o mau funcionamento do organismo social, na tradição positivista em que a política apareceria quase como uma ciência social aplicada. Ou então seria feita de modo a dar base para que os diversos agentes políticos fizessem suas escolhas bem informados e fundamentados no conhecimento objetivo da realidade social, na tradição weberiana. Ou a investigação poderia desvendar a essência da produção da sociedade para transformá-la, como apontariam as vertentes inspiradas em Marx. Qualquer que fosse a opção, valorizava-se a produção objetiva do conhecimento, com uso adequado e profissional de métodos e técnicas de pesquisa. Todos irmanados na crença, apesar de suas discordâncias, de que a construção institucional da pesquisa na universidade e a montagem de um sistema integrado de ciência e tecnologia seriam decisivas ao desenvolvimento nacional.

Em que pesem as divergências, houve certo reconhecimento do esforço de produção científica e de agrupar estudiosos de vários países realizado por parte de Mercier Vega, de sua revista *Aportes* e do Ilari, incluindo em paralelo a revista *Cadernos Brasileiros* da segunda metade dos anos 1960, todos abertos a contribuições de diversas correntes. Esse reconhecimento talvez ajude a entender por que Mercier e as revistas mais ligadas a ele – *Aportes* e *Cadernos Brasileiros*, pois *Mundo Nuevo* estava sob a liderança de Rodríguez Monegal até meados de 1968 – foram relativamente poupadas na batalha político-ideológica que se seguiu às denúncias de financiamento secreto da CIA ao CLC. Afinal, havia lugar para estranhos no ninho latino-americano que o antigo anarquista criou no CLC, de modo que atacá-lo seria não só injusto com seu empenho, mas voltar as baterias para a própria instituição continental das ciências sociais que se profissionalizavam, cujas redes ele ajudou a tecer. Não é demasiado reiterar a solidariedade de Mercier aos intelectuais pressionados após a edição do AI-5, inclusive mantendo o financiamento numa situação de corte de verbas do Ilari. Sua posição a respeito pode ser resumida nas seguintes palavras de uma carta:

> Compreendo perfeitamente a situação difícil na qual o Centro do Rio e a revista devem viver e desempenhar seu papel. Qualquer que seja a forma que tomem as atividades, o que me parece essencial é manter, no Brasil, um lugar onde os intelectuais de boa-fé, desejosos, quaisquer que sejam suas tendências, de estudar os problemas do país, possam continuar a se encontrar e a trabalhar em comum.[245]

Aqui apareciam não apenas a solidariedade, mas também o desejo de encontrar solução para os problemas da sociedade por intermédio do trabalho coletivo dos cientistas sociais de "boa-fé" de diversas tendências, isto é, daqueles dedicados ao conhecimento científico objetivo como uma espécie de missão, sem se submeter a instâncias exteriores, comprometidos com a modernização e o desenvolvimento social. Em suma, essa ideologia – que podia ser também uma utopia – era compartilhada por diversos intelectuais com distintas posições, participantes ou não das atividades de *Cadernos Brasileiros*, que por isso mesmo encontrava legitimidade até em meios considerados de esquerda, majoritários nas ciências sociais. Atribua-se ou não ao saber científico o condão de resolver os conflitos sociais, a busca do conhecimento objetivo da realidade é a base comum para o trabalho de qualquer cientista social, inclusive dos que reconhecem seus condicionamentos socioeconômicos, culturais e políticos, particularmente os de classe, como já lembrava Michael Löwy (2007).

DEBATES PLURAIS: DIFUSÃO E LEGITIMAÇÃO

Apesar do empenho para tornar *Cadernos Brasileiros* a principal revista intelectual brasileira, a tarefa não era simples. Era difícil até se fazer conhecida. Por exemplo, Wanderley Guilherme dos Santos me disse em entrevista que nunca ouvira falar do periódico até ser convidado para colaborar com o dossiê sobre os militares do final de 1966, que publicou seu artigo "Uma revisão da crise brasileira". O texto era academicamente crítico a um governo para o qual o desenvolvimento econômico seria matéria de segurança nacional, ou seja,

---

245 Carta (em francês) de Mercier Vega a Vicente Barretto, Rio de Janeiro, 9 set. 1969, em IACFR, Series VI, Box 560, Folder 4.

O SEGREDO DAS SENHORAS AMERICANAS

supostamente não poderia "estar sujeito aos azares da vida política" (Santos, 1966, p.56). Wanderley aceitara o convite de Barretto, pois "era uma época de efervescência, qualquer pedido de publicação para discutir os assuntos políticos" precisava ser aceito. Ele tinha na época 31 anos e considerável prestígio, trabalhara no Iseb e por isso foi processado após o golpe de 1964. Escrevera em 1962 um famoso livreto que previa a quebra da democracia, intitulado *Quem dará o golpe no Brasil?*, para a coleção *Cadernos do Povo Brasileiro* da Editora Civilização Brasileira, em parceria com o Iseb. Ele reivindicava ter sido o idealizador da coleção de sucesso que visava a debater e difundir as grandes questões nacionais para o grande público. Seria o responsável pela organização e edição dos cinco primeiros volumes, os quais apresentou prontos a seu mentor no Iseb Álvaro Vieira Pinto e ao editor Ênio Silveira, os dois diretores da coleção de que Wanderley seria secretário executivo (Santos, 2018).[246] Também publicara na revista comunista *Estudos Sociais* o artigo "Quando a crítica é que dá o golpe" (v.IV, n.16, mar. 1963).

Wanderley não se recordou com precisão quem intermediou o contato com Barretto para sua única publicação em *Cadernos Brasileiros*. Disse que provavelmente foi Eduardo Portella, editor de seu segundo livro, dono da Edições Tempo Brasileiro e da revista do mesmo nome para a qual Wanderley também escrevera um artigo. Ouviu falar de Vicente Barretto pela primeira vez por ocasião do convite para publicar, mais tarde o reconheceria como "excelente pesquisador do pensamento filosófico no Brasil, o Vicente sempre foi conservador, mas um conservador perfeitamente civilizado, e um grande leitor, estudioso". O primeiro editor, Stefan Baciu, ele conhecera não pela atividade em *Cadernos Brasileiros*, mas como responsável pelo "suplemento literário da *Tribuna da Imprensa*, no qual ganhei um prêmio por um conto, eu tinha 14 anos. Mandei um conto e eles publicaram, esse era o prêmio". Também lera algo de Afrânio Coutinho como crítico literário. Disse que *Cadernos Brasileiros* não lhe fez "censura nenhuma; nem posição, nem tema pediam, a gente escrevia o que a gente quisesse escrever" (Santos, 2018).

Wanderley Guilherme dos Santos não sabia da ligação de *Cadernos Brasileiros* com o CLC, atestando que normalmente ela não era explicitada pela

---

246 "O próprio Álvaro Vieira Pinto escreveu *Por que os ricos não fazem greve?*; o Nelson Werneck Sodré, *Quem é o povo brasileiro?*; Julião, *O que são as Ligas Camponesas?*; Osny Duarte Pereira, *O que é a Constituição Brasileira?*; e eu escrevi *Quem dará o golpe no Brasil?*" (Santos, 2018). Sobre o Iseb, ver, por exemplo, Toledo (1998). A íntegra da coleção dos *Cadernos do Povo Brasileiro* encontra-se disponível no *site Marxismo 21*, em: https://marxismo21.org/revistas-de-esquerda/.

revista. Disse que o próprio CLC era pouco conhecido no Brasil. Contou ainda que ignorava a querela sobre as verbas da CIA para as publicações do Congresso: "tanto quanto posso lembrar, passou em branco, porque ela não tinha, na verdade, importância" se comparada ao impacto da *Revista Civilização Brasileira*. Logo em seguida iria fazer seu doutorado nos Estados Unidos, em Stanford, onde permaneceu de julho de 1967 a julho de 1970. Teve apoio da Fundação Ford, que fizera um acordo com Candido Mendes, criador e dono do Iuperj, onde Wanderley trabalharia, ambos atuantes no antigo Iseb – realizava-se assim, por vias tortas, a proposta de aproximação com intelectuais dessa instituição que Botsford e Mercier já preconizavam em 1962. Faria parte do acordo "a constituição de uma pós-graduação em política, começando por formar gente" nos Estados Unidos, assim como o pagamento de salário aos pesquisadores do Instituto. Não seria empecilho o fato de que "todos os professores do Iuperj tinham um histórico policial, de algum porte", devido a questões políticas. Contou que conseguiu viajar apesar das dificuldades. Para ter o visto norte-americano, teve de responder no consulado a uma série de questões sobre suas atividades políticas, que o entrevistador demonstrava já conhecer em detalhe. Do Brasil, "por causa dos meus processos, eu não podia sair sem autorização do ministro da Justiça, e eu ia buscar isso na segunda auditoria da Aeronáutica", acompanhado de seu advogado (Santos, 2018).

Para realizar seus fins, a revista *Cadernos Brasileiros* precisava quebrar o desconhecimento de suas atividades até por um jovem acadêmico destacado e bem informado como Wanderley Guilherme. Por isso passara a promover debates regularmente a partir de 1965, associados ao centro de estudos que formou, formalizado como parte do Ilari mais adiante. O intuito, além de difundir sua presença, era obter maior inserção no meio intelectual e legitimar-se como veículo de produção das ciências sociais, em paralelo a sua intervenção no debate cultural. Os eventos realizavam-se em geral no espaço da Galeria Goeldi. Vários deles trataram de temas que mobilizavam intelectuais de esquerda, com a presença de alguns deles. Por exemplo, em novembro de 1965, houve um debate sobre o problema da criação musical brasileira, que contou com a participação de vários músicos, entre os quais Guerra Peixe e Esther Scliar, de conhecida atuação próxima do setor cultural do clandestino Partido Comunista.[247] O coordenador foi Mozart Araújo, chefe do setor musical da Divisão Cultural

---

247 Acerca do nacionalismo musical de Guerra Peixe e os comunistas, ver a dissertação de André Egg (2004). Sobre os comunistas brasileiros na música clássica nos anos 1940 e 1950, ver a tese de Luiz Antônio Giani (1999).

O SEGREDO DAS SENHORAS AMERICANAS 203

do Itamaraty. Ou seja, sentavam-se à mesma mesa representantes culturais do governo e dos comunistas, em debate reproduzido na edição de *Cadernos Brasileiros* de janeiro-fevereiro de 1966.[248]

Outro exemplo de busca de composição diversificada: na mesa sobre "a situação social da mulher brasileira" em 1966, um dos debatedores foi o conhecido psicanalista e socialista Hélio Pellegrino, com a presença também da "dra. Maria Rita Soares, líder feminista, presidente da Associação das Mulheres Universitárias do Brasil, do deputado Nelson Carneiro", além do padre Hozana, diretor do Instituto de Ciências Políticas da PUC-RJ. Numa carta redigida quando programava a mesa, Barretto comentou que dra. Maria Rita "politicamente é uma conservadora", qualificava Nelson Carneiro como "um dos líderes da oposição e autor do projeto instituindo o divórcio no Brasil", sendo o padre "um dos líderes da chamada esquerda católica". Acrescentava confidencialmente que também deveria participar do debate Carmem da Silva, escritora e jornalista que fora "até pouco tempo um dos intelectuais mais influentes do PC", do qual se afastara.[249]

Essa abertura, entretanto, não eliminava as rixas com o Partido Comunista, que, junto com "a esquerda radical", estariam "preocupadíssimos com o crescente sucesso de *Cadernos Brasileiros* principalmente nos meios universitários". Por isso estariam pressionando "muitos dos nossos colaboradores" a não escreverem para a revista, acusando-a de ser financiada pela CIA. Barretto aproveitou o ensejo para comentar que até então nada saíra na imprensa sobre as denúncias do *New York Times*, exceto um artigo que resumia a reportagem do jornal norte-americano com uma provocação indireta a *Cadernos Brasileiros*, que ele preferiu não responder, preparando-se para o fazer caso houvesse uma menção direta, estando disposto nesse caso a processar criminalmente os responsáveis. Também comentava o número em preparação sobre os militares, para o qual previa imprimir 8 mil exemplares.[250]

A censura brasileira também foi debatida naquele ano de 1966 em mesa com o crítico teatral Yan Michalsky, o dramaturgo João Bethencourt, e Paulo César Saraceni, diretor do filme *O desafio,* que tratava dos dilemas do intelectual

---

248 A referência sobre esse debate e os próximos citados está em: Instituto Latino-Americano de Relações Internacionais, Conferências, debates, grupos de trabalho, *Cadernos Brasileiros* – Galeria Goeldi, 1965-1967, em IACFR, Series VI, Box 559, Folder 18.

249 Carta (em português) de Vicente Barretto a Mercier Vega, Rio de Janeiro, 15 ago. 1966, em IACFR, Series VI, Box 560, Folder 1.

250 Idem. Vimos que, afinal, se imprimiram seis mil exemplares, tendo encalhado cerca de um terço da edição, atestando que a ambição era maior que o relativo sucesso de vendas obtido.

engajado após o golpe de 1964. O filme terminava sugerindo o envolvimento do personagem principal na luta armada, ao som de "é um tempo de guerra, é um tempo sem sol", famoso verso de uma canção de Edu Lobo e Gianfrancesco Guarnieri, originalmente composta para a peça *Arena conta Zumbi*, de 1965. Completava a mesa Joaquim Pedro de Andrade, que ficara preso junto com outros intelectuais e artistas por cerca de dez dias, após protesto contra o presidente Castello Branco em frente do Hotel Glória em novembro de 1965.[251]

O tema da censura gerara a formação de grupos de trabalho do centro de estudos ligado à revista, o de cinema era coordenado pelo crítico Moniz Vianna, contando ainda com Ely Azeredo, Glauber Rocha e Carlos Diegues. O de teatro, liderado por Michalsky, contaria também com Bethencourt e os críticos da área Kleber Santos e Henrique Oscar.[252] Segundo o organizador Vicente Barretto, o tema da censura gerava inquietude nos meios intelectuais e precisava ser debatido e "estudado seriamente" para melhor combatê-la, ao invés de atacá-la com "*slogans* e gritos de viva e abaixo".[253] Era o tom de sempre: encontrar solução para os problemas sociais pela abordagem científica e menos politizada, limite ultrapassado rapidamente por muitos interlocutores naquele contexto.

Foram promovidos debates sobre outros temas candentes da época em diversos seminários de 1966, como os que abordaram o movimento estudantil brasileiro e o cinema nacional como indústria. Sobre o movimento estudantil, realizaram-se "quatro mesas-redondas com a participação de professores e estudantes. Infelizmente não conseguimos de nenhuma delas um texto para a revista" – que, entretanto, contou com um artigo de Sulamita de Brito sobre o radicalismo estudantil em maio-junho de 1966.[254] Esse artigo teria sido o principal motivo para ser demitida do cargo de professora substituta de Ciência Política na Faculdade Nacional de Filosofia, na versão extraoficial ouvida por Barretto.[255]

Como se pode notar, ainda antes do número de *Cadernos Brasileiros* sobre os militares, já havia abertura para incluir esquerdistas acadêmicos nas páginas da revista – como os citados Moacir Palmeira e Otávio Velho – e também nos debates

---

251 Ver, por exemplo, Ridenti ([2000] 2014, p.104-6), e "Protesto dos Oito do Glória", disponível em: https://riomemorias.com.br/memoria/protesto-dos-oito-do-gloria/. Acesso em: 10 mar. 2021.

252 Carta (em português) de Vicente Barretto a Mercier Vega, Rio de Janeiro, 6 jul. 1966, em IACFR, Series VI, Box 560, Folder 1.

253 Carta de Vicente Barretto a John Hunt, anunciando a promoção de debates sobre a censura, Rio de Janeiro, 1º jan. 1966, em IACFR, Series VI, Box 560, Folder 1.

254 Carta (em português) de Vicente Barretto a Mercier Vega, Rio de Janeiro, 15 jun. 1966, em IACFR, Series VI, Box 560, Folder 1.

255 Carta (em português) de Vicente Barretto a Mercier Vega, Rio de Janeiro, 6 jul. 1966, em IACFR, Series VI, Box 560, Folder 1.

O SEGREDO DAS SENHORAS AMERICANAS 205

paralelos promovidos no centro de estudos que criou. Era um modo de se legitimar diante da intelectualidade naquele momento, predominantemente de esquerda. Algo que se repetiria no ano de 1967, por exemplo, na mesa sobre os rumos da esquerda, com Jean-Marie Domenach, diretor da revista *Esprit*, pensador católico na linha do personalismo de Mounier; Candido Mendes de Almeida, também católico progressista; Gilberto Paim, pendendo para conservador; Wanderley Guilherme dos Santos, como vimos um jovem professor oposicionista de prestígio; o editor Vicente Barretto; e Leandro Konder, líder do setor cultural do PCB, completando a mesa diversificada. Começava a se esboçar certa aproximação cultural na prática entre setores liberais e comunistas na oposição à ditadura, como apontou, por exemplo, Marcos Napolitano (2017).

No mês de julho de 1967, o debate sobre "os rumos atuais do cinema brasileiro" contou com três cineastas: novamente Saraceni e Joaquim Pedro, além de Carlos Diegues, ligado à esquerda católica, filho de Manuel Diegues, já citado como colaborador ativo de *Cadernos Brasileiros*. Conforme o documento, participaram ainda os críticos Jaime Rodrigues e Alex Viany, este de conhecida militância comunista.[256]

Na série de nove conferências sobre a realidade brasileira realizada no espaço da PUC em junho de 1967, algumas foram dadas por intelectuais considerados de esquerda, como o comunista Walter da Silveira, que falou sobre cinema, enquanto Mario Pedrosa tratou da política, em atividade já comentada.[257] A série propunha "levar um pouco de conhecimento científico e objetivo a analisar a realidade" brasileira, dando ainda "aos intelectuais uma aproximação séria e objetiva sobre os problemas dos quais falam muito e sabem pouco", nos termos de Barretto em uma correspondência.[258] Atribuía-se aos conferencistas do evento uma cientificidade que faltaria a muitos intelectuais falastrões, entre os quais não estariam – supõe-se – os pensadores de esquerda convidados. O convite era sinal de que os organizadores admitiam a contribuição daqueles intelectuais ao conhecimento objetivo. Este era reivindicado por várias correntes de pensamento e políticas da época, mas havia divergência sobre que produção seria de fato científica, inclusive no seio da revista *Cadernos Brasileiros* e do

---

256 Instituto Latino-Americano de Relações Internacionais, Conferências, debates, grupos de trabalho, *Cadernos Brasileiros* – Galeria Goeldi, 1965-1967, em IACFR, Series VI, Box 559, Folder 18. Sobre Alex Viany, ver o livro de Arthur Autran (2003).

257 Instituto Latino-Americano de Relações Internacionais, Conferências, debates, grupos de trabalho, *Cadernos Brasileiros* – Galeria Goeldi, 1965-1967, em IACFR, Series VI, Box 559, Folder 18.

258 Carta (em português) de Vicente Barretto a Mercier Vega, Rio de Janeiro, 20 dez. 1966, em IACFR, Series VI, Box 557, Folder 8.

CLC no Brasil, do qual Mário Afonso Carneiro se distanciara no fim de 1966. Ele acusava o editor de "ter horror à dúvida sistemática e desconhecer os métodos de trabalho científico em ciência social". Barretto seria "acima de tudo, e pela ordem, um amante da política, da literatura e das artes".[259] Sempre a acusação aos adversários de serem políticos, resguardando para si o qualificativo legitimador de cientista, mudando apenas os personagens.

No espírito contestador de 1968 que, de certa maneira, contaminou a revista, Barretto comentava que estava para sair o livro *80 anos de Abolição*, com base em mesa-redonda realizada no centro do Ilari da Guanabara em março daquele ano. Depois escreveu que a "notícia mais importante que lhe devo dar esse mês é dos cursos e debates", que começariam no fim daquele agosto com um "ciclo de conferências dado por professores universitários, em torno do tema 'de Marx a Marcuse'".[260] Por carta, Barretto legitimava o curso com base no discurso de cientificidade de sempre, ao se referir ao fato de ser dado por professores universitários. Alberto Coelho de Sousa, da UFRJ, falaria sobre "Hegel e o jovem Marx", atestando o clima da época favorável à redescoberta dos textos de juventude de Karl Marx, por exemplo, pelos teóricos da Escola de Frankfurt, como Herbert Marcuse, pensador muito lido pela juventude em 1968. Marcuse foi o tema da exposição de Chaim Samuel Katz. Por sua vez, Francisco Antônio Dória, outro especialista em Marcuse, ministraria a aula sobre "Dialética, alienação e práxis". Em terreno oposto dentro do materialismo histórico, a valorizar o Marx da maturidade – cuja obra científica teria um corte epistemológico em relação a suas obras filosóficas de juventude –, o curso ofereceu a conferência intitulada "Marxismo e estruturalismo", sob responsabilidade de Carlos Henrique Escobar. Ele também era professor da UFRJ e disseminava o pensamento althusseriano, tema da aula de Luciano Zajdsznadjer, que falaria sobre "A ciência em Marx e em Althusser". Para encerrar o curso viria a exposição sobre "A evolução do marxismo" do ex-comunista Antonio Paim, formado em Moscou, que se tornara crítico da União Soviética, mais afinado com a ideologia antitotalitária do CLC.

O avanço das teorias estruturalistas no Brasil foi contemplado numa série de palestras em outubro de 1968, uma sobre "Lévi-Strauss e o estruturalismo" com Carlos Henrique Escobar, depois a relação do estruturalismo com Foucault

---

259 Carta (em português) de Mário Carneiro a Mercier Vega, Rio de Janeiro, 31 out. 1966, em IACFR, Series VI, Box 557, Folder 8.

260 Carta (em português) de Vicente Barretto a Mercier Vega, Rio de Janeiro, 7 ago. 1968, em IACFR, Series VI, Box 560, Folder 3.

O SEGREDO DAS SENHORAS AMERICANAS

e a psicanálise (Chaim Katz), com as ciências (Francisco Antônio Dória), com a crítica literária (Luiz Costa Lima), e com a linguística (Myriam Lemle).[261]

Novos debates foram promovidos sobre temas candentes em 1968, como aquele sobre "o desafio da juventude", envolvendo professores e estudantes, e outro sobre "A Checoslováquia e a renovação do socialismo". Também tiveram lugar eventos sobre temas menos diretamente políticos, como o debate com o escritor de vanguarda José Agripino de Paula em torno de seu célebre livro *Panamérica*; e uma discussão sobre "Villa-Lobos – modernismo musical e a bossa nova" com o jornalista e músico Nelson Motta e o professor de Filosofia da PUC-RJ Airton Lima Barbosa, que coordenou também o debate sobre o livro *O desafio americano*, do jornalista francês Servan Schreiber. "O papel da Igreja no Brasil" foi debatido com vários intelectuais, incluindo padres e jornalistas. Alguns desses debates dariam origem a publicações em *Cadernos Brasileiros*.[262]

A efervescência política e cultural chegou também à Galeria Goeldi, que seguia fazendo várias exposições. Na de Antônio Manuel, houve debate sobre arte de protesto. Nas inaugurações das exposições de Myriam Monteiro e de Cibele Varela, ocorreu "franca manifestação de protesto dos artistas e inte-lectuais mais jovens contra a censura exercida pela polícia federal na Bienal de São Paulo, no Salão Oficial de Brasília de 1967 e em numerosas peças de teatro e obras cinematográficas".[263] Artistas de vanguarda participaram tanto dos debates – caso da conferência do poeta concretista Décio Pignatari sobre "as comunicações de massa" em 22 de junho de 1967 – como das páginas de *Cadernos Brasileiros*, a exemplo do artigo "a obra aberta" do artista plástico Hélio Oiticica na edição de maio-junho de 1969.

As atividades realizadas e a presença das pessoas mencionadas – represen-tativas das principais correntes intelectuais e artísticas – indicam que *Cadernos Brasileiros*, a Galeria Goeldi e o Ilari eram considerados como espaço demo-crático, com legitimidade, livre da fama de anticomunista dos primeiros anos.

A posição modernizadora assumida pelo CLC na América Latina era mais aberta a abrigar jovens – comprometidos com a vida universitária e seus padrões de cientificidade – do que os velhos intelectuais estabelecidos, como os três autores clássicos do pensamento social brasileiro. Não era de se espe-

---

261 Carta (em português) de Vicente Barretto a Mercier Vega, Rio de Janeiro, 1º set. 1969, em IACFR, Series VI, Box 560, Folder 4.

262 Carta (em português) de Vicente Barretto a Mercier Vega, Rio de Janeiro, 30 set. 1968, em IACFR, Series VI, Box 560, Folder 3.

263 Idem.

rar qualquer aproximação com o comunista Caio Prado Jr., porém Barretto enviou seu livro *A revolução brasileira* a Mercier assim que foi publicado em 1966, dizendo que, apesar de fazer "concessões aos dogmas do Partido", teria abandonado "a posição sectária e ortodoxa no que se refere aos métodos", além de criticar "de forma admirável o movimento comunista e esquerdista no Brasil". Mercier respondeu que fez a leitura com interesse, a parte crítica seria *remarcable* (extraordinária), porém não a "tese sobre o caráter determinante do imperialismo".[264] O antigo anarquista não era tão explicitamente favorável às políticas dos Estados Unidos na Guerra Fria quanto seu amigo e antecessor Julián Gorkin, antes desconfiava delas, mas não via o imperialismo como central para compreender os problemas da América Latina.

Quase não há menção a Sérgio Buarque de Holanda nos documentos e textos do CLC, o que pode parecer surpreendente pois, entre os três clássicos do pensamento social brasileiro, ele era o mais próximo do liberalismo, e o mais inserido na universidade como professor catedrático da USP, além de ser ligado ao Partido Socialista, adversário dos comunistas. Sucede que Sérgio Buarque também era crítico literário bem estabelecido, da tradição que Afrânio Coutinho considerava impressionista, a ser superada pelo profissionalismo de críticos formados na universidade, com base em métodos e análises considerados científicos. Adepto e difusor do *New Criticism* – a propor a interpretação da obra em si, autônoma em relação ao contexto histórico –, o dirigente de *Cadernos Brasileiros* era adversário de críticos que considerava historicistas como Sérgio Buarque. Logo, não teria interesse em se aproximar dele.

Quanto a Gilberto Freyre, vimos que integrou o Conselho Consultivo da primeira fase de *Cadernos Brasileiros*, e gozava de prestígio também no CLC internacional; por exemplo, conforme já se salientou, Botsford conversou com ele assim que chegou ao Brasil, e logo o entrevistou para a revista *Cuadernos* na edição de janeiro de 1963. Várias referências esparsas de simpatia em relação a Freyre encontram-se nos documentos. Porém, havia inconvenientes em aproximar-se excessivamente dele para uma entidade liberal, em particular sua adesão ao salazarismo, que o CLC via como inimigo da liberdade. Nos termos de Mercier a Hunt, após visita ao Brasil em 1963, "sob a capa da defesa da prática da mestiçagem nas colônias portuguesas, Freyre justifica de fato a política colonialista de Salazar". Algo que já teria sido apontado a ele por nacionalistas angolanos em Paris e Londres. Mercier anexava o prefácio de Freyre para um

---

264 Carta (em português) de Vicente Barretto a Mercier Vega, Rio de Janeiro, 8 ago. 1966; Resposta (em francês) de Mercier Vega, Paris, 1º set. 1966, em IACFR, Series VI, Box 560, Folder 1.

livro de John Strachey em que o pernambucano chegava a falar em "imperialismo regenerador" de Portugal.[265]

A revista estava aberta também a jovens escritores e estudiosos da área de literatura, como Eliane Zagury e Vilma Arêas. Esta me contou em entrevista que foi Zagury, amiga da editora-assistente Nélida Piñon, quem sugeriu para a revista seu conto "A casa do homem", publicado em setembro-outubro de 1966.[266] Vilma lembrou-se de ter ido à sede de *Cadernos Brasileiros* buscar o pagamento pelo texto. Depois esteve um bom tempo em Portugal estudando a novelística clássica. Na volta ao Brasil, procurou de novo a revista, onde foi recebida por Kátia Valladares: "gostei muito dela, simpática, afetuosa, muito boa pessoa, conversamos muito. Aí levei as coisas do Duarte, três poemas, e ela publicou, eu fiz uma introduçãozinha". Tratava-se de poemas do amigo português Duarte Mello Cabral, que viria a ficar conhecido como arquiteto; foram publicados no número de julho-agosto de 1969. Vilma, entretanto, conhecia pouco do funcionamento da revista, não teve notícia da polêmica sobre o financiamento da CIA às revistas do CLC, nem sequer sabia que o diretor de *Cadernos Brasileiros* era Afrânio Coutinho, com quem se desentendeu em 1970 quando ele foi diretor da Faculdade de Letras da UFRJ. Ela já dava aulas à espera de um contrato que estava para ser firmado, mas nunca saiu, num tempo em que "havia policiais andando pelos corredores" (Arêas, 2016).

CIRCULAÇÃO INTERNACIONAL

A atividade do CLC propiciava internacionalização e abria possibilidades de circulação no exterior, apesar de nem sempre os intelectuais ligados a *Cadernos Brasileiros* estarem conscientes disso, até mesmo os redatores da revista. Por exemplo, Nélida Piñon fez questão de dizer na entrevista concedida que sua experiência nos Estados Unidos nos anos 1960 não teve relação com sua atividade no periódico. A primeira mulher a ocupar a presidência da ABL, justo no ano de seu centenário em 1997, declarou que era uma jovem envolvida apenas com literatura quando trabalhou na revista, sem preocupações políticas. Desconheceria o apoio do CLC a *Cadernos Brasileiros*, e muito menos fazia ideia

---

265 Carta (em francês) de Mercier Vega a John Hunt, Montevidéu, 11 abr. 1963, em IACFR, Series II, Box 236, Folder 7.

266 Eliane Zagury escreveu resenhas e artigos para *Cadernos Brasileiros*, de 1966 a 1968, e publicou o texto "Graciliano Ramos: um clássico" em *Mundo Nuevo* na edição de março de 1967.

do financiamento da CIA ao Congresso. Desmentiu, indignada, a afirmação de Dreifuss (1981, p.234) – para a qual eu mesmo até então não atentara – de que teria sido secretária do Ipes no Rio de Janeiro (Piñon, 2016).

Conforme já realçado, embora a obra de Dreifuss demonstre a participação do empresariado – com apoio do governo dos Estados Unidos – para desestabilizar o governo Goulart, criando as condições para o golpe de 1964, o autor lidou com tamanho volume de documentos que não raro se perdeu na precisão dos detalhes. Ao que tudo indica, foi o caso de sua afirmação sobre Nélida Piñon. Como ela trabalhou na redação de *Cadernos Brasileiros* – que Dreifuss parecia considerar quase um braço do Ipes –, provavelmente esse tenha sido o motivo para ser classificada como "secretária do Ipes do Rio", pois o cientista político não apresentou outra evidência para a informação.

Nélida Piñon tampouco admitiria o termo "rede" para qualificar o que chamou de relacionamentos e amizades construídas a partir da literatura, pois carregaria conotações pejorativas, de submissão da autonomia do artista a seus contatos. Nesse sentido, o depoimento fez lembrar as declarações de Jorge Amado destacadas no primeiro capítulo, quando se referiu a "Aragon e sua corte, não nasci cortesão, nasci amigo" (Amado, 2012b, p.88).

Chame-se ou não de rede esses relacionamentos e amizades, o conjunto da entrevista de Nélida mostra como eles foram tecidos ao longo dos anos com figuras-chave na história de *Cadernos Brasileiros*. A começar por Afrânio Coutinho, que a convidou para colaborar com a revista e também para ministrar uma oficina literária na UFRJ, e anos depois seria decisivo para sua entrada na ABL. Ela conheceu Keith Botsford durante a estada deste no Brasil, sem fazer ideia do motivo de sua presença no Rio de Janeiro. Ficou amiga também da esposa dele, uma inglesa de família tradicional e rica que o acompanhou com os filhos, conforme já ressaltado. Botsford a convidou para "ciceronear, literariamente, o grande poeta Robert Lowell, que viria ao Brasil com a mulher, a crítica do *New Yorker* Elizabeth Hardwick". Desconhecendo o profissionalismo vigente nas atividades internacionais do CLC, Nélida sentiu-se ofendida pela oferta de remuneração para receber o escritor, que recusou, atingida em sua dignidade literária: "eu cobrar para ciceronear um grande poeta? Veja só!" (Piñon, 2016).

Depois ela seria chamada para um jantar de poucos convidados na residência de Botsford, onde conheceu Lowell, que pediu para ela reconsiderar a negativa. Nélida então responderia: "Está bem, mas com uma condição: é um presente meu". Assim, por amizade, teria o que chamou de privilégio de estar com ele e a esposa durante a estada de vários dias no Copacabana Palace, em encontros após o almoço. Às vezes iam "para a casa da Elisabeth Bishop, eles eram grandes amigos, [...] foi uma experiência fascinante porque eu convivia com os três, quer dizer, os dois e eu, Elizabeth Hardwick muito pouco". Disse que não conversavam sobre política, "nem pensar, era João Cabral pra cá, um deles quis conhecer Clarice". Nélida era amiga de Lispector – que a seu convite publicou o famoso conto "O ovo e a galinha" em *Cadernos Brasileiros* de novembro-dezembro de 1963, mais tarde publicado em *Mundo Nuevo*. Então a apresentou aos poetas estrangeiros, a pedido deles. Lowell teria ficado fascinado com Clarice, que, ao contrário, se mostraria pouco empolgada com a conversa das visitas. Nesse dia o poeta teria revelado um lado estranho de sua personalidade, que viria a se manifestar publicamente em sua estada na Argentina. Lowell pareceu um tanto eufórico a Nélida. Pouco depois, em Buenos Aires, ele se excedeu na bebida, subindo em estátua equestre, declarando-se o César da Argentina, conforme relato de Iber (2015, p.182).

Nélida disse que não fazia ideia de quem financiava a viagem de Lowell e da mulher, mas supunha que havia patrocínio, pois dificilmente ficariam tanto tempo no Copacabana Palace com recursos próprios. Lembrou que sempre foi comum a embaixada americana financiar a presença no Brasil de escritores como Toni Morrison, considerada progressista, sua amiga e ganhadora do Prêmio Nobel de literatura em 1993. Lowell em verdade esteve no Brasil e na Argentina a convite do CLC e foi ciceroneado pelos representantes locais da entidade. Teve destaque em *Cadernos Brasileiros*, que publicou quatro de seus poemas no livro que inaugurou a série paralela ao periódico, anunciada em propaganda na segunda capa do número de maio-junho de 1963. A brochura de trinta páginas saiu com prefácio, tradução e apresentação de Elizabeth Bishop (Lowell, 1963).

A futura presidente da ABL contou que "mal tinha noção de política brasileira, minha paixão era literatura, eu era mulher de amores e de paixão literária". Afirmou que desconhecia o CLC na época, "soube posteriormente que patrocinava grandes revistas literárias". A melhor de todas, segundo ela, seria *Mundo Nuevo*, que "costurou os interesses de todos os grandes escritores da América Latina, todo mundo passou por ali, não teve ninguém que não deveu alguma coisa, revelação, tudo para *Mundo Nuevo*, que foi inaugurada, entregue ao grande especialista literário Emir Rodríguez Monegal, que depois foi ser catedrático em Yale". Mais tarde ele viria a convidar Nélida para falar naquela universidade "toda vez que ele me sabia lá", nos Estados Unidos.

A escritora conheceu Rodríguez Monegal e a esposa em jantar para poucas pessoas num apartamento em Ipanema, que seria "do Walmir Ayala ou do Lúcio Cardoso, acho que era por conta do Ayala, que tinha ligações com o mundo uruguaio, como gaúcho". Notando o crítico um pouco deslocado no ambiente, aproximou-se do casal, de quem acabaria ficando amiga. No dia seguinte, almoçaram na Churrascaria Recreio, onde ele a convidou para ser correspondente brasileira da revista que estava criando:

> [...] ele disse: "estou indo para Paris para assumir o posto de editor-chefe de *Mundo Nuevo*. Vai ser feita essa revista, você poderia mandar notícias sobre o Brasil?". Eu disse: "Claro, com o maior prazer". Eu não tinha muita experiência nesse tipo de jornalismo, mas mesmo assim eu fiz algumas vezes. A revista dele era formidável, você começou a saber quem era García Márquez ali, Fuentes, Guimarães Rosa transitando por Nova York, Juan Rulfo, tudo isso você sabia através de *Mundo Nuevo*. (Piñon, 2016)

O encontro talvez não tenha sido inteiramente fortuito, como se pode concluir da correspondência entre dirigentes do CLC referentes a duas estadas do professor Monegal no Brasil. A primeira delas durou de 7 a 21 de julho de 1963, durante as férias escolares no Uruguai. A viagem foi cuidadosamente programada a pedido de Mercier Vega em várias cartas a Barretto e Coutinho, esclarecendo que seria feita por conta da entidade. Numa delas, Mercier – que estava morando em Montevidéu a serviço do Congresso – pediu a Coutinho para "preparar um certo número de encontros de caráter privado e de reuniões informais em círculos de escritores e críticos". O propósito era criar um ambiente propício ao contato dele com seus pares brasileiros, de onde pudessem surgir projetos e amizades.[267] O acadêmico uruguaio estaria no Brasil uma segunda vez em setembro de 1965, numa rápida *tournée* "em estreita ligação com a criação da nova revista para a América Latina".[268] Foi nesse contexto que ele e Nélida Piñon ficaram amigos.

Nélida passaria a fazer "diários, muito poucos, para *Mundo Nuevo* logo no início, contava o que estava acontecendo no Brasil, na literatura". Ela disse ignorar se o editor sabia sobre o financiamento da revista, "e também se soubesse talvez não tinha nada de mais, não acreditaria que era para o mal, se o estavam convidando para fundar uma revista extraordinária". Nunca uma revista lhe deu tanto prazer: "eu tinha a sensação, lendo *Mundo Nuevo*, de que estava no epicentro do mundo, que isso aqui era tão afastado de tudo" (Piñon, 2016). *Mundo Nuevo* – nos 25 números editados por Monegal, de outubro de

---

267 Carta (em francês) de Mercier Vega a Afrânio Coutinho, Montevidéu, 30 maio 1963, em IACFR, Series IV, Box 499, Folder 9.

268 Carta (em francês) de Mercier Vega a Vicente Barretto, Paris, 30 ago. 1965, em IACFR, Series VI, Box 559, Folder 18. Ver também as cartas de Piñon a Monegal de fevereiro e abril de 1966, mencionadas por Thayse Lima (2021).

1966 a julho de 1968, com financiamento da Fundação Ford por intermédio do Ilari – difundiu a obra de García Márquez, Vargas Llosa, Júlio Cortázar, Carlos Fuentes, Jorge Luis Borges, Alejo Carpentier, Cabrera Infante, Nicanor Parra, José Donoso. E ainda Lezama Lima, Severo Sarduy, Manuel Puig, Manuel Scorza, Ernesto Cardenal, além dos estabelecidos Neruda e Astúrias, sem contar Octavio Paz e outros.

Ou seja, a revista *Mundo Nuevo* cumpria papel de relevo na internacionalização dos escritores da América Latina, que ganhavam terreno na literatura mundial, escapando do isolamento nacional. Por exemplo, Monegal escreveu sobre "o romance brasileiro" em que destacava Guimarães Rosa e Clarice Lispector no número 6, de dezembro de 1966 (p.5-14). Em nota, esclarecia que o artigo saíra originariamente na revista *Daedalus* em setembro daquele ano, dedicado ao romance contemporâneo em distintos países. A seguir, publicava três contos da "nova narrativa brasileira: Guimarães Rosa, Lispector, Piñon", conforme os termos da chamada da capa de *Mundo Nuevo*. Um pequeno trecho de *Grande Sertão: Veredas* seria traduzido com nova chamada de capa na edição de fevereiro de 1967. Idem para um conto de *Primeiras Histórias*, em fevereiro de 1968.

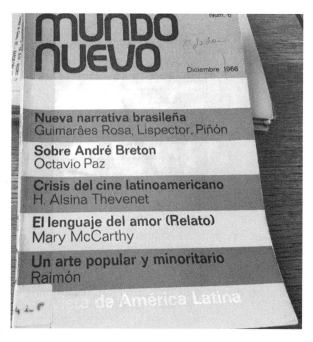

Mundo Nuevo, n.6, dez. 1966.

Mais tarde, Nélida Piñon e Rodríguez Monegal encontraram-se algumas vezes quando ambos moraram nos Estados Unidos. Ela faria amizade com "esse pessoal todo" dos escritores latino-americanos difundidos por *Mundo Nuevo*, como Vargas Llosa, Gabriel García Márquez, Juan Rulfo e tantos mais: "um já me levava na casa do outro, já tinha amizade própria". Ou seja, integrava-se e ganhava autonomia no círculo de escritores da região.

Em suma, algumas das amizades da escritora em torno da literatura em âmbito nacional e internacional foram possibilitadas a partir da construção institucional do CLC, que, por exemplo, contratou Afrânio Coutinho e trouxe ao Brasil personalidades literárias como Botsford, Lowell e Rodríguez Monegal, todos tornados amigos de Nélida. Entretanto, ela minimizou na entrevista a importância de *Cadernos Brasileiros* para sua carreira internacional. Disse que não ajudou nem com dinheiro nem com contatos: "quem me recebeu nos Estados Unidos para um jantar foi o Robert Lowell na casa deles e acabou, fui com grande alegria e não me apresentou ninguém". [Outra] "pessoa que me ajudou, que me convidou para fazer algumas palestras, foi Gregory Rabassa, um divino tradutor, como dizia o García Márquez". A escritora conhecera Rabassa em Recife, em 1963. Ela estava na cidade com um grupo de teatro quando foi procurada por ele, que lera um de seus livros, e foram juntos visitar Gilberto Freyre. Depois Rabassa a receberia por uns dias em Nova York, até ela encontrar um apartamento para morar. Outra pessoa com quem se deu bem foi Toni Morrison: "ela era editora naquela época, então eu fui conhecendo pessoas, não tem rede como você está dizendo". Afirmou que o mais extraordinário nos Estados Unidos foi encontrar os movimentos feministas, e também o *black power*,[269] "fascinada com a liberdade que havia nos debates". Conheceu Jorge Luis Borges, foi sua aluna num curso na Universidade Columbia, instituição em que também esteve em atividades com Emir Rodríguez Monegal. Lá se encontrou ainda com Glauber Rocha, Manuel Puig e Vargas Llosa, entre outros. Nélida deu palestras na mesma universidade a convite do professor Frank MacShane. Ela viajaria também por vários países, especialmente da Europa e América Latina, ao longo do tempo. Retornou diversas vezes aos Estados Unidos, onde seria professora na Universidade de Miami por muitos anos (Piñon, 2016).

A entrevista com Nélida e seus dados biográficos indicam que ela cultivou amizades em círculos nacionais e internacionais de escritores ao longo da vida, que foram muito além do circuito de *Cadernos Brasileiros* e do CLC, mas

---

269 Conforme já se destacou, a revista publicou o artigo dela "A peregrinação de Malcolm X" em março-abril de 1966.

parece inegável que ele deu sua contribuição. O mesmo se pode dizer de Afrânio Coutinho e outros responsáveis pela revista. Antes de mais nada, a internacionalização envolveu a difusão de autores estrangeiros pouco divulgados no Brasil. Também a possibilidade de receber alguns deles como convidados, e para ir às vezes ao exterior a convite do Congresso a fim de participar de atividades intelectuais. Isso era apenas complementar para Coutinho, que tinha outras fontes de acesso internacional, na universidade e na ABL, sem contar sua experiência anterior nos Estados Unidos trabalhando para o *Reader's Digest*. Não se pode dizer que essa publicação de massas fosse propriamente prestigiosa para uma carreira acadêmica, mas permitia contatos no exterior.

Um exemplo de possibilidade aberta pelo CLC foi a proposta de Mercier para que Coutinho fizesse um giro pela América Latina para ampliar o intercâmbio cultural com intelectuais dos países vizinhos. O brasileiro não pôde aceitar a proposta como planejara inicialmente, pois recebeu convite da Universidade Columbia para trabalhar em Nova York como professor visitante de Literatura Brasileira a partir de setembro de 1965. Não usou a palavra recusa, mas adiamento, para o convite formulado por Mercier. Este lhe respondeu que era uma pena não poder fazer a *tournée*, propondo que ao menos fosse ao México – no caminho de ida ou de volta, ou durante a estada nos Estados Unidos – a fim de "fazer contatos úteis, difundir a literatura brasileira e dar algumas conferências", patrocinadas pelo CLC, algo que o professor viria a aceitar. Na mesma carta, Mercier comentava sobre a gestão que vinha fazendo com Pierre Monbeig, diretor em Paris do Instituto para a América Latina, para publicar na França uma obra de Coutinho.[270] O brasileiro viria a realizar o giro sugerido de cerca de um mês pela América do Sul no segundo semestre de 1966. Programou ir a Assunção, Buenos Aires, Santiago e Montevidéu, acrescentando Lima por sugestão de Mercier.[271] Era uma tentativa de estreitar os laços entre os diversos centros, que entretanto não lograram aproximação mais substantiva, cada qual em contato sobretudo com a sede em Paris, que fazia a intermediação entre eles.

---

270 Carta (em português) de Afrânio Coutinho a Mercier Vega, Rio de Janeiro, 22 fev. 1965; Carta (em francês) de Mercier Vega a Afrânio Coutinho, Paris, 3 mar. 1965, em IACFR, Series VI, Box 559, Folder 18.

271 Carta manuscrita (em francês), de Afrânio Coutinho a Mercier Vega, Rio de Janeiro, 23 jun. 1966; Resposta (em francês) de Mercier a Coutinho, Paris, 30 jun. 1966, em IACFR, Series VI, Box 560, Folder 1. Além das passagens, o CLC mandou a Coutinho um cheque de 750 dólares, correspondentes a 25 diárias de 30 dólares cada uma – diária equivalente a 245 dólares em 2021, conforme atualização no *site* mencionado anteriormente.

Outro exemplo de internacionalização: na virada de 1962 para 1963, o CLC financiara parcialmente a viagem de Coutinho à Europa, giro de cerca de dois meses por Inglaterra, França, Itália, Alemanha, Espanha e Portugal. Cobriu as despesas da parte da viagem na Europa continental, sendo que a passagem aérea do Rio de Janeiro a Londres e os dez dias de estada na Inglaterra ficaram por conta do British Council.[272] Ou seja, as cartas mostram as possibilidades de viagem e publicação no exterior abertas pelo CLC, apesar de ocuparem apenas um lugar complementar nas atividades de Coutinho, inclusive no estrangeiro.

Em sentido semelhante, na mesma época, Vicente Barretto escreveu para John Hunt, contando que "Nélida Piñon foi convidada pelo Departamento de Estado para estudar em Nova York dois meses (abril e maio) para entrar em contato com intelectuais, escritores, editores etc.". Barretto considerava que se abria uma oportunidade para ela passar uma semana na Cidade do México a fim de encontrar pessoas, e perguntava ao correspondente se o CLC poderia bancar a estada por lá. A resposta, por intermédio de Mercier, deu "sinal verde para a estada da senhorita Nélida Piñon no México por uma semana" em 1965, e ainda lhe sugeriu não só uma pessoa para intermediar a circulação intelectual naquele país, como também três amigos que poderiam ajudá-la nos Estados Unidos, "facilitando contatos nos meios intelectuais e literários", entre eles Rodríguez Monegal, que Nélida conheceria em outras circunstâncias, como já salientado em seu depoimento.[273] Nesse caso, como no de Coutinho, a ajuda do CLC foi apenas complementar a bolsas conseguidas por outros meios.

Também por mecanismo diverso, Nuno Veloso foi estudar na Alemanha, conforme já destacado, assim como Luiz Orlando Carneiro esteve nos Estados Unidos em atividades ligadas a seu emprego no *Jornal do Brasil*. Por sua vez, Clarival Valladares e sua filha Kátia ainda adolescente haviam morado nos Estados Unidos por dois anos com a família quando ele foi fazer especialização como médico em Harvard em meados dos anos 1950. Depois o avô por parte de mãe Emílio Odebrecht financiou a viagem de Kátia à Alemanha de seus antepassados para aperfeiçoar o conhecimento da língua. Já vimos também que ela morou exilada em Havana após o golpe de 1964. A presença de Kátia em Cuba explica o motivo da tentativa frustrada de Clarival de visitar a ilha por intermédio do

---

272 Carta (em inglês) de Afrânio Coutinho a Ivan Katz, Rio de Janeiro, 8 nov. 1962; Carta (em inglês) de Ivan Katz a Afrânio Coutinho, 29 nov. 1962, em IACFR, Series II, Box 89, Folder 4.

273 Carta (em inglês) de Vicente Barretto a John Hunt, Rio de Janeiro, 19 mar. 1965; Carta (em francês) de Mercier Vega a Vicente Barretto, Paris, 31 mar. 1965, em IACFR, Series VI, Box 559, Folder 18.

O SEGREDO DAS SENHORAS AMERICANAS

CLC, referida em correspondência de setembro de 1966.[274] A serviço de *Cadernos Brasileiros*, Kátia esteve presente nas reuniões finais do Ilari em La Paz e Buenos Aires, nesta última na companhia de Thereza Marinho.

Como crítico de arte, Clarival estava habituado a viajar ao exterior. Ele foi responsável, por exemplo, pelo estande do Brasil na Bienal de Veneza em 1964, o que teria dado à Galeria Goeldi "prestígio e autoridade extraordinários" ainda antes de ser inaugurada, segundo Barretto.[275] Também foi comissário brasileiro no I Festival de Arte Negra realizado em Dacar em março de 1966, tendo depois obtido financiamento do CLC para uma viagem de lá a Paris, com parada em Madri.[276] Sobre essa experiência, ele escreveu o polêmico artigo "Negritude ou mundo negro", publicado com chamada de capa em *Mundo Nuevo* (n.4, out. 1966), no qual fazia um balanço das artes expostas no festival e criticava a ideia de negritude, que não seria uma "tomada de consciência das massas africanas", mas sim "o recurso de certas elites dirigentes africanas para se fixar e arraigar--se no poder, sempre em nome de uma liberação nacional e sempre em função de uma acomodação com os antigos centros hegemônicos" (p.65). Encarava positivamente a alternativa anticolonial brasileira de "assimilação e sincretismo" das culturas negra e ibérica, presentes por exemplo na obra do brasileiro Agnaldo Manoel dos Santos, vencedor do prêmio internacional de escultura em Dacar.[277] Em seu conhecido livro sobre a Guerra Fria cultural na América Latina, Jean Franco fez referência a esse artigo, cuja "visão idealizada do Brasil" não poderia mais ser sustentada "à luz da pesquisa contemporânea" (Franco, 2002, p.50).

Em junho do mesmo ano de 1966, Clarival passaria novamente por Paris, no retorno de sua viagem ao XXXIII Festival de Veneza, onde esteve como membro da comissão brasileira.[278] No fim de 1968, participou em Paris da Assembleia Geral da Unesco, como parte da delegação brasileira, representando o Conselho Federal de Cultura. Em meio a tantos compromissos, ia adiando um

---

274 Carta (em inglês) de Clarival Valladares a John Hunt, Rio de Janeiro, 12 set. 1966; Carta (em inglês) de John Hunt a Clarival Valladares, Paris, 19 set. 1966, em IACFR, Series II, Box 89, Folder 8.

275 Carta (em inglês) de Vicente Barretto a John Hunt, Rio de Janeiro, 16 mar. 1964, em IACFR, Series II, Box 89, Folder 6.

276 Carta (em português) de Vicente Barretto a Mercier Vega, Rio de Janeiro, 15 fev. 1966; Carta (em inglês) de Clarival Valladares a John Hunt, Rio de Janeiro, 4 mar. 1966, em IACFR, Series VI, Box 560, Folder 1.

277 A versão original do artigo saíra em *Cadernos Brasileiros* de julho-agosto de 1966 com o título "A defasagem africana".

278 Carta (em inglês) de Clarival Valladares a John Hunt, Rio de Janeiro, 30 maio 1966, em IACFR, Series VI, Box 560, Folder 1. Atividades do Centro do Rio [em 1966], em IACFR, Series VI, Box 560, Folder 5.

giro de visitas pela América do Sul combinado com o CLC em diversas cartas, semelhante ao que fizera Afrânio Coutinho.[279] Clarival teve de passar por uma cirurgia cardíaca nos Estados Unidos em 1969, para a qual os amigos do CLC tentaram em vão levantar recursos. Ele tomou um empréstimo para realizá-la, retomando a seguir as atividades.[280] Em junho de 1970, já pôde realizar atividades em Roma, Veneza, depois passando por Paris, indo ainda a Lisboa e Madri, voltando via Estados Unidos para fazer um *check-up* em Cleveland.[281]

Em suma, a participação em *Cadernos Brasileiros* ocupou lugar complementar na circulação internacional de seus funcionários mais graduados. A exemplo dos diretamente envolvidos com a produção da revista, intelectuais próximos de *Cadernos Brasileiros* participavam com mais organicidade do processo de internacionalização do conhecimento por meios institucionais paralelos e independentes do CLC. Foi o caso de Manoel Diegues, diretor do já referido Clapcs, ligado à Unesco.

Não eram raros os pedidos, nem sempre aceitos, de ajuda internacional. Por exemplo, Mercier informava a Coutinho que lamentava não atender a sua "excelente proposição de passar por Paris na volta de Nova York" em 1966.[282] As negativas também vinham para pessoas das relações do CLC, como na ocasião em que Coutinho encaminhou uma solicitação de bolsa de um ano ou mais no exterior para Jorge Mautner, apresentado como jovem romancista e escritor, "já de reputação firmada", dono de "real talento nas letras" e domínio pleno da língua alemã. Anexava o currículo do artista e seus livros publicados, entre eles *Kaos* e *Narciso em tarde cinza*. Essas obras deram-lhe fama de esquerdista alternativo e artista de vanguarda, junto com trinta composições musicais e uma coluna no jornal governista *Última Hora* de São Paulo nos meses que precederam o golpe de 1964. Isso não foi empecilho para o pedido, nem para a recusa logo expressa por Mercier, pois os recursos previstos para a América Latina em 1965 já se tinham esgotado. O dirigente aproveitava para anunciar uma breve estada no Rio de Janeiro no mês seguinte, quando pretendia debater os problemas comuns.[283]

---

279 Carta (em português) de Clarival Valladares a Mercier Vega, Rio de Janeiro, 2 out. 1968, em IACFR, Series VI, Box 560, Folder 3.

280 Uma série de cartas tratam do assunto, em IACFR, Series VI, Box 560, Folders 4 e 5.

281 Ver, por exemplo, carta manuscrita (em português) de Clarival Valladares a Mercier Vega, Rio de Janeiro, 16 jun. 1970, em IACFR, Series VI, Box 560, Folder 5.

282 Carta (em francês) de Mercier Vega a Afrânio Coutinho, Paris, 1º set. 1966, em IACFR, Series VI, Box 560, Folder 1.

283 Carta (em português) de Afrânio Coutinho a Mercier Vega, Rio de Janeiro, 30 abr. 1965; Carta (em francês) de Mercier Vega a Afrânio Coutinho, Paris, 11 maio 1965, em IACFR, Series VI, Box 559, Folder 18.

O SEGREDO DAS SENHORAS AMERICANAS

Por sua vez, Vicente Barretto realizou algumas viagens com respaldo do CLC. Por exemplo, ele agradeceu a Hunt pela bolsa para visitar os Estados Unidos em 1963, onde esteve em algumas universidades e conversou com professores. Declarou ter passado a se "sentir uma outra pessoa" após a estada no país que "resolveu os problemas complexos e terríveis da chamada civilização industrial sem derramamento de sangue ou demagogia". Agradeceu ainda pelo apoio adicional a paradas no México e na Guatemala no caminho de volta ao Brasil.[284] A estada nos Estados Unidos provavelmente não foi bancada pelo CLC, mas pela Agency for International Development (AID) dos Estados Unidos, conforme Barretto anotaria no currículo que enviou ao exterior em 1971 para buscar emprego após o fechamento de *Cadernos Brasileiros*. No mesmo documento, indicava que o CLC patrocinou uma estada de quatro meses na Europa em 1966.[285] Tratava-se da viagem a Paris que havia sido adiada algumas vezes, finalmente programada para 4 de abril daquele ano.[286] O editor anterior de *Cadernos Brasileiros* Stefan Baciu também fizera viagens patrocinadas a trabalho, por exemplo, abria uma carta a Hunt agradecendo por uma estada em Paris e pelas conversações realizadas pessoalmente durante a viagem de dezembro de 1960.[287]

Vários estrangeiros estiveram no Brasil em atividades ligadas à revista e ao CLC. Nabokov organizou com o governador Lacerda o já referido festival de música clássica no Rio de Janeiro em 1963.[288] Desde o tempo de Baciu, o tom das cartas revelava certa subordinação da filial brasileira em relação à sede internacional em Paris, que programava viagens a serem feitas por intelectuais do CLC ao Brasil, tradução de livros de interesse de matriz e assim por diante. Por exemplo, numa carta a Mercier Vega, Baciu tratava da visita ao país e da difusão de obras de Raymond Aron, Richard Lowell, Ignazio Silone e Stephen Spender.[289] No começo dos anos 1960, também estiveram no Brasil Salvador de Madariaga, François Bondy, Angel del Rio, Louis de Villefosse, Julián Gorkin, Ana Garofalo, Pedro Vicente Aja e outros ligados ao CLC. Visitavam o país

---

284 Carta (em inglês) de Vicente Barretto a John Hunt, Rio de Janeiro, 7 ago. 1963, em IACFR, Series II, Box 89, Folder 5.

285 *Curriculum vitae* de Vicente Barretto, Rio de Janeiro, 5 nov. 1971, em IACFR, Series II, Box 317, Folder 3.

286 Carta (em inglês) de Vicente Barretto a John Hunt, Rio de Janeiro, 22 mar. 1966, em IACFR, Series II, Box 89, Folder 8.

287 Carta (em francês) de Stefan Baciu a John Hunt, Rio de Janeiro, 17 jan. 1961, em IACFR, Series II, Box 220, Folder 7.

288 *Brazil International Music Festival*, ago.-set. 1963, em IACFR, Series II, Box 90, Folder 1.

289 Carta (em francês) de Stefan Baciu a Mercier Vega, Rio de Janeiro, 2 maio 1962, em IACFR, Series II, Box 89, Folder 3.

para difundir suas obras em palestras, debates, entrevistas à imprensa e outras atividades, além de conhecer o paraíso tropical.

O editor Baciu providenciou a publicação no Brasil de obras como *Cuba, uma revolução traída?*, de Theodore Draper (1961), e *O grande despertar*, de John Strachey (1962), ambas editadas pela Associação Brasileira do Congresso pela Liberdade da Cultura. O exilado romeno também organizava a infraestrutura para viagens ao Rio de Janeiro de dirigentes do CLC como Nabokov e Hunt.[290] Seria substituído por Vicente Barretto no papel de recepcionar os estrangeiros, como no caso relatado de David Rousset, que teria sido influenciado pelos brasileiros em suas conclusões sobre a conjuntura política após o golpe de 1964, atestando que a relação não era de mão única, apesar de assimétrica. Contribuía-se assim, e por intermédio especialmente dos artigos publicados em *Cadernos Brasileiros*, para a circulação de pessoas e ideias estrangeiras prestigiadas pelo CLC, a discutir, por exemplo, o tema do totalitarismo.

O círculo de responsáveis pela revista tinha acesso também a estrangeiros residentes no Rio de Janeiro, caso de Elizabeth Bishop. Já vimos que a poeta se encontrou com Nélida Piñon por ocasião da visita de Lowell ao Brasil. A norte-americana vivia com Lota de Macedo Soares numa residência de veraneio na região de Petrópolis, próxima da propriedade do pai de Vicente Barretto, vizinha também da casa de Carlos Lacerda, pai de Sérgio, amigo de Barretto e Luiz Orlando Carneiro, que passava as férias na cidade com a turma de adolescência. Luiz Orlando me disse que esteve certa vez "na casa da Lota, que era ali perto, e a Lota nos apresentou a Elizabeth Bishop, que morava com ela e tinha um estúdio embaixo". Ele já lera a autora, pois "sempre fui muito ligado à poesia e à literatura. Mas ela não era mulher para ter papo não, era muito reservada" (Carneiro, 2017). Por sua vez, Barretto contou que na juventude Bishop foi sua professora em aulas particulares de inglês durante as férias, por sugestão de Lota, que era amiga de seu pai: "Ela estava sempre lá em casa e a Bishop também" (Barretto, 2016). *Cadernos Brasileiros* publicou seus poemas em duas ocasiões: "Três poemas" na edição de novembro-dezembro de 1963, e "O ladrão da Babilônia" em novembro-dezembro de 1964. Sem contar o referido envolvimento dela na tradução e publicação de poemas de Lowell (1963), promovidas pela revista.

A internacionalização do projeto de *Cadernos Brasileiros* estava no contexto de um processo mais amplo e multifacetado de ampliação do acesso ao ensino superior e de institucionalização acadêmica que acompanhava a urba-

---

290 Ver, por exemplo, a carta (em francês) de John Hunt a Stefan Baciu, 24 abr. 1962, em IACFR, Series II, Box 89, Folder 3.

O SEGREDO DAS SENHORAS AMERICANAS

nização e a industrialização crescentes da sociedade brasileira, cada vez mais complexa, que requeria relações entre pesquisadores de diversos países. Particularmente nas ciências sociais, a modernização acelerada implicava a construção de redes internacionais, com a circulação de acadêmicos e de ideias que iam além do tradicional culto provinciano à Europa e aos Estados Unidos. Nesse sentido, numa carta de 1964, Florestan Fernandes advertia seu assistente Fernando Henrique Cardoso sobre a necessidade de articular a inserção internacional com a construção institucional acadêmica interna, sem que a circulação se tornasse um fim em si mesma:

> Ir para o estrangeiro, que sempre foi um dos traços do nosso provincialismo intelectual, está se convertendo em ideal de vida. [...] Sempre batalhei para que o pessoal saísse quando pudesse aproveitar a saída. Agora, parece que se fixa uma tendência: o especialista de valor é o que pode sair... Isso é horrível. (Carta de Florestan Fernandes a Fernando Henrique Cardoso, 11 jul. 1964, Arquivo Instituto FHC). (Blanco; Brasil, 2018, p.90)

Cardoso estava na Cepal, em Santiago do Chile, para onde se retirara após o golpe de 1964. Percebeu e se antecipou ao passo seguinte da internacionalização das ciências sociais, que envolveria circulação externa mais intensa e integrada após a fase da construção institucional nacional associada a estrangeiros. Isso lhe daria posição privilegiada como sociólogo global nos anos seguintes, produtor da vertente mais difundida da chamada teoria da dependência (Cardoso; Faletto, 1970). Ganharia cacife para fundar nos anos 1970 uma entidade do porte do Centro Brasileiro de Análise e Planejamento (Cebrap), composta por intelectuais afastados da universidade pela ditadura. Eles obtiveram recursos da Fundação Ford, que por sua vez percebeu que a antiga aposta na parceria com o CLC estava ultrapassada.

AS AGRURAS APÓS O AI-5

O florescimento de *Cadernos Brasileiros* e de suas atividades paralelas foi prejudicado pela edição do AI-5 em dezembro de 1968. Ao agradecer a solidariedade de Mercier diante da conjuntura, Barretto comentou o clima repressivo e as incertezas geradas quanto às atividades, que esperava poder "continuar dentro dos critérios do Ilari, de pesquisa e estudos", que teriam conquistado respeito do governo e da oposição. Segundo ele, "os homens mais esclarecidos da inteligência militar admitem, alguns admiram, nossas publicações", entretanto não podia avaliar qual seria a reação dos que estavam "à frente da vigilância e das punições". A carta revelava como o autor ao centro do espectro político estava atônito, mas procurava manter o equilíbrio diante dos acontecimentos. Escudava-se na orientação tradicional de difundir conhecimento científico com base em estudos objetivos, mantendo o "caráter do Centro, como um lugar de encontro de intelectuais e estudiosos de todas as tendências a fim de obter nos debates contribuições válidas para o estudo crítico dos problemas nacionais".[291] Para isso, continuou a contar com apoio internacional do Ilari, apesar da grave crise financeira por que passava, obrigado a fazer cortes orçamentários drásticos. A entidade resolveu manter a verba anual de 45 mil dólares à seção brasileira, vale reiterar, o que não deixava de ser uma demonstração de solidariedade diante das circunstâncias.[292]

Um exemplo da exacerbação repressiva foi a proibição do livro de Mercier intitulado *As guerrilhas da América Latina*, já depois de traduzido e em segunda prova para edição. Não importava que o conteúdo fosse crítico à opção armada, tema que não se poderia mais nem mencionar. "Tencionávamos mudar inclusive o título, conforme o sr. poderá constatar nesta prova, mas infelizmente nem isso ajudou", como lamentava Kátia Valladares ao enviar a tradução corrigida ao autor.[293]

Antes, Clarival já escrevera a Mercier sobre a situação, dizendo que o texto "foi desaconselhado a ser publicado em C.B., numa consulta 'espontânea' que Afrânio Coutinho fez a uma das altas patentes dos militares brasileiros, o general Andrade Muricy. Este advertiu ao nosso diretor que a revista poderia publicar, mas teria como consequência o seu fechamento". Essas palavras mostram a censura e o receio de afrontá-la, mas também que se mantinham canais de diálogo com o governo, especialmente por intermédio de Coutinho. Isso não impediu que a sede da revista fosse visitada por agentes policiais "por motivo de denúncias irresponsáveis de textos e artigos suspeitos de caráter subversivo". Atemorizado, Clarival dizia que passaria a ter "o maior cuidado em evitar a chamada 'arte de protesto' impossível de ser exposta no momento" na Galeria Goeldi. O mesmo valeria para a *Cadernos Brasileiros*, que deveria publicar apenas textos "de caráter sociológico e antropológico".[294] Essa orientação de

---

291 Carta (em português) de Vicente Barretto a Mercier Vega, Rio de Janeiro, 3 jan. 1969, em IACFR, Series VI, Box 560, Folder 4.

292 Carta (em francês) de Mercier Vega a Afrânio Coutinho, Paris, 8 jan. 1969, em IACFR, Series VI, Box 560, Folder 4.

293 Carta (em português) de Kátia Valladares a Mercier Vega, Rio de Janeiro, 6 fev. 1969, em IACFR, Series VI, Box 560, Folder 4.

294 Carta (em português) de Clarival Valladares a Mercier Vega, Rio de Janeiro, 5 fev. 1969, em IACFR, Series VI, Box 560, Folder 4.

O SEGREDO DAS SENHORAS AMERICANAS

evitar artigos mais politizados seria seguida, o que permitiu a continuidade do funcionamento da revista.

Em setembro de 1969, a situação era "crítica principalmente para os intelectuais e professores universitários". Barretto relatava as dificuldades para "manter o equilíbrio entre a indisposição de expressiva área da intelectualidade brasileira e a necessidade de sairmos do impasse". Buscava "publicar e destacar a produção de vanguarda dotada de nítidos sinais de talento, e ainda livres de engajamentos políticos comprometedores da qualidade literária e ensaística". Com essa diretiva foi preparado, por exemplo, um número especial de *Cadernos Brasileiros* sobre o Nordeste que seria publicado sem problema em março--abril de 1970. Thereza Marinho e Kátia Valladares estiveram em capitais da região em julho do ano anterior para conseguir colaboradores para essa edição e "verificar *in loco* a distribuição e assinaturas" da revista. Era mais um episódio da busca de enraizamento e expansão nacional da revista. Naquele "ano crítico" de 1969, segundo Barretto, em meio à "crise geral nas organizações e grupos intelectuais", o Ilari seria importante, pois "fomos, praticamente, a única revista e a única galeria de arte que conseguiu manter-se viva, dando um meio de expressão aos intelectuais".[295] Poucos meses depois, Barretto se mostrou mais pessimista. Ao responder a Mercier acerca da proposta de dar continuidade às atividades de debate no centro de Ipanema, o editor se dispôs a tentar, mas estava cético diante do contexto pós-AI-5. Traçou ao interlocutor um quadro breve, mas desolador sobre a repressão às atividades na universidade. Ficava difícil manter "um local onde os melhores observadores pudessem confrontar seus conhecimentos e experiências", diante do "receio das medidas punitivas de demissões e aposentadorias que foram muito elevadas".[296]

O sentimento de viver sob terror cultural atingia até o círculo liberal de simpatizantes do CLC que aceitara e até apoiara o golpe de 1964, caso do escritor Erico Verissimo. Em carta a um amigo, ele revelou uma opinião próxima da ideologia do Congresso no contexto posterior à edição do AI-5:

> [...] seria muito pior se tivéssemos uma ditadura da esquerda extremista. Ou a volta do Jango e do Brizola, mas que diabo!, entre o preto e o branco existem muitas outras cores. O que mais me assusta é o "terror cultural" [...]. Mas se houvesse habilidade ou, melhor, justiça, bom senso, eles deixariam em paz o setor cultural. É uma estupidez equiparar crítica

---

295 Carta (em português) de Vicente Barretto a Mercier Vega, Rio de Janeiro, 1º set. 1969, em IACFR, Series VI, Box 560, Folder 4.

296 Carta (em português) de Vicente Barretto a Mercier Vega, Rio de Janeiro, 16 dez. 1969, em IACFR, Series VI, Box 560, Folder 4.

construtiva com subversão. Estou desolado. Considero-me no exílio. Todo o mundo anda amedrontado, sem saber o que lhe vai acontecer amanhã.[297]

Essa situação de medo não afastava o CLC da tarefa que se impusera. Sua proposta cientificista era reiterada numa série de cartas, como aquela em que Mercier falava na necessidade de continuar o trabalho intelectual após a edição do AI-5. Para ele, era preciso "manter aberto o interesse para o conhecimento dos grandes fenômenos, não em termos políticos, mas sobre o plano de um conhecimento objetivo".[298] Essa busca de conhecimento, no parecer dos dirigentes brasileiros, poderia ser realizada até mesmo em entendimento com setores do próprio governo, como expressava Clarival Valladares, dando ciência a Mercier dos contatos para atividades conjuntas com "a diretoria da Mudes (Movimento Universitário do Desenvolvimento Econômico e Social), entidade estatal, com dotação de verba para atividades e publicações no âmbito das Universidades Brasileiras". Clarival tinha consciência de que alguns debates em pauta, como "o problema que se criou no Brasil para os profissionais dos cursos de Sociologia e Economia", poderiam "enfrentar dificuldades e sutilezas e esperamos ter suficiente habilidade para conduzi-los de forma objetiva e consequente sem os prejuízos do comprometimento político e da insegurança objetiva".[299] Era um sinal do compromisso conciliador e de acomodação que se efetivaria com mais propriedade e consistência no âmbito da universidade, como bem analisou Rodrigo Patto Sá Motta (2014).

A parceria com o Mudes foi realizada em torno de um tema com pouco potencial para gerar problema: "O ensino do desenho industrial e da comunicação visual em face do problema do mercado de trabalho". Haveria um debate e depois uma publicação a respeito, a diretoria da Mudes comprometia-se a "adquirir 2.000 da edição para distribuição gratuita nas universidades".[300] Essa parceria, cultivada por Clarival, foi recebida com distância por Mercier. O tema da publicação não lhe pareceu corresponder aos objetivos do Ilari, mas deixou a porta

---

297 Carta de Erico Verissimo ao amigo Luderites, Porto Alegre, 21 out. 1969, em Acervo Literário Erico Verissimo, Instituto Moreira Salles, Rio de Janeiro.

298 Carta (em espanhol) de Mercier Vega a Clarival Valladares, Paris, 20 nov. 1969, em IACFR, Series VI, Box 560, Folder 4.

299 Carta (em português) de Clarival Valladares a Mercier Vega, Rio de Janeiro, 21 out. 1969, em IACFR, Series VI, Box 560, Folder 4.

300 Carta (em português) de Thereza Marinho a Mercier Vega, Rio de Janeiro, 11 dez. 1969, em IACFR, Series VI, Box 560, Folder 4. Em 8 de abril de 1970 seria assinado um contrato para os referidos debate e edição, em IACFR, Series VI, Box 560, Folder 5.

O SEGREDO DAS SENHORAS AMERICANAS

aberta: "veremos com os temas seguintes".[301] Mas não haveria muito tempo para dar os próximos passos.

Por outro lado, a direção de *Cadernos Brasileiros* mantinha pontes com intelectuais de oposição moderada à ditadura. Por exemplo, Barretto fez "alguns contatos (Hélio Jaguaribe, Anísio Teixeira, Israel Klabin) que contribuíram para aumentar a área de atração de *Cadernos Brasileiros*".[302] Comentou especificamente com Mercier a aproximação de Anísio Teixeira, cujo nome estivera no primeiro Conselho Consultivo, mas nunca se integrou de fato à revista, conforme já destacado. Mercier animou-se com o contato com Teixeira, a quem enviou exemplares de *Aportes*.[303] Quem também se mostrou interessado no pedagogo foi Shepard Stone, então presidente da Associação Internacional pela Liberdade da Cultura – a nova denominação do CLC, que Stone sempre apoiara quando fora diretor de relações internacionais da Fundação Ford no momento em que ela trabalhou próxima dos interesses da CIA. Ele visitara o Brasil, onde esteve com Barretto e Teixeira, a quem enviou carta recomendando uma aproximação com a revista *Cadernos Brasileiros*, em vez de criar uma nova.[304]

Em outra correspondência da época, Barretto mencionou reuniões para discutir o futuro político do Brasil com Candido Mendes, Fernando Henrique Cardoso, Bolívar Lamounier e Gláucio Soares, que por sinal já eram parceiros da Fundação Ford. Mercier mostrou-se animado com a perspectiva de trabalhar com eles.[305] O antigo anarquista escreveria a Cardoso – então diretor do recém-inaugurado Cebrap – para agendar uma conversa sobre a revista *Aportes* durante uma visita a São Paulo, em encontro logo confirmado pelo sociólogo paulista, que passou ao diretor do Ilari o telefone do Cebrap e de sua residência.[306] Cardoso viria a publicar em *Aportes* um artigo expressivo sobre "o modelo político brasileiro", em julho de 1972, no número 25, o penúltimo da revista de Mercier.

---

301 Carta (em espanhol) de Mercier Vega a Thereza Marinho, Paris, 17 dez. 1969, em IACFR, Series VI, Box 560, Folder 4.

302 Carta (em português) de Vicente Barretto a Mercier Vega, Rio de Janeiro, 15 dez. 1969, em IACFR, Series VI, Box 560, Folder 4.

303 Carta (em espanhol) de Mercier Vega a Vicente Barretto, Paris, 22 dez. 1969, em IACFR, Series VI, Box 560, Folder 4.

304 Carta (em inglês) de Shepard Stone a Anísio Teixeira, 23 dez. 1969, em IACFR, Series VI, Box 560, Folder 4.

305 Carta (em português) de Vicente Barretto a Mercier Vega, Rio de Janeiro, 2 fev. 1970. Resposta de Mercier (em francês) a Barretto, Paris, 10 fev. 1970, em IACFR, Series VI, Box 560, Folder 5.

306 Carta (em espanhol) de Mercier Vega a Fernando Henrique Cardoso, Paris, 13 mar. 1970. Resposta de Cardoso (em português) a Mercier, São Paulo, 30 mar. 1970, em IACFR, Series VI, Box 560, Folder 4.

Apesar das dificuldades, as atividades do Ilari prosseguiam em paralelo com *Cadernos Brasileiros* no começo de 1970: reuniões com a diretoria do Mudes, contatos com diversos intelectuais e artistas, preparação do número da revista sobre o Nordeste, curso "linguística e comunicação", conferência com Mercier Vega, exposições na Galeria Goeldi e outras.[307]

Divergências surgiam entre os dirigentes de *Cadernos Brasileiros*, como atesta um relatório enviado a Paris, informando que o curso sobre epistemologia e ciências humanas foi "suspenso por determinação do diretor Prof. Afrânio Coutinho, sob advertência de participação de elementos 'subversivos' entre os conferencistas". Aflorava novamente o reacionarismo de Coutinho, como após o golpe de 1964. O documento interno constatava que "a repercussão foi desfavorável sobretudo porque não houve por parte da polícia ou de qualquer outro órgão do governo nenhuma demonstração de vigilância ou cerceamento da iniciativa".[308] Como o mesmo curso foi realizado sem problema em Belo Horizonte, constatava-se que a censura nesse caso estava no interior do próprio grupo responsável pela revista e suas atividades paralelas.

Há outros indicadores de desentendimento entre Coutinho, de um lado, e Barretto, Clarival e o restante da equipe, de outro. Ao que tudo indica, Coutinho era o homem de confiança dos militares em *Cadernos Brasileiros*, fazendo a ponte entre eles e a revista. Eis um trecho de carta de Thereza Marinho, esclarecedor a respeito:

> Depois de prolongado silêncio, Coutinho esteve com Barretto e, mais recentemente, conversou com Clarival. Queixa-se de não ter sido considerado nos limites de sua responsabilidade de supervisor e também de constante defesa que ele declara ter feito em favor de *Cadernos Brasileiros* na atual conjuntura do país. Em ambas ocasiões declarou estar escrevendo diretamente ao Ilari. Doutro modo temos notícia de que ele é um dos nomes indicados ao Presidente Médici para ser o novo adido cultural da Embaixada de Paris a pedido do Embaixador General Lira Tavares, Ex-Ministro da Guerra, recentemente eleito para a Academia Brasileira de Letras, com entusiástico apoio de Coutinho.[309]

Essas palavras da diretora-gerente administrativa – cuja correspondência com Mercier em geral era sobretudo técnica, referente à prestação de contas

---

307 Relatório das atividades desenvolvidas no Centro do Ilari (Rio) em março de 1970, em IACFR, Series VI, Box 560, Folder 5.

308 Idem.

309 Carta (em português) de Thereza Marinho a Mercier Vega, Rio de Janeiro, 19 ago. 1970, em IACFR, Series VI, Box 560, Folder 5.

O SEGREDO DAS SENHORAS AMERICANAS

financeira e enumeração das atividades realizadas – faziam um relato objetivo e sintético do mal-estar com a atuação de Coutinho no momento final da revista.

Barretto mencionava por correspondência diversos contatos em curso no segundo semestre de 1970: Candido Mendes e o Instituto de Ciências Sociais, os pesquisadores Amaury Souza, Wanderley Guilherme dos Santos, Edmundo Campos, o grupo de Fernando Henrique Cardoso no Cebrap, o grupo de Ciência Política da UFMG, e dois pesquisadores gaúchos. Eram instituições e coletivos de pesquisadores que por vezes estavam recebendo ou viriam a receber apoio da nova fase da Fundação Ford. Por ironia, a agência acabaria por excluir *Cadernos Brasileiros*, que seria na época, segundo seu editor,

[...] a única revista de nível nacional no Brasil. Representa por sua tradição alguns valores que se tornam cada vez mais importantes para o desenvolvimento nacional. Não podemos engajar-nos em posições políticas, mas devemos defender uma posição liberal para a solução da crise brasileira.[310]

Ou seja, na prática, sem afrontar abertamente a ditadura, em nome dos princípios liberais, a revista procurava congregar intelectuais com atitude ao mesmo tempo acadêmica e crítica ao regime militar. O próprio Barretto, paralelamente a seu trabalho na revista que se pretendia acima das contingências políticas, assumira o cargo de diretor de cultura do estado da Guanabara, então administrado pelo oposicionista moderado Negrão de Lima.[311] Com a mudança de governador, ele viria a ser afastado do posto no Departamento de Cultura, acusado internamente de ter participado de uma revista crítica, especialmente o número sobre os militares. Como Barretto confidenciou a Mercier, foi inútil comparecer ao Serviço Nacional de Informações para se justificar.[312]

Apesar da crise, em dezembro de 1970 os planos estavam feitos para o ano seguinte. Um novo conselho editorial seria composto pelos editores da casa, Barretto, Clarival e Kátia, a que se somariam João Ruy Medeiros, Amaury de Souza, Antonio Paim e Fernando Pedreira. Os dois últimos eram antigos comunistas convertidos ao liberalismo, vale reiterar. Os seis números previstos para 1971 teriam como eixo temas específicos: 1. Amazônia; 2. Televisão; 3. Capi-

---

310 Carta (em português) de Vicente Barretto a Mercier Vega, Rio de Janeiro, 18 set. 1970, em IACFR, Series VI, Box 560, Folder 5.

311 Atividades do Centro do Rio para [o boletim] *Trabajos*, em IACFR, Series VI, Box 560, Folder 5.

312 Carta (em português) de Vicente Barretto a Mercier Vega, Rio de Janeiro, 30 dez. 1970, em IACFR, Series VI, Box 560, Folder 5.

talismo brasileiro; 4. A crise da psicanálise; 5. Tecnologia e desenvolvimento econômico; e 6. A ecologia no desenvolvimento.[313]

Os planos, entretanto, levaram uma ducha de água fria com a carta de Mercier de 5 de janeiro, comunicando que a Fundação Ford não renovaria o financiamento ao Ilari, medida que atingia diretamente as atividades no Brasil, destruindo, "em algumas semanas, aquilo que foi construído ao longo de vários anos de lento e difícil trabalho".[314] Seguiram-se outras cartas desoladas de Mercier, inconformado com a destruição resultante de uma "mera decisão administrativa". Os brasileiros ficaram surpresos, pois esperavam que o financiamento iria até o fim de 1971, tendo programado atividades que tiveram de ser canceladas.

Assim, a equipe principal ficou inesperadamente desempregada. Já vimos que Barretto perdeu o trabalho também na Secretaria de Cultura com a mudança de governo. Logo passaria a prestar serviços – de início de forma relativamente precária – na Faculdade Candido Mendes, de propriedade do amigo católico que fora considerado comunista por Stefan Baciu e já contava com apoio da Fundação Ford.[315] Por sua vez, Thereza Marinho lamentava em carta que, aos 43 anos e em razão do salário, estava com dificuldade de arranjar emprego, assim como Kátia. E Clarival estaria acabrunhado por não ter sido reconduzido à cadeira no Conselho Federal de Cultura.[316]

O próprio Clarival confessava "estar em órbita, sem entender as coisas e temendo que possam ficar piores do que já estão". Dizia estar seguro de que sua exclusão do Conselho Federal de Cultura desde fevereiro de 1971 não se deveu ao SNI, como se alardeava, mas ao fato prosaico de o presidente do Conselho desejar nomear um parente. Comentava a dificuldade para conseguir trabalho, vivia de uma bolsa dada por um diretor da Fundação Gulbenkian, que entretanto era insuficiente para se manter. Então pedia a Mercier o favor de interceder pela indicação de seu nome para escrever um texto para a Unesco, como aventara um

---

313 Idem.

314 Carta (em francês) de Mercier Vega a Vicente Barretto, Paris, 5 jan. 1971, em IACFR, Series VI, Box 560, Folder 6. A carta continha a circular em que Mercier deu ciência a seus pares da América Latina da situação, e de que teria de "liquidar, o antes possível, os centros do Ilari no Rio, Buenos Aires, La Paz e Lima, e de suprimir todas as publicações editadas".

315 Carta (em português) de Vicente Barretto a Mercier Vega, Rio de Janeiro, 2 abr. 1971, em IACFR, Series VI, Box 560, Folder 6. Barretto trabalhou na Faculdade do Maranhão (Facam) de 1971 a 1990, quando ingressou como docente de Teoria e Filosofia do Direito na Uerj, conforme seu currículo Lattes. Ver em: http://lattes.cnpq.br/8264155510478374. Acesso em: 21 mar. 2021.

316 Carta (em português) de Thereza Marinho a Mercier Vega, Rio de Janeiro, 2 abr. 1971, em IACFR, Series VI, Box 560, Folder 6.

O SEGREDO DAS SENHORAS AMERICANAS 229

crítico argentino, pois, se ficasse na "dependência do governo, nenhuma possibilidade existe a meu favor". Aproveitava para anunciar, orgulhoso, que seu livro *Arte e sociedade nos cemitérios brasileiros* estava quase pronto: "dois volumes com 1.500 páginas, 500 ilustrações e 48 capítulos" (Valladares, 1972).[317]

Como o crítico baiano temia, as coisas logo ficaram ainda piores, conforme Thereza Marinho relatava em carta a Mercier: "Clarival está passando o pior, Kátia e seu esposo foram presos desde segunda-feira dia 7 e até o momento não tivemos a menor notícia. Ela foi presa em sua casa e Chaim no escritório. Está, dizem, no Centro de Informação do Exército. As notícias são as mais contraditórias".[318]

O casal acabaria sendo solto, pois não tinha ligação orgânica com grupos de esquerda. Kátia contou que Chaim lhe disse que era perguntado sobre uma certa Iara Paraguaçu. Tratava-se do nome de guerra de Kátia na rádio Havana, que ele de fato ignorava: "parece que a tortura que ele sofreu, sabe quando você fica em pé sem poder ir a lugar nenhum? Você fica, digamos assim, enlouquecido. [... Os inquiridores falavam:] 'Você conhece sim!', e ele dizia: 'não conheço'..." (Valladares, 2017). A origem familiar de Kátia contribuía para preservá-la da repressão. Tinha militares graduados entre os parentes por parte de mãe, como o brigadeiro Friedrich Derschum, que não seria envolvido com o aparelho repressivo, segundo ela.

O primeiro marido de Kátia, conforme já se destacou, fora morto em janeiro de 1970 após fugir da prisão Lemos de Brito, onde às vezes Clarival o visitava. A situação da filha, o fim da Galeria Goeldi, a perda do posto no Conselho Federal de Cultura, a doença cardíaca, tudo isso ajuda a compreender os motivos de Clarival para "estar em órbita, sem entender as coisas e temendo que possam ficar piores do que já estão". E inseguro quanto à edição acalentada do livro sobre arte de cemitérios que lhe tomara dez anos, feita pelo Conselho Federal de Cultura. Então, dedicou a obra ao ex-presidente Castello Branco, para surpresa da filha. Alegou que o livro trazia informações sobre a guerra do Paraguai que talvez desagradassem aos militares, por isso tomou a iniciativa da dedicatória para salvaguardar-se de censura. Ato ambíguo, expressivo das contradições e negociações da época nos bastidores da produção de *Cadernos Brasileiros*. Kátia declarou ter ouvido do pai, certa vez, uma frase de que nunca se esqueceu: "quem é que quer ver sua filha morrer como Joana D'Arc?" (Valladares, 2017).

---

317 Carta (em português) de Clarival Valladares a Mercier Vega, Rio de Janeiro, 7 maio 1971, em IACFR, Series VI, Box 560, Folder 6.

318 Carta (em português) de Thereza Marinho a Mercier Vega, Rio de Janeiro, 12 jun. 1971, em IACFR, Series VI, Box 560, Folder 6.

Como se vê, *Cadernos Brasileiros* continuou a existir por mais um ano após a edição do AI-5, enquanto teve respaldo do CLC – então já denominado Ailc – e do Ilari, que conseguira verba da Fundação Ford para dar prosseguimento ao financiamento de suas revistas na América Latina. Em seguida, sem apoio, a revista fechou em janeiro de 1971, como já se destacou. A Fundação ajustara suas prioridades.

Em janeiro de 1969, os dirigentes da revista haviam solicitado financiamento diretamente à Fundação Ford no Brasil quando as verbas do Ilari escassearam. Como o próprio Ilari já era bancado pela Fundação Ford em âmbito internacional, esse fator dificultava a aceitação do pedido, sem contar que a Fundação estabeleceu o princípio de privilegiar pesquisas. Cientes disso, os solicitantes argumentaram que seu centro em Ipanema aglutinava pesquisadores, fazia trabalho de divulgação científica e a revista publicava artigos que resultavam de investigação acadêmica, listando como exemplo inúmeros artigos editados para comprovar o argumento. Elencavam todos os debates realizados nos últimos anos, falavam da importância da Galeria Goeldi, entre outros aspectos para demonstrar a relevância cultural do centro ligado ao Ilari no Rio de Janeiro e sua revista, num documento de doze páginas em espaço um, assinado por Afrânio Coutinho, Vicente Barretto e Clarival Valladares.[319] Os argumentos não foram suficientes para a aceitação do pedido. Como sinal de boa vontade, abriu-se apenas a possibilidade de uma ajuda simbólica de 5 mil dólares para *Cadernos Brasileiros* publicar artigos resultantes de pesquisa.[320]

A revista era vitimada pela ideologia de objetividade científica que difundia. A Fundação Ford no Brasil já passara a financiar instituições efetivamente especializadas em pesquisa, caso do referido Cebrap em São Paulo e de alguns programas de pós-graduação de ponta na UFMG, no Iuperj de Candido Mendes, além de um grupo em Porto Alegre, todos de ciência política. O Programa de Antropologia do Museu Nacional também recebeu forte apoio no Rio de Janeiro, e ainda outros na UnB em Brasília e na Unicamp em Campinas, logo depois a Anpocs em âmbito nacional, conforme expôs por exemplo Sergio Miceli (1993). Para esse autor, "embaraços e tensões" da Fundação Ford com o governo dos Estados Unidos "foram se ampliando à medida que o rol de clientes preferenciais se estendeu a parcerias de esquerda, deixando de incluir quase

---

319 Carta (em português) dos dirigentes de *Cadernos Brasileiros* a Peter D. Bell, Ford Foundation, Rio de Janeiro, 24 jan. 1969, em IACFR, Series VI, Box 560, Folder 4.

320 Carta (em inglês) de Peter D. Bell a Vicente Barretto, Rio de Janeiro, 13 mar. 1969, em IACFR, Series VI, Box 560, Folder 4.

exclusivamente lideranças e instituições pertencentes aos segmentos conserva-dores do espectro político-partidário" (Miceli, 1993, p.46). Assim, a Fundação Ford teria estimulado "a criação de uma verdadeira comunidade profissional fundada em padrões críticos e competitivos" (ibidem, p.60). Algo parecido com o que um dia almejou o Ilari de Mercier Vega, agora realizado por outras vias.

O intento de criar uma elite intelectual, a valorização da pesquisa empírica e da profissionalização, a ausência de imposição de uma corrente de pensamento em nome da liberdade da cultura, o recrutamento amplo sobretudo entre jovens acadêmicos de esquerda alternativa à soviética, eram várias as propostas dos mentores do Ilari e de *Cadernos Brasileiros* que foram levadas adiante com mais proficiência e enraizamento pela Fundação Ford ao financiar programas locais e conceder bolsas de doutoramento no exterior, em especial em universi-dades nos Estados Unidos. Lá eles incorporaram métodos e técnicas de pesquisa que serviriam, por exemplo, para fundar a ciência política brasileira contem-porânea, distanciando-se da origem de vários bolsistas em grupos de esquerda antistalinistas. Entretanto, a conversão desses cientistas políticos para certa con-cepção de trabalho acadêmico não teria resultado das viagens para os Estados Unidos, mas de suas "posições e disposições prévias", com peso significativo para os impulsos de ascensão profissional e a abertura de novas oportunidades de estudo e trabalho ligadas à pesquisa, conforme análise de Lidiane Rodrigues. Envolviam-se na construção institucional acadêmica, que não deixaria de estar ligada ao processo de democratização. Agiriam com base na sua especialidade, ao realizar pesquisas eleitorais por exemplo, ou se pronunciar pela imprensa na condição abalizada de cientistas políticos. "Eles não eram mais profetas da revolução, porque a vida científica os havia convertido ao sacerdócio da demo-cracia" (Rodrigues, 2020, p.163).[321]

O FIM DO FOCO DO CLC E A PASSAGEM DO BASTÃO

A criação da seção nacional do CLC e da revista *Cadernos Brasileiros* foram um projeto ambicioso de âmbito internacional que não deixava de espe-lhar a forma como viam a organização de seus inimigos comunistas: criar a

---

321 Esse grupo: "1) delimitou a agenda de pesquisa; 2) definiu os princípios de valorização/depreciação do trabalho acadêmico; e 3) definiu modalidades legítimas/ilegítimas de participação de cientistas políticos no campo extracientífico (e vice-versa)" (Rodrigues, 2020, p.148). Sobre os cientistas políticos brasileiros financiados pela Fundação Ford, ver ainda Keinert (2011) e Canedo (2018).

232 MARCELO RIDENTI

partir de fora um núcleo intelectual, integrante de uma elite capaz de dirigir o processo de modernização dentro da ordem para evitar uma revolução contra ela. O voluntarismo tão comum nos anos 1960 estava presente: contra o foco revolucionário inspirado na Revolução Cubana, conforme propunha Debray (1967), contrapunha-se uma espécie de foco intelectual com base na pesquisa científica para ganhar corações e mentes da intelectualidade.

John Hunt explicitara desde o início a pretensão do comando do CLC em Paris de tornar *Cadernos Brasileiros* a revista cultural e intelectual mais importante do Brasil.[322] O envio de Botsford para trabalhar no Rio de Janeiro, as somas investidas, bem como o teor detalhado dos comentários de Hunt sobre a revista e sua produção, revelado na troca de correspondência ao longo de anos, mostravam grande empenho em tornar realidade a pretensão nunca realizada. O próprio Hunt foi-se dando conta da frustração de suas expectativas ao constatar enormes encalhes de edições como a de novembro-dezembro de 1963: de 3 mil exemplares, apenas 717 tinham sido vendidos, além de 114 para assinantes, os demais sendo doados ou permanecendo em estoque.[323] Esse total era inferior à média de vendas em 1962 e no começo de 1963, em torno de 1.400 exemplares comercializados por edição, ficando os 1.600 restantes para serem distribuídos gratuitamente em promoção, cerca de metade dos quais sobraria encalhada.[324]

O problema foi justificado por Barretto numa carta em que ressaltava a herança pesada do tempo de Baciu e a conjuntura que levava à incompreensão da revista, boicotada pela esquerda e incompreendida pela direita, pois era crítica da "demagogia" do governo Goulart, mas adepta de reformas sociais. Barretto esperava que a situação pudesse mudar já no contexto posterior à "revolução de 1964", que teria levado ao fim do radicalismo e tornaria os dois lados, especialmente a esquerda, mais propensos a aceitar uma revista liberal.[325]

Hunt voltaria ao assunto pouco mais de um ano depois, constatando as baixas vendas e que a revista "não tem o eco que merece".[326] Ele devia-se referir aos dados que acabara de receber, que em meados de 1965 mostravam em torno

---

322 Carta (em inglês) de John Hunt a Vicente Barretto, Paris, 11 fev. 1963, em IACFR, Series II, Box 89, Folder 5.

323 Carta (em inglês) de John Hunt a Vicente Barretto, Paris, 1º jul. 1964, em IACFR, Series II, Box 89, Folder 6.

324 Carta (em inglês) de Vicente Barretto a John Hunt, Rio de Janeiro, 20 ago. 1963, em IACFR, Series II, Box 89, Folder 5.

325 Carta (em inglês) de Vicente Barretto a John Hunt, Rio de Janeiro, 7 jul. 1964, em IACFR, Series II, Box 89, Folder 6.

326 Carta (em inglês) de John Hunt a Vicente Barretto, Paris, 15 out. 1965, em IACFR, Series II, Box 89, Folder 8.

de 250 assinaturas, mais 850 vendas e 500 exemplares dados de graça, de uma tiragem de 3 mil, o que deixava subentendido um encalhe de quase meia edição. Na época, o Itamaraty comprava 300 exemplares e o Congresso 147. Pouco mais da metade do público estava no estado da Guanabara (1.095 exemplares distribuídos), o restante se espalhava por outros sete estados, encabeçados por São Paulo (300), além de 50 cópias enviadas para a Argentina.[327]

A recepção melhoraria depois disso, por exemplo, os dados já mencionados de 1966 apontavam impressões que variaram crescentemente de 3 a 6 mil exemplares, com vendas avulsas oscilantes de 1.874 a 3.240 cópias, além de uma média de 500 assinantes e outro tanto de distribuição gratuita, com um retorno de 723 a 2.379 exemplares, que constituíam um encalhe. Por isso Hunt sugeria diminuir as tiragens, que deveriam chegar no máximo a 4 mil por edição.[328]

Cadernos Brasileiros e o Congresso pela Liberdade da Cultura não obtiveram o enraizamento pretendido na intelectualidade brasileira. Até seus colaboradores mais próximos, conforme o exposto, hoje se lembram pouco daquela experiência. Por exemplo, constam apenas quatro menções à revista no extenso currículo Lattes de Vicente de Paulo Barretto, pesquisador 1A do CNPq na área de Direito: três artigos e o registro de ter sido seu editor de 1963 a 1970. Ou seja, ela ocupa lugar formalmente modesto até mesmo para o editor que faria longa e exitosa carreira acadêmica como professor da Uerj, Unisinos, Estácio de Sá e outras universidades.[329]

A revista sempre foi um meio relevante, mas complementar de legitimação intelectual para seus colaboradores. Assim, não surpreende que tenha sido esquecida em obras que fizeram um painel da vida intelectual brasileira, como as de Daniel Pécaut (1990) e Carlos Guilherme Mota (1985) – que publicou um de seus primeiros textos em *Cadernos Brasileiros*, uma resenha de quatro páginas no dossiê dedicado a debater os Estados Unidos, devidamente registrado em seu currículo Lattes (Mota, 1967). Tampouco dei atenção à revista na pesquisa para meu livro sobre artistas e militantes de esquerda nos anos 1960 (Ridenti, 2000). Isso não quer dizer que deva ser ignorada, pois o que está à sombra pode dizer muito em contraste com a parte luminosa na paisagem dos quadros.

Desde o começo dos anos 1960, houve várias tentativas de estabelecer grupos de estudo do CLC em capitais como São Paulo, Salvador, Recife e Forta-

---

327 Anexo da carta de Vicente Barretto a John Hunt, 21 set. 1965, em IACFR, Series VI, Box 559, Folder 18.
328 Carta (em francês) de John Hunt a Mercier Vega, Paris, 28 mar. 1967, em IACFR, Series VI, Box 557, Folder 1.
329 Ver em: http://lattes.cnpq.br/8264155510478374. Acesso em: 13 mar. 2021.

leza.[330] Para isso chegou-se a contratar Mário Afonso Carneiro, como exposto. Em geral, as investidas tinham boa recepção inicial, mas sem nunca obter sucesso duradouro para o Congresso e sua revista, cuja audiência sempre foi restrita e concentrada no Rio de Janeiro. A intenção de enraizamento local não progredia. No fundo, a ação do CLC foi uma tentativa de moldar a intelectualidade do exterior, mesmo quando o periódico adotou a política mais aberta a contribuições nacionais variadas. Não que a tarefa fosse de todo impossível, como mostrou a experiência da Fundação Ford quando encontrou mediadores locais mais proficientes e profissionalizados nas ciências sociais. Eles viram no apoio externo um meio de atingir seus próprios objetivos de institucionalização da produção de conhecimento. Claro, seus predecessores – os mediadores brasileiros do CLC – também tinham méritos e seus próprios fins de organização local, mas não estavam inseridos em posição privilegiada na intelectualidade brasileira que lhes permitisse desempenhar papel aglutinador.

Um episódio expressou bem a dificuldade de enraizamento no meio intelectual e as ambiguidades de *Cadernos Brasileiros*, particularmente de seu diretor – e, por que não dizer, do liberalismo à brasileira –, no momento em que a crise de financiamento se agravara. Em outubro de 1970, Afrânio Coutinho recusou o convite formulado por Mercier em correspondência para continuar sendo presidente honorário da Associação Brasileira para a Liberdade da Cultura, mas sem remuneração. Afirmou que seria impossível aceitar, pois isso inviabilizaria sua almejada nomeação para o posto de adido cultural em Paris. Ou seja, estava esperando sua indicação ao cargo pelo governo Médici, que na época promovia o "milagre econômico", forte censura e uma repressão política sem paralelo até então, inclusive contra intelectuais.

Coutinho alegava que, caso aceitasse o convite para seguir à frente da Associação, continuaria "a ser visto pelas autoridades como responsável" pela entidade e sua revista, o que não seria bom para suas pretensões. Nesse caso – escreveu Coutinho na frase final da carta –, "teria os riscos e de modo algum as vantagens" de comprometer-se com a instituição.[331] Portanto, até o momento final do periódico, prosseguiu sua relação ambígua com o governo e a oposição, característica de muitos liberais da época. O desagrado de Coutinho com a situação pode ser verificado não apenas pelo teor da resposta, mas também por

---

330 Ver, por exemplo, cartas (em francês) de Vicente Barretto a Mercier Vega, Rio de Janeiro, 21 dez. 1962 e 19 fev. 1963. Também as cartas (em francês) de Mercier Vega a Vicente Barretto, Montevidéu, 7 e 29 jan. 1963, em IACFR, Series IV, Box 499, Folder 9.

331 Carta (em francês) de Afrânio Coutinho a Mercier Vega, Rio de Janeiro, 8 out. 1970, em IACFR, Series VI, Box 560, Folder 5.

O SEGREDO DAS SENHORAS AMERICANAS

ter tardado mais de quatro meses para reagir à carta que Mercier lhe endereçara.[332] E ainda escrevendo em francês, ao contrário da correspondência anterior em português a Mercier, que compreendia bem a língua de Manuel Bandeira.

Por sua vez, Mercier escrevera em espanhol ao brasileiro, a quem se costumava dirigir em francês. O possível ato falho deve ter atingido a vaidade do crítico, que, ao usar a língua de Molière, repunha sua distinção e impunha distanciamento. Mercier logo escreveu a Barretto para tirar o nome de Coutinho da folha de pagamento a partir do fim do ano, aconselhando a fazer uso dessa "soma para tarefas concretas". Deixava subentendido o desapontamento com a recusa do título honorífico e a demora na resposta, além da impressão – que vinha desde o tempo de Botsford – de que se pagava muito a Coutinho pelo trabalho prestado.[333] Mercier já detectara animosidades entre os responsáveis pela revista em sua primeira visita à equipe em 1963, particularmente entre Coutinho e Barretto, sugerindo separar bem suas responsabilidades.[334] Como Coutinho nunca participou com intensidade do cotidiano da revista e demais atividades, essas animosidades puderam ser relativamente contornadas, também em relação à direção internacional, a quem convinha ter um homem que lhe parecia influente no Brasil.

Em contraste com as expectativas nela depositadas sobretudo após a vinda de Botsford ao Brasil, nunca se conseguiu fazer de *Cadernos Brasileiros* um órgão central para a modernização da vida intelectual, de que foi entretanto coadjuvante expressivo. Foi acertado o diagnóstico de que a sociedade brasileira demandava mudança no campo intelectual para acompanhar a modernização acelerada, mas as atividades em torno da revista não tinham capacidade nem peso suficientes para levar isso adiante. Colocou-se uma tarefa que estava muito além de suas forças, por vezes sem avaliar adequadamente o processo complexo em curso de que era parte e pretendia dirigir.

O SIGNIFICADO DA EXPERIÊNCIA DE *CADERNOS BRASILEIROS*

A breve reconstituição histórica e a análise das relações entre o CLC e a revista *Cadernos Brasileiros* – realizadas com base na correspondência da

---

332 Carta (em espanhol) de Mercier Vega a Afrânio Coutinho, Paris, 1º jun. 1970, em IACFR, Series VI, Box 560, Folder 5.

333 Carta (em francês) de Mercier Vega a Vicente Barretto, Paris, 30 nov. 1970, em IACFR, Series VI, Box 560, Folder 5.

334 Carta (em francês) de Mercier Vega a John Hunt, Montevidéu, 11 abr. 1963, em IACFR, Series II, Box 236, Folder 7.

época entre os dirigentes das instituições e outros documentos, nos editoriais e artigos da revista, nas entrevistas realizadas e no diálogo com a bibliografia – permitem esboçar algumas conclusões. Foram criados vários centros do CLC na América do Sul, agrupados formalmente no Ilari a partir de 1966, buscando gerar laços entre eles, mas não se conseguiu obter uma ligação orgânica direta horizontal entre os centros, que era feita por intermédio da sede em Paris, das visitas frequentes do responsável Mercier a cada país, além das reuniões internacionais que promovia entre os dirigentes locais, sem lograr ir muito além da típica relação vertical entre centro e periferia. No geral, houve certa dependência em relação à matriz internacional, mas com importantes expressões de autonomia relativa no caso de *Cadernos Brasileiros*.

No momento de fundação da revista, em 1959, segmentos importantes do meio artístico e intelectual brasileiro mostraram-se receptivos à iniciativa estrangeira, financiadora da publicação, em afinidade com as ideias amplas de liberdade da cultura difundidas pelo CLC, que entretanto ganhariam contornos mais estreitos em sua configuração nacional, distanciando pessoas inicialmente simpatizantes. Afinal, nesse período, nas páginas de *Cadernos Brasileiros*, predominaram intelectuais afinados com certo anticomunismo que já se revelava defasado num contexto latino-americano mais receptivo a ideias anti-imperialistas e de desenvolvimento nacional do que ao combate ao comunismo soviético. Foi a fase mais dependente da revista, que reproduzia textos estrangeiros em quase metade da publicação. Mas autores nacionais garantiam seu espaço, a ponto de manter uma linha mais conservadora do que a diretiva internacional, resistindo à abertura para os novos tempos diante da política de convivência pacífica entre as grandes potências. Tanto assim, que a revista acabou sofrendo uma intervenção da sede.

Conforme o exposto, ao constatar o pouco prestígio de suas revistas na América Latina, bem como o avanço na região de ideias revolucionárias, a direção internacional do CLC decidiu intervir, a começar pelo Brasil em 1962, atestando o poder internacional sobre as agências locais. Enviado ao Rio de Janeiro, o escritor Keith Botsford comandou uma reorganização de *Cadernos Brasileiros*, enfatizando o tema da liberdade de criação, bem como a modernização econômica e cultural, buscando atrair intelectuais de esquerda não comunista. Ou seja, a imposição externa buscava arejar a revista, dando voz a autores nacionais de diversas correntes, o que gerou a diminuição significativa de textos estrangeiros publicados a partir de então, que passaram a compor cerca de um quinto do total. Contudo, a conjuntura conturbada do pré-1964 postergou a proposta de uma abertura mais expressiva a orientações diversas. Apesar da demissão do antigo editor, a posição política da revista seguiu sendo mais à direita do que a da direção do CLC, o que se tornou nítido diante do golpe de 1964, tratado como revolução pelos editores do periódico.

As reações ao golpe revelaram fricções entre os dirigentes externos e os locais, estes mais conservadores, que souberam afirmar sua relativa autonomia. Os diretores internacionais mostravam-se preocupados com a repercussão para o público externo de eventual apoio do CLC ao golpe militar que perseguia intelectuais. Já os locais, de início, apoiaram com entusiasmo o movimento de 1964. Isso ficou evidente na troca de correspondências analisada, que, entretanto, gerou uma espécie de compromisso entre os diretores, de modo que o apoio local ao golpe – praticamente incondicional num primeiro momento – não se explicitou claramente nas páginas de *Cadernos Brasileiros*. A imagem pública ficou sendo a expressa no editorial pós-golpe, que fazia uma espécie de síntese conciliadora do debate das correspondências, ao respaldar o movimento de 1964, mas advertindo contra possível perseguição aos intelectuais e contra o risco de manutenção dos militares no poder.

As arestas entre os dirigentes locais e internacionais seriam aparadas de vez a partir do dossiê da revista sobre os militares no fim de 1966, quando a conjuntura nacional apontava para a permanência indefinida dos governos militares, contrariando interesses de setores liberais com os quais o comando da revista se identificava. Era o caso do principal líder civil do golpe, Carlos Lacerda, que se afastara dos militares e ajudou a criar a Frente Ampla de oposição ao governo em novembro de 1966, o mesmo mês do número de *Cadernos Brasileiros* que desagradou aos militares. Como é sabido, o ex-governador da Guanabara acabou tendo seus direitos políticos cassados após a edição do AI-5, em dezembro de 1968, que foi o ano de maior aproximação da revista com o amplo espectro político e ideológico de resistência à ditadura, mas nem por isso sofreu censura dos organismos oficiais, que entretanto davam recados nos bastidores. Afinal, sua força e penetração eram restritas, e particularmente o diretor, Afrânio Coutinho, cultivava boas relações com o governo.

A relativa abertura para posições mais à esquerda – sobretudo em 1967 e 1968, em consonância com a diretiva internacional de abrigar os mais diversos pontos de vista, buscando o conhecimento científico objetivo – deu espaço não só para autores consagrados, mas especialmente para jovens intelectuais críticos, oriundos das universidades, que buscavam meios de divulgar suas pesquisas. E atendiam também à proposta do CLC de incentivar a institucionalização dos intelectuais, evitando que tomassem rota de ruptura com a ordem. Naquele contexto, embora mantivesse pontes de contato com o governo, a revista colocava-se no amplo espectro crítico da permanência dos militares no poder, o que ajudou a evitar que fosse atingida pelas denúncias sobre o financiamento da CIA ao CLC. Deu espaço a tantos setores intelectuais, inclusive à esquerda, que não faria sentido criticá-la.

Em âmbito nacional, a trajetória de *Cadernos Brasileiros* pode ser interpretada como expressão da convivência ambígua de liberais tanto com a ditadura como com a oposição a ela, resultado simultâneo da atração exercida por visões de mundo transformadoras emergentes – certa "relativa hegemonia cultural de esquerda", nos termos já referidos de Schwarz – e do esforço de mudança para disputar espaço no campo intelectual, reafirmando posições liberais ou conservadoras. Estas tentavam incorporar, a seu modo, a agenda de reformas pelo desenvolvimento (no universo das elites, bem entendido) e a crítica ao militarismo, até mesmo abrindo a revista para intelectuais críticos, mas buscando direcionar as lutas por transformação num sentido sob controle da ordem estabelecida. Sobretudo pela defesa da investigação científica contraposta a um ambiente supostamente dominado por ideologias. A pesquisa objetiva e isenta dos problemas sociais seria o caminho para resolvê-los. Ou seja, haveria soluções técnicas para questões políticas, conforme a ideologia difundida pelo CLC que se imaginava não ideológica.

Mais que uma expressão da chamada "relativa hegemonia cultural de esquerda", no sentido amplo de capacidade de atração das ideias e propostas de transformação, tratou de dar respostas a elas, tentando incorporá-las a seu modo, dentro do universo liberal inspirado pelo CLC – que era, lembre-se, apoiado também por setores da social-democracia europeia. Assim, a adesão à agenda de reformas pelo desenvolvimento no âmbito das elites, a crítica ao militarismo, a seguir ao imperialismo, também abrindo a revista para jovens acadêmicos de esquerda, católicos progressistas e o movimento negro, foram atitudes que expressaram a influência das ideias de esquerda na época de 1968. Mas não se tratava propriamente de aderir a elas, e sim de tentar direcioná-las num sentido sob controle da ordem estabelecida, dando um lugar dentro dela para os intelectuais, construindo o que os gramscianos chamariam de hegemonia burguesa, que se via ameaçada naquele contexto. Esta seria recomposta no momento histórico seguinte, de institucionalização da vida intelectual, por exemplo nas universidades e seu sistema de pós-graduação, correspondendo a uma nova fase do financiamento internacional à investigação. Então, o antigo anarquista Mercier Vega já não seria a pessoa ideal para liderar os ideais de pesquisa objetiva que ajudou a arquitetar no Brasil e na América do Sul, tampouco o Ilari a instituição mais adequada para fazê-lo, nem seus correspondentes edi-

O SEGREDO DAS SENHORAS AMERICANAS

tores de *Cadernos Brasileiros*. Um pessoal mais profissionalizado, com formação específica em ciências sociais, levaria adiante em diversas instituições, por exemplo, o projeto amadurecido de apoio à pesquisa da Fundação Ford, que antes financiara o CLC.

Além da questão da resposta à "relativa hegemonia cultural de esquerda", encontra-se – sobretudo nas correspondências e outros documentos do arquivo do CLC – a pertinência paralela de uma outra interpretação de Schwarz, exposta no célebre ensaio "As ideias fora do lugar", de 1972. Nele, o autor analisou o liberalismo no Brasil do século XIX, que estaria em descompasso com as ideias do liberalismo europeu que o inspiravam formalmente, pois a sociedade brasileira era escravista, produzida por uma colonização "com base no monopólio da terra, três classes de população, o latifundiário, o escravo e o 'homem livre', na verdade dependente". As relações sociais seriam mediadas pelo favor, "que atravessou e afetou no conjunto a existência nacional, ressalvada sempre a relação produtiva de base, esta assegurada pela força" (Schwarz, 2001, p.64). Teria sido produzida uma coexistência social estabilizada:

> Aí a novidade: adotadas as ideias e razões europeias, elas podiam muitas vezes servir e muitas vezes serviram de justificação, nominalmente "objetiva", para o momento de arbítrio que é da natureza do favor. Sem prejuízo de existir, o antagonismo se desfaz em fumaça e os incompatíveis saem de mãos dadas. (Ibid., p.66, grifos do autor)

Isso dá o que pensar sobre a relação de *Cadernos Brasileiros* com sua matriz europeia, o CLC. Por exemplo, os trechos citados da correspondência dos diretores brasileiros com os estrangeiros atestam como, apesar das premissas comuns – "nem de um lado nem do outro, mas com um ponto de vista democrático e liberal", nos termos de Afrânio Coutinho –, o modo de encarar o golpe de 1964 foi diferente, os brasileiros muito mais confortáveis de início com as arbitrariedades implicadas. O golpe marcou o momento da força, mas, depois de seu triunfo, uma vez garantida a manutenção da "relação produtiva de base", seria preciso que os incompatíveis saíssem de mãos dadas, o que aconteceu no período seguinte da revista, que aceitou contribuições à esquerda.

A virada relativa de *Cadernos Brasileiros* a partir de 1966 realmente aconteceu, como demonstrou Berghe com base na análise de seu discurso. Mas havia mais aspectos envolvidos, presentes por exemplo na correspondência e outros documentos disponíveis nos arquivos do CLC na Universidade de Chicago. Lá estão as cartas referidas, que revelavam as pontes mantidas sobretudo por Afrânio Coutinho com os militares. Por exemplo, na sua contribuição para elaborar o plano cultural do governo Costa e Silva, sem o que não se podem compreender as mencionadas críticas nas páginas da revista a Roberto Campos e ao governo Castello Branco, que já eram parte do passado. As cartas também mostravam um Coutinho buscando, em vão, favores para ser indicado ao Conselho Federal de Cultura e, mais tarde, a adido cultural em Paris. E pedindo benefícios a Hunt e ao CLC.

Essa correspondência, mais a montagem do Conselho Consultivo de *Cadernos Brasileiros* nos seus primórdios – em sua maioria composto por baianos como o diretor da revista –, a escolha dos funcionários em seu círculo, a forte representação de pessoas ligadas ao periódico na Academia Brasileira de Letras, a inimizade camuflada com Celso Furtado, a hostilidade à ditadura de setores de classe média tradicional que antes a haviam apoiado, tudo isso faz lembrar mais a interpretação de Schwarz sobre "as ideias fora do lugar" dos liberais do que suas ponderações sobre a "relativa hegemonia cultural de esquerda" no contexto de 1968.

O itinerário da revista, tomado num sentido de classe, acompanhou o das classes médias tradicionais em sua relação com o sistema político no Brasil, no sentido da análise de Décio Saes (1984). Basicamente compostas por profissionais liberais e altos funcionários do Estado, elas se faziam ouvir por veículos de imprensa como o jornal *O Estado de S. Paulo*, e eram representadas em instituições como a Ordem dos Advogados do Brasil (OAB), a Associação Brasileira de Imprensa (ABI), e em partidos como a UDN.[335] O fato de terem-se mobilizado pelo golpe de 1964 contra o que lhes parecia ser a degradação da democracia pelo chamado populismo, apoiado pelos comunistas, não significou necessariamente a adesão à continuidade dos militares no poder. Passado o momento de crise de 1964, com o fim do que viam como perigo do populismo e do comunismo, setores das classes médias retomaram seu liberalismo tradicional, reivindicando a restauração da democracia parlamentar – como bem expressou o exemplo de *Cadernos Brasileiros* em sua interpretação do militarismo em 1966.

Segundo Saes, "a militarização contínua do aparelho de Estado retira progressivamente às camadas médias tradicionais a esperança de instauração de uma liberal-democracia de elite; daí sua resistência persistente ao autoritarismo do Estado militar" (Saes, 1984, p.176). Ou seja, inviabilizava-se o que Adalberto Cardoso chamou de liberalismo autoritário (2020, p.102). Essa resistência

---

335 Sobre as relações ambíguas da OAB e da ABI com a ditadura ao longo do tempo, ver as pesquisas de Denise Rollemberg (2008, 2010).

de classe média se fez sentir nas páginas de *Cadernos Brasileiros* e nas ruas na conjuntura de 1967-1968, com o apoio às manifestações estudantis em São Paulo e, especialmente, no Rio de Janeiro, local da sede da revista. Entretanto, a solidariedade com os estudantes encontrava seus limites na luta comum contra o militarismo, já que os propósitos revolucionários das vanguardas estudantis iam muito além do "conservadorismo utópico" das camadas médias tradicionais, o que ajudaria a explicar o rápido esvaziamento das ruas a partir do segundo semestre de 1968 (Saes, 1984, p.203-7). E também o conteúdo cada vez mais anódino de *Cadernos Brasileiros* a partir de 1969, até fechar sem alarde no ano seguinte, o que não se deveu apenas ao aumento da repressão posterior ao AI-5.

O encerramento do periódico por falta de financiamento, no fim de 1970, atestou as dificuldades para implantar o projeto internacional em solo brasileiro, mas os intelectuais tiraram proveito de sua experiência na revista. Em todas as suas fases, havia o referido pacto implícito: *Cadernos Brasileiros* reproduzia a ideologia internacional, mas, em última instância, era relativamente autônoma para interpretá-la de acordo com seus interesses internos. Dialogava com o comando internacional, fazendo concessões, que num primeiro momento permitiram absorver a intervenção de 1962 apenas com a troca do editor, e mais adiante acertar os ponteiros diante do golpe de 1964 e da continuidade dos militares no poder. Os envolvidos com a revista, não só seus diretores, mas também os colaboradores, usufruíram com liberdade de expressão o espaço que ela abriu por mais de dez anos, não como fantoches manipulados do exterior, nem como inocentes úteis, e sim como protagonistas da cena cultural e política.

A constatação de que *Cadernos Brasileiros* ocupou um lugar coadjuvante no campo intelectual brasileiro – e subalterno no cenário internacional – não deve minimizar sua importância como expressão do percurso de certos círculos liberais em conjunturas diversas, englobando desde posições anticomunistas explícitas difundidas no pré-1964, passando pelo apoio ao golpe, até chegar à formulação de críticas ao regime militar, abrindo-se até mesmo para a colaboração de jovens cientistas sociais e outros considerados de esquerda, mas sem perder as oportunidades de acomodação com os poderes estabelecidos.

O fechamento da revista revelava que ela não conseguiu enraizamento suficiente para dar continuidade a seu projeto sem o patrocínio estrangeiro de que dependia. Não obstante, serviu para que debates internacionais inspirados pelo CLC circulassem no país, contando também com relativa autonomia editorial e abertura para a participação expressiva ativa de colaboradores brasileiros, de várias correntes de pensamento, que aproveitaram a oportunidade para realizar seus próprios propósitos, não raro em dissonância com a ideologia do CLC. Muitos deles encontraram espaço por intermédio da revista para mostrar a voz no campo intelectual, equilibrando-se entre as forças culturais e políticas nacionais e internacionais envolvidas em diversas conjunturas nos conturbados anos 1960. Por sua vez, os integrantes da direção da revista galgaram posições profissionais e tiveram a circulação internacional facilitada por seu intermédio, navegando entre adesão e crítica aos governos ao longo dos anos e negociando com a matriz na França. Em meio a disputas e tirando proveito delas na medida do possível, esses intelectuais não foram marionetes dos interesses em jogo na Guerra Fria, mas sujeitos de lutas sociais, agentes no processo cultural e político, parte de um processo que redundaria, por exemplo, na institucionalização das ciências sociais no Brasil, ancorada na valorização da pesquisa e profissionalização dos investigadores, ideias disseminadas pelo Ilari e suas revistas.

As atividades associadas a *Cadernos Brasileiros* foram relevantes, mesmo sem adquirir a centralidade almejada nas cartas dos dirigentes do CLC. Este não teria como dirigir o processo em curso e enraizado internamente de construção intelectual e científica, por intermédio sobretudo de universidades públicas, com apoio governamental inclusive após o golpe de 1964, além de atividades paralelas complementares, mas significativas, como as promovidas pelo Cebrap. Contou-se novamente com apoio estrangeiro na nova fase, por exemplo com incentivos da Fundação Ford, possivelmente num patamar de autonomia relativa superior ao alcançado anteriormente no caso da revista *Cadernos Brasileiros*. A ideologia de objetividade científica e institucionalização dos intelectuais seria compartilhada na rearticulação da hegemonia, forte o suficiente para conviver com estocadas contra-hegemônicas, tanto no campo intelectual como da indústria cultural que se consolidavam no Brasil. Dava-se um lugar dentro da ordem para acomodar intelectuais e artistas de diversas correntes. Esse processo pode ser observado também numa outra experiência pouco lembrada, mas igualmente expressiva da época, a Associação Universitária Interamericana, objeto do próximo capítulo.

3
O SEGREDO DAS SENHORAS AMERICANAS: ESTUDANTES BRASILEIROS NA TERRA DOS KENNEDY

[...] ela fazia questão de se inclinar a favor dos esquerdistas, para não pegar os tipos meio americanizados e dar a eles esse impulso extra. Eles tinham representantes em todo o país cuja tarefa era identificar líderes estudantis [que] *tendiam a ser de esquerda ou extrema esquerda.*

Embaixador Lincoln Gordon (1987, p.37)

[...] éramos muito jovens, mas felizmente já tínhamos ideia de que este mundo velho sem porteira é mais complexo do que meia dúzia de palavras de ordem, embora também as cantássemos com fervor.

Flávio Aguiar, ex-bolsista da AUI (2020)

A ASSOCIAÇÃO UNIVERSITÁRIA INTERAMERICANA, 1962-1971

A Associação Universitária Interamericana (AUI) promoveu o intercâmbio universitário de estudantes brasileiros nos Estados Unidos de 1962 a 1971. Gratuitamente, mandava todos os anos um grupo em torno de oitenta alunos selecionados para conhecer as instituições daquele país, em missões de cerca de um mês. Sua contribuição para a formação, internacionalização e institucionalização de lideranças pode ser aferida pelo sucesso posterior dos bolsistas em suas carreiras no mundo acadêmico, político, jurídico e empresarial. Isso faz da Associação um caso de interesse para compreender a atuação de jovens universitários brasileiros no período, que trataram de aproveitar as circunstâncias da Guerra Fria conforme seus próprios interesses, não apenas de carreira pessoal, mas também na construção política e institucional, por exemplo, do campo intelectual no Brasil, num jogo de mão dupla com os interesses do governo dos Estados Unidos e dos empresários que, juntos, bancaram a empreitada.

Quando a AUI realizou seu primeiro programa na Universidade Harvard, em julho de 1962, o Brasil tornara-se parlamentarista, solução encontrada para dar posse ao vice-presidente eleito, o trabalhista João Goulart, após a renúncia de Jânio Quadros. O presidente dos Estados Unidos era John Kennedy, que recebeu os estudantes brasileiros para uma conversa informal como parte do programa, demonstrando a importância dada ao evento por sua administração. A relação com a América Latina em geral, e com o Brasil em particular, estava marcada pela então recente Revolução Cubana e pelo receio de que o exemplo contagiasse o continente, tradicionalmente sob influência geopolítica dos Estados Unidos. Naquele mesmo ano, em outubro, haveria a famosa crise dos mísseis com Cuba, que quase desencadeou uma guerra nuclear.

Os Estados Unidos precisavam manter a qualquer custo sua hegemonia continental, com políticas que oscilaram entre o tradicional uso da força – como ocorrera em 1954, quando a CIA se envolveu no golpe que derrubou o presidente Jacobo Arbenz, que havia sido eleito democraticamente na Guatemala – e o empenho no convencimento, isto é, na persuasão sobre a necessidade e a importância de os países latino-americanos cerrarem fileiras contra o lado soviético no contexto da Guerra Fria. Com esse objetivo, por exemplo, o governo Kennedy criou a Aliança para o Progresso. Conforme demonstrou Felipe Loureiro (2020), a maior parte da ajuda voltou-se para governos estaduais que faziam forte oposição a Goulart e se alinhavam com os Estados Unidos, especialmente o de Carlos Lacerda, que conseguiu 41% do total para a Guanabara, enquanto Magalhães Pinto de Minas Gerais ficou com 11% e Ademar de Barros levou 9% para São Paulo. Na avaliação de Carlos Fico, sintetizando o parecer de vários acadêmicos e de sua própria pesquisa sobre a Aliança para o Progresso, "por mais que muitos de seus executores se engajassem sinceramente nos projetos voltados para a melhoria das condições de vida na América Latina, a moldura ideológica imposta por seus organizadores – que a delineavam sobretudo como um instrumento de combate ao comunismo no contexto da Guerra

Fria – terminava por limitá-la" (Fico, 2008, p.28). Essas palavras bem poderiam servir para qualificar iniciativas paralelas, como a AUI.

O governo Kennedy percebeu que a questão do desenvolvimento e da modernização era crucial na América Latina, pois mobilizava até mesmo alguns setores das classes dirigentes menos sensibilizados com o tradicional discurso anticomunista, especialmente se ele fosse visto como desculpa para entravar o progresso. Como se viu no capítulo anterior, essa mesma percepção levou a mudar o rumo da ação do Congresso para a Liberdade da Cultura na América Latina, ao mandar Keith Botsford para o Brasil em 1962. Também ao organizar o seminário de Montevidéu de 1965 sobre o desenvolvimento e o papel das elites na região (Lipset; Solari, 1967). O tema da modernização surgia como uma "panaceia que acabaria eliminando as desigualdades sociais e a repressão política", uma "avaliação quantitativa e economicista do desenvolvimento", como constatou Sergio Miceli (1993, p.36).

O papel das elites no desenvolvimento passou a ser destacado dentro da esfera de influência dos Estados Unidos, com o pensamento de que poderiam colaborar desde que o desenvolvimento de cada nação latino-americana estivesse associado a seus interesses. Posições nacionalistas e anti-imperialistas eram tidas como pró-soviéticas, especialmente se interferissem nos negócios das empresas norte-americanas na região. Nesse contexto, passaram a ser muito bem-vindas ações como as propostas pela AUI, que faziam parte do esforço de conquistar corações e mentes de lideranças emergentes, particularmente entre jovens da elite acadêmica influenciados por ideias de esquerda.

Temendo o aparecimento de uma nova Cuba, havia nos Estados Unidos notável preocupação com a infiltração e a influência comunista, em especial no Nordeste do Brasil, região cuja miséria seria explorada pelos esquerdistas. Essa preocupação era difundida em matérias para jornal e televisão, como a do correspondente do *New York Times* no Rio de Janeiro, Tad Szulc (1960), que ganhou chamada de capa. Um programa de televisão da rede ABC sobre as Ligas Camponesas também teve muita audiência nos Estados Unidos em 1962, conforme já se salientou no capítulo anterior. Alertava para o perigo comunista sob o comando de Francisco Julião, abrindo espaço para Celso Furtado, entrevistado longamente, apresentado como formulador de saídas reformistas para superar a miséria. Mas a atração por Furtado logo arrefeceu no governo norte-americano, vale reiterar.

A diretriz do convencimento perderia espaço ainda no governo Kennedy, e especialmente a partir da administração de Lyndon Johnson. Apesar de promover os direitos civis nos Estados Unidos, sua política para o Brasil enveredou para o tradicional uso da força, conforme a conjuntura política se polarizava após o retorno do presidencialismo, o avanço das lutas populares e das propostas reformistas durante o governo Goulart, que os Estados Unidos passaram a ver como ameaça a sua hegemonia na região. Por intermédio de Lincoln Gordon – intelectual de Harvard, embaixador no Brasil de outubro de 1961 a fevereiro de 1966 –, apoiaram a desestabilização do presidente e a conspiração de seus aliados locais para derrubá-lo, culminando no golpe de 1964, entrelaçado com a operação Brother Sam, que mandou ao Brasil secretamente uma esquadra para fornecer suprimentos aos golpistas em caso de eventual resistência armada, que não houve, como se sabe.[1]

O novo governo de Castello Branco alinhou-se como poucos aos Estados Unidos, mesmo em comparação com os governos militares que viriam a sucedê-lo. Em paralelo ao uso da força, os Estados Unidos não abandonaram o lado de persuasão em sua política, apoiando uma administração que prometia realizar reformas e retomar a democracia, mas sem a presença daqueles que supostamente a ameaçavam, acusados de serem comunistas ou populistas. Os governos militares seguintes tiveram suas rusgas com os Estados Unidos, envolvendo questões comerciais, fornecimento de armas, limite do mar territorial, energia nuclear, respeito aos direitos humanos e outras. Mas, no geral, prevaleceu o pragmatismo de apoio aos enormes interesses das empresas norte-americanas associadas ao rápido crescimento econômico promovido pela ditadura, sem criar maiores problemas para ela, que recebia apoio seletivo e era aliada incondicional na Guerra Fria, em especial na América Latina.

Particularmente na área de educação, foram negociados os acordos MEC-Usaid, entre o Ministério da Educação (MEC) brasileiro e a Agência dos Estados Unidos para o Desenvolvimento Internacional (Usaid), de 1965 a 1968.[2] Os acordos sofreram forte oposição de estudantes e professores, inclusive da maioria dos que participaram das missões da AUI. Eles não sabiam de um

---

1 Há uma bibliografia considerável sobre as relações entre Estados Unidos e Brasil na época, especialmente referente à participação norte-americana no golpe de 1964 e seu apoio à ditadura, que se encontra basicamente comentada no livro *O grande irmão*, de Carlos Fico (2008). Um filme documentário impactante a respeito foi dirigido por Camilo Tavares em 2012, intitulado *O dia que durou 21 anos*.

2 Rodrigo Patto Sá Motta analisou a "participação americana no processo de modernização autoritária das universidades brasileiras", incluindo os acordos MEC-Usaid e suas vultosas verbas. Seria a "encarnação máxima da ameaça imperialista" aos olhos de seus opositores, que não admitiam "o envolvimento oficial de governo de outro país na educação brasileira" (Motta, 2014, p.111). Ver também suas ponderações sobre "o papel dos Estados Unidos e de outras forças estrangeiras no golpe e na ditadura", parte do livro *Passados presentes* (Motta, 2021, p.73-96).

segredo: embora a AUI não tivesse vínculo orgânico com os célebres acordos MEC-Usaid, a maior parte do alto custo da empreitada era bancada pelo Usaid, como comprova documento destacado adiante.

Naquelas circunstâncias, especialmente na época de sua formação, a AUI conseguiu obter recursos da iniciativa privada, sobretudo de empresas multinacionais – meio de onde ela surgiu, por iniciativa de esposas de empresários e executivos norte-americanos, sob a liderança de Mildred Sage. Contava também com financiamento crescente do governo dos Estados Unidos para influenciar membros das elites estudantis, contrapondo-se a ideias anti-imperialistas prestigiadas entre os universitários. Entretanto, a AUI tinha autonomia relativa em relação a seus patrocinadores, até mesmo abrindo espaço internamente para setores considerados democráticos da oposição no Brasil. Estes ocupavam posições no estafe da Associação, particularmente na pessoa de alguns professores recrutados para formar os estudantes, como Dalmo de Abreu Dallari, Henrique Rattner, Paul Singer, Leônidas Xausa e Cláudio Accurso, os três últimos afastados da Universidade após a edição do AI-5 em dezembro de 1968.

Os bolsistas da AUI visitariam um país vindo de crescimento econômico sem precedentes, com alto padrão de consumo, corporificado na aquisição relativamente acessível de automóveis, eletrodomésticos e casas próprias em regiões suburbanas com boa infraestrutura, com educação pública e gratuita de qualidade na vizinhança, em paralelo com a degradação da área central das grandes cidades. Crescia sobretudo a população jovem, em decorrência do chamado *baby boom* que durou quase duas décadas após o fim da Segunda Guerra, com elevadas taxas de natalidade. A juventude originária desse *boom* – com acesso inédito à educação, sobretudo a superior – convertia-se em precioso mercado de bens de consumo, inclusive culturais. No momento de criação da AUI, a sociedade dos Estados Unidos que os organizadores da entidade queriam mostrar aos bolsistas era aquela, em prosperidade, oferecendo bons empregos para profissionais especializados, com possibilidade de ascensão social. Ganhava uma imagem ainda mais pujante sob a liderança do jovem presidente Kennedy, a conduzir uma nação que prometia universalizar o modo de vida de classe média, um lugar de realização da liberdade, em contraste com o totalitarismo comunista. Não se previa que o sonho americano viesse a se degradar tão rapidamente, bem nos anos de existência da AUI.

O projeto de conquistar as lideranças estudantis para o *American way of life* sofreu abalos e ganhou novos contornos com as mudanças de conjuntura ao longo dos anos 1960, que levaram a questionamentos a esse modo de viver até mesmo dentro dos Estados Unidos, com o avanço do movimento contra a guerra do Vietnã, indissociável da organização dos estudantes, das lutas pela liberação das mulheres e especialmente dos negros, que extrapolavam os limites institucionais. Todos esses aspectos foram testemunhados *in loco* pelos universitários brasileiros que visitavam os Estados Unidos com financiamento da AUI. No Brasil, por sua vez, o governo Costa e Silva encontrava forte oposição nos meios intelectuais e artísticos, particularmente entre os estudantes, inclusive a maioria dos que iam para o estágio em Harvard. Ou seja, o meio em que a AUI atuava – no Brasil e também nos Estados Unidos – viria a conflagrar-se para além do que os criadores da Associação haviam podido supor, dado o forte questionamento do imperialismo e da organização social vigente em ambos os países.

A resposta do Estado aos movimentos contestadores não tardaria, tanto nos Estados Unidos da administração Nixon como no Brasil do governo Médici. Eles foram aliados no tradicional anticomunismo e na solução de força para reprimir os contestadores em âmbito interno e externo, no caso brasileiro, por meio de uma ditadura. Naquele contexto, restringiram-se os espaços para o financiamento de propostas como as da AUI, cujo florescimento não combinava com os novos tempos. Não por coincidência, o fenecimento da AUI aconteceu em paralelo com o fim da Aliança para o Progresso e outras iniciativas, como as atividades do Congresso pela Liberdade da Cultura na América Latina, a exemplo do Ilari e suas revistas *Cadernos Brasileiros*, *Mundo Nuevo* e *Aportes*, tema tratado no capítulo anterior. Embora não estivessem necessariamente interligadas, essas iniciativas foram vítimas do esvaziamento da linha de suporte institucional a elites locais comprometidas com o desenvolvimento e a democracia, desde que associadas aos Estados Unidos. O novo contexto era de apoio norte--americano às ditaduras militares na América Latina. Isso não quer dizer que iniciativas de convencimento foram abandonadas, nem que as forças de cunho liberal-democrático desapareceram do cenário, mas elas tiveram de se rearticular, ganhando peso mais adiante, em especial durante o governo Carter, com sua política de defesa de direitos humanos, além das agências norte-americanas relativamente autônomas que passaram a financiar projetos ligados à redemocratização na América Latina, como a Fundação Ford, num período posterior ao destacado neste livro.[3]

A experiência da AUI é exemplar para a compreensão de como intelectuais e trabalhadores intelectuais – no caso, ainda em formação – negociaram seu lugar nas circunstâncias da Guerra Fria, andando no fio da navalha, buscando

---

3 Ver, por exemplo, Green (2009), Calandra (2011), e Korey (2007), além dos textos já citados sobre a Fundação Ford no capítulo anterior.

lidar com a situação política para atuar em seus campos profissionais. Estudantes e professores integraram-se ao empreendimento da AUI para realizar seus próprios projetos de carreira, também de atuação política. Se eles não tinham pleno domínio dos termos intrincados e obscuros das disputas da Guerra Fria, estavam longe de ser marionetes dos poderes constituídos ou das superpotências, participando do jogo como podiam. Muitos deles viriam a ocupar posições de destaque na política, em diversos partidos, na condição de vereadores, prefeitos, deputados, senadores, governadores, secretários de estado, ministros, juízes de todas as cortes, inclusive das superiores; Marco Maciel, ex-bolsista, chegou até a vice-presidência da República no fim do século XX. Muitos se tornaram empresários e profissionais de prestígio, entre advogados, médicos, engenheiros, economistas, cientistas sociais, diplomatas, artistas e outras ocupações, em especial um contingente expressivo de professores universitários, atingindo postos institucionais elevados como reitores ou ocupando altos cargos do aparelho de Estado. Nesse trajeto, alguns deles aderiram aos governos militares, galgando posições, enquanto outros chegaram a ser perseguidos pela ditadura; no limite, dois dos antigos participantes da AUI, Boanerges de Souza Massa e Ruy Frazão Soares, viriam a ser assassinados pelo regime – seus nomes passaram a constar da lista dos desaparecidos políticos. Em caso também trágico, o ex-bolsista Márcio Leite Toledo foi executado pelos próprios companheiros de organização guerrilheira na fase desesperada de desintegração do movimento, como se verá adiante.

Para dar apenas alguns exemplos de bolsistas da AUI que viriam a se distinguir em várias áreas de atuação, podem ser mencionados os políticos Aloysio Nunes Ferreira, Roberto Freire, Sergio Guerra, Luiz de Gonzaga Fonseca Mota, Airton Soares, Caio Pompeu de Toledo, José Thomaz Nonô, Getúlio Hanashiro, Flávio Arns, Paulo Odone, Vicente Trevas, Márcio Fortes, Nelton Friedrich, José Ricardo Franco Montoro, Beni Veras, Sergio Gaudenzi, Dilton Lyrio Netto e tantos mais. Também o ministro do Supremo Tribunal Federal, José Francisco Rezek, e o do Supremo Tribunal Militar, Flávio Bierrenbach; os artistas Alceu Valença, Oscar Araripe, Roberto Lerner e Walter Queiroz; os futuros ministros e altos funcionários de Estado Pedro Malan, Paulo Renato Costa Souza, Luciano Coutinho, João Alves Filho, Sergio Amaral, Paulo Sergio Pinheiro, José Paulo Cavalcanti Filho, Everardo Maciel, Maria Luiza Falcão Silva, Antônio Rocha Magalhães, entre outros; os reitores ou vice-reitores Cristovam Buarque, Helgio Trindade, Francisco Ferraz, Hélio Nogueira da Cruz e André Villalobos.

Há uma infinidade de bolsistas que seguiram carreira acadêmica em diversas áreas. Para citar apenas alguns de ciências humanas: Ruben Oliven, Antonio Lavareda, Fernando da Rocha Peres, Flávio Aguiar, José Vicente Tavares dos Santos, Lúcia Lippi, Brasílio Sallum Jr., Benício Schmidt, Marcos Müller, Lygia Sigaud, Luiz Mott, Geraldo Müller e José Ferreira Irmão. Cabe lembrar os membros da Academia Brasileira de Letras Francisco de Assis Barbosa Villaça e Marco Maciel, ao lado de outros de academias estaduais, bem como os diplomatas Luiz Felipe de Seixas Correa, Carlos Eduardo Paes de Carvalho, Flávio Miragaia Perri, Francisco Chagas Catunda Rezende e José Artur Denot Medeiros.

O curso de Direito foi o que mais mandou bolsistas, entre eles os futuros advogados ou juristas Adilson Dallari, Altamiro Boscoli, Ary Oswaldo Mattos Filho, Geraldo Nogueira da Gama, Johnson Barbosa Nogueira, Carlos Vecchio, Eduardo Kroeff Machado Carrion, Geraldo Nogueira da Gama, Francisco dos Santos Amaral Neto, José Antônio Nonato de Barros, Sérgio Bermudes, Mauro Rodrigues Penteado e Valmir Pontes Filho, além de procuradores, promotores, juízes e desembargadores.

Estudantes de Engenharia compuseram o segundo grupo mais numeroso da AUI, caso de João Damásio de Oliveira Filho, João Joaquim Guimarães Recena, Manuel Ribeiro Filho, Paulo Bancovsky e Sérgio Foguel, para citar apenas alguns nomes. Entre os arquitetos, estiveram Carlos Augusto Mattei Faggin, Frederico Rosa Borges de Holanda, Lúcio Gomes Machado, Maurício Andres Ribeiro, Murilo Marx e José Albano Volkmer.

O terceiro curso com mais bolsistas foi o de Medicina, que mandou para Harvard Raul Cutait, Lea Lederer Diamant, Flávio Goulart, Rusie Carneiro Leão Bacchi, Aristides Volpato Cordioli, Carlos Gomes de Araújo, Eva Burger, Henrique Lenzi, José Paulo de Mendonça, Carmen de Castro Chaves, Luiz Roberto Gomes Vialle, Paulo Roberto Arruda Alves, Pedro Celiny Ramos Garcia, Wanderley de Souza, João Roberto Antônio – e tantos mais, como os futuros psicanalistas Jurandir Freire Costa, Paulo Fernando de Queiroz Siqueira e Luiz Carlos Uchoa Junqueira Filho.

Também futuros empresários compuseram as turmas, caso de Cássio Vidigal Neto, Cristiano Kok, Delmas Abreu Penteado, Luiz Kaufmann e José Fernando da Costa Boucinhas. Vale mencionar os jornalistas Celso Ming, Joaci Góes, Olyr Zavaschi e Luiz Gonzaga Motta; além de tantos economistas, como Janaína Passos Amado, Denisard de Oliveira Alves, Joaquim Pinto de Andrade e Ricardo Luiz Santiago. Enfim, muitos se tornaram profissionais bem-sucedidos, com liderança em suas áreas de atuação e por vezes no conjunto da sociedade.

O SEGREDO DAS SENHORAS AMERICANAS

A leitura dos nomes mencionados atesta que é difícil classificar a trajetória posterior dos bolsistas numa única rubrica profissional, pois em geral se destacaram em mais de uma atividade. Número elevado fez pós-graduação no Brasil e no exterior, particularmente nos Estados Unidos. Muitos ocuparam postos públicos e tiveram envolvimento com a política institucional, em paralelo com suas carreiras profissionais específicas. Suas identidades político-partidárias foram diversas e variaram ao longo do tempo. Não raros ocuparam cargos em governos, alguns ainda no tempo da ditadura, em partidos da situação ou da oposição. Após a democratização, integraram administrações lideradas pelo Partido do Movimento Democrático Brasileiro (PMDB), Partido da Social Democracia Brasileira (PSDB) e Partido dos Trabalhadores (PT) em âmbito federal.

Décadas depois de encerradas as atividades da AUI, alguns integrantes saudosos da experiência original reuniram antigos bolsistas para fundar uma entidade com novo nome, sob a mesma sigla. A Associação Universitária Internacional foi constituída como uma organização da sociedade civil de interesse público. Essa agência não governamental funcionou com personalidade jurídica de 2003 até 2017, com sede em São Paulo, no próspero escritório de advocacia Demarest e Almeida, propriedade de um ex-bolsista. A nova AUI organizou encontros entre antigos contemplados e chegou a realizar em São Paulo um Programa de Jovens Líderes do Brasil, com 29 estudantes de vários estados, em julho de 2006. Cinco deles viriam a participar em 2008, junto com universitários de vários países, de um Simpósio Internacional sobre Pobreza e Desigualdade na Tufts University, em Boston. Num contexto bem diferente daquele que gerou a primeira organização, a nova não encontrou fôlego para prosseguir com personalidade jurídica própria, permanecendo como uma rede de contato virtual chamada AUI Alumni. Sua principal realização, para os propósitos desta pesquisa, foi organizar um livro de depoimentos intitulado *AUI – um olhar no futuro – sua história, por seus protagonistas*, publicado em 2008 com recursos públicos e privados.[4]

Nos anos 1960, cada candidato tinha um longo caminho a percorrer para conseguir ser selecionado para o programa de estudos nos Estudos Unidos.

---

4 A obra foi feita sob encomenda pela agência Litera Construindo Diálogos, com produção de texto e edição de Maria Luiza Paiva (2008). O livro junta informações históricas a partir sobretudo de trechos de depoimentos de diversos integrantes da AUI original, constituindo material usado como uma das fontes desta pesquisa, que ainda constrói dados estatísticos com base na lista de participantes elencados naquele livro. Também consultei a íntegra dos depoimentos, gentilmente cedidos pela organizadora.

Primeiro havia um processo de seleção muito concorrido, que era divulgado nos principais jornais, exigindo a realização de prova escrita e entrevista para alunos em geral matriculados no terceiro ano de qualquer faculdade. Os aprovados passavam pelo curso de preparação de um semestre, realizado aos sábados em cada capital de Estado envolvido, a princípio quatro – São Paulo, Guanabara (hoje parte do Rio de Janeiro), Pernambuco e Bahia –, mas logo chegaram a ser oito, com a presença de estudantes de Minas Gerais, Rio Grande do Sul, Ceará e Paraná. Isso atestava o interesse dos organizadores em dar abrangência nacional à iniciativa.

O número de selecionados girava em torno de oitenta por ano, às vezes mais. Em uma década, foram contemplados 839 estudantes. Todos viajavam juntos para o país anfitrião, acompanhados de professores brasileiros, de representes do *staff* da AUI, de monitores e um médico, em avião fretado. A estada ocorria no mês de julho, com programação um pouco variável de ano a ano, em geral envolvendo uma semana inicial em casa de família na região de Boston, próxima da Universidade Harvard, onde era realizado em seguida um curso de verão, depois todos iam visitar Washington e, finalmente, Nova York.

AUI: JOGADA NO TABULEIRO DA GUERRA FRIA CULTURAL

O principal motivo para a criação da AUI foi explicado nos seguintes termos pelo psicólogo Achim Hermann Fuerstenthal, responsável pelo comando da seleção de bolsistas, que era realizada por diversas pessoas:

> A inspiração para o programa veio de um movimento bastante forte proveniente da Rússia que convidava líderes estudantis para Moscou e também levava estudantes brasileiros a Cuba. Iam convidados pelo governo cubano, para estudar e viver na Ilha. Por que não fazer algo similar, concorrente da Rússia? Assim, os EUA poderiam convidar os brasileiros dando uma impressão realista daquilo que era a sociedade americana, além, é claro, de uma assembleia de elefantes capitalistas, mas de humanos. (Apud Paiva, 2008, p.13)

Essa explicação informal expressa bem o clima de Guerra Fria, em que os fantasmas da União Soviética e de Cuba rondavam o imaginário de empresários estrangeiros estabelecidos no Brasil e seus aliados locais. É provável que Fuerstenthal se referisse a programas de intercâmbio estudantil com a União Soviética estabelecidos no governo Goulart, particularmente com a Universidade para Amizade dos Povos Patrice Lumumba de Moscou, voltada a países do Terceiro Mundo, com bolsas integrais, como informou Rodrigo Motta (2014,

O SEGREDO DAS SENHORAS AMERICANAS

p.114).[5] O autor da frase era um judeu de origem na Checoslováquia que se estabelecera em São Paulo em 1941, fugindo do nazismo, e criou uma conhecida agência de seleção de executivos para empresas, aquilo que se convencionou chamar de *head hunters*. Dada sua habilidade na área, Fuerstenthal foi contratado pelos criadores da AUI para ajudar sobretudo na seleção de bolsistas, que ele organizou da segunda à décima e última turma.

A própria AUI produziu nos seus primórdios um documento intitulado "Seminário sobre o modo de viver americano para líderes estudantis brasileiros", que começava por considerar os estudantes como "um grupo politicamente ativo e volátil", que teria liderança local e nacional. Eles estariam submetidos a várias influências, inclusive por experiências pessoais em países do exterior, particularmente "nos países da Europa oriental. A maioria deles tem uma imagem falsa dos Estados Unidos, pois não reconhecem a riqueza de sua cultura e o dinamismo de sua sociedade". Feita essa constatação, a proposta era enviar "uma turma, cuidadosamente escolhida, de estudantes de várias universidades brasileiras" para um seminário de duas semanas na Universidade Harvard sobre "o modo de viver americano e as instituições daquele país". E ainda passarem mais "quinze dias em viagem pelos Estados Unidos, a fim de assistirem a acontecimentos especiais e conhecerem pequenas cidades americanas". A AUI assim explicitava suas metas:

> 1. Apresentar um quadro dinâmico dos Estados Unidos. 2. Tomar conhecimento de alguns dos problemas regionais dos Estados Unidos, e compará-los com problemas semelhantes no Brasil. 3. Compreender a maneira pela qual os Estados Unidos tencionam resolver seus problemas e compará-la à técnica empregada em similares circunstâncias no Brasil.

Com esse intuito de formato acadêmico, o documento explicitava que a AUI era uma entidade composta e patrocinada por "cidadãos americanos e brasileiros residentes no Brasil, e que estão essencialmente interessados na liderança do país". Ou seja, pretendia-se contribuir para a formação de elites dirigentes, na construção de "uma liderança democrática no Brasil".[6]

---

5 Houve um aumento na concessão de bolsas para latino-americanos na época: eles seriam apenas 25 alunos recrutados para treinamento propriamente acadêmico na União Soviética em 1959, número que aumentou rapidamente para formar uma comunidade com cerca de 3 mil estudantes durante as décadas de 1960 e 1970, sem contar o elevado número de cubanos, distribuídos em diversas universidades do país, conforme pesquisa de Rupprecht (2015).

6 Arquivo Anísio Teixeira, CPDOC/FGV, AT c 1962.09.17/1, 17 set. 1962, 5fls. Disponível em: https://www.docvirt.com/docreader.net/docreader.aspx?bib=AT_Corresp&pasta=AT%20c%20 1962.09.17/1&pagfis=11582. Acesso em: 25 set. 2020.

Por sua vez, um documento interno da diplomacia norte-americana, de 1º de novembro de 1967, também apontava o intento da AUI de mostrar as virtudes do sistema dos Estados Unidos para lideranças estudantis, especialmente de esquerda:

> A senhora Sage é de Boston. Ela vem dirigindo um projeto de liderança estudantil há pelo menos cinco anos. Minha lembrança é que aquele projeto seleciona estudantes de esquerda para exposição das virtudes de nosso sistema. No passado, creio que ele foi financiado por negócios privados e fundações. Ele é visto geralmente como um empreendimento de sucesso.[7]

Em conversa oficialmente gravada no Salão Oval da Casa Branca em 30 de julho de 1962, o embaixador dos Estados Unidos no Brasil Lincoln Gordon também dissera algo parecido, ao pedir ao presidente John Kennedy para conceder cinco minutos a fim de cumprimentar os bolsistas da AUI durante uma visita já programada à Casa Branca. O presidente aceitou e lhe disse que acabara de ler sobre a visita dos estudantes no *Washington Post*. Gordon então explicou de que se tratava:

> São 70 estudantes de quatro diferentes Estados. Eles foram recrutados por uma senhora muito ativa, Mildred Sage, uma bostoniana, que foi casada com um homem de negócios americano. Ela levantou 90 por cento do dinheiro em grande parte entre a comunidade americana de negócios de lá, os outros 10 por cento vieram do Departamento de Estado. Eles estiveram em Harvard durante duas semanas. Formam um grupo de tendências variadas, desde uma formação fortemente democrática, pró-americana, até outra quase comunista, altamente nacionalista, mas antiamericana. Sage os reuniu todos.
> Estive com eles no sábado, na hora do almoço, falando sobre (ininteligível), por uma hora e meia, perguntando-lhes como tinha sido sua passagem por Harvard. Eles responderam: Muito bem. Aprendemos muito, e não fomos doutrinados.
> Acho que é bom. Acho que fizemos algum progresso com eles. Eles vão se encontrar com Ted esta tarde, durante uma hora e meia, e com um pessoal de apoio regional. Eles estão reunidos com o HEW [Departamento de Saúde, Educação e Bem-Estar] agora de manhã e

---

7 Trata-se de bilhete datilografado de correspondência interna do Departamento de Estado, datado de 1º de novembro de 1967. Foi endereçado por um certo Peter ao embaixador dos Estados Unidos em Montevidéu, Henry A. Hoyt, referente ao pedido de Mildred Sage de apoio para implementar um projeto associado à AUI para levar 27 estudantes da Argentina e do Uruguai para uma estada no North Shore Community College, em Massachusetts. Disponível em: http://www.geipar.udelar.edu.uy/wp-content/uploads/2013/06/EDX-15.-EDUCATION-AND-CULTURAL-EXCHANGE.-Leader-and-Travel-Grants-1967.pdf. Acesso em: 29 set. 2020.

O SEGREDO DAS SENHORAS AMERICANAS 255

vão estar com o Departamento de Estado amanhã à tarde. Então decidiram que nós (ininteligível) às duas da tarde. Mas acho que o senhor poderia sair e recebê-los no Jardim Rosado.[8]

Como se vê, a programação da AUI estava muito bem articulada com o embaixador e os mais altos círculos de poder em que prevalecia o "internacionalismo liberal", para usar os termos do pesquisador Matias Spektor (2010), que assim se referiu ao tema:

> Típico membro da elite da costa leste dos Estados Unidos, antes de completar os quarenta anos de idade, Gordon já era parte da rede de acadêmicos vinculados ao Partido Democrata que daria vida ao internacionalismo liberal. Esta era uma concepção de ordem internacional segundo a qual a hegemonia americana poderia ser benigna e palatável para o resto do mundo, caso houvesse progressiva institucionalização das relações internacionais. Mediante um sistema complexo de instituições formais, os Estados Unidos assegurariam, a um só tempo, sua própria preeminência e sua própria contenção, fazendo uma escolha consciente por reduzir as instâncias de atuação unilateral no mundo. [...] Ao oferecer um sistema mais ou menos estável, justo e afluente, a ideia-força era criar um ambiente no qual as nações centrais do Ocidente pudessem levar a cabo a tarefa de conter a expansão global do comunismo. (Spektor, 2010, p.150)

No mesmo artigo, Spektor notou que Gordon teria a "ambição voluntarista, e frustrada, de uma modernização periférica de cunho conservador, mas liberal", que teria sido abortada pela inesperada permanência dos militares no governo. O embaixador teria sido "pego de surpresa pelo avanço em direção a um regime ditatorial" (Spektor, 2010, p.150). Essa avaliação, discutível em relação ao embaixador, talvez seja pertinente para caracterizar algumas das organizadoras da AUI, bem como os dirigentes da revista *Cadernos Brasileiros*, abordada no capítulo anterior.[9]

John Kennedy receberia os estudantes no dia seguinte à conversa com Gordon, conforme o combinado, e sob os holofotes da imprensa, em clara ação de propaganda. Antes, naquela mesma conversa sigilosa gravada com o diplomata, o presidente ouvira o pedido de investimento de até 8 milhões de dólares dos Estados Unidos para ajudar na eleição de candidatos confiáveis para eles nas

---

8 A transcrição da íntegra da conversa entre o embaixador Lincoln Gordon e o presidente John Kennedy na Casa Branca, em 30 jul. 1962, está disponível no *blog Café na política* em: https://www.cafenapolitica. com.br/a-integra-da-conversa-de-kennedy-gordon/. Acesso em: 25 set. 2020. Ver também Paiva, 2008, p.16-7. E, ainda, Naftali (2001).

9 Sobre Gordon e o golpe de 1964, ver ainda Green; Jones (2009), entre outros.

próximas eleições para o Congresso brasileiro. A ajuda, diga-se, era ilegal no Brasil. Kennedy a aprovaria parcialmente, pois ficou espantado com o montante ao lembrar que uma eleição presidencial nos Estados Unidos custava em torno de 12 milhões.

Mesmo com vários trechos ainda cortados por razões de segurança, a conversa evidenciava que a cartada de apoio ao golpe militar já estava na manga do governo dos Estados Unidos ao menos desde meados de 1962, ainda no breve período de parlamentarismo no Brasil. Registrou-se explicitamente o conselho de Gordon de preparar-se para intervir se seus aliados não ganhassem as eleições: "Uma coisa que quero alertar é a possibilidade de uma ação militar. Esta é uma grande possibilidade nas cartas". Evidentemente, nada disso poderia ser explicitado publicamente, muito menos na conversa com os estudantes da AUI, que durou nove minutos e também foi gravada. Tudo nos conformes, até que um estudante atrevido atrapalhou o roteiro inadvertidamente.

INCIDENTE NO ENCONTRO COM O PRESIDENTE KENNEDY

O espetáculo foi armado no jardim da Casa Branca, gravado e filmado. John Kennedy iniciou a conversa saudando os presentes. Afirmou que lera sobre a viagem dos estudantes, a quem deu boas-vindas, dizendo-se muito feliz por eles terem "a chance de viajar para os Estados Unidos, de conversar com as pessoas que vivem aqui, de fazer alguns julgamentos sobre nossas instituições". Confiante no próprio charme de jovem presidente, do alto de sua posição institucional, num gesto simpático, disse que – em vez de fazer um discurso protocolar – abriria espaço de alguns minutos para responder a questões sobre os Estados Unidos e suas políticas.[10]

Então, um estudante tomou a palavra e dirigiu-se a Kennedy de modo respeitoso, num tom que denotava certo nervosismo, como era de se esperar de um jovem brasileiro que formulava uma pergunta em inglês para a maior autoridade dos Estados Unidos. A questão tratava do tema mais importante no meio intelectual e político de então no Brasil e na América Latina: desenvolvimento e subdesenvolvimento. Contudo, inesperadamente, não dizia respeito à possível

---

10 "Remarks to the Brazilian Ambassador and a Group of Brazilian Students", 31 jul. 1962. Accession Number: WH-115-006. Digital Identifier: JFKWHA-115-006. Áudio disponível na John Kennedy Library, em: https://www.jfklibrary.org/Asset-Viewer/Archives/JFKWHA-115-006.aspx. Acesso em: 7 dez. 2020. Ver também as gravações em Naftali (2001).

Encontro da AUI com John Kennedy, filmado no jardim da Casa Branca, 1962.
Fonte: JFK Library.

ajuda dos Estados Unidos para o Brasil deixar de ser um país subdesenvolvido; o rapaz queria saber como eles reagiriam caso o meio escolhido para isso fosse a socialização dos meios de produção.

Talvez surpreso com a questão, o presidente iniciou um pouco titubeante, com frases entrecortadas, como quem procurava pensar na melhor resposta. Seu embaraço se expressou em hesitações e novas frases incompletas, mas conseguiu formular uma resposta satisfatória, que o colocava do lado dos ideais democráticos. Disse que cada país pode fazer suas escolhas, e que os Estados Unidos nada teriam a opor se a escolha fosse livre. Deu o exemplo da aliada Grã-Bretanha, onde se elegeu um "Partido Socialista que nacionalizou alguns meios de produção" em 1945. Afirmou que os Estados Unidos se oporiam caso houvesse a negação das liberdades civis, a recusa de dar oportunidade a um povo de se reunir, de ter sua imprensa, de fazer uma livre escolha de governo. Depois disse que leu no jornal uma reportagem com depoimentos de alguns dos estudantes presentes, e considerou que eles tinham uma visão equivocada e ultrapassada dos Estados Unidos e de seu governo, que não seriam dominados pelo empresariado, mas sim pelo interesse público. Já com a plena e habitual desenvoltura ao falar, apelou a quem porventura acreditasse em dogmas marxistas para comparar o desenvolvimento e a liberdade nos Estados Unidos e na Europa ocidental com os países atrás da Cortina de Ferro e a China, antes de fazer sua escolha para o Brasil.

Entrevista dos alunos da AUI com o presidente Kennedy, 1962.
Fonte: JFK Library.

Esse discurso tolerante em público não combinava com a conversa gravada entre quatro paredes que o presidente tivera com o embaixador Gordon, na qual – como se viu – ficava evidente que os Estados Unidos se dispunham a intervir na política brasileira sem que fosse necessária qualquer proposta mais radical do governo Goulart, como socializar os meios de produção. Mas, publicamente, Kennedy parecia satisfeito em ter encontrado uma resposta democrática e ainda fazer proselitismo do "mundo livre" contra o que chamou de "tiranias". Então, como na época ninguém teve acesso à conversa secreta em contraste com o discurso público, não foi esse ponto que gerou polêmica.

Assim que o presidente terminou de responder à primeira questão, o mesmo estudante retomou a palavra, com certa insegurança, para fazer considerações gerais sobre os problemas que a turma da AUI viu nos Estados Unidos. Também sugeriu ao mandatário que visitasse a região Nordeste em sua próxima visita ao Brasil, onde poderia constatar uma situação calamitosa. O presidente respondeu que visitaria sim a região, e quis logo mudar de assunto. Então, de novo, o estudante voltou à carga para dizer que ficara impactado com o longo programa que vira na televisão no domingo anterior a respeito de atividades militares, e perguntou se aquela ótica agressiva combinaria com o discurso de paz do governo, que em verdade parecia preparar-se para a guerra. Um pouco irritado, Kennedy respondeu que o rapaz estava enganado, que somente um insano poderia desejar uma guerra que não traria vencedores na era nuclear. Garantiu que os Estados Unidos eram defensores da paz, pela qual lutavam desde o fim da Segunda Guerra.

O tema da guerra foi o que mais incomodou, tendo gerado reação até no Pentágono, como Mildred Sage confidenciou ao professor Henry Kissinger em carta de 13 de agosto de 1962. Membros do Pentágono teriam sido

> [...] os responsáveis pelo "burburinho" quando um dos estudantes perguntou ao presidente sobre os motivos da exibição de força militar dos Estados Unidos. Este incidente realmente acabou bem, pois cristalizou as opiniões dos membros descomprometidos do grupo e até mesmo nossos poucos não regenerados ficaram horrorizados com a falta de cortesia e pensaram em repudiá-la. No final, ao receber uma nota do presidente, o menino se desculpou e disse que era somente por causa de seu recém-adquirido "amor pela América e pelos americanos" que queria esclarecer o mal-entendido.[11]

A carta mostra que Sage reconheceu o incidente, que entretanto minimizou ao esnobar tanto o alarmismo do pessoal do Pentágono como o estudante, tratado como "menino" (*boy*), de um modo ao mesmo tempo condescendente e revelador de sua opinião sobre a imaturidade dele e de seus colegas, cujas simpatias disputava. Segundo Tarcizio Rego Quirino, membro daquela mesma turma pernambucana de 1962, o autor da pergunta embaraçosa foi seu colega José Kehrle, aluno de Engenharia que

---

11 Carta de Mildred Sage a Henry Kissinger, 13 ago. 1962, em Biblioteca da Universidade Yale, Henry Kissinger Papers, Part II, Series I. Early Career and Harvard University, Box 31, Folder 14, p.1-3. Disponível em: https://findit.library.yale.edu/catalog/digcoll:555025. Acesso em: 1º out. 2020. Eis o trecho citado no original: "they were responsible for the 'brouhaha' when one of the students asked the President about the reasons for the US display of military force. This incident actually turned out well as it crystalized the opinions of the uncommitted members of the group and even our few unregenerates were horrified at the lack of courtesy and thought of repudiating it. In the end, on receiving a note from the President the boy apologized and said that it was only because of his newly acquired 'love for America and Americans' that he wanted to clear up the misunderstanding".

[...] tinha visto na televisão um programa de exaltação das forças armadas e de seu tremendo poderio. Era óbvio o nada velado suporte ao uso da força para resolver favoravelmente os problemas da "paz" no mundo, esquentando, assim, a guerra fria. Kennedy respondeu, incomodado, que só um louco poderia pensar em usar a guerra como modo de solucionar problemas. Argumentou que "te prepares para a guerra se quiseres a paz". Foi tudo muito elegante, embora um pouco tenso. E uma cronista do *Washington Post* relatou com pormenores o ocorrido em sua coluna. (Apud Paiva, 2008, p.64-5)

Percebendo que o episódio ganhou proporção indesejada, Kennedy tratou de fazer um gesto diplomático. Segundo a organizadora da AUI Elisabeth Wadsworth, "uma pergunta difícil por parte de um aluno do grupo da AUI foi veiculada pela Associated Press, e o presidente, posteriormente, disse que não se sentiu incomodado pela pergunta, mas sim agradecido" (apud Paiva, 2008, p.65). Conforme o relato de Quirino:

No dia seguinte, José Kehrle recebeu um bilhete manuscrito do próprio presidente, que começava com 'Dear José'. Dizia o escrito que o incidente do dia anterior não tinha nada de grave nem de inapropriado e provava que naquele país qualquer assunto poderia ser discutido, mesmo com o presidente, e que tinha sido um prazer fazê-lo com os estudantes brasileiros. (Apud Paiva, 2008, p.64-5)

Feito o balanço, a direção da AUI e os estudantes consideraram que o caso teve um final feliz.

O SEGREDO DAS SENHORAS AMERICANAS

Investigar as origens da AUI e seu financiamento passa pela apreensão das relações de sociabilidade no meio em que a entidade surgiu: os círculos empresariais ligados à presença crescente de multinacionais e seus interesses no Brasil. Laços pessoais, de amizade e parentesco, além de conveniências de classe e filantropia, geraram iniciativas como a AUI, de cunho liberal, no sentido do termo nos Estados Unidos, aproximado ao que chamam lá de "*progressive*", progressista. O empreendimento era afinado politicamente não só com setores do Partido Democrata, mas também alguns republicanos. Pessoas que cultivavam em comum a imagem elevada das tradições democráticas de seu país e do papel considerado civilizador que desempenhavam como dirigentes de empresas multinacionais no Brasil.

O projeto da AUI foi impulsionado particularmente pela atuação decisiva de mulheres de poderosos executivos e empresários dos Estados Unidos, estabelecidos sobretudo em São Paulo. É sabido que, naquele tempo, era comum as esposas abandonarem suas carreiras para cuidar da família, ainda mais se seus maridos estivessem empregados no exterior, o que implicava certo desperdício de formação e talento, já que em geral tinham alta escolaridade. Sem se conformar com o confinamento a tarefas de dona de casa, algumas delas participaram do projeto da AUI. Conforme diversos testemunhos, as mulheres envolvidas eram consideradas pessoas idealistas e gentis. Além dos maridos, elas mesmas vinham de famílias de elite, tinham em alta conta a tradição política e os valores dominantes em seu país, que julgavam ser mal compreendido pelos estudantes brasileiros, o público-alvo do programa educativo que se atribuíram.

Achim Hermann Fuerstenthal, o já citado psicólogo da seleção de bolsistas da AUI, recordou que o empreendimento foi uma iniciativa de Mildred Devereux Sage e suas amigas; com muito trabalho, elas conseguiram recursos do empresariado estrangeiro no Brasil e o apoio moral e financeiro do governo dos Estados Unidos. José Theophilo Ramos, antigo dirigente da AUI, também testemunhou a capacidade para arrecadar fundos de Mildred, conhecida como Millie. Por exemplo, ela conseguiu o apoio de um dos poucos empresários brasileiros a financiar a AUI, o advogado José Martins Pinheiro Neto, não por acaso dono de um famoso escritório de advocacia voltado a atender interesses de empresas estrangeiras. Em conversa com Cristiano Kok, paulista da turma da AUI de 1967 – engenheiro que viria a se tornar próspero empresário no comando da empreiteira Engevix –, o célebre advogado teria dito em maio de 2005, pouco tempo antes de falecer, que "o Brasil era uma m..., e precisávamos fazer alguma coisa pelos mais jovens. E aquela mulher (Sage) me fascinou por sua energia e suas ideias" (apud Paiva, 2008, p.53).

A frase mostra o apreço de Pinheiro Neto por seus clientes e a depreciação do Brasil no contexto do governo Goulart. O advogado esperava dar oportunidade para jovens conhecerem os Estados Unidos e ajudarem o Brasil a sair da lama. Atestava ainda o poder de convencimento de Mildred Sage, que soube manter por muito tempo a ajuda daquele que era considerado pelos pares um cavalheiro inglês e foi presidente da Cultura Inglesa no Brasil por 22 anos. O criador de um dos maiores escritórios de advocacia da América Latina havia trabalhado como jornalista na BBC em Londres durante a Segunda Guerra, e receberia da rainha Elisabeth II o título de Comandante Cavaleiro Honorário do Império Britânico nos anos 1980.[12]

---

12 Em inglês: *Honorary Knight Commander of the British Empire*. As informações sobre Pinheiro Neto, encontram-se disponíveis em: https://www.migalhas.com.br/quentes/16313/j-m-pinheiro-neto-a-

Em geral, contudo, os financiadores da AUI não eram empresários brasileiros; Mildred e suas amigas conseguiram apoio de mais de 140 empresas, especialmente multinacionais, listadas na obra organizada por Paiva (2008, p.31). Houve suporte também dos Estados Unidos, em especial do governo. Seria difícil uma empreitada daquela sem a participação do Departamento de Estado.[13] Segundo Fuerstenthal, Mildred obteve da administração Kennedy 50% do financiamento (ibid.). Ela recorrera também ao embaixador Lincoln Gordon para realizar o primeiro programa em 1962, como atesta a já referida gravação da conversa dele com o presidente norte-americano, quando, segundo o diplomata, o apoio governamental ainda não passava de 10%.[14]

Numa carta ao professor de Harvard Henry Kissinger, Sage elogiava o embaixador Gordon e se mostrava alinhada com ele, tido como exemplo de eficiência. Por isso mesmo, incomodaria adversários que gostariam de descartá-lo: "eles quase conseguiram se livrar dele, e ainda não estou tão segura se não o conseguiram. Que modo de obter um atestado de eficácia!". Não explicitou quem seriam esses adversários, provavelmente aliados do governo Goulart. Mas o tom deixava claro de que lado ela estava, o do embaixador envolvido com os golpistas.[15]

Se no começo a fonte principal de recursos fora o empresariado estrangeiro no Brasil, a situação mudou rapidamente. O discurso público da direção da AUI explicitava que o financiamento vinha da iniciativa privada, e não escondia que tinha algum apoio do governo dos Estados Unidos. Mas seu orçamento nunca foi divulgado, muito menos os detalhes das fontes de apoio. Havia um segredo guardado a sete chaves, como explicitou uma carta de outra organizadora expressiva da AUI a Henry Kissinger. Elisabeth George Washburne era casada com George Washburne, presidente da Interamericana de Investimentos, milio-

---

historia-de-um-homem-que-revolucionou-o-direito; também em https://www1.folha.uol.com.br/fsp/dinheiro/fi2209200538.htm; e ainda https://www.istoedinheiro.com.br/noticias/negocios/20050928/adeus-pinheiro-neto/15792. Acessos em: 22 set. 2020.

13 O poderoso Departamento de Estado, como se sabe, equivale a um Ministério das Relações Exteriores dos Estados Unidos. Sua colaboração com a AUI mostrava-se, por exemplo, em carta de Mildred Sage ao secretário de Estado Assistente para a América Latina de 27 de setembro de 1967, em que solicitava verba para dois tradutores simultâneos "como o Departamento sempre fez no passado". Disponível em: http://www.geipar.udelar.edu.uy/wp-content/uploads/2013/06/EDX-15.-EDUCATION-AND-CULTURAL-EXCHANGE.-Leader-and-Travel-Grants-1967.pdf. Acesso em: 29 set. 2020.

14 Ver em: https://www.cafenapolitica.com.br/a-integra-da-conversa-de-kennedy-gordon/. Acesso em: 25 set. 2020.

15 Carta de Mildred Sage a Henry Kissinger, 22 mar. 1963, em Biblioteca da Universidade Yale, Henry Kissinger Papers, Part II, Series I. Early Career and Harvard University, Box 31, Folder 14, p.1-3. Disponível em: https://findit.library.yale.edu/catalog/digcoll:555025. Acesso em: 1º out. 2020.

O SEGREDO DAS SENHORAS AMERICANAS

nário ligado ao grupo Rockefeller. Foi apelidada de Betinha pelos estudantes da AUI. Mais tarde, separada, passou a ser conhecida pelo nome de Elisabeth Wadsworth. Ela coordenou a parte nova-iorquina do primeiro programa em 1962; a partir do segundo, passou a ser a executiva da Interamerican University Foundation (IUF), entidade sem fins lucrativos que organizava as atividades em solo norte-americano, sediada em Nova York (apud Paiva, 2008, p.20, 22, 29). Em 1964, ela escreveu para Henry Kissinger e demais diretores da IUF sobre a programação da AUI naquele ano:

> *Nosso orçamento para 1964 é confidencial.* A AID, o principal contribuidor do programa americano, solicitou anonimato. A AID considera que, se os estudantes soubessem o quanto o governo dos Estados Unidos está contribuindo através do CU e da AID, eles ficariam perturbados. Foi apontado para eles que não fizemos segredo de nosso pedido para fundos da AID, e que nunca discutimos valores com os estudantes (ainda que tenhamos sido francos sobre o apoio de nosso governo), entretanto acordamos que nada mais seria dito. Solicita-se, portanto, que mantenha o orçamento em privado e não revele para ninguém que a AID está entre os nossos contribuidores. (Grifos do original)[16]

Tratava-se, assim, de um apoio secreto da Usaid, que viria a fazer o acordo já mencionado com o MEC, tão combatido pelos estudantes, entre eles a maioria dos bolsistas da AUI. Isso não quer dizer que a Associação era parte dos acordos MEC-Usaid, nem que perdesse sua autonomia relativa. Mas uma revelação sobre esse financiamento provavelmente afastaria estudantes mais à esquerda, justamente o principal público visado, assim como a descoberta na mesma época do apoio secreto da CIA ao Congresso pela Liberdade da Cultura afastou muitos colaboradores, conforme visto no capítulo anterior e nas análises de autores como Iber (2015) e Saunders (2008).

---

16 Carta, em inglês, de Elisabeth George Washburne a Henry Kissinger, 7 maio 1964, em Biblioteca da Universidade Yale, Henry Kissinger Papers, Part II, Series I. Early Career and Harvard University, Box 31, Folder 14. Disponível em: https://findit.library.yale.edu/catalog/digcoll:555025. Acesso em: 1º out. 2020. A sigla AID, usada nos Estados Unidos, refere-se a Agency for International Development, ou Usaid, como ficou conhecida no Brasil a Agência Internacional dos Estados Unidos para o Desenvolvimento. CU provavelmente significa Concern Universal, um programa de parcerias da Usaid. Eis o texto no original: *"Our budget for 1964 is confidential.* AID, the major contributor to U. S. program, has requested anonymity. AID feels that if students learned how much the U.S. government is contributing through CU and AID, they would be disturbed. Pointed out to them that we have made no secrecy of our request for AID funds, and that we have never discussed amounts with students (though we have been frank about our government support), but we nevertheless agreed that no more would be said. You are therefore requested to keep the budget private and not to disclose to anyone that AID is among our contributors".

No balanço da IUF de 1966, constavam como fontes: a AID, com 43.385,91 dólares, o CU ligado a ela, com 25.000,00, os Corpos de Paz, com 6.000,00, e outros contribuintes, com 14.200,00, mais 195,92 de receitas diversas. Total de 88.781,83, além de pouco mais de dez mil dólares que haviam sobrado do ano anterior, perfazendo receita de 99.627.33 dólares, equivalentes a 815.947,83 em 2021.[17] A Usaid também passou a fornecer bolsas de pós-graduação de doze a dezoito meses a ex-alunos da AUI de todas as áreas. Segundo a organizadora Mildred Sage, em 1966, cerca de 12 ex-alunos da AUI estariam a caminho de universidades de seu país com apoio da AID.[18]

Ao saber recentemente do segredo, por meu intermédio, Flavio Aguiar – bolsista da AUI em 1968, depois conhecido professor de literatura, escritor e jornalista – escreveu-me com clareza e poder de síntese: "a notícia de que a AUI tinha uma interface, mesmo que autônoma, com a Usaid acabaria com o programa no Brasil" (Aguiar, 2020). Essas palavras dão a medida do humor do movimento estudantil da época, cuja identidade se constituiu no combate aos acordos MEC-Usaid, vistos como iniciativa semelhante ao frustrado projeto Camelot.[19]

A luta contra os acordos MEC-Usaid – que não era só dos estudantes, mas de todo o meio intelectual de esquerda – passava pela busca de aliados na academia norte-americana. Por exemplo, a prestigiosa *Revista Civilização Brasileira* deu espaço para um artigo contra a ideologia por trás dos acordos, de autoria do jovem doutorando Ted Goertzel (1967). O mesmo autor escreveria em seu país, com base em sua tese, sobre "os esforços dos estudantes brasileiros para resistir à intervenção americana em seu sistema educacional" (Goertzel, 1974). Parlamentares à esquerda do único partido consentido de oposição, o Movimento Democrático Brasileiro (MDB), ocupavam as tribunas para criti-

---

17 Interamerican University Foundation. Financial Report. Balanço de 1 out. 1965 a 30 set. 1966. Henry Kissinger Papers, Part II, Series I. Early Career and Harvard University, Box 31, Folder 15, p.136. Documento com acesso mediante autorização. Um dólar de 1966 equivale a 8,19 dólares em 2021. Ver em: https://www.dineroeneltiempo.com/dolar/de-1962-a-valor-presente. Acesso em: 17 jan. 2022.

18 AUI 1966 Annual Report. Henry Kissinger Papers, Part II, Series I. Early Career and Harvard University, Box 31, Folder 15, p.146 e 149. Documento com acesso mediante autorização.

19 O projeto Camelot de desenvolvimento associado à segurança foi criado pelo Exército norte-americano, em colaboração com setores universitários, como recurso para deter o avanço comunista no Terceiro Mundo. Em 1965, ele foi interrompido pelo presidente Lyndon Johnson após ter início no Chile, devido à forte reação do meio acadêmico nos Estados Unidos e nos países a que se destinava, sobretudo da América Latina. Ver a conhecida obra sobre o tema, logo traduzida no Brasil, do sociólogo nova-iorquino Irving Horowitz (1969). E ainda o livro de Karen Paget (2015) sobre as operações internacionais secretas da CIA por intermédio da Associação Nacional dos Estudantes (National Students Association – NSA), entre 1950 e 1967.

O SEGREDO DAS SENHORAS AMERICANAS 265

car os acordos. Nunca se queimaram tantas bandeiras dos Estados Unidos nas ruas brasileiras como nos protestos estudantis de 1967 e 1968 contra o MEC-Usaid, conforme diplomatas dos Estados Unidos registraram em documentos localizados por Rodrigo Motta, que também mencionou a ocorrência de vários atentados a bomba contra prédios ocupados por agências como a Usaid entre 1965 e 1968 (Motta, 2014, p.126-7).

Ou seja, nas circunstâncias da época, os organizadores da AUI tinham razão em guardar segredo; sabiam que o futuro do programa dependia de manter sigilo sobre o financiamento da Usaid, que se tornara a principal fonte de recursos.

Na mesma carta mencionada de Elisabeth Washburne para Kissinger, ficava explícita a dificuldade em manter o apoio privado conseguido para as primeiras turmas:

> No passado, nossos fundos gerais vieram do Brasil. Neste ano [1964], com o custo mais que dobrado do avião e o aumento de despesas lá, nós não podemos contar com isso. Algo que é ainda mais verdadeiro dado o mau ano de negócios de 1963, e a mudança apenas recente do clima para empreendimentos dos Estados Unidos.

Em outras palavras, a mudança positiva de clima para os negócios daquele país no Brasil após o golpe de 1964 ainda não tinha gerado melhora suficiente para que os empresários continuassem a bancar os custos da AUI, representada nos Estados Unidos pela IUF. Assim, a entidade passou a recorrer a fundos públicos norte-americanos, buscando apoio também de empresas privadas por lá: "Nossa esperança é interessar negócios americanos, com conexões no Brasil, em estabelecer uma quantia anual de apoio para a IUF aqui. Estamos solicitando *status* de isenção de impostos, que esperamos conseguir sem dificuldade".

Com as fontes empresariais secando no Brasil e o aumento de custos, o mesmo documento esclarecia que a entidade passaria a fazer caixa com a venda de 30 lugares no voo fretado que sairia com 120 passageiros da AUI, partindo de Porto Alegre, com escalas no Rio de Janeiro e em Recife. Seria uma viagem com avião a jato, pois os tradicionais aviões de pistão não estariam disponíveis para voos fretados.[20]

Nos termos do psicólogo Achim Fuersenthal, admitindo o uso de verba pública dos Estados Unidos: "Isso não se fala muito no Brasil para que não se dê um contorno ideológico ao programa, mas o governo entrou no trem. A Mil-

---

20 Carta de Elisabeth George Washburne a Henry Kissinger, 7 maio 1964, citada nota 16.

dred voltou para o Brasil com todo esse dinheiro" da administração Kennedy e contratou o psicólogo para a seleção da segunda turma. Segundo ele,

> Mildred fez a sua mala, desembarcou nos EUA. Falou com o secretário de Estado do governo Kennedy, que disse: "se você me trouxer um documento que prove o interesse da indústria americana no Brasil, o governo americano entra com 50% do financiamento". Mas ela já tinha esse documento em mãos. Entregou-lhe uma pasta com papéis assinados pela indústria, garantindo emprego na sua volta. Assim, Mildred garantiu que 50% das despesas do programa fossem pagas pelo governo americano. (Apud Paiva, 2008, p.31)

Os bolsistas desconheciam esse patrocínio. Especialmente o segredo dos fundos da Usaid para a AUI foi muito bem guardado, embora conste discretamente na cronologia do livro com depoimentos sobre a AUI, que registra em letras pequenas, sem usar a famosa sigla tida como inimiga pelos estudantes: "1964 – A Agência US para o Desenvolvimento Internacional passa a ser um colaborador. O Departamento de Estado US é outro principal órgão público colaborador" (apud Paiva, 2008, p.94). Nem os inúmeros depoimentos de bolsistas coletados no livro nem as pessoas que entrevistei fizeram menção ao fato, também ignorado por mim no momento das entrevistas. Por exemplo, nas palavras de Airton Soares, da turma de 1967 como estudante e de 1969 na condição de instrutor que ajudava nas tarefas (ele depois se tornaria destacado advogado de presos políticos e deputado federal paulista do MDB, a seguir do PT, com o qual romperia após a Constituinte de 1988):

> Nós sabíamos que era um grupo de empresários estrangeiros que aqui viviam, subordinados à suas matrizes, e havia grupos de empresários locais que participavam, brasileiros, e esses empresários possibilitavam os fundos. Nunca soubemos se havia injeção oficial de dinheiro do governo americano, tudo indica que não. (Soares, 2017)

Na mesma direção apontou Paulo Sérgio Pinheiro (2017), conhecido cientista político ligado à defesa dos direitos humanos, em entrevista que me concedeu sobre sua participação na turma de 1964 entre os selecionados do Rio de Janeiro: "o governo americano não dava um tusta, que eu saiba, era dinheiro da Mildred Sage que bancava". Para dar mais um exemplo, o professor gaúcho Ruben Oliven, da turma de 1967 – futuro presidente da Associação Brasileira de Antropologia e da Associação Nacional de Pós-Graduação e Pesquisa em Ciências Sociais – disse-me que participar da AUI "era uma coisa muito prestigiosa inclusive entre o pessoal de esquerda". Esse pessoal acharia "o fim do mundo ir patrocinado por um programa do Departamento de Estado ou algo assim, mas a AUI era considerada obra de pessoas mais iluminadas, ligadas ao Partido Democrata, enfim, era uma experiência boa" (Oliven, 2017). Ou seja, a exemplo de tantos outros, supunham que o patrocínio não era do governo dos Estados Unidos.

Não há notícia de financiamento público brasileiro para as atividades da AUI, mas é provável que tenha sido solicitado ainda na época de seu surgimento, pois nos papéis de Anísio Teixeira encontra-se o documento já referido sobre o seminário de Harvard, encaminhado a ele por Mildred Sage. Anísio Teixeira foi o célebre fundador e secretário geral da Coordenação de Aperfeiçoamento de Pessoal de Nível Superior (Capes). Como se viu no capítulo anterior, Anísio foi membro do Conselho Consultivo da revista *Cadernos Brasileiros*, apesar de pouco ter participado; passava longe de ser comunista. Em sua juventude, estivera nos Estados Unidos, mantendo vínculos históricos com acadêmicos de lá, mas nem por isso deixaria de ser perseguido no Brasil após o golpe de 1964, quando foi afastado de seus cargos públicos. Abrigou-se como professor na Universidade Columbia, em Nova York, onde estudara nos anos 1920 com seu mentor John Dewey.[21]

O documento enviado a Teixeira dava detalhes dos custos da parte internacional da viagem da AUI programada para julho de 1962, orçados em 93 mil dólares.[22] Convertidos para dólares de 2021, o montante chegaria a quase 800 mil dólares.[23] Além disso, havia muitas despesas no Brasil, crescentes conforme a AUI se expandia – como o processo de seleção e a realização dos cursos semestrais em oito capitais, a contratação de professores e outros profissionais –, sem contar que o número de participantes viria a ultrapassar os 72 levados em 1962, aumentando os gastos nos Estados Unidos. Assim, pode-se estimar que naquele ano as despesas atingiram pelo menos um milhão de dólares convertidos em valores de 2021.

Os gastos dos anos seguintes seriam ainda mais elevados. Por exemplo, em 1965, foram 66.835,76 dólares nos Estados Unidos e mais cerca de 80 mil no Brasil, perfazendo a elevada soma de 146.835 dólares, que, atualizados, repre-

---

21 Ver em: https://cpdoc.fgv.br/sites/default/files/brasilia/dhbb/Anisio%20Teixeira.pdf. Acesso em: 23 set. 2020.

22 Disponível em: https://www.docvirt.com/docreader.net/docreader.aspx?bib=AT_Corresp& pasta=AT%20c%201962.09.17/1&pagfis=11582. Acesso em: 28 set. 2020.

23 Um dólar de 1962 equivale a 8,68 dólares em 2021. Ver em: https://www.dineroeneltiempo.com/dolar/ de-1962-a-valor-presente. Acesso em: 29 maio 2021.

sentariam algo em torno de 1.225.855. O transporte aéreo foi contabilizado como despesa realizada no Brasil. Eis os dados:[24]

Despesas em dólares para a viagem da AUI de 1965
Nos Estados Unidos
Programa: 16.779,85
Transporte: 4.670,73
Alojamento: 12.981,96
Refeições: 3.842,58
Diárias: 15.844,00
Despesas administrativas: 12.716,64
Total nos Estados Unidos: 66. 835,76

No Brasil (aproximado)
Viagem de ida e volta para o grupo de estudantes e líderes: 56.000,00
Seleção: 3.000,00
Curso preparatório (incluindo pessoal de planejamento e materiais) 3.000,00
Atividades de Alumni (incluindo encontro nacional): 6.000,00
Staff: 6.000,00
Despesas de aluguel e escritório: 3.000,00
Viagem do *staff*: 3.000,00
Total no Brasil: 80.000,00

Em 1966, o montante elevou-se a 93.449,29 dólares de despesas nos Estados Unidos e 85.960,00 no Brasil, segundo relatório da AIU encaminhado a Kissinger e outros *Trustees*, quase um milhão e meio de dólares em valores de 2021, a crer nos dados apresentados por Mildred Sage.[25]

A AUI foi contemporânea de uma série de iniciativas do empresariado estrangeiro no Brasil, sobretudo dos Estados Unidos, muitas vezes em consonância com empresas locais, em projetos que frequentemente tinham conotação política. Em aerograma confidencial para o Departamento de Estado, o consulado em São Paulo listava algumas entidades de cunho anticomunista que

---

24 AUI Report 1965. Appendix 9, Finance. Expenses for 1965 Trip. Henry Kissinger Papers, Part II, Series I. Early Career and Harvard University, Box 31, Folder 15, p.118. Documento com acesso mediante autorização.

25 AUI 1966 Annual Report. Henry Kissinger Papers, Part II, Series I. Early Career and Harvard University, Box 31, Folder 15, p.151. Documento com acesso mediante autorização.

recebiam contribuição de empresas daquele país, entre elas a AUI, que internamente era conhecida como "Projeto Sage", usando o sobrenome de sua principal organizadora. O projeto teria o propósito de "enviar aos Estados Unidos grupos de líderes estudantis universitários, incluindo alguns esquerdistas que se pode ter esperança de redimir (*hopefully redeemable leftists*)".[26]

A AUI em seus primórdios recorrera a empresas e agências para conseguir financiamento, por exemplo, o Fundo de Ação Social (FAS), organização empresarial criada por iniciativa da Câmara de Comércio Americana para o Brasil (Amcham). O FAS buscava arrecadar "fundos das multinacionais para repassar para o Ipes, com a finalidade de financiar as 'ações de guerra' e articular uma rede para influenciar, defender e sensibilizar o poder público nas três esferas em prol dos interesses das multinacionais no Brasil" (Bortone, 2020, p.110). Dois membros importantes da direção do FAS integravam o Conselho Fiscal da AUI: Claude Kauffman e Duarte Vaz Pacheco do Canto e Castro. Por sua vez, o empresário David Beaty, 2º vice-presidente da AUI, "contribuiu com 7 milhões de dólares com o Ipes", conforme documentos apresentados por Elaine Bortone. Ela também constatou que a AUI passou a ser reconhecida como entidade de utilidade pública pelo Decreto n.40.330, de 1963 (Bortone, 2020, p.114-6).[27]

O Ipes foi o famoso órgão empresarial anticomunista já referido no capítulo anterior, que ajudou na arquitetura do golpe de 1964, conforme comprovaram muitas pesquisas, a começar pela realizada por Dreifuss (1981), depois Starling (1986) e outros. Não há notícia de vínculo orgânico do Ipes com a AUI, mas muitos empresários apoiavam ambas as instituições, como demonstra a referida presença de membros do FAS e do Ipes em órgãos de direção da AUI. No documento de 1962 encaminhado a Anísio Teixeira, o primeiro nome que constava no Conselho Consultivo da AUI, composto por três pessoas, era

---

26 Outras entidades listadas por receber apoio de empresas dos Estados Unidos: a Sociedade de Estudos Interamericanos (SEI), que se propunha a influenciar o público brasileiro com sua "mensagem anticomunista e pró Ocidente"; o Centro Latino-Americano de Coordenação Estudantil (Clace) e a organização católica Convívio, ambos ligados ao SEI, conforme o documento. E ainda o célebre Instituto de Pesquisas e Estudos Sociais (Ipes). Ver em: https://karenkeilt.com/wp-content/uploads/2019/01/AUI-SEI-AMCHAM-e-IPES-copy.pdf. Acesso em: 29 maio 2021. Sobre o apoio do empresariado ao golpe de 1964, ver também a tese de Martina Spohr (2016).

27 A diretoria da AUI, em 1964, era formada pelo embaixador Ellworth Bunker (presidente honorário), Mildred D. Sage (diretora-presidente), Joaquim Muller Carioba (1º vice-presidente), David Beaty (2º vice-presidente), Berenice Vilela de Andrade (diretora-secretária), Henry Forbes (diretor-tesoureiro). Conselho fiscal: Duarte Vaz Pacheco do Canto e Castro, Claude Kauffman, Laerte Brandão Teixeira. Suplentes: José Bueno de Aguiar, Briend Collin Ferreira, José Eduardo de Brito Ferraz (Bortone, 2020).

o do deputado federal paulista Herbert Levy, que fazia parte do grupo paulista do Ipes. Além de presidente da UDN, ele foi "membro da Ação Democrática Parlamentar (ADP), bloco interpartidário surgido no primeiro semestre de 1961 para combater a infiltração comunista na sociedade brasileira".[28] Um dos organizadores da Marcha da Família com Deus pela Liberdade, ele se vangloriava de ser o "conspirador-mor da Revolução de 1964" em São Paulo. O nome de Levy foi mencionado no documento da AUI antes mesmo dos presidentes e do Comitê Executivo.[29]

A imagem da AUI entre os estudantes, entretanto, era bem diferente daquela que eles tinham do Ipes, identificado com um anticomunismo primitivo. Como lembrou Paulo Sérgio Pinheiro – que pertenceu ao movimento solidarista cristão, era ligado a Alceu Amoroso Lima e ao padre Ávila –, quem dava aula nos cursos da AUI "não era Ipes, não era a direita do golpe, senão eu também não teria participado" (Pinheiro, 2017). Por outro lado, segundo Manoel Henrique Botelho, engenheiro paulista da turma de 1963, "A AUI não escondia que recebia apoio de entidades pró-capitalismo" (apud Paiva, 2008, p.21).

Todos os testemunhos reforçam que Mildred Sage e sua equipe exigiam autonomia dos financiadores, que não teriam ingerência na AUI. Mas na certa essa autonomia era relativa, pois não ultrapassava o limite além do que seria tolerável para seus patrocinadores, empenhados em melhorar a imagem dos Estados Unidos no Brasil, tarefa para a qual Mildred Sage era talhada, devido a sua origem, formação, empenho e sociabilidade únicas. O embaixador Lincoln Gordon lembrou-se de sua amiga Mildred Sage como uma "mulher muito inteligente", que fez "um trabalho excelente" com a AUI:

> [...] ela fazia questão de se inclinar a favor dos esquerdistas, para não pegar os tipos meio americanizados e dar a eles esse impulso extra. Eles tinham representantes em todo o país cuja tarefa era identificar líderes estudantis. As organizações estudantis naquela época, antes do golpe militar, não eram uniformemente radicais, mas tendiam a ser de esquerda ou extrema esquerda. (Gordon, 1987, p.37)

A impulsionadora da instituição era casada com Henry M. Sage, Hank para os íntimos, empresário norte-americano do ramo de seguros e um dos financiadores da AUI. O casal morava com os três filhos na Chácara Flora, em São

---

28 Termos da biografia de Herbert Levy, que constam em: http://www.fgv.br/cpdoc/acervo/dicionarios/verbete-biografico/levy-herbert. Acesso em: 25 set. 2020.

29 Disponível em: https://www.docvirt.com/docreader.net/docreader.aspx?bib=AT_Corresp&pasta=AT%20c%201962.09.17/1&pagfis=11582. Acesso em: 25 set. 2020.

O SEGREDO DAS SENHORAS AMERICANAS

271

Paulo. Vinha da elite de Boston, com excelentes contatos especialmente no Partido Democrata e no círculo dos Kennedy, originários da mesma região, mas não descartou apoio de republicanos para a Associação.

AINDA AS SENHORAS DO CÍRCULO EMPRESARIAL MULTINACIONAL PAULISTA

A AUI nasceu da ideia de Mildred Sage de organizar o trabalho voluntário de um grupo "de senhoras americanas e brasileiras que moravam na Chácara Flora, zona sul de São Paulo", conforme reiterou José Theophilo Ramos. Ele citou Margaret Price, Guida Bates, Jeannete Igel, Berenice Villela, Ellen Bunker Gentil e Daisy Aldrich (apud Paiva, 2008, p.20-1).

Ellen Bunker Gentil casara-se com Fernando Gentil, célebre cirurgião oncologista cearense estabelecido em São Paulo, que ela conhecera quando ele foi estudar nos Estados Unidos. Seu pai era Ellworth Bunker, um rico empresário que estava cotado para assumir a embaixada no Brasil, conhecido como falcão da política exterior dos Estados Unidos – por oposição às "pombas", como eram chamados os mais moderados. Ele ocupou cargo na Organização dos Estados Americanos (OEA) e viria a ser embaixador no Vietnã do Sul nos anos mais cruentos da guerra, de 1967 a 1973. Bunker se dizia um patriota à moda antiga, sempre considerou que seu país estava fundamentalmente certo nas suas relações com outros, conforme seu obituário publicado na capa do *New York Times*.[30] Ele fazia parte do comitê internacional de apoio à AUI, assim como Henry Kissinger, outro falcão que foi professor em Harvard e deu palestras para os bolsistas no começo dos anos 1960, antes de se tornar secretário de Estado do presidente Nixon. Em carta a Kissinger de 13 de agosto de 1962, em que o convidava para ser consultor da AUI, Mildred Sage mencionava Bunker como presidente honorário do *working board* nos Estados Unidos. Na resposta

---

30 Albin Krebs, "Ellsworth Bunker Dies at 90; Envoy Had Key Saigon Role", *New York Times*, seção A, p.1, 28 set. 1984, disponível em: https://www.nytimes.com/1984/09/28/obituaries/ellsworth-bunker-dies-at-90-envoy-had-key-saigon-role.html. Ver também o obituário de sua esposa, Harriet Allen Butler Bunker, "Mrs. Bunker Dead Wife of Diplomat", *New York Times*, p.29, 20 abr. 1964, disponível em: https://www.nytimes.com/1964/04/20/archives/mrs-bunker-dead-wife-of-diplomat.html. Sobre o médico Fernando Gentil, marido de Ellen Bunker Gentil, ver matéria do jornal goiano "O médico brasileiro que revolucionou o tratamento do câncer de mama", *Opção*, 28 jan. 2017, disponível em: https://www.jornalopcao.com.br/colunas-e-blogs/imprensa/o-medico-brasileiro-que-revolucionou-o-tratamento-do-cancer-de-mama-85838/. Todos os acessos em 23 set. 2020.

de 16 de agosto, Kissinger aceitava o convite e dizia "acreditar fortemente" no que ela estava fazendo.[31]

A presença desses nomes no comitê atesta a amplitude do círculo de influência mobilizado pelos promotores, mas não significa que a AUI estava necessariamente afinada com as posições deles em política internacional, afinal esse tipo de comitê costuma ter função mais ornamental, a fim de demonstrar o prestígio da entidade. Ao mesmo tempo, eles não eram hostis a esse gênero de empreendimento, pelo contrário, aceitaram ter o nome vinculado à iniciativa, o que a legitimava, ajudando a obter financiamento.

Também participava desse comitê internacional Hickman Price, presidente da Mercedes-Benz no Brasil, que serviu como secretário assistente no Departamento de Comércio dos Estados Unidos de 1961 a 1963. Figura destacada da indústria automotiva, ligado ao governo Kennedy, Price era membro ativo do Partido Democrata.[32] Sua esposa, Margaret Price, num certo período, ficou encarregada da fase de visita dos estudantes a Washington, segundo Elisabeth Wadsworth (apud Paiva, 2008, p.29).

Havia ainda outras senhoras amigas envolvidas no projeto coordenado por Mildred Sage, como sua irmã Audrey Devereux Hale, Patricia Bildner e Daisy Aldrich, cujo marido era membro do Partido Republicano e primo-irmão de Nelson Rockefeller, líder da ala liberal do mesmo partido. Célebre milionário, Nelson teve vínculos estreitos com o Brasil desde o tempo de Vargas e foi pioneiro na promoção de intercâmbio acadêmico com os Estados Unidos, como apontam o livro sobre o "amigo americano" de Antônio Pedro Tota (2014, p.123-4) e o de Maria Gabriela Marinho sobre o financiamento crucial da Fundação Rockefeller, em especial ao curso de Medicina da Universidade de São Paulo, que remonta a meados da década de 1910 (Marinho, 2001). Nelson chegou a conversar com estudantes da AUI e tirar fotos com eles nas visitas aos Estados Unidos, assim como seu irmão David – outra figura-chave nas relações do empresariado dos Estados Unidos com o Brasil até falecer aos 101 anos em 2017.[33]

Patricia Elman Bildner revelou-se especialmente empenhada nas atividades da AUI. Como as demais amigas, ela não restringia suas atividades ao trabalho

---

31 Ambas as cartas estão na Biblioteca da Universidade Yale, Henry Kissinger Papers, Part II, Series I. Early Career and Harvard University, Box 31, Folder 14, p.1-3. Disponível em: https://findit.library.yale.edu/catalog/digcoll:555025. Acesso em: 1º out. 2020.

32 *New York Times*, seção D, p.21, 24 ago. 1989, disponível em: https://www.nytimes.com/1989/08/24/obituaries/hickman-price-jr-executive-78.html. Acesso em: 23 set. 2020.

33 A exemplo de Nelson, que faleceu em 1979, David Rockefeller visitou o Brasil inúmeras vezes, a última aos 99 anos (Hoeveler, 2020).

O SEGREDO DAS SENHORAS AMERICANAS

de dona de casa, estando entre as mais qualificadas do grupo. Eis o que diz seu obituário no *New York Times*:

> A sra. Bildner, que obteve o bacharelado e o mestrado em física pelo Carnegie Institute of Technology, trabalhou aqui no Projeto Manhattan. Mais tarde, ela se voltou para o jornalismo e contribuiu para muitas revistas. No Brasil, a sra. Bildner foi representante local das bolsas Fulbright e consultora da Fundação Ford. [...] ex-líder do comitê aqui da Associação Interamericana para a Democracia e a Liberdade (IADF).[34]

Como se vê, Patricia Bildner era uma física que trabalhou no projeto Manhattan, responsável pela criação da bomba atômica pelos Estados Unidos. Em 1972, morreria de câncer no cérebro, precocemente, a exemplo de outros profissionais envolvidos no projeto, o que deixa uma interrogação sobre a origem de sua doença. Ela tivera liderança no comitê da IADF nos Estados Unidos, uma agência pan-americana de defesa de direitos humanos fundada em 1950, onde desempenharam papel central Rómulo Betancourt – ex-presidente da Venezuela, exilado na época da criação da entidade, após o golpe de Pérez Jiménez – e Frances R. Grant, secretária-geral na sede em Nova York, atestando que mulheres passavam a ter protagonismo crescente nas lutas políticas. Ainda que não tenha sido uma organização regional grande e poderosa, a IADF teria contribuído para manter redes democráticas ativas entre latino-americanos, com ramificações nos Estados Unidos, na luta contra ditaduras e o comunismo, segundo Ron e Perrone (2003).

A IADF seria "o braço de *lobby* da esquerda anticomunista latino-americana nos Estados Unidos", nos termos de Patrick Iber, para quem a social-democracia da região, "em última instância, aceitou a lógica da Guerra Fria e lutaria pelo seu lugar dentro das restrições impostas pela hegemonia dos Estados Unidos", mas, por outro lado, tentava afrouxar essas restrições no sentido da construção democrática. Analisando os registros financeiros da IADF, o historiador concluiu que não havia financiamento da CIA, ao contrário das atividades do Congresso pela Liberdade da Cultura (Iber, 2015, p.97-8).[35] Tampouco há evidência de suporte da CIA para a AUI.

---

34 "Mrs. Albert Bildner Dies; Inter-American Unit Leader", *New York Times*, p.38, 26 maio 1972, disponível em: https://www.nytimes.com/1972/05/26/archives/-mrs-albert-bildner-dies-i-interamerican-unit-leaderi.html. Acesso em: 23 set. 2020.

35 A IADF não teve repercussão no Brasil. Tampouco teve vínculos orgânicos com o Congresso pela Liberdade da Cultura, embora alguns personagens circulassem pelas duas instituições, como Sidney Hook e Arhur Schlesinger Jr. (Iber, 2015, p.97).

274 MARCELO RIDENTI

A ligação de Patricia Bildner com a IADF talvez seja um elo perdido na origem da AUI, demonstrando que se tratava de projeto afinado com a lógica da Guerra Fria cultural na América Latina, ainda que sem vínculo orgânico com experiências anteriores. Além disso, a física foi secretária executiva assistente da Comissão Educacional dos Estados Unidos da América no Brasil no começo dos anos 1960. Manteve correspondência oficial com autoridades locais do setor, conforme registra, por exemplo, uma carta endereçada a ela por Anísio Teixeira em 1962.[36]

Há vários depoimentos de participantes da AUI que elogiam Patricia Bildner. A começar pelo conhecido professor Dalmo Dallari, um homem progressista que chegaria a ser diretor da tradicional Faculdade de Direito do Largo de São Francisco, da Universidade de São Paulo (USP). Em entrevista, ele se referiu a ela com carinho e admiração:

> Ela era muito prestigiada, trabalhava muito, sensível e preocupada com as questões sociais, justiça social, e querendo que a gente conhecesse, que os brasileiros estudantes conhecessem um lado mais democrático dos Estados Unidos, que era a proposta Kennedy. Quer dizer, evidente que é uma democratização muito relativa pelo que nós estamos vendo agora, os vendedores de arma ainda têm o comando do país, o que já é um fator antidemocrático, e não se eliminou totalmente o predomínio exagerado do poder econômico. Entretanto, uma proposta do presidente Kennedy era exatamente instalar uma sociedade mais justa, dar mais oportunidades às camadas mais modestas, tudo isto, e foi com este espírito que se criou a AUI aqui no Brasil. (Dallari, 2017)

Patricia Bildner convidou Dallari para fazer parte da AUI, onde ele ajudou no processo seletivo e nas aulas preparatórias ao longo dos anos 1960. Visitaria os Estados Unidos com a turma de 1969. Segundo o influente jurista, ela considerava que "o ensino superior brasileiro estava muito desatualizado e seria muito importante então ter o contato com a realidade dos Estados Unidos para modernizar, de certo modo, o nosso sistema". Prosseguiu a narrativa, enfatizando o aspecto acadêmico da AUI, que o atraiu em especial:

> [...] eu me interessei pelas propostas Kennedy, e coincidiu que Patricia Bildner veio aqui para o consulado americano [de São Paulo] e foi ela quem me convidou para ir ao consulado

---

36 O documento está disponível *on-line* no acervo do CPDOC: https://www.fgv.br/cpdoc/acervo/arquivo-pessoal/at/textual/carta-de-anisio-teixeira-a-patricia-bildner-acusando-recebimento-de-correspondencia-rio-de-janeiro. O legado de Patricia Bildner seria reconhecido no mundo empresarial em pleno século XXI; por exemplo, seu nome foi dado ao Centro de Referência Patricia Bildner, do Grupo de Institutos, Fundações e Empresas (Gife). Disponível em: https://www.ipea.gov.br/acaosocial/articlebc7f.html?id_article=210. Acesso em: 23 set. 2020.

para conhecer a proposta da AUI. Depois eu tive um ótimo relacionamento com ela, que era uma pessoa excepcional, muito dedicada, essencialmente humanista. Não queria que prevalecesse a ideia dos Estados Unidos imperialistas e exploradores das camadas mais pobres, ela acreditou que com Kennedy os Estados Unidos iriam mudar. Queria que aqui nós seguíssemos na mesma linha, mas também com interesse mais imediato, direto, na questão universitária, para preparação de novos profissionais, de novas lideranças. (Dallari, 2017)

Essas palavras revelam o acolhimento de propostas reformistas por parte de setores da elite acadêmica e política brasileira, bem como a receptividade ao projeto da AUI, que Dalmo não associava ao imperialismo, nem à Usaid, muito menos à ditadura militar de que era opositor. O encanto com os Kennedy aparece em vários depoimentos, inclusive de personalidades que se consideram de esquerda democrática. Por exemplo, Paulo Sérgio Pinheiro falou sobre sua turma, de 1964: "É preciso ver o contexto, era o pós-governo Kennedy, e o Lyndon Johnson – apesar de fazer a guerra do Vietnã – foi um cara que avançou todos os direitos civis. [...] Não era Trump, não era a direita americana, era o que havia de mais civilizado, os Kennedy" (Pinheiro, 2017).

Patricia Bildner tornou-se próxima de Robert Kennedy a ponto de ligar para o escritório do célebre político e pegar carona com ele, como testemunhou o artista Oscar Araripe, selecionado no Rio de Janeiro, que esteve nos Estados Unidos com a turma de 1966. Araripe – que declarou ter sido integrante da Ação Popular (AP) e sofrido perseguição pela ditadura no Brasil – contou que

Um dia, em Washington, de um telefone público, ela ligou para o Robert Kennedy e marcou naquela mesma hora uma visita ao famoso senador, que nos pegou à entrada do Anexo do Senado, dirigindo ele mesmo um carrinho elétrico e nos levou até sua salinha (devo dizer que Robert Kennedy era um bom e alegre chofer). Sem blague, acredito que Patricia pertencia a uma antiga nobreza democrática, na linhagem de Adams e Jefferson, com serviços prestados à pátria. Detestava a guerra e parecia não gostar do bélico, fosse na política, fosse na música, fosse na pintura.[37]

Ou seja, Patricia gostava de artes, era muito competente e simpática, como também atestaram outros que a conheceram. Era casada com Albert Bildner, empresário e filantropo considerado progressista, que só viria a falecer em 2012. Ele tinha formação pouco comum em seu meio, pois era graduado em Literatura e Drama Espanhol por Yale, onde mais tarde passou a patrocinar prêmios anuais para estudantes de graduação em espanhol e português. Um dos prêmios home-

---

37 O depoimento de Araripe sobre Patricia Bildner está disponível em: http://www.oscarararipe.com.br/textos/index.php/957?idioma=2. Acesso em: 15 out. 2020.

nageia Patricia Bildner, voltado a ensaios de graduandos sobre literatura brasileira. Ele foi um filantropo invulgar, por ajudar a área de Humanas, mas não só. Também apoiou a ciência em Israel, inclusive com o financiamento de uma cátedra professoral em Química que leva o nome de Patricia Elman Bildner. Albert vinha de família de empresários nos Estados Unidos; no Brasil lançou o célebre *whisky* Drury's, em sociedade com Mário Amato, com enorme sucesso nos anos 1960 e início dos 1970. Vendeu sua parte no negócio e voltou aos Estados Unidos após a morte da primeira esposa; era ligado ao Partido Democrata e ao presidente Carter. Já neste século, circularam notícias e fotos de encontros dele com os presidentes Fernando Henrique Cardoso e Lula.[38] Este visitou o Bildner Center para Estudos do Hemisfério Ocidental, da Universidade da Cidade de Nova York (Cuny), financiador de um Projeto Brasil, um Projeto Cuba, entre outros.[39]

Por sua vez, a socióloga Gina Guelman Gomes Machado – que conviveu com Patricia Bildner no período em que trabalhou para a AUI, após ter participado da turma de 1967 – recordou-se de ver uma foto de Patricia com Eleanor Roosevelt, com quem se identificava.[40] Lembrou que a esposa de Albert vinha de família judia imigrante, assim como o marido. Portanto, tinha origem distinta da tradicional família bostoniana de Mildred Sage, que proporcionava a Millie contatos com a elite mais seleta dos Estados Unidos, em condição única para arrecadar contribuições para a AUI (Machado, 2020).

Ou seja, o brilho e o empenho de Patricia Bildner na construção da AUI – assim como o de outras senhoras americanas do círculo empresarial paulista – não devem ofuscar o papel principal de Mildred Sage, tanto que a própria empreitada era nomeada informalmente pelos financiadores como "projeto Sage". Elisabeth Wadsworth esclareceu que Millie foi quem "mobilizou as pessoas, as instituições e o dinheiro que tornou a viagem possível" (apud

---

38 Ver, por exemplo, as matérias: "Família janta em restaurante badalado de NY", *Folha de S.Paulo*, 9 dez. 2002, disponível em: https://www1.folha.uol.com.br/fsp/brasil/fc0912200210.htm; e "Brazil Project", *Bildner Center for Western Hemifphere Studies*, [s.d.], disponível em: https://www.gc.cuny.edu/Page-Elements/Academics-Research-Centers-Initiatives/Centers-and-Institutes/Bildner-Center-for-Western-Hemisphere-Studies/Projects/Brazil-Project. Acessos em: 29 set. 2020.

39 Sobre a vida de Albert Bildner, ver o *site* do Bildner Center, Cuny, disponível em: https://www.gc.cuny.edu/Page-Elements/Academics-Research-Centers-Initiatives/Centers-and-Institutes/Bildner-Center-for-Western-Hemisphere-Studies/About/Albert-Bildner; e seu obituário no *New York Times*, 8 jun. 2012, disponível em: https://www.legacy.com/obituaries/nytimes/obituary.aspx?n=albert-bildner&pid=157969275. Acessos em: 29 set. 2020.

40 A viúva do ex-presidente Roosevelt era uma liderança do grupo Americans for Democratic Action (ADA), criado em 1947, um "pilar do ativismo liberal do Partido Democrata" que existe até hoje (Cancelli, 2017, p.80). A ADA não admitiria a presença de comunistas.

Paiva, 2008, p.75). Todos os depoimentos corroboram a frase do bolsista da AUI Airton Soares sobre Mildred, "uma mulher de liderança impressionante, casada com um empresário importante" (Soares, 2017). Ela tentaria capacitar uma pessoa para ficar no lugar dela no comando da AUI, mas não teve êxito porque seu trânsito era único e pessoal nos círculos de poder econômico, social e político, segundo a futura gerente de projetos da Fundação Vitae, Gina Guelman Machado (2020). Não se tratava apenas de uma questão de capacidade técnica, mas de inserção ímpar numa poderosa e diversificada rede de relações nos meios empresariais e governamentais dos Estados Unidos e seus aliados brasileiros.

O UNIVERSO DOS ESTUDANTES RECRUTADOS

Nos anos 1960, ser estudante era um privilégio ainda maior na sociedade brasileira que em nossos dias. É conhecido o sucesso da peça da UNE-Volante em 1962 intitulada *Auto dos 99%*, referindo-se à percentagem dos brasileiros excluídos do ensino superior. Ligada à União Nacional dos Estudantes (UNE) e seu Centro Popular de Cultura (CPC), a UNE-Volante surgia no mesmo ano da primeira turma da AUI.[41] Ambas tinham em comum – numa época de comunicação difícil, em que viagens aéreas eram poucas e caras – promover a circulação de estudantes, num caso para organizar o movimento estudantil em vários estados brasileiros e difundir uma cultura considerada nacional-popular, no outro para levar uma elite estudantil a conhecer as instituições dos Estados Unidos. As duas iniciativas eram paralelas e não mutuamente excludentes, afinal a maioria dos integrantes da AUI era mais ou menos ativa no movimento estudantil; um dos critérios para a seleção era a capacidade de liderança, que podia ser aferida por exemplo pela atuação em diretórios acadêmicos.

Os recursos governamentais para o ensino foram decrescendo após o golpe militar: de 1965 a 1968, as dotações do Ministério da Educação caíram de 11% para 7,7% no total do orçamento da União, e as universidades federais tiveram seu orçamento diminuído em mais de 30%, como constatou João Roberto Martins Filho (1987, p.123). Isso levou ao congelamento na oferta de vagas no ensino superior público – que então era majoritário e qualificado, e de onde provinha a ampla maioria dos bolsistas da AUI –, enquanto a procura não parava de cres-

---

41 Há extensa bibliografia sobre a UNE e o CPC. Ver, por exemplo, a obra de Miliandre Garcia (2007) e outras tratadas em meu livro sobre cultura e política de esquerda naquele período (Ridenti, 2014).

cer. Isso gerou o problema dos chamados excedentes, que obtinham notas altas nos exames, mas não eram admitidos por falta de vagas. "Quando, em 1967, procurou-se compensar esta tendência, com um aumento de vagas da ordem de 35%, a grave crise dos excedentes já não pôde ser contornada." Havia 125.414 excedentes em 1968 (Martins Filho, 1987, p.125).

A insatisfação estudantil, já esboçada no período anterior, emergiu com força inusitada no ano marcante de 1968, com a luta pela Reforma Universitária associada ao combate à ditadura. Os estudantes protestavam contra a falta de verbas para a educação, colocavam a questão dos excedentes, expressavam seu descontentamento com o arcaísmo das instituições universitárias que não encontrava resposta satisfatória na modernização autoritária do ensino, configurada em iniciativas governamentais como os acordos MEC-Usaid, além de outras questões específicas do meio acadêmico. Esses aspectos associavam-se à crise econômica geradora de arrocho salarial e de estreitamento das oportunidades de trabalho até mesmo para os formados, sem contar a chamada "crise da cultura burguesa", contestada em todos os cantos do globo, paralela à política repressiva da ditadura contra os estudantes e suas entidades. Naquele contexto, ganhavam novo alento no meio estudantil as propostas de revolução brasileira – nacional-democrática ou socialista – que haviam sido derrotadas pelo golpe de 1964.

A AUI atuava em meio a esse cenário conturbado em rápida mudança, no qual o número de estudantes universitários no Brasil expandiu-se como nunca em tão pouco tempo, mais que quadruplicou em uma década, saltando de 95.591 em 1960 para 425.478 em 1970, conforme dados dos Censos da Educação Superior do MEC, muito acima do aumento populacional no período, de 70 para 90 milhões. Em 1960, estavam disponíveis apenas 35.909 vagas anualmente para entrada no ensino superior brasileiro, número que pulou para 57.342 em 1964, ano do golpe de Estado, atingindo 89.582 em meio às revoltas estudantis de 1968. Eram 202.110 vagas oferecidas em 1971, na época da última turma da AUI, pelos dados do MEC/Inep. Ou seja, a Associação foi contemporânea de uma rápida ampliação de vagas no ensino superior, público e privado, fruto de mobilização expressiva do movimento estudantil a reivindicar uma reforma universitária com a ampliação do ensino público e gratuito, o que levaria a conflitos com os donos do poder, especialmente após o golpe de 1964. Parte expressiva dos estudantes da época pertencia à primeira geração familiar a atingir o ensino superior. Entretanto, o número de universitários ainda era bem pequeno no conjunto da população, com altas taxas de analfabetismo e enorme desigualdade social. Observava-se "uma tendência histórica de diminuição na taxa de analfabetismo e de aumento no número absoluto de analfabetos: em 1960 eram 15,9 milhões de jovens e adultos (39,6% da população nessa faixa etária); em 1970, 18,1 milhões (33,6%)", nos termos de Sérgio Haddad (1995).

A dificuldade de acesso ao ensino superior, inserida num quadro mais amplo de desigualdade social, era percebida pelos estudantes, conscientes também de seus privilégios relativos. Isso pode ser atestado, por exemplo, em matéria de revista estudantil da Faculdade de Filosofia da USP, de março de 1967: "somos privilegiados, mas estamos para deixar de sê-lo. Queremos que todo o povo tenha a oportunidade que nós tivemos. Que não lhe sejam barradas as portas dos estabelecimentos escolares" (apud Sanfelice, 1986, p.122). Essas palavras evidenciavam o que estudiosos do tema caracterizaram como luta do movimento estudantil pela ampliação do acesso à universidade pública e gratuita, que entretanto não se dissociava de projetos de carreira marcados pela ideologia de ascensão social, num dos momentos da história brasileira em que as lideranças estudantis estiveram mais próximas de suas bases.[42]

As referências a esse período tendem a qualificar o estudantado como de esquerda. De fato, houve predominância de um etos crítico da ordem na década de 1960, mas isso não deve elidir a diversidade política tanto do movimento como do próprio meio estudantil, incluindo os bolsistas da AUI. Nos anos 1950, houvera disputa acirrada entre as esquerdas e os liberais pelo controle da UNE. Setores ligados à UDN, o partido de direita mais importante da época, dirigiram a entidade de 1950 a 1956. Comunistas e socialistas precisaram associar-se a setores progressistas da Juventude Universitária Católica para ganhar a direção da UNE. A esquerda estudantil cristã – que em 1962 criaria uma organização política chamada Ação Popular – cresceu a ponto de ser hegemônica no seio das forças de esquerda que lideraram o movimento estudantil nos anos 1960. Era ao mesmo tempo sócia e concorrente do outro conjunto de forças que compunha a frente que comandava a UNE e outras entidades estudantis. Tratava-se dos estudantes ligados ao Partido Comunista e especialmente a suas dissidências após o golpe de 1964, além de outros agrupamentos de esquerda. Estiveram em diversas turmas da AUI alguns militantes ou simpatizantes da AP e demais organizações, cujas lideranças no movimento estudantil eram representativas.

As turmas da AUI também contaram com estudantes que se opunham ao governo Goulart no pré-1964. Líderes à direita chegaram a ganhar a direção da

---

42 Ver, entre outros, Foracchi, 1977; Martins Filho, 1987; Valle, 1999; Langland, 2013; Müller, 2018; Ridenti, 2010a, p.114-46.

União Estadual de Estudantes (UEE) de Minas Gerais, Paraná e Pernambuco, onde despontava a liderança de Marco Maciel, integrante da delegação de Recife na turma da AUI de 1962. As forças estudantis que se colocaram tacitamente a favor do golpe de 1964 – cujas entidades por isso não sofreram intervenção governamental – foram chamadas de liberal-elitistas por João Roberto Martins Filho (1987). Elas dominaram também a tradicional União Metropolitana dos Estudantes (UME) do Rio de Janeiro entre 1963 e 1966. Mas muitos estudantes logo se decepcionaram com o novo regime, particularmente com sua atuação autoritária no meio universitário, o que favoreceria a retomada do movimento estudantil por forças à esquerda. Ele se tornou o movimento social mais expressivo até a edição do AI-5, quando foi duramente reprimido, além de principal fonte de recrutamento para as organizações de combate à ditadura. Um em cada quatro processados na Justiça Militar por ligação com grupos de esquerda – e quase um em cada três nas organizações armadas – foi qualificado nos autos como estudante, sem contar os inúmeros recém-formados. Quase metade dos processados tinha até 25 anos de idade (Ridenti, 2010a). Ou seja, a AUI recrutava seus participantes no meio social mais mobilizado e explosivo da época.

Os quatro estados que mais mandaram bolsistas para Harvard foram aqueles que estiveram presentes desde a primeira seleção: São Paulo, berço e sede da AUI, estado mais desenvolvido economicamente, com a universidade mais avançada (178 estudantes; 21,2% do total); Rio de Janeiro, capital cultural do país, que acabara de perder a condição de Distrito Federal, tornando-se o estado da Guanabara (116; 13,4%); Pernambuco (112; 13,3%); e Bahia (106; 12,6%). A presença desde logo desses dois estados nordestinos revelava não apenas seu peso cultural no país, mas também a atenção dos Estados Unidos para a região Nordeste, temida pelo potencial subversivo. Talvez por isso o Ceará logo foi agregado à AUI em 1965, enviando 58 estudantes, 6,9% do total; junto com ele veio o pujante Paraná (64; 7,6%). Antes, já em 1963, na segunda turma da AUI, haviam sido incorporados dois estados de influência política histórica: Rio Grande do Sul (106; 12,6%), e Minas Gerais (87; 10,3%). Estudantes de outros estados podiam concorrer nesses oito em que a AUI fazia sua seleção, com pretensão de representatividade nacional, conforme se pode visualizar no Gráfico 1.

Vários entrevistados comentaram que a convivência durante o programa da AUI permitia constatar diferenças de formação dos alunos de cada estado, com certo desnível, bem como conhecer experiências de vida diversas de um Brasil ainda não unificado culturalmente por uma televisão de alcance nacional, quando as viagens internas também eram relativamente precárias. Reuniam-se

Gráfico 1 – AUI: bolsistas por estado

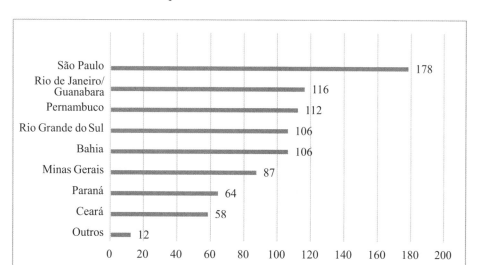

estudantes que compunham uma elite acadêmica, mas nem sempre oriundos de famílias abonadas. Não eram raros os casos em que se fazia uma coleta entre parentes para dar um dinheiro extra para ser levado na viagem. Enfim, a seleção da AUI sintetizava um meio de classe média intelectualizada com pretensões de liderar o desenvolvimento do país nos anos seguintes, em paralelo com a construção de carreiras pessoais, com a mescla também de visões de mundo diversificadas, da direita à esquerda.

No país dos bacharéis em Direito, ainda mais no tempo da AUI, era de se esperar que o maior número de selecionados viesse desse curso: 222 no total de 839 bolsistas, ou seja, pouco mais de um quarto (26,4%). As outras duas carreiras clássicas vinham em seguida: Engenharia, 118 estudantes (14%); e Medicina, 113 (13,4%). Assim, os três cursos mais tradicionais e poderosos compuseram mais da metade dos alunos nas missões da AUI. A percentagem fica ainda mais elevada se contados os 105 estudantes de Economia (12,5%) – a ciência que se estabelecia com especial destaque num país em desenvolvimento. O número de representantes desses quatro cursos de elite chegaria então a 558, ou 66,5% do total de bolsistas, dois em cada três. Contando os 29 estudantes de Arquitetura, 25 de Administração e 12 de Agronomia, chegaríamos a 624 bolsistas, 74,3% do total. Em outras palavras, três em cada quatro enviados para os Estados Unidos pertenciam a esses cursos de onde se poderia prever que viriam as lideranças do Brasil nos anos vindouros (Gráfico 2).

Gráfico 2 – AUI: bolsistas por curso

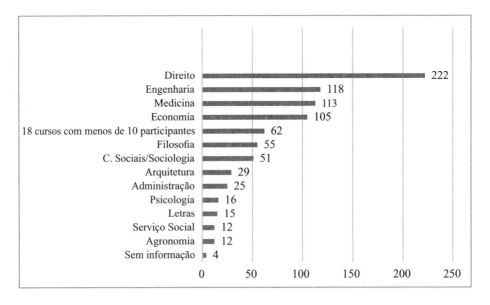

O gráfico também permite constatar que uma brecha se abria em especial para os cursos de Filosofia e de Ciências Sociais/Sociologia, considerados alternativos, contestadores e prestigiosos na época, que somados enviaram 106 estudantes, 12,6% do total. Nos dois cursos, a influência francesa a ser desbancada era marcante, a ponto, por exemplo, de Paulo Arantes falar num "departamento francês de ultramar" para se referir à dependência cultural do curso de Filosofia da USP (Arantes, 1994). Os outros 13% distribuíram-se entre 16 estudantes de Psicologia, 15 de Letras, 12 de Serviço Social, 4 sem informação e mais 62 bolsistas de outras 18 carreiras. Então, 29 cursos tiveram seus alunos escolhidos, mas apenas quatro deles com mais de cem estudantes, e outros dois com mais de cinquenta. Isso mostra o desejo dos organizadores de contemplar uma ampla gama de disciplinas, mas concentrar-se naquelas que lhes pareciam constituintes da futura elite do poder político, social, econômico e acadêmico.

O percentual de bolsistas por curso em cada estado geralmente acompanhava essa distribuição nacional, concentrada nas carreiras de elite. Mas havia pequenas variações. Por exemplo, a presença de estudantes de Direito foi ainda mais preponderante no Rio Grande do Sul: 41 bolsistas, 38,7% do total no estado, diante do percentual nacional de 26,4% para esse curso. Em compensação, alunos gaúchos de Engenharia foram apenas 7,5% dos escolhidos no estado, diante da média de 14% em todo o país. Em Porto Alegre, os alunos de

Filosofia selecionados compuseram 12,3%, quase o dobro da média geral para a disciplina. Essa presença de estudantes gaúchos de Direito e de Filosofia, bem acima da média nacional da AUI, talvez se explique em parte pela mobilização de estudantes dessas disciplinas em torno de professores considerados de ponta, como Ernani Fiori e Gerd Bornheim na Filosofia e especialmente Leônidas Xausa em Direito e Ciência Política, este com influência no processo de seleção da AUI. O professor Xausa estivera nos Estados Unidos em 1961, onde estudou na Universidade Columbia, era advogado de formação, fora vereador em Porto Alegre e fundador do Partido Democrata Cristão, aproximando-se depois da Ação Popular. Deixou a carreira política após um infarto, "voltou a ser advogado e professor da UFRGS e lá ficamos muito próximos", segundo Benício Schmidt, da turma de 1965, que se tornaria professor de Sociologia na UnB. Xausa seria cassado não só do cargo de catedrático em Ciência Política, mas também do posto de ministro do Tribunal de Contas de Porto Alegre após a edição do AI-5. Foi um expoente da "elite intelectual de sua geração", nos termos do senador Pedro Simon em discurso no Congresso Nacional por ocasião de seu falecimento em 1998, reproduzido em extenso livro dedicado a ele e sua obra, coorganizado por Helgio Trindade, bolsista da AUI em 1963, ex-reitor da UFRGS e da Unila (Trindade et al., 2004, p.607).[43]

No Ceará, a situação se inverte em relação ao extremo sul: havia proporcionalmente mais estudantes de Engenharia (19%) e menos de Direito (10,3%) na média de bolsistas da AUI no estado, que contava também com a mais expressiva presença em Economia (19%), secundado por Minas Gerais, onde os futuros economistas chegaram a 17,2%. Por sua vez, as delegações de Pernambuco contaram com mais gente de Medicina (19,6%) e menos de Economia (8%), na comparação com a média nacional. Essas pequenas variações expressavam peculiaridades regionais, mas não mudavam a concentração geral na soma de alunos de Direito, Engenharia, Medicina e Economia. Isso valia sobretudo para São Paulo, cujos dados apresentavam, entretanto, uma presença tópica mais expressiva de estudantes de Ciências Sociais e Sociologia (11,2%) que os dados gerais (6%). Isso possivelmente se explique tanto pela ligação da AUI com a

---

43 Leônidas Xausa era crítico do comunismo; entretanto, seu ideal "não é o 'anticomunismo', mas a efetiva realização da justiça social, da democracia política, econômica e social", como escreveu em 1961, na vaga das ideias do pensador católico Jacques Maritain. Na época, tinha esperança no governo Kennedy, apostando numa relação efetivamente bilateral com o Brasil, em que os norte-americanos deveriam "conhecer-nos como efetivamente somos e não como pensam que somos ou desejam que sejamos" (apud Trindade et al., 2004, p.49-53). Sua vinculação com a AUI fazia parte dessa aposta na justiça social, na democracia, no conhecimento e respeito mútuo entre as duas nações.

Escola de Sociologia e Política, como pelo impacto do curso de Ciências Sociais da USP, na vanguarda sobretudo da sociologia, com repercussão em âmbito nacional e internacional, liderada por Florestan Fernandes, Fernando Henrique Cardoso e Octavio Ianni. As relações entre os dois cursos tinham suas origens na atuação do professor norte-americano Donald Pierson ainda nos anos 1940. Com base em sua formação na Universidade de Chicago, ele estabeleceu uma seção de pós-graduação pioneira na Escola de Sociologia e Política, com a valorização da pesquisa empírica e do trabalho coletivo de sociólogos profissionais. Esse padrão acadêmico viria a se tornar dominante na USP e depois em todo o Brasil na época da AUI, a partir da liderança de Florestan Fernandes, de acordo com estudos como os de Fernanda Arêas Peixoto (2001) e de Fernando Limongi (2001).[44]

Seria preciso investigar mais a fundo as razões para as pequenas diferenças na composição dos bolsistas selecionados em cada estado conforme seus cursos de origem. Mas isso não impede de observar o principal: em toda parte, os escolhidos estavam concentrados nas carreiras de elite. É notável ainda que carreiras de ciências tradicionais, então voltadas sobretudo para formar professores para o ensino básico e médio, tiveram representação pífia no conjunto do Brasil: 9 estudantes de Pedagogia, 5 de História, 2 de Geografia, 3 de Química, 2 de Física, 2 de Matemática e 1 de Biologia. Alunos desses cursos fundamentais, somados, atingiram apenas 2,8% do total. Isso atesta que o foco da AUI não era nem pretendia ser a formação escolar de base, o objetivo era mesmo influenciar as futuras elites dirigentes, algo verificável também nos recortes por sexo e cor.

Gina Machado (2020) declarou-me que não havia a preocupação explícita de estabelecer cota de seleção por sexo. Foram escolhidas 147 mulheres, 17% dos participantes (Gráfico 3). Percentual muito abaixo da população feminina em geral, e bem inferior também à presença de mulheres no ensino superior, que chegou a 42,4% em 1970, ano da penúltima turma, conforme os dados do IBGE (Rosemberg, 1994, p.38). Os estados com maior participação feminina na AUI foram Guanabara-Rio de Janeiro (22,6%) e Bahia (22,8%). Os de menor: Rio Grande do Sul (8,3%), Minas Gerais (15,3%) e São Paulo (15,4%). Pode-se

---

44 Perseguido pela ditadura no Brasil, mas convidado para dar um curso como professor visitante na Universidade Columbia, Florestan Fernandes não teve problema para conseguir seu visto de entrada naquele país, liberado pelo cônsul em setembro de 1965. Afinal, ele não era considerado comunista, nem membro do PCB, embora sua ficha o indicasse como dedicado marxista, conforme documento levantado por Rodrigo Motta (2014, p.124). Florestan, Cardoso e Ianni viriam a ser aposentados compulsoriamente após a edição do AI-5, mas mantiveram contatos produtivos com a Universidade nos Estados Unidos, conforme já apontado no capítulo anterior.

especular que esses números expressam maior liberação feminina na época nas universidades dos dois primeiros estados, sendo Rio de Janeiro e Salvador capitais tidas como mais avançadas nos costumes, enquanto os três últimos estados caracterizariam melhor o poder político e acadêmico masculino, amplamente dominante em todo o país. A percentagem de mulheres foi relativamente constante nas turmas de 1962 a 1971, de modo que o avanço da liberação feminina na década pouco se refletiu quantitativamente nos grupos enviados aos Estados Unidos.

Gráfico 3 – AUI: bolsistas por sexo

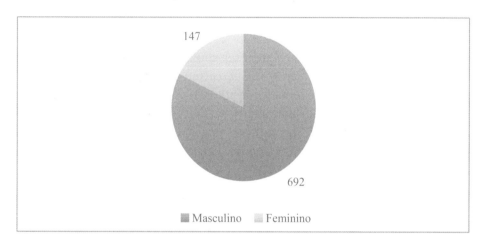

Como a AUI buscava inserção entre as lideranças, e essas eram majoritariamente masculinas, as estudantes estavam sub-representadas, embora as principais dirigentes da entidade fossem mulheres. Isso era igualmente válido para não brancos, numa época em que os universitários negros eram bem poucos no Brasil, em especial entre as lideranças. A AUI não deixou registro da cor de seus participantes, mas depoimentos e fotos das turmas revelam que os negros eram raríssimos. O objetivo da AUI não era a ascensão social de mulheres e negros, contemplados na medida em que pudessem demonstrar espírito de liderança aos olhos dos examinadores. Portanto, algo diferente de políticas de promoção de mais igualdade para negros e mulheres dentro da ordem, que viriam a ser incentivadas por agências norte-americanas pelo menos desde o final do século XX, caso da Fundação Ford no Brasil, a financiar por exemplo pesquisas acadêmicas que favoreçam ações afirmativas.

Durante a estada nos Estados Unidos, os rapazes assumiam posição tradicional de proteger as meninas nos passeios, segundo Gina Machado (2020), para quem ainda permaneceria a ideia de que cabia ao homem tomar a iniciativa de cortejar as mulheres. Como era de se esperar, houve namoros. Carlos Gilberto de Moraes, estudante de Filosofia e seminarista na época – que viria a ficar preso por um ano, conforme se verá adiante – contou com humor sobre sua experiência na turma de 1965:

> O celibato me rendeu um prêmio em Harvard. Ganhei 30 dólares pelo melhor trabalho apresentado naquele cursinho de verão. É que, enquanto a turma mandava ver por aí, lá estava eu, na Biblioteca, lendo a influência do calvinismo no capitalismo moderno. Então não foi, como disse, um prêmio ao talento, mas ao celibato. (Apud Paiva, 2008, p.39)

As mudanças nos costumes podem ser notadas nas fotos oficiais coletivas de turma, cada vez mais descontraídas, ano a ano. Por exemplo, os rapazes das turmas até 1964 posavam de terno e gravata, eles estavam em manga de camisa a partir de 1965, enquanto as mulheres trocaram seus *tailleurs* e vestidos tradicionais por calças compridas e minissaias discretas. Eram trajes mais compatíveis com o verão, quebrando a sisudez de Harvard, sem perder a seriedade.

Primeira Turma da AUI, 1962 (Arquivo AUI, Paiva, 2008).

O SEGREDO DAS SENHORAS AMERICANAS 287

Turma da AUI de 1964 (Arquivo AUI, Paiva, 2008).

Turma da AUI de 1968 (Mildred Sage é a última à direita) (Arquivo AUI, Paiva, 2008).

Foi nesse universo estudantil em ebulição ao longo dos anos 1960 que a AUI escolheu os bolsistas para conhecer os Estados Unidos. Não escondia seu intento de selecionar uma elite estudantil com potencial de liderança – política, acadêmica, profissional, empresarial. O processo concorrido de seleção, a preparação para a viagem, depois a aproximação com a elite da ciência em Harvard e com a elite do poder em Washington favoreceriam o sentimento de pertencer à nata da nata da sociedade, conforme a tradição liberal-elitista. Buscavam-se sócios dos Estados Unidos na tarefa e na responsabilidade de dirigir os destinos da humanidade.

A SELEÇÃO DE ESTUDANTES PARA CONHECER O MODO DE VIDA AMERICANO

O programa da AUI, concebido no começo dos anos 1960, envolvia a seleção rigorosa de candidatos. Nos termos de um bolsista, "era como se fosse um vestibular, tinha muita concorrência, um esquema extremamente competitivo" (Hanashiro, 2017). Os escolhidos estariam aptos a viver uma breve, mas intensa experiência pessoal e coletiva naqueles que poderiam ser chamados os quatro templos institucionais dos Estados Unidos. Eles teriam o privilégio de ser admitidos no interior de quatro pilares do modo de vida americano: a permanência de uma semana no templo da família como base da sociedade e seus valores morais e religiosos; o curso de verão em Harvard, templo do conhecimento científico; a visita a Washington, templo do poder democrático; e finalmente a estada no templo da modernidade, Nova York, a grande metrópole.

O sentido de pertencimento a uma elite da elite, ungida para conhecer os templos institucionais norte-americanos, começava por um longo e exigente processo de seleção, cada vez mais concorrido, que recebia milhares de inscritos em todo o Brasil. O hoje advogado Aristides Cavalcanti Batista contou-me que recebeu uma carta com o comunicado de sua aprovação para a turma da AUI de 1970, esclarecendo que foi um dos sete selecionados em Pernambuco, parte dos oitenta no total de todo o país, escolhidos entre 4.185 candidatos (Cavalcanti, 2020).

A primeira turma, de 1962, foi selecionada a partir de entrevistas após indicações das entidades estudantis – devido à pressa de iniciar o programa, segundo José Theophilo Ramos (apud Paiva, 2008, p.52). Depois o processo de escolha foi ficando mais complexo e ganhando cada vez mais candidatos. Por exemplo, 1.500 estudantes passaram da primeira fase em várias cidades na seleção de 1965, eles "tiveram aulas preparatórias de língua e leituras variadas, antes de se qualificar por meio de um teste final", que levaria oitenta deles para o seminário de Harvard; em Nova York eles "visitaram Wall Street, tiveram reuniões com funcionários do governo em Washington, e com o presidente da Pepsi, Donald K. Kendall, e almoço com funcionários da ITT Corporation", conforme documento da AUI descoberto nos papéis do FAS e do Ipes por Elaine Bortone (2020, p.115). O processo seletivo era divulgado em jornais importantes de cada capital, como o recorte reproduzido abaixo, mas a comunicação mais eficaz era boca a boca.

Viagem gratuita aos EUA para universitários

A Associação Universitaria Interamericana convida estudantes brasileiros, matriculados no 3.o ano de qualquer faculdade oficial, a se candidatarem a uma viagem gratuita aos Estados Unidos, a ser realizada durante o mês de julho do corrente ano.

Os interessados devem dirigir, dentro de 20 dias, carta dactilografada, á entidade incluindo curriculo de estudos e outras atividades profissionais, sociais, politicas, esportivas etc., como também, fotografia recente, 3 x 4. Cartas e pedidos de informações devem ser encaminhados á rua Barão de Itapetininga, 255, conjunto 706.

Recorte de jornal em que a AUI divulgava sua seleção no começo dos anos 1960 (apud Paiva, 2008, p.12).

O processo de escolha variou com o tempo, às vezes definindo de imediato os selecionados para viajar, outras vezes houve uma pré-seleção para o curso preparatório, ao fim do qual eram definidos os que iriam aos Estados Unidos. Gina Machado contou-me que presenciou, sem direito a voto, a triagem final dos bolsistas a partir de 1968, que era feita para todo o Brasil em reunião na casa de Mildred Sage em São Paulo, com a participação da dona do lar, de Patricia Bildner, dos professores Dallari, Rattner e outros, como Theophilo Ramos e o psicólogo Achim Fuerstenthal. A escolha final cabia ao coletivo, que podia até alterar o número de participantes por estado (Machado, 2020). Fuerstenthal, o

Sten, "dono do melhor escritório de relações industriais de São Paulo", foi o responsável por elaborar o processo de seleção, conforme já se destacou. Não se avaliava "qualquer posição política dos candidatos, mas a maioria deles – os melhores – era nitidamente de esquerda" (Paiva, 2008, p.43), como também constatou o embaixador Gordon (1987, p.37). Algo que era de se esperar, afinal o etos esquerdista prevaleceu no meio estudantil dos anos 1960, e havia a intenção da AUI de mudar a percepção deles em relação aos Estados Unidos.

O orgulho de ter sido escolhido, bem como o sentimento de pertencer à nata da nata estudantil, evidenciaram-se em vários depoimentos. Por exemplo, o empresário paulista Ronald Zomingnan Carvalho, da turma de 1964, disse que "o processo de seleção de Sten realmente pescou o que havia de melhor no meio universitário brasileiro", gente sempre de "primeira linha". Para Luiz Fernando de Araújo Costa, da turma do Paraná de 1967, "sem falsa modéstia, nós éramos, naqueles tempos, os melhores, os mais politizados e os mais participantes de nossas faculdades" (apud Paiva, 2008, p.44-5). São falas que talvez atestem o êxito da seleção, mas sobretudo comprovam seu sucesso em transmitir aos eleitos a sensação de compor a elite da elite estudantil – que na certa também contava com muita gente que não participou da AUI, praticamente nenhum dos principais líderes nacionais do movimento estudantil integrou as turmas da entidade.

A seleção da AUI atraía sobretudo lideranças intermediárias, o que em parte incomodava os organizadores. Por exemplo, no processo de escolha para a segunda turma da AUI em Porto Alegre, a banca teria ficado desapontada com o desempenho dos regularmente inscritos nas entrevistas. Então, o professor Xausa – representante local na banca vinda de São Paulo – lamentaria com os colegas o fato de líderes estudantis gaúchos seus conhecidos não terem participado da seleção para visitar os Estados Unidos, embora tivessem integrado uma delegação brasileira em viagem de quase dois meses a Cuba.[45] Segundo Helgio Trindade (2021), o comentário "causou um *frisson* nos membros da banca", afinal a AUI surgira justamente para se contrapor àquele tipo de atividade, oferecendo uma alternativa. Provavelmente esse foi um dos motivos que levou a presidente da banca Mildred Sage a fazer uma proposta inusitada: convidar os referidos líderes estudantis para uma entrevista exclusiva, mesmo sem inscrição, caso Xausa tivesse meios de entrar em contato com eles. Claro que tinha, pois eram todos integrantes da AP e seus alunos. Assim, Xausa procurou Francisco Ferraz e Helgio Trindade, dirigentes da União Estadual dos Estudan-

---

45 Essa viagem a Cuba será comentada mais adiante, nas Considerações finais.

tes (UEE) no Rio Grande do Sul que haviam terminado seus mandatos, além de Manoel André da Rocha, presidente do Centro Acadêmico da Faculdade de Direito da UFRGS:

> No dia seguinte foram feitas as entrevistas e Xausa nos informou que tínhamos sido selecionados e feito as melhores entrevistas do país. Estas entrevistas extras nos dão uma ideia do poder que tinham estas "senhoras" no governo Kennedy, porque o fato de termos ido a Cuba, pela legislação americana, nos impedia de entrar nos Estados Unidos. (Trindade, 2021)

O comentário que Helgio se lembrou de ter ouvido de Xausa revelaria não só a influência de Mildred e seu grupo, interessados em cativar estudantes de esquerda, mas também orgulho pela distinção, típico dos depoimentos dos participantes da experiência em geral, convencidos de que a escolha fazia deles uma espécie de elite da elite estudantil. Em comum, havia também a percepção de que os examinadores buscavam lideranças, gente capaz de influir para formar opinião pública, com sentido comunitário. "A gente entendia que a ideia deles era selecionar quem tinha algum tipo de liderança – não precisavam ser grandes lideranças –, mas que tivessem algum tipo de participação", conforme me declarou Brasílio Sallum Jr. (2017), futuro professor titular de Sociologia na USP, da turma da AUI de 1969, que fora secretário de Cultura do Centro Acadêmico de Ciências Sociais da mesma universidade. Ele pretendia seguir carreira acadêmica, politicamente participou das manifestações de 1968 e era próximo da AP, embora crítico do maoísmo e da luta armada que alguns de seus colegas viam como o melhor caminho de lutar contra a ditadura.

Entretanto, ninguém sabia exatamente quais eram os critérios de escolha da AUI, realizada com base na carta inicial de intenções, prova de conhecimentos gerais e entrevista. Achim Fuerstenthal esclareceu que a escolha se baseava em alguns princípios, como: 1. "capacidade de compreender rapidamente problemas da existência humana. Chegar a conclusões lógicas, formulá-las com precisão e defendê-las sem agressividade ou embaraço"; 2. demonstrar "sentido comunitário; preocupação não só com a vantagem para si próprio, mas também com o bem-estar da comunidade e especialmente com as classes menos favorecidas da população"; 3. ter interesse na cultura, algo "espiritual fora do comum, literatura, filosofia, sociologia, economia, artes"; e finalmente 4. "equilíbrio, autocontrole, ausência de reações temperamentais ou hiperemotivas, de traços comportamentais inconvenientes ou de atitudes dogmáticas irremovíveis". Em suma, o principal objetivo seria "identificar o espírito livre e independente", com potencial de liderança, apto a aproveitar a experiência intelectual do programa (apud Paiva, 2008, p.51-2).

No parecer de Airton Soares, havia ecletismo na escolha. Ele lembra que o pernambucano Alceu Valença, da turma de 1969, já músico na época, "fez uma poesia fantástica e aquela poesia o habilitou", mesmo sem ter respondido adequadamente ao questionário. Ele teria revelado "um talento que demonstrava uma possível liderança numa área" (Soares, 2017).

José Vicente Tavares dos Santos – gaúcho que viria a ser presidente da Sociedade Brasileira de Sociologia e da Associação Latino-Americana de Sociologia – assim descreveu a seleção para a turma de 1970 em Porto Alegre, para onde Sten ia com sua equipe:

> [...] eram 500 candidatos, tinha uma prova de múltipla escolha, depois selecionavam 80, daí tinha uma banca de professores da UFRGS que davam alguns cursos, e vinham outros de São Paulo. O candidato tinha que apresentar um tema e fazer uma defesa oral dele e havia uma entrevista também individual, daí eles selecionaram 20 e desses 20 chegou-se aos 11 que viajaram. [...] Eram pessoas muito hábeis a fazer as entrevistas, você via bem que tinha uma metodologia de localização, vamos chamar assim, de liderança. (Santos, 2017)

Alguns anos antes, a seleção era menos complexa em Porto Alegre, segundo Benício Schmidt, da turma de 1965:

> Eles fizeram uma entrevista. Acho que tinha métodos de reputação. Eles me disseram o seguinte naquela época, e parece que valeu para todo mundo: estavam apostando em lideranças várias, que alguns iam ser de esquerda, de direita, aquela coisa americana sempre entrando no jogo e criando condições de transição para reprodução das direções. De fato, naquele grupo que eu fui, tinha gente – de Pernambuco especialmente, e de Minas – que eram caras que viraram os maiores líderes da direita. (Schmidt, 2017)

Vendo pelo lado dos organizadores, o professor Dalmo Dallari declarou-me que participava da seleção e preparo de estudantes: "o critério era puramente intelectual, eram escolhidos os mais estudiosos, os que tinham obtido melhores notas, mas também os que demonstravam na entrevista já algum conhecimento e objetivos que coincidiam com os nossos propósitos". Não visavam qualquer liderança do movimento estudantil, "porque muitas dessas lideranças só queriam atuar aqui no Brasil ou na realidade brasileira, o que nós queríamos era os que tinham o desejo, a vontade, o propósito de aperfeiçoar conhecimentos. Era efetivamente uma atividade universitária" (Dallari, 2017). Ou seja, na visão dele, tratava-se de um projeto de internacionalização acadêmica.

Esse caráter de formação era realçado no curso preparatório de um semestre, dado a partir de 1965 em cada capital aos sábados, para que os estudantes chegassem a Harvard com algum conhecimento. No início, esse curso era exclusivo para os selecionados, depois se tornou a última etapa da seleção em alguns casos, particularmente em São Paulo. De acordo com o depoimento de Getúlio Hanashiro, da turma de 1966 – que foi presidente do Centro Acadêmico da Escola de Sociologia e Política de São Paulo, vice-presidente da UEE e viria a se tornar parlamentar e secretário dos Negócios Metropolitanos da capital paulista –, o curso

> Era uma vez por semana durante três meses. O grande peso foi a carga de leitura. Tinha uma bibliografia relativamente extensa, História americana, História do Brasil, Economia Política, as instituições americanas etc. De tal maneira que, quando nós fomos para os Estados Unidos, nós já tínhamos uma visão, pelo menos teórica, das instituições americanas. (Hanashiro, 2017)

Ruben Oliven, futuro professor titular de Antropologia da UFRGS e visitante em universidades estrangeiras, esclareceu sobre o conteúdo do curso da AUI em Porto Alegre para a turma de 1967:

> O curso durava todo um primeiro semestre, sempre aos sábados de tarde e era dado na Faculdade de Direito por professores do Rio Grande do Sul, alguns da universidade, outros jovens brilhantes que não tinham conseguido emprego na universidade. O curso envolvia Economia, Sociologia e alguma coisa sobre sociedade americana. Um livro que eles davam era *Bandeirantes e pioneiros* do Viana Moog, que é uma análise weberiana do Brasil e dos Estados Unidos, envolvendo atraso, desenvolvimento etc. Depois tinha o livro de um autor que tinha sido embaixador americano e era obviamente uma apologia dos Estados Unidos, e tinha outros livros, creio que eles mandavam ler coisas do Schumpeter, de economia. E eram livros que – se comparados com o ambiente que havia na universidade – eles te davam leituras até mais progressistas que os professores conseguiam dar na universidade. Era grupo pequeno, com acompanhamento, com discussão e formou também uma coesão entre as pessoas que iam, então os de Porto Alegre já se conheciam. (Oliven, 2017)

Essas palavras mostram a importância dos cursos em diversos sentidos: oferecer preparação de conteúdo acadêmico para melhor aproveitar o seminário em Harvard, dar alguma coesão ao grupo antes da viagem, e ainda sanar falhas na formação universitária, que deixava a desejar, aspecto que será retomado adiante. Aristides Cavalcanti contou que a preparação em Pernambuco para as duas últimas turmas ficou a cargo do professor de Economia José Ariosvaldo Pereira, que geria uma dinâmica de grupo para os oito selecionados do local, tendo como tema o Brasil e os Estados Unidos no contexto da Guerra Fria.

A AUI tinha fama de contratar bons profissionais, não raro perseguidos pelo regime militar, para ministrar aulas. Por exemplo, no Rio Grande do Sul, Ruben Oliven (2017) contou que entre eles estava Cláudio Accurso, "um dos melhores professores da faculdade de Economia, que foi cassado", embora não fosse comunista.[46] Outro economista de prestígio que dava aulas para a AUI aos sábados foi Paul Singer, afastado da USP pelo AI-5, intelectual marxista histórico, sempre alternativo ao Partido Comunista.[47] Isso mostra que a AUI não era vista como órgão imperialista, ou ligada à ditadura militar. Perguntado se houve alguma diferença nas aulas antes e depois do golpe de 1964, o oposicionista Dalmo Dallari respondeu que "apenas houve uma inclusão do tema democracia, constitucionalismo". Antes, as aulas tratavam do "aperfeiçoamento tanto do sistema de ensino quanto do sistema social, uma busca de sociedade mais justa, isso tudo veio desde o começo e continuou depois" (Dallari, 2017). Segundo o jurista, ele e outros professores não eram estigmatizados por trabalhar para a AUI, pois

> [...] nossas colocações eram muito claras, anti-imperialistas, e também até pela manifestação de simpatia por Cuba, Fidel Castro, socialismo, apesar de que nunca apoiamos o comunismo russo, mas a nossa simpatia por um socialismo democrático era clara e então isso impedia que nos acusassem de aliança com o imperialismo americano. (Dallari, 2017)

Os cursos tinham diferenças, a depender do local, expressando também as desigualdades regionais, ainda que procurando nivelar pelo alto a formação de todos; por exemplo, o livro de Viana Moog referido por Oliven foi lido também pela turma mineira de 1965, como relatou Roque Camello, advogado católico e ex-prefeito de Mariana (apud Paiva, 2008, p.58). Em geral, a preparação envolvia cursos sobre o sistema político americano, com cinco aulas; sociologia comparativa entre as sociedades norte-americana e brasileira em seis aulas; e

---

46 "[...] formador de uma geração de profissionais que implantou o planejamento no setor público no Rio Grande do Sul, Accurso participou de vários governos, desde Leonel Brizola nos anos 1960 até Pedro Simon, de quem foi secretário do Planejamento, em 1986", nos termos de matéria de imprensa, com base em entrevista com o decano dos economistas gaúchos em fevereiro de 2020: Claudio Accurso, "Via mercado não vamos sair do buraco nunca". Disponível em: https://www.jornalja.com.br/geral/claudio-accurso-via-mercado-nao-vamos-sair-do-buraco-nunca/. Acesso em: 16 dez. 2020. Outros professores gaúchos conhecidos contratados pela AUI foram João Guilherme Correia de Souza e Guilherme Socias Vilela, este mais tarde foi à direita, integrado ao partido do governo e nomeado prefeito de Porto de Alegre de 1975 a 1983.

47 Paul Singer integrara o Partido Socialista, fora membro do seminário Marx na USP no começo dos anos 1960, ao lado de Fernando Henrique Cardoso, Octavio Ianni, José Arthur Giannotti, Fernando Novaes, Michael Löwy e outros intelectuais que fundaram a tradição marxista acadêmica no Brasil. A partir dos anos 1980, tornou-se intelectual orgânico do PT. Faleceu em 2018.

um curso de nove aulas de fundamentos de Economia (ibid., p.59). Com essa introdução realizada no Brasil, supunha-se que os estudantes estavam preparados para a esperada viagem à terra dos Kennedy.

TEMPLO DO LAR: VIDA EM FAMÍLIA

A viagem aérea aos Estados Unidos era por si só um acontecimento numa época de voos escassos e caros. Tanto que algumas turmas posaram coletivamente para fotos com o avião antes do embarque. Poucos estudantes haviam viajado antes de avião, muito menos para o exterior, mesmo que em maioria eles fossem originários de famílias de classe média, cujos hábitos de consumo na época raramente incluíam viagens aéreas. Veja-se o caso de Marco Maciel: o futuro vice-presidente do Brasil de 1995 a 2002 – na chapa de Fernando Henrique Cardoso – relatou que a viagem com a AUI em 1962 foi sua primeira ao exterior (apud Paiva, 2008, p.6). Os voos especialmente fretados reforçavam o sentimento de pertencer a uma elite convocada para o programa acadêmico que era, ao mesmo tempo, uma aventura. E gratuita, num país muito mais longínquo do que hoje, dada a dificuldade de comunicação na época, bem anterior à era da informática; até um simples telefonema era caríssimo e de qualidade precária.

Turma de 1963, diante do avião fretado que a levou aos Estados Unidos (Arquivo AUI, Paiva, 2008).

296   MARCELO RIDENTI

Além de tudo, o poder de sedução dos Estados Unidos era enorme até para os estudantes de esquerda nos rebeldes anos 1960. Como lembrou um deles, Flávio Aguiar, em depoimento que expressa literariamente o ânimo dos bolsistas em geral:

> Quando penso na AUI daqueles tempos me vem à cabeça a imagem invertida do desenho de Walt Disney, *Você já foi à Bahia?* (título em português, em inglês era *The Three Caballeros*), fruto do pan-americanismo insuflado durante a Segunda Guerra. "Você já foi aos States?" era um tema que nos acompanhava desde a infância, colorida pelos desenhos animados, a Disneylândia, as histórias em quadrinho, os filmes de Carlitos, O Gordo e o Magro, os faroestes (então chamados de "filmes de mocinho"), os filmes de gângsters e policiais. Conforme a gente crescia vinham para o proscênio desta imensa tela personagens como os romancistas das décadas de 1930-1940, a música, o *jazz*, os *beatniks* (antecessores dos *hippies*), o *rock*, e temas como a liberdade sexual, lembrando que no Brasil de então tudo era muito provinciano, com exceção da Zona Sul do Rio de Janeiro. Até São Paulo tinha um jeitão meio caipira. [...] Para nós, a Europa era um calendário colorido (que chamávamos de "folhinha"), pendurado na parede, bonito, mas estático; os Estados Unidos eram um filme dinâmico e vibrante na nossa tela imaginária. (Aguiar, 2020)

A visita aos Estados Unidos começava com a permanência de uma semana numa casa de família em cidade pequena na região de Boston, como já explicitado. Os estudantes eram alocados em Gloucester, New Bedford, Manchester by the Sea, também em Cape Court, Fall River e Tauton, entre outras cidades, algumas com comunidades significativas de imigrantes portugueses. Muitas eram localizadas à beira-mar. Buscava-se inserir o estudante na célula básica do modo de vida americano, numa espécie de culto no templo da família típica do ideal de classe média branca tradicional. Um modelo com pretensões universais, com o pai provedor que trabalha fora para sustentar a família, a mãe dona de casa, responsável por cuidar dos filhos, todos com acesso a educação, igrejas e moradia de qualidade em cidade pacífica ou em subúrbios das metrópoles, com amplo consumo de mercadorias, em especial eletrodomésticos.

Trata-se de um ideal conservador de família de classe média que não é exclusivamente *wasp*, isto é, de protestantes brancos anglo-saxões. Havia inúmeras famílias imigrantes entre as anfitriãs – sobretudo de origem portuguesa e católica, inclusive operárias – bem adaptadas ao modo americano de viver. A propriedade privada de um automóvel seria a pedra de toque do modelo de família feliz e indissolúvel. Uma vida preenchida também pela indústria da cultura, a disseminar sonhos de consumo e sedimentar o conformismo diante da ordem estabelecida, por intermédio do cinema de Hollywood, e também pelo rádio e televisão, como já haviam detectado de modo pioneiro Adorno e Horkheimer (1985) – durante sua permanência nos Estados Unidos nos anos 1940.

O modelo familiar no centro do modo de vida americano era tido como tão perfeito que se imaginava supra-histórico, uma fantasia de felicidade projetada como se fosse algo natural, da pré-história ao futuro espacial, como atestavam duas animações também exibidas na televisão do Brasil, as séries *Os Flintstones* e *Os Jetsons*, ambas criadas na primeira metade dos anos 1960 por William Hanna e Joseph Barbera. A família de Fred, Wilma e Pedrita vivia em plena Idade da Pedra, com o dinossauro de estimação Dino fazendo as vezes de cachorro doméstico, todos a se locomover em carro tracionado com os pés, usufruindo de eletrodomésticos movidos por aves e pequenos dinossauros. O contraste era apenas relativo diante de família Jetson na era futurista de avanço tecnológico, cheia de apartamentos no espaço, carros voadores e a empregada doméstica que era um robô, afinal o modelo era o mesmo: a família idealizada de classe média branca americana dos anos 1960 e seu mundo de consumo. Ela estava representada ainda em outros produtos culturais, como a série de televisão *A feiticeira* (*Bewitched* no original), gravada entre 1964 e 1972, que fez muito sucesso nos Estados Unidos e no Brasil. Tratava-se de uma bruxa do bem – feliz com o marido e o filho normais, com uma filhinha e a mãe também feiticeiras – a levar sua vida característica de dona de casa norte-americana, exceto pelos seus poderes mágicos. Ao mesmo tempo, a magia exclusiva das mulheres da família já era expressão de mudanças em curso na sociedade, em que elas passavam a questionar seu lugar subalterno.

Assim, não se pode dizer que o modelo de família de classe média norte--americana era desconhecido para os estudantes brasileiros da AUI. Eles mesmos geralmente vinham de famílias cujo modo de vida era parecido, embora ainda sem alcançar níveis tão elevados de consumo, que só viriam a se disseminar entre as classes médias no Brasil depois de 1970, a partir do chamado milagre econômico, que ampliou o acesso a bens de consumo duráveis, justamente na época dos estertores da AUI. Esse diferencial de padrões de consumo foi lembrado por vários entrevistados. Por exemplo, Ruben Oliven ficou hospedado com uma família de origem portuguesa em New Bedford em 1967, que o levou para

[...] um supermercado que seria equivalente hoje a um grande hipermercado. Eu nunca tinha visto tanta mercadoria, naquela época supermercado recém estava começando aqui. O supermercado vendia uma moto, eu fiquei pasmo, eu nunca tinha visto tanto produto, tanta coisa; era um período em que o consumo no Brasil ainda era muito mais modesto e lá já era abundante. Fiquei impressionado com este tipo de coisa. (Oliven, 2017)

Ele se impressionou também com a mentalidade capitalista no uso racional do tempo e do dinheiro, resumida na frase de um tio que morava em Nova York, onde o recebeu. O tio disse, antes de mais nada, *"let's talk business"*, para reembolsá-lo dos gastos realizados na viagem de táxi. Ruben não resistiu à tentação de trazer de volta a Porto Alegre uma coleção de camisas. Esse tipo de impulso às vezes gerava excesso de bagagem para alguns estudantes que tinham mais recursos financeiros. O dirigente José Theophilo Ramos relatou que o "embarque de volta da primeira turma deixou Millie muito louca, por conta da 'muamba' que cada estudante trazia em sua bagagem, e um deles simplesmente havia comprado meia dúzia de poltronas de jardim" (apud Paiva, 2008, p.70). Getúlio Hanashiro (2017) recordou que um colega estudante de Engenharia trouxe até uma máquina para revender. Flávio Goulart, estudante de Medicina da turma de Minas Gerais de 1970, teve ocasião de conhecer

> [...] de perto o que era consumo. Só para dar um exemplo: na loja Macy's, de Nova York, me deparei com uma estante de café, com caixinhas de vidro, onde o produto que para nós brasileiros era uma coisa só, ali estava organizado por origem, altitude, grau de torrefação, variedade etc. E tinha umas trinta caixinhas diferentes! Uau! (Goulart, 2017, p.67)

A profusão de oferta de mercadorias para consumo não se dissociava da vida das pessoas comuns que recepcionavam os bolsistas. Os objetivos da estada em casas de família foram assim testemunhados por Tarcizio Quirino, da turma inaugural de 1962, futuro sociólogo da Empresa Brasileira de Pesquisa Agropecuária (Embrapa):

> [...] nos foi dada a oportunidade de conhecer de perto esse herói americano que é o homem comum. No meu caso, isso foi feito por meio da hospedagem na casa de um casal católico da Nova Inglaterra. Eles tinham uma quantidade de filhos, de acordo com a doutrina oficial do Vaticano. Parece que, pelo menos àquela época, o catolicismo americano era muito mais disciplinado de que o catolicismo brasileiro onde estava surgindo a Teologia da Libertação, a Ação Popular. (Quirino, 2007)

A ideia de apresentar a vida do homem comum – como disse Airton Soares – "fazia parte de um projeto que eles queriam mostrar, o lado bom da sociedade americana, uma vida de família, as pessoas trabalhando, desvinculadas de qualquer estrutura de poder, um retrato de uma família média americana", com acesso a uma vida confortável, repleta de bens de consumo. Ele ficou em New Bedford, em 1967, "a casa ficava fora da cidade, o chefe da família era dentista, a mãe trabalhava numa escola e tinham dois filhos pequenos. E lá nos instalaram por uma semana, e pudemos ver o *way of life*, como vivia uma família americana, uma experiência muito interessante". Contou que nunca conversava com os anfitriões sobre política, e que a AUI não pretendia "colocar em determinada casa de família para contribuir para que eu fosse doutrinado". Acrescentou que o "dentista era do Partido Democrata, mas a mulher não tinha uma coloração na política interna, acho que acompanhava o marido na votação". Ou seja, a impressão era de que as mulheres seguiam a opção dos maridos. Eles estavam pouco informados sobre o que se passava no Brasil, onde "existia um olhar dos Estados Unidos como os grandes sustentadores e causadores, motivadores, cúmplices, do golpe militar". A experiência naquele país mostrou a Airton que "isso pode ter acontecido, mas aquela família em que eu estava lá não tinha nenhuma informação sobre isso" (Soares, 2017).

Benício Schmidt, da turma de 1965, ficou hospedado em Cape Court na casa de uma família de trabalhador que tinha uma filha:

> [...] o pai me espantou porque ele era um operário, tinha uma casa na beira do mar, a mulher ficava em casa, e tinha um carro, *pick-up*, essas vans. Ele era *genitor*, o cara da manutenção dos prédios, limpeza e tal. Tinha uma vida muito boa, comparando com os termos do Brasil, duas televisões em casa. Ele tinha instrumentos, uma vez até fui com ele ao trabalho. Ele entrava em um prédio, desentupia uma pia, instalava um cano, contratava pintor, meio que cuidava de tudo. Num final de semana fui à praia com eles. (Schmidt, 2017)

Ou seja, Benício estava numa típica família norte-americana de cidade pequena, com seu carrão e amplo acesso a bens de consumo duráveis e lazer, aparentemente satisfeita com seu modo de vida. Brasílio Sallum Jr. (2017) teve experiência parecida na suburbana Gloucester em 1969:

> Eles tinham um filho jovem de uns 14 anos, no máximo, muito interessado em discutir coisas, nós também. Era um casal basicamente com um filho. Eu acho que ele era engenheiro, trabalhava ali perto numa empresa industrial, e ela era dona de casa. [...] Eles evitavam entrar em assuntos que produzissem muita controvérsia. Me lembro que fiquei um pouco espantado de encontrar – eu era muito não religioso – formas de religião lá que misturavam cristianismo e ciência.

Como se vê, embora breve, a semana da casa de família também permitia observar aspectos como a importância da religião naquele estilo de vida. E ainda a experiência comunitária. Brasílio assistiu a uma assembleia bem informal,

> [...] uma discussão acesíssima sobre estacionamento, uma coisa assim, se podia ou não podia estacionar em um lugar lá que era mata, enfim, uma discussão deles lá. Para mim

foi interessante ver aquela exacerbação toda em torno de uma questão que para nós – que naquela época no Brasil estávamos discutindo o socialismo, a revolução – era uma coisa esquisitíssima.

E sua experiência fora dos muros da casa foi ainda mais abrangente:

[...] me levaram, eu e mais outros de outras casas, para assistir a uma conversa mais ampla com imigrantes portugueses que lá viviam e um ex-embaixador americano que morava naquele local. Tivemos uma conversa sobre o Brasil, a América Latina, essas coisas. Então foi muito simpático, a ideia que tínhamos naquele momento era que a Associação queria nos mostrar os Estados Unidos na sua heterogeneidade. Enfim, obviamente, há uma grande diferença entre o Brasil e os Estados Unidos, você notaria a riqueza, o sucesso americano de alguma maneira, mas principalmente eu acho que a ideia era a de eliminar uma espécie de imagem de monstro imperialista. Porque era muito comum na esquerda atribuir tudo ao imperialismo. (Sallum Jr., 2017)

Brasílio confirmou que o estágio da AUI era feito num ambiente de pessoas brancas de classe média, onde não aparecia a tensão racial que testemunharia depois em Washington e Nova York. Por sua vez, em depoimento a Ken Serbin (2019), o futuro senador paulista Aloysio Nunes Ferreira disse que ficou hospedado com uma família democrata, com quem manteria correspondência depois: "o marido trabalhava, ele era engenheiro na área espacial. A mulher era uma mãe de família, quatro filhos, muito interessados pelo Brasil, quiseram saber o que estava acontecendo e tal" (Ferreira, 2015).

Pelo exposto, já se pode notar o impacto sobre os estudantes da semana inicial numa casa de família. Isso confirma o que já previa William Barnes – então chefe do Programa de Estudos Latino-Americanos de Harvard – em carta para Mildred Sage em maio de 1962. Dizendo ter recebido telegrama do embaixador Lincoln Gordon, confirmando seu "apoio entusiástico à visita de verão", ele dava detalhes sobre os planos de hospedagem em casas de família. Pedia informações sobre cada bolsista, como seus "interesses, formação e personalidade", para alojá-los com a família mais adequada:

Por exemplo, se um estudante vem de uma família de médico ou advogado [no Brasil], com alguma riqueza, e está interessado em mergulho livre e literatura francesa, ele não deveria ir para uma família [americana] que nunca vai à praia, nunca frequentou a universidade, e nada sabe de francês. Esse trabalho é a chave para o sucesso do programa, uma vez que a semana nos lares pode bem ser a inovação mais significativa que o programa Sage introduz.[48]

---

48 Carta de William Barnes a Mildred Sage, 24 maio 1962, em Biblioteca da Universidade Yale, Henry Kissinger Papers, Part II, Series I. Early Career and Harvard University, Box 31, Folder 14, p.1-3. Disponível em: https://findit.library.yale.edu/catalog/digcoll:555025. Acesso em: 1º out. 2020.

O SEGREDO DAS SENHORAS AMERICANAS   301

Era comum naquele tempo programas de intercâmbio hospedarem estudantes em casas de família para longas temporadas, como fazia, por exemplo, a American Field Service (AFS), buscando aclimatar o jovem secundarista ao ambiente local. Mas tratava-se de novidade incluir estada de apenas uma semana em casa de família como parte de um curso de verão universitário. O responsável em Harvard via essa primeira semana como crucial para o êxito do programa, daí o cuidado para selecionar famílias adequadas a cada bolsista. Assim se entende, por exemplo, a afinidade criada em tão curto espaço de tempo entre alguns estudantes e as famílias, com quem vários mantiveram correspondência depois, não raro se referindo aos anfitriões como pai e mãe americanos, como ocorria com estudantes que ficavam um semestre ou um ano letivo nos Estados Unidos.

Nessa mesma carta, William Barnes observava que seria um erro oferecer dinheiro às famílias, bem como diárias a cada estudante. Deveria prevalecer o relacionamento pessoal, não a venda de um serviço. Isso não impedia a Universidade Harvard de cobrar pelo curso; segundo a carta, o custo seria próximo de 15 mil dólares, dos quais o Departamento de Estado se comprometera a pagar "pelo menos 10 mil" para aquela primeira turma de 1962. Ou seja, o governo dos Estados Unidos bancava por volta de dois terços da despesa em Harvard para os 72 bolsistas contemplados pela AUI naquela primeira turma.[49] Isso mostra que a estimativa anteriormente referida de apoio oficial – dada pelo embaixador Gordon ao presidente Kennedy, calculando o gasto governamental naquela primeira turma em 10% do total de 93 mil dólares da época – estava ao menos um pouco subestimada.[50] A carta também revelava o empenho de Daisy Aldrich e seu marido Dick, o já referido primo republicano de Nelson Rockefeller, para conseguir quarenta famílias dispostas a recepcionar os estudantes da AUI em New Bedford.

O dirigente da AUI José Theophilo Ramos reiterou a preocupação em alocar adequadamente os estudantes para que se sentissem à vontade. Assim, os bolsistas que não falavam inglês eram encaminhados para famílias de origem portuguesa, muito numerosas em New Bedford e região (apud Paiva, 2008, p.52). Na época, mesmo entre a elite universitária brasileira, não era comum o uso do inglês, que poucos dominavam. Por isso a AUI não exigia conhecimento

---

49 Idem.

50 Disponível em: https://www.docvirt.com/docreader.net/docreader.aspx?bib=AT_Corresp&pasta=AT%20c%201962.09.17/1&pagfis=11582. Acesso em: 28 set. 2020. Atualizado para valores de 2021, o custo em Harvard era de 131 mil dólares.

da língua em suas provas e fornecia tradução simultânea no curso em Harvard. Certa passagem de uma carta de Mildred Sage a Henry Kissinger expressava bem esse domínio precário: ela tentava atender a um pedido para encontrar uma pessoa para trabalhar com ele num seminário em Harvard, mas dizia que estava com dificuldade, como o fato de poucos falarem bem inglês no Brasil. Afirmava que o inglês insuficiente foi a razão pela qual teve de abandonar a língua como "pré-requisito para nosso programa. Os melhores aqui simplesmente não o aprendem".[51] Nos termos de Manoel Botelho, da turma de AUI de 1963, esse era o "pecado capital do estudante brasileiro: poucos falavam inglês e pouquíssimos falavam bem essa língua" (apud Paiva, 2008, p.64).

O cuidado em encontrar afinidades entre cada selecionado e sua respectiva família pode ser visto na escolha de acolhimento para Getúlio Hanashiro, da turma de 1966. Ele foi alocado numa casa cujo dono era "comerciante que importava ou exportava luvas do Japão". Seu padrão de vida espantou o jovem descendente de japoneses, que me declarou: "ele tinha uma casa na praia, fiquei impressionado, pela primeira vez eu tinha visto uma praia privada, havia um letreiro lá: *private beach*, era o fundo da casa dele que dava para a praia". E seguiu contando sua experiência:

> O primeiro impacto foi esse: nós saímos do aeroporto e fomos para o estacionamento de um supermercado, onde as famílias se apresentavam para os participantes e depois os levavam nos seus carros. Realmente, no programa de uma semana na casa de família, deu um pouco para ver como vivia a classe média americana. Era um casal com três filhos. Uma já grande de uns 16 ou 17 anos, e os outros, moleques, tinham menos de 10 anos. Eu participava de tudo da família, se era pra ir para o supermercado, ia pro supermercado. Eles mesmos faziam programas comigo, fazer visitas. Era uma família tradicionalmente americana. (Hanashiro, 2017)

Como se vê, Hanashiro logo notou que estava numa sociedade de consumo, com seus carrões e supermercados. Para ele, os americanos de classe média em geral "dão mais valor aos bens materiais", deixando um pouco de lado "a questão cultural, artística, intelectual". Algo "um pouco diferente do americano universitário, com quem nós tivemos uma certa convivência em Harvard". Embora crítico de um tipo de vida que "os próprios americanos chamavam de *square*, quadrado", o jovem brasileiro saiu da experiência nos Estados Unidos

---

51 Carta de Mildred Sage a Henry Kissinger, 22 mar. 1963, em Biblioteca da Universidade Yale, Henry Kissinger Papers, Part II, Series I. Early Career and Harvard University, Box 31, Folder 14, p.1-3. Disponível em: https://findit.library.yale.edu/catalog/digcoll:555025. Acesso em: 1º out. 2020.

com a impressão de ter conhecido um país "muito forte em termos das suas instituições", opinião em geral compartilhada pelos colegas.

Se a família que recepcionou Hanashiro podia ser considerada convencional, em outras casas esse perfil nem sempre prevalecia no aspecto cultural. Por exemplo, foi um pouco distinta a experiência de Paulo Sérgio Pinheiro, membro da turma carioca da AUI de 1964. O futuro coordenador da Comissão Internacional de Inquérito para a Síria, entre outras funções na ONU, declarou-me que ficou surpreso ao chegar à casa da família acolhedora, onde encontrou na mesa de cabeceira "obras do presidente Mao que eu nunca tinha aberto, nunca tinha lido. Eles achavam que eu era esquerdista". Aquela família, entretanto, não aparentava ter interesse em política. O episódio evidencia ao menos três coisas. Primeiro, os anfitriões esperavam receber um estudante marxista, que imaginavam ser influenciado pelas ideias de Mao Tsé-Tung; provavelmente foram prevenidos pelos organizadores da AUI de que havia líderes estudantis de esquerda entre os convidados.[52] Em segundo lugar, queriam demonstrar respeito por opiniões divergentes, como cidadãos de um país livre, e que isso não afetaria as relações entre eles. Em terceiro lugar, ficava implícita a confiança em que o hóspede poderia mudar de ideia conhecendo os Estados Unidos.

Paulo Sérgio tem memória "extremamente agradável" da família que o recebeu, de orientação liberal. Ele ficou hospedado em Manchester by the Sea. Segundo o futuro criador do Núcleo de Estudos da Violência na Universidade de São Paulo, que fazia sua primeira de inúmeras viagens aos Estados Unidos,

> [...] eram três filhos, uma família modelo de classe média alta americana, tinham várias conexões com os Cabot, então eu fui a uma recepção dos Cabot com empregados e tudo, o que era uma coisa rara. [...] Eu tinha um quarto, um banheiro. Nós íamos à praia, piqueniques, e sempre com gente da classe dominante. Acho que as conexões deles eram da classe dominante por ali. Visitei-os em 1969 quando fui de novo aos Estados Unidos. Trocávamos cartas e depois perdemos o contato. (Pinheiro, 2017)

Alguns anos depois, em 1970, José Vicente Tavares dos Santos ficaria com a "família de um psiquiatra, uma casa belíssima no meio de um bosque". Disse-me que participou com sua turma de "festa em um ginásio, *high school*, depois um senador nos recebeu e falou muito da liberdade de imprensa e tal". Ou seja, estiveram em eventos comunitários locais. O anfitrião também o levou a "um churrasco dos pacientes dele, eu nunca tinha conhecido paciente de clínica psi-

---

52 Conforme observou com argúcia Getúlio Hanashiro (2017), cada "família certamente tinha todas as informações da gente. Eram bem organizados em Harvard, então já tinham toda a biografia".

quiátrica". Na ocasião, em conversas, Vicente e o colega que estava hospedado junto com ele denunciaram as torturas do Brasil. Ele lembra que certa noite ouviu do dono da casa: "é melhor você não falar muito essas coisas aqui" (Santos, 2017).

Havia diferenças entre as famílias de classe média do Brasil e dos Estados Unidos. Lá havia amplo acesso a bens de consumo, como carros e eletrodomésticos, muito maior que no Brasil, conforme já ressaltado. Mas não era usual contar com empregadas domésticas na terra de tio Sam, abundantes em nosso país herdeiro do escravismo colonial, com menor desenvolvimento capitalista. Um bolsista contou o caso de um colega, a quem perguntaram quantos automóveis sua família possuía:

> No caso, a família americana tinha quatro carros, um para o pai, um para a mãe e um carro para cada um dos dois filhos adolescentes. A família do jovem brasileiro tinha a mesma composição numérica e distribuição de idades, mas só tinha um carro (padrão brasileiro de classe média dos anos 1960). Um carro foi a resposta honesta do jovem brasileiro que sentiu no semblante e silêncio dos companheiros de mesa, uma crítica ao talvez baixo nível econômico do hóspede. Aí ninguém é de ferro e o complemento da resposta veio como um certeiro golpe mortal: "Mas, na minha casa no Brasil, temos duas empregadas domésticas". O espanto da família americana foi geral. A mãe americana decidiu encerrar o assunto, recolhendo ela mesmo os pratos sujos. Afinal, ela não tinha condições econômicas para ter uma única empregada doméstica... (Apud Paiva, 2008, p.71)

Após a breve convivência com famílias locais, vinha a parte mais importante da visita, o curso em Harvard, templo do conhecimento científico, tida por muitos como a melhor e mais rica universidade do mundo.

TEMPLO DO SABER EM HARVARD: KISSINGER E OUTROS SACERDOTES

Para dimensionar o impacto da visita à Universidade Harvard – mesmo que fosse num curso de verão de duas semanas – é preciso lembrar que no tempo da AUI o ensino superior brasileiro apenas começava a se montar como sistema universitário integrado, e havia grandes disparidades regionais, bem maiores do que em nossos dias. Como disse Ruben Oliven, "Harvard foi um impacto enorme, imagina, a Universidade Federal do Rio Grande do Sul na década de 1960 ainda era fraca, os professores em geral não eram tão bons". No exterior ele descobriu que "a universidade não precisava ser essa coisa acanhada como a UFRGS era naquele tempo" (Oliven, 2017).

O SEGREDO DAS SENHORAS AMERICANAS

A observação é válida para as universidades brasileiras em geral. Prevalecia na prática a junção de faculdades isoladas, apenas a USP saía à frente, mais próxima de uma verdadeira universidade contemporânea, fruto das missões estrangeiras e do alto investimento estatal desde os anos 1930, como parte da reação das classes dominantes paulistas à perda de controle nacional após a ascensão de Vargas ao poder federal. Mesmo na USP, no começo dos anos 1960, ainda se mantinha o velho sistema de cátedras, a pós-graduação engatinhava e ainda não havia a organização em departamentos, aliás, inspirada no modelo dos Estados Unidos. O professor Dalmo Dallari declarou que ainda não se estabelecera a prática de seminários nos moldes da universidade norte-americana, posteriormente corriqueira:

> Eu tive conhecimento do tipo de organização que depois implantei na Faculdade do Largo de São Francisco, que foram os seminários, porque nós não tínhamos o hábito de seminários, o máximo que a gente tinha era promoção de palestras em que os alunos compareciam, faziam perguntas, mas seminários com grupos de estudantes em participação permanente e ativa, até comandando, nós não tínhamos. Isso realmente foi uma influência grande dos Estados Unidos. (Dallari, 2017)

Nesse sentido, um dos aspectos mais elogiados pelos alunos nos cursos em Harvard foi a participação ativa em seminários. Oliven conta de um jogo coletivo com toda a turma da AUI de 1967, com recursos de informática que então eram novidade. Girava em torno de reformas no Congresso de um país hipotético da América Latina. Cada participante seria de um partido com posições políticas diferentes, também com sua experiência familiar; coube a ele o papel de um parlamentar de centro-esquerda que "tinha sido reitor de uma universidade no interior, mas era casado com uma mulher cujo pai era dono de terra e muito conservador", aspecto que tinha de levar em consideração:

> Eles bolaram o jogo de tal maneira que nenhum partido conseguiria sozinho aprovar as reformas, então a ideia é que tinha de fazer alianças, coligações, negociar. Era pedagógico, e a gente achou aquilo divertidíssimo porque fazer articulação política era o que a gente mais fazia. Parece que alguém levou seis meses para fazer aquele jogo com os recursos de informática que havia naquela época. A ideia era uma coisa prática, um experimento para inculcar nos jovens – acho que isso devia estar lá subliminarmente – a ideia de mudar as coisas democraticamente. Eles obviamente não eram a favor da ditadura, mas também não eram a favor de alguma revolução. (Oliven, 2017)

Segundo Aristides Cavalcanti (2020), em 1970, a parte mais interessante em Harvard foi o experimento de fazer um projeto coletivo de planejamento, primeiro num grupo temático específico, depois em debate amplo com toda a turma para chegar a um planejamento nacional único, talvez um desdobramento do jogo comentado por Oliven. A preocupação pioneira dos organizadores da AUI com a informática expressara-se desde a primeira turma. Afirma um dos participantes de 1962:

> Visitamos o Banco de Boston, onde nos foi apresentado um computador de primeira ou segunda geração, tão primitivo do ponto de vista da subsequente evolução da tecnologia, que sequer usava cartões perfurados, mas sim um complexo de fios unindo os pontos apropriados de uma matriz de tomadas e transmitindo, assim, as instruções de funcionamento para a máquina. Estivemos também em uma fábrica de *chips* onde com certeza naquele momento se construía o futuro, agora presente, da idade da informação. (Quirino, 2007)

Nos primeiros anos, Henry Kissinger foi o professor de Harvard mais destacado nas avaliações internas da AUI e dos estudantes. O futuro secretário de Estado dava palestras especialmente para eles. Já na primeira turma, segundo o então estudante Tarcízio Quirino, a apresentação de Kissinger e

> [...] a discussão que se seguiu foi de tal modo importante para todos nós, que ficou claramente inacabada depois de o tempo atribuído se ter esgotado. No dia seguinte ele não poderia continuar a discutir nossas perguntas, porque tinha um compromisso em Washington, mas marcou outra reunião dois dias depois e voltou a nos encontrar e se prestar a satisfazer nossa curiosidade sobre a política internacional norte-americana e o que nela o Brasil pudesse significar. (Quirino, 2007)

Segundo Manoel Botelho, Kissinger deu a aula mais marcante também em 1963, "anunciado como um jovem alemão naturalizado americano e que cuidava de assuntos universitários ligados à energia atômica. O reitor de Harvard nos anunciou Kissinger como um professor que parecia ter um belo futuro pela frente". A conjuntura no Brasil também era tema das conversas do célebre professor com os estudantes da AUI. Conforme o mesmo Botelho,

> Kissinger, na sua aula relacionada com o tema "Os Estados Unidos e a América Latina", depois de expor suas opiniões, fez uma inquietante pergunta, típica de um professor e nunca de um político. A inocente pergunta do professor Kissinger em 1963 foi: – Eu gostaria que vocês, a partir deste contato com estudantes brasileiros com alta vocação política, nos ajudassem a entender. Qual a posição política e vontades reais do presidente João Goulart? (Apud Paiva, 2008, p.64)

Foi outra a lembrança que ficou para Helgio Trindade (2021) da aula de Kissinger em 1963. Ele seria "a grande atração":

O SEGREDO DAS SENHORAS AMERICANAS

[...] ele deu, realmente, uma brilhante aula. Na fase das perguntas, um estudante de esquerda da Bahia (de apelido "Lourinho") fez uma pergunta à queima-roupa: "O que é imperialismo?". O Kissinger ficou surpreso com a pergunta e tentou adotar uma tática de professor reenviando a pergunta aos ouvintes: qual a origem desse termo na literatura? Que significados teve em diferentes contextos históricos? E lembro que, diante dessa fuga da resposta que se esperava sobre "o que é o imperialismo americano?", houve uma reação coletiva contra Kissinger avaliando que ele era, no mínimo, cínico! Após uns dez minutos de constrangedora controvérsia, a aula terminou.

Ou seja, nem sempre a convivência com ele foi amena, o que não o impedia de continuar a dialogar com os estudantes. Por exemplo, Benício Schmidt contou-me que o professor conversou sobre política em 1965, já no contexto de um governo militar no Brasil:

Kissinger estava começando a ficar famoso, deu três ou quatro palestras, depois ficava sentado, puxava um cachimbo, e numa delas ficamos conversando sobre o Brasil, uns três ou quatro comigo. Perguntávamos: – O que vocês americanos fizeram lá? E ele respondia: – Não fomos nós que fizemos [o golpe de 1964], vocês é que fizeram; agora, os Estados Unidos têm um pensamento estratégico, essa é uma área de influência. (Schmidt, 2017)

Em sentido parecido, José Vicente Tavares dos Santos mencionou uma reunião em 1970, na qual se discutia a questão do desenvolvimento. Ao ser questionado sobre os acordos MEC-Usaid, um professor teria dito "uma frase que me ficou até hoje: – todos os acordos que nós assinamos com o Brasil, sempre houve o brasileiro que assinou" (Santos, 2017). Ou seja, a relação seria bilateral, não uma imposição dos Estados Unidos.

Aproximações pessoais com professores conhecidos internacionalmente impactavam os estudantes. Por exemplo, Ruben Oliven contou sobre um almoço com o célebre sociólogo italiano e bom garfo Gino Germani, que fizera história na universidade argentina, de onde teve de sair por razões políticas, abrigando-se como docente em Harvard. Então, o pessoal "não só assistia palestra, depois saía com o cara para almoçar ou jantar". Gino Germani teria dito aos alunos, brincando, que na América do Sul "a vida de um estudante é basicamente assim: ele acorda às onze da manhã, toma café, compra um jornal, depois ele encontra os amigos", a seguir ia estudar. Já em Harvard seria diferente, "eles têm que estudar o tempo todo" (Oliven, 2017).

O antropólogo em formação ainda se impressionou com "David Riesman, grande sociólogo americano, autor de *A multidão solitária*", *The Lonely Crowd* (Riesman, 1971). A obra fora publicada nos Estados Unidos em 1950; mesmo sem colocar em questão as estruturas sociais, criticava a tendência da sociedade de massas a apagar as individualidades. O mesmo sociólogo foi mencionado por Edivaldo Boaventura, docente baiano que acompanhou a turma de 1967 junto com os colegas "Constantino Comninos, da Universidade Federal do Paraná; Armando Souto Maior, da Universidade Federal de Pernambuco; Carlos Alfonso Migliora, da Universidade Federal do Rio de Janeiro; Henrique Ratter, da Universidade de São Paulo". Ele se lembrou ainda dos destacados conferencistas Paul Rosendant-Rodan, Riordan Roett e Warren Dean (Boaventura, 2009, p.159). Poderia ter citado ainda Seymour Lipset, personagem do capítulo anterior, assim como Gino Germani e outros docentes de Harvard e da AUI que tinham ligação com o Congresso pela Liberdade da Cultura e o Ilari.

O admirado David Riesman chegou a escrever um artigo sobre seus alunos da AUI em *Cadernos Brasileiros*, expressando reciprocidade nas relações com os estudantes e afinidade com a revista. "Diálogo com estudantes brasileiros" era o título do texto de catorze páginas publicado na edição de janeiro-fevereiro de 1970. O professor não explicitou o nome da AUI, mas o teor do texto deixava evidente que se tratava da instituição. Ele abriu o artigo descrevendo o programa dos universitários brasileiros nos Estados Unidos, elogiando o sucesso desde 1962 de "uma experiência, que tem tido muito pouca publicidade, sobre o modo de vida de uma sociedade". Contava sobre o diálogo com os alunos para quem lecionava em todos os programas de verão em Harvard "sobre as mudanças na sociedade americana e isso vai sendo traduzido à medida que vou falando. Eles se dividem em grupos, redigem então as perguntas que são mais tarde lidas em voz alta, traduzidas e apresentadas" para sua apreciação. O artigo consistia na transcrição de um dos debates, em que o sociólogo respondia sobre "o desenvolvimento nos Estados Unidos, de uma sociedade apenas parcialmente centralizada e ainda radicalmente dividida ao longo de linhas étnicas, religiosas, raciais e de classe, sem contudo deixar de ser uma sociedade de crescente expansão de um estilo nacional de classe alta e média, incutido por educação universitária, através dos veículos de comunicação de massa e de uma mobilidade ocupacional, social e geográfica".

Não seria o caso de reproduzir aqui o debate instigante em que o professor Riesman, também ligado ao Congresso pela Liberdade da Cultura, procurava contestar "a impressão de um Estados Unidos monolítico, dominado por um único grupo social", isto é, a burguesia. Ensinava que o Estado era muito mais presente em seu país do que supunha a ideologia do *self-made man*, criticou a "paranoia anticomunista" e valorizou protestos sociais. Instigado pelas perguntas, falou de classes sociais, política, religião, conflitos étnicos, juventude, sistema universitário, cultura de massa, militares, relações exteriores, protestos, enfim, uma variedade de temas sobre seu país. Disse que em certos verões as perguntas haviam sido "muito mais agressivas do que as registradas aqui". Elas provavelmente correspondiam ao seu diálogo com a turma de 1969. Elogiava o grupo "variado e ativo", bem diferente de "conformistas conservadores" que poderiam ser esperados dada a situação política no Brasil (Riesman, 1970).

Gina Machado (2020) estava entre os estudantes que ficaram bem impressionados com Riesman, assim como Paulo Sérgio Pinheiro, que em 1964 tivera aula também com Ted Sorensen, assessor presidencial de John Kennedy e um dos escritores de seus discursos. O futuro cofundador do Arquivo Edgard Leuenroth na Unicamp disse que os professores em geral eram sofisticados, "de primeiríssima, não era rebotalho, nem iniciante, eram professores de Harvard com *tenure* [efetivos]". O curso não se reduziria a um programa para o pessoal aprender inglês e se adaptar, "era um pouco *americanization*, mas não era lavagem cerebral, era tudo muito elegante, tudo muito fino, tudo muito... Era Harvard, enfim, era progressista". Ele afirmou que havia bastante debate: "as perguntas que fazíamos deviam ser precárias, mas nós éramos levados a sério e não era uma coisa de escotismo". O caráter para-acadêmico do evento, com um "curso tão sofisticado, não partidarizado em termos de lavagem cerebral", seria responsável por atrair tantos universitários de gabarito. "Se tivesse sido um curso de americanização *stricto sensu*, eles não teriam sido bem-sucedidos" (Pinheiro, 2017).[53]

O termo "lavagem cerebral", que não constava em meu questionário, apareceu espontaneamente nessa e outras respostas de vários entrevistados, no sentido de negar que tenha existido, atestando que sempre houve preocupação dos participantes com tal possibilidade. Eles talvez a temessem, como expressavam em discussões já na época com os próprios promotores do empreendimento: ainda durante a primeira viagem, disseram ao embaixador dos Estados Unidos que não se sentiram doutrinados, como Gordon informou ao presidente Kennedy na conversa gravada já exposta. Sabiam que eram parte de um jogo que aceitaram jogar, mesmo sem ter pleno domínio de suas regras nem conhecer bem o campo, contentando-se com o que lhes era possibilitado saber.

Para Ruben Oliven, "se tinha uma intenção política por trás, era muito sutil, até mais eficiente do que um programa oficial de lavagem cerebral: – Vamos levar esse pessoal aos Estados Unidos e ver como reagem a isso". Ele reiterou o termo em outros trechos da entrevista: "eles recrutavam bem, criavam um

---

53 A biografia resumida de quinze professores doutores estrangeiros que ministraram aula nos cursos para a AUI encontra-se em Paiva, 2008, p.40-1.

espírito de grupo e não era uma lavagem cerebral descabida, era uma coisa assim maior, é lógico que tem uma intenção política atrás disso" (Oliven, 2017). Essa intenção foi percebida de maneira mais crua por Alceu Valença: "queriam fazer uma lavagem cerebral em nós, todos de esquerda, era um programa que mostrava o *American way of life*" (apud Paiva, 2008, p.12). Por isso, Valença evitou a programação oficial e foi fazer outras coisas, o que os organizadores permitiam em nome da liberdade. Segundo Getúlio Hanashiro (2017),

> [...] sempre houve uma dúvida tanto para os que participaram como para os que não participaram. Será que esse negócio não é uma lavagem cerebral? Não é coisa do imperialismo? Vendo em retrospecto, foi um programa muito inteligente. Evidentemente, os caras estavam vendendo a ideologia deles, sobretudo estávamos no período de uma Guerra Fria, mas não foi um troço acintoso.

Na mesma direção, Gina Machado (2020) reiterou que o programa da AUI era bem-feito, "não menosprezava a inteligência dos estudantes e não fazia proselitismo rasteiro. Certamente o objetivo na origem era mostrar um outro mundo, além do russo e cubano". Segundo ela, nos últimos anos o seminário de Harvard era sobre questões de desenvolvimento – tema que se tornara incontornável no contexto da América Latina da época. Nas palavras de José Vicente, predominava "o que então se chamava sociologia do desenvolvimento, economia do desenvolvimento" (Santos, 2017).

Conferências com outros professores renomados, como Samuel Huntington e Paul Samuelson, também ocorreram no curso de verão em Harvard, onde não raros ativistas à esquerda davam palestra. Segundo Benício Schmidt (2017), "foi uma grande surpresa a variedade da sociedade americana, a diversificação, conhecendo gente bem de esquerda que eles levaram lá, alguns militantes de causas, porto-riquenhos etc.". Era comum os organizadores atenderem a pedidos dos alunos. Por exemplo, o estudante de Direito Airton Soares contou que lhes perguntaram o que gostariam de ver nos Estados Unidos:

> Eu pedi para ver como funcionava a administração de uma penitenciária privada, que era uma experiência que eles estavam começando lá. Enfim, eles levaram. Atendiam a todas as demandas, dentro do possível. Próximo de Boston tinha uma penitenciária que facilitava isso. (Soares, 2017)

Essa visita também foi referida por outro bolsista de 1967. Sem saber que ela resultara do pedido de um colega, Ruben Oliven (2017) comentou que foram levados "para visitar uma prisão, eu nunca tinha estado numa prisão no Brasil".

O SEGREDO DAS SENHORAS AMERICANAS 311

Lúcio Gomes Machado, estudante de Arquitetura da turma paulista de 1968, pediu aos organizadores em Harvard para visitar o escritório de Walter Gropius, que recebeu pessoalmente a ele e mais um colega, segundo Gina Machado (2020). Enfim, havia uma interação que possibilitava novos conhecimentos e experiências aos estudantes da AUI.

De acordo com Brasílio Sallum Jr., tiveram professores brasileiros e dos Estados Unidos em julho de 1969, bem como contato com "liberais, no sentido americano, mais à esquerda". Um deles ficou próximo de um grupo de alunos, a quem confidenciou que pertencia aos Students for a Democratic Society (SDS), "que naquela época era uma organização, em geral, de universitários de esquerda, que apoiavam a luta pelos direitos civis, só que dentro ainda do quadro da democracia americana". Havia outros programas de intercâmbio em curso na universidade; por coincidência, Brasílio encontrou lá seu professor na USP Gabriel Cohn, convidado para conhecer o mundo acadêmico dos Estados Unidos. Um episódio marcante para ele foi ver pela televisão, ao vivo, os primeiros passos do homem na Lua, um norte-americano, evidentemente (Sallum Jr., 2017). Os Estados Unidos ultrapassavam assim os soviéticos na corrida espacial, que haviam colocado o primeiro homem fora da órbita terrestre em 1961. O feito de Gagarin era superado por Armstrong, que fincou a bandeira tricolor de treze listras na superfície da Lua, em espetáculo transmitido ao vivo para o mundo todo, inclusive o Brasil.

Por outro lado, convém não exagerar na excelência do curso em Harvard. Apesar de contar com professores qualificados, ele era breve, prejudicado pela dinâmica de tradução simultânea, e nem sempre satisfazia as expectativas dos alunos. Parece ter agradado mais em alguns anos do que em outros. Isso era reconhecido em correspondências e documentos internos da própria AUI. Por exemplo, em carta de agosto de 1962, Mildred Sage comentou com Henry Kissinger que, conforme as avaliações dos estudantes da AUI, "você foi o ponto mais alto (e quase o único) na série de palestras de Harvard".[54] O assunto voltou a ser mencionado em carta de dezembro do mesmo ano:

> Depois de discutir o programa com os vários alunos e outras pessoas envolvidas, todos nós acreditamos que ele deveria se inclinar mais fortemente para o lado sócio-econômico-

---

54 Carta de Mildred Sage a Henry Kissinger, 13 ago. 1962, em Biblioteca da Universidade Yale, Henry Kissinger Papers, Part II, Series I. Early Career and Harvard University, Box 31, Folder 14, p.1-3. Disponível em: https://findit.library.yale.edu/catalog/digcoll:555025. Acesso em: 1º out. 2020. Eis o trecho citado: "you were the highest (and almost the only) point in the Harvard lecture series".

-político, com pelo menos uma palestra inicial sobre relações exteriores do dr. Henry A. Kissinger, que foi o único orador citado por todos os alunos como um sucesso absoluto.[55]

Essas palavras não só elogiavam o desempenho do professor Kissinger com a turma de 1962, mas também apontavam que houve uma avaliação interna e planos de aprimoramentos, que seriam implementados para a turma do ano seguinte, cuja programação teve uma conferência do referido professor logo no início, como a carta sugeria. Ele retornaria para a aula de encerramento, seguida da entrega dos diplomas por Thomas Crook. O diretor da Escola de Verão era referido como "reitor" no programa recebido em português pelos alunos, que assim se sentiam ainda mais especiais (apud Paiva, 2008, p.25).[56]

"Com o passar dos anos, o programa de Harvard mudou substancialmente. Havia críticas detalhadas por parte dos alunos, dos professores brasileiros e americanos da AUI e muitas deliberações por parte dos dirigentes da AUI/IUF", segundo uma de suas representantes, Elisabeth Wadsworth. Ela mencionou também a formação de subgrupos em cada turma como parte da organização do aprendizado. Relembrou ainda que, entre 1964 e 1968, o diretor acadêmico dos programas de Harvard foi Joseph Leininger, também diretor assistente da tradicional Escola de Direito. Ele permaneceria ligado à AUI até o final, como consultor e membro do conselho da IUF (apud Paiva, 2008, p.37).

O obituário de Leininger registrou que ele fora agente da CIA de 1947 a 1955 em Washington, na Coreia e na Áustria, depois foi para Harvard, de onde se transferiu para ser diretor associado da Escola de Direito de Stanford; ali foi pioneiro no uso de computadores nos estudos jurídicos.[57] O contato com a AUI

---

55 Carta de Mildred Sage a Henry Kissinger, 7 dez. 1962, em Biblioteca da Universidade Yale, Henry Kissinger Papers, Part II, Series I. Early Career and Harvard University, Box 31, Folder 14, p.1-3. Disponível em: https://findit.library.yale.edu/catalog/digcoll:555025. Acesso em: 1º out. 2020. Eis o trecho no original: "After talking the program over with the various students and with other people involved in the program, we all believe that it should lean more heavily in the social-economic-political side, with at least a kick-off lecture on Foreign Affairs by Dr. Henry A. Kissinger, who was the one speaker cited by all the students as an unqualified success".

56 Thomas Crook tinha uma política de admissão aberta na Escola de Verão, que permitia experimentar Harvard a quem se interessasse – desde que pudesse pagar o alto custo, é claro, como era o caso dos estudantes patrocinados pela AUI. Disponível em: https://www.thecrimson.com/article/1975/7/22/thomas-crooks-pbcrooks-is-a-man/. Acesso em: 27 out. 2020. Mildred Sage atribuía a ele e a Kissinger o sucesso da primeira edição do curso para a AUI em Harvard, como revelou na citada carta a Kissinger de 13 ago. 1962.

57 Leininger faleceu de ataque cardíaco, aos 59 anos. *New York Times*, seção 1, p.36, 6 jun. 1982. Disponível em: https://www.nytimes.com/1982/06/06/obituaries/joseph-leininger-59-a-dean-at-stanford-u-school-of-law.html. Acesso em: 27 out. 2020.

deveu-se a sua ligação com Harvard, não ao passado na CIA, mas o caso serve para mostrar que trabalhar para a Central de Inteligência e depois em outros órgãos nos Estados Unidos é algo corriqueiro e, por vezes, público.[58]

O lugar de Leininger como diretor acadêmico dos programas de Harvard responsável pela ligação com a AUI ficou com Albert D. Van Nostrand, segundo Elisabeth Wadsworth (apud Paiva, 2008, p.37). Nostrand foi também professor de literatura na Universidade Brown, com vários livros publicados. Era um pessoal acadêmico de primeira linha, como testemunhavam os participantes brasileiros.

A Universidade Harvard chamava a atenção não só pelos cursos, mas também pela vida integrada no câmpus, onde os brasileiros se hospedavam nos dormitórios usualmente ocupados por alunos que estavam fora, em férias de verão. Apesar do recesso escolar, havia protestos. Por exemplo, em 1965, alguns visitantes participaram de uma manifestação em Harvard contra a guerra do Vietnã com a presença de Joan Baez e do quarteto de Dave Brubeck, conforme depoimento de Aloysio Ferreira a Ken Serbin (2019). Getúlio Hanashiro disse que pôde ver naquele ano como era a vida do estudante universitário por lá, percebeu que "poderia ter uma vida extremamente solitária, mas autossuficiente", no interior do edifício Leverett House, onde podia ter

> [...] tudo de que precisava: lavar roupa, comer um sanduíche, tomar alguma coisa, dava até para ligar telefone internacional. E o apartamento era bom. Nosso Crusp já era relativamente bom para nossas condições. Mas lá eram apartamentos com todas as facilidades. Se não quisesse sair do prédio, você punha moedas nas máquinas e comia, bebia, fazia o diabo. Tudo automatizado, há mais de quarenta anos. Me impressionou. (Hanashiro, 2017)

A convivência acadêmica também foi destacada por Ruben Oliven (2017), que se disse impressionado por ter conhecido um estudante que preparava seu doutorado, com duração prevista para seis anos, sobre as relações diplomáticas entre a Índia e a Rússia num determinado período. Então, disse para uma colega brasileira: "esse cara está louco, seis anos fazendo doutorado!". Na época, praticamente não havia cursos de pós-graduação no Brasil. Ruben não imaginava que logo seguiria caminho parecido em doutorado na Inglaterra, a exemplo de tantos outros participantes da AUI que fariam tese na Europa, nos Estados Unidos e também no Brasil, onde os programas de pós-graduação viriam a ser

---

58 Leininger era querido pelos colegas de Harvard e Stanford, como atesta a matéria de J. Keith Mann "In Memory of Joseph Leininger", *Hein Online*, [s.d.], disponível em: https://heinonline.org/HOL/LandingPage?handle=hein.journals/stflr35&div=12&id=&page=. Acesso em: 27 out. 2020.

difundidos rapidamente nos anos seguintes ao final da entidade, em boa parte inspirados no modelo norte-americano.

Vimos que todo o demorado e concorrido processo de seleção e preparação da AUI contribuía para a sensação de pertencer aos escolhidos, aos predestinados – para fazer uma aproximação com a ética protestante, subjacente à cultura dos Estados Unidos. O breve acesso à elite da ciência em Harvard também favorecia o sentimento de pertencer à nata da nata da sociedade, sensação que se completaria pelos contatos com a elite do poder em Washington, todos supostamente irmanados na tarefa e na responsabilidade dos poucos e bons, cujo destino seria dirigir os caminhos do mundo.

TEMPLO DA DEMOCRACIA EM WASHINGTON: O CARISMA DOS KENNEDY E OUTROS PODEROSOS

A terceira etapa da viagem consistia em visita a Washington, capital dos Estados Unidos e sede dos poderes Executivo, Legislativo e Judiciário.[59] Era o templo do poder democrático, que se encarnava sobretudo no carisma dos irmãos Kennedy, John e Robert. Eles receberam pessoalmente os estudantes da AUI enquanto viveram. Para as turmas até 1967, os encontros com eles foram marcantes. Não deixavam de ser uma resposta às visitas de latino-americanos a Cuba, onde alguns tinham reuniões com Fidel Castro. O contato com os líderes dava a impressão de prestígio e até de compartilhar um projeto, ainda que muitos estudantes da AUI fossem críticos do imperialismo. Mesmo para esses, a recepção servia para mostrar o alcance da democracia dos Estados Unidos e sua capacidade de conviver com as diferenças e dialogar com oposicionistas do governo.

Já foi citado anteriormente um trecho da entrevista com o professor Dalmo Dallari, em que dizia ver no projeto de John Kennedy a possibilidade de "instalar uma sociedade mais justa, dar mais oportunidades às camadas mais modestas".

---

59 Eis, por exemplo, a programação da turma de 1966 em "Washington, D.C. Reuniões com o procurador-geral Nicholas Katzenbach, os senadores Jacob Javits e Robert Kennedy, o congressista Donald Irwin. Palestras do Secretário de Estado Adjunto Lincoln Gordon, Embaixador Ellsworth Bunker. Visitas aos Departamentos de Estado, Justiça, Saúde, Educação e Bem-Estar, Organização dos Estados Americanos, Capitólio, Casa Branca, FBI, Centro Espacial Goddard, Cemitério de Arlington, Mount Vernon. Almoço com o embaixador brasileiro, show da banda no Capitólio, noite com estagiários do Peace Corps na Georgetown University. Passeio de ônibus pela cidade". Henry Kissinger Papers, Part II, Series I. Early Career and Harvard University, Box 31, Folder 15, p.155. Documento com acesso mediante autorização.

O SEGREDO DAS SENHORAS AMERICANAS   315

Também foi destacado o encontro gravado do presidente com os estudantes da AUI
em 1962. O evento viria a repetir-se no ano seguinte, segundo o então estudante
da Escola Politécnica da USP Manoel Botelho: "As primeiras turmas de 1962 e
1963 tiveram contato e reunião nos jardins da Casa Branca, em Washington, com
o presidente John Kennedy. Claro que, ao falar com o homem mais importante do
mundo (morto no final de 1963), a reunião – apesar de ser num jardim – foi formal
e algo distante" (apud Paiva, 2008, p.64). Por essas palavras do bolsista da turma
de 1963, pode-se deduzir que o protocolo procurou evitar que se repetisse algum
incidente como a discussão com um estudante no ano anterior. O depoimento de
Helgio Trindade apontou na mesma direção:

> Kennedy saudou a delegação brasileira nos jardins da Casa Branca falando do alto de
> uma escada externa, acompanhado pelas dirigentes da AUI. Foi uma saudação simpática
> aos brasileiros, com seu estilo carismático de um político da elite americana da costa leste
> dos Estados Unidos. Respondeu a algumas perguntas, sem incidentes, mas não teve o corpo
> a corpo da turma de 1962. (Trindade, 2021)

Já os compromissos com o irmão mais próximo do presidente costumavam
ser mais descontraídos. Conforme o depoimento de Helgio, "em Washington, o
ponto alto foi o encontro com Robert Kennedy, em sua sala de trabalho, rodeado
de bolsistas, falando sobre os avanços dos direitos civis". Por sua vez, Botelho
disse que a "reunião com o ministro da Justiça Robert (Bob) Kennedy foi mais
informal e houve possibilidade de troca de informações" em 1963 (apud Paiva,
2008, p.64).

A turma de 1962 assistira a "conferências no Pentágono, na Academia Militar de West Point e no Departamento de Justiça, onde o irmão Robert Kennedy
foi o anfitrião", lembrou Tarcizio Quirino (2007). Paulo Sérgio Pinheiro contou-me que ainda tem uma foto da conversa com Robert Kennedy em 1964:
"fiquei sentado em frente à mesa e tirei a foto do Kennedy". Ele não escondeu a admiração pela trajetória do anfitrião, que foi da direita macartista nos
anos 1950 até ser candidato de forças progressistas à Presidência em 1968, em
carreira interrompida pelo assassinato. Talvez espelhasse no líder seu próprio
caminho, de estudante ligado à Democracia Cristã quando fazia o curso de
Direito na PUC do Rio de Janeiro, até passar a adotar progressivamente posições mais à esquerda.

> Robert Kennedy era o ministro da Justiça naquela época, já progressista, no horizonte
> da candidatura dele. [Como ocorreria no Brasil com o senador] Teotônio Villela, foi uma
> transformação radical. Porque ele fora advogado do McCarthy, do comitê do McCarthy no

Senado. Então ele fora bem reacionário, mas se transformou num ícone da esquerda, os discursos dele são fantásticos. (Pinheiro, 2017)

As conversas de Robert Kennedy com as turmas da AUI e as impressões sobre ele variavam, mas em geral todos se recordam do fato marcante. Em 1965, segundo Benício Schmidt (2017), o encontro

> [...] girou sobre o processo orçamentário americano. Tinha muita gente de Direito e Ciência Política, queriam saber a diferença do Brasil e de lá, problema das emendas, essas coisas. Lembro que ele foi muito técnico, simpático e disse: "sabe que senador é muito burro?", ele ria muito, "ele é especialista em ganhar as eleições, mas quem sabe mesmo dessas coisas são os assessores". Aí ele chamou uns dois ou três caras, simpáticos, que explicaram.

Getúlio Hanashiro (2017) contou-me que já conhecera Bob Kennedy – junto com outros estudantes da AUI que se preparavam para ir aos Estados Unidos – quando o senador visitara o Brasil em 1965. Teve a oportunidade de revê-lo em Washington. Bob Kennedy era "o grande sucesso das conferências" em 1967, segundo Airton Soares, (2017). Ruben Oliven assim relatou o encontro com ele no Congresso naquele ano:

> Ele provavelmente foi ao encontro – apesar de ser muito ocupado – por causa das rela-ções com essas mulheres e os maridos que provavelmente financiavam a campanha dele. Nunca me esqueço, o cara entrou com um cachorro afegão, sabe aquele cachorro afegão lindo? Alguém cuidava para ele, é lógico, mas ele entrou, as meninas se derreteram todas: "Ah, mas que homem bonito, que cachorro não sei quê". O cara já de saída disse: "Bom, eu tenho algumas perguntas: qual de vocês já esteve numa favela?". Eu nunca tinha ido. Era basicamente para desafiar a gente, dizer: "Bom, vocês são muito revolucionários, mas não conhecem nada, nunca estiveram numa favela. Ninguém de vocês fez trabalho voluntário?". Ele foi um pouco neste sentido, provocando. (Oliven, 2017)

Na sessão de perguntas, Ruben entrou na onda e fez uma provocação indi-reta, ao indagar ao senador o que ele faria com a guerra do Vietnã se fosse eleito – ele ainda não tinha assumido sua candidatura à Presidência dos Estados Unidos, já muito comentada. Robert Kennedy então "disse: 'em primeiro lugar, eu não sou candidato, mas se eu fosse...'. Fez todo um discurso para dizer que não era candidato".

A companhia do cachorro e o charme de Robert – conhecido como um sujeito galanteador, apesar de ser casado e pai de vários filhos – expressam parte da lenda em torno do político. Um dos entrevistados confidenciou-me que, quando uma colega "se acercou dele para fazer perguntas, era só ela que fazia pergunta. O cara estava vendo uma brecha para cantar" a moça, cujo namorado também era bolsista da turma de 1967. Pelo menos essa foi a impressão que ficou para ele e alguns colegas, ecoando a fama de mulherengos dos Kennedy.

Também o irmão mais novo, Edward Kennedy, teve contatos esporádicos com os estudantes de AUI desde a turma de 1962. Tarcizio Quirino recorda que o político então "estava em primeira campanha para o Senado pelo seu estado de Massachusetts, foi nos visitar e expor algumas de suas ideias no alojamento onde estávamos na Universidade Harvard" (Quirino, 2007). Marco Maciel disse que esteve com os três irmãos Kennedy em 1962 (apud Paiva, 2008, p.6). O futuro advogado, jornalista, empresário e político baiano Joaci Góes também esteve com os três irmãos naquele ano.[60] O contato com eles dava a impressão – mesmo para os que eram críticos – de ser admitido em espaço restrito a poucos, pertencendo de algum modo à elite gestora do mundo.

Segundo Benício Schmidt, da turma de 1965, "fizemos aquele périplo lá em Washington, calor infernal: Congresso, Biblioteca do Congresso. Tivemos encontros com o Robert Kennedy, o senador Fulbright, fomos a vários gabinetes". Conforme as lembranças de Airton Soares, os bolsistas de 1967 visitaram "Câmara, Senado, para ver como era o funcionamento de Washington, a estrutura de poder americana, o Judiciário, tudo isso". Nas palavras de Oliven, "a gente teve contato com outros políticos, circulou e viu um pouco o mundo do poder", além de visitar célebres monumentos. As contradições da capital também afloravam na experiência dos estudantes em Washington, particularmente referentes à questão racial. Brasílio Sallum Jr. lembrou que em 1969 não podiam "passar a duas quadras do hotel, porque éramos todos brancos, só tinha um negro, então era perigoso".

Algumas vezes, a estada em Washington envolvia programação na embaixada brasileira e visita à Organização dos Estados Americanos (OEA), além de encontros com diferentes políticos e diplomatas; a organização de atividades era flexível, mudando de ano a ano. Em 1970, os estudantes foram recebidos no Fundo Monetário Internacional, conforme lembrou Tavares dos Santos (2017). As conversas com atores políticos não se restringiam à capital do poder democrático; por exemplo, Getúlio Hanashiro (2017) falou-me de uma reunião de sua turma com o embaixador Lincoln Gordon em Harvard e de um encontro com o ex-presidente Juscelino Kubitschek em Miami, onde houve uma parada da turma em 1966.

---

60 Ver em: https://academiadeletrasdabahia.wordpress.com/category/artigos/page/3/. Acesso em: 31 dez. 2020.

No programa inaugural de 1962, "já no caminho da volta, comemos uma oportuna feijoada mata-saudades na Embaixada do Brasil, tendo como anfitrião o então nosso embaixador Roberto Campos", como recordou Tarcizio Quirino (2007). Manoel Botelho contou que, em 1963, os bolsistas almoçaram novamente com o célebre embaixador em Washington, apelidado de Bob Fields pela esquerda devido a suas posições consideradas "entreguistas". Santiago Dantas, ministro de Relações Exteriores do governo Goulart, estava presente. Em 1964, depois do golpe, Campos retornou ao Brasil para ser ministro do Planejamento. Foi também presidente honorário da AUI em 1965.[61] No ano da "revolução", quem recepcionou os estudantes foi o novo embaixador Juracy Magalhães, ex-governador da Bahia e apoiador da intervenção militar, que posou sorridente para fotos (apud Paiva, 2008, p.30, 65). Ronald Carvalho relatou-me um caso engraçado sobre essa recepção:

> [...] quando Juracy Magalhães foi discursar para nós – o inglês dele era péssimo – citou a frase de Kennedy: "Ásqui nóte uóti iór cauntri can du for iú, but uóti iou can du for iór cauntri".[62] E essa brincadeira virou um meme em toda a viagem. Principalmente pelo Ronaldo Nascimento. Numa noite de uma grande farra em Washington, ele achou uma tremenda ratazana morta, dependurou a ratazana pelo rabo na sua mão, e gritava: Ásqui nóte! (Carvalho, 2020)

O caso fica ainda mais cômico se imaginarmos o embaixador pronunciando em seu inglês peculiar outra frase que marcou o período em que exerceu a função diplomática: "o que é bom para os Estados Unidos é bom para o Brasil".[63] Em Washington, a turma de 1965 encontrou-se também com Walt Whitman Rostow, notório anticomunista que ocupava na época os cargos importantes de conselheiro do Departamento de Estado (Counselor of the United States Department of State) e diretor de Planejamento de Políticas (Director of Policy Planning), como Aloysio Nunes Ferreira contou a Ken Serbin. Na ocasião, Aloysio teria proferido um discurso em nome da turma, transmitido pela Voz da América, o serviço oficial de radiodifusão internacional do governo dos Estados Unidos. Ele teria denunciado a invasão da República Dominicana pelos Estados Unidos e o comportamento do Brasil como lacaio do imperialismo. A autoridade teria ouvido o discurso educadamente: "Ficou incomodado, mas não falou nada. Foi

---

61 AUI Report 1965. Appendix 10. Henry Kissinger Papers, Part II, Series I. Early Career and Harvard University, Box 31, Folder 15, p.120. Documento com acesso mediante autorização.

62 *"Ask not what your country can do for you, but what you can do for your country."*

63 Ver em: https://cpdoc.fgv.br/producao/dossies/AEraVargas1/biografias/juraci_magalhaes. Acesso em: 31 dez. 2020.

muito cordial, fingiu que não era nada" (Ferreira, 2015). Talvez Rostow tenha sido diplomático, ou não tenha prestado muita atenção no discurso que, afinal, possivelmente não tenha sido tão radical como a memória do tribuno registra. Segundo Aloysio, a maior parte dos colegas presentes era de oposição à ditadura e pedia apoio a denúncias sobre o que estava ocorrendo no Brasil (Serbin, 2019, p.65-6).

Walt Rostow deixara a carreira acadêmica para se juntar ao Departamento de Estado ainda no governo Kennedy, e era então considerado "the best and the brightest", ou seja, o melhor e mais brilhante entre os vários acadêmicos recrutados; mais tarde seria chamado de "guerreiro frio que nunca se desculpou" em matéria para o *New York Times* (Stevenson, 2017). Era mais um dos amigos importantes da AUI no governo, atestando novamente as conexões de Mildred Sage.

Essa aproximação circunstancial com pessoas poderosas nos Estados Unidos e no Brasil buscava dar aos bolsistas a sensação de pertencer a uma elite e de fazer parte do jogo, mesmo com alguma crítica a ele, em um grupo seleto de brasileiros que fariam parte dos "the best and the brightest". A proximidade era mais efetiva para os organizadores da instituição. O círculo de poder em Washington era frequentado pela principal dirigente da AUI, como evidenciava, por exemplo, uma carta de Mildred Sage a Henry Kissinger de 1962. Ela mencionava o encontro com o advogado Roswell Gilpatrick, então número dois do Pentágono, e Madelin, a esposa dele, que acabara de batizar um submarino nuclear Polaris. A linguagem revelava intimidade com ambos. Ela se referia carinhosamente ao advogado pelo apelido de Ros, a quem pedira ajuda para o seminário da AUI. Dizia a Kissinger que, durante e após o jantar, contou a Gilpatrick sobre a situação no Brasil, que o advogado ignorava. As notícias – provavelmente, a ameaça que representava a conjuntura brasileira sob o governo Goulart – teriam conseguido "perturbá-lo completamente".[64]

Essa carta revelava que – fossem mais próximos das chamadas pombas ou dos falcões da política externa dos Estados Unidos – os organizadores da AUI eram inequivocamente críticos do governo Goulart e se assustavam com a

---

64 Carta de Mildred Sage a Henry Kissinger, 13 ago. 1962, em Biblioteca da Universidade Yale, Henry Kissinger Papers, Part II, Series I. Early Career and Harvard University, Box 31, Folder 14, p.1-3. Disponível em: https://findit.library.yale.edu/catalog/digcoll:555025. Acesso em: 1º out. 2020. Eis um trecho: "I spent the day with the Gilpatricks last week while Medelin christened a Polaris, after which I had a long talk with Ros during and after dinner. As you probably know, he is as ardent an admirer of yours as I, and again I made my plea for the seminar. He incidently knew little about Brazil and with the aid of another guest we managed to disturb him thoroughly".

situação no Brasil. Também explicitava as afinidades da autora com Kissinger, ao comentar que Gilpatrick era um admirador ardente dele, "assim como eu". Demonstrando conhecimento e compromisso com as questões de segurança e relações internacionais, Sage elogiava o artigo então recente de Kissinger para a revista *Foreign Affairs* de julho de 1962: "Só espero que alguém bem relacionado com a Otan o leia".[65]

Mildred Sage não foi além desse comentário sobre o artigo que tratava dos "problemas não resolvidos da defesa europeia", decorrentes dos avanços nucleares dos aliados do Velho Mundo, que os colocavam em inédita situação de quase igualdade com os Estados Unidos no interior da Organização do Tratado do Atlântico Norte (Otan). Kissinger constatava divergências, sobretudo franco-americanas, em questões nucleares. Os Estados Unidos pretendiam aumentar os efetivos militares convencionais na Europa, além das forças nucleares estabelecidas, privilegiando a defesa. Um receio dos europeus da Otan era de que o aumento de forças convencionais pudesse ocorrer em detrimento da força nuclear. Kissinger explicava que não era assim, observava aos aliados que o investimento nuclear estava sendo até mesmo ampliado, o que naqueles dias envolvia o compromisso dos Estados Unidos de fornecer de imediato cinco modernos submarinos nucleares Polaris – como aquele em cuja celebração de batismo Mildred comparecera ao lado do casal Gilpatrick (Kissinger, 1962).

O conhecimento de Mildred Sage dessa discussão intrincada entre os aliados ocidentais na Guerra Fria, bem como sua proximidade com Kissinger e Gilpatrick, além do acesso no calor da hora à revista *Foreign Affairs*, mostram que ela não era simplesmente uma dona de casa que, supostamente entediada porque os filhos cresceram e tinha menos coisas a fazer, resolvera seguir o conselho do marido para fundar a AUI junto com outras esposas de empresários. Ao contrário, essa carta e outras evidências indicam que não seria exagero atribuir a ela o qualificativo de intelectual orgânica dos interesses das classes dirigentes dos Estados Unidos.

Assuntos diversos eram tratados como corriqueiros e com intimidade nas cartas de Mildred a Kissinger. A lógica da Guerra Fria perpassava com naturalidade as relações pessoais em certo círculo de poder nuclear-militar, econômico, político e universitário, envolvendo toda uma roda de sociabilidade em que Mildred Sage se movia com desembaraço. Na carta referida, encaixavam-se harmonicamente vários tópicos, como a participação de Kissinger no curso

---

65 Idem. O trecho no original diz: "I enjoyed your article in *Foreign Affairs* very much. I only hope somebody well connected with Nato reads it".

de Harvard, o batismo de um submarino nuclear pela mulher de certo amigo comum poderoso no Pentágono, advogado de sucesso que tinha cargo simbólico na AUI e ouviu de Mildred um pedido de financiamento, além de informações sobre a situação no Brasil de Goulart que o alarmaram. Ela fazia ainda comentários sobre o incidente na recepção de Kennedy aos estudantes da AUI na Casa Branca, mencionava um interlocutor que poderia resolver "dificuldades financeiras para o seminário" de Harvard e elogiava o referido artigo de Kissinger sobre a Otan. A carta terminava com a oferta da casa de Mildred em São Paulo para hospedar o professor admirado e ilustre, caso retornasse ao Brasil.[66] Esse caráter de intimidade e cumplicidade na correspondência do pessoal da AUI com Kissinger era exclusivo de Mildred. As cartas de Elisabeth Washburne a ele eram mais formais e guardavam certo distanciamento.

As respostas de Kissinger a Mildred Sage e outros interlocutores da AUI foram cordiais, mas breves. Não há menção a eles, tampouco à entidade, nos três volumes de memórias de Henry Kissinger, nem no livro de Ferguson (2015) sobre a vida do professor até 1968, antes de se juntar à equipe da candidatura republicana de Richard Nixon. É mais um caso de relação assimétrica entre intelectuais do centro e da periferia, como outros analisados nos capítulos anteriores: evidentemente, Kissinger impactou mais os brasileiros e norte-americanos radicados no Brasil do que vice-versa. Não obstante, as duas obras trazem passagens esclarecedoras sobre a relação dele com o Brasil, que ajudam a compreender o contexto em que a AUI se inseria.

Kissinger viajou pela primeira vez ao Brasil em maio de 1962, por indicação do Departamento de Estado, e fez conferência na Escola Superior de Guerra. Graças aos contatos de Nelson Rockefeller e do embaixador Lincoln Gordon, teve a oportunidade de se encontrar com "vários brasileiros influentes, incluindo o eminente antropólogo Gilberto Freyre". Ele ouviu deles que esperavam uma grande crise política dentro de pouco tempo, talvez até uma revolta violenta. "A visão na embaixada dos Estados Unidos era clara: Goulart, como Quadros antes dele, pretendia dar uma guinada para a esquerda", segundo Ferguson (2015). Kissinger concordava com o parecer – assim como os organizadores da AUI, com quem teve contato pessoal durante a visita. Um comentário carregado de ironia sobre o primeiro-ministro Hermes de Lima é expressivo de sua visão direitista sobre a política brasileira: "O *New York Times*, com sua perspicácia usual, descreveu [Lima] como um 'socialista moderado' [...]. Se for, gostaria de

---

66 Idem.

ver como um comunista se parece" (Ferguson, 2015).[67] Ou seja, ele via num socialista, depois trabalhista, a figura de perigoso comunista. No terceiro volume de suas memórias, o célebre diplomata qualificou o presidente João Goulart como "cabeça do Partido Trabalhista de extrema esquerda" (Kissinger, 2000).[68]

Henry Kissinger chegou a trabalhar para o governo Kennedy com outros colegas de Harvard, mas numa posição secundária, pois tinha rivalidades pessoais com membros da equipe. Além disso, sua imagem era indissociável de Nelson Rockefeller, governador do estado de Nova York, que "parecia o homem com maior probabilidade de desafiar Kennedy à Presidência em 1964", segundo Ferguson (2015). De modo que ele se afastou do governo, também incomodado com o que lhe parecia falta de consistência na política externa, que teria caminhado para um pragmatismo de relaxamento da Guerra Fria após a crise dos mísseis de 1962, o que considerava perigoso. Logo se sentiu à vontade para escrever discursos para serem lidos por Rockefeller, com críticas duras à administração Kennedy, inclusive em relação ao Brasil, que estaria "à beira da anarquia" sob Goulart (Ferguson, 2015). Ele continuaria a colaborar com a AUI em Harvard por alguns anos; vimos que a entidade mantinha boas relações com ambos os líderes políticos dos Estados Unidos e com o próprio Kissinger, que depois acabou se distanciando.

No terceiro volume de suas memórias, Kissinger confessou que sofrera, até pelo menos 1968, de "uma perspectiva geográfica distorcida: Londres, Paris, Roma e Bonn pareciam próximos; a Cidade do México parecia distante, o Rio de Janeiro ou Buenos Aires fora de alcance" (Kissinger, 2000). Assim, pode-se concluir que, a princípio, nem as aulas para os estudantes brasileiros da AUI nem sua viagem ao Brasil em 1962 impactaram de imediato seus estudos e interesses centrados na Europa e na Ásia, continentes na linha de frente da Guerra Fria. Ele não deixou registrado até que ponto a experiência com a AUI serviu para formular sua opinião sobre o Brasil, que seria o país mais importante da América Latina e teria "poucos complexos de ser dominado pelos Estados Unidos e nenhuma experiência com o exercício direto do poder americano". Donde se concluí que via como café pequeno a participação de Washington no golpe de 1964. Ele anotou que, em sua primeira viagem para a América

---

67 "Kissinger had met Lima. '*The New York Times*, with its usual perspicacity, described [Lima] as a 'moderate Socialist'", he told Kraemer. "If he is then I would like to see what a Communist looks like."

68 "[...] head of the extreme leftist Labor Party". Sobre Hermes de Lima, ver o verbete no *Dicionário histórico-biográfico brasileiro pós-1930*. 2.ed. Rio de Janeiro: FGV, 2001. Disponível em: https://cpdoc. fgv.br/producao/dossies/Jango/biografias/hermes_lima. Acesso em: 31 out. 2020.

O SEGREDO DAS SENHORAS AMERICANAS

Latina como secretário de Estado, o Brasil teve um lugar de destaque, pois pretendia estabelecer um relacionamento especial com o país, "destinado a servir de padrão para as relações dos Estados Unidos com as outras nações do hemisfério" (Kissinger, 2000). Ele viria a desenvolver uma relação bilateral próxima especialmente com o chanceler Azeredo da Silveira nos anos 1970, analisada por Matias Spektor (2009).

TEMPLO DA MODERNIDADE: NOVA YORK

Nova York – a metrópole do trabalho, da cultura, do lazer e do consumo – era o destino final das turmas da AUI antes de regressar ao Brasil.[69] Não foi sempre assim. No primeiro ano, a visita à cidade precedeu o *grand finale* no templo do poder em Washington, mas logo os organizadores perceberam que seria mais produtivo deixá-la para o desfecho, como um ápice descontraído para os estudantes. Lá havia algumas poucas atividades comuns, como a tradicional visita à sede da ONU, que entretanto não eram obrigatórias. Eles ficavam hospedados na Universidade Columbia e livres para explorar a metrópole como bem entendessem. Iam a museus, cinemas, livrarias, bares, espetáculos de música e teatro, entre outras atividades, como as compras. A AUI tinha um pequeno escritório na cidade, 10 East 49th Street, compartilhado com sua correspondente nos Estados Unidos, a IUF.

A primeira turma conheceu um projeto-piloto de habitação popular a baixo custo em 1962, e esteve "no edifício-sede da ONU, onde se misturavam agradavelmente explicações sobre a instituição e sobre as obras de arte ali expostas, inclusive o *Guerra e paz* de Candido Portinari". Também fez "uma visita sobre negócios e capitalismo, ao escritório de David Rockefeller Jr. no Rockefeller Center em Nova York, com quem nos comunicamos em bom português", conforme recordação de Tarcízio Quirino (2007).

Impactante – esse talvez tenha sido o adjetivo que mais li e ouvi dos bolsistas para qualificar sua experiência com a AUI, particularmente em Nova York. Airton Soares disse que ficaram no alojamento estudantil da Universidade

---

69 Eis, por exemplo, a programação da turma de 1966 em "Nova York, N. Y. Excursão de ônibus pela cidade. Visitas ao Lincoln Center, Nações Unidas, Metropolitan Museum of Art, Radio City, Avon Products, Merck & Co. Programa noturno no Museu de Arte Moderna, incluindo concertos de jazz e exibições de filmes. *Teatro: Homem de La Mancha*. Discussão das atividades dos ex-alunos da AUI e eleição dos representantes regionais do grupo de 1966.". Henry Kissinger Papers, Part II, Series I. Early Career and Harvard University, Box 31, Folder 15, p.155. Documento com acesso mediante autorização.

Columbia em 1967. Mas, diferentemente do câmpus relativamente isolado de Harvard, o de Columbia estava no meio da metrópole:

> Ajuda a abrir a cabeça. Você desce em Nova York e já tem uma visão maior do mundo. Já não enxerga uma árvore, mas a floresta como um todo. Afinal de contas, era Nova York. Eu já tinha tido um choque desses quando saí de Pirajuí e vim para uma cidade como São Paulo. E depois para Nova York, onde você vê um macrocosmo. Várias tribos do mundo inteiro vivendo lá. (Soares, 2017)

Benício Schmidt experimentara impacto parecido com a turma de 1965:

> Para nós era tudo uma novidade, um susto só, foi o ano da feira mundial de Nova York, do famoso globo. Foi um espetáculo, era outra escala, outro mundo. Eu morava em Porto Alegre. Nós, estudantes gaúchos, íamos muito a Buenos Aires e Montevidéu para comprar livros, tinham todos os clássicos em espanhol e era baratíssimo, a gente ia de ônibus na quinta e voltávamos na segunda. Cansamos de fazer isso. Então, a cidade grande, grande mesmo, que eu conhecia era Buenos Aires. Depois a cidade grande brasileira que eu conhecia era o Rio de Janeiro e um pouco São Paulo. De repente, estou em Nova York, imagina, aos 20 anos. (Schmidt, 2017)

O futuro empresário e escritor paulista Ronald Zomignan Carvalho relatou assim a sensação de um jovem esquerdista ao chegar a Nova York em sua primeira viagem internacional:

> A primeira vez que saí do buraco do metrô na Quinta Avenida em Nova York, em 1964, pensei que fosse desmaiar. Julho, um calor insuportável, o bafo do inferno no rosto, o cheiro de enxofre do demônio. As estranhas fumaças saindo do chão, o barulho jamais sonhado por um jovem de 20 anos, socialista, que nunca saíra do Brasil. Um jovem que sonhava com planos de derrubar o governo militar, contra o monstro capitalista, a sensação de entrar na boca do próprio inferno. E que sabia, parafraseando Drummond, que não poderia, sozinho, dinamitar a Ilha de Manhattan. "Inda" mais estando dentro dela. (Apud Paiva, 2008, p.32)

O texto expressa o estado de espírito de um jovem socialista na metrópole de Tio Sam, impactado com o metrô – que ainda não existia no Brasil e, não por acaso, foi mencionado em vários depoimentos. Revela a um só tempo fascínio e repulsa, além de certo preconceito, em relação aos Estados Unidos. Antes da viagem, segundo Benício Schmidt, a tendência dele e de outros como Ronald era "pensar em bloco", de modo um pouco caricatural, sobre os Estados Unidos. Algo que se desfazia em Nova York: "chegava lá e encontrava gente sofisticada, a Barnes and Nobles, onde era uma tremenda aventura comprar os livros de Ernest Baker, mais o pensamento clássico grego. Eu achava: – puxa, isso é civi-

O SEGREDO DAS SENHORAS AMERICANAS

lização! A gente não tinha isso aqui". Ruben Oliven participou de uma reunião dos Students for a Democratic Society (SDS) e esteve num "concerto de flauta no Lincoln Center. Isso impressionava, atividade cultural" (Oliven, 2017).

Brasílio Sallum Jr. contou que, em 1969, "teve gente que foi à ONU, eu não fui, quem não ia arranjava outra coisa para fazer". Por intermédio do conhecido que pertencia à SDS, ele e alguns colegas fizeram programas alternativos:

> Tivemos contato com um vice-embaixador cubano nas Nações Unidas, conversamos sobre Cuba, a Revolução Cubana, aquela coisa toda. Fomos visitar a editora da *Monthly Review*, que naquela época era muito importante aqui para a esquerda, a gente lia muito e fomos visitar. Nós até conversamos com Harry Magdoff, autor de um livro muito bom chamado *A era do imperialismo* (*The Age of Imperialism*, 1969). [...] A editora era um negócio caindo aos pedaços, você entrava em um prédio e era aquele elevador antiquérrimo, daqueles ainda de grade, subia lá e estava aquela redação, enfim, precária. Obviamente os caras não ganhavam dinheiro com aquilo. (Sallum Jr., 2017)

Ou seja, na diversidade de Nova York, cada um encontrava sua tribo. Essa abertura para novas experiências fazia parte do plano da AUI, inclusive para os alunos mais à esquerda. Brasílio supõe que havia um pacto velado com a entidade ao permitir as escapadas que mostrassem os Estados Unidos para além de suas empresas estabelecidas no Brasil e da política do Estado, percebendo lá "um mundo muito rico, muito heterogêneo e tal, a diversidade americana". Os programas culturais eram frequentes. O mesmo Brasílio contou que seu grupo gostava muito de música e ia sempre a sessões de *jazz* à noite. O único colega negro daquela turma vinha do Rio Grande do Sul e também gostava de *jazz*, a companhia dele se tornou indispensável para entrar em locais onde brancos nem sempre eram bem-vindos: "ele ia lá, conversava com o porteiro e a gente entrava, atestava que nós éramos bons caras, não éramos racistas do Sul nem nada". Chegaram até a ver um "*show* do Miles Davis, que não estava muito cheio".

Nem sempre, entretanto, o estratagema de sair acompanhado de um negro funcionava naquele contexto conturbado de 1969. Segundo Brasílio, a presença do colega não foi suficiente para que permitissem a entrada do grupo numa ocupação no Harlem, iniciativa dos Panteras Negras contra a especulação imobiliária que estava expulsando famílias do bairro. Quatro brasileiros tinham ido junto com o professor da SDS, que sugerira a visita. Todos foram

> [...] atulhados num fusquinha. A coisa era tão violenta do ponto de vista racial que não nos deixaram descer do carro. Nós fomos lá com um cara que obviamente falava inglês – porque a gente falava um inglês macarrônico –, mas não nos deixaram descer para visitar. Era um

barraco enorme, uma construção de lona, o pessoal tinha guarda, tinha seguranças deles, com aqueles cabelos e barbas, aquelas coisas de Pantera Negra. Era o momento da afirmação do *Black Power*, aquela coisa toda. A gente não pôde ter esse tipo de contato, porque simplesmente não dava, por uma questão de cor de pele. Estava bem aceso o conflito. Digamos assim, a coisa da esquerda era subordinada à questão racial. [...] Mas isso era algo muito disseminado, não era uma coisa localizada dos Panteras Negras. Você tinha uma tensão racial que era muito forte. (Sallum Jr., 2017)

Em 1967, Ruben Oliven (2017) esteve com um grupo no Harlem: "era uma associação de negros, foi difícil de entrar, só entrou porque era brasileiro, a ilusão de que aqui havia democracia racial etc. Acho que algum estudante americano nos levou". Airton Soares notou que a universidade é vizinha do Harlem: "se não descesse do metrô em Columbia, você caía no Harlem, havia até uma brincadeira: não durma no trem, para não ir parar no Harlem – era o tempo dos Panteras Negras. E nós voluntariamente fomos visitar o Harlem". Tiveram uma reunião "com o pessoal do *Black Panther*, na época era um movimento muito bem estruturado, com espaço na imprensa" (Soares, 2017).

Aristides Cavalcanti lembrou que ele e um amigo estiveram com o pessoal do *Black Panther Party* em 1970, até mesmo um estudante de Harvard que chegou a ser condenado à morte, pena depois comutada. Trouxe literatura deles na volta, sem medo, confiante por estar num voo fretado com aval do governo norte-americano. Depois perderia o contato completamente. Disse que foram apresentados ao grupo como se fossem animais exóticos, gente do país supostamente sem racismo. Aristides e o amigo foram repreendidos pela organizadora Betinha Washburne, advertindo que não havia problema no que faziam por lá, mas deveriam ter em mente que teriam de voltar ao Brasil, então no auge da repressão (Cavalcanti, 2020).

Segundo José Vicente, "entrar numa assembleia dos *Black Panthers* em 1970 e ver todo mundo com aquele gesto deles era impactante". Ele disse que teve acesso a eles por intermédio de uma professora negra encantadora, "éramos quatro ou cinco homens apaixonados por ela, e ela nos levou e foi muito interessante. Certamente não foram muitos que tiveram essa vivência, foi uma curiosidade nossa. Assim como ir aos bares de Cambridge conversar com os *hippies*, as pessoas vestidas de *hippie*" (Santos, 2017). Nessas palavras nota-se o encanto radical por modos de vida alternativos, pela liberação sexual, ao lado do protesto organizado contra a opressão étnica.

A situação racial, que se tornaria explosiva no fim dos anos 1960, já era grave anteriormente em Nova York, como os brasileiros puderam constatar. Benício Schmidt contou um episódio ao lado do colega gaúcho Plínio Dentzen, que viria a se tornar professor de Sociologia na Unicamp:

O SEGREDO DAS SENHORAS AMERICANAS

> Nós dois tínhamos ido ao cinema ou coisa assim. Era uma época muito difícil em Nova York naquele ano de 1965, muita violência. Os caras recomendavam muito cuidado. Me lembro que estávamos subindo a escada do metrô pelas sete, oito da noite, meio escuro, e chegamos à conclusão de que estávamos com a roupa toda suja, então tínhamos que comprar sabão para lavar roupa. Entramos em uma loja que só tinha negros, levamos um susto, saímos de lá apavorados porque os caras tiraram sarro, imagina brasileiro falando mal inglês, branco, querendo comprar *soap*. E os caras queriam vender *soup*, só de sacanagem. No fim, na base da conversa mole, deu para comprar. (Schmidt, 2017)

Por sua vez, Brasílio Sallum ficara marcado por uma passagem ainda na estada em Harvard. Numa lanchonete frequentada por negros, ele e seus colegas brancos foram "tratados de forma esquisita, até que eles perceberam que a gente não era americano, então deram uma aliviada porque viram que a gente não sabia das coisas", sem perceber que aquele espaço não era para ser compartilhado com brancos. Sentiu desconforto ao perceber que "aqui não é meu território. Para nós, era uma coisa muito difícil de entender. Então, essa percepção foi realmente inovadora, embora desagradável para mim" (Sallum Jr., 2017).

Em suma, muitos estudantes da AUI declararam ter ficado impactados pela tensão racial. Nos termos sintéticos de Ruben Oliven (2017), que resumem o espírito de uma série de depoimentos: "no Harlem tu não podes entrar sozinho; era uma coisa violenta que não tinha no Brasil", ao menos daquela forma.

Os organizadores da AUI estavam atentos à inquietação provocada pela situação racial entre os bolsistas, que pediam debates sobre o tema. Então convidavam intelectuais negros para conversar com eles, quase todos brancos. Comentando, a meu pedido, fotos das turmas da AUI, Flávio Aguiar reconheceu na imagem de 1967 a presença de um negro de gravata na primeira fila entre duas moças de saia (ver foto a seguir), que também ciceroneou sua turma em 1968:

> Passeamos com ele pelos bairros negros de Washington, de carro (a pé, nem pensar), inteiramente destruídos, queimados, durante as manifestações que se seguiram ao assassinato de Martin Luther King, em 4 de abril de 1968. Elas duraram quatro dias. A maioria das casas e prédios nos bairros negros pertenciam a brancos. (Aguiar, 2020)

Certamente, os problemas urbanos não se restringiam aos negros. Benício Schmidt foi "a uma reunião perto de Columbia, ali no bairro, perto daquela igreja, e conheci lideranças porto-riquenhas". Ficou desconcertado diante das críticas que presenciou: "Esses caras estão falando tudo isso e nós aqui? – Foi choque atrás de choque" (Schmidt, 2017).

Turma da AUI, 1967 (Arquivo AUI, Paiva, 2008).

Ruben Oliven lembrou outro aspecto social presente nas ruas, "a guerra do Vietnã, todo mundo falava sobre isso". Ele testemunhou um protesto de jovens que não queriam ser alistados, levavam cartazes com dizeres como "against everything", contra tudo. Ficou particularmente impressionado com um deles: "'Onde está, Lee Oswald, agora que precisamos de você?' Quer dizer, tem que matar o presidente Johnson. Aqui no Brasil, se botasse um cartaz desse, ia preso direto" (Oliven, 2017).

O teor dos últimos depoimentos citados dá conta do mal-estar social crescente nos Estados Unidos a partir de meados dos anos 1960, abalando a aparente solidez do modo de vida americano em que se assentava o projeto da AUI.

TEMPLOS TRINCADOS

Quando chegaram os anos 1970, os fundamentos dos quatro templos institucionais dos Estados Unidos estavam abalados: a família se decompunha, com a rápida mudança dos costumes, em especial o lugar social ocupado pelas mulheres, o advento de movimentos feministas e a liberação sexual; modos de vida alternativos também floresciam, propostos pelos *hippies*, por exemplo. O templo do conhecimento científico estava estremecido pelos protestos estudantis

O SEGREDO DAS SENHORAS AMERICANAS

ao longo da década, cujo eixo era a contestação à guerra no Vietnã. Washington via seu símbolo de poder democrático ser questionado sucessivamente a partir da Marcha por Trabalho e Liberdade, que reuniu dezenas de milhares de pessoas na capital daquele país em 28 de agosto de 1963, ocupando o templo do poder ao clamar por justiça social e o fim da segregação racial, ocasião em que Martin Luther King proferiu o célebre discurso "*I have a dream*" no Lincoln Memorial. Atestando a crise política, houve uma série de assassinatos de lideranças, apoio dos Estados Unidos a ditaduras no Terceiro Mundo, com envolvimento direto e crescente na guerra do Vietnã. Finalmente, Nova York, a grande metrópole e templo da modernidade, era uma mostra viva da crise institucional, com o aumento da degradação e da violência urbana, em paralelo com protestos de movimentos como o dos Panteras Negras e outros que questionavam a ordem estabelecida e eram reprimidos. Enfim, o cenário, que era um quando a AUI foi criada, foi virando outro em apenas uma década, a dos chamados anos rebeldes.

Construída ao longo do tempo desde a Independência, vigorando a seu modo até nossos dias como modelo para o mundo todo, a ideologia do modo de vida americano foi contestada desde cedo. Provavelmente a crítica mais emblemática e condensada a ele esteja numa foto em preto e branco muito difundida. Abaixo de uma tira com a frase *World's highest standard of living* (o padrão de vida mais alto do mundo) – onde se pode perceber, pelo contraste, as três cores da bandeira dos Estados Unidos, assegurando de cima a felicidade retratada na cena –, o enorme cartaz *outdoor* mostra uma família exemplar dentro de seu automóvel. Pai ao volante, mãe ao lado, o casal de filhos no banco de trás, mais um cachorrinho simpático de cabeça para fora da janela traseira, todos brancos, sorridentes, saudáveis e bem arrumados, simbolizando a mensagem em letras grandes ocupando um terço da imagem, que reproduz os dizeres: *There's no way like the American Way* – não há nenhum modo [de vida] como o modo americano. Em letra cursiva, a mensagem dá um toque ainda mais familiar e informal ao cartaz. A propaganda da perfeição do modo de vida americano, entretanto, contrasta com a fila de pobres pedestres – todos negros – aguardando ajuda para desabrigados e desempregados, em primeiro plano na fotografia, tirada em 1937, durante a grande depressão, e reproduzida a seguir.

Então, já vinha de longe a crítica à ideologia do cartaz da foto, questionando a propaganda da típica família perfeita. Isso não impedia a continuidade da ideologia que seguia dominante, reforçada nos anos 1960 em produtos culturais como as mencionadas séries de animação *Os Flintstones* e *Os Jetsons*. É sabido que, durante a Guerra Fria, a propaganda do modo de vida americano – a exal-

Foto intitulada *American Way of Life*, de Margareth Bourke-White, tirada em Louisville por ocasião da enchente do rio Ohio, em 1937.
Fonte: Wikimedia Commons.

tar a livre iniciativa do *self-made man*, o empreendedor que se estabelece pelo mérito e esforço pessoal numa sociedade democrática – foi revigorada para mostrar sua superioridade diante do comunismo, que totalitariamente esmagaria a liberdade individual e imporia seus valores ateus. A própria semana inicial programada em casa de família, inserida no cronograma da AUI, dava mostras de que o modelo seguia firme. O questionamento mais fundo, entretanto, revelou-se com clareza justamente naqueles anos em que os estudantes brasileiros estiveram nos Estados Unidos. Eles testemunharam o que foi ao mesmo tempo o auge e o início da decadência dos quatro templos do modo de vida americano, embora permaneçam como ideologia dominante – nunca é demais repetir. Por exemplo, o modelo familiar segue em nossos dias, mas "apenas 14% das crianças estão crescendo em famílias de seriado de TV dos anos 1950, com um pai que trabalha e a mãe dona de casa, em seu primeiro casamento. (Só a metade das crianças tinha famílias como essas mesmo naquela época)", segundo Paul Krugman (2021).

O mal-estar com o padrão de família do *American way of life*, que já era latente ou explícito pelo menos desde os anos 1950 – por exemplo, com a chamada geração *beat* de Jack Kerouac, Allen Ginsberg, William Burroughs, Nolan Miller e outros inconformistas –, revelou-se de maneira mais generalizada na década seguinte, quando os estudantes da AUI estiveram nos Estados Unidos. A implosão do arquétipo de perfeição escancarava-se, por exemplo, nas telas de cinema, cuja indústria expressava os humores de uma sociedade em ebulição.

A primeira turma da AUI visitou os Estados Unidos em 1962, na mesma época da filmagem de *Os pássaros* (*The Birds*), dirigido por Alfred Hitchcock, que seria lançado no ano seguinte. O filme se passa em Bodega Bay, uma pequena cidade litorânea como New Bedford, onde se hospedaram muitos estudantes da AUI. Embora esta esteja no estado de Massachusetts, na costa nordeste, e o filme se passe na costa sudoeste, no estado da Califórnia, as cidades representam o típico modo de vida americano, por isso mesmo foram escolhidas respectivamente para o programa de estudo e para o filme. Neste, a filha de um milionário – que vive à custa do pai e leva vida de *socialite* excêntrica, sem trabalhar – chega à pequena cidade de Bodega Bay para entregar uma gaiola com um casal de passarinhos, sugestivamente chamados de *lovebirds*, como presente a um jovem advogado que conhecera numa loja de aves em San Francisco e por quem se revela atraída. Lá encontra as três mulheres em torno das quais vive o rapaz, figura forte e representativa do homem provedor e protetor da família. A mãe dele, dona de casa e viúva saudosa do marido, demonstra ciúmes do filho, com quem cuida da filha menor, a quem ele prometera o casal de passarinhos. A terceira mulher é professora da menina e ex-amante do advogado. Ele e a protagonista rapidamente estabelecem um romance, mostrado pelas câmeras com muita discrição. Inexplicavelmente, os pássaros do lugar passam a atacar em bando os personagens e todos os habitantes da cidade, que se sentem ameaçados e apavorados, sem saber como reagir. A professora acaba morrendo em um ataque dos bichos, a *socialite* fica ferida. Na cena final, em meio a uma infinidade de pássaros quietos, pousados em todos os cantos, prontos para atacar a qualquer momento, o homem retira a mãe, a irmã e a nova namorada do local, saindo de fininho no carro dela. De novo um automóvel em foco na produção visual, como no cartaz de 1937, a sintetizar o sentido do modo de vida americano. Antes de partir, a menina pede – e é atendida – para levar consigo o casal de *lovebirds*, preso na gaiola escondida sob um pano.

O filme permite uma infinidade de interpretações, inclusive a do medo generalizado do comunismo durante a Guerra Fria, quando o modo de vida americano estaria ameaçado por um inimigo desconhecido, encarnado naqueles pássaros agressivos, a exemplo dos alienígenas em filmes como *Red Planet Mars* (dirigido por Harry Horner, 1952); *The War of the Worlds* (*A guerra dos mundos*, Byron Haskin, 1953); *Invaders from Mars* (*Invasores de Marte*, William Cameron Menzies, 1953); e *Earth vs. the Flying Saucers* (*A invasão dos discos voadores*, Fred F. Sears, 1956), entre outros filmes B rodados nos Estados Unidos. Podem-se fazer aproximações especialmente com produções nas quais seres monstruosos acabam com a paz dos norte-americanos: em *Them! (O mundo em perigo*, Gordon Douglas, 1954), formigas gigantes atacam Los Angeles; em *Beginning of the End* (Bert I. Gordon, 1957), os habitantes de Chicago são vitimados por investidas de gafanhotos.

Por certo, Hitchcock queria evitar as fórmulas sinistras das produções de ficção científica dos anos 1950, como bem observou Camille Paglia (1998, p.13). A densidade de seus filmes era muito maior e não se resumia ao contexto da Guerra Fria, que entretanto marcou sua obra, aberta a múltiplas leituras. Em *The Birds*, a sensação de desespero da população diante dos pássaros lembra a dos londrinos diante dos bombardeios nazistas que vinham do céu durante a Segunda Guerra, como admitiu o próprio cineasta, segundo Camille Paglia (1998, p.9). Derrotado o nazismo, pode-se acrescentar, o novo inimigo ameaçador na era nuclear eram os comunistas, tidos como a outra face da mesma moeda totalitária a ameaçar o "mundo livre", da civilização ocidental e cristã. Não é o caso de fazer aqui uma análise demorada da película, produto de qualidade do cinema industrial que pode ser visto numa chave conservadora, em que o homem ao final salva as mulheres e garante a ordem familiar. Esta seria tão harmônica quanto a do casal de passarinhos presos na gaiola, ameaçados pela selvageria dos pássaros soltos, de quem os personagens se escondem no abrigo de suas casas e do carro que parte ao final, sem certeza do futuro. O filme não deixava de expressar, assim, os limites e incertezas de um modelo familiar e de sociedade que se via ameaçado, questionado em sua pretensão de controlar a natureza, o desejo e a sexualidade, especialmente a feminina. A referida Camille Paglia (1998), por exemplo, analisou o filme a partir de uma perspectiva feminista.

Naqueles anos 1960, o modelo familiar patriarcal do padrão de vida norte--americano estava em xeque. Isso se evidenciava na própria organização da AUI por mulheres ricas que desejavam atuar além das fronteiras do lar. Ao fim da série de viagens, a própria Mildred Sage se divorciou e voltou a viver nos Estados Unidos. O movimento organizado das mulheres avançava naquele país. Como declarou Ângela Maria Prata Pace – da turma de 1970, advogada, professora, empresária e secretária de Justiça e Direitos Humanos no governo de

Itamar Franco em Minas Gerais –, "ter presenciado a passeata da Beth Friedan com a queima de *soutiens* provocou em mim uma reflexão sobre os direitos da mulher e me transformou, com orgulho, em uma feminista, que trabalhou para os avanços legais e constitucionais" (apud Paiva, 2008, p.39).

Os exemplos de filmes dos anos 1960 que de algum modo remetiam à crise do modelo norte-americano de família são abundantes. A sagrada família era profanada por dentro em *O bebê de Rosemary*, dirigido por Roman Polanski em 1968. Uma jovem bela e ingênua, dona de casa recém-casada, com expectativa de formar uma família, preparava-se para engravidar do marido ator, mais velho e experiente, cuja carreira não deslanchava em Nova York. Ele era atormentado pelo medo se se tornar um perdedor, fantasma que ronda todo norte-americano, cuja ética protestante incorporada nas origens não suporta a hipótese de não ser predestinado, escolhido por Deus para a vida eterna, que encontra o sinal de sua eleição no sucesso pessoal. Seduzido pela possibilidade de êxito profissional, o ator fez um pacto com o demônio, espelho invertido da predestinação divina. Sem que a mulher soubesse, o marido aceitou a oferta de vizinhos pertencentes a uma seita satânica para dopá-la e inconscientemente oferecer seu corpo para ser semeado pelo próprio diabo. Ao final – à custa da felicidade e da saúde de um concorrente, bem como da vida de um velho amigo que descobrira a trama –, o marido obtém sucesso nos palcos, enquanto nasce o bebê de Rosemary. Após uma série de conflitos, conformada, ela aceita cuidar do recém-nascido, embalando o filho do demônio a chorar sem parar em meio a estranhos, calando-se nos braços da mãe no final do filme. Estava ladeada por velhas famílias respeitáveis que ocultamente adoravam o demo, cuja existência se perpetuava no bebê e no próprio modelo familiar que ela aceitava reproduzir, apesar dos pesares, na metrópole da modernidade.

A maldade não seria mais uma ameaça externa, mas brotava das entranhas de Rosemary, expressando o mal-estar de uma sociedade que via surgir em seu próprio seio a presença de demônios – o *black power*, as feministas, os *hippies*, a contracultura, os estudantes contra a guerra, e até mesmo as seitas literalmente satânicas. Foram membros de uma delas que, por coincidência e ironia macabra, assassinaram a esposa do diretor do filme, a atriz Sharon Tate em fim de gravidez, num ritual sangrento em 1969. Em outra coincidência nefasta, o edifício Dakota – local da filmagem – era onde o músico John Lennon morava com a mulher e o filho, e seria morto a bala por um fã ressentido em 1980. As tragédias ilustram os impasses e violências do modo de vida americano, supostamente constituinte de um corpo social que se imagina saudável, mas vê brotar seres desajustados e violência por todos os poros.

As contradições e a hipocrisia envolvidas na reprodução desse modo de vida transbordavam as telas de outros filmes da indústria cultural dos Estados Unidos, caso da comédia romântica *The Graduate*, dirigida por Mike Nichols em 1967, ganhador do Oscar de melhor diretor, lançado no Brasil com o título *A primeira noite de um homem*. O protagonista é um jovem de classe média alta, recém-formado por uma universidade de ponta da Costa Leste (bem poderia ser Harvard), prestes a começar uma vida profissional que ainda está incerta, assim como a de tantos de sua geração nos Estados Unidos e também no Brasil dos estudantes da AUI. Filho único, tímido, retorna para a linda casa dos pais na Califórnia; em várias cenas, ele toma sol na piscina, passeia no Alfa Romeo conversível que ganhou de presente, enquanto espera inerte pelo futuro, sentindo-se estranho em seu círculo. Nesse meio-tempo, é seduzido por Mrs. Robinson, senhora respeitável com alta posição social, dona de casa, mãe de família amiga que frequenta a casa dos pais do rapaz, cuja mãe também é uma dona de casa deslumbrada pela própria riqueza. O sonho dela é ver o filho casado com a filha única de Mr. Robinson, sócio do marido num próspero negócio. Não imagina que seu menino tem um caso com a bela mãe da moça. Mrs. Robinson revela ao jovem amante que já fora alcoólatra e dorme em quarto separado do marido, o casamento era de fachada. Sucede que a filha dela, estudante em Berkeley, volta de férias e se apaixona pelo jovem, que também se encanta com a garota, criando-se uma situação insustentável. Revelado o caso com Mrs. Robinson – embalado com famosas canções de Simon e Garfunkel –, a moça abandona o novo namorado e marca casamento com o antigo, um colega na universidade.

Ao final de *The Graduate*, o protagonista tira a noiva do altar na hora do enlace, tranca os convidados na igreja fazendo uso de um grande crucifixo, e o casal foge num ônibus. O detalhe de escaparem num veículo coletivo – ele tivera de abandonar seu carrão a caminho da igreja, por falta de combustível – poderia apontar para uma quebra dos valores do modo norte-americano de viver, que deveria ficar trancado junto com os convidados na igreja. A cena final mostra a moça vestida de noiva ao lado do protagonista no fundo do ônibus, ambos com feição enigmática, com a estrada atrás de si pela janela, seguindo a caminho de um futuro incerto. Talvez para recriar uma família do modo tradicional – as condições estavam dadas, afinal cada um continuava herdeiro exclusivo do negócio dos pais, e a união do casal unificava por vias tortas a fortuna das duas famílias –, mas quem sabe para construir uma relação mais livre, sem a hipocrisia do entorno; o desenlace fica em suspenso na poeira da estrada. Triunfam o amor, que a tudo redime, e a vontade dos indivíduos, como é habitual nas pro-

O SEGREDO DAS SENHORAS AMERICANAS

duções de Hollywood. Entretanto, o filme testemunha o desgaste dos valores do templo da família, bem como do templo do conhecimento que formava um profissional deslocado, sem saber como se inserir no sistema; não à toa, o título original do filme em inglês é *The Graduate*.

O questionamento do modo de vida americano e as tensões sociais apareceriam também em filmes como *Sem destino* (*Easy Rider*), dirigido por Dennis Hopper em 1969. No espírito da contracultura da época, dois jovens amigos atravessavam o Sul dos Estados Unidos com suas motocicletas Harley Davidson, envolvidos com drogas e vida comunitária alternativa. O filme é carregado de simbologia da cultura dos Estados Unidos reinventada no contexto do fim dos anos 1960, a começar pelo nome dos personagens – Wyatt e Billy, clara referência aos lendários ícones do velho Oeste Wyatt Earp e Billy The Kid –, sem contar as roupas e modelos de veículos a cruzar estradas em paisagens emblemáticas do interior de seu país. Termina com os dois protagonistas sendo mortos a bala numa estrada, assassinados gratuitamente por rancheiros da chamada "América profunda", que os estranhava e não se dispunha a aceitar mudanças. Se a situação de violência, racismo e outros componentes da crise dos valores do modo vida americano podiam ser percebidos pelos bolsistas da AUI no circuito de visitas a locais mais desenvolvidos e ditos civilizados dos Estados Unidos, que dizer das tensões nas regiões mais pobres?

Um último exemplo de filme – este recente, de 2016, dirigido por Kenneth Lonergan – também revela o drama das fendas no templo da família no modo americano de vida, que entretanto insiste em permanecer de pé. Vale a pena mencioná-lo, apesar de não ter sido rodado na época da AUI, pelo tema e porque se passa numa das cidades em que os bolsistas eram alojados, Manchester by the Sea. O filme tem justamente o nome da cidade e conta a história do retorno do protagonista ao local, após anos vivendo em Boston. A obra mostra que o cotidiano de seu passado estava longe da idealização do modo americano de viver que fora apresentada aos estudantes da AUI. O personagem central retornara à cidade para cuidar de um sobrinho adolescente, a pedido do irmão recentemente falecido. Entretanto, não consegue lidar bem com a situação, revela-se que deixara o local após a morte dos próprios filhos num incêndio ocasionado por ele, que voltara bêbado para casa, após noitada com os amigos, para desgosto da mulher, que se mostrava igualmente enfastiada com o casamento e os filhos para criar, sem muita colaboração do marido em casa.

Também esse filme permite várias interpretações, que podem ser utópicas ou ideológicas, para seguir a sugestão das análises de Jameson, para quem as obras produzidas e difundidas pela indústria cultural devem ser entendidas como "trabalho transformador sobre angústias e imaginações sociais e políticas". Elas não teriam credibilidade se envolvessem apenas a legitimação da ordem estabelecida, com a repetição de fórmulas a reproduzir o mesmo cotidiano de suposta harmonia social. Além da reprodução da ideologia dominante, haveria um potencial utópico e transcendente de insatisfação com a ordem estabelecida, implícito até nos produtos da cultura de massa considerados como os mais degradados pelos críticos de arte (Jameson, 1995, p.16). No caso do filme *Manchester à beira-mar*, a obra pode ser vista como retorno de um transgressor à ordem, reconciliando-se com ela, arrependido de comportamentos que levaram a uma tragédia que desfez a santidade de seu lar. Mas pode ser interpretada também como insatisfação e angústia diante dos limites da vida cotidiana no modelo de vida familiar tradicional. Não se trata aqui de analisar detidamente o filme, mas de apontar como ele expressou os problemas do celebrado modo de vida, que começava a ruir no tempo das visitas da AUI, especialmente em seus últimos anos. É notável que em todos os filmes e seriados citados os personagens são brancos, em geral de classe média, o que reforça a percepção de crise do modo de vida americano, cujo imaginário foi construído a partir dessa classe.

Aristides Cavalcanti contou-me que ficou em Gloucester em 1970 com uma "família absolutamente louca", junto com um colega da Bahia. O "pai era engenheiro nuclear, muito doido, tinha uma cama elástica de pular no meio da sala. Mas gente muito boa. A mulher dele era do lar, meio doidinha também, os filhos eram pequenos". O anfitrião quase não ficava em casa e a esposa tampouco dava atenção aos hóspedes, que guardaram a lembrança da cama elástica. Aristides não sabe por que receberam os dois brasileiros. Segundo ele, não permaneceram laços com a família, foi uma experiência bem diferente daquela que seus filhos teriam ao realizar intercâmbio de um ano nos Estados Unidos, estabelecendo amizades duradouras com seus anfitriões. Seu depoimento atesta – assim como o filme *Manchester à beira-mar* – ao mesmo tempo a crise e a continuidade renovada de um modelo de família. E, ainda, como a experiência curta da AUI foi marcante o suficiente para Aristides possibilitar aos filhos realizar um intercâmbio similar mais demorado.

Não era apenas o templo da família que estava colocado em questão nos Estados Unidos. O templo do saber, corporificado no curso de verão para a AUI em Harvard, também era questionado por professores e especialmente estudantes críticos da organização da universidade, considerada antidemocrática. Suas atividades eram indissociáveis dos protestos contra a guerra do Vietnã, mesmo que a condição de universitários por vezes permitisse a possibilidade

O SEGREDO DAS SENHORAS AMERICANAS

de dispensa do serviço militar obrigatório que atazanava a vida dos homens jovens e suas famílias. Com mudanças nas regras de recrutamento a partir de 1966, ficaram ameaçados especialmente estudantes com mau desempenho acadêmico e até pós-graduandos, além de recém-formados, como lembrou o estudo de Rodrigo Farias de Sousa (2009, p.197-8). Na Universidade Harvard, questionado sobre a guerra, o secretário de Defesa Robert McNamara precisou contar com ajuda da polícia para escapar do bloqueio de estudantes da SDS a seu automóvel em novembro de 1966. Os protestos por lá tiveram seu ápice na tomada do edifício conhecido como University Hall em abril de 1969, como foi lembrado na mostra "Harvard, 1968", organizada pela própria universidade cinquenta anos depois, atestando a assimilação institucional dos protestos.[70]

Na Universidade Columbia, onde os estudantes da AUI ficavam hospedados na visita a Nova York, as manifestações também eram frequentes e levaram à ocupação de prédios do câmpus em abril de 1968, o que gerou confrontação com a polícia, cuja violência desmedida gerou várias dezenas de feridos. Ocupação e confronto voltaram a ocorrer em maio, sempre com brutalidade policial, feridos e prisões, acompanhadas de sanções acadêmicas aos estudantes, cujas principais reivindicações, entretanto, "acabariam sendo atendidas num período de meses": maior representação estudantil na administração do câmpus, ruptura de laços da universidade com o Institute of Defense Analysis, afastamento do presidente da universidade e suspensão da construção de um ginásio de esportes que privatizaria um parque público no Harlem (Sousa, 2009, p.254-5).

Nunca é demais ressaltar que o templo da universidade – em geral branca, de classe média e alta, majoritariamente masculina – também estava em questão pelos problemas raciais, como sentiam os bolsistas da AUI. Segundo Flávio Aguiar,

> Em Harvard, para irmos do dormitório ao local dos encontros e debates, cortávamos caminho pelo meio de um bairro negro. Certa manhã, ao passarmos por lá (éramos, na ocasião, umas quinze pessoas), deparamos com um grupo de crianças brincando na rua. Uma delas jogou um pneu de carro, rolando, em nossa direção. Imediatamente sentimos que dezenas, senão mais, de olhares nos fixavam a partir das janelas que ladeavam as calçadas. Felizmente o bom senso prevaleceu: abrimos um espaço, e o pneu passou incólume pelo nosso meio, indo cair mais adiante. Prosseguimos na marcha, a passo, sem olhar para os

---

70 Ver "A Year that Changed Students, and Students Changed the World", *The Harvard Gazette*, 29 maio 2018, disponível em: https://news.harvard.edu/gazette/story/2018/05/harvard-1968-exhibit-offers-window-into-turbulent-time/. Acesso em: 22 set. 2020.

lados, nem para trás, nem para as crianças. Depois, quando saímos dos limites do bairro e entramos de novo no terreno do câmpus, o suspiro que se seguiu deve ter sido ouvido em toda a costa leste... Nunca mais cortamos caminho por ali. (Aguiar, 2020)

Os protestos estudantis eram indissociáveis também dos movimentos contraculturais, a questionar os costumes e todo o modo de vida americano, particularmente o templo do saber universitário. A contestação podia ser observada até no âmbito da cultura alternativa de massas, por exemplo, no célebre festival de música e arte de Woodstock, realizado numa fazenda no estado de Nova York em agosto de 1969. Compareceram dezenas de milhares de jovens, vindos de todos os pontos do país para celebrar uma vida de paz e amor, embalada com sexo, drogas e *rock'n'roll*, conforme registrado no conhecido documentário *Woodstock*, dirigido por Michael Wadleigh. O "festival com infraestrutura precária" virou parte do "reino das legendas", nos termos de Rodrigo Merheb, que analisou o contexto em que o festival se inseria, a chamada era dos Beatles e dos Rolling Stones. Essas bandas, mais Bob Dylan, Jimmy Hendrix, Janis Joplin, Joan Baez, Simon & Garfunkel, The Mamas and the Papas e muitos outros, faziam "o som da revolução" (Merheb, 2012, p.409).

Como era de se esperar, os estudantes da AUI não estavam incólumes ao consumo de drogas ilícitas que crescia ao longo da década. Flávio Goulart, futuro secretário municipal da Saúde em Uberlândia, escreveu em suas memórias "pouco ortodoxas" que, na turma de 1970,

[...] eu e meus colegas, de todas as partes do Brasil, nos dedicamos a explorar o lado B americano. Bebíamos todas! Mas a verdade é que da primeira Budweiser a gente logo esquece... Experimentei também umas coisinhas menos publicáveis por lá, aliás, oferecidas pelos adolescentes da casa onde eu me hospedara na primeira semana. Era tudo novidade para mim! Mas tive a cautela e o bom senso de recusar um convite para um *mescal party*, que seria celebrado num apartamento nas alturas, em Cambridge. (Goulart, 2017, p.66-7)

Ele contou que um colega contemplado no ano anterior o incentivara a concorrer para a seleção da AUI. Definiu esse colega como "um sujeito com voz de barítono, filho de médico e um tanto conservador nas ideias", que desistiu da Medicina depois de formado, "rompeu um noivado de muitos anos e mergulhou na vida loka holandesa, cercado, ao que se sabe, de muita droga e os devidos complementos. Voltou anos depois para BH para continuar sendo o careta de sempre" (ibid., p.68).

Conforme já se destacou, bolsistas da AUI tiveram contato em Harvard e Nova York com membros dos Students for a Democratic Society, entidade

O SEGREDO DAS SENHORAS AMERICANAS

conhecida como SDS, cuja história foi reconstituída no livro já mencionado de Rodrigo Farias de Sousa (2009). A entidade estudantil compunha a chamada nova esquerda americana. A SDS surgira no começo da década de 1960, influenciada por ideias como a do célebre sociólogo Wright Mills, crítico das elites. O grupo ancorava-se na tradição democrática dos Estados Unidos, mais voltado para questões internas do que para a política internacional. Buscava escapar da polarização entre liberalismo e comunismo, propondo reformas sociais e construir uma "democracia participativa", lançando mão do protesto não violento nas lutas pelos direitos civis. Com o passar dos anos, em paralelo com a escalada da guerra no Vietnã, o uso da força passou a ser considerado como tática legítima, por exemplo, contra a presença de recrutadores militares nos câmpus universitários. Sobretudo suas lideranças se radicalizaram e internacionalizaram a partir de meados da década, posicionando-se contra o sistema, com o surgimento de fortes facções mais esquerdistas, uma delas identificada com o maoísmo, outra com a Revolução Cubana, um terceiro grupo viria a constituir o Weatherman, uma organização guerrilheira.

Entretanto, a SDS abrangia correntes muito mais diversas que as de suas lideranças. Com caráter descentralizado, seria "um amálgama de tendências dispersas por numerosos núcleos com alto grau de autonomia, nem sempre dispostos à convivência pacífica". A entidade agrupava "correntes as mais variadas, de liberais a anarcossindicalistas" (Sousa, 2009, p.232, 263). A organização, que não chegava a mil membros nos primeiros tempos, atingiu cerca de 10 mil em 1965, por ocasião do início da presença maior de tropas dos Estados Unidos no Vietnã. Converteu-se na mais destacada instituição nacional contra a guerra. Com a rápida escalada bélica, o número de seus membros foi crescendo vertiginosamente até chegar a perto de 100 mil em 1968 e 1969, ano de sua implosão por faltar um mínimo de consenso interno (ibid., p.214-5).

Setores da SDS, apesar se serem sobretudo brancos de classe média, tinham bom trânsito com os Panteras Negras, o que permite entender a possibilidade de algumas visitas de bolsistas da AUI a espaços desse movimento, que teria chegado a cerca de 2 mil membros em 25 cidades dos Estados Unidos no final de 1968. O Partido dos Panteras Negras armava seus militantes e "se declararia marxista--leninista em 1969, antes disso já adotava a análise terceiro-mundista proposta por Stokely Carmichael em 1966: os negros eram uma colônia interna dos Estados Unidos e, portanto, eram tão vítimas do imperialismo americano quanto os povos dos países subdesenvolvidos" (ibid., p.252).

Como se vê, a política estudantil rompia as fronteiras da academia, assumindo também um discurso anti-imperialista que tinha afinidades com os estudantes brasileiros esquerdistas participantes da AUI, tão influenciados quanto os norte-americanos pelas revoluções no Terceiro Mundo e ideias de autores como Guevara, Debray, Mao Tsé-Tung e Frantz Fanon. O anti-imperialismo mesclava-se com a luta contra a guerra e o antirracismo, indissociáveis da reivindicação de reforma universitária que colocava em xeque o templo do saber acadêmico.

Por sua vez, o templo do poder em Washington tinha sua aura democrática abalada. Para ficar em exemplos relacionados com a AUI, entidade que encarnara a proposta do presidente Kennedy, seu assassinato em 1963 e do irmão Robert em 1968 privavam-na de seus dois principais interlocutores mais famosos. E mostravam a resistência conservadora até mesmo a reformas moderadas, como também a expressou o assassinato na época do líder pacifista negro Martin Luther King, para não falar da eliminação de Malcolm-X e outros líderes radicais, numa sociedade muito mais violenta do que supunha a ideologia do modo de viver americano. A imagem idealizada da democracia de Washington já ficara abalada entre os estudantes brasileiros devido à participação ativa no golpe de 1964 e posterior apoio ao regime chefiado pelo marechal Castello Branco, inclusive os famigerados acordos MEC-Usaid.

Outro célebre amigo da AUI, Henry Kissinger, deixou em segundo plano o templo do saber em Harvard, onde dialogava com os estudantes brasileiros, para entrar no templo do poder em Washington como chanceler do governo reacionário do presidente Richard Nixon e sua escalada na guerra do Vietnã, para não mencionar o apoio às ditaduras na América Latina e à conspiração contra o governo constitucional de Salvador Allende no Chile, finalmente deposto em 1973, posteriormente ao fim das viagens da AUI, que já não faziam sentido naquele contexto.

De 1966 a 1969, Kissinger desculpava-se todo ano pela impossibilidade de comparecer aos encontros anuais da diretoria da IUF em Nova York, apesar das insistentes mensagens que recebia oferecendo o pagamento de todas as despesas de viagem. Numa carta do início desse período, ele se recusava a corrigir a transcrição de uma palestra para alunos da AUI em Harvard. Dizia que estava sem tempo para isso, e tampouco autorizava a publicação do material sem seu parecer, inviabilizando a iniciativa: "Poderíamos esquecer o assunto? Não estou sendo teimoso, mas acabei de passar um mês no Vietnã e tenho muito o que fazer".[71]

---

71 "Could we forget the matter? I am not being stubborn but I have just spent a month in Vietnam and I have a great deal to do". Carta de Kissinger a Mrs. Wadsworth Washburne, 15 nov. 1966. Na longa

O SEGREDO DAS SENHORAS AMERICANAS

Em 1969, ano especialmente conturbado na política dos Estados Unidos, a visita da AUI ao templo do poder democrático já estava esgarçada. Brasílio Sallum contou-me que "não fomos ao Congresso, por incrível que pareça. Talvez alguém tenha ido, mas eu não fui. Fomos escutar música". Disse que compareceram a "concertos ao ar livre, esse tipo de coisa, visitar, fazer passeios turísticos lá por Washington". Sobre conversas com políticos, disse que ouviram falar a respeito pelas turmas anteriores, "mas, quando a gente foi, isso não era muito usual" (Sallum Jr., 2017).

Airton Soares estava nos Estados Unidos como monitor da AUI em julho de 1969, por ocasião do acidente que deu origem ao escândalo com Edward Kennedy. "Os Kennedy eram muito mulherengos." Referia-se ao afogamento de uma jovem assessora política de Ted Kennedy, após acidente em que o político estava ao volante do carro ao saírem apenas os dois de uma festa noturna. O veículo caiu da ponte sobre a lagoa Poucha por negligência do motorista; Ted conseguiu escapar a nado, mas não a acompanhante. Ele demorou horas para reportar o caso à polícia, alegando que estava em estado de choque, mas muitos ficaram com a impressão de que não o fez por estar embriagado e temeroso das consequências do caso, especialmente embaraçoso para um político pai de família. Acabaria condenado a dois meses de prisão, que cumpriu em liberdade condicional. O episódio arruinou suas pretensões de ser presidente dos Estados Unidos, tendo de se contentar com recorrentes reeleições ao Senado, onde se destacou como defensor de causas progressistas.[72]

O caso ficou conhecido como Chappaquiddick, nome do local do acidente, na mesma região litorânea de Massachusetts em que os bolsistas da AUI ficavam hospedados. Expressava o declínio da aura do poder político em geral, e

---

palestra do ano anterior, o professor discorrera sobre a política externa dos Estados Unidos. Dizia ser um equívoco supor que aquele país ou qualquer outro operasse com base em planejamento de longo prazo. Ao contrário, a tendência seria tomar decisões pragmaticamente à luz das condições existentes em determinado momento, o que envolveria o papel decisivo da ação do presidente e de seus assessores. Eles seriam encarregados de lidar com o problema da burocratização da política externa, operando uma pesada máquina administrativa cujos interesses às vezes predominariam sobre os fins para que ela foi criada. Na sessão de perguntas, os bolsistas da AUI fizeram duro questionamento sobre a política exterior dos Estados Unidos, inquirindo sobre a intervenção na República Dominicana, a guerra do Vietnã, a influência na política exterior da United Fruit e de outras empresas, em especial as armamentistas. Henry Kissinger Papers, Part II, Series I. Early Career and Harvard University, Box 31, Folder 15, p.4-65, 126. Documentos com acesso mediante autorização.

72 O caso foi e continua sendo explorado *ad nauseam* pela imprensa e pela indústria cultural. Ver, por exemplo, o filme de John Curran, *Chappaquiddick*, de 2018, e a matéria em *Vanity Fair* lembrando os cinquenta anos do escândalo, disponível em: https://www.vanityfair.com/style/2019/07/chappaquiddick-anniversary-kennedy-kopechne.

dos Kennedy em particular, mesclado com a crise dos valores da família e do próprio modo de vida, que simbolicamente foi parar no fundo da água junto com o Oldsmobile, sempre um carro a sintetizar o jeito americano de viver – e morrer.

A turma da AUI de 1971 ainda teve um último encontro com o senador Edward Kennedy, mas já não havia condições de manter a mística de seus irmãos no ápice dos chamados "trinta anos gloriosos" da economia capitalista após a Segunda Guerra. O resto de carisma ainda se fizera sentir em 1970, quando ele se pronunciou publicamente, criticando a política externa de seu país para a América Latina nos anos anteriores, bem como o governo Nixon, apoiadores de "regimes que negam os direitos humanos básicos". Ele mencionou explicitamente o uso abominável da tortura contra prisioneiros políticos no Brasil. Constatava os limites e o fracasso da Aliança para o Progresso, cujos ideais estariam em "contraste chocante" com a realidade política do governo brasileiro da época, como lembrou James Green (2009, p.230-1).

Escândalo político não era artigo em falta no mercado das notícias. A última turma da AUI esteve nos Estados Unidos apenas cerca de um mês após o início da publicação no *New York Times* dos chamados "papéis do Pentágono", um estudo confidencial produzido pelo governo dos Estados Unidos sobre sua atuação no Vietnã de 1945 a 1967, de início ajudando os colonizadores franceses. Foi um escândalo por mostrar o quanto se ocultou da opinião pública e do próprio Congresso, como provavam os documentos vazados por um funcionário do Pentágono ao jornalista Neil Sheehan (1971).

Quanto ao templo da modernidade em Nova York, no fim da década de 1960 a cidade vivia grau acelerado de degradação e onda crescente de violência urbana que a tornaria um local inóspito nos anos 1970. A solidez do templo desmanchava-se no ar, a cidade tornava-se "imagem da ruína e da devastação modernas". O Bronx, em especial, tornou-se símbolo do "acúmulo de pesadelos urbanos de nossa época: drogas, quadrilhas, incêndios propositais, assassinatos, terror, milhares de prédios abandonados, bairros transformados em detritos e em vastidões de tijolos espalhados", nos termos de Marshall Berman (1986, p.275). No tempo em que os estudantes da AUI visitaram Nova York, milhões de migrantes negros e hispânicos iriam "convergir para as cidades norte-americanas – precisamente no momento em que os empregos que procuravam e as oportunidades que os antigos imigrantes haviam encontrado estavam partindo ou desaparecendo", inviabilizando o sonho de ascender socialmente (ibid., p.308). Os conflitos dos anos 1960 foram caracterizados por Marshall Berman como um embate entre duas formas opostas de modernismo em Nova York, que

O declínio do templo da modernidade em Nova York também se expressava no cinema. Para ficar num só exemplo de 1969, *Midnight Cowboy* – exibido no Brasil com o título *Perdidos na noite*, dirigido por John Schlesinger – conta o drama de dois amigos no submundo de Manhattan na época. Um deles é um típico texano, nacionalista e ingênuo, que se veste como *cowboy*; ele chegara à cidade imaginando que poderia ganhar a vida se prostituindo com mulheres ricas. O outro é um trapaceiro manco, de saúde precária, que pratica pequenos delitos para sobreviver. O filme mostra o drama cotidiano de dois *outsiders* que não se integram à sociedade, vivendo nas vias sujas e degradadas, como a então célebre rua 42, tomada por sexo, violência e drogas. Não era apenas o templo da modernidade em Nova York que se via desnudado em toda a sua barbárie, a fita retomava em *flash backs* a vida do texano na infância, integrante de uma família que abusava dele, bem distante dos padrões do decantado modo de viver americano. O mesmo valia para seu amigo coxo, filho de imigrantes e sem instrução, o que revelava também que os personagens estavam bem distantes da possibilidade de atingir o templo do saber universitário, para não falar em ascensão social inviável e no poder democrático de Washington, absolutamente distante e inacessível.

Por tudo isso, o filme foi apreciado no círculo crítico do capitalismo. Por exemplo – permitindo-me recorrer a uma lembrança pessoal –, o professor Florestan Fernandes elogiou a obra em meio a uma aula do curso sobre a Revolução Cubana que ministrou aos sábados para os estudantes de Ciências Sociais da USP, que aproveitaram o contexto de abertura do regime militar para convidar o docente cassado para oferecer a matéria informalmente em 1979. Mas o filme também teve reconhecimento institucional: ganhou o Oscar de 1970 nas categorias de melhor filme, melhor diretor e melhor roteiro adaptado, apesar de ter obtido a classificação X (*X-rated*) nos Estados Unidos – atribuída a espetáculos considerados ofensivos sexualmente e de linguagem chula –, dificultando a distribuição pela indústria cinematográfica.

Prêmios para esse e outros filmes questionadores no âmbito da indústria cultural da época, como os comentados anteriormente, expressam sua capacidade de incorporar críticas e de se renovar. A hegemonia só perdura se for capaz de se recriar continuamente, como ensinava Raymond Williams em passagem já referida: "qualquer processo hegemônico deve ser especialmente alerta e sensível às alternativas e oposição que lhe questionam ou ameaçam o domínio. A realidade do processo cultural deve, portanto, incluir sempre os esforços e contribuições daqueles que estão, de uma forma ou de outra, fora, ou nas margens, dos termos da hegemonia específica" (Williams, 1979, p.116).[73]

O sucesso desses filmes permitia constatar o desgaste do modo norte-americano de viver, mas ao mesmo tempo sua pujança para se reinventar dentro da ordem estabelecida. Reconhecer essa capacidade de reinvenção hegemônica, entretanto, não deve conduzir ao equívoco de "ignorar a importância de obras e ideias que, embora claramente afetadas pelos limites e pressões hegemônicos, são pelo menos em parte rompimentos significativos em relação a estes, e que podem em parte ser neutralizados, reduzidos ou incorporados, mas que, em seus elementos mais ativos, surgem como independentes e originais", sinalizando a possibilidade de construir hegemonias alternativas (ibid., p.117). Nos Estados Unidos e no Brasil, os estudantes da AUI vivenciaram as disputas pela reafirmação da hegemonia e esboços de contra-hegemonia, tão marcantes nos anos 1960, não raro descambando para a violência.

CÉU E INFERNO

Há praticamente unanimidade entre os antigos bolsistas da AUI sobre o aprendizado que a experiência nos Estados Unidos lhes proporcionou. Muitos retornaram para lá novamente a fim fazer cursos de pós-graduação, a trabalho ou só para turismo. Em geral, consideraram aquele breve estágio importante em suas vidas, embora não seja possível precisar em que grau ele influenciou seu futuro, particularmente o profissional. Como disse um estudante da turma de Pernambuco de 1962, "cada um dos participantes teve sua própria viagem", cada qual com sua experiência pessoal no contexto da Guerra Fria.[74]

---

73 Hegemonia entendida aqui no sentido de Raymond Williams, baseado na obra de Antonio Gramsci, como: "um conjunto de práticas e expectativas, sobre a totalidade da vida: nossos sentidos e distribuição de energia, nossa percepção de nós mesmos e nosso mundo. É um sistema vivido de significados e valores – constitutivo e constituinte – que, ao serem experimentados como práticas, parecem confirmar-se reciprocamente. Constitui assim um senso da realidade para a maioria das pessoas na sociedade, um senso de realidade absoluta, porque experimentada, e além da qual é muito difícil para a maioria dos membros da sociedade movimentar-se, na maioria das áreas de sua vida" (Williams, 1979, p.113).

74 Tarcízio Rego Quirino (2007) viria a fazer seu doutorado em Sociologia na Universidade de Wisconsin, Madison, entre 1970 e 1975, com bolsa da Usaid, e tornar-se coordenador de Estudos e Pesquisa da Embrapa, tendo realizado ainda dois pós-doutorados naquele país. Currículo Lattes CNPq, ID: 8496722214800038. Acesso em: 9 nov. 2020.

O SEGREDO DAS SENHORAS AMERICANAS

Tarcízio Rego Quirino declarou que, em seu tempo de estudante em Recife, "participar no Festival da Juventude, em Moscou, era a oportunidade de viagem internacional mais visível e gloriosa para a minha geração universitária". Tarcízio, que era membro do diretório acadêmico, não teve a oportunidade de ir à União Soviética, mas candidatou-se com sucesso à viagem patrocinada pela AUI, que lhe abriu portas para a formação acadêmica. Fazendo um balanço semelhante ao de outros bolsistas, afirmou:

> Não fui com o espírito desarmado, nem voltei um aderente do sonho americano. Mas notei claramente que a grande conspiração da maldade não era a interpretação correta nem universal para as ações dos americanos e a sua posição no mundo. Tive o bom senso de generalizar a mesma conclusão para o outro lado e chegar, assim, a uma visão menos aguerrida da tal Guerra Fria e à procura de informações menos ideologizadas, menos classificadas *a priori*. (Quirino, 2007)

Os estudantes tratavam de aproveitar as possibilidades de internacionalização que se abriam para sua formação nas circunstâncias da Guerra Fria. Os bolsistas da AUI eram inteligentes e sabiam que se tratava de uma tentativa de lhes apresentar o governo e a sociedade dos Estados Unidos da melhor forma, distinta dos estereótipos anti-imperialistas, como aliás deixavam claro os organizadores da instituição. Era uma ação para ganhar corações e mentes, conforme a expressão corrente na época que tem sido usada neste livro. Mas nem por isso a participação na AUI era vista por diversos alunos e professores integrantes do projeto como adesão à política exterior dos Estados Unidos, e muito menos como apoio ao golpe de Estado que derrubou Goulart ou conivência com a ditadura brasileira, contra a qual muitos deles se posicionavam. Em alguns casos, a viagem foi até usada para escapar de problemas com o governo brasileiro.

Aquelas temporadas na terra dos Kennedy ganharam significação especial a partir do momento em que o Brasil passou a viver sob um regime militar, que de início pareceu ser passageiro aos olhos de muitos bolsistas e também de intelectuais. Segundo Paulo Sérgio Pinheiro, da primeira turma que embarcou logo depois do golpe de 1964, que foi vice-presidente do Diretório Acadêmico de Direito da PUC do Rio de Janeiro:

> Achávamos que aquilo ia terminar, teve um número do *Les Temps Modernes*, uns dois ou três anos depois do golpe, tinha Fernando Henrique, Celso Furtado, Hélio Jaguaribe, o pessoal achava que em poucos anos aquilo terminava. Não era para durar 21 anos. Eu fiquei

contente em sair daqui e também com a oportunidade de ir a Harvard. Acho que isso passou na cabeça de todos. (Pinheiro, 2017)[75]

A existência de uma ditadura, que para alguns desde logo significou a chegada ao inferno, contrastaria com a viagem para o país que se colocava como exemplo de democracia, uma espécie de paraíso das liberdades. Assim, por exemplo, no Rio Grande do Sul, a AUI era articulada pelo já citado Leônidas Xausa, opositor da ditadura que "tinha muito contato com os Estados Unidos, um grande professor de teoria política clássica". Ele indicava a AUI aos estudantes que orientava como oportunidade ímpar para sua formação e também, após o golpe, para respirar outros ares e eventualmente até para fugir da repressão, segundo seu aluno Benício Schmidt, que era dirigente estudantil ligado à Ação Popular. Este me contou sobre a própria experiência:

> Foi surpreendente porque praticamente eu saí da prisão e uma semana depois estava nos Estados Unidos. Meu pai não entendeu nada: "Os caras te prendem sob acusação de comunista e os caras estão te levando para os Estados Unidos. Por acaso tu é agente duplo? Porque, se for, não é meu filho! Eu sou conservador, mas pô, traíra não". Eu disse: "Não, velho, não tem a ver uma coisa com a outra, é coisa da vida". (Schmidt, 2017)

O pai dele era farmacêutico, não entendia como um militante da esquerda universitária seguia com bolsa gratuita para os Estados Unidos em pleno regime militar apoiado por aquele país. Não sabia que a iniciativa partia do próprio grupo político, aconselhado por Xausa, segundo Benício: "Quem sabe a gente inclusive limpa a ficha? O Xausa previa o pior, que a gente ia ser vetado para sempre, a coisa poderia piorar, e nunca mais poderíamos ir para os Estados Unidos". Então, era preciso aproveitar a oportunidade; Benício e outros três ou quatro estudantes da AP foram aprovados na seleção e embarcaram para a terra dos Kennedy, onde ficaram quase um mês em 1965. Na volta, ele terminou o curso de Direito e começou a trabalhar na área, mas acabou mudando de rumo, em parte por conselho de Xausa, que, como vimos, viria a ser afastado da universidade após a edição do AI-5, junto com outros docentes:

> Ele me disse: "Esse golpe veio pra ficar, vai durar vinte anos. Se você quiser ser advogado, você vai ter um problema. Eu sou advogado, mas você a cada seis meses é preso por uns dias, e você não vai conseguir cliente, não vai conseguir ter um escritório. Porto Alegre é uma cidade pequena, as pessoas são marcadas, e eu acho que você tem vocação acadêmica, devia esquecer tudo isso, o Brasil vai ter um sistema de pós-graduação, e eu tenho um con-

---

75 Ele se referiu à seguinte edição da revista: "Le Brésil", *Les Temps Modernes*, Paris, n.257, out. 1967.

tato de Belo Horizonte, via Fundação Ford, e estão remontando o Departamento de Ciência Política de Belo Horizonte". E lá fui eu. Ele indicou o Plínio Dentzen e a Evelina Dagnino (ambos depois foram para a Unicamp), o Plínio foi na primeira turma e no ano seguinte fomos eu e Evelina. Fizemos mestrado em Belo Horizonte e aí eu fui para Stanford. (Schmidt, 2017)

Na UFMG, Benício conheceria Frank Bonilla, dirigente da Fundação Ford no Brasil, que depois foi seu orientador em Stanford de 1970 a 1973. Bonilla era "negro, porto-riquenho, sujeito bem de esquerda, organizou comunidades em Porto Rico, Nova York", segundo Benício. "Ele era muito amigo, aqui no Brasil, do Darcy Ribeiro, do Celso Furtado, do Fernando Henrique. Eu visitava o Oscar Niemeyer várias vezes no Rio de Janeiro com o Frank Bonilla. Foi ele quem deu a bolsa da Ford para criar o Cebrap", composto por professores que tinham sido aposentados compulsoriamente pela ditadura militar, sob a liderança de Fernando Henrique Cardoso.[76] Benício contou que assinou a ata de fundação do Cebrap como representante dos estudantes do Departamento de Ciência Política da UFMG, "era bom ter um estudante, um ato simbólico. Fui de carro com Bonilla e Júlio Barbosa de Belo Horizonte a São Paulo". Esse caso, associado a outros, como o abordado no capítulo anterior acerca do apoio da Fundação Ford ao Congresso pela Liberdade da Cultura, dão uma ideia dos lances de aproximação e de enfrentamento "entre os interesses e a lógica de atuação do governo norte-americano e da Fundação Ford", para usar os termos de Sergio Miceli (1993, p.46).

Houve outros estudantes que participaram da AUI, eram contra a ditadura e depois estudaram nos Estados Unidos com apoio de agências norte-americanas e brasileiras. Sucederam casos parecidos de alunos que embarcaram logo depois de sair da cadeia. Por exemplo, o estudante da AP Aristides Cavalcanti passara alguns meses preso logo após a edição do AI-5, acusado de subversão. Foi libertado pouco antes da seleção da AUI. Sabendo que por isso teria dificuldade para conseguir o passaporte em Pernambuco, resolveu tirá-lo na Paraíba, apostando acertadamente que não teriam acesso a seu prontuário de Recife (Cavalcanti, 2020).

Episódios de embate na concessão de passaporte e vistos para os bolsistas da AUI também ocorreram. Embora selecionado pela AUI, Oriovisto Guimarães – que mais tarde faria grande fortuna como proprietário do grupo educacional Positivo e seria eleito senador do Paraná pelo Podemos (Pode) em 2018, bem distante dos ideias socialistas da juventude – não pôde viajar aos Estados Uni-

---

76 Peter Bell, do secretariado da Fundação Ford, também teve papel importante no financiamento do Cebrap, segundo James Green (2009, p.190).

dos por ter sido fichado pelo Dops após sua prisão no malogrado congresso da UNE em Ibiúna em outubro de 1968.[77]

Outro episódio envolveu dois estudantes gaúchos que haviam sido detidos naquele mesmo ano após protesto diante da prefeitura de Porto Alegre, próxima do consulado dos Estados Unidos. Os manifestantes incendiaram uma bandeira do país e jogaram um coquetel molotov num carro vazio da Brigada Militar. Como o visto dos implicados não saiu – e isso era sinal de que as autoridades consulares norte-americanas provavelmente foram informadas pelos órgãos brasileiros de segurança –, os demais bolsistas gaúchos se reuniram e decidiram avisar a direção da AUI: eles se recusariam a viajar, caso os punidos não pudessem embarcar. Talvez menos pela ameaça e mais pela intervenção pessoal de Mildred Sage junto às autoridades de seu país, o visto acabou sendo concedido e todos puderam participar, com a condição de que a turma gaúcha se reportasse às autoridades dos Estados Unidos durante a estada, que transcorreu sem incidentes. "O pessoal da AUI se encarregou de nos aliviar desse constrangimento, recolhendo umas duas vezes nossos passaportes e devolvendo-os depois", como lembrou Flávio Aguiar (2020), que me contou a história da punição aos dois colegas que seu grupo conseguiu frustrar. Segundo ele, "éramos muito jovens, mas felizmente já tínhamos ideia de que este mundo velho sem porteira é mais complexo do que meia dúzia de palavras de ordem, embora também as cantássemos com fervor". Diferentemente da ampla maioria dos colegas da AUI, ele já estivera antes nos Estados Unidos, por um ano, no programa do American Field Service para concluir o ensino médio (*high school*); embarcara logo depois do golpe de 1964.

Alguns estudantes da AUI seriam perseguidos pela ditadura. Temendo a prisão, houve quem procurasse abrigo no exterior. Por exemplo, militando ativamente na oposição ao governo militar, Getúlio Hanashiro chegou a ser detido para interrogatório. De julgamento marcado com base no recém-editado AI-5, na iminência de ser preso, ele se exilou no Chile, onde permaneceu alguns anos e foi professor, além de concluir pós-graduação em Ciência Política e Administração Pública.[78]

---

77 Ver a matéria de Cristiane Barbieri, "Ex-socialista comanda império no PR", *Folha de S.Paulo*, 30 mar. 2008. Disponível em: https://www1.folha.uol.com.br/fsp/dinheiro/fi3003200814.htm. Ver ainda: http://memoriasparana.com.br/oriovisto-guimaraes-2018-educacao-batatais-sao-paulo/. Acesso em: 9 nov. 2020.

78 Hanashiro regressaria ao Brasil em 1975. Em seguida foi contratado pela Companhia do Metropolitano de São Paulo. Posteriormente, ajudaria a criar a Companhia de Engenharia de Tráfego. Iniciou carreira parlamentar depois da redemocratização. Ver em: http://www.imigracaojaponesa.com.br/index.php/entrevistas/politicos-nikkeis/getulio-hanashiro/. Acesso em: 9 nov. 2020.

O SEGREDO DAS SENHORAS AMERICANAS

Outro ex-bolsista da AUI que escapou para o exílio foi Aloysio Nunes Ferreira, cuja trajetória política foi tratada em pormenor no livro sobre esquerdistas que por vezes trocaram antigas convicções para ganhar o poder no Brasil, de Ken Serbin (2019). Aloysio era militante do clandestino Partido Comunista Brasileiro (PCB) quando viajou com a turma da AUI em 1965. A exemplo de outros contemplados ao longo dos anos – como o futuro líder do Partido, deputado federal, senador e ministro Roberto Freire, da mesma turma de 1965 –, teve de mentir que não era comunista para obter visto na embaixada dos Estados Unidos, que na época da Guerra Fria exigiam uma declaração expressa por escrito de que o solicitante não pertencia ao Partido Comunista. A estada na terra dos Kennedy não foi capaz de mudar suas convicções. O ex-presidente do Centro Acadêmico XI de Agosto da Faculdade de Direito do Largo de São Francisco em São Paulo acabou aderindo à Ação Libertadora Nacional (ALN), organização guerrilheira comandada por Carlos Marighella e Joaquim Câmara Ferreira, dissidentes do PCB. Chegou a participar de ações armadas. Após a morte dos dois líderes, quando já estava no exílio em Paris, Aloysio voltou ao Partido, e ainda passou uma temporada em Moscou antes de retornar ao Brasil, o que foi possível devido à anistia de 1979. Viria a abandonar o comunismo, foi parlamentar do PMDB, depois do PSDB, vice-governador de São Paulo e senador eleito com votação recorde em 2010, além de ter ocupado vários ministérios. Articulador no Congresso Nacional da derrubada da presidente eleita Dilma Rousseff em 2016, viria a ser ministro das Relações Exteriores do presidente Temer, assumindo posições que seus antigos companheiros não hesitariam em chamar de entreguistas, subordinadas ao imperialismo. Evidentemente, a experiência na AUI pouco teve a ver com os vaivéns dessa trajetória.

A leitura dos inúmeros depoimentos apresentados na obra coletiva sobre a AUI, organizada por Paiva (2008), bem como o sucesso profissional de bolsistas, podem sugerir que os antigos participantes se tornaram moderados politicamente, em geral se afastando de antigas convicções anticapitalistas, como ocorreu no caso dos dois políticos profissionais citados antes. Mas isso não se pode atribuir essencialmente à experiência deles com a AUI. O contexto internacional tendeu a afastar a possibilidade imediata de revolução; as últimas que tiveram êxito ocorreram no já longínquo ano de 1979, no Irã e na Nicarágua. Depois vieram a queda do muro de Berlim e a desintegração da União Soviética, que deram a alguns a impressão de que se chegava ao fim da história, com o triunfo das democracias liberais e a tendência a sua universalização, conforme o parecer muito difundido de Fukuyama (1992).

A previsão logo se revelou equivocada, mas a Guerra Fria de fato tivera um vencedor, os Estados Unidos. Nem por isso desapareceram os conflitos sociais e os projetos de esquerda, nem seus militantes, como vários antigos membros da AUI que preservaram no essencial antigas convicções críticas. Como disse um deles, "entre meus amigos e amigas, que eu saiba, ninguém saiu da empreitada convertido, tornando-se um – como se dizia então – americanófilo. Todos permanecemos no campo das esquerdas, com as variações pessoais, e com um horizonte mais amplo" (Aguiar, 2020).

GUERRA FRIA A QUENTE: PERSEGUIÇÃO E MORTE

Pelo menos catorze bolsistas da AUI foram processados pela Justiça Militar, conforme dados do Projeto Brasil Nunca Mais (BNM). Um dos acusados foi o já mencionado Aloysio Nunes Ferreira, apontado como militante da ALN no Processo BNM 100.[79] Nesse mesmo processo consta o nome de Boanerges de Souza Massa, da turma da AUI de 1962, indiciado também nos processos BNM de número 7 e 105, referentes a ações ditas subversivas da ALN em São Paulo. Tragicamente, ele viria a se tornar desaparecido político, como se verá adiante.

O nome de Aécio Pamponet Sampaio consta na lista dos bolsistas de 1969 da AUI. Estudante de Filosofia na UFBA, ligado à AP, foi eleito presidente do diretório acadêmico no final de 1967, quando ainda era calouro. Exerceu o mandato no conturbado ano de 1968, que culminou com sua prisão em outubro, junto com centenas de estudantes reunidos para realizar o já referido congresso da UNE num sítio em Ibiúna, no interior de São Paulo. Liberado após alguns dias, voltou à Bahia, onde responderia a processo na Justiça Militar contra os participantes do congresso proibido (BNM 71). Após a edição do AI-5, em 13 de dezembro de 1968, ficou escondido por cerca de dois meses para não ser preso. Indeciso entre entrar de vez na clandestinidade, fugir para o exílio ou se entregar à polícia, optou pela última hipótese, considerando que já havia deixado a AP. Ficou na cadeia quase dois meses, depois aguardou o julgamento em liberdade. Acabou sendo absolvido após três anos, mas teve o custo alto de ficar

---

79 Indico o número de cada processo entre parênteses, que pode ser consultado na íntegra *on-line*: http://bnmdigital.mpf.mp.br/. Acesso em: 23 nov. 2020. Segundo a definição desse *site*: "BRASIL: NUNCA MAIS é a mais ampla pesquisa realizada pela sociedade civil sobre a tortura política no país. O projeto foi uma iniciativa do Conselho Mundial de Igrejas e da Arquidiocese de São Paulo, os quais trabalharam sigilosamente durante cinco anos sobre 850 mil páginas de processos do Superior Tribunal Militar. O resultado foi a publicação de um relatório e um livro em 1985, que revelaram a gravidade das violações aos direitos humanos promovidas pela repressão política durante a ditadura militar". Cópias físicas na íntegra de 710 processos movidos pela Justiça Militar contra os opositores da ditadura encontram-se no Arquivo Edgard Leuenroth da Unicamp.

O SEGREDO DAS SENHORAS AMERICANAS

todo esse tempo sem poder se matricular na universidade, tendo de interromper o curso. Na condição de réu, não podia viajar ao exterior, o que frustrou sua ida aos Estados Unidos com a AUI (Pamponet, 2014).

Antônio Cláudio Gómez de Souza – da turma gaúcha da AUI de 1964 – teve o nome envolvido em dois processos da Justiça Militar que apuraram atividades do Partido Operário Revolucionário – Trotskista (Port) em São Paulo, o BNM 40 e o BNM 476. Preso em julho de 1970 e torturado, cumpriu pena de um ano de reclusão. Viria a ser preso preventivamente outra vez em meados de 1972, e solto em agosto. Acusado de ser trotskista, era irmão do célebre ator Paulo José, ligado ao PCB, assim como outros integrantes do Teatro de Arena na São Paulo dos anos 1960. Outro irmão era Luiz Alberto Gómez de Souza, nome histórico da Juventude Universitária Católica e da Ação Popular. Três ramos da esquerda numa mesma família do Rio Grande do Sul. Depois de sair da cadeia, Antônio Cláudio cursou Engenharia Eletrônica na UFRJ, onde viria a fazer pós-graduação e carreira acadêmica. Seu currículo Lattes do CNPq menciona o estágio em Harvard com a AUI, o que indica que ele valorizava essa experiência, mas não há qualquer outra menção acadêmica aos Estados Unidos. Ele veio a falecer no começo de 2020, aos 76 anos.

A AUI foi mencionada num processo judicial contra Cláudio Boeira Garcia, integrante da turma gaúcha de 1965. Ele ficou preso preventivamente por quinze meses, a partir de 9 de abril de 1970, conforme os dados do processo BNM 66, referente a 101 réus acusados de vinculação com organizações armadas no Rio Grande do Sul em 1969 e 1970. Foi qualificado no processo como "ex-seminarista e líder estudantil. Trabalhou na Confederação Nacional dos Bispos do Brasil". Em declaração à Justiça em 15 de maio de 1970, ele fez menção explícita a sua estada nos Estados Unidos. Afirmou, entre outras coisas, que em 1968

> [...] cursava o último ano de Teologia; que durante esse tempo em que estudou no Seminário de Viamão o depoente foi a Corrientes, na Argentina, onde durante dois meses fez um curso de catequese pastoral, nos primeiros meses de 1967 ou 1968; que no mês de julho de 1968 o depoente foi para os Estados Unidos, a fim de fazer novo curso, na Universidade Harvard, na Associação Interamericana de Universitários, onde esteve pouco mais de um mês; que antes porém o depoente fez um curso de preparação na UFRGS; que o curso feito na Argentina foi patrocinado pela Diocese do Nordeste da Argentina e nos Estados Unidos, por grupos de capitalistas norte-americanos e brasileiros.[80]

---

80 BNM 66, disponível em: http://bnmdigital.mpf.mp.br/DocReader/DocReader.aspx?bib=BIB_01, p.209. Acesso em: 23 nov. 2020.

O depoimento atesta a circulação internacional de estudantes no período. O preso citava tanto o curso da AUI como o da Argentina, provavelmente para dizer aos inquiridores por via indireta que integrava instituições da ordem estabelecida, fazendo viagens ao exterior financiadas pela Igreja católica e por "grupos de capitalistas norte-americanos e brasileiros". Assim, enfraquecia a acusação de que era subversivo, embora tivesse reconhecido – muito provavelmente sob tortura – que ele e seu grupo formaram uma coordenação para debater textos que obtinham em Porto Alegre com militantes da Vanguarda Armada Revolucionária – Palmares (VAR). Ele admitia ter colaborado com essa organização, inclusive recebendo dinheiro. Ao fim, Cláudio Boeira Garcia seria solto e absolvido das imputações de organizar um comando da VAR em Tapes, cidade do interior do Rio Grande do Sul onde morava com os pais e o irmão, também processado.[81] Depois de libertado, integraria com outros jovens o conjunto vocal e instrumental Os Tapes, de 1971 até os anos 1980. Críticos da mercantilização da cultura, celebravam a tradição gaúcha; gravariam o primeiro disco em 1975, a convite de Marcus Pereira, conhecido incentivador da música popular considerada de raiz, distante de influências da cultura dos Estados Unidos.[82] Nos anos 1990, estudioso de Rousseau e Hannah Arendt, ele faria mestrado na UFRGS e doutorado em Filosofia na USP. Em 1978, passou a ser professor da Universidade Regional do Noroeste do Estado do Rio Grande do Sul (Unijui). A estada com a AUI nos Estados Unidos não consta em seu currículo Lattes do CNPq.

Estudante de Serviço Social da turma pernambucana da AUI de 1965, Rosalina de Santa Cruz Oliveira foi acusada de associar-se ao padre Gerson da Conceição em atividades subversivas com os camponeses em Cachoeiras de Macacu no Rio de Janeiro, motivo pelo qual foi presa e torturada em dezembro de 1971, junto com outros acusados (BNM 057). Integrou a Juventude Estudantil Católica, a Juventude Universitária Católica, a AP e depois a organização que viria a ser denominada VAR-Palmares. Sua história de vida foi registrada pelo CPDOC.[83] Ela não fez menção ao intercâmbio nos Estados Unidos com a AUI

---

81 Parte da história de presos políticos gaúchos foi contada em livro de memórias por Índio Vargas, que mencionou Cláudio Boeira Garcia (Vargas, 1981, p.183).

82 Ver em: https://dicionariompb.com.br/os-tapes. Acesso em: 23 nov. 2020.

83 Rosalina Santa Cruz, entrevista a Ângela Maria de Castro Gomes, CPDOC/FGV, Rio de Janeiro, 12 jul. 2002, disponível em: http://www.fgv.br/cpdoc/historal/arq/Entrevista662.pdf. Também há um depoimento dela sobre o desaparecimento político do irmão, Fernando Augusto de Santa Cruz Oliveira, em 1974. Fernando era pai de Felipe Santa Cruz, presidente nacional da OAB de 2019 a 2021. Disponível em: https://www.youtube.com/watch?v=auZJ6AHQPjs, acessos em: 23 dez. 2020. A trajetória de Rosalina no movimento de organização dos camponeses foi analisada por Fabrício Teló (2019).

O SEGREDO DAS SENHORAS AMERICANAS

em seus depoimentos, mas a internacionalização no contexto da Guerra Fria apareceu quando se referiu à bolsa de estudos que ganhou da Organização dos Estados Americanos (OEA) para realizar um curso de seis meses na Venezuela em 1967. O tema era "planejamento e ação em autoconstrução", cujo objetivo era difundir projetos habitacionais de mutirão que poderiam servir para o Brasil. A estada na Venezuela impactaria duplamente seu futuro: de um lado, passou a trabalhar no Banco Nacional de Habitação (BNH), usando o que aprendeu lá, de outro se encantou com a guerrilha em curso naquele país. Presa por um ano e um mês, seria solta em janeiro de 1973. Mãe de um bebê de colo, voltaria a ser presa e torturada em abril de 1974, ao buscar notícia do irmão desaparecido dois meses antes, que nunca seria encontrado. Ficaria conhecida como militante do movimento dos familiares de mortos e desaparecidos políticos, e também pela carreira na PUC-SP como docente de Serviço Social. O estágio com a AUI em Harvard está registrado em seu currículo Lattes do CNPq.

Outro aluno da mesma turma da AUI de Pernambuco de 1965, o estudante de Sociologia Frederico José Menezes de Oliveira foi acusado de integrar o Partido Comunista Brasileiro Revolucionário (PCBR) em 1969 e 1970. Seria condenado a um ano de reclusão por tentar reorganizar partido ilegal, mas não cumpriu pena por estar foragido (BNM 91 e 179). Por sua vez, José Carlos Arruti Rey, economista da turma carioca da AUI de 1966, viajou aos Estados Unidos com a entidade após a Justiça rejeitar a denúncia contra ele e outros estudantes de pertencer à ilegal Ação Popular; os jovens reconheceram ligação apenas com a Juventude Universitária Católica (BNM 13). A experiência nos Estados Unidos não impediu José Carlos de aprofundar a militância de esquerda ao retornar. Foi posseiro em Goiás e trabalhou como assalariado rural na região cacaueira na Bahia, obedecendo à diretiva da AP para seus militantes pequeno-burgueses se integrarem à produção, como declarou a Cristiane Santana (2008). Ele viria a se exilar, depois de ter sido preso e torturado. Tornou-se diretor do Incra na Bahia nos anos 1980. Exerceria outras funções públicas, por exemplo, em 2009 foi nomeado coordenador do Gabinete de Gestão Integrada Municipal de Lauro de Freitas, na Bahia, em gestão do PT.

Muitos outros estudantes ligados à esquerda de origem cristã – então hegemônica no movimento estudantil, conforme já se salientou – estiveram nas missões da AUI, como José Milton Ferreira de Almeida, da turma baiana de 1965, estudante de Engenharia. Ele sofreria vários processos (BNM 18, 54, 684), e foi condenado como dirigente da Ação Popular Marxista-Leninista (APML) ainda antes de ser capturado. Finalmente preso, foi barbaramente torturado, conforme consta detalhadamente nos autos processuais de 1975, destacados pelo BNM em tópico referente às torturas a presos políticos.[84] Beneficiário da anistia de 1979, viria a falecer em 2005.

Também foi processado por ligação com a AP o então estudante de Medicina José Antônio Adura Miranda, da turma paulista da AUI de 1966 (BNM 54 e 72). Sua prisão preventiva chegou a ser decretada e ele foi considerado réu revel, pois se refugiara no exterior para concluir o curso. Fora detido duas vezes em razão de sua militância no movimento estudantil, a primeira delas no mesmo ano de sua viagem com a AUI, "em uma prisão infecta, com dezenas de colegas", nos termos de seu pedido de indenização por danos morais contra a União, devido a prisões e constrangimentos sofridos na época da ditadura. Depois ficou preso cerca de dois meses por participar do Congresso da UNE em Ibiúna; foi solto no último *habeas corpus* antes da edição do AI-5, que o atingiu, tendo sido levado a viver na clandestinidade até 1971, quando buscou refúgio no exterior, indo ao Uruguai, Chile e Canadá, até finalmente se estabelecer no país que visitara com a AUI, os Estados Unidos, onde seguiu carreira médica.[85]

Mais um bolsista da AUI que integrava a AP foi Péricles Santos de Souza, estudante de História e líder estudantil, selecionado para a turma baiana que foi a Harvard em 1964. Ele seria absolvido no processo BNM 584, de 1974. Então, já era membro do Partido Comunista do Brasil (PCdoB), onde seguia atuando em 2020 com cargo de direção. Foi processado por ligação com esse partido em 1977, condenado a cinco anos de reclusão e suspensão de direitos políticos por dez anos, mas estava foragido e não foi preso (BNM 43). Viveu na clandestinidade de 1968 até a anistia. Recebeu da Assembleia Legislativa baiana o título de Cidadão Benemérito da Liberdade e da Justiça Social João Mangabeira em 2008.[86]

Outros integrantes das missões da AUI também eram ou viriam a ser militantes do PCdoB, como José Roberto da Silva, da turma paulista de 1969, estudante de Direito e posteriormente jornalista. Ele foi processado em 1972 por atividades ligadas a esse partido (BNM 224). Acabaria sendo absolvido, mas no decorrer do processo ficou detido duas vezes, a primeira por mais de 40 dias, a segunda por mais de 30, como consta nos autos.[87] Também comunista

---

84 Ver em: http://bnmdigital.mpf.mp.br/DocReader/DocReader.aspx?bib=REL_BRASIL&pesq=13, p.604*ss*. Acesso em: 27 nov. 2020.

85 Seu pedido de indenização consta em: https://www.jusbrasil.com.br/diarios/33807394/trf-3-judicial-i-capital-sp-23-01-2012-pg-101. Acesso em: 23 dez. 2020.

86 Ver em: http://www.al.ba.gov.br/midia-center/noticias/11866. Acesso em: 23 dez. 2020.

87 Ver em: http://bnmdigital.mpf.mp.br/DocReader/DocReader.aspx?bib=BIB_03&pesq=13, p.1265 e 1318. Acesso em: 27 nov. 2020.

foi Ricardo de Matos Esmeraldo, aluno de Engenharia acusado de pertencer ao PCdoB no Ceará em 1973 e 1974 (BNM 696). Ele estivera nos Estados Unidos com a AUI em 1971. Viria a ser absolvido, mas esteve preso e foi torturado, fato que o levou a receber indenização do estado do Ceará, com base nas conclusões da Comissão Wanda Sidou, em 2008.[88]

Ex-bolsista da AUI, Omar Akel, aluno de Arquitetura, foi processado simplesmente por atividades política restritas ao movimento estudantil. Ele foi acusado de realizar atividade na proibida União Paranaense dos Estudantes, notadamente em seu jornal *Afirmação*, que teria ofendido as Forças Armadas em outubro daquele ano de 1967, após estar em Harvard. Ele seria absolvido, mas alguns colegas acabaram condenados em processo que se arrastou nas instâncias superiores pelos anos 1970 (BNM 163). Viria a ser conhecido no Paraná como arquiteto e urbanista; foi diretor-presidente da Agência Reguladora de Serviços Públicos Delegados do Paraná (Agepar), até setembro de 2020.

Carlos Gilberto de Moraes integrou a turma da AUI de 1965 e seria ordenado padre no ano seguinte. Também jornalista e escritor, esteve preso em Bagé por um ano, a partir de dezembro de 1972, acusado de ser um dos "padres comunistas do Brasil", responsável por várias "prédicas subversivas" em sermões, palestras e programas de rádio, entre outros procedimentos considerados ilegais entre 1966 e 1970, em que a denúncia o qualificava como elemento que "diz uma coisa, dá a entender outra e explica tudo, quando chamado às falas, de um terceiro modo. É parabólico, inteligente, ensaboado, resvaloso. No fundo, vermelho e subversivo" (BNM 600, p.5).[89] Testemunharam contra ele um diplomata, um comerciante e quatro oficiais do Exército, ofendidos sobretudo com as críticas do padre à campanha de propaganda governamental "Brasil: ame-o ou deixe-o". Não fosse trágico, o referido processo seria cômico. Cheio de passagens caricaturais que parecem inventadas, como o trecho em que o escrivão-sargento escreveu no Inquérito Policial Militar que o acusado teria "mania de ser padre p'ra frente", literalmente trocando a batina por uma camiseta vermelha, sendo ainda autor de "artiguetes no jornal da cidade, pretendendo ser dono de veia humorística". Só não convocou o analista de Bagé para verificar a sanidade mental do padre e ex-bolsista da AUI porque o escritor Luís Fernando Verissimo ainda não tinha criado o célebre personagem. Mas não era piada: o réu foi condenado a um ano de reclusão pela Lei de Segurança Nacional.

---

88 Ver em: https://www.oestadoce.com.br/politica/governo-indeniza-anistiados/. Acesso em: 28 nov. 2020.
89 Ver em: http://bnmdigital.mpf.mp.br/DocReader/DocReader.aspx?bib=BIB_06&pesq=600, e https://www.justica.gov.br/acervo_legado/anistia/calendario-de-sessoes/calendario-de-sessoes-2009/anexos/06-10_resultado-23-caravana-ce.pdf, acessos em: 22 dez. 2020.

Na certa, as atribulações de bolsistas da AUI com o aparelho repressivo não se resumiram aos catorze processados elencados pelo BNM. Era comum haver detenções que não redundavam em processo. Por exemplo, o estudante Luciano Coutinho, da turma de 1967 – futuro professor titular de Economia na Unicamp, presidente do BNDES nos governos federais do PT, com mestrado e doutorado na Universidade Cornell, premiado como "Person of the Year" em 2013 pela Brazilian American Chamber of Commerce – estava detido com colegas no Dops no final de junho de 1968, acusados de pertencer ao grupo subversivo de Márcio Leite Toledo, que integrara a mesma turma da AUI (Martinelli, 2006, p.51).

Há outros casos de bolsistas da AUI que foram perseguidos e não constam da lista do BNM, como Paulo Lincoln Carneiro Leão Mattos, estudante de Engenharia da turma cearense de 1967. Ele sofreu arbitrariedades repressivas, acusado com sua esposa de fazerem parte do PCBR. Foram torturados quando ficaram presos por quase um mês a partir do fim de novembro de 1970. A seguir exilaram-se no Chile e depois na Alemanha, voltando ao Brasil no fim de 1977. Paulo retornaria a Fortaleza em 1980, após ser readmitido pela empresa estadual de energia elétrica.[90]

Por sua vez, Vitória Lúcia Martins Pamplona Monteiro – psicóloga que integrou a turma pernambucana da AUI de 1965 – trabalhava na Infraero quando foi presa e torturada, suspeita de pertencer à AP. Foi uma das signatárias da carta de quinze mulheres presas na Ilha das Flores, endereçada ao cardeal arcebispo do Rio de Janeiro em dezembro de 1969, denunciando as torturas sofridas pelas prisioneiras.[91] Vitória viria a receber desculpas do governo brasileiro na Sessão Especial da Comissão de Anistia do Ministério da Justiça em março de 2010.

Se alguns bolsistas – a exemplo de tantos de sua geração – foram perseguidos, em certos casos presos e torturados, ainda assim tiveram melhor sorte que três antigos participantes da AUI, mortos por razões políticas durante a ditadura, conforme já destacado. O primeiro foi Márcio Leite Toledo, que integrara a turma de 1967. Gina Machado contou-me que era colega dele na Escola de Sociologia e

---

90 Ver em: https://vermelho.org.br/2009/10/01/caravana-da-anistia-vai-ao-ceara-e-homenageia-tito-e-bergson/. Acesso em: 23 dez. 2020.

91 A carta consta em obra organizada por Bernardo Kucinski (2013, p.199-203), disponível em: https://fpabramo.org.br/csbh/estante/pau-de-arara-a-violencia-militar-no-brasil/. É a tradução de livro editado originalmente na França em 1971, e no México em 1972, uma das primeiras denúncias sistemáticas em âmbito internacional do desrespeito aos direitos humanos pela ditadura militar no Brasil. Ver ainda: https://contramachismo.wordpress.com/tag/vitoria-lucia-martins-pamplona-monteiro/. Acesso em: 24 dez. 2020.

O SEGREDO DAS SENHORAS AMERICANAS   357

Política em São Paulo, por coincidência também fizeram parte da mesma turma da AUI. Disse que ele parecia conservador no começo do curso, pertencente a uma família de posses do interior, sempre se sentava no fundo da sala, sem compartilhar aparentemente do etos contestador da maioria dos colegas. Ela notou, entretanto, que ele mudaria de posição justamente depois da viagem da AUI, passando a se identificar com a Revolução Cubana (Machado, 2020).

Na verdade, a mudança de Márcio foi anterior, como relatou em livro Renato Martinelli (2006), amigo e colega de turma na Universidade Mackenzie. Ambos militavam desde 1965 numa organização de base do PCB no curso de Direito, que Márcio frequentava simultaneamente com a Escola de Sociologia e Política. Ele se tornaria presidente do Centro Acadêmico da Escola em 1967, ano de sua viagem com a AUI. Viveu o intenso processo de politização dos estudantes no período, participou moderadamente das manifestações de rua em 1968, pois já se preparava para realizar treinamento de guerrilha em Cuba, como integrante da dissidência do PCB que viria a constituir a ALN.

Pouco depois de estar no encontro da AUI com Robert Kennedy nos Estados Unidos, Márcio tinha reuniões com Carlos Marighella, o principal inimigo da ditadura e ferrenho anti-imperialista. Passado pouco mais de um ano da visita a Washington, estava em Havana, após ser preso duas vezes temporariamente no Brasil. Retornaria ao país em maio de 1970, momento em que os grupos armados sofriam forte cerco policial que culminaria na prisão e assassinato, poucos meses depois, de Joaquim Câmara Ferreira, líder da ALN após a morte de Marighella, na esteira do recrudescimento repressivo posterior ao sequestro do embaixador dos Estados Unidos, Charles Elbrick.[92] No contexto de uma sequência de prisões e mortes que esfacelavam a organização, alguns militantes pensaram em recuar do enfrentamento armado e buscar apoio popular, gerando dissensões entre os dirigentes. A tarefa da polícia era facilitada pela infiltração de agentes entre os militantes. O clima interno era de rivalidade e desconfiança. Alegando que Márcio estava com problemas psicológicos e que se recusava a aceitar o convite da direção para deixar o Brasil, temendo que revelasse o muito que sabia, caso fosse preso – e talvez também por competição interna pelo poder –, um comando

---

92 Há várias obras que tratam do famoso sequestro do embaixador dos Estados Unidos no Rio de Janeiro em setembro de 1969, que alguns preferem chamar de rapto ou captura. Ver, por exemplo, o livro de Higor Codarin (2019, p.164-79). Elbrick ocupou o cargo diplomático máximo no Brasil de julho de 1969 a maio de 1970, sucedendo John Tuthill, que permanecera no posto de junho de 1966 a janeiro de 1969, após o período do famigerado Lincoln Gordon. O embaixador na época da última viagem da AUI foi William Rountree, no Brasil de novembro de 1970 a maio de 1973.

resolveu executá-lo. Assim foi feito em 23 de março de 1971, para revolta de alguns companheiros que se recusavam a ver a ALN reduzida a mero grupo conspirativo, enredado numa lógica violenta e autodestrutiva.[93]

O segundo bolsista assassinado foi Boanerges de Souza Massa, desaparecido em 21 de junho de 1972, quase dez anos depois da visita aos Estados Unidos com a primeira turma da AUI, que tivera o mencionado entrevero com o presidente Kennedy nos jardins da Casa Branca. O talentoso estudante de Medicina na USP, onde também estudou Direito, era originário do interior de São Paulo. Formado, tornou-se médico do Instituto Nacional de Previdência Social (INPS), do Hospital das Clínicas e da prefeitura paulistana; viria a se integrar à ALN, tratando de feridos em inúmeras situações relatadas em processos contra ele e seus companheiros na Justiça Militar. Mais tarde foi treinar guerrilha em Cuba, onde aderiu ao Movimento de Libertação Popular (Molipo), dissidência da ALN. Ao retornar ao Brasil, seguiu para o norte do estado de Goiás, onde seu grupo montou uma base de operação para articular a guerrilha rural. Seria capturado no fim de 1971, torturado e morto secretamente pelos órgãos repressivos, tornando-se um desaparecido político. Em outubro de 1996, a família obteve indenização governamental pelo assassinato. O corpo jamais foi encontrado.[94]

O nome de Boanerges consta de três processos contra militantes da ALN em São Paulo (BNM 7, 100 e 105). No primeiro deles, há comentários detalhados de um delegado do Dops sobre o discurso do jovem como orador oficial de sua turma de formandos na mais prestigiosa faculdade de Medicina do Brasil em 1965. Ser escolhido como orador atestava sua liderança – ele havia sido eleito com 72 votos de um total de 80 colegas (contra 4 para outros dois candidatos e 4 em branco). Justamente devido a essa liderança, Boanerges antes atraíra a atenção dos selecionadores da AUI. O delegado zombava do estilo e dos supostos erros de português do jovem, relatando que o discurso se caracterizava pela "ânsia de distilar [*sic*] o veneno marxista", espalhando "a peçonha mortífera da doutrina vermelha" ao defender a tese de socialização da medicina

---

93 Ver as obras de Serbin (2019); Martinelli (2006); Gorender (1987); Pedroso Jr. (2003); Ferraz (2021); entre outras. Para a versão de um executor da sentença, ver as "memórias romanceadas" de Carlos Eugênio Paz (1996), também o filme documentário de 2019 sobre ele, *Codinome Clemente*, de Isa Albuquerque. E ainda a dissertação de Maria Cláudia Badan Ribeiro (2005). As atividades ditas subversivas de Márcio Leite Toledo, bem como sua morte, foram tratadas na Justiça Militar (BNM 070).

94 Ver: Brasil, 2014, v.3, p.786-90; Teles et al., 2009, p.355-6. O caso foi relatado à Comissão da Verdade de São Paulo, disponível em: http://comissaodaverdade.al.sp.gov.br/mortos-desaparecidos/boanerges-de-souza-massa. Ver também: http://www.desaparecidospoliticos.org.br/pessoa.php?id=1579&m=3, acessos em: 16 nov. 2020.

O SEGREDO DAS SENHORAS AMERICANAS

para atender a ampla maioria desvalida do povo. A longa peça depreciativa do discurso é reveladora da mentalidade policial que comandava o país, com afirmações caricatas, como dizer que, na sociedade brasileira, "todos sabemos, só não trabalha quem não quer e só não frequenta escola aquele que não deseja instruir-se".[95]

Alguns professores com cargos de direção censuraram previamente amplos trechos do discurso de formatura, realizada no Teatro Municipal de São Paulo em 27 de dezembro de 1965. Na versão de Boanerges registrada em depoimento no processo, ele se recusou a alterar o texto e isso foi motivo para que não lhe concedessem a palavra na cerimônia, ao contrário do que dava a entender a denúncia redigida pelo delegado do Dops Benedito Nunes Dias, que tratava o discurso como se tivesse sido realizado de fato. A versão de Boanerges seria confirmada em depoimento em juízo pelo diretor da faculdade, responsável pela censura; ele garantiu que o discurso não foi lido em público. Ao fim, o próprio Dops reconheceu que, como "o aludido discurso não foi pronunciado, não houve infração à lei".[96]

A censura ao discurso pela direção da Faculdade de Medicina, e o fato de ter chegado ao conhecimento da polícia, são indicadores da cumplicidade de setores da sociedade civil com o regime militar, aspecto ressaltado por autores como Daniel Aarão Reis (2000). Na direção contrária, a escolha de Boanerges como orador da turma mostra que havia muita gente crítica, embora poucos tenham acompanhado os passos seguintes de Boanerges, que se integrou à esquerda armada, razão pela qual viria a ser denunciado como "médico subversivo" em outros processos que levaram à decretação de sua prisão preventiva, que nunca se efetivou oficialmente (BNM 100 e 105). Condenado a cinco anos de reclusão como réu revel em outubro de 1971, viria a ser eliminado no ano seguinte, independentemente de qualquer processo, portanto fora até mesmo da legalidade precária estabelecida pelo próprio regime militar.

Neste estudo sobre a AUI em meio à Guerra Fria cultural, vale a pena destacar um trecho do depoimento de Boanerges, referente à internacionalização dos estudantes anterior ao golpe de 1964. Diz a peça jurídica:

> O declarante respondeu: – Que, desde o 2º ano, o estudante tornou-se líder de sua turma, e dentre suas atividades, organizou uma caravana cultural para os EE.UU., da qual partici-

---

95 Disponível em: http://bnmdigital.mpf.mp.br/DocReader/DocReader.aspx?bib=BIB_01&pesq=13, p.94*ss*. Acesso em: 6 dez. 2020.

96 Idem, p.106.

param 40 médicos do Hospital das Clínicas e 70 estudantes, a fim de conhecer não só a rede hospitalar, bem como as últimas conquistas no campo médico e, aproveitando a oportunidade que se lhes ensejava, conhecer o padrão de vida do povo americano; que o declarante também organizou outras caravanas, com os mesmos objetivos, percorrendo os países da Europa Ocidental, não tendo sido visitados os países da região Oriental. [...] que as viagens que fez o declarante para os EE.UU, foram financiadas pelos laboratórios norte-americanos com filiais no Brasil, como: – Squibb, Johnson & Johnson, Parke Davis, Abott, Lily, Upjohn, e para a Europa, pelos laboratórios – Carlos Erba de Milão, Le Petit, na França, e para a Alemanha, os laboratórios Bayer, Hoeckst, Sandors do Brasil [...]. (BNM 7).[97]

Como peça policial de um processo, trata-se da versão filtrada pelo escrivão do depoimento realizado na delegacia do Dops em fevereiro de 1966. No trecho acima, é provável que ele tenha transcrito a seu modo o que Boanerges dissera em verdade sobre a viagem aos Estados Unidos com a AUI em 1962, pois – além da data – o número de estudantes e de supervisores envolvidos é praticamente o mesmo. Além disso, coincidem não só os patrocinadores mencionados, como também o relato dos propósitos da viagem de natureza acadêmica e para conhecer o modo de vida do povo daquele país. Trata-se de mais um caso em que atividades no exterior, como as patrocinadas pela AUI, foram usadas judicialmente em favor de perseguidos por subversão da ordem. Eles assim se apresentavam nos processos como pessoas ligadas a suas instituições.

O depoimento de Boanerges sobre o discurso de formatura também expressava a revolta dos que se identificavam com o governo constitucional deposto. O jovem médico colocava-se, nos termos do escrivão, ao lado das "reformas de base então preconizadas pelo Presidente João Goulart", que teriam empolgado "toda a classe universitária de São Paulo". As viagens aos Estados Unidos e à Europa ocidental atestavam a internacionalização que se difundia no período, bem como a posterior passagem do médico para treinamento em Cuba, que viria a lhe custar a vida ao voltar.

A terceira vítima fatal entre os participantes da AUI foi o maranhense Ruy Frazão Soares, da turma pernambucana de 1965. O estudante de Engenharia aproveitara a viagem aos Estados Unidos com a AUI para denunciar as torturas no Brasil durante a visita à ONU, inclusive as que ele mesmo sofrera logo após o golpe de 1964. Ele foi membro da Juventude Universitária Católica, da AP, indo a seguir para o PCdoB, onde militava quando foi morto em Petrolina, em maio de 1974, após ser capturado e espancado pela Polícia Federal na feira de

---

97 Idem, p.100ss. A pontuação e a grafia dos nomes dos laboratórios foram mantidos conforme registrados nos processos, não raro com erros.

O SEGREDO DAS SENHORAS AMERICANAS   361

artesanato onde trabalhava. Em 1966 fora condenado por agitação estudantil no
período anterior, justamente aquele em que a AUI o escolheu para ir aos Estados Unidos. A condenação o levou a deixar a Universidade Federal de Pernambuco sem concluir o curso. Viveu clandestino em Juazeiro, na Bahia. A família
jamais pôde enterrar seu corpo, apesar de todos os esforços.[98]

Casados em 1968, Ruy Frazão e Felícia tiveram o filho Henrique em 1972,
compondo uma família que se afastava do modo de vida americano propagado
pela AUI. Nada de consumismo, havia abandonado o cotidiano de classe média
em Recife para viver com o povo no interior, inspirado na Revolução Cultural
chinesa, que pregava a integração dos militantes na produção e o fim da separação entre trabalho intelectual e trabalho manual. A proletarização de seus
membros de origem pequeno-burguesa era a determinação da Ação Popular
a seus integrantes na época, que não deixava de fazer lembrar as experiências de despojamento pessoal dos padres operários franceses no pós-guerra.
A comunhão na pobreza – compartilhando a vida cotidiana de camponeses e
operários – fazia parte da missão revolucionária, redentora da humanidade,
possível por meio da experiência, da vivência, do engajamento pessoal na realidade cotidiana do povo, num amálgama de marxismo com cristianismo, como
tentei demonstrar em outro lugar (Ridenti, 2007). Com uma história de vida
que trazia influências da cultura brasileira nordestina, do cristianismo operário
francês, da Revolução Cultural chinesa e da experiência com a AUI nos Estados
Unidos, Ruy Frazão Soares personificou a seu modo a era da aldeia global, na
expressão já referida do intelectual canadense Marshall McLuhan durante os
anos rebeldes, aqueles da existência da AUI, quando alguns viveram a Guerra
Fria a quente.

LIGAÇÕES PERIGOSAS

Sentindo-se ameaçados pelo que consideravam uma escalada da subversão,
muitos empresários que haviam patrocinado o projeto ilustrado da AUI não
hesitaram em financiar o aparelho repressivo montado pela ditadura, a começar
pela Operação Bandeirante, a temida Oban, entidade de repressão extraoficial, que por isso mesmo não podia contar abertamente com fontes de recursos
governamentais e recorria ao empresariado. A Oban foi o embrião informal
do futuro Destacamento de Operações de Informação – Centro de Operações

---

98 Ver Teles et al., 2009, p.576-8; Brasil, 2014, v.3, p.1667-9; e Linhares, 2008.

362   MARCELO RIDENTI

de Defesa Interna, mais conhecido pela sigla DOI-Codi, este sim uma instituição oficial ligada ao Exército brasileiro.[99] Para viabilizar a Oban,

> As empresas nacionais pagaram de acordo com a vontade de seus diretores. Já as multinacionais americanas procuraram conselho no consulado dos Estados Unidos. Se a consulta era telefônica, o funcionário encarregado do assunto respondia que ficava a critério de cada um, mas pelo menos um homem de negócios recebeu uma visita complementar de um funcionário do consulado que, satisfeito, enumerou as empresas que já haviam decidido ajudar o combate à subversão. (Gaspari, 2002, p.62-3)

O próprio governo dos Estados Unidos não negava ajuda ao aparelho repressivo. Sua participação no golpe de 1964 – apoiada pelas principais forças políticas institucionais, incluindo a imprensa daquele país – foi inequívoca e comprovada por inúmeros documentos, como atestaram até historiadores críticos de leituras simplificadoras que não permitiriam enxergar a complexidade do real sob a noção de imperialismo ianque, como Carlos Fico (2008) e James Green (2009). Autor de um livro que mostrou a formação de uma oposição crescente à ditadura brasileira nos Estados Unidos nos anos seguintes, Green destacou que em 1964 houve praticamente unanimidade em apoio à posição do governo Johnson a favor do golpe, defendida até por parlamentares críticos de sua política para o Vietnã (Green, 2009, p.26-7).

Nas circunstâncias da Guerra Fria, o governo Kennedy criara a Aliança para o Progresso em março de 1961, voltada para a América Latina, além de obras missionárias como os Corpos da Paz, que levaram jovens dos Estados Unidos para vários pontos do globo, com a intenção de prestar assistência a países pobres em busca de modernização e desenvolvimento, procurando evitar assim que caíssem na órbita comunista. Nove estados brasileiros receberam esses jovens, tema analisado por Cecília Azevedo (2008). Em 1966, estagiários dos Corpos da Paz participaram pela primeira vez do programa da AUI em Harvard, logrando bom entendimento com os bolsistas, apesar de dificuldades iniciais devido à barreira da língua, que teria sido superada pela boa vontade de ambas as partes.[100] Outro relatório dava mais esclarecimentos sobre a presença de 36 voluntários dos Peace Corps no seminário da AUI em Harvard naquele

---

99 Sobre a Oban e o DOI-Codi, ver, por exemplo, o livro de Mariana Joffily (2013) e o material do CPDOC em: http://www.fgv.br/cpdoc/acervo/dicionarios/verbete-tematico/destacamento-de-operacoes-e-informacoes-centro-de-operacoes-e-defesa-interna-doi-codi. Acesso em: 6 dez. 2020.

100 Minutes of the Second Annual Meeting of the Board of Trustees of the Interamerican University Foundation. 7 dez. 1966. Henry Kissinger Papers, Part II, Series I. Early Career and Harvard University, Box 31, Folder 15, p.134. Documento com acesso mediante autorização.

O SEGREDO DAS SENHORAS AMERICANAS 363

ano, como parte de seu programa de treinamento para atuar em universidades brasileiras.[101]

As iniciativas norte-americanas se multiplicavam: Usaid, Alimentos para a Paz, American Institute for Free Labor Development (AIFLD), treinamento de policiais e militares "formavam uma muralha de apoio para fortalecer o país contra o suposto giro iminente do Brasil para o comunismo" (Green, 2009, p.61).[102] Sem contar o apoio estrangeiro ao Ipes e ao Ibad, bastante conhecido a partir da obra pioneira de Dreifuss (1981), já comentada.

Os Serviços de Divulgação dos Estados Unidos (United States Information Service – Usis) programaram gastar no Brasil cerca de 2 milhões de dólares em 1964, mais 5 milhões por ano de 1965 a 1970, apenas em atividades de propaganda e correlatas, como produção e distribuição de publicações e filmes para autoridades dos três poderes. Também atuavam entre jornalistas, cientistas, professores universitários, estudantes e especialmente militares – com financiamento para os considerados mais influentes visitarem os Estados Unidos, como revelou Carlos Fico (2008, p.80ss). A AUI, com seus ideais esclarecidos, era parte desse conjunto.

O conhecido delegado do Dops José Paulo Bonchristiano afirmaria décadas depois que esteve "oito vezes em cursos de treinamento nos Estados Unidos (entre 1963 e 1970)". Lá teria realizado "cursos técnicos, de polígrafo, técnicas de inteligência, infiltração. E sobre o comunismo também, eles tinham verdadeira obsessão. Saí de lá convencido de que eles, sim, são duros, fazem o que for preciso para garantir seus princípios" (apud Amaral, 2012).

Em suma, empresários e o próprio governo dos Estados Unidos financiavam iniciativas como a AUI com a mão esquerda e a repressão governamental com a direita. Isso não significava incongruência, mas aposta em mecanismos diversos para assegurar a "livre iniciativa", com a manutenção da ordem para garantir a prosperidade de seus negócios. A rapidez com que murchou o projeto de ajuda e convencimento dos Estados Unidos para a América Latina, logo reforçando o intervencionismo habitual na Guerra Fria, encontra um exemplo sintetizador num relato de Flávio Tavares. Ao ser torturado com choque elétrico nos porões da ditadura, o jornalista notou que um rádio portátil funcionava como gerador para "dar choque nos presos com descargas elétricas

---

101 AUI 1966 Annual Report. Idem, p.144-5.
102 Ver as obras de Larissa Corrêa (2017), sobre relações sindicais, e de Martha Huggins (1992), acerca de polícia e política, entre outras que destacam a influência dos Estados Unidos sobre pessoas e instituições brasileiras durante a Guerra Fria.

moduláveis", nos termos do relatório da Comissão da Verdade brasileira, que foi presidida por um antigo bolsista da AUI, Paulo Sérgio Pinheiro (Brasil, 2014, v.1, p.366).[103] No aparelho, lia-se "numa inscrição em relevo, '*Donated by the people of United States*' e, logo abaixo, a insígnia da Aliança para o Progresso, com duas mãos entrelaçadas" (Tavares, 2005, p.88). Ou seja, o rádio doado para atividade de assistência e convencimento logo fora convertido em instrumento de tortura, embora essa dupla possibilidade talvez não estivesse prevista no plano original.

EPÍLOGO DE UM PROJETO OU A GAIOLA DE OURO

Bolsistas da AUI podem ser tomados como referenciais do meio estudantil universitário da época, impregnado de desejo ao mesmo tempo de mudança, desenvolvimento e ascensão social, como atesta o estudo clássico da socióloga Marialice Foracchi (1977). A experiência da AUI foi importante para eles, em sua diversificada trajetória posterior, cobrindo um amplo arco que foi da participação em governos militares até a oposição mais tenaz que levou alguns ao exílio, à prisão e até à morte. Muitos triunfaram em suas carreiras em diversas áreas, frequentemente com destaque, transitando por diversas orientações políticas e ideológicas ao longo da vida.

A AUI nunca procurou organizar os participantes depois do retorno ao Brasil, em conformidade com sua posição assumidamente liberal. Confiante na grandeza de seu país e daquilo que chamamos de quatro templos do modo de vida americano, era como se dissesse implicitamente aos bolsistas: damos a oportunidade de conhecer os Estados Unidos, ter uma visão geral do país e suas instituições; esperamos que isso quebre preconceitos e sejam nossos aliados, mas o que farão depois com esse conhecimento é problema de livre escolha de cada um.

A experiência da AUI contribuiu para gerar amizades e redes de contato entre estudantes de diversos pontos do Brasil. Por exemplo, Paulo Sérgio Pinheiro contou que se tornou amigo de seu companheiro de quarto Cristóvão Buarque, futuro reitor da UnB, ministro e senador (Pinheiro, 2017). A experiência também moldou o destino profissional de algumas pessoas, como Sérgio

---

103 O relatório da Comissão Nacional da Verdade está disponível em: http://www.memoriasreveladas. gov.br/administrator/components/com_simplefilemanager/uploads/CNV/relat%C3%B3rio%20cnv%20 volume_1_digital.pdf. Acesso em; 26 set. 2020.

O SEGREDO DAS SENHORAS AMERICANAS   365

Foguel, estudante de Engenharia da turma gaúcha de 1965; ele se mudou para a Bahia para montar uma sociedade, a convite de um colega de lá que conheceu na viagem com a AUI. Por sua vez, Cláudio Allgayer, estudante de Medicina em Porto Alegre em 1971, entrou em contato em Harvard com um médico que influenciou decisivamente sua especialização em planejamento e gestão em saúde (apud Paiva, 2008, p.38-9). Os exemplos poderiam ser multiplicados.

Assim, se o objetivo da AUI era ajudar a formar elites dirigentes e redes de contato entre futuros líderes, além de mostrar a complexidade da sociedade dos Estados Unidos, abrindo perspectivas para os estudantes, pode-se dizer que ele se cumpriu. Afinal, todos voltavam impressionados com o que vivenciaram naquele país, e muitos teriam destaque como lideranças políticas, profissionais, acadêmicas e empresariais. Sucede que a sociedade dos Estados Unidos se revelou mais complexa e contraditória do que os organizadores do projeto supunham, a ponto de transbordar os limites de sua ideologia.

Então, o êxito da AUI é discutível se o intento era difundir o modo de vida americano; é ainda mais discutível se a intenção era colocar os bolsistas na órbita dos Estados Unidos na Guerra Fria. Afinal, depois de voltar ao Brasil, os que eram esquerdistas continuaram a ser. De fato, muitos mudaram de convicção ao longo do tempo, mas é difícil avaliar quanto a AUI contribuiu para isso, já que houve mudanças profundas mais gerais de contexto. Certo mesmo é que a maioria dos participantes aproveitou a experiência, que abriu portas para outras, no Brasil e no exterior, para construir suas carreiras e ampliar contatos pessoais e políticos, como atestam dezenas de depoimentos e a análise do destino de cada um. Eles souberam usufruir da iniciativa como os principais beneficiários de um jogo em que não foram simples peças manipuladas, embora não tivessem como dominar suas regras nem conhecessem todas as implicações envolvidas. Eram atores com relativa autonomia e preparados, embora jovens, longe de serem inocentes úteis nos entreveros da Guerra Fria.

Os estudantes da AUI faziam parte de disputas intrincadas, das quais poderiam tirar proveito, mesmo sem conhecer todos os detalhes. O próprio desconhecimento parcial fazia parte do jogo. Os organizadores sabiam que ele só podia continuar se não fosse transparente, tinham clareza de que muitos participantes topariam o desafio até um certo limite que não os comprometesse com o governo dos Estados Unidos, considerado imperialista. Isso ficou claro na circular já comentada que Elisabeth Washburne mandou a Henry Kissinger, pedindo sigilo sobre o investimento vultoso da Usaid, tão contestada pelo movimento estudantil. Revelar certos segredos tiraria dos participantes o benefício da dúvida. Não haveria como estudantes mais à esquerda participarem se esse financiamento fosse revelado, assim como não foi possível para muitos continuar contribuindo com a revista *Mundo Nuevo* após a descoberta do apoio da CIA ao Congresso pela Liberdade da Cultura, como se viu no capítulo anterior.

Naquele contexto, percebendo as contradições da sociedade norte-americana, forças de esquerda cada vez mais se convenceram de que vale a pena lutar em terreno estrangeiro, pois há uma sociedade complexa nos Estados Unidos, com forças sociais e políticas em conflito, onde é possível angariar aliados. Seria equivocado supor que tudo naquele país está em conformidade com uma política externa imperialista monolítica; ela pode ser variável, a depender dos embates na política interna. O exemplo mais vivo disso foi o fim da guerra do Vietnã, vencida em grande parte no terreno da opinião pública norte-americana. No caso brasileiro, também foi tecida uma rede de solidariedade naquele país, influenciando até iniciativas do governo Carter pelos direitos humanos que incomodaram a ditadura no Brasil, conforme apontou o estudo citado de Green (2009).

Com distanciamento no tempo, evitando demonizar a Usaid, Rodrigo Motta ponderou que professores a serviço da entidade convidaram colegas em dificuldade política no Brasil para pesquisar nos Estados Unidos, com bolsa. Indicou também a mobilização de um montante de recursos significativo para a época, pelo menos 183 milhões de dólares entre 1961 e 1973 apenas em educação. Aproximadamente 10 mil brasileiros teriam estudado nos Estados Unidos de 1950 a 1972 com financiamento da Usaid, criada em 1961, e agências que a antecederam, incluindo cursos de pós-graduação e técnicos de curta duração (Motta, 2014, p.137-9). Provavelmente os dados da AUI foram computados nesses totais. Os números apresentados corroboram a hipótese central aqui levantada: muitos trabalhadores intelectuais brasileiros souberam tirar proveito a seu modo – para os mais diversos fins, individuais e coletivos – da situação a que estavam constrangidos durante a Guerra Fria, jogando a partida, embora com peças mais frágeis na incerteza da disputa.

A contestação às instituições estabelecidas, crescente nos anos de vida da AUI, redundou na reação de governos duros para garantir a lei e a ordem, o de Richard Nixon nos Estados Unidos e o do general Médici no Brasil, conhecido pela repressão mais brutal. Nixon foi apoiado nas urnas pela maioria da população dita silenciosa, temerosa de perder seu modo de vida tradicional, disposta a bancar a política externa agressiva de seu país, que raramente faz jus à complexidade interna de sua sociedade, portanto não é de espantar a visão que se tem dele no exterior, particularmente nos países do Terceiro Mundo.

A escassez de recursos – derivada da pouca receptividade do governo Nixon e do empresariado à continuidade da iniciativa – foi o principal fator para o fim

O SEGREDO DAS SENHORAS AMERICANAS

das viagens da AUI. Também contribuiu o agravamento da conjuntura no Brasil, cujo governo passou a pedir a lista de participantes e critérios de seleção à direção da AUI, sem ser atendido, segundo Manoel Botelho (apud Paiva, 2008, p.75). Além disso, a principal mentora do projeto Mildred Sage voltou a morar em Nova York, onde manteve algumas atividades da IUF até falecer, em 1990. Segundo Botelho:

> A remanescente AUI prosseguiu abrigada na direção do Colégio Vera Cruz, em São Paulo. Em reunião no Jockey Club de São Paulo, a diretoria da AUI original, presidida pelo advogado J. M. Pinheiro Neto, incumbiu José Theophilo Ramos Jr. de exercer a função de liquidante. Em seguida, toneladas de papéis foram guardadas na sede da United States Information Service (Usis), órgão anexo ao consulado americano. Com o tempo, quase todo o material foi incinerado. (Apud Paiva, 2008, p.75)

Assim, a associação entre a iniciativa privada e o governo dos Estados Unidos revelou-se novamente no encerramento das atividades da AUI, cuja diretoria de empresários legou à agência de divulgação internacional daquele país a guarda de seu arquivo, finalmente descartado. Naquelas circunstâncias, o clima já não era propício para iniciativas de *soft power* como a AUI. Seus patrocinadores sentiam que o encanto estava quebrado, o feitiço se voltava contra os feiticeiros. Seria preciso inventar novas fórmulas para recompor a hegemonia capitalista internamente e no plano internacional, preservando o poder dos Estados Unidos, numa história que segue sem fim, com as peças reposicionadas constantemente no tabuleiro.

Como bem sintetizou o sociólogo José Vicente em entrevista sobre sua experiência na penúltima turma, "a impressão que eu tenho é que o modelo da AUI foi começando a furar por causa das modificações da sociedade americana" (Santos, 2017). O que era para ser uma celebração dos templos do modo de vida americano rapidamente se converteu em testemunho das mudanças e contestações da sociedade em pleno solo dos Estados Unidos, chegando a um ponto em que o projeto da AUI deixou de fazer sentido para seus financiadores. O governo daquele país e suas empresas multinacionais já não viam o próprio rosto nos acontecimentos em curso, que não serviriam de modelo para os estudantes em visita, não se justificava mais patrocinar aquela experiência cara e inusitada. Os velhos templos já não atraíam tantos fiéis, seria preciso mudar a fórmula do feitiço.

Quanto aos estudantes da AUI, aos olhos dos financiadores do projeto, talvez fossem simbolicamente pássaros rebeldes do Terceiro Mundo, com potencial para tirar o sono dos pacatos habitantes das cidadezinhas litorâneas em torno de Boston, levados até lá para aprender a ser os *lovebirds* da gaiola do filme de Hitchcock. Gaiola que poderia ser interpretada – à luz da obra clássica de Max Weber (2004) – como uma "jaula de ferro", tradução imprecisa, mas consolidada da expressão *iron cage*. Como se sabe, ela foi cunhada pelo sociólogo norte-americano Talcott Parsons ao traduzir para o inglês a expressão alemã original *Stahlhartes Gehäuse*, que significa ao pé da letra "habitáculo duro como aço", segundo Michael Löwy.[104] Pois bem, na conhecida formulação de Max Weber, a civilização capitalista tenderia a desembocar numa espécie de prisão, dura como o aço. Isto é, as relações sociais que seriam fruto da livre escolha dos indivíduos teriam gerado uma rotina de reprodução burocrática a tolher a liberdade original, crescentemente suprimida no processo de racionalização da vida social. Haveria um

> [...] poderoso cosmos da ordem econômica moderna ligado aos pressupostos técnicos e econômicos da produção pela máquina, que hoje determina com pressão avassaladora o estilo de vida de todos os indivíduos que nascem dentro dessa engrenagem – não só dos economicamente ativos – e talvez continue a determinar até que cesse de queimar a última porção de combustível fóssil. [...] Os bens exteriores desse mundo ganharam poder crescente e por fim irresistível sobre os seres humanos como nunca antes na história. (Weber, 2004, p.165)

Desde aquele início do século XX, os Estados Unidos seriam por excelência o território onde "a ambição do lucro tende a associar-se a paixões puramente agonísticas que não raro lhe imprimem até mesmo um caráter esportivo". Os estudantes da AUI testemunharam naquele país a sociedade de consumo mais desenvolvida até então, centrada simbolicamente na propriedade privada de automóveis e outros bens, pronta para exaurir o planeta até "a última porção de combustível fóssil". Aquele momento talvez tenha significado também o início da realização da célebre premonição que o cientista social Max Weber, num lapso valorativo consciente, permitiu-se formular:

> Então, para os "últimos homens" desse desenvolvimento cultural, bem poderiam tornar-se verdade as palavras: "Especialistas sem espírito, gozadores sem coração: esse Nada imagina ter chegado a um grau de humanidade nunca antes alcançado". (Weber, 2004, p.166)

Como se sabe, esse "Nada" jamais cessou de se recolocar na sociedade produtora de mercadorias em todos os países, para usar termos de outra matriz

---

104 Esse autor, entretanto, conserva o termo "jaula", pois se tornou "parte da linguagem – não só do vocabulário sociológico – e adquiriu uma espécie de vida própria" (Löwy, 2014, p.12).

O SEGREDO DAS SENHORAS AMERICANAS 369

teórica. Houve a reconstrução permanente da hegemonia capitalista nos Estados Unidos e no resto do mundo, dando suas respostas aos questionamentos à ordem estabelecida, tão intensos na época da AUI. Em geral, como é sabido, foram feitas algumas concessões a trabalhadores, estudantes, negros, mulheres e homossexuais, além de adequação a mudanças nos costumes, num cenário em que já não havia espaço para seguir com o projeto da AUI, embora outros intercâmbios acadêmicos viessem a florescer na reconstrução da hegemonia. Os bolsistas, ao fim, foram pessoalmente os principais beneficiários, puderam conhecer uma sociedade mais complexa do que imaginavam e também muito mais contraditória que a ideologia a presidir a organização da entidade, embora coletivamente instalados na "jaula de aço". Ou seria melhor dizer "gaiola de ouro", a tolher voos largos, mas sem impedir de cantar?

CONSIDERAÇÕES FINAIS

Neste livro, foram analisadas três experiências imediatamente anteriores à organização da vida intelectual brasileira com predomínio acadêmico – que desde o nascedouro conviveu com a mercantilização e a massificação crescentes da cultura, associadas à sua democratização, que se acentuariam ainda mais na velocidade da era digital. O processo de mudança atualmente em curso tem desdobramentos que ainda não estão claros, mas é evidente que exige a internacionalização do conhecimento, cada vez mais valorizada pelas agências de financiamento à pesquisa. Talvez o estudo de um momento anterior ajude a compreender e questionar o presente.[1]

As três passagens tiveram vários aspectos em comum, como a origem de classe dos sujeitos e o financiamento internacional no contexto de disputa por corações e mentes durante a Guerra Fria. Envolveram atores em busca de realização de seus projetos em meio às pressões e limites estruturais, num momento de urbanização e industrialização aceleradas da sociedade brasileira e questio-

---

1 Por exemplo, Sirinelli apontou que o poder crescente da cultura da mídia já questionava, no último quarto do século XX, o lugar dos intelectuais como "arautos das grandes controvérsias nacionais" na França (2003, p.189). Mais recentemente, com o avanço da era digital e da globalização, apareceram novidades como o surgimento de "artífices transnacionais, especialistas em produção simbólica da nação, que desafiam a posição antes ocupada pelos intelectuais tradicionais", segundo Michel Nicolau Netto (2021).

namento da ordem mundial. Outra característica faria delas algo pouco usual: não resultaram de iniciativa do Estado brasileiro, nem foram financiadas por ele.

As três passagens foram paralelas, mas exteriores à organização institucional universitária. No caso dos comunistas, era uma vida intelectual diretamente vinculada à política; no que se refere a *Cadernos Brasileiros*, a revista dependia de uma organização internacional correlata à academia, com uma dinâmica própria, embora muitos agentes envolvidos também ocupassem lugares no sistema universitário no Brasil e no exterior, e houvesse pretensão de alcançar a objetividade científica. Os seminários e grupos de estudo da publicação no Rio de Janeiro estavam ligados ao Instituto Latino-Americano de Relações Internacionais (Ilari), responsável por realizações como o referido congresso sobre as elites em Montevidéu em 1965. Essas e outras iniciativas tiveram conexão com a vida intelectual na universidade, mas obedeciam a uma lógica de formação das classes dirigentes não necessariamente dentro da academia. O mesmo vale para a Associação Universitária Interamericana, que levava estudantes para Harvard, mas no intento explícito de recrutar e formar lideranças em todas as áreas, inclusive na política em sentido estrito, o que escapava do âmbito especificamente acadêmico.

Não sem razão, as análises sobre intelectuais e política no Brasil em geral dão destaque para o papel do Estado nacional, afinal, historicamente eles têm dependido de patrocínio do poder público, como apontaram por exemplo as pesquisas de Sergio Miceli (2001). Procurando iluminar ângulos menos abordados, os capítulos deste livro apresentaram aspectos das conexões internacionais no meio intelectual sem a tradicional dependência do Estado brasileiro. É claro que ele participou do jogo de alguma forma que não o financiamento. No primeiro capítulo, viu-se como Jorge Amado e seus camaradas foram parar na Europa devido à perseguição estatal em seus países no pós-Segunda Guerra; também se procurou mostrar que sua ação internacional não se desvinculava das propostas de revolução nacional e democrática, ou seja, por um momento eles foram tratados como inimigos do Estado, cuja transformação almejavam. No segundo capítulo, um aspecto examinado foi a relação ambígua – e variável ao longo do tempo – da revista *Cadernos Brasileiros* com a ditadura militar. Esta também foi referida direta ou indiretamente na análise da Associação Universitária Interamericana. Entretanto, em nenhum dos casos estudados as iniciativas dependeram de recursos do Estado brasileiro, antes estiveram vinculadas ao financiamento de órgãos internacionais durante a Guerra Fria.

Nas três passagens, foram destacadas outras relações de poder exteriores ao meio intelectual a influenciar seu campo específico de atuação: o Partido Comu-

O SEGREDO DAS SENHORAS AMERICANAS   373

nista, o Conselho Mundial da Paz, a Tricontinental, o Congresso pela Liberdade da Cultura e o Ilari, as empresas multinacionais, o Ipes, governos de outros países, tornando ainda mais complexa a relação entre os intelectuais e seus financiadores. Esta nem sempre era explicitada, como no caso do suporte secreto do governo dos Estados Unidos ao CLC por intermédio da CIA até 1965, como principal patrocinadora de fundações privadas apoiadoras da entidade. O CLC, por sua vez, repassava verbas para suas revistas mundo afora, como *Cadernos Brasileiros*, de tal modo que o vínculo originário mal se conhecia, nem garantia pleno controle do processo desencadeado. Passava-se algo parecido com o apoio norte-americano à AUI, e soviético aos organizadores do Conselho Mundial da Paz, com desdobramentos que podiam ganhar contornos não previstos.

Havia uma série de mediações entre os financiadores – em última instância, os Estados Unidos e a União Soviética – e os beneficiários, o que dava espaço para alguma autonomia relativa das instituições analisadas e dos intelectuais que as construíram. Eles não eram peças inanimadas no tabuleiro de interesses internacionais e nacionais em disputa, antes foram agentes do processo, atuando em seu próprio interesse individual ou de grupo, mesmo participando do jogo em posição desfavorável. Se a relação assimétrica tradicional entre o Estado--nação e os intelectuais não os impediria de agir conforme seus interesses diante dos patronos – jogando como podiam até diante das ditaduras do Estado Novo e dos militares, mesmo com o custo de conivência e cumplicidade –, o jogo ficaria ainda mais intrincado com a presença de outros poderes nacionais e internacionais, possibilitando, entretanto, brechas para alguma independência. Relativa, bem entendido, pois, quando o processo saía do controle ou parecia deixar de ser funcional, as fontes secavam e as instituições financiadas se extinguiam, como no caso de *Cadernos Brasileiros* e da Associação Universitária Interamericana.

Ou seja, nos episódios estudados, os agentes negociaram com os poderes estabelecidos dentro das constrições da Guerra Fria, que impunham limites e exerciam pressão sobre suas ações, que entretanto tinham relativa autonomia, às vezes ultrapassando a fronteira do que era possível, levando à perseguição e até à morte, como em casos de alguns estudantes que participaram da AUI. Era um jogo perigoso, que tinha seu fascínio e se aceitava jogar, mesmo sem conhecer bem suas regras e alcance, em posição inferiorizada diante dos poderes constituídos. Longe, portanto, da ideia de passividade, não se tratava de inocentes úteis aos interesses das potências, nem de meros oportunistas a vender a alma em busca de projeção pessoal. Antes, as ações eram constituintes da própria estrutura social que ajudavam a consolidar ou questionar, com sua atuação cultural e política para realizar certo desenvolvimento ao mesmo tempo individual e coletivo dentro das circunstâncias.

O saldo para os intelectuais às vezes foi trágico, como nos casos-limite em que alguns foram presos ou chegaram a perder a vida nas lutas políticas. Mas em geral foi compensador, pensando em termos individuais e institucionais dentro da ordem estabelecida. No aspecto coletivo, institucional, ajudaram a constituir campos artísticos e intelectuais relativamente autônomos; como indivíduos, muitos lograram êxito em suas carreiras, em parte possibilitado pela participação em instituições como as tratadas: o PCB, o CMP, a AUI, o CLC e a revista *Cadernos Brasileiros*, ainda que não raro à custa da derrota de projetos políticos mais amplos. Eram sujeitos em busca de realização em meio aos limites e pressões estruturais, no turbilhão da modernização da sociedade brasileira numa ordem internacional conturbada.

Do ponto de vista de classe, viu-se que as passagens analisadas dizem respeito a sujeitos originários sobretudo das classes médias, embora muitos deles tivessem afinidade com interesses críticos da ordem estabelecida atribuídos aos trabalhadores. Foram episódios de internacionalização característicos de um momento de formação do campo intelectual acadêmico em que se esboçava a institucionalização num sistema universitário nacional consistente e articulado, com a pós-graduação e a profissionalização dos docentes que dariam aos trabalhadores intelectuais um lugar reconhecido na sociedade com a chancela do Estado, especialmente na educação pública, para o que contaram também com financiamento externo.

Nos anos 1950 e sobretudo nos 1960, em meio ao rápido processo de urbanização e industrialização no Brasil, formavam-se gerações com acesso crescente ao ensino superior, mas ainda sem lugar bem definido dentro da ordem. Era de se esperar que o buscassem, inclusive recorrendo a intercâmbios internacionais em plena Guerra Fria. Isso nem sempre exigia a definição clara por um dos lados, às vezes permitindo aproveitar oportunidades abertas por ambos, aspecto que merece um comentário, particularmente sobre Cuba e os Estados Unidos. Assim, por exemplo, Helgio Trindade contou que ainda estudante teve a chance de fazer visitas patrocinadas aos dois países no começo dos anos 1960. O estágio em Harvard, analisado no capítulo sobre a AUI, foi precedido por uma estada no ano anterior de quase dois meses em Cuba, ao lado de uma delegação brasileira enviada às comemorações do terceiro aniversário da revolução.[2]

---

2 A viagem a Cuba durou de 28 de dezembro de 1961 a 18 de fevereiro de 1962, conforme o detalhado relato da jornalista Jurema Finamour (1962). O interesse despertado pela Revolução Cubana no Brasil

O SEGREDO DAS SENHORAS AMERICANAS

Caio Prado Jr. era o integrante de maior prestígio do grupo, que encheu dois ônibus nas andanças pela ilha, com direito a participar da comemoração "na Praça da Revolução onde a massa concentrada saudava, com entusiasmo, seus líderes postados num balcão de cimento, atrás das delegações estrangeiras". Estavam presentes Fidel Castro, Che Guevara e outros dirigentes. Os brasileiros teriam mais adiante um encontro exclusivo com Fidel "em um dos salões do Hotel Habana Riviera. O ambiente era mais informal: Fidel chega sozinho com sua farda de comandante e senta-se na frente da mesa. O primeiro ato foi a entrega de uma flâmula das Ligas Camponesas, enviada por Francisco Julião. Foi um contraste quase cômico: um nordestino baixinho, com a farda das Ligas, e na sua frente o imenso Fidel" (Trindade, 2021).

Um ano antes, outra turma visitara Cuba no segundo aniversário da revolução, incluindo os nacionalistas Almino Afonso e Josué de Castro, bem como Lincoln West do PCB, conforme as memórias do comunista Elias Chaves Neto (1977, p.154ss). Em março de 1960, Jânio Quadros também estivera na ilha por uma semana em comitiva de 43 pessoas, sendo recebido com honras de chefe de Estado, embora ainda fosse apenas candidato à Presidência da República.[3] Estariam na caravana intelectuais e políticos de prestígio, como "Afonso Arinos, Milton Santos, Rubem Braga, Fernando Sabino, Agostinho da Silva", e também o deputado federal Paulo de Tarso, da ala esquerda do Partido Democrata Cristão, que conheceria Helgio Trindade como líder estudantil da Ação Popular no Rio Grande do Sul e viria a ficar seu amigo (Trindade, 2021).

Como se vê, não eram apenas comunistas e esquerdistas a visitar a ilha nos primeiros anos após a revolução. Algo que rapidamente mudaria. Helgio comentou que sua delegação era dividida em três grupos, um de pessoas ligadas ao PCB, outro da Associação de Amizade Brasil-Cuba e um terceiro de "convidados da embaixada cubana, onde se incluía Paulo de Tarso, que não aceitou voltar a Cuba porque Fidel declarara publicamente que a Revolução era marxista-leninista". Então indicou Helgio em seu lugar (Trindade, 2021).

A experiência foi marcante para o jovem: "por mais que houvesse uma seleção dos resultados que nos mostravam, o deslumbramento dos visitantes com o olhar atento era contaminado pela grande euforia da população". A ponto de

---

pode ser medido pela extensão dessa obra de 427 páginas em letra pequena, publicada pela prestigiosa Editora Brasiliense, com prefácio de Leonel Brizola e orelha de Nelson Werneck Sodré.

3 "Jânio em Cuba, visita e polêmica", *O Estado de S. Paulo*, 30 mar. 2010. Disponível em: https://internacional.estadao.com.br/noticias/geral,janio-em-cuba-visita-e-polemica,531100. Acesso em: 1º maio 2021. Até Stefan Baciu, editor anticomunista de *Cadernos Brasileiros*, esteve na comitiva, como revelam as fotos da recepção em que posou ao lado de Fidel Castro e de Che Guevara (Baciu, 1982).

Fernando Sabino "dizer em entrevista que o ambiente em Havana era semelhante ao do Rio de Janeiro quando o Brasil ganhava a Copa do Mundo". Para Helgio, a viagem mostrava que "toda a população havia se beneficiado concretamente: desde os analfabetos com as brigadas de alfabetização, os sem-teto com a ocupação coletiva dos palacetes abandonados pelos que foram exilar-se em Miami, os camponeses sem terra, agora reunidos em cooperativas e *granjas del Pueblo* etc.". Teve a oportunidade de assistir a uma missa e conversar em seguida com um padre espanhol, a quem perguntou sobre "a fuga de milhares de padres de suas paróquias e freiras de seus colégios para o exterior. Ele confirmou o fato, mas disse que se quisessem permanecer não haveria problema [...] as igrejas permaneciam abertas e havia liberdade de culto, sem proselitismo político nos sermões, mas sem nenhuma restrição à prática estritamente". Considerando prós e contras, o exemplo de Cuba era positivo para parte expressiva da juventude católica que se politizava à esquerda, o que ajudaria a entender a escolha de Helgio para dirigir a UEE do Rio Grande do Sul, vencendo eleições diretas na capital e no interior (Trindade, 2021).

A simpatia pela Revolução Cubana não impediu o estudante gaúcho de visitar os Estados Unidos com a AUI, nem de se sentir atraído pelas reformas sociais prometidas pelo presidente Kennedy: "As duas viagens – Cuba e Estados Unidos – tiveram um ano de distância entre elas. Reconheço que não é fácil uma comparação entre as duas experiências. Ambas foram feitas em momentos em que os dois países estavam no auge". Disse que foi muito inesperado e emocionante perceber no cotidiano o entusiasmo do povo cubano, o que não afetaria a percepção positiva da experiência nos Estados Unidos: "Kennedy era jovem, moderno, o primeiro presidente católico. Vinha depois de quase uma década de domínio republicano e derrotara o candidato Nixon, protótipo do conservadorismo. Então também havia um ar de expectativa de mudanças, a realidade do Vietnã não se colocara e não conhecíamos os meandros da política dos Kennedy. Então, também havia descoberta". O intelectual gaúcho viria a fazer seu doutorado em Ciência Política num terceiro país, a França (Trindade, 2021).

A mesma abertura para a modernização e as mudanças sociais tanto em Cuba como nos Estados Unidos apareceu em outros depoimentos de católicos de esquerda, como o professor de Direito da AUI e da USP Dalmo Dallari. Ele simpatizava ao mesmo tempo com Kennedy e Fidel Castro, ambos preocupados com "instalar uma sociedade mais justa". Declarou-me que sempre foi contra a luta armada e nunca pretendeu "a implantação do comunismo no Brasil, mas eu tinha grande simpatia pelo socialismo, como correção do imperialismo economicista, do domínio econômico, ou do imperialismo econômico-militar, então eu achava que era importante trabalhar por uma sociedade mais justa, e era essa a mensagem essencial de Fidel Castro e de Che Guevara, então eu simpatizando com isso acabei também indo a Cuba". Foi quando conheceu Fidel Castro pessoalmente. Isso após a experiência com a AUI nos Estados Unidos, avaliada como positiva, além da admiração declarada por Kennedy e a luta pelos direitos civis. Tiraria ensinamentos nos dois países "para que houvesse uma sociedade mais justa no Brasil" (Dallari, 2017). Justificava a ação individual como parte de interesses sociais maiores.

Vimos no primeiro capítulo que Jorge Amado e Pablo Neruda, ícones do *star system* soviético, viriam a ser bem aceitos também nos Estados Unidos, que passaram a frequentar a partir dos anos 1960. Nélida Piñon, que foi editora assistente de *Cadernos Brasileiros*, pode ser tomada para dar um último exemplo de aproximação com os Estados Unidos e com Cuba. Mais forte no primeiro caso, pois a escritora morou na terra de Elizabeth Bishop, onde foi docente universitária por muitos anos, como vimos. Isso não foi obstáculo para que fosse premiada em Cuba. De sua biografia divulgada pela ABL – com dezenas de premiações literárias e títulos *honoris causa* no Brasil e no exterior – consta que foi jurada do Prêmio Casa de las Américas em Havana em 1983; e do Prêmio Latino-Americano de Literatura em Manágua em 1987. Venceria a cobiçada láurea cubana em 2010 com a obra *Aprendiz de Homero.* Isso atesta reconhecimento e boas relações em Cuba e Nicarágua socialistas, em paralelo com sua inserção no mundo literário ibero-americano e nos Estados Unidos.[4] Harmonizadora, foi amiga dos rivais García Márquez e Vargas Llosa, bem como dos concorrentes Rodríguez Monegal de *Mundo Nuevo* e Fernández Retamar da *Casa de las Américas*. Disse-me que foi a Cuba várias vezes, chegou a ser recebida por Fidel Castro e lá não escondeu suas críticas "às perseguições políticas e às perseguições aos homossexuais" (Piñon, 2016). Expressava-se mais uma vez, em escala internacional, o compromisso conciliador habitual na intelectualidade brasileira.

O exílio é outro tema tocado neste livro, embora sem ganhar o foco central. Vimos como a experiência forçada de viver no estrangeiro foi importante para Jorge Amado e seus camaradas da América Latina na construção de uma rede cultural comunista. Também foram destacados personagens ligados ao CLC, cuja trajetória e internacionalização estiveram intimamente ligadas aos longos períodos vividos fora do país natal, caso de Stefan Baciu, romeno exilado à época no Brasil, e de Mario Pedrosa, levado a fugir das ditaduras do Estado

---

4 Ver em: https://www.academia.org.br/academicos/nelida-pinon/biografia. Acesso em: 1º maio 2021.

Novo e dos militares. Alguns estudantes da AUI também foram constrangidos a exilar-se, o que lhes abriu novos horizontes, assim como para muitos de sua geração, em experiência similar à analisada por autores como Denise Rollemberg (1999).

Vale a pena destacar ainda que o livro trata de uma época em que predominavam homens e brancos nos meios intelectuais, muito mais que neste momento final de redação, em 2021. O que não quer dizer que mulheres e negros deixassem de marcar presença. Embora o livro não esteja centrado em análises de gênero ou etnia, esse aspecto não deixa de ser abordado. Assim, as mulheres apareceram – no capítulo sobre a internacionalização dos comunistas – como coadjuvantes que acabaram por vezes tomando o centro da cena. Foi o caso do uso das memórias de Zélia Gattai para reconstituir o período de uma ótica não raro mais perspicaz que qualquer outra, ou a presença desconcertante de Frida Kahlo numa breve passagem em que se revelava stalinista no fim da vida. No que se refere à etnia, os negros Guillén e Depestre ganharam destaque, ainda que atuassem como poetas engajados, independentemente de sua cor. O tema do racismo era explorado pelos comunistas na Guerra Fria, acusando os Estados Unidos e conseguindo aliados negros naquele país, como o cantor Paul Robeson. Sabendo disso, o governo norte-americano passou a promover o *jazz* e seus artistas negros no exterior como propaganda, e o Congresso pela Liberdade da Cultura desempenhou um papel nisso. Em meio ao embate, ganharam os artistas e a difusão do *jazz*, cujo alcance foi bem além das disputas da Guerra Fria.[5] No Brasil, os temas das relações raciais e da África foram destacados em *Cadernos Brasileiros*, que se abriu também para alguns autores negros, como Abdias do Nascimento.

Por sua vez, ainda que em acentuada minoria – cerca de 8% dos artigos assinados –, as mulheres colaboraram com a revista, escrevendo e até mesmo ocupando cargos na redação, caso de Nélida Piñon e Kátia Valladares, que fora casada com um revolucionário negro com quem morou em Cuba, conforme se viu no segundo capítulo. Não devia ser fácil trabalhar na organização de uma revista com ampla predominância masculina. Por exemplo, Nélida Piñon contou que os colegas resistiram em aprovar a entrevista que propôs com a comediante popular Dercy Gonçalves, mas acabaram cedendo, como se expôs. Ela buscava promover figuras femininas, caso de sua amiga Clarice Lispector, que publicou em primeira mão em *Cadernos Brasileiros* seu famoso conto "O ovo e a galinha". Nélida viria a se encantar pouco depois com as ideias feministas quando

---

5 Ver, por exemplo, a obra de Penny M. Von Eschen sobre os embaixadores do *jazz* (2004).

O SEGREDO DAS SENHORAS AMERICANAS

esteve nos Estados Unidos. Kátia Valladares, que a sucederia, não mencionou temas feministas em sua entrevista, na qual entretanto apareceram referências indiretas a desigualdades de gênero e raça. Por exemplo, seu filho Marcos mencionou de passagem comentários que a mãe ouviria: "Como que pode a Kátia, que era superfamosa, querer casar com um negro marinheiro comunista?". Ele comentou que, após a fuga do pai da prisão, "saiu uma reportagem da minha mãe comigo, uma foto de nós dois assim: que a Kátia vive somente para seu filho, não sei o que lá, não tem mais nada a ver" com os grupos de esquerda (Valladares, 2017).

Kátia Valladares contou que não chegou a "pegar em armas para treinar, porque eu não tinha condição lá em Cuba. Na primeira vez que eu tive uma arma na minha mão, eu comecei a chorar e disse: jamais vou conseguir matar uma pessoa, isso eu não posso, eu tenho que ter outras missões". Então, trabalhou na rádio Havana nas transmissões para o Brasil, como vimos. Ela também se lembrou de um episódio marcante, na única vez em que esteve com Che Guevara:

> Che Guevara... aí ele dava a missão pra cada um, você vai fazer isso, você vai fazer aquilo, você não sei o que, até o 12º homem, e quando chegou a minha vez eu perguntei, "e eu, o que vou fazer?". Ele disse, "você fica pra contar a história"... [interrompe, emocionada] "você fica pra contar a história". Num primeiro momento eu fiquei muito abalada, porque eu não entendia nem como eu ia contar essa história.

Quanto à Associação Universitária Interamericana, também incluía a presença de mulheres. Mas elas eram minoria nas viagens, onde se destacaram sobretudo na própria organização da entidade, como se viu: sob a liderança de Mildred Sage, um conjunto de esposas de empresários norte-americanos foi responsável pelo empreendimento. Tampouco os negros eram esquecidos pela AUI, entretanto eram muito raros nas turmas que visitavam os Estados Unidos, assim como nas salas de aula do ensino superior no Brasil. O tema dos conflitos raciais estava presente nos debates das turmas em Harvard, especialmente após a radicalização das lutas no tempo dos Panteras Negras, com quem alguns estudantes tiveram contato, conforme foi ressaltado.

É preciso dizer por fim que, enquanto realizava esta pesquisa, o passado ressurgiria desfigurado como um fantasma sobre o presente. Por exemplo, o governo norte-americano e instituições paralelas deixaram pegadas e impressões digitais na cena de embates recentes na política brasileira, como as manifestações de 2013, a operação Lava-Jato e o *impeachment* de Dilma Rousseff, cujo governo foi espionado, bem como o de outros países – até a Alemanha, da aliada Merkel. Ao mesmo tempo, entidades dos Estados Unidos, como a agência *Intercept*, ajudaram a descobrir parte dos segredos. O objetivo aqui não foi entender essa nova situação, mas quem sabe este estudo possa lançar luz sobre aspectos do presente na "jaula de aço", que nos aprisiona, mas permite alguma margem de manobra nas sociedades produtoras de mercadorias.

REFERÊNCIAS BIBLIOGRÁFICAS

ABRAMO, Cláudio. Um príncipe do espírito. *Folha de S.Paulo*, 6 nov. 1981. p.31.

ADELMAN, Jeremy; PRAKASH, Gyan. *Imagining the Third World*: Genealogies of Alternative Global Histories. Londres: Bloomsbury, 2022.

ADORNO, Theodor; HORKHEIMER, Max. A indústria cultural. In: *Dialética do esclarecimento*. Rio de Janeiro: Jorge Zahar, 1985. p.113-56. [1.ed. 1947.]

AGUIAR, Flávio. Troca de mensagens de Flávio Aguiar com Marcelo Ridenti por correio eletrônico. set.-out. 2020.

AGUIAR, Josélia. *Jorge Amado*: uma biografia. São Paulo: Todavia, 2018.

ALMEIDA, Alfredo Wagner Berno de. *Jorge Amado*: política e literatura. Rio de Janeiro: Campus, 1979.

ALMEIDA, Lúcio Flávio Rodrigues de. *Uma ilusão de desenvolvimento*: nacionalismo e dominação burguesa nos anos JK. Florianópolis: EdUFSC, 2006.

ALMEIDA, Maria Hermínia Tavares de. Dilemas da institucionalização das ciências sociais no Rio de Janeiro. In: MICELI, Sergio (Org.). *História das ciências sociais no Brasil*. v.1. 2.ed. São Paulo: Sumaré, 2001.

ALTAMIRANO, Carlos (Org.). *Historia de los intelectuales en América Latina*. v.II: Los avatares de la ciudad letrada en el siglo XX. Buenos Aires: Katz, 2010.

AMADO, Jorge. *Toda a saudade do mundo*: a correspondência de Jorge Amado e Zélia Gattai: do exílio europeu à construção da casa do Rio Vermelho

(1948-1967). Org. e notas João Jorge Amado. São Paulo: Companhia das Letras, 2012a.

AMADO, Jorge. *Navegação de cabotagem*: apontamentos para um livro de memórias que jamais escreverei. São Paulo: Companhia das Letras, 2012b. [1.ed. 1992.]

_____; POMAR, Pedro; NERUDA, Pablo. *O Partido Comunista e a liberdade de criação*. Rio de Janeiro: Horizonte, 1946.

AMARAL, Mariana. Conversas com Mr. Dops: José Paulo Bonchristiano. *Agência Pública*, 9 fev. 2012. Disponível em: https://apublica.org/2012/02/conversas-mr-dops/. Acesso em: 6 dez. 2020.

ARAGON, Louis. *Les Communistes*. 6v. Paris: Bibliothèque Française, 1949-1951.

ARANTES, Otília Fiori. *Mario Pedrosa*: itinerário crítico. 2.ed. São Paulo: Cosac Naify, 2004.

ARANTES, Paulo. *Um departamento francês de ultramar*: estudos sobre a formação da cultura filosófica uspiana (uma experiência nos anos 60). Rio de Janeiro: Paz e Terra, 1994.

ARÊAS, Vilma. Entrevista a Marcelo Ridenti. São Paulo, 4 mar. 2016.

ARIAS, Santiane. *A revista* Estudos Sociais *e a experiência de um "marxismo criador"*. Campinas, 2003. Dissertação (Mestrado em Sociologia) – Universidade Estadual de Campinas (Unicamp).

ARON, Raymond. *Mémoires*. Ed. int. ined. Paris: Édition Robert Laffont, 2010.

ARRUDA, Maria Arminda do Nascimento. *Metrópole e cultura*: São Paulo no meio século XX. 2.ed. São Paulo: Edusp, 2015.

_____. A modernidade possível: cientistas e ciências sociais em Minas Gerais. In: MICELI, Sergio (Org.). *História das ciências sociais no Brasil*. v.1. 2.ed. São Paulo: Sumaré, 2001. p.277-368.

_____. A sociologia no Brasil: Florestan Fernandes e a Escola Paulista. In: MICELI, Sergio (Org.). *História das ciências sociais no Brasil*. v.2. São Paulo: Sumaré, 1995. p.107-224.

AUTRAN, Arthur. *O pensamento industrial cinematográfico brasileiro*. São Paulo: Hucitec, 2013.

_____. *Alex Viany*: crítico e historiador. São Paulo: Perspectiva, 2003.

AZEVEDO, Cecília. *Em nome da América*: os Corpos de Paz no Brasil. São Paulo: Alameda, 2008.

BACIU, Stefan. *Lavradio 98*. Histórias de um jornal de oposição: a *Tribuna da Imprensa* ao tempo de Carlos Lacerda. Rio de Janeiro: Nova Fronteira, 1982.

_____. *Manuel Bandeira de corpo inteiro*. Rio de Janeiro: José Olympio, 1966.

_____. *Bucareste, estação norte*: reminiscências. Rio de Janeiro: Edições O Cruzeiro, 1961a.

BACIU, Stefan. *Cortina de ferro sobre Cuba*. Rio de Janeiro: Gráfica Tupy, 1961b. [2.ed. São Paulo: Armada, 2017.]

_____. *Um continente em busca de uma doutrina*. Rio de Janeiro: Livraria São José Editora, 1959.

BARNHISEL, Greg. *Cold War Modernists*: Art, Literature & American Cultural Diplomacy. Nova York: Columbia University Press, 2015.

BARRETTO, Vicente. Entrevista a Marcelo Ridenti. Rio de Janeiro, 11 ago. 2017.

_____. Entrevista a Marcelo Ridenti. Rio de Janeiro, 24 fev. 2016.

_____. *Camus, o pensamento da revolta*. Rio de Janeiro: José Álvaro Editor, 1971.

BASTOS, Elide Rugai. A questão racial e a revolução burguesa. In: D'INCAO, Maria Angela (Org.). *O saber militante*: ensaios sobre Florestan Fernandes. São Paulo: Editora Unesp, 1987. p.140-60.

BEAUVOIR, Simone. *A força das coisas*. Rio de Janeiro: Nova Fronteira, 1995. [1.ed. 1963.]

BELIAKOVA, Elena. Jorge Amado e a literatura brasileira na Rússia. *Amerika*, v.10, 2014. *on-line*. Disponível em: http://journals.openedition.org/amerika/4546. doi: 10.4000/amerika.4546. Acesso em: 6 jun. 2019.

BERGHE, Kristine Vanden. El Congresso por la Libertad de la Cultura y la América Latina. *Estudos Ibero-Americanos*, PUC-RS, v.XXV, n.1, p.217-34, jun. 1999.

_____. *Intelectuales y anticomunismo*: la revista *Cuadernos Brasileiros* (1959-1970). Louvain, Bélgica: Leuven University Press, 1997.

BERMAN, Marshall. *Tudo que é sólido desmancha no ar*. São Paulo: Companhia das Letras, 1986.

BERTHET, Dominique. *Le P. C. F. La Culture et l'art (1947-1954)*. Paris: La Table Ronde, 1990.

BLANCO, Alejandro; BRASIL Jr., Antonio. A circulação internacional de Florestan Fernandes. *Sociologia & Antropologia*, Rio de Janeiro, v.8, n.1, p.69-107, jan.-abr. 2018.

BOAVENTURA, Edivaldo M. *A construção da universidade baiana*: objetivos, missões e afrodescendência. Salvador: EdUFBA, 2009. Disponível em: https://static.scielo.org/scielobooks/4r/pdf/boaventura-9788523208936.pdf. Acesso em: 28 dez. 2020.

BORTONE, Elaine. As trincheiras do empresariado norte-americano no golpe de Estado de 1964: os casos da American Chamber of Commerce for Brazil (Amcham) e do Fundo de Ação Social (FAS). *Continentes: Revista de Geografia*, Rio de Janeiro: UFRRJ, ano 9, n.16, p.96-126, jan.-jun. 2020.

BOTELHO, André; BASTOS, Elide Rugai; VILLAS BÔAS, Gláucia (Orgs.). *O moderno em questão*: a década de 1950 no Brasil. Rio de Janeiro: Topbooks, 2008.

BOURDIEU, Pierre. *Homo academicus*. 2.ed. Florianópolis: EdUFSC, 2013. [1.ed. 1984.]

_____. *A economia das trocas simbólicas*. 6.ed. São Paulo: Perspectiva, 2005.

_____. A ilusão biográfica. In: FERREIRA, Marieta de Moraes; AMADO, Janaína (Orgs.). *Usos e abusos da história oral*. 2.ed. Rio de Janeiro: FGV, 1998. p.183-91.

_____. *As regras da arte*: gênese e estrutura do campo literário. São Paulo: Companhia das Letras, 1996.

_____. Champ du pouvoir, champ intellectuel et habitus de classe. *Scolies*, Paris, v.1, p.7-26, 1971.

BRASIL. Comissão Nacional da Verdade. *Relatório*. Brasília: CNV, 2014.

BRICHTA, Laila. Essa vida preciosa: presença da obra de Jorge Amado entre Brasil, Portugal e Angola. In: _____ et al. *Colóquio Internacional 100 anos de Jorge Amado*: história, literatura e cultura. Ilhéus, BA: Editus, 2013.

_____; RODRIGUES, Inara de Oliveira; SANTOS, Flávio Gonçalves dos. *Colóquio Internacional 100 anos de Jorge Amado*: história, literatura e cultura. Ilhéus, BA: Editus, 2013.

CABAÇO, José Luís. Cavaleiro da esperança (testemunho de um reencontro). In: BRICHTA, Laila et al. *Colóquio Internacional 100 anos de Jorge Amado*: história, literatura e cultura. Ilhéus, BA: Editus, 2013.

CALANDRA, Benedetta. La Ford Foundation y la Guerra Fría cultural en América Latina (1959-1973). *Americanía*, v.1, p.8-25, 2011.

_____; FRANCO, Marina (Orgs.). *La Guerra Fría cultural en América Latina*. Buenos Aires: Biblos, 2012.

CANCELLI, Elizabeth. *O Brasil na Guerra Fria cultural*: o pós-guerra em releitura. São Paulo: Intermeios, 2017.

_____. *O Brasil e os outros*. Porto Alegre: Edipucrs, 2012.

_____; MESQUITA, Gustavo; CHAVES, Wanderson. *Guerra Fria e Brasil*: para a agenda de integração do negro na sociedade de classes. São Paulo: Alameda, 2020.

CANDIDO, Antonio. *Literatura e sociedade*. São Paulo: Nacional, 1976.

CANEDO, Letícia. The Ford Foundation and the Institutionalization of Political Science in Brazil. In: HEILBRON, Johan; SORÁ, Gustavo; BONCOURT, Thibaud (Orgs.). *The Social and Human Sciences in Global Power Rela-*

tions: Socio-Historical Studies of the Social and Human Sciences. Londres: Palgrave Macmillan, 2018. p.243-66.

CARDOSO, Adalberto. *Classes médias e política no Brasil*: 1922-2016. Rio de Janeiro: FGV, 2020.

CARDOSO, Fernando Henrique. Entrevista a Marcelo Ridenti. São Paulo, 10 jun. 2013.

_____; FALETTO, Enzo. *Dependência e desenvolvimento na América Latina*. Rio de Janeiro: Zahar, 1970.

CARNEIRO, Luiz Orlando. Entrevista a Marcelo Ridenti. Brasília, 24 jul. 2017.

CARVALHO, Maria Alice Rezende de. Certificações e incertezas: Jorge Amado e suas memórias. In: MICELI, Sergio; MYERS, Jorge. *Retratos latino--americanos*: a recordação letrada de intelectuais e artistas do século XX. São Paulo: Sesc, 2019.

CARVALHO, Ronald. Depoimento gravado de Ronald Zomingnan Carvalho a Marcelo Ridenti. São Paulo, 19 set. 2020.

CASALS, Marcelo. Which Borders Have Not Yet Been Crossed? A Supplement to Gilbert Joseph's Historiographical Balance of the Latin American Cold War. *Cold War History*, v.20, n.3, p.367-72, 2020. Disponível em: https://www.tandfonline.com/doi/abs/10.1080/14682745.2020.1762311?journalCode=fcwh20. doi: 10.1080/14682745.2020.1762311. Acesso em: 17 dez. 2021.

CAUTE, David. Foreword. In: SCOTT-SMITH, Giles; KRABBENDAM, Hans (Orgs.). *The Cultural Cold War in Western Europe, 1945-1960*. Londres: Frank Cass Publishers, 2003.

_____. *Le Communisme et les intellectuels français, 1914-1966*. Paris: Gallimard, 1967.

_____. *Communism and the French Intellectuals 1914-1960*. Nova York: Macmillan, 1964.

CAVALCANTI, Aristides. Entrevista por telefone a Marcelo Ridenti. São Paulo--Recife, 10 out. 2020.

CELENTANO, Adrián. La Guerra Fría en América Latina y el diálogo académico Norte/Sur. *Políticas de la Memoria*, n.20, p.3-9, nov. 2020.

CEVASCO, Maria Elisa. *Para ler Raymond Williams*. São Paulo: Paz e Terra, 2001.

CHAGURI, Mariana. *As escritas do lugar*: regiões e regionalismo em José Lins do Rego e Erico Verissimo. Campinas, 2012. Tese (Doutorado em Sociologia) – Universidade Estadual de Campinas (Unicamp).

CHAGURI, Mariana; MEDEIROS DA SILVA, Mário A. *Rumos do Sul*: periferia e pensamento social. São Paulo: Alameda, 2018. p.311-37.

CHAVES, Rita. Jorge Amado entre os escritores africanos. In: BRICHTA, Laila et al. *Colóquio Internacional 100 anos de Jorge Amado*: história, literatura e cultura. Ilhéus, BA: Editus, 2013.

CHAVES, Wanderson da Silva. *A questão negra*: a Fundação Ford e a Guerra Fria. Curitiba: Appris, 2019.

CHAVES NETO, Elias. *Minha vida e as lutas de meu tempo*. São Paulo: Alfa- -Ômega, 1977.

COBB, Russell. The Politics of Literary Prestige: Promoting the Latin American "Boom" in the Pages of *Mundo Nuevo*. *A Contracorriente*, v.5, v.3, p.75-94, primavera 2008.

CODARIN, Higor. *O MR-8 na luta armada*: as armas da crítica e a crítica das armas. São Paulo: Alameda, 2019.

COELHO, Marco Antônio. *Herança de um sonho*: as memórias de um comunista. Rio de Janeiro: Record, 2000.

COFRÉ CUBILLOS, Claudia; GONZÁLEZ CASTRO, Francisco; QUEZADA YÁÑEZ, Lucy. *Mario Pedrosa y el Cisac*: configuraciones afectivas, artísticas y políticas. Santiago: Ediciones Metales Pesados, 2019.

COHN, Deborah. *The Latin American Literary Boom and U. S. Nationalism during the Cold War*. Nashville: Vanderbilt University Press, 2012.

COLAMOSCA, Anne. The Many Lives of Ignazio Silone. *Jacobin*, 21 jan. 2021. Disponível em: https://www.jacobinmag.com/2021/01/ignazio-silone-pci-italian-communist-party-fontamara. Acesso em: 13 dez. 2021.

COLEMAN, Peter. *The Liberal Conspiracy:* The Congress for Cultural Freedom and the Struggle for the Mind of Postwar Europe. Nova York: Free Press; Macmillan, 1989.

CORDEIRO, Carla de Fátima. *De Honório a Archanjo*: Jorge Amado, questão racial e formação nacional. Campinas, 2017. Tese (Doutorado em Sociologia) – Universidade Estadual de Campinas (Unicamp).

CORRÊA, Larissa Rosa. *Disseram que voltei americanizado*: relações sindicais Brasil-Estados Unidos na ditadura militar. Campinas: Editora da Unicamp, 2017.

COURTOIS, Stéphane; LAZAR, Marc. *Histoire du Parti Communiste Français*. Paris: PUF, 1995.

COUTO, Mia. Jorge Amado. *Via Atlântica*, São Paulo, n.22, p.185-94, dez. 2012. Disponível em: https://core.ac.uk/download/pdf/268347157.pdf. Acesso em: 13 dez. 2021.

CUNHA, Diogo. *A Academia Brasileira de Letras durante a ditadura militar*: os intelectuais conservadores entre cultura e política. Curitiba: Appris, 2019.

CUNHA, Magali do N. A revista *Paz e Terra*: um lugar da memória da comunicação religiosa, ecumênica e política no Brasil. *Horizonte: Revista de Estudos de Teologia e Ciências da Religião*, v.18, n.56, p.513, maio-ago. 2020.

CZAJKA, Rodrigo. *Praticando delitos, formando opinião*: intelectuais, comunismo e repressão no Brasil (1958-1968). Campinas, 2009. Tese (Doutorado em Sociologia) – Instituto de Filosofia e Ciências Humanas, Universidade Estadual de Campinas (Unicamp).

_____. *Páginas de resistência*: intelectuais e cultura na *Revista Civilização Brasileira*. Campinas, 2005. Dissertação (Mestrado em Sociologia) – Instituto de Filosofia e Ciências Humanas, Universidade Estadual de Campinas (Unicamp).

DAIX, Pierre. *Aragon*: une vie à changer. Paris: Flammarion, 1994.

DALLARI, Dalmo de Abreu. Entrevista a Marcelo Ridenti. São Paulo, 31 out. 2017.

DARMAROS, Marina Fonseca. *Caso Jorge Amado*: o poder soviético e a publicação de *Gabriela, cravo e canela*. São Paulo, 2020. Tese (Doutorado em Literatura e Cultura Russa) – Universidade de São Paulo (USP).

DEBORD, Guy. *La Société du spectacle*. Paris: Buchet; Chastel, 1967. [Ed. Bras.: A sociedade do espetáculo. Rio de Janeiro : Contraponto, 1996.]

DEBRAY, Regis. *Révolution dans la révolution?*: Lutte armée et lutte politique en Amérique Latine. Paris: Maspero, 1967.

DI CARLO, Josnei. Vicissitudes do intelectual público: um estudo de caso sobre Mario Pedrosa (1944-1968). *Ciências Sociais Unisinos*, São Leopoldo, v.55, n.2, p.265-75, maio-ago. 2019.

DIEGUES JR., Manuel. Antecedentes da reforma agrária no Brasil. *Cadernos Brasileiros*, Rio de Janeiro, ano V, n.4, p.51-4, 1963.

DREIFUSS, René. *A internacional capitalista*: estratégias e táticas do empresariado transnacional (1918-1986). 2.ed. Rio de Janeiro: Espaço e Tempo, 1987.

_____. *1964*: a conquista do Estado – ação política, poder e golpe de classe. 2.ed. rev. Petrópolis: Vozes, 1981.

DUARTE, Eduardo de Assis. Jorge Amado, exílio e literatura. *Aletria*, Belo Horizonte: UFMG, v.9, p.226-35, 2002.

DUPOND-SAGORIN, Monique. *Aragon parmis nous*. Paris: Éditions Cercle d'Art, 1997.

EGG, André Acastro. *O debate no campo do nacionalismo musical no Brasil dos anos 1940 e 1950*: o compositor Guerra Peixe. Curitiba, 2004. Dissertação (Mestrado em História) – Universidade Federal do Paraná (UFPR).

EGG, André Acastro; FREITAS, Artur; KAMINSKI, Rosane (Orgs.). *Arte e política no Brasil*: modernidades. São Paulo: Perspectiva, 2014.

EHRENBURG, Ilya. *No entardecer da vida*: memórias (1945-1953). Rio de Janeiro: Civilização Brasileira, 1970.

ELIAS, Norbert. *Mozart*: sociologia de um gênio. Rio de Janeiro: Jorge Zahar, 1995.

ENGERMAN, David C. et al. *Staging Growth*: Modernization, Development, and the Global Cold War. Amherst, MA: University of Massachusetts Press, 2003.

FAUVET, Jacques. *Histoire du Parti Communiste Français*: 1920-1976. Paris: Fayard, 1977.

FEINSTEIN, Adam. *Pablo Neruda*: A Passion for Life. Nova York: Bloomsbury, 2004.

FERGUSON, Niall. *Kissinger, 1923-1968*: The Idealist. Nova York: Penguin Press, 2015.

FERNANDES, Florestan. Apontamentos sobre a "teoria do autoritarismo". São Paulo: Hucitec, 1979.

_____. *A condição de sociólogo*. São Paulo: Hucitec, 1978.

_____. The Weight of the Past. *Daedalus*, v.96, n.2, p.560-79, 1967.

_____. *A integração do negro na sociedade de classes*. São Paulo: Dominus, 1965.

FERRAZ, Lucas. *Injustiçados*: execuções de militantes nos tribunais revolucionários durante a ditadura. São Paulo: Companhia das Letras, 2021.

FERREIRA, Aloysio Nunes. Entrevista a Ken Serbin. Brasília, 6 jun. 2015.

FERREIRA, Pedro Roberto. *O Brasil na crítica de Mario Pedrosa*. (não publ.)

FICO, Carlos. *O grande irmão*: da Operação Brother Sam aos anos de chumbo. O governo dos Estados Unidos e a ditadura militar brasileira. São Paulo: Civilização Brasileira, 2008.

FIELD JR., Thomas C.; KREPP, Stella; PETTINÀ, Vanni (Orgs.). *Latin America and the Global Cold War*. Chapel Hill: University of North Carolina Press, 2020.

FINAMOUR, Jurema. *Vais bem Fidel*. São Paulo: Brasiliense, 1962.

FORACCHI, Marialice. *O estudante e a transformação da sociedade brasileira*. 2.ed. São Paulo: Companhia Editora Nacional, 1977.

FRANCO, Jean. *The Decline and Fall of the Lettered City*: Latin America in the Cold War. Cambridge, Mass.: Harvard University Press, 2002.

FREDERICO, Celso. A política cultural dos comunistas. In: MORAES, João Quartim de (Org.). *História do marxismo no Brasil*. v.III: Teorias. Interpretações. Campinas: Editora da Unicamp, 1998.

FREIRE, Américo; OLIVEIRA, Lúcia Lippi (Orgs.). *Capítulos da memória do urbanismo carioca*. Rio de Janeiro: Folha Seca, 2002.

FREIRE D'AGUIAR, Rosa (Org.). *Celso Furtado*: correspondência intelectual: 1949-2004. São Paulo: Companhia das Letras, 2021.

FRESTON, Paul. Um império na província: o Instituto Joaquim Nabuco em Recife. In: MICELI, Sergio (Org.). *História das ciências sociais no Brasil*. v.1. 2.ed. São Paulo: Sumaré, 2001.

FUKUYAMA, Francis. *O fim da história e o último homem*. Rio de Janeiro: Rocco, 1992.

FUNDAÇÃO GETÚLIO VARGAS. Centro de Pesquisa e Documentação de História Contemporânea do Brasil (FGV-CPDOC). *Dicionário histórico-biográfico brasileiro pós-1930*. Coord. Alzira Alves de Abreu et al. 2.ed. 5v. Rio de Janeiro: FGV, 2001.

GARCIA, Afrânio; CANEDO, Letícia. Les Boursiers brésiliens et l'accès aux formations d'excellence internationales. *Cahiers du Brésil Contemporain*, n.57-58 e 59-60, p.21-48, 2004-2005.

GARCIA, Marco Aurélio. *Notas para uma história dos trabalhadores*: contribuição à história da esquerda brasileira e outros escritos. Org. Dainis Karepovs. São Paulo: Fundação Perseu Abramo, 2019.

GARCIA, Miliandre. *Do teatro militante à música engajada*: a experiência do CPC da UNE. São Paulo: Fundação Perseu Abramo, 2007.

GASPARI, Elio. *A ditadura escancarada*. São Paulo: Companhia das Letras, 2002.

GATTAI, Zélia. *Chão de meninos*: memórias. São Paulo: Companhia das Letras, 2011. [1.ed. 1992.]

_____. *Um chapéu para viagem*: memórias. São Paulo: Companhia das Letras, 2010. [1.ed. 1982.]

_____. *Senhora dona do baile*: memórias. São Paulo: Companhia das Letras, 2009a. [1.ed. 1984.]

_____. *Jardim de inverno*: memórias. São Paulo: Companhia das Letras, 2009b. [1.ed. 1988.]

GIANI, Luiz Antônio Afonso. *As trombetas anunciam o paraíso*: recepção do realismo socialista na música brasileira, 1945-1958 (da "Ode a Stalingrado" a "Rebelião em Vila Rica"). Assis, 1999. Tese (Doutorado em História) – Faculdade de Ciências e Letras, Universidade Estadual Paulista "Júlio de Mesquita Filho" (Unesp).

GILMAN, Claudia. *Entre la pluma y el fusil*: debates y dilemas del escritor revolucionario en América Latina. Buenos Aires: Siglo XXI, 2003.

GILMAN, Nils. *Mandarins of the Future*: Modernization Theory in Cold War America. Baltimore: Johns Hopkins University Press, 2003.

GOERTZEL, Ted. American Imperialism and the Brazilian Student Movement. *Youth & Society*, v.6, n.2, p.123-50, 1974. doi: 10.1177/0044118X7400600201.

_____. MEC-Usaid: ideologia de desenvolvimento americano aplicado à educação superior brasileira. *Revista Civilização Brasileira*, n.14, p.123-35, jul. 1967.

GORDON, Lincoln. Entrevista a Charles Stuart Kennedy. The Association for Diplomatic Studies and Training Foreign Affairs Oral History Project, 3 set. 1987. Disponível em: https://adst.org/wp-content/uploads/2013/12/Gordon-Lincoln.1987.toc_1.pdf. Acesso em: 13 dez. 2021.

GORENDER, Jacob. *Combate nas trevas*: a esquerda brasileira, das ilusões perdidas à luta armada. São Paulo: Ática, 1987. [5.ed. rev. e ampl. São Paulo: Ática, 1998.]

GORKIN, Julián; SANCHEZ SALAZAR, Leandro. *Ainsi fut Assassiné Trotsky*. Paris: Editions Self, 1948.

GOULART, Flávio. *Vaga, lembrança (Memórias pouco ortodoxas de pessoa idem)*. Brasília, mar.-jul. 2017. on-line. Disponível em: https://veredasaude. files.wordpress.com/2017/07/texto-final-pdf.pdf. Acesso em: 28 dez. 2020.

GRAMSCI, Antonio. *Cadernos do cárcere*. Ed. Carlos Nelson Coutinho. 6v. Rio de Janeiro: Civilização Brasileira, 2002.

GREEN, James. *Apesar de vocês*: oposição à ditadura brasileira nos Estados Unidos, 1964-1985. São Paulo: Companhia das Letras, 2009.

_____; JONES, Abigail. Reinventando a história: Lincoln Gordon e as suas múltiplas versões de 1964. *Rev. Bras. Hist.*, São Paulo, v.29, n.57, jun. 2009. Disponível em: http://dx.doi.org/10.1590/S0102-01882009000100003.

GRÉMION, Pierre. *Intelligence de l'anticommunisme*. Le Congrès pour la Liberté de la Culture à Paris – 1950-1975. Paris: Fayard, 1995.

GRISENDI, Rodolfo Ezequiel. El centro de la periferia: internacionalización de las ciencias sociales y redes académicas latinoamericanas. Manuel Diégues Júnior y los avatares de la sociología del desarrollo. *Crítica e Sociedade*, Uberlândia, v.4, n.2, p.148-67, 2014.

GUILLÉN, Nicolás. *Páginas cubanas*: autobiografia de um poeta na revolução. São Paulo: Brasiliense, 1985. [1.ed. 1982.]

HADDAD, Sérgio. Analfabetismo no Brasil: o que há de novo? *Folha de S.Paulo*, 8 nov. 1995. Opinião, p.3. Disponível em: https://www1.folha. uol.com.br/fsp/1995/9/08/opiniao/10.html#:~:text=H%C3%A1%20 uma%20tend%C3%AAncia%20hist%C3%B3rica%20de,%2C7%20 milh%C3%B5es%20(25%25). Acesso em: 15 out. 2020.

O SEGREDO DAS SENHORAS AMERICANAS

HANASHIRO, Getúlio. Entrevista a Marcelo Ridenti. São Paulo, 5 jul. 2017.

HERRERA, Hayden. *Frida*: a biografia. São Paulo: Globo, 2011.

HIGGINS, Hugh. *The Cold War*. Londres: Heinemann Educational Books, 1974.

HOEVELER, Rejane Carolina. David Rockefeller e o Brasil. *Blog Junho*, 2020. Disponível em: http://blogjunho.com.br/david-rockefeller-e-o-brasil/. Acesso em: 9 nov. 2020.

HOOK, Sidney. *O comunismo mundial*. Rio de Janeiro: Presença, 1964.

_____. *Heresy, Yes, Conspiracy, No*. Nova York: John Day Company, 1953.

HOROWITZ, Irving. *Ascensão e queda do projeto Camelot*. Rio de Janeiro: Civilização Brasileira, 1969.

HUGGINS, Martha. *Polícia e política*: relações Estados Unidos-América Latina. São Paulo: Cortez, 1992.

IANNI, Octavio. *Teorias da globalização*. Rio de Janeiro: Civilização Brasileira, 1995.

IBER, Patrick J. *Neither Peace nor Freedom*: The Cultural Cold War in Latin America. Cambridge: Harvard University Press, 2015.

_____. *The Imperialism of Liberty*: Intellectuals and the Politics of Culture in Cold War Latin America. Illinois, 2011. Tese (Doutorado em História) – Universidade de Chicago.

JACKSON, Luiz Carlos. A sociologia paulista nas revistas especializadas (1940-1965). *Tempo Social*, Universidade de São Paulo, v.16, n.1, p.263-83, 2004. ISSN 1809-4554. Disponível em: https://doi.org/10.1590/S0103-20702004000100013.

_____; BLANCO, Alejandro. *Sociologia no espelho*: ensaístas, cientistas sociais e críticos literários no Brasil e na Argentina (1930-1970). São Paulo: Editora 34, 2014.

JAMESON, Fredric. Reificação e utopia na cultura de massa. In: *As marcas do visível*. Rio de Janeiro: Graal, 1995. p.9-35.

JANNELLO, Karina. La Guerra Fría Cultural en sus revistas: programa para una cartografía. *Revista Universum*, v.36, n.1, p.131-51, 2021.

_____. As redes editoriais do Ilari no rio da Prata e a modernização das ciências sociais durante a Guerra Fria cultural latino-americana. *Dossiê Práticas Editoriais e Intermediações da Cultura Arquivos do CMD*, v.7, n.1, jan.-jun. 2018a.

_____. Benito Milla: un Ulises desgraciado en el Río de la Plata. De *Cuadernos Internacionales* a *Mundo Nuevo*, del socialismo libertario al humanismo antibelicista. *Catedral Tomada*, Pittsburgh, v.6, n.11, p.199-235, 2018b.

_____. Los intelectuales de la Guerra Fría: una cartografía latinoamericana (1953-1962). *Políticas de la Memoria*, Buenos Aires, n.14, p.79-101, 2014.

JAREMTCHUK, Dária Gorete. Abdias do Nascimento nos Estados Unidos: um "pintor de arte negra". *Estudos Avançados*, v.32, n.93, p.263-82, 2018.

_____. Horizon de l'exode: l'insertion d'artistes brésiliens à New York. *Brésil(s)*, Paris, v.5, p.105-24, 2014

JASMIN, Marcelo Gantus. História dos conceitos e teoria política e social: referências preliminares. *Revista Brasileira de Ciências Sociais*, v.20, n.57, fev. 2005.

JEZDZIKOWSKI, Jaroslaw Jacek. *Pilar do comunismo ou um escritor exótico?* Estudo descritivo das traduções polonesas das obras de Jorge Amado. Salvador, 2007. Tese (Doutorado em Programa de Pós-Graduação em Letras e Linguística) – Universidade Federal da Bahia (UFBA).

JIAN, Chen et al.(Orgs.). *The Routledge Handbook of the Global Sixties*: Between Protest and Nation Building. Londres: Routledge, 2018.

JIANBO, Zhang. A recepção das obras de Jorge Amado na China. *Cadernos de Literatura em Tradução*, n.14, p.23-48, 2013. Disponível em: https://www.revistas.usp.br/clt/article/view/96704. doi: 10.11606/issn.2359-5388. i14p23-48.

JOFFILY, Mariana. *No centro da engrenagem*: os interrogatórios na Operação Bandeirante e no DOI de São Paulo (1969-1975). Rio de Janeiro; São Paulo: Arquivo Nacional; Edusp, 2013.

JOSEPH, Gilbert. Border Crossings and the Remaking of Latin American Cold War Studies. *Cold War History*, v.19, n.1, p.141-70, 2019.

_____. The Continuing Challenge of Border Crossing: A Response to Marcelo Casals' Commentary. *Cold War History*, v.20, n.3, p.373-7, 2020. Disponível em: https://www.tandfonline.com/doi/abs/10.1080/14682745.2020.1 762312. Acesso em: 17 dez. 2021. doi: 10.1080/14682745.2020.1762312.

JOSEPH, Gilbert M.; SPENSER, Daniela (Orgs.). *In from the Cold*: Latin America's New Encounter with the Cold War. Durham; Londres: Duke University Press, 2008.

KAHLO, Frida. *El diário de Frida Kahlo*: un íntimo autorretrato. México: La Vaca Independiente, 1995.

KANGUSSU, Imaculada. Herbert Marcuse e a dimensão estética, no Brasil. 2005. *on-line*. Disponível em: https://www.academia.edu/858948/Herbert_Marcuse_e_a_dimensao_estetica_no_Brasil. Acesso em: 15 fev. 2021.

KAREPOVS, Dainis. *Pas de politique Mariô!* Mario Pedrosa e a política. Cotia; São Paulo: Ateliê Editorial; Fundação Perseu Abramo, 2017.

KATZ, Renina. Entrevista por telefone a Marcelo Ridenti. São Paulo, 27 out. 2017.

KEINERT, Fábio Cardoso. *Cientistas sociais entre a ciência e a política* (Brasil, 1968-1985). São Paulo, 2011. Tese (Doutorado em Sociologia) – Faculdade de Filosofia, Letras e Ciências Humanas, Universidade de São Paulo (USP).

KHILNANI, Sunil. *Arguing Revolution*: Intellectual Left in Postwar France. New Heaven, Londres: Yale University Press, 1993.

KHRUSHOV, Nikita. Informe Secreto al XX Congreso del PCUS. In: CONGRESSO DO PARTIDO COMUNISTA DA UNIÃO SOVIÉTICA, 20. Moscou, 25 fev. 1956. Disponível em: https://www.marxists.org/espanol/khrushchev/1956/febrero25.htm. Acesso em: 13 dez. 2021.

KISSINGER, Henry. *Years of Renewal.* Nova York: Touchstone, 2000.

_____. The Unsolved Problems of European Defense. *Foreign Affairs*, v.40, n.4, p.515-41, jul. 1962.

KOREY, William. *Taking on the World's Repressive Regimes*: The Ford Foundation's International Human Rights Policies and Practices. Nova York: Palgrave Macmillan, 2007.

KRIEGEL, Annie. *Ce que j'ai cru comprendre (mémoires)*. Paris: Robert Laffont, 1991.

_____. *Les Communistes français, 1920-1970*. Colab. Guillaume Bourgeois. Paris: Seuil, 1985.

KRUGMAN, Paul. Biden e o futuro da família. *Folha de S.Paulo*, 4 maio 2021. Disponível em: https://www1.folha.uol.com.br/colunas/paulkrugman/2021/05/biden-e-o-futuro-da-familia.shtml.

KUCINSKI, Bernardo. *Pau de arara*: a violência militar no Brasil. Apênd. docum. Bernardo Kucinski e Ítalo Tronca; notas e vers. dir. port. Flávio Tavares. São Paulo: Fundação Perseu Abramo, 2013.

KURZMAN, Charles; OWENS, Lynn. The Sociology of Intellectuals. *Annual Review of Sociology*, v.28, p.63-90, 2002.

LANGLAND, Victoria. *Speaking of Flowers*: Student Movements and the Making and Remembering of 1968 in Military Brazil. Durham; Londres: Duke University Press, 2013.

LASCH, Christopher. The Cultural Cold War. *Nation*, 11 set. 1967, p.198-212. Disponível em: https://www.joelwhitney.net/christopherlasch.html.

LATHAM, Michael E. *Modernization as Ideology*: American Social Science and "Nation Building" in the Kennedy Era. Chapel Hill: University of North Carolina Press, 2000.

LEWIS, Helena. *Dada turns Red*: The Politics of Surrealism. Edimburgo: Edinburgh University Press, 1988.

LIMA, Alceu Amoroso. A Igreja para o desenvolvimento. *Cadernos Brasileiros*, Rio de Janeiro, n.47, mar.-abr. 1968.

LIMA, Thayse. Latin American Dialogues during the Cold War: The magazines Cadernos Brasileiros and Mundo Nuevo. *Journal of Lusophone Studies*, v.6, n.1, 2021, p.67-87.

LIMONGI, Fernando. A Escola Livre de Sociologia e Política em São Paulo. In: MICELI, Sergio (Org.). *História das ciências sociais no Brasil.* v.1. 2.ed. rev. e corr. São Paulo, 2001. p.257-76.

_____. Marxismo, nacionalismo e cultura: Caio Prado Jr. e a *Revista Brasiliense. Revista Brasileira de Ciências Sociais*, v.5, n.2, out. 1987.

LINHARES, Célia. Nossos companheiros instituintes: Ruy Frazão Soares. *Aleph*, Niterói: UFF, v.10, p.10, 2008.

LIPSET, S. M.; SOLARI, A. E. *Elites y desarollo en América Latina.* Buenos Aires: Paidós, 1967.

LOCANE, Jorge J. Literatura comunista mundial: Jorge Amado en la República Democrática Alemana y China. In: GUERRERO, Gustavo; LOY, Benjamin; MÜLLER, Gesine (Org.). *World Editors:* Dynamics of Global Publishing and the Latin American Case between the Archive and the Digital Age. Berlim; Boton: De Gruiter, 2021. p.191-207.

LOUREIRO, Felipe Pereira. *A Aliança para o Progresso e o governo João Goulart (1961-1964).* São Paulo: Editora Unesp, 2020.

LOWELL, Robert. *Quatro poemas.* Pref., trad. e apres. Elizabeth Bishop. Rio de Janeiro: [s.n.], 1963. (Série Cadernos Brasileiros, n.1.)

LÖWY, Michael. *A jaula de aço*: Max Weber e o marxismo weberiano. São Paulo: Boitempo, 2014.

_____. *As aventuras de Karl Marx contra o Barão de Münchhausen*: marxismo e positivismo na sociologia do conhecimento. 9.ed. São Paulo: Cortez, 2007.

_____. *Para uma sociologia dos intelectuais revolucionários.* São Paulo: Ciências Humanas, 1979.

MACHADO, Gina. Troca de mensagens com Marcelo Ridenti por correio eletrônico. out. 2020.

MAIA, Tatyana de Amaral. *Os cardeais da cultura nacional*: o Conselho Federal de Cultura na ditadura civil-militar (1967-1975). São Paulo: Itaú Cultural; Iluminuras, 2012.

MAIO, Marcos Chor. O Projeto Unesco e a agenda das ciências sociais no Brasil dos anos 40 e 50. *Revista Brasileira de Ciências Sociais*, São Paulo, v.14, n.41, p.141-58, 1999.

MANNHEIM, Karl. *Ideologia e utopia*: introdução à sociologia do conhecimento. Porto Alegre: Globo, 1950. [1.ed. 1929.]

MARCHESI, Aldo. *Latin America's Radical Left*: Rebellion and Cold War in the Global 1960s. Cambridge: Cambridge University Press, 2018.

_____. Escrevendo a Guerra Fria latino-americana: entre o Sul "local" e o Norte "global". *Estudos Históricos*, Rio de Janeiro, v.30, n.60, p.187-202, jan.-abr. 2017.

MARCONDES, J. V. Freitas. O Estatuto do Trabalhador Rural e o problema da terra. *Cadernos Brasileiros*, Rio de Janeiro, ano V, n.4, p.55-9, 1963.

MARI, Marcelo. *Estética e política em Mario Pedrosa (1930-1950)*. São Paulo, 2006. Tese (Doutorado em Filosofia) – Faculdade de Filosofia, Letras e Ciências Humanas, Universidade de São Paulo (USP).

MARINHO, Maria Gabriela S. M. C. *Norte-americanos no Brasil*: uma história da Fundação Rockefeller na Universidade de São Paulo (1934-1952). São Paulo; Campinas: Autores Associados; Universidade São Francisco, 2001.

MARKARIAN, Vania. *Universidad, revolución y dólares*: dos estúdios sobre la Guerra Fría cultural en el Uruguay de los sesenta. Montevidéu: Penguin Random House, 2020.

MARQUES NETO, José Castilho (org.). *Pedrosa e o Brasil*. São Paulo: Fundação Perseu Abramo, 2001.

_____. *Solidão revolucionária*: Mario Pedrosa e as origens do trotskismo no Brasil. Rio de Janeiro: Paz e Terra, 1993.

MARTINELLI, Renato. *Um grito de coragem*: memórias da luta armada. São Paulo: Com-Arte, 2006.

MARTINS FILHO, João Roberto. *Movimento estudantil e ditadura militar*: 1964-1968. Campinas: Papirus, 1987.

MARX, Karl. O 18 Brumário de Luís Bonaparte [1852]. In: *Marx*. São Paulo: Abril, 1974. (Coleção Os Pensadores, n.XXXV.)

MATONTI, Frédérique. *Intelectuels communistes*: essai sur l'obéiance politique. Paris: Découverte, 2005.

MCLUHAN, Marshall. *The Gutemberg Galaxie*. Toronto: University of Toronto Press, 1962.

MENDES, Flávio da Silva. No olho do furacão: Celso Furtado e Francisco de Oliveira nos primeiros anos da Sudene. *Lua Nova*, São Paulo, n.100, p.283-311, 2017.

MENDES, Marta Ferreira Abdala. Reflexões históricas sobre a *Revista Anhembi*: a relação entre política científica, ciência e cultura. *História da Ciência e Ensino: construindo interfaces*, PUC-SP, v.12, n.esp., p.100-24, 2015.

MERHEB, Rodrigo. *O som da revolução*: uma história cultural do rock, 1965-1969. Rio de Janeiro: Civilização Brasileira, 2012.

MICELI, Sérgio. *Intelectuais à brasileira*. São Paulo: Companhia das Letras, 2001.

_____ (Org.). *História das ciências sociais no Brasil*. v.1. 2.ed. São Paulo: Sumaré, 2001.

_____ (Org.). *História das ciências sociais no Brasil*. v.2. São Paulo: Sumaré, 1995.

_____ (Org.). *A Fundação Ford no Brasil*. São Paulo: Sumaré, 1993.

MISKULIN, Sílvia C. *Os intelectuais cubanos e a política cultural da Revolução*: 1961-1975. São Paulo: Alameda, 2009.

MONIZ BANDEIRA, Luiz Alberto. *Presença dos Estados Unidos no Brasil* (dois séculos de História). 2.ed. Rio de Janeiro: Civilização Brasileira, 1978.

MORAES, Dênis de. *O imaginário vigiado*: a imprensa comunista e o realismo socialista no Brasil (1947-1953). Rio de Janeiro: José Olympio, 1994.

MORAES, Reginaldo. *Educação superior nos Estados Unidos*: história e estrutura. São Paulo: Editora Unesp, 2015.

_____. *Estado, desenvolvimento e globalização*. São Paulo: Editora Unesp, 2006.

MORALES AIMAR, Jorge. El proceso judicial a los escritores Siniavski y Daniel. Politica, cultura y tensiones entre intelectuales y el poder soviético. Moscú, febrero de 1966. *Cuadernos del Ciesal*, Rosário, ano 14, n.16, p.165-85, jan.-dez. 2017.

MOTA, Carlos Guilherme. *Ideologia da cultura brasileira*: 1933-1974. 5.ed. São Paulo: Ática, 1985.

_____. A. P. Whitaker e a sua história de boa vizinhança. *Cadernos Brasileiros*, Rio de Janeiro, 1967.

MOTTA, Luiz Eduardo Pereira da. *A época de ouro dos intelectuais vermelhos* (Uma análise comparativa das Revistas *Tempo Brasileiro* e *Civilização Brasileira* – 1962-1968). Rio de Janeiro, 1994. Tese (Mestrado em Sociologia) – Universidade Federal do Rio de Janeiro (UFRJ).

MOTTA, Rodrigo Patto Sá. *Passados presentes*: o golpe de 1964 e a ditadura militar. Rio de Janeiro: Zahar, 2021.

_____. *As universidades e o regime militar*: cultura política brasileira e modernização autoritária. Rio de Janeiro: Zahar, 2014.

_____. *Em guarda contra o perigo vermelho*: o anticomunismo no Brasil, 1917-1964. São Paulo: Perspectiva, 2002.

MOURA, Marco Aurélio Cardoso; SANTOS, Sandoval Nonato Gomes. As influências da Escola Nova na concepção de manuais pedagógicos da área de linguagem. *Filosofia e Educação*, v.12, n.1, jan.-abr. 2020. Disponível em:

https://periodicos.sbu.unicamp.br/ojs/index.php/rfe/article/view/8659330. Acesso em: 13 dez. 2021.

MUDROVIC, María Eugenia. *Mundo Nuevo*: cultura y Guerra Fría en la década de 60. Rosario: Beatriz Viterbo, 1997.

MÜLLER, Angélica (Coord.). *1968 em movimento*. Rio de Janeiro: FGV, 2018.

MUNHOZ, Sidnei. *Guerra Fria*: história e historiografia. Curitiba: Appris, 2020.

NAFTALI, Timothy (Org.). *The Presidential Recordings*: John F. Kennedy – The Great Crisis. v.1. Nova York: W. W. Norton and Company, 2001.

NANNI, Rodolfo. Entrevista a Marcelo Ridenti e Ana Paula Sousa. São Paulo, 7 fev. 2014a.

_____. *Quase um século*: imagens da memória. São Paulo: Akron, 2014b.

NAPOLITANO, Marcos. *Coração civil*: a vida cultural brasileira sob o regime militar (1964-1980) – ensaio histórico. São Paulo: Intermeios, 2017.

NERUDA, Pablo. *Confesso que vivi*: memórias. 5.ed. Rio de Janeiro: Difel, 1974.

_____. Discurso del embajador Pablo Neruda ante el Pen Club de Nueva York. *Revista Ibero-Americana*, v.XXXIX, n.82-83, p.9-13, jan.-jun. 1973. Disponível em: doi: https://doi.org/10.5195/reviberoamer.1973.2469. Acesso em: 14 dez. 2021.

NICOLAU NETTO, Michel. A memória nacional globalizada: as condições sociais de produção simbólica da nação. *Dados*, Rio de Janeiro, v.64, n.3, p.e20190208, 2021. Disponível em: https://doi.org/10.1590/dados.2021.64.3.241. Acesso em: 14 dez. 2021.

_____. *Do Brasil e outras marcas*. São Paulo: Intermeios, 2019.

OLIVEIRA, Francisco de. *Crítica à razão dualista/O ornitorrinco*. São Paulo: Boitempo, 2003.

OLIVEIRA, Lúcia Lippi de. As ciências sociais no Rio de Janeiro. In: MICELI, Sergio (Org.). *História das ciências sociais no Brasil*. v.2. São Paulo: Sumaré, 1995.

OLIVEIRA, Paulo Roberto Pires de. *A marca do Z*: a vida e os tempos do editor Jorge Zahar. Rio de Janeiro: Zahar, 2017.

OLIVEN, Ruben. Entrevista concedida por Skype a Marcelo Ridenti. Porto Alegre-São Paulo, 26 jun. 2017.

ORTÍ BUIG, Andrés. *Julián Gorkín (1901-1987)*: un viaje a lo opuesto. Castelló de la Plana, Espanha, jun. 2020. Tese (Doutorado em História e Estudos Contemporâneos) – Universidade Jaume I.

ORTIZ, Renato. *Mundialização*: saberes e crenças. São Paulo: Brasiliense, 2006.

OVÍDIO, João Paulo. A gravura de Renina Katz em Moscou. In: ENCONTRO DE HISTÓRIA DA ARTE (EHA), 12. Campinas: Unicamp, 2017. p.349-56.

Disponível em: https://www.ifch.unicamp.br/eha/atas/2017/Joao%20 Paulo%20Ovidio.pdf. Acesso em: 14 dez. 2021.

PADILHA, Guimarães. *Lacerda na era da insanidade*. Rio de Janeiro: Nitpress, 2010.

PAGET, Karen M. *Patriotic betrayal*: the inside story of the CIA's secret campaign to enroll American students in the crusade against communism. New Haven/London: Yale University Press, 2015.

PAGLIA, Camille. *The Birds*. Londres: BFI Publishing, 1998.

PAIVA, Maria Luiza (Org.). *AUI – um olhar no futuro*: sua história, por seus protagonistas. São Paulo: Litera Construindo Diálogos, 2008.

PALAMARTCHUK, Ana Paula. *Os novos bárbaros*: escritores e comunismo no Brasil (1928-1948). Campinas, 2003. Tese (Doutorado em História) – Instituto de Filosofia e Ciências Humanas, Universidade Estadual de Campinas (Unicamp).

PALMEIRA, Moacir. Entrevista a Marcelo Ridenti. Rio de Janeiro, 25 fev. 2016.

_____. Documenta: memorial do candidato. *Mana*, v.20, n.2, p.371-409, 2014.

PAMPONET, Aécio. Décima primeira oitiva da Comissão Milton Santos de Memória e Verdade da UFBA, auditório da Faculdade de Comunicação, 6 maio 2014. Disponível em: https://www.youtube.com/watch?v= AtXBvD3q9SE. Acesso em: 20 nov. 2020.

PASSERON, Jean-Claude. Biographies, flux, itinéraires, trajectoires. *Revue Française de Sociologie*, v.31, n.1, p.3-22, 1990.

PAZ, Carlos Eugênio. *Viagem à luta armada*: memórias romanceadas. 2.ed. Rio de Janeiro: Civilização Brasileira, 1996.

PÉCAUT, Daniel. *Os intelectuais e a política no Brasil, entre o povo e a nação*. São Paulo: Ática, 1990.

PEDREIRA, Fernando. *Entre a lagoa e o mar*: reminiscências. Rio de Janeiro: Bem-Te-Vi, 2016.

PEDROSA, Mario. *A opção brasileira*. Rio de Janeiro: Civilização Brasileira, 1966a.

_____. *A opção imperialista*. Rio de Janeiro: Civilização Brasileira, 1966b.

_____. Potere e burocrazia. *Tempo Presente*, v.4, n.5, p.345-54, maio 1959.

_____ et al. *Introdução à realidade brasileira*. Rio de Janeiro: Cadernos Brasileiros, 1968.

PEDROSO JÚNIOR, Antônio. *Márcio, o guerrilheiro*. São Paulo: Papel & Virtual, 2003.

PEIXOTO, Fernanda Arêas. Franceses e norte-americanos nas ciências sociais brasileiras. In: MICELI, Sergio (Org.). *História das ciências sociais no Brasil*. v.1. 2.ed. rev. e corr. São Paulo: Sumaré, 2001. p.477-531.

PELLEGRINO, Hélio. Presença de Mário. *Folha de S.Paulo*, 20 dez. 1981, p.3.

PENHOLATO, Diego Batista. *José Garrido Torres nas sombras do poder*: um economista na construção do projeto de modernização de 1964. São Paulo, 2017. Dissertação (Mestrado em História Social) – Universidade de São Paulo (USP).

PERALVA, Osvaldo. *O retrato*. São Paulo: Três Estrelas, 2015. [1.ed. Belo Horizonte: Itatiaia, 1960.]

PEREIRA, Mônica. Anhembi: criação e perfil de uma revista de cultura. In: *Textos Idesp*, n.2. São Paulo: Sumaré, 1987. (Série História das Ciências Sociais.)

PERICÁS, Luiz B. *Caio Prado Jr.*: uma biografia política. São Paulo: Boitempo, 2016.

PERLOFF, Harvey. *Alliance for Progress*: A Social Invention in the Making. Baltimore: University of Baltimore Press, 1989.

PETRA, Adriana. *Intelectuales y cultura comunista*: itinerarios, problemas y debates en la Argentina de posguerra. Buenos Aires: Fondo de Cultura Económica, 2017.

PIERRE, Sylvie. *Glauber Rocha*. Campinas: Papirus, 1996.

PINHEIRO, Paulo Sérgio. Entrevista a Marcelo Ridenti. São Paulo, 31 ago. 2017.

PIÑON, Nélida. Entrevista a Marcelo Ridenti. Rio de Janeiro, 24 fev. 2016.

POERNER, Arthur José. *O poder jovem*: história da participação política dos estudantes brasileiros. 5.ed. ilust., rev., ampl. e atual. Rio de Janeiro: Booklink, 2004.

PONTES, Heloísa. Cidades e intelectuais: os "nova-iorquinos" da Partisan Review e os "paulistas" de Clima. In: *Intérpretes da metrópole*. São Paulo: Edusp, 2010.

_____. *Destinos mistos*: os críticos do grupo Clima em São Paulo, 1940-1968. São Paulo: Companhia das Letras, 1998.

_____. Círculos de intelectuais e experiência social. *Revista Brasileira de Ciências Sociais*, v.12, n.34, jun. 1997.

_____; MICELI, Sergio. *Cultura e sociedade*: Brasil e Argentina. São Paulo: Edusp, 2014.

PORTELLA, Eduardo. O argumento *Tempo Brasileiro*. *Estudos Avançados*, v.24, n.69, p.239-46, 2010. Disponível em: https://doi.org/10.1590/S0103-40142010000200015. Acesso em: 14 dez. 2021.

PRADO JR., Caio. *A revolução brasileira*. 2.ed. São Paulo: Brasiliense, 1966.

PUDAL, Bernard. *Pour une Sociologie historique du PCF*. Paris: Presses de la Fondation Nationale des Sciences Politiques, 1989.

QUIRINO, Tarcízio Rego. Depoimento original ao livro de documentos da AUI, Campinas, 7 dez. 2007. In: PAIVA, Maria Luiza (Org.). *AUI – um olhar no futuro*: sua história, por seus protagonistas. São Paulo: Litera Construindo Diálogos, 2008.

RAMOS, Graciliano. *Viagem*. Rio de Janeiro: José Olympio, 1954.

REIS, Daniel Aarão. *Ditadura militar, esquerdas e sociedade*. Rio de Janeiro: Zahar, 2000.

RIBEIRO, Jayme Fernandes. *Combatentes da paz*: os comunistas brasileiros e as campanhas pacifistas dos anos 1950. Rio de Janeiro: 7 Letras; Faperj, 2011.

RIBEIRO, Maria Cláudia Badan. *Memória, história e sociedade*: a contribuição da narrativa de Carlos Eugênio Paz. Campinas, 2005. Dissertação (Mestrado em Sociologia) – Instituto de Filosofia e Ciências Humanas, Universidade Estadual de Campinas (Unicamp).

RIBEIRO, Ricardo Alaggio. *A Aliança para o Progresso e as Relações Brasil--Estados Unidos*. Campinas, 2006. Tese (Doutorado em Ciência Política) – Instituto de Filosofia e Ciências Humanas, Universidade Estadual de Campinas (Unicamp).

RIDENTI, Marcelo. Jorge Amado e seus camaradas no círculo comunista internacional. *Sociologia e Antropologia*, v.1, n.2, p.165-94, nov. 2011.

_____. *O fantasma da revolução brasileira*. 2.ed. rev. e ampl. São Paulo: Editora Unesp; Fapesp, 2010a. [1.ed. 1993.]

_____. *Brasilidade revolucionária*: um século de cultura e política. São Paulo: Editora Unesp, 2010b.

_____. Ação Popular: cristianismo e marxismo. In: REIS FILHO, Daniel Aarão; RIDENTI, Marcelo (Orgs.). *História do marxismo no Brasil*. v.5: Partidos e organizações dos anos 1920 aos 1960. 2.ed. Campinas: Editora da Unicamp, 2007. p.227-302.

_____. *Em busca do povo brasileiro*: artistas da revolução, do CPC à era da TV. Rio de Janeiro: Record, 2000. [2.ed. rev. e ampl. São Paulo: Editora Unesp, 2014.]

RIESMAN, David. *A multidão solitária*. São Paulo: Perspectiva, 1971.

_____. Diálogo com estudantes brasileiros. *Cadernos Brasileiros*, Rio de Janeiro, n.58, jan.-fev. 1970.

RIOS, José Arthur. O que é e o que não é reforma agrária. *Cadernos Brasileiros*, Rio de Janeiro, ano V, n.4, p.45-50, 1963.

ROBRIEUX, Philippe. *Histoire intérieur du Parti Communiste*. 3v. v.I: 1920-1945; v.II: 1945-1972; v.III: 1972-1982. Paris: Fayard, 1980-1982.

ROCHA, Glauber. *Cartas ao mundo*. Org. Ivana Bentes. São Paulo: Companhia das Letras, 1997.

RODRIGUES, Flávio Luís. *Marinheiros contra a ditadura brasileira*: AMFNB, prisão, guerrilha – nacionalismo e revolução? São Paulo, 2017. Tese (Doutorado em História Social) – Faculdade de Filosofia, Letras e Ciências Humanas, Universidade de São Paulo (USP).

RODRIGUES, Lidiane Soares. Brazilian Political Scientists and the Cold War: Soviet Hearts, North-American Minds (1966-1988). *Science in Context*, v.33, p.145-69, 2020.

ROLLEMBERG, Denise. As trincheiras da memória: a Associação Brasileira de Imprensa e a ditadura (1964-1974). In: _____; QUADRAT, S. V. (Orgs.). *A construção social dos regimes autoritários*: legitimidade, consenso e consentimento no século XX – Brasil e América Latina. v.2. Rio de Janeiro: Civilização Brasileira, 2010.

_____. Memória, opinião e cultura política: a Ordem dos Advogados do Brasil sob a ditadura (1964-1974). In: REIS, D. A.; ROLLAND, D. (Orgs.). *Modernidades alternativas*. v.1. Rio de Janeiro: Fundação Getúlio Vargas, 2008. p.57-96.

_____. *Exílio*: entre raízes e radares. Rio de Janeiro: Record, 1999.

RON, Carlos J.; PERRONE, Fernanda. Documenting Inter-American Cooperation: Discovering the Legacy of the Inter-American Association for Democracy and Freedom. *Rutgers Scholar*, v.5, 2003. *on-line*. Disponível em: https://rutgersscholar.libraries.rutgers.edu/volume02/ronpeer/ronpeer.htm. Acesso em: 23 set. 2020.

ROSEMBERG, Fúlvia. A educação de mulheres jovens e adultas no Brasil. In: SAFFIOTI, Heleieth; MUÑOZ-VARGAS, Mônica (Orgs.). *Mulher brasileira é assim*. Rio de Janeiro; Brasília: Rosa dos Tempos; Nipas; Unicef, 1994.

ROSSI, Luiz Gustavo Freitas. *As cores da revolução*: a literatura de Jorge Amado nos anos 1930. São Paulo: Annablume, 2009.

ROUSSET, David. Le Brésil à l'heure de Castello Branco. *Le Figaro*, 28-29 jul. 1964.

RUBIM, Antonio Albino Canelas. Marxismo, cultura e intelectuais no Brasil. In: MORAES, João Quartim de (Org.). *História do marxismo no Brasil*. v.III: Teorias. Interpretações. Campinas: Editora da Unicamp, 1998.

RUBIN, Andrew. *Archives of Authority*: Empire, Culture, and the Cold War. Princeton, Oxford: Princeton University Press, 2012.

RUIZ GALBETE, Marta. ¿"Fidelismo sin Fidel"? El Congreso por la Libertad de la Cultura y la Revolución Cubana. *Historia Crítica*, v.67, p.111-37, 2018. Disponível em: doi: https://dx.doi.org/10.7440/histcrit67.2018.06. Acesso em: 14 dez. 2021.

RUPPRECHT, Tobias. *Soviet Internationalism after Stalin*: Interaction and Exchange between the USSR and Latin America during the Cold War. Cambridge: Cambridge University Press, 2015.

SAES, Décio. *Classe média e sistema político no Brasil*. São Paulo: T. A. Queiroz, 1984.

SALEM, Helena. *Nelson Pereira dos Santos*: o sonho possível do cinema brasileiro. Rio de Janeiro: Nova Fronteira, 1987.

SALLUM JR., Brasílio. Entrevista a Marcelo Ridenti. São Paulo, 23 jun. 2017.

SANFELICE, José Luís. *Movimento estudantil*: a UNE na resistência ao golpe de 1964. São Paulo: Cortez, 1986.

SANTANA, Cristiane Soares. *Maoísmo na Bahia (1967-1970)*. Salvador, 2008. Dissertação (Mestrado em História) – Faculdade de Filosofia e Ciências Humanas, Universidade Federal da Bahia (UFBA).

SANTOS, José Vicente Tavares dos. Entrevista a Marcelo Ridenti. Brasília, 27 jul. 2017.

SANTOS, Milton. *Por uma outra globalização*: do pensamento único à consciência universal. Rio de Janeiro: Record, 2000.

SANTOS, Wanderley Guilherme dos. Entrevista a Marcelo Ridenti. Rio de Janeiro, 16 maio 2018.

_____. Uma revisão da crise brasileira. *Cadernos Brasileiros*, Rio de Janeiro, ano 8, n.6, nov.-dez. 1966.

_____. *Quem dará o golpe no Brasil?* Rio de Janeiro: Civilização Brasileira, 1962.

SAUNDERS, Frances Stonor. *Quem pagou a conta?* A CIA na Guerra Fria da cultura. Rio de Janeiro: Record, 2008.

SCHAEFER, Claudia. *Frida Kahlo*: A Biography. Westport, Londres: Greenwood Press, 2009.

SCHMIDT, Benício. Entrevista a Marcelo Ridenti. Brasília, 4 ago. 2017.

SCHWARZ, Roberto. As ideias fora do lugar. In: *Cultura e política*. São Paulo: Paz e Terra, 2001. p.59-83.

_____. Cultura e política (1964-1969). In: *O pai de família e outros estudos*. Rio de Janeiro: Paz e Terra, 1978. p.61-92. [1.ed. 1970.]

SCOTT-SMITH, Giles. *The Politics of Apolitical Culture*: The Congress for Cultural Freedom, the CIA, and Post-War American Hegemony. Londres: Routledge, 2002.

SECCO, Lincoln. *A batalha dos livros*: formação da esquerda no Brasil. São Paulo: Ateliê Editorial, 2017.

SERBIN, Kenneth. *From Revolution to Power in Brazil*: How Radical Leftists Embraced Capitalism and Struggled with Leadership. South Bend, Indiana: University of Notre Dame Press, 2019.

SHEEHAN, Neil. *The Pentagon Papers*: The Defense Department History of United States Decision making on Vietnam. Nova York: Beacon Press, 1971.

SILVA, Leonardo Nóbrega da. *Editoras e ciências sociais no Brasil*: a Zahar Editores e a emergência das ciências sociais como gênero editorial (1957-1984). Rio de Janeiro, 2019. Tese (Doutorado em Sociologia) – Instituto de Estudos Sociais e Políticos, Universidade do Estado do Rio de Janeiro (UERJ).

SILVA, Marcos. Uma viagem à esquerda: Jorge Amado sem (o mundo da) paz. *Projeto História*, São Paulo, n.58, p.240-69, jan.-mar. 2017.

SIMIS, Anita. *Estado e cinema no Brasil*. 2.ed. São Paulo: Annablume; Fapesp, 2008.

SIRINELLI, Jean-François. A sociedade intelectual francesa no limiar de um novo século. In: BASTOS, Elide Rugai; RIDENTI, Marcelo; ROLLAND, Denis (Orgs.). *Intelectuais*: sociedade e política. São Paulo: Cortez, 2003.

SKINNER, Quentin. Meaning and Understanding in the History of Ideas. *History and Theory*, v.8, n.1, p.3-53, 1969.

SOARES, Airton Esteves. Entrevista a Marcelo Ridenti. São Paulo, 26 jun. 2017.

SOUSA, Ana Paula. *Dos conflitos ao pacto*: as lutas no campo cinematográfico brasileiro no século XXI. Campinas, 2018. Tese (Doutorado em Sociologia) – Universidade Estadual de Campinas (Unicamp).

SOUSA, Rodrigo Farias de. *A nova esquerda americana*: de Port Huron aos Weathermen (1960-1969). Rio de Janeiro: FGV, 2009.

SOUZA, José Inácio Melo. *Paulo Emílio no paraíso*. Rio de Janeiro: Record, 2002.

_____. *Congressos, patriotas, e ilusões*: subsídios para uma história dos congressos de cinema. São Paulo: Fundação Cinemateca Brasileira, 1981.

SPEKTOR, Matias. Lincoln Gordon (1913-2009), o internacionalismo liberal da Guerra Fria no Brasil. *Política Externa*, USP, v.18, p.147-50, 2010.

_____. *Kissinger e o Brasil*. Rio de Janeiro: Zahar, 2009.

SPERB, Paula. Documentos da CIA revelam investigações sobre Jorge Amado. *Folha de S.Paulo*, 11 fev. 2017. Disponível em: http://www1.folha.uol.com.br/ilustrada/2017/02/1857598-documentos-da-cia-revelam-investigacoes-sobre-jorge-amado.shtml. Acesso em: 6 maio 2021.

SPOHR, Martina. *American Way of Business*: Empresariado brasileiro e norte--americano no caminho do golpe empresarial-militar de 1964. Rio de Janeiro, 2016. Tese (Doutorado em História Social) – Centro de Filosofia e Ciências Humanas, Universidade Federal do Rio de Janeiro (UFRJ).

STARLING, Heloísa. *Os senhores das Gerais*: os novos inconfidentes e o golpe de 1964. 2.ed. Petrópolis: Vozes, 1986.

STEVENSON, Jonathan. The Cold Warrior Who Never Apologized. *New York Times*, 8 set. 2017. Disponível em: https://www.nytimes.com/2017/09/08/opinion/vietnam-walt-rostow.html. Acesso em: 10 nov. 2020.

STRADA, Vittorio. Do realismo socialista ao zdhanovismo. In: HOBSBAWN, Eric. *História do marxismo*. v.9. 2.ed. Rio de Janeiro: Paz e Terra, 1987.

SZULC, Tad. Northeast Brazil Poverty Breeds Threat of a Revolt; Brazil's Poverty Breeding Unrest. *New York Times*, 31 out. 1960, p.1. Disponível em: https://www.nytimes.com/1960/10/31/archives/northeast-brazil--poverty-breeds-threat-of-a-revolt-brazils-poverty.html. Acesso em: 14 dez. 2021.

TARCUS, Horácio. *Las revistas culturales latino-americanas*: giro material, tramas intelectuales y redes revisteriles. Buenos Aires: Tren en Movimiento, 2020.

TAVARES, Flávio. *Memórias do esquecimento*: os segredos dos porões da ditadura. Rio de Janeiro: Record, 2005.

TELES, Janaína et al. Comissão de Familiares de Mortos e Desaparecidos Políticos. *Dossiê Ditadura*: mortos e desaparecidos políticos no Brasil 1964-1985. São Paulo: Arquivo do Estado de São Paulo; Imprensa Oficial do Estado de São Paulo, 2009.

TELÓ, Fabrício. *Organizações armadas e camponeses*: comunicação, emoções e engajamento político (1968-1975). Rio de Janeiro, 2019. Tese (Doutorado em Ciências Sociais) – Universidade Federal Rural do Rio de Janeiro (UFRRJ).

TIBOL, Raquel. *Diego Rivera, luces y sombras*. México: Lumen, 2007.

TOLEDO, Caio Navarro de. *Iseb*: fábrica de ideologias. 2.ed. Campinas: Editora da Unicamp, 1998.

TORRES, José Garrido. A responsabilidade democrática do empresário. *Cadernos Brasileiros*, Rio de Janeiro, ano IV, n.3, 1962.

TORRES, Raquel M. *Transpondo a Cortina de Ferro*: relatos de viagem de brasileiros à União Soviética na Guerra Fria (1951-1963). São Paulo, 2019. Tese (Doutorado em História Social) – Universidade de São Paulo (USP).

TOTA, Antônio Pedro. *O amigo americano*: Nelson Rockefeller e o Brasil. São Paulo: Companhia das Letras, 2014.

TOTA, Antônio Pedro. *O imperialismo sedutor*: a americanização do Brasil na época da Segunda Guerra. São Paulo: Companhia das Letras, 2000.

TRAVERSO, Enzo. *Le Totalitarisme*: le XXᵉ siècle en débat, textes choisis et présentés par Enzo Traverso. Paris: Seuil, 2001.

TRINDADE, Helgio. Depoimento a Marcelo Ridenti por e-mail. 1º mar. 2021.

_____; LEITE, Luiz Osvaldo et al. *Leônidas Xausa*. Porto Alegre: Editora da UFRGS, 2004.

UTLEY, Gertje. *Picasso*: The Communist Years. Londres; New Haven: Yale University Press, 2000.

VALLADARES, Clarival do Prado. *Arte e sociedade nos cemitérios brasileiros*. Rio de Janeiro: Conselho Federal de Cultura, 1972.

VALLADARES, Kátia do Prado. Entrevista a Marcelo Ridenti, com a participação de Marcos Valladares. Rio de Janeiro, 4 set. 2017.

VALLE, Maria Ribeiro do. *1968*: diálogo é a violência. Movimento estudantil e ditadura militar no Brasil. Campinas: Editora da Unicamp, 1999.

VARGAS, Índio. *Guerra é guerra, dizia o torturador*. Rio de Janeiro: Codecri, 1981.

VASCONCELOS, Marcelo Ribeiro. *O exílio de Mario Pedrosa nos Estados Unidos e os New York Intellectuals*: abstracionismo na barbárie. Campinas, 2018. Tese (Doutorado em Sociologia) – Universidade Estadual de Campinas (Unicamp).

VEJMELKA, Marcel. Entre o exótico e o político: caraterísticas da recepção e tradução de Jorge Amado na Alemanha. *Amerika: Mémoires, identités, territoires*, v.10, 2014. on-line. Disponível em: https://journals.openedition.org/amerika/4522. Acesso em: 14 dez. 2021.

VELHO, Otávio Guilherme. Entrevista a Sérgio Alves Teixeira, Bernardo Lewgoy, Carlos Alberto Steil e Cornelia Eckert. *Horizontes Antropológicos*, Porto Alegre, ano 16, n.34, p.481-506, jul.-dez. 2010.

VERAS, Dimas Brasileiro. A queda do reitor João Alfredo: ação midiática conservadora e a repressão aos dirigentes universitários no golpe de 1964. *Topoi*, Rio de Janeiro, v.22, n.46, p.228-48, jan.-abr. 2021.

VERDÈS-LEROUX, Jeannine. *Le Réveil des somnambules*: Le Parti Communiste, les intellectuels et la culture (1956-1985). Paris: Fayard-Minuit, 1987.

_____. *Au service du Parti*: Le Parti Communiste, les intellectuels et la culture (1944-1956). Paris: Fayard-Minuit, 1983.

VILLAÇA, Mariana. *Cinema cubano*: revolução e política cultural. São Paulo: Alameda, 2010.

_____. "América Nuestra": Glauber Rocha e o cinema cubano. *Revista Brasileira de História*, São Paulo, v.22, n.44, p.489-510, 2002.

VILLAS BÔAS, Glaucia. O lugar de Mario Pedrosa no concretismo carioca. In: _____ et al. *Mario Pedrosa atual*. Rio de Janeiro: Instituto Odeon, 2019. p.262-86.

VIZENTINI, Paulo. A Guerra Fria. In: REIS, Daniel Aarão et al. (Orgs.). *O século XX*. v.2: O tempo das crises, revoluções, fascismos e guerras. Rio de Janeiro: Civilização Brasileira, 2000. p.195-225.

VON ESCHEN, Penny M. *Satchmo Blows Up the World*: Jazz Ambassadors Play the Cold War. Cambridge, Mass.: Harvard University Press, 2004.

WALD, Alan. *The New York Intellectuals*: The Rise and Decline of the Anti--Stalinist Left from the 1930s to the 1980s. Chapel Hill: University of North Carolina Press, 1987.

WANG, Siwei. Transcontinental Revolutionary Imagination: Literary Translation between China and Brazil (1952-1964). *Cambridge Journal of Postcolonial Literary Inquiry*, v.6, n.1, p.70-98, 2019.

WEBER, Max. *A ética protestante e o espírito do capitalismo*. Trad. Antônio Flávio Pierucci. São Paulo: Companhia das Letras, 2004. [1.ed. 1904.]

WERNECK, Humberto et al. *A Revista no Brasil*. São Paulo: Editora Abril, 2000.

WESTAD, Odd Arn. *The Global Cold War*: Third World Intervention and the Making of our Times. Cambridge: Cambridge University Press, 2005.

WIAZOVSKI, Taciana. *Cultura em Comentário*: uma revista de cultura e resistência (1960-1973). São Paulo, 2011. Tese (Doutorado em História) – Universidade de São Paulo (USP).

WILLIAMS, Raymond. O círculo de Bloomsbury. In: *Cultura e materialismo*. São Paulo: Boitempo, 2011. [1.ed. 1982.]

_____. *Marxismo e literatura*. Rio de Janeiro: Zahar, 1979.

ZOLOV, Eric. Latin America in the Global Sixties. *The Americas*, v.70, n.3, p.349-62, jan. 2014.

ZOUREK, Michal. El Exilio de Jorge Amado en Checoslovaquia: contexto y repercusiones. In: PETRA, Adriana; SANTANA, Geferson. *Políticas culturais dos Partidos Comunistas na América Latina*. São Paulo: Selo História da América Latina, 2020. p.193-214.

_____. *Praga y los intelectuales latinoamericanos*: 1947-1959. Rosário: Prohistoria Ediciones, 2019.

SOBRE O LIVRO

Formato: 16 x 23 cm
Mancha: 29 x 47 paicas
Tipologia: Times 11/14
Papel: Off-white 80g/m² (miolo)
Cartão Supremo 250 g/m² (capa)
1ª edição Editora Unesp: 2022

EQUIPE DE REALIZAÇÃO

Capa
Marcelo Girard

Imagem de capa
Mulher bem vestida nos anos 1950.
© iStock.com/Lisa Blue

Edição de texto
Tulio Kawata (Copidesque)
Marcelo Porto (Revisão)

Editoração eletrônica
Eduardo Seiji Seki

Assitência editorial
Alberto Bononi
Gabriel Joppert

Impressão e Acabamento
assahi
gráfica e editora ltda.